Die Rechtsprechung

des

Königlichen Ober-Tribunals

in

Straf-Sachen

herausgegeben

von

F. C. Oppenhoff,
Ober-Staats-Anwalt beim Königl. Ober-Tribunal.

Fünfter Band.

Berlin, 1864.
Druck und Verlag von Georg Reimer.

Hausir-Kontravention. — Mitführen der Waare.

Ein Hausirer ist strafbar, sobald er andere Waaren, als ihm sein Gewerbeschein gestattet, Hausirens wegen mit sich führt, sollte auch nicht nachgewiesen sein, daß er dieselben feilgeboten habe.

Haus.-Regul. v. 28. Apr. 1824 § 27 (vgl. RdOTr. 4. S. 391).

Erk. (B. I.) v. 15. Juni 1864 c. Stegemann (76. I. Cr.).

St. war in der 1. Inst. von der Anklage: beim Hausiren andere Waaren, als sein Gewerbeschein ihm gestattete, mit sich geführt zu haben, freigesprochen worden. In der 2. Inst. beantragte der StA. die Vernehmung eines Zeugen darüber, „daß St. solche Waaren hausirend mit sich geführt habe;" das AG. lehnte diesen Beweisantrag u. A. aus dem Grunde ab, weil derselbe sich nicht auch darauf erstrecke, daß St. jene Waaren feilgeboten habe. Auf die NB. des OStA.s erfolgte Vernichtung. Gründe:

Es beruht auf einem Rechtsirrthum, wenn der App.-Richter bei Ablehnung des angetretenen Beweises darauf Gewicht legt, daß sich derselbe nicht darauf erstrecke, daß Angeklagter die Waaren auch feilgeboten habe. Darauf kommt es bei Anwendung des Schlußsatzes des § 27 l. c. gar nicht an, sondern derselbe greift Platz, sobald feststeht, daß der Angeklagte andere Waaren, als ihm sein Gewerbeschein gestattete, des Hausirens wegen bei sich führt. Daß er sie auch feilgeboten oder gar wirklich schon verkauft hat, erfordert der § 27 l. c. nicht. Hiermit steht auch das Erkenntniß des OTr.s v. 21. Apr. 1858 c. Lange (G.A. 6. S. 411) nicht in Widerspruch. Dort ist allerdings ausgesprochen, daß das bloße Mitsichführen anderer als im Hausirscheine gestatteten Waaren zur Anwendung des § 27 des Hausi.-Regul.s zwar nicht genüge, vielmehr auch feststehen müsse, daß das Mitsichführen des beabsichtigten gewerbsmäßigen Verkaufes wegen geschehen sei. Daß sie feilgeboten oder gar wirklich verkauft worden sein müssen, um die Anwendung des § 27 zu rechtfertigen, wird dagegen in dem gedachten Erkenntnisse des ObTr.s nicht ausgesprochen.

Antr. des OStA.s: gleichl. [18. — 4.]

Hausir-Kontravention. — Guter Glaube.

Eine Hausir-Kontravention wird durch den guten Glauben des Gewerbtreibenden nicht straflos. Haus.-Regul. v. 28. Apr. 1824 § 26.

Erk. (B. I.) v. 15. Juni 1864 c. Lewinski (579. I. Cr.).

Das AG. hatte festgestellt, daß „L. — — umherziehend mit Kienöl gehandelt habe, ohne sich durch einen Gewerbeschein über seine Befugniß dazu ausweisen zu können, und ohne damals schon die Gewerbesteuer entrichtet zu haben"; gleichwohl sprach es frei, „weil sich L. des Umstandes nicht bewußt gewesen sei, daß er sich über seine Befugniß zum Hausiren nicht ausweisen könne." NB. des OStA.s. Vernichtung und Bestätigung des verurtheilenden Erkenntnisses 1. Instanz. Gründe:

Der Grund, aus welchem der App.-Richter den Angeklagten von der Gewerbesteuer-Defraudation freispricht, weil er sich nämlich des Umstandes nicht bewußt gewesen sei, daß er sich über seine Befugniß zum Hausiren nicht ausweisen könne, ist rechtlich nicht zutreffend. Denn der Angeklagte konnte doch darüber nicht in Zweifel sein, daß er damals weder einen Gewerbeschein pro 1864 besaß, noch die Gewerbesteuer berichtigt hatte. Anscheinend meint der App.-Richter auch nur, daß der Angeklagte, weil er den Gewerbeschein bereits nachgesucht hatte, und der Ertheilung desselben nichts entgegenstand, sich zum Betriebe seines Gewerbes im Umherziehen schon vor Aushändigung des Gewerbescheines an ihn für befugt gehalten und dabei in gutem Glauben gewesen sei. Auf die bona oder mala fides kommt es jedoch bei einer Gewerbesteuer-Defraudation überhaupt nicht an, sondern nur auf die That, wie sie objektiv vorliegt. — Der zweite Richter spricht den Angeklagten auch nicht gänzlich, sondern nur von der Defraudationsstrafe des § 26 des Hausir-Regulativs frei und straft ihn dagegen wegen Uebertretung des Hausir-Regulativs nach § 30 desselben. Der § 30 lautet aber im Gegensatze der §§ 26—28, welche die Defraudationsstrafe verhängen und des § 29, welcher Gefängnißstrafe auf muthwillige Verletzung der Vorschrift des § 25 androht: „Andere Uebertretungen rc." — Der App.-Richter sagt nun aber gar nicht, welche andere, mit besonderer Strafandrohung nicht versehene Vorschrift des Regulativs vom Angeklagten verletzt sein soll, wie denn der Angeklagte nach der thatsächlichen Feststellung des App.-Richters auch nur gegen § 26 des Hausir-Regulativs gefehlt, dadurch aber die Defraudationsstrafe und nicht die Kontraventionsstrafe des § 30 verwirkt hat.

Antr. des GStA.s: gleichl. [18.—4.]

Verjährung. — Unterbrechung. — Andere Person.

Durch ein wider eine bestimmte Person gerichtetes Hauptverfahren wird die Verjährung gegen eine dritte Person nicht unterbrochen, sollte es sich auch herausstellen, daß jene zuerst verfolgte Person gar nicht existire.

StGB. § 48 [vgl. dort n. 1].

Beschl. (I.) v. 15. Juni 1864 c. Mania (146. B. I. Cr.).

Ein Förster hatte einen Moosfrevler betroffen und seinen Namen in das Forstfrevelverzeichniß als „Albert Band" eingetragen; im gerichtlichen Hauptverfahren erschien der „Albert Band" nicht; als ihm indessen das Kontumazial-Urtheil zugestellt werden sollte, berichtete der Bote: am betr. Orte existire ein Mensch dieses Namens nicht, wohl aber ein Albert Mania, welcher dem Vernehmen nach der Frevler sein solle. Demzufolge reponirte das Gericht die Akten. Später beantragte die Forstbehörde die Verfolgung des Mania wegen desselben Frevels, diese ward aber von den Instanzgerichten wegen inzwischen eingetretener Verjährung abgelehnt. Die Beschw. des OStA.s rügte Verletzung der

§§ 48 und 339 StGB., weil ein „Band“ nicht existire, Mania vielmehr mit diesem identisch sei. Zurückweisung. Gründe:

Eine Unterbrechung dieser Verjährung, wie die Beschwerde behauptet, durch die inzwischen stattgehabte Verfolgung des A. Band, namentlich durch dessen Verurtheilung und durch die Zustellung dieses Erkenntnisses an Albert Mania ist nicht eingetreten, da die §§ 48 und 339 Abs. 3 des StGB.s hier keine Anwendung finden. Die früheren gerichtlichen Handlungen beziehen sich nämlich nicht auf eine Voruntersuchung, durch welche zum Zweck des Hauptverfahrens vorerst der Thäter ermittelt werden sollte (§ 44 Vdn. v. 3. Jan. 1849), sondern das Hauptverfahren selbst wurde sogleich gegen Albert Band eingeleitet und am &c. das Erkenntniß gegen diesen Angeklagten erlassen. Durch das wider eine bestimmte Person eingeleitete Hauptverfahren kann aber nicht die Verjährung gegen einen Dritten unterbrochen werden, weil sich dasselbe weder auf ihn speziell, noch auf die Ermittelung des Thäters im Allgemeinen bezieht, sondern die Schuld einer bestimmten anderen Person zum Gegenstand hat. Deshalb ist es auch ohne Einfluß, daß ein Albert Band gar nicht existirt, dem Dritten gegenüber genügt es, daß er in dem Hauptverfahren nicht angeklagt worden. Letzteres wird im vorliegenden Fall dadurch anerkannt, daß das Urtheil vom &c. nicht gegen Albert Mania in Vollzug gesetzt, sondern die erste Anklage gegen Albert Band am &c. reponirt und die neue Anklage gegen Mania beantragt worden. Unerheblich erscheint daher auch die Zustellung des Urtheils vom &c. an den Albert Mania, da, wie erwähnt, dasselbe gegen ihn nicht erlassen ist und eine Identität der Person nicht vorliegt.

Antr. des GStA.s: gleichl. [13. — 3.]

Restitution. — Falsche Insinuations-Urkunde. — Ober-Tribunal.

Ein Ober-Tribunals-Erkenntniß, welches nicht zur Sache selbst entschieden, sondern nur

die Nichtigkeitsbeschwerde gegen das verurtheilende instanzgerichtliche Urtheil zurückgewiesen hat, kann nicht durch Restitutionsgesuch angefochten werden.

Vdn. v. 3. Jan. 1849 § 151 [dort einzutr. als n. 2a].

Beschl. (I.) v. 15. Juni 1864 c. Sperling (169. B. I. Cr.).

Sp. hatte gegen das ihn wegen Hehlerei verurtheilende schwurgerichtliche Erkenntniß rechtzeitig die NB. angemeldet, und nachdem ihm Urtheilsausfertigung behändigt worden war, gerechtfertigt. Am 12. März gab er im Criminal-Gefängniß die Bitte zu Protokoll: dem Untersuchungsrichter vorgeführt zu werden, weil er seine NB. ergänzen wolle; demzufolge ward er am 16. ej. abermals zu Protokoll vernommen. Das OTr. verwarf die NB., indem es den Nachtrag vom 16. März gänzlich unberücksichtigt ließ, weil auch schon am 12. März die Rechtfertigungsfrist abgelaufen gewesen sei. Sp. meldete darauf ein Restitutionsgesuch an, zu dessen Begründung er unter Beweis stellte, 1) daß die Zustellung der Urtheilsausfertigung an ihn, nicht — wie das Insinuations-Dokument besage — am 1. sondern erst am 2. März erfolgt sei, so daß jenes Dokument auf einem Irrthume beruhen müsse; und 2) daß er im Gefängnisse mündlich schon am 11. März um Vernehmung gebeten habe. Die beiden Instanzgerichte lehnten dieses Gesuch ab, weil dasselbe nur auf die Falschheit, nicht auf die bloße Unrichtigkeit einer Urkunde gestützt werden könne (vgl. Oppenhoff Strafverf. § 151 n. 8. 9; RdOTr. 3. S. 110). Die weitere Beschwerde des Sp. ist vom OTr. zurückgewiesen worden. Gründe:

Obwohl die Vorschriften über die Restitution in den §§ 151 ff. der Vdn. v. 3. Jan. 1849 in ihrer Anwendung auf das bloße Verfahren, soweit sich dasselbe auf eine falsche Urkunde oder auf die Aussage eines meineidigen Zeugen gegründet hat, nicht überall ausgeschlossen bleiben, so muß diese Anwendung doch bei den Erkenntnissen des OTr.s eine Einschränkung finden. Haben diese nicht selbst eine positive, die Sache selbst betreffende Entscheidung getroffen, vielmehr nur die Nichtigkeitsbeschwerde gegen die verurtheilenden Erkenntnisse zurückgewiesen, wie dies im vorliegenden Falle geschehen ist, so kann die im § 155 der Vdn. angeordnete Folge der Zulassung der Restitution, nämlich die Wiederaufnahme der Sache selbst in den Instanzen, nicht eintreten. Diese Folge muß aber als eine nothwendige, das Rechtsmittel überhaupt bedingende erachtet werden; das Rechtsmittel kann demnach da nicht zugelassen werden, wo sie überhaupt niemals eintreten kann, wie in dem gedachten Falle. Die Zulassung würde hier nur die Folge haben, daß das OTr. noch einmal über die eingelegte Nichtigkeitsbeschwerde auf Grund der unveränderten Sachlage, wie solche in den ergangenen Instanzurtheilen enthalten ist, erkennen müßte, und dies ist dem Wortlaut und dem Sinne der allegirten Vorschriften zuwider.

[15.—4.]

Appellation. — Rechtfertigung. — Verspätung.

1. Ueber eine rechtzeitig angemeldete Appellation muß, selbst wenn keine Rechtfertigung erfolgt, im regelmäßigen Verfahren entschieden werden.

Vdn. v. 3. Jan. 1849 § 129 [vgl. dort n. 2]; Ges. v. 3. Mai 1852 Art. 105.

2. Der Appellations-Richter darf die nach Ablauf der Rechtfertigungsfrist vorgebrachten neuen Thatsachen nicht lediglich wegen dieser Verspätung unberücksichtigt lassen.

Ges. v. 3. Mai 1852 Art. 104 [vgl. dort n. 6. 7].

Erk. (V.II.) v. 16. Juni 1864 c. Marahrens (104. II. Cr.).

Der App.-Richter hatte eine nach Ablauf der Rechtfertigungsfrist eingereichte Appellations-Rechtfertigungsschrift unberücksichtigt gelassen, weil sie verspätet sei. Auf die NB. des Angekl. erfolgte Vernichtung. Gründe:

Abgesehen auch davon, daß schon durch die zeitige Appellationsanmeldung des Angeschuldigten, sowie durch die, wenn auch mit der Richtung gegen den Angeschuldigten, von der StA.-schaft eingewendete Appellation der App.-Richter mit der ganzen Sache befaßt, daß die Appellation des Angeschuldigten von der Einreichung einer Rechtfertigungsschrift nicht abhängig und auch ohne Eingang einer solchen die

Sache in ihrem ganzen Umfange sowohl in formeller als materieller Beziehung von dem App.-Richter zu prüfen war, und daß hierbei schon auch für den Angeschuldigten sich ergebende, nicht in einem bloß thatsächlichen neuen Vorbringen bestehende Vertheidigungsmomente von dem App.-Richter zu berücksichtigen waren, so hat der Art. 104 Abs. 2 des Ges.s v. 3. Mai 1852 dem App.-Richter die Befugniß eingeräumt, aus besonderen Gründen (vgl. Erk. v. 26. Juni 1857, G. A. 5. S. 672) die Appellationsschrift noch nach Ablauf der zur Rechtfertigung der Appellation und namentlich zur Angabe neuer Thatsachen und Beweismittel bestimmten gesetzlichen Frist zuzulassen. — Ist der App.-Richter, Inhalts der Gründe seines Erkenntnisses, sich dieser ihm zustehenden Befugniß nicht bewußt gewesen, hat er danach das dieserhalb ihm zustehende Ermessen nicht eintreten lassen, so ist dadurch jener Art. 104 und damit ein wesentlicher Grundsatz des Verfahrens verletzt. Denn, wie in den Präjj. Nr. 77 v. 2. Febr. 1854 und v. 14. März 1856 näher ausgeführt ist, legt das Gesetz, indem es dem App.-Richter jenes Ermessen eingeräumt hat, demselben auch die Pflicht auf, die ihm zustehende Befugniß nicht zu ignoriren, vielmehr das ihm eingeräumte Ermessen eintreten zu lassen. Der App.-Richter darf erst nach dem Ablaufe der Rechtfertigungsfrist vorgebrachte neue Vertheidigungs-Momente, auch wenn sie thatsächlicher Natur sind, nicht bloß aus dem Grunde, daß solches Vorbringen verspätet sei, ganz unberücksichtigt lassen.

Antr. des GStA.s: gleichl. [26. — 2.]

Rheinisches Recht. — Ruralvergehen. — Strafmaaß.

Für das linke Rheinufer hat das Ges. v. 23. therm. IV Art. 2 für alle Feld- und Forstfrevel das geringste Maaß der Geldstrafe auf den Werth dreier Tagelöhne bestimmt, ohne hierbei zwischen zuchtpolizeilichen und polizeilichen Fällen zu unterscheiden.

Code v 3. brum. IV Art. 605 Nr. 9, 606, 609; Ges. v. 23. therm. IV Art. 2.

Erk. (B. II.) v. 16. Juni 1864 c. Binz & Schuh (152. II. Cr.).

B. und Sch. hatten auf fremden Grundstücken Feldfrüchte unter Benutzung einer Fuhre entwendet, und wurden deshalb aus Art. 35 Tit. 2 des Rh. Rur.-Ges.s v. 28. Sept. 1791 zu einer mehrtägigen Gefängnißstrafe und jeder zu einer Geldbuße von 10 Sgr. verurtheilt. Die Richter gingen davon aus, der vom öff. Ministerium in Bezug genommene Art. 2 des Ges.s v. 23. therm. IV (welcher für Forst- und Feldfrevel das geringste Maaß der Geldbuße auf den Werth von 3 Tagelöhnen erhöht hatte) treffe hier nicht zu, weil dieses Gesetz nach seinem Zusammenhange mit dem C. v. 3. brum. IV Art. 600. 605 Nr. 9. 609 und 150 Nr. 1 nur auf die polizeilich zu ahndenden Feld- 2c. Frevel, nicht aber auf die zur Kompetenz der Korrektionell-Gerichte gehörigen, zu beziehen sei. Auf den Kassationsrekurs des Ob.-Prokurators ist das Urtheil der App.-Kammer vernichtet und jeder der Beschuldigten zu einer Geldbuße von 24. Sgr. verurtheilt worden. Erwogen ward:

daß zwar der im Art. 2 des Ges.s v. 23. therm. IV in Bezug genommene Art. 606 des Code v. 3. brum. IV nur in Verbindung mit dem vorhergehenden Art. 605 steht, nach dessen Nr. 9 die Ruralvergehen, welche nach dem Tit. II des Rur.-Ges.s v. 28. Sept. 1791 zur Kompetenz der Munizipalgerichte gehörten, mithin alle Vergehen, welche darnach bloß mit einer Geldbuße, oder einer Gefängnißstrafe bis zu 3, resp. 5 Tagen bedroht waren, lediglich mit den Strafen der einfachen Polizei belegt werden sollten, so daß also die früher ihrer Höhe nach nicht limitirte Geldbuße nicht mehr über den Werth einer dreitägigen Tagesarbeit, und die Gefängnißstrafe nicht mehr über 3 Tage gehen konnte, während der Art. 609 des cit. Code v. 3. brum. IV für diejenigen Forst- und Feldvergehen, welche zur Kompetenz der korrektionellen Gerichte gehörten, die früheren Gesetze unverändert angewendet wissen wollte;

daß aber gleichwohl das spätere Ges. v. 23. therm. IV sowohl nach seiner Ueberschrift: „Loi relative à la répression des délits ruraux et forestiers", als auch nach dem Inhalte seiner drei Artikel einen allgemeinen Charakter hat, und daher auch ungeachtet dessen, daß es im Art. 2 den Art. 606 des C. v. 3. brum. IV bezieht, auf alle Feld- und Forstvergehen angewendet werden muß;

daß dafür auch die Art der Bezugnahme spricht, indem dabei nicht etwa die Natur des Vergehens, welches der Art. 606 vor Augen hat, sondern das darin fixirte Strafminimum — la peine d'une amende de la valeur d'une journée de travail ou d'un jour d'emprissonnement, fixée comme la moindre par l'article 606 du Code des délits et des peines — betont ist, und daß, wenn nun im Anschluß hieran bestimmt wird, daß fortan jene Strafe für jedes Feld- und Forstvergehen nicht unter einer Geldbuße vom Werthe eines dreitägigen Tagelohns, oder einer Gefängnißstrafe unter 3 Tagen seien könne, durch die Worte „tout délit rural" jede weitere Unterscheidung zwischen einfachen und korrektionellen Ruralvergehen ausgeschlossen wird;

In Erw., daß auch eine andere Annahme zu der Anomalie führen würde, daß das mit Rücksicht auf die Höhe der angedrohten Strafe zur Kompetenz der korrektionellen Gerichte gehörige und schwerere Feld- und Forstvergehen mit einer geringeren Strafe belegt werden könnte, als dies bei den leichteren der Fall ist, worüber der einfache Polizeirichter zu urtheilen hat;

daß, da nämlich das Ruralgesetz zwar im Art. 4 das Minimum der Geldbuße für jedes Ruralvergehen auf den Werth eines Tagelohns von einem Tage bestimmt hatte, das Minimum der Gefängnißstrafe aber weder hier noch in den allgemeinen Gesetzen v. 24. Aug. 1790 (Tit. XI. Art. 5) und 19. Juli 1791 fixirt war, und ferner auch durch den Code über die Verbrechen und Strafen die Kompetenz der Korrektionell-Gerichte nur nach der Höhe der Strafe normirt, und dabei eine materielle Bestimmung über das Minimum der von ihnen auszusprechenden Gefängnißstrafe nirgends getroffen worden, solches namentlich durch den Art. 601 daselbst nicht geschehen ist, — dermalen beispielsweise für das korrektionelle Feldvergehen aus Art. 35 des Ruralgesetzes, bei einem Schaden von nur 4 Silbergroschen auf eine Geldbuße vom Werthe eines eintägigen Tagelohns, und auf eine Gefängnißstrafe von einem Tage erkannt werden könnte, während für das Vergehen in seiner einfachsten Gestalt, wie es der Art. 34 daselbst vorsieht, vom Polizeirichter eine Geldbuße vom Werthe eines dreitägigen Tagelohns mindestens, und bei allenfallsiger Gefängnißstrafe eine solche von nicht weniger als drei Tagen ausgesprochen werden müßte;

daß eine solche Anomalie in der Absicht des Ges.s v. 23. therm. IV, welches eine strengere Handhabung der Feld- und Forstpolizei überhaupt bezweckte, nicht gelegen haben kann, und daher auch angenommen werden muß, daß unter dem „tout délit rural ou forestier" des Art. 2 alle Feldvergehen ohne Unterschied begriffen sein sollten;

daß mithin das angegriffene Urtheil, welches die Beschuldigten des im Art. 35 des Rur.-Ges.s vorgesehenen Vergehens für überführt erklärte, gegen jeden der Beschuldigten, neben der prinzipalen Gefängnißstrafe, eine Geldbuße von mindestens 24 Silbergroschen hätte aussprechen müssen, und folglich, da es statt dessen nur auf eine solche von 10 Silbergroschen erkannte, den Art. 2 des oft citirten Ges.s v. 23. therm. IV durch Nichtanwendung verletzt hat.

Antr. des GStA.s: gleichl. [27. — 2.]

Vertheidiger. — Rechtsanwalt. — Ort.

Jeder bei einem Preußischen Gerichte angestellte Rechtsanwalt ist zur Vertretung eines Angeklagten vor einem Instanzgerichte ohne Beschränkung auf einen Ort befugt.

Ges. v. 3. Mai 1852 Art. 20 [vgl. dort n. 1].

Erk. (V. I.) v. 17. Juni 1864 c. Zimmermann (304. I. Cr.).

Gegen die Angekl. war in 2. Inst. in contumaciam verfahren

worden, indem der als ihr Vertreter aufgetretene Rechtsanwalt H. vom AG. aus dem Grunde zurückgewiesen worden war, weil er nur beim Kreisgericht angestellt und daher nicht befugt sei, vor dem AG. zu vertheidigen; das AG. hatte deshalb ausgesprochen, daß seine bereits vorgetragenen An- und Ausführungen nicht berücksichtigt werden könnten. Auf die NB. der Z. erfolgte Vernichtung. Gründe:

Dadurch, daß dem von der Angeklagten zu ihrer Vertretung am AG. bevollmächtigten Rechtsanwalt H. aus dem angegebenen Grunde die Berücksichtigung seiner An- und Ausführungen versagt worden, ist unstreitig gegen die Grundsätze des Art. 20 des Ges.s v. 3. Mai 1852 und der §§ 134 und 136 der Vdn. v. 3. Jan. 1849 verstoßen und die Vertheidigung in unzulässiger Weise wesentlich beschränkt. Denn zur Vertheidigung und Vertretung der Angeklagten in Strafsachen ist nach Art. 20 Nr. 1 a. a. O. ebenso gewiß jeder zur Praxis an irgend einem Preußischen Gerichtshofe befugte Rechtsanwalt berufen, wie nach Nr. 2 daselbst jeder an einer Preußischen Universität habilitirte Doktor der Rechte; und dies Vertheidigungsrecht, d. h. die Befugniß, einen Andern vor den Strafgerichten in seiner Gegenwart oder Abwesenheit zu vertheidigen, ist, wie die Entstehungsgeschichte des Art. 20 und dessen Verhältniß zu den §§ 16 und 53 der cit. Vdn. zeigt, von einer örtlichen Anstellung völlig unabhängig, und abgesehen von der besonderen Bestimmung des § 147 l. c., nur an die in Art. 20 selbst bezeichneten Bedingungen geknüpft — vgl. JMVerf. v. 13. Apr. 1853, G. A. 2. S. 674.

Antr. des GStA.s: gleichl. [23.—1.]

Diebstahl. — Geschlagenes Holz. — Verarbeitung. — Dielen.

Der Instanzrichter, welcher annimmt, daß die aus gefälltem Holze geschnittenen, im Walde liegen gelassenen Dielen kein „geschlagenes Holz" im Sinne des § 217 Nr. 3 seien, verletzt kein Gesetz.

StGB. § 217 Nr. 3 [vgl. dort n. 41].

Erk. (Z. I.) v. 17. Juni 1864 c. Hey (415. I. Cr.).

H. hatte: „— — eine Quantität fremder Dielen dem rc. F. aus dem rc. Walde" gestohlen, war aber nur aus § 216 bestraft worden, indem das AG. den § 217 Nr. 3 deshalb für unanwendbar hielt, weil dieser eine Sache voraussetze, welche nicht unter genauer Aufsicht gehalten werden könne, was bei handwerksmäßig verarbeitetem, nur zufällig im Walde verbliebenem Holze nicht zutreffe. Die NB. des OStA.s, welche Gesetzesverletzung rügte, ward zurückgewiesen. Gründe:

Der Wortlaut des § 217 Nr. 3 des StGB.s entscheidet die vorliegende Frage für sich allein nicht, steht indessen allerdings schon mehr dem Appellations-Richter als dem Imploranten zur Seite. Denn wenn man auch im Gegensatze des Holzes auf dem Stamme unter dem geschlagenen Holze alles verstehen kann, was vom Stamme durch menschliche Thätigkeit, sei es zunächst mittelst der Axt oder der Säge, getrennt ist: so begreift doch weder der gemeine, noch der gesetzliche Sprachgebrauch unter der Bezeichnung „geschlagenes Holz" Dinge, die zwar ihrem Stoffe nach Holz sind, aber vermöge der Verarbeitung (Spezifikation) eine besondere Bestimmung und Bezeichnung erhalten haben, so daß nicht mehr das Material, sondern das Ergebniß der kunst- oder handwerksmäßigen Verarbeitung desselben als der wesentliche Gegenstand des Rechtes daran in Betracht kommt. Solche Sachen bleiben selbstredend auch nicht dadurch unter dem Gattungsbegriffe des geschlagenen Holzes, daß sie etwa noch im Walde aus diesem gemacht werden: ein Hausgeräthe z. B., das im Walde steht, besitzt der Eigenthümer nicht als geschlagenes Holz, sondern als Tisch, wenn er auch aus seinem eigenen Holze in seinem Walde hergestellt worden ist. Es kommt also in jedem einzelnen zweifelhaften Falle zuvörderst auf die mehr faktische, als rechtliche Prüfung an, ob mit dem gefällten Holze bereits eine derartige Veränderung vorgegangen sei, daß statt der Bezeichnung des Stoffes „Holz" die Bezeichnung einer daraus entstandenen neuen Sache sprachgebräuchlich Platz greift; die unter den verschiedenen Gesetzgebungen in der

Monarchie von einander abweichenden civilrechtlichen Bestimmungen können hierbei nur Fingerzeige, keine Entscheidungsgründe an die Hand geben. Dagegen ist der eigentlich rechtliche Theil der letzteren in der Geschichte und dem Grunde des betreffenden Strafgesetzes selbst zu suchen.

Bekanntlich waren die im § 217 cit. erwähnten Diebstähle schon in der älteren Gesetzgebung ausgezeichnet und dabei zugleich der Grund dieser Auszeichnung wiederholt angegeben. Hinsichtlich der Nr. 1. 2. 3 des § 217 drückt das ALR. II, 20. §§ 1141. 1143. 1144 denselben bestimmt aus; die Strafschärfung trat ein, weil die betreffenden Sachen „nicht unter genauer Aufsicht und Verwahrung gehalten werden können." Ebenso motivirte der Redner der Regierung den entsprechenden Art. 388 des Code pénal: weil der Diebstahl verübt werde an Sachen, die man der öffentlichen Treue anzuvertrauen genöthigt ist, die man unmöglich selbst bewachen oder bewachen lassen kann; (des objets, qu'on ne pouvait se dispenser de confier à la foi publique — qu'il est impossible de surveiller soi-même ou de faire surveiller.) Nachdem der Entwurf zum StGB. v. 1843 aus dem nämlichen Grunde die Diebstähle an den bezeichneten Gegenständen, als worauf derselbe anwendbar, in wesentlichem Anschlusse an deren Aufzählung in den vorgedachten Gesetzbüchern gleichfalls hervorgehoben hatte, ließ der Entwurf von 1847 die Exemplifikation ganz fallen und begnügte sich im § 269 mit der Norm: daß der Richter bei Diebstählen an Sachen, welche nicht unter besonderer Aufsicht und Verwahrung gehalten werden können, zu einer Herabsetzung des ordentlichen Strafminimums von 6 Wochen nicht ermächtigt sein solle. Im jüngsten Entwurfe kam die Staatsregierung aber wieder unter ausdrücklicher Bezugnahme auf das ALR. auf die alten Exempel der Diebstähle zurück, welche sich als „Diebstähle an Sachen" charakterisiren, „die nicht unter besonderer Aufsicht und Verwahrung gehalten werden können." (Motive zu § 200 S. 61 u. KB. II. K. S. 218.)

Ueberall ist also das entscheidende Gewicht auf eine gewisse Unmöglichkeit genauer oder besonderer Aufsicht und Verwahrung, auf das Nichtkönnen gelegt, und darf hierbei vernünftiger Weise auch nicht an eine absolute Unmöglichkeit gedacht werden, so schließt diese stets gleichmäßige Ausdrucksweise der Gesetzgebung doch ihre Anwendung auf die Diebstähle an Sachen aus, welche von den Eigenthümern nicht der allgemeinen Zugänglichkeit in Wald und Flur, beziehungsweise dem allgemeinen Forst- und Feldschutze, überlassen zu werden pflegen, sondern an besser zu bewahrenden Lagerorten ihre Stätte finden. Dadurch, daß der Eigenthümer sie dennoch nicht dahin bringt, nehmen sie offenbar nicht den Charakter von Dingen an, die nicht unter besonderer Aufsicht gehalten werden können; weder sein Wille noch sein subjektives Unvermögen kann eine strengere Bestrafung des Diebstahls an denselben herbeiführen, als wenn ein Anderer der Eigenthümer wäre und sie translocirt hätte.

Hiermit steht denn auch die Definition desjenigen Beispiels der dem öffentlichen Frieden anvertrauten Sachen in Uebereinstimmung, welches in Nr. 3 des § 217, in § 1144 II, 20. ALR. und in Art. 388 des vormaligen Rh. StGB.s aufgeführt ist: des „geschlagenen Holzes im Walde und auf der Ablage," sowie des „Schwemm- oder Flößholzes" — des „im Walde oder an der Ablage stehenden Holzes" (§ 1144 cit.), „Holz in den Schlägen" (Art. 388 cit.), „bereits gefälltes im Walde oder an den Ablagen stehendes Nutz- oder anderes Holz" (§ 32 des HDGes.s v. 7. Juni 1821), alles gleichbedeutende Ausdrücke für die Beschaffenheit, worin das Holz nach seiner Trennung vom Stamme im Walde zu bleiben pflegt (cf. Art. 168 CCC, „gehauenes Holz"), während für die weitere Bearbeitung desselben, namentlich zu Brettern oder Dielen, der Wald weder der nothwendige noch der gewöhnliche Platz ist.

Haben daher die Eigenthümer des S—er Waldes nach den erfolgten thatsächlichen Feststellungen im vorliegenden Falle, den Ankäufern des Holzes gestattet, dasselbe noch im Walde handwerksmäßig verarbeiten und die daraus gewonnenen Bretter dort liegen zu lassen, bis sie etwa diese als ihren Handelsgegenstand weiter verkaufen konnten: so hat der vorige Richter nicht gegen Wort und Geist des § 217 Nr. 3 des StGB.s verstoßen, indem er davon keine Anwendung machte, sondern auf § 216 sein Strafurtheil gründete.

Antr. des GStA.s: entg. [22. — 1.]

Widersetzlichkeit gegen Forstbeamte. — Beweisregel.

Die im § 10 des Ges.s v. 31. März 1837 aufgestellte „Vermuthung" ist mit den Grundsätzen des geltenden Strafprozeßrechts über die Beweisfrage nicht vereinbar und daher als aufgehoben zu betrachten.

Ges. v. 31. März 1837 § 10; — Vdn. v. 3. Jan. 1849 § 22 [vgl. dort n. 67. 69. 72].

Erk. (B. I.) v. 22. Juni 1864 c. Trojahn & Busch (675. I. Cr.).

Obwohl das Ges. v. 31. März 1837 über die Strafe der Widersetzlichkeit bei Forst- und Jagdverbrechen im Allgemeinen durch Art. II. des Einf.-Ges.s z. StGB. v. 14. Apr. 1851 ausdrücklich als in Kraft bleibend erklärt ist, so kann doch dem § 10 desselben gegenwärtig keine Gültigkeit mehr beigelegt werden.

Der § 10 schreibt keinesweges vor, daß derjenige, welcher auf einen Forstbeamten, Berechtigten oder Aufseher schießt, unbedingt mit der Strafe des versuchten Todtschlages oder Mordes belegt werden soll, sondern stellt nur die Vermuthung auf, daß ein solcher die Absicht zu tödten gehabt habe, und deshalb, falls er diese Vermuthung zu entkräften nicht im Stande ist, auch wenn keine Verletzung erfolgt ist, die Strafe des versuchten Todtschlages oder Mordes erleiden soll. Der § 10 l. c. droht hiernach eine bestimmte Strafe überhaupt nicht an, sondern spricht nur in gleicher Weise eine rechtliche Vermuthung aus, wie solches schon in dem zur Zeit der Emanation des Ges.s v. 31. März 1837 gültigen allgemeinen Strafrecht in den §§ 811—814 II, 20 ALR. geschehen ist.

Mit diesen damals gültigen allgemeinen strafrechtlichen Vorschriften muß der § 10 des gedachten Ges.s in Verbindung gebracht werden, und nachdem die ersteren durch das StGB. ihre Gültigkeit verloren haben, ist dies konsequenterweise auch von dem § 10 l. c. anzunehmen, da er gewissermaaßen nur einen Zusatz zu jenen bildet, nämlich eine Exemplifikation derselben enthält. Dazu kommt nun aber noch, daß auch durch das neuere Strafverfahren der § 10 l. c. für aufgehoben erachtet werden muß, weil er namentlich mit § 22 der Vdn. v. 3. Jan. 1849, nach welchem der Richter nach seiner freien, aus dem Inbegriff der vor ihm erfolgten Verhandlungen geschöpften Ueberzeugung über die Schuld des Angeklagten zu entscheiden hat, ebensowenig in Einklang zu bringen ist, als mit dem jetzt bestehenden Verfahren vor Geschworenen, da letztere allein über die That und Schuldfrage und zwar nach Art. 95 des Ges.s v. 3. Mai 1852 gleichfalls nach ihrer freien, aus dem Inbegriff der vor ihnen erfolgten Verhandlungen geschöpften gewissenhaften Ueberzeugung zu befinden haben.

In ähnlicher Weise ist auch bereits durch das Erk. des OTr.s v. 24. Juni 1858 c. Kerpen II. 202 ausgesprochen, daß die in § 7 des Ges.s v. 31. März 1837 über die Strafe der Widersetzlichkeit bei Forst- und Jagdverbrechen und in § 10 des Gesetzes von gleichem Datum über den Waffengebrauch der Forst- und Jagdbeamten den Aussagen gewisser Zeugen beigelegten Wirkungen in Betreff der Beweiskraft in dem jetzigen Strafverfahren nicht mehr maaßgebend sein können.

Antr. des GStA.s: gleichl. [18.—4.]

Unterschlagung. — Funddiebstahl. — Irrige Zahlung.

Es ist kein Rechtsirrthum, wenn der Instanzrichter eine Erlangung durch Zufall und daher

eventuell Fundbiebstahl da annimmt, wo Jemand bei einer Zahlung durch einen Irrthum des Zahlenden ein Werthpapier höheren Betrages erhält als beabsichtigt war.

StGB. § 226 [vgl. dort n. 13; RdOTr. 2. S. 522].

Erk. (Z. II.) v. 23. Juni 1864 c. **Döring** (133. II. Cr.).

Die Wittwe H. hatte dem Angeklagten eine Banknote von 50 Thlrn. gewechselt, ihm aber u. A. aus Irrthum statt einer Note von 10 Thlrn. eine solche von 100 Thlrn. herausgegeben; er hat den Besitz später einem Gensdarm gegenüber abgeleugnet und ist deshalb aus § 226 bestraft worden. Seine NB. ward zurückgewiesen. Gründe:

Zunächst ist die Tradition (und selbst die Zahlung) ein Rechtsgeschäft, und zwar ein, auf gegenseitig erklärter Willensübereinstimmung beruhendes, Rechtsgeschäft, — ein Vertrag (v. Savigny, System 3. S. 273. 312. 313. 315. 317. 354). Solche Willensübereinstimmung aber ist nicht vorhanden, wo durch einen wesentlichen, den Gegenstand der Tradition betreffenden Irrthum (error in corpore), in welchem sich der Tradirende befindet, der Wille des letzteren ausgeschlossen wird, es in Folge solchen Irrthums an dem Willen selbst mangelt (v. Savigny, a. a. O. S. 263ff. 355. 382. 468; Weiske, Rechtslex. 9. S. 219 Note 148; 12. S. 250. 274).

Ein solcher wesentlicher, den Gegenstand der Tradition betreffender Irrthum war hier, nach dem festgestellten Sachverhalte, der Irrthum der rc. H. Nicht ein Stück Papier-Materials war Gegenstand der Tradition, sondern ein Werthpapier von bestimmtem Betrage, und indem die rc. H. statt eines Werthpapiers über 10 Thlr., welches sie übergeben wollte und zu übergeben glaubte, irrthümlich ein solches über 100 Thlr. übergab, befand sie sich in einem, den Gegenstand betreffenden, wesentlichen, den Willen selbst und damit die Tradition und deren Wirkung, den Uebergang des Eigenthums, — ausschließenden Irrthum (v. Savigny a. a. O. S. 273. 355).

Sodann wird im Sinne des § 226 StGB. allerdings

durch Zufall die Gewahrsam auch da erlangt, wo anders, als durch eine bewußt unternommene, auf dem Willen der in einem Rechtsverhältnisse Betheiligten beruhende freie Handlung die Gewahrsam erlangt wird. Der App.-Richter hat deshalb hier, wo nicht bewußter Weise die rc. H. dem Angeschuldigten den qu. 100 Thalerschein eingehändigt hatte, ohne Rechtsirrthum angenommen, daß der Angeschuldigte die Gewahrsam dieses Werthpapiers durch Zufall erlangt gehabt habe. Der Angeschuldigte war auch keineswegs durch jene Einhändigung ermächtigt worden und überhaupt nicht befugt, diesen Schein, um daraus 10 Thlr. zu entnehmen, umzusetzen, vielmehr war er, wie es seine Pflicht gewesen wäre, denselben nicht anzunehmen, denselben gegen Empfang von 10 Thlrn. oder gegen Rücknahme des von ihm gegebenen 50 Thalerscheins und Rückgabe der sonst erhaltenen 40 Thlr., zurückzugeben verpflichtet, und zwar, da er keineswegs redlich bei der Annahme gehandelt hatte (ALR. I, 20. §§ 537. 538), selbst ohne ein Retentionsrecht zu haben.

Antr. des GStA.s: gleichl. [26. — 2.]

Doppelehe. — Dolus. — Ueberzeugung.

Bei der Doppelehe genügt als Dolus das Bewußtsein, daß keine Gewißheit über die erfolgte Auflösung der früheren Ehe vorhanden ist und ein hierauf bezüglicher Beweis nicht geführt werden kann; waltet dieses Bewußtsein ob, so wird die Strafbarkeit nicht dadurch ausgeschlossen, daß der Angeklagte „die Ueberzeugung hatte, seine frühere Ehe sei durch den Tod des früheren Ehegatten aufgelöst.“

StGB. § 139 [vgl. dort n. 3].

Erk. (B. I.) v. 24. Juni 1864 c. Falk (449. I. Cr.).

Die Angeklagte war in erster Ehe mit J. Falk verheirathet; derselbe hatte sie aber schon im Jahre 1851 verlassen und hatte sich nach Polen begeben; im J. 1862 heirathete sie darauf, ohne ihrer früheren

Ehe Erwähnung zu thun, den 2c. S. Aus § 139 StGB. angeklagt, ward sie von den Geschwornen nach dem Wortlaute dieses § schuldig befunden; gleichzeitig bejahten die Geschwornen aber auch eine zweite auf den Antrag des Vertheidigers gestellte Frage: „ob sie bei Eingehung der Ehe mit S. davon überzeugt gewesen sei, daß ihre Ehe mit F. durch dessen Tod aufgelöst sei," worauf der GH. unter Bezugnahme auf § 44 StGB. freisprach. Auf die NB. des OStA.s ist dieses Erk. vernichtet und die Sache vor ein neues Schwurgericht verwiesen worden. Gründe:

In den Fällen der vorliegenden Art handelt es sich größtentheils um die Bestimmung des Begriffes des, zur Erfüllung des Thatbestandes des Verbrechens der Bigamie erforderlichen Dolus. Ueber diesen giebt die Entstehungsgeschichte des § 139 StGB. den nöthigen Aufschluß. Der § 1066 II, 20 ALR. erforderte die wissentliche und vorsätzliche Vollziehung einer anderen Ehe vor Trennung der früheren. Der § 139 StGB. enthält für den verheiratheten Theil ein solches Requisit ausdrücklich nicht, und auch die Entwürfe von 1833 und 1836 stellten, abweichend von dem de 1829, ein derartiges nicht auf, erklärten jedoch ausdrücklich die Straflosigkeit der aus unverschuldetem Irrthum begangenen Bigamie. Die Immediat-Kommission von 1843 erachtete eine solche spezielle Bestimmung für überflüssig, weil sich die Straflosigkeit der kulposen Bigamie von selbst verstehe. Dagegen nahm die Gesetz-Revisions-Kommission an,

> daß der Fall eines unverschuldeten Irrthums undenkbar sei, daß vielmehr der Ehegatte, welcher leichtsinnig einer ihm zugegangenen Privat-Nachricht von dem Ableben des anderen Ehegatten Glauben beimesse, ohne sich darüber Gewißheit zu verschaffen, eigentlich in dolo sei.

Deshalb lautete der Entwurf dieser Kommission de 1830 an der betreffenden Stelle nur: „Wer vor Trennung seiner Ehe eine neue schließt 2c." Diese Fassung behielten die späteren Entwürfe und namentlich der de 1850 bei, und die Motive des Letzteren besagten in dieser Beziehung:

> „Mit Rücksicht auf die Heiligkeit der Ehe und die aus derselben entstehenden gegenseitigen Rechte und Verpflichtungen, ist die An-

forderung gerechtfertigt, daß ein Ehegatte, bevor er zu einer neuen Ehe schreitet, sich völlige Gewißheit darüber verschafft, daß sein früheres eheliches Verhältniß gelöst ist. Als Bedingung dieses Verbrechens kann daher nicht hingestellt werden, daß der Ehegatte positiv gewußt haben müsse, daß die Ehe noch bestehe. Solche Fälle, wie sie nach dem Russischen Feldzuge vorgekommen, wo die zurückgelassenen Ehefrauen von Militair-Personen in der unbegründeten Voraussetzung, daß ihre Ehemänner gestorben, sich anderweit, ohne sich darüber zu vergewissern, verheirathet haben, können daher nicht als straflos bezeichnet werden, vielmehr kann in solchen Fällen nur die Aufforderung an die Gesetzgebung gefunden werden, die Förmlichkeiten für die Todeserklärung bei solchen Gelegenheiten zu erleichtern." Motive S. 40.

Die Kommission der zweiten Kammer erklärte sich damit einverstanden und bemerkte:

„Bei Angabe des Thatbestandes dieses Verbrechens im ersten Absatze des Paragraphen geht der Entwurf davon aus, daß auch derjenige Ehegatte sich des Verbrechens schuldig mache, der, wiewohl er sich dessen bewußt ist, daß er einen gehörigen Nachweis über die durch Tod oder Todeserklärung erfolgte Auflösung seiner Ehe zu führen nicht im Stande sei, leichtsinnig eine neue Ehe eingeht, der also hierbei es darauf ankommen läßt, ob die frühere Ehe bereits wirklich aufgelöst ist. Nach dieser Bestimmung des Thatbestandes kann daher zwar auch hier bloße Fahrlässigkeit bei Eingehung der neuen Ehe nicht bestraft werden, es wird vielmehr auch hier das erwähnte Bewußtsein bei der Handlung vorausgesetzt, nicht aber böser Vorsatz in dem Sinne, daß gegen den die neue Ehe eingehenden Ehegatten der Beweis geführt werden müßte, daß er positiv gewußt habe, daß die Ehe noch bestehe." (Verhh. d. I. u. II. K. rc. Separat-Abdr. S. 121.)

Die Kommission der ersten Kammer äußerte sich in gleicher Weise. Es entstanden zwar Bedenken, ob der Thatbestand einer mehrfachen Ehe für den bereits verheiratheten Theil genügend bezeichnet sei, weil hiermit auch der Fall eingeschlossen werde, wenn ein Ehegatte, der sich in einem unverschuldeten thatsächlichen Irrthume über das Bestehen seiner Ehe befinde, eine neue Ehe eingeht, überhaupt auch ein bloßes fahrlässiges Verhalten; es wurden jedoch alle darauf hinzielenden Aenderungs-Anträge abgelehnt, und dadurch motivirt:

„Es liegt hierbei die Ansicht zum Grunde, daß der Charakter des Verbrechens theils Nichtachtung noch bestehender Rechte eines Ehegatten, theils Mißbrauch öffentlicher Formen, die zur Sicherstellung eines von Kirche und Staat geheiligten Verhältnisses dienen sollen, endlich auch Gleichgültigkeit gegen dieses selbst sei. In diesem Falle befindet sich aber nicht allein derjenige, welcher bestimmt weiß, daß sein bisheriges Eheband noch nicht aufgelöst sei, sondern auch derjenige, welcher Zweifel darüber, d. h. Gründe hat, sein Eheband für aufgelöst zu halten, dennoch aber unterläßt, sich darüber die nöthigen Aufklärungen zu verschaffen, oder die gesetzlichen Formen zum Zweck einer Ledigkeits-Erklärung zu beobachten, und somit leichtsinnig zu einer anderen Ehe schreitet. Es ist dies in der That ein wissentliches Hintenansetzen des Gesetzes, daher immer dem Vorsatz gleichzustellen, weil man sich mit der Unwissenheit des Gesetzes nicht schützen kann. Die Fassung des § schließt diesen Fall ein; wollte man eine vorsätzliche oder wissentliche Begehung des Verbrechens fordern, so würde er leicht als ausgeschlossen gelten können. Nur ein völlig schuldloses thatsächliches Nichtkennen der früheren Ehe oder ihres Fortbestandes kann und muß von jeder Strafe befreien. Dieses aber versteht sich nach den natürlichen Regeln der Zurechnung und Schuld ganz von selbst." (Ebendas. S. 465.)

Hieraus ergiebt sich deutlich, daß alle Faktoren der Gesetzgebung zum Thatbestande der Bigamie hinsichts des verheiratheten Theiles, zwar nicht das Vorhandensein einer auf Begehung des Verbrechens speziell gerichteten Absicht verlangt, aber andererseits es auch nicht für genügend erachtet haben, um die Strafbarkeit der Handlung auszuschließen, wenn der Thäter leichtsinnig und auf die Gefahr hin, daß die frühere Ehe noch besteht, eine neue eingeht, indem dann die Luxuria in den Dolus hinüberreicht. So wenig daher an eine Bestrafung der bloßen Culpa bei der Bigamie gedacht werden kann, ebenso wenig kann ein bloßes vages Glauben, daß das frühere Eheband gelöst sei, ohne daß die, dieses Glauben unterstützenden und ermittelnden Thatumstände schützend zur Seite treten, eine Straflosigkeit bedingen. Es hilft daher eine bloße subjektive Ueberzeugung von dem

Aufhören der bestehenden Ehe nichts, sofern nicht der Nachweis geführt werden kann, daß objektive Momente vorgelegen, um ein solches mit Grund annehmen zu können.

Als Dolus genügt deshalb das Bewußtsein, daß keine Gewißheit über die in gesetzlicher Weise erfolgte Auflösung der früheren Ehe vorhanden ist, und ein hierauf bezüglicher Nachweis nicht geführt werden kann.

Mit dieser Ausführung stimmen auch Beseler (Komm. S. 307) und Goltdammer (Matt. 2. S. 278) überein, auch haben ähnliche Grundsätze die Erkenntnisse des Kgl. OTr.s (I.) v. 12. Sept. 1856 c. Willim (G. A. 6. S. 857); (I.) v. 8. Jan. 1858 c. Stiel (G. A. 6. S. 109) und (I.) v. 11. Dez. 1857 c. Juschkat (G. A. 6. S. 112) entwickelt.

Dies vorausgeschickt, muß der NB. zugegeben werden, daß der Ausspruch der Geschwornen: „die Angeklagte habe bei Eingehung ihrer neuen Ehe die Ueberzeugung gehabt, daß ihre frühere durch den Tod des ersten Ehemannes aufgelöst gewesen," — nicht ausreicht, um die Anwendung des § 139 auszuschließen. Denn dieses Verdikt ist auf den verschiedenartig zu deutenden Ausdruck: „überzeugen" gestützt, und läßt nicht erkennen, ob die Angeklagte, abgesehen davon, daß sie persönlich an den Tod ihres ersten Ehemannes glaubte, auch an sich hinreichend Grund hatte, zu dieser Annahme zu gelangen.

Es waren in dieser Beziehung nach Ausweis des Audienz-Protokolles eingehende Anträge Seitens der Kgl. StA.-schaft ergangen, die indeß keine entsprechende Folge gehabt haben, vorzüglich um deshalb, wie sich aus den Gründen des angefochtenen Erkenntnisses ergiebt, weil man, anstatt auf das Wesen des zur Anwendung des § 139 erforderlichen Dolus einzugehen, einen Strafausschließungsgrund im Sinne des § 44 l. c. zu erkennen meinte. Aus diesen rechtsirrthümlichen Anschauungen ist die unzureichende Frage zu 2 den Geschwornen vorgelegt worden, welche die Freisprechung der Angeklagten zur Folge hatte.

Antr. des GStA.s: gleichl. [20. — 1.]

Preßvergehen. — Rückfall. — Untersagung des Gewerbebetriebs.

Auf den im § 54 angedrohten Verlust der Befugniß zum Gewerbebetriebe muß in den durch das Gesetz vorgesehenen Fällen nothwendig erkannt werden, sollte auch inzwischen dieser Verlust durch ein wegen eines anderen Straffalles ergangenes rechtskräftiges Erkenntniß verhängt worden sein.

Preßges. v. 12. Mai 1851 § 54.

Erk. (V. I.) v. 24. Juni 1864 c. Thiele (531. I. Cr.).

Th. ward eines im zweiten Rückfalle (Preßges. § 54) begangenen Preßvergehens schuldig befunden, gleichwohl ward der Verlust der Befugniß zum Gewerbebetriebe vom AG. nicht ausgesprochen, der betr. Antrag des OStA.s vielmehr „für erledigt erachtet," weil diese Strafe durch ein wegen eines anderen Straffalles ergangenes und rechtskräftig gewordenes Erkenntniß gegen Th. verhängt worden sei. Auf die NB. des OStA.s erfolgte Vernichtung und zusätzliche Verurtheilung zu jenem Verluste. Gründe:

In der Regel ist jede im Gesetze angedrohte Strafe und so auch der Verlust des Gewerbebetriebes nach § 54 des Preßges.s für jede That auszusprechen, welche damit bedroht ist. Von dieser Regel giebt es nur bestimmte Ausnahmen, namentlich in den §§ 56 und 57 des StGB.s und dem entsprechenden Art. 131 des Ges.s v. 3. Mai 1852, welche im vorliegenden Falle nicht Platz greifen. Die Entscheidung der Frage, ob ein Strafgesetz auf die festgestellte That durch Urtel anzuwenden sei, ist überhaupt nicht von der Vorfrage bedingt, ob und in wie weit die Vollstreckung dieses Urtels mit der Vollstreckung eines anderen Urtels über eine andere strafbare That der nämlichen Person zusammenfallen und in so fern eine besondere Wirkung nicht äußern werde, wenn eben nicht die Gesetze spezielle Vorsehung in dieser Hinsicht getroffen, d. h., wie es a. a. O. in Betreff der Freiheitsstrafen geschehen ist, bestimmt haben, daß einer Kumulation der Strafen durch den erkennenden Richter vorgebeugt werden soll. So kann auch die Todesstrafe freilich, wie Implorat hervorhebt, nur einmal Jemandem zugefügt, es kann und muß aber unstreitig so oft darauf erkannt werden, als eine That des Kondemnaten, welche das Gesetz damit bedroht, nach einer andern während seines Lebens zur Aburtheilung gelangt. Uebrigens paßt die Analogie der Todesstrafe mit der Aberkennung der Befugniß zum Gewerbebetriebe zu Gunsten des Angeklagten in so weit nicht, als die Vollstreckung der letztern mit der Rechtskraft des Urtheils bewirkt wird, der vorige Richter daher der Ansicht ist, eine nochmalige Aberkennung habe keinen Gegenstand, da nicht erhelle, daß die am 6. Juli 1863 dem Angeklagten abgesprochene Befugniß ihm von Neuem verliehen worden, und der betreffende Antrag der StA.-schaft müsse deshalb als erledigt angesehen werden. Diese Ansicht beruht nichtsdestoweniger auf der vorgedachten Verwechselung der Straferkennung und Strafvollstreckung. Abgesehen davon, daß die Ungewißheit, das „Nicht-Erhellen" darüber, ob dem Angeklagten seit Juli 1863 die fragl. Befugniß nicht wieder verliehen worden, für sich allein noch nicht einmal die Folgerung zuläßt, daß der Gegenstand der Strafvollstreckung für ein gegenwärtig jene Befugniß noch einmal aberkennendes Urtel fehle, so würde doch auch der positiv festgestellte bisherige Fortbestand der Wirkungen des Urtels vom 6. Juli 1863 kein Hinderniß abgeben können, das Strafgesetz in dem jetzt zu fällenden Erkenntnisse für das diesem Urtel fremde Preßvergehen aus dem Januar 1863 wiederum zur vollen Geltung zu bringen. Denn das Gesetz verlangt zunächst seine unmittelbare Anwendung im Urtel; der das erstere erschöpfende Ausspruch ist der wesentliche Gegenstand der Aufgabe des letzteren, für die ihm unterbreitete Strafthat, und der gegenwärtige Antrag der StA.-schaft, auf das im Januar 1863 verübte Vergehen des Angeklagten den § 54 des Preßgesetzes anzuwenden, ist keineswegs erledigt durch die frühere Anwendung dieses § auf ein im Jahre 1862 begangenes Preßvergehen. Insbesondere auch für die vom Imploranten angeführten Eventualitäten, daß das Urtel v. 6. Juli 1863 seine Wirksamkeit verlieren möchte, verlangt derselbe mit Recht noch die gesetzliche Sühne des Vergehens aus 1863.

Antr. des GStA.s: gleichl. [22. — 1.]

Presse. — Drucker. — Namen. — Firma.

Dem § 7 des Preßges.s ist nicht genügt, wenn auf einer Druckschrift statt des Namens die Firma des Druckers genannt ist.

Preßges. v. 12. Mai 1851 §§ 7. 39.

Erk. (S. I.) v. 24. Juni 1864 c. Reichardt (621. I. Cr.).

Der § 7 Abs. 1 des Preßges.s lautet wörtlich: „Auf jeder Druckschrift muß der Name und der Wohnort des Druckers genannt sein." Schon nach dieser Wortfassung kann es nicht für genügend angesehen werden, wenn statt des Namens des Druckers die Firma genannt ist, unter welcher er sein Druckereigeschäft betreibt. Wäre eine Gleichstellung in dieser Beziehung vom Gesetzgeber beabsichtigt, so hätte es sehr nahe gelegen, dies im § 7 l. c. deutlich auszusprechen, nämlich zu erfordern, daß der Name oder die Firma genannt sein müssen. Aber auch in den Materialien zum Preßgesetz findet sich nicht nur nirgend eine Andeutung, daß auch die bloße Angabe der Firma genügen soll, sondern es ist auch bei Berathung des § 7 l. c. in der ersten Kammer der Antrag: statt des Wortes „Drucker" zu setzen „die Anstalt, aus welcher die Druckschrift hervorgegangen ist" abgelehnt worden, nachdem der Regierungs-Kommissarius geltend gemacht hatte, daß auf diese Weise erhebliche Zweifel darüber entstehen könnten, an wen sich die Gerichte und Behörden zu halten hätten, um eine Verfolgung wegen Preßvergehen oder Kontraventionen einzuleiten, und daß daher, wenn die Anstalt genannt werden sollte, zugleich mit ihr auch derjenige genannt werden müsse, welcher deren Inhaber ist, oder derjenige, welcher für sie die Verantwortlichkeit übernommen hat. Der Zweck des Al. 1 des § 7 l. c. geht offenbar dahin, den für die Druckschrift verantwortlichen Drucker sofort und mit Sicherheit kenntlich zu machen, was durch bloße Angabe der Firma nicht zu erreichen ist. Denn wenn auch die jedesmaligen Inhaber einer Firma durch das Handelsgericht zu ermitteln sind, so kann dies doch nur durch Rückfragen mit Zeitverlust verbunden geschehen, während es wünschenswerth ist, daß nicht bloß die Gerichte und sonstigen Behörden, sondern auch die betheiligten Privatpersonen sofort aus der Druckschrift selbst ersehen können, mit wem sie es als verantwortlichem Drucker zu thun haben. Dazu kommt, daß in vielen Fällen, namentlich bei Veränderungen in der Person des Inhabers des Geschäftes, die zeitigen Inhaber desselben noch nicht aus dem betreffenden Register erhellen werden, so daß erst Recherchen in dieser Beziehung nothwendig werden, also Weitläuftigkeiten entstehen können, die das Gesetz gerade hat vermeiden wollen.

Anlangend endlich den Art. 15 des D. HGB.s, auf welchen sich die vorigen Richter berufen, so kann einestheils durch die allgemeine Vorschrift dieses Artikels die im § 7 Al. 1 des Preßges.s gegebene Spezialbestimmung nicht für abgeändert angesehen werden, anderntheils ist hier auch gar nicht von Handelsgeschäften die Rede. Der Art. 15 l. c., welcher lautet: „die Firma eines Kaufmanns ist der Name, unter welchem er im Handel seine Geschäfte betreibt und die Unterschrift abgiebt," kann also auch aus diesem Grunde schon auf den § 7 Abs. 1 cit. nicht bezogen, und letzterer durch ihn nicht für alterirt erachtet werden.

Antr. des GStA.s: gleichl. [18.—1.]

Diebstahl. — Kirche. — Dem Gottesdienste gewidmete Sache.

Beim Diebstahl aus einer Kirche wird § 218 Nr. 1 StGB. anwendbar, sobald die betreffende

Sache auch nur mittelbar dem Gottesdienste gewidmet war.

StGB. § 218 Nr. 1 [vgl. dort n. 8].

Erk. (Z. I.) v. 24. Juni 1864 c. Dittmann (647. I. Cr.).

D. war aus § 218 Nr. 1 bestraft worden, weil er aus einer Kirche eine Quantität Glassteine von einem Kronleuchter gestohlen hatte, welcher, wie das AG. ausdrücklich feststellte, wenigstens mittelbar dem Gottesdienste gewidmet gewesen sei. Die NB. des Angekl. ward zurückgewiesen. Gründe:

Der § 218 Nr. 1 des StGB.s ist richtig angewendet worden, weil dieser § nur von Sachen spricht, „welche dem Gottesdienste gewidmet sind," ohne zu unterscheiden, ob dieses mittelbar oder unmittelbar der Fall ist und ob die betreffenden Gegenstände sakramentaler Natur und ob sie geweiht sind oder nicht, wie solches auch die Entstehungsgeschichte dieses § eines Mehreren darthut; vgl. Goltd. Matt. 2. S. 268. 473.

Antr. des GStA.s: gleichl. [28. — 1.]

Disziplin. — Rechtsanwalt. — Ehrenrath. — Ausscheiden. — Kompetenz.

Das Ober-Tribunal hat nicht darüber zu entscheiden, ob ein Rechtsanwalt, gegen welchen eine Disziplinar-Untersuchung eingeleitet ist, aus dem Ehrenrathe der Rechtsanwalte ausscheiden müsse.

Vdn. v. 30. Apr. 1847 § 24.

Beschl. (I. Civ.-Sen.) v. 24. Juni 1864 (368. D. I. B.).

Gegen die Rechtsanwälte St., M. und J. hatte das AG. die Einleitung der Disziplinar-Untersuchung beschlossen und die Führung der letztern an sich gezogen (Ges. v. 21. Juli 1852 § 70). Gleichzeitig hatte es die Frage in Betracht gezogen, ob nunmehr die gedachten Anwalte aus dem Ehrenrathe, dessen Mitglieder sie waren, nach § 24 Vdn. 30. Apr. 1847 ausscheiden müßten; es hatte indessen diese Frage verneint, weil der Ehrenrath zur Entscheidung über diese Untersuchung nicht berufen werde. Die gegen die betr. Beschlüsse vom OStA. ergriffene Beschwerde hat das OTr. zurückgewiesen. Gründe:

Das OTr. kann auf eine materielle Prüfung und Erörterung der Beschwerde nicht eingehen, weil dieselbe überhaupt nicht zu seiner Kognition gehört. In dieser Beziehung schreibt der § 35 der Vdn. v. 2. Jan. 1849 vor: Beschwerden zc. Allerdings sind die Beschlüsse vom 11. und 12. v. Mts. nun durch die erfolgte Einleitung der Untersuchung gegen die zc. St., M. und J. herbeigeführt worden, sie beziehen sich indessen auf diese Untersuchung selbst nicht unmittelbar und zunächst, sie behandeln vielmehr generell die Frage: ob die genannten drei Rechtsanwalte seit der Eröffnung der wider sie eingeleiteten Disziplinar-Untersuchung und durch dieselbe allgemein außer Stand gesetzt sind, fortan als Mitglieder des Ehrenraths, bezüglich als Vorsitzender desselben zu fungiren? Die Beschlüsse betreffen daher in der That die Disziplin oder den Geschäftsbetrieb und sind im Aufsichtswege erlassen. Dergleichen generelle Anordnungen unterliegen aber nicht der Beurtheilung und Entscheidung der Instanzgerichte und namentlich nicht des OTr.s. Anders würde sich die Sache freilich gestalten, wenn etwa in einer einzelnen bei dem Ehrenrathe schwebenden Untersuchung von dem Angeschuldigten aus dem § 24 l. c. ein Perhorrescenzgrund gegen dessen bisherige Mitglieder und deren fernere Amtirung entnommen wäre, und so jene Frage in Bezug auf eine spezielle Sache im Wege der Beschwerde an das OTr. gebracht würde.

Wenn Sie in der Beschwerde auch noch auf die Artt. 11. 13 und 14 des Ges.s v. 3. Mai 1852 hinweisen, so kann dahingestellt bleiben, ob das genannte Gesetz, das sich selbst als eine zusätzliche Ergänzung und Abänderung der Vdn. v. 3. Jan. 1849 über die Einführung des mündlichen und öffentlichen Verfahrens mit Geschwornen in Untersuchungssachen ankündigt, auf Disziplinar-Untersuchungen unbedingt Anwendung findet, jedenfalls ist durch jene drei Artikel der oben extrahirte § 35 der Vdn. v. 2. Jan. 1849 nicht aufgehoben und über die Kompetenzfrage für Fälle der vorliegenden Art nichts entschieden.

Beschwerden gegen Beschlüsse der Appellationsgerichte,

durch welche die Amts-Suspension verhängt oder abgelehnt wird, verweist der § 47 des Disz.-Ges.s v. 7. Mai 1851 (vgl. Ges. v. 21. Juli 1852 § 71) allerdings auch an den obersten Gerichtshof; es handelt sich hier indessen nicht darum, ob die drei Angeschuldigten von ihren Aemtern als Rechtsanwalte und Notare zu suspendiren, sondern es fragt sich lediglich: ob sie in Folge der wider sie eingeleiteten Disziplinar-Untersuchung eo ipso aus dem Ehrenrathe, bezüglich aus der Stellung als Vorsitzender desselben ausgeschieden sind? Die Entscheidung dieser generellen Frage kompetirt aber dem OTr. nicht.

[—3.]

Betrug. — Gold und Silber. — Gehalt.

Der § 243 Nr. 2 StGB. findet nicht nur beim Verkaufe von Gold und Silber als Rohmaterial, sondern auch beim Verkaufe von verarbeitetem Metall Anwendung.

StGB. § 243 Nr. 2 [dort einzutr. als n. 15a].

Erk. (Z. I.) v. 29. Juni 1864 c. Eitig (418. I. Cr.).

E. hatte beim Verkaufe eines goldenen Ringes den Käufer über die Eigenschaft dieser Waare getäuscht und war aus § 243 Nr. 2 bestraft worden. Seine NB. rügte Gesetzesverletzung, weil der § nur auf den Verkauf von Gold und Silber als Rohmaterial anwendbar sei. Zurückweisung. Gründe:

Ein Rechtsirrthum tritt nicht ein, vielmehr hat der App.-Richter ganz richtig ausgeführt, daß eine Beschränkung auf den Verkauf von Gold und Silber als Rohmaterial weder der Fassung noch der Absicht dieser Strafvorschrift entsprechen würde. Die Entstehungsgeschichte, namentlich der Komm.-Ber. der I. K. S. 39 weiset nach, daß der § 243 Nr. 2 auf Waaren, d. h. auf verarbeitetes Material zu beziehen ist, und daß man diese Bestimmung auch auf Leinen- und Baumwollenwaaren, also gewiß auf Fabrikate, nicht auf Rohstoffe ausdehnen wollte.

Antr. des GStA.s: gleichl. [13. — 4.]

Anstiftung. — Bedingter Entschluß.

Hat sich Jemand zur Verübung einer Strafthat bedingungsweise erboten, so ist derjenige, welcher durch Erfüllung der Bedingung die Verübung der That herbeiführt, als Anstifter anzusehen.

StGB. § 34 Nr. 1 [vgl. dort n. 33a; RbOTr. 1. S. 303].

Beschl. (I.) v. 29. Juni 1864 c. Przeciszewski (Stein u. Gen. 180. B. I. Cr.).

Der Kanzlist St. hatte sich mehreren in Untersuchung befangenen Personen gegenüber erboten, gegen eine Geldvergütung die betr. Untersuchungsakten zu vernichten. Pr. und Gen. gingen auf diesen Vorschlag ein; nachdem sie die Zahlung geleistet hatten, zerstörte St. die Akten. Gegen ihn ward die Untersuchung aus § 106 StGB. eröffnet, dagegen erachtete die Rathskammer den Pr. und Gen. nicht für Anstifter, weil St. vorher schon zur Begehung der That entschlossen gewesen sei (vgl. Z. I. 13. März 1861 c. Harm; RbOTr. 1. S. 303) und eröffnete die Untersuchung gegen sie nur aus § 311 StGB. Auf die Beschw. des OStA.s ist der betr. Beschl. des AG.s aufgehoben und gegen Pr. rc. die Untersuchung auch aus §§ 106. 34 Nr. 1 StGB. eröffnet worden. Erwogen ward:

daß die Auffassung des AG.s eine rechtsirrthümliche ist, indem es zwar ein allgemeines Erforderniß der Anstiftung ist, daß durch dieselbe der verbrecherische Wille zur That in dem Thäter erweckt sein müsse, dieses Erforderniß aber auch da nicht fehlt, wo der Thäter nur bedingungsweise zur Ausführung der That entschlossen ist, diese Bedingung aber von dem Andern erfüllt und dadurch allein dasjenige Ereigniß hergestellt wird, ohne dessen Vorhandensein der Thäter, seiner eigenen Erklärung zufolge, die That nicht verübt haben würde;

daß hiernach allerdings die Erfordernisse der Theilnahme durch Anstiftung bei den drei Mitangeschuldigten vorhanden sind;

daß sonach, da außerdem ihre Handlungen den Thatbestand der aktiven Bestechung im Sinne des § 311 StGB. enthalten, beide Verbrechen resp. Vergehen, dasjenige der

Theilnahme an dem Verbrechen des § 323 StGB. und dasjenige der Bestechung, ideell konkurriren, beschlossen.

Antr. des GStA.s: gleichl. [15. — 3.]

---

1. Postfreimarke. — Entwerthung. — Vertilgung.
2. Betrug. — Postfreimarke. — Mißbrauch.

1. Als eine Vertilgung des Entwerthungszeichens einer Postfreimarke im Sinne des § 35 des Postges.s v. 5. Juni 1852 ist jedes Verfahren anzusehen, durch welches das Entwerthungszeichen beseitigt oder der Wahrnehmung entzogen wird.

2. Die Benutzung einer entwertheten oder halbirten Freimarke ist als Betrug zu bestrafen, wenn die Merkmale eines solchen vorliegen.

Postges. v. 5. Juni 1852 § 35 Nr. 6; StGB. §§ 253 [dort einzutr. als n. 3a]; 241.

Erk. (Z. II.) v. 30. Juni 1864 c. Heyne (221. II. Cr.).

Der Angeklagte hatte mehrere Postsendungen zur Post gegeben, welche er in der Weise mit je drei Freimarken beklebt hatte, daß die zweite die erste und die dritte die zweite theilweise deckten. Bei näherer Prüfung ergab sich indessen, daß die so theilweise überklebten Marken entweder halbirte oder durch Stempelabdruck entwerthete waren. Der erste Richter nahm sowohl in Betreff der entwertheten als in Betreff der halbirten Marken Betrugsversuch an, und führte dieses in Beziehung auf beide Verfahrungsweisen näher aus, indem er gleichzeitig sich dahin aussprach, daß in beiden Fällen § 253 StGB., sowie rücksichtlich der Benutzung der entwertheten Marken § 35 Nr. 6 des Postges.s v. 5. Juni 1852 nicht zuträfen. Der App.-Richter bestätigte das Urtheil, indem er beide Verfahrungsweisen weiter nicht unterschied, und die erstrichterliche Feststellung dahin „näher präcisirte": „daß H. — — es versucht habe, das Vermögen des Postfiskus dadurch zu beschädigen, daß er durch Unterdrückung der wahren Thatsache, daß die zur Freimachung verschiedener Kreuzbandsendungen nach Vertilgung des Entwerthungszeichens verwendeten Freimarken bereits entwerthet waren, bei dem betr. Postbeamten einen Irrthum erregte, ꝛc." NB. des Angeklagten. Zurückweisung. Gründe:

Anlangend die Anwendung des materiellen Strafgesetzes — § 241 (31) des StGB. — so hat der erste Richter mit Recht die beiden vorliegenden Fälle, den des Gebrauches entwertheter und den des Gebrauches getheilter Freimarken, einer gesonderten Erörterung unterworfen, da, wenn beide auch schließlich der Anwendung desselben Strafgesetzes unterliegen, sie doch verschiedenartige Gesichtspunkte darbieten und man in beiden auf einem andern Wege zu dem Schlußresultate gelangt. Da, wo es sich um den Gebrauch durch den Poststempel entwertheter Freimarken handelt, muß die strafrechtliche Beurtheilung zunächst an § 35 des Postges.s v. 5. Juni 1852 anknüpfen, welcher den einfachen Gebrauch solcher Freimarken mit der dort normirten Strafe bedroht, dagegen auf die allgemeinen Strafgesetze verweist, für den Fall, daß es bei der einfachen Verwendung der entwertheten Marken nicht geblieben, vielmehr für den Zweck solcher Verwendung das Entwerthungszeichen vertilgt worden ist. Wenn nun die Vorderrichter übereinstimmend angenommen haben, daß der hier gebrauchte Ausdruck: Vertilgung nicht in einem engeren buchstäblichen Sinne zu nehmen, sondern darunter jedes Mittel zu verstehen ist, wodurch, um die Verwendung ausführbar zu machen oder zu erleichtern, das vorhandene Entwerthungszeichen beseitigt oder der Wahrnehmung entzogen wird, so muß dieser Ansicht beigepflichtet werden. — Ist aber solchergestalt der Begriff dessen, was das Strafgesetz l. c. unter Vertilgung des Werthszeichens versteht, und wofür es auf die allgemeinen Strafgesetze verweist, richtig festgestellt, so ist die Anwendung der Strafgesetze über den Betrug auf diesen Fall weiter nicht zweifelhaft, da im Uebrigen das Vorhandensein der Merkmale desselben, resp. des strafbaren Versuchs (Irrthumserregung, Vermögensbeschädigung, Anfang der Ausführung) thatsächlich festgestellt ist. Eine Verletzung des § 35 des Postges.s, beziehungsweise des Art. II. des Einf.-Ges.s z. StGB. oder eine unrichtige Anwendnng des § 241 (31) des StGB.s liegt also bezüglich dieses Falles nicht vor.

Mit dem andern Falle, wo nicht schon einmal verwendete und durch Aufdruckung des Poststempels entwerthete, sondern durch Theilung oder Zerreißung werthlos gewordenen Freimarken verwendet worden sind, hat es zwar insofern eine andere Bewandtniß, als derselbe gänzlich außerhalb des § 35 des Postgesetzes liegt, indem hier von einem Entwerthungszeichen und von dessen Vertilgung in keiner Weise die Rede ist. Es kann daher auch nicht gebilligt werden, wenn der zweite Richter durch die der thatsächlichen Feststellung gegebene angeblich präcisere Fassung diesen Fall mit dem vorigen dadurch ganz und gar auf eine Linie gestellt, daß er die thatsächliche Voraussetzung einer stattgehabten Vertilgung des Entwerthungszeichens auch auf ihn ausgedehnt hat. Es unterliegt nichts destoweniger die Anwendung des § 241 des StGB.s auch auf diesen Fall keinem Bedenken, da der erste Richter das selbstständige Vorhandensein aller wesentlichen Merkmale des strafbaren Betrugsversuchs hier festgestellt und der zweite Richter dies durch Aufrechthaltung der Feststellung in ihrem ganzen Umfange bestätigt hat.

Antr. des GStA.s: gleichl. [29. — 2.]

Amtsunterschlagung. — Postpersonenzettel. — Kontrollregister.

Der Personenzettel einer fahrenden Post dient auch dazu, den Geldempfang der dazu berufenen Personen zu kontrolliren; die zur Verdeckung einer Unterschlagung vorgenommene unrichtige Führung eines solchen Zettels zieht die Strafe des § 325 StGB. auch dann nach sich, wenn bei dem ganzen Vorfalle instruktionswidrig verfahren ist.

StGB. § 325 [dort einzutr. als n. 13 a].

Beschl. (II.) v. 30. Juni 1864 c. Plügge (22. B. II. Cr.).

Bei den von einem Schirrmeister nicht begleiteten Fahrposten muß der Postillion, wenn unterwegs Personen aufsteigen, ihre Zahl und die von ihnen durchfahrenen Strecken im Personenzettel vermerken und das Personengeld in Empfang nehmen; die genauere Eintragung namentlich auch des erhobenen Geldbetrages erfolgt dann auf der nächsten Expedition. Der Postillion Pl. hatte in einem derartigen Falle die gedachte

Eintragung bewirkt, die Entfernung aber zu kurz angegeben und in entsprechender Weise auch nur einen Theil des erhobenen Personengeldes abgeliefert, den Rest aber bei Seite geschafft. Das Kr.-G. erachtete hier den § 325 für zutreffend und erklärte sich inkompetent, das AG. war anderer Ansicht und sprach die erneuerte Eröffnung der Untersuchung aus § 324 aus, indem es u. A. auch darauf ein Gewicht legte, daß Pl. eigentlich gar nicht den betr. Passagier habe auf- und von ihm die Zahlung nicht habe annehmen dürfen, weil er nicht an einem Zwischenhaltplatze, sondern auf der letzten Station ganz in der Nähe der Post eingestiegen sei, es also einer Einschreibung auf dem Bureau bedurft habe. Das OTr. hat zur Hebung des neg. Kompetenzkonfliktes das Erk. des AG.s aufgehoben und die Versetzung in den Anklagestand aus § 325 ausgesprochen, indem es erwog:

daß der Personenzettel einer fahrenden Post unzweifelhaft auch dazu dienen soll, den Geldempfang durch die dazu berufenen Personen, namentlich aber den Geldempfang der die Posten begleitenden Schirrmeister, resp. der Postillione in den Fällen zu kontrolliren, wo einzelne die Post benutzende Personen nicht von Station zu Station fahren, sondern an Zwischenpunkten einsteigen, resp. aussteigen;

daß es dabei auch keinen Unterschied macht, daß nach der Dienstinstruktion der vereinnahmte Geldbetrag nicht sofort von dem betreffenden Postillion selbst eingetragen wird, daß dieser vielmehr nur die Zahl der hinzutretenden Personen und die von ihnen durchfahrene Strecke vermerkt, da einestheils nach dieser Notiz der betreffende Geldbetrag sich nach feststehenden Grundsätzen ergeben muß, anderntheils auf Grund derselben die Einschreibung desselben durch die nächste Posterpedition erfolgt;

daß unter diesen Umständen der § 325 StGB. auf die dem Pl. zur Last gelegte Handlung Anwendung finden mußte;

daß hieran auch dadurch nichts geändert wird, daß nach der Instruktion die betreffende Verfahrungsweise da Platz greift, wo der zutretende Passagier an Zwischenorten aufsteigt, resp. abgeht, während da, wo ein Passagier von Station zu Station fährt — wie dies hier der 2c. H. gethan haben soll — die Anmeldung und Eintragung durch die Expedition bewirkt wird, da der Umstand, daß hier der Pl. instruktionswidrig verfahren haben mag, nicht geeignet sein kann, die Strafbarkeit seiner Handlungsweise zu mildern, und im Uebrigen der Grund der ganzen vorgeschriebenen Verfahrungsweise in einem Falle, wie der vorliegende, ebensowohl zutrifft, wie in dem andern, für welchen die Instruktion ausdrücklich Verfügung trifft.

Antr. des GStA s: gleichl. [27.—3.]

Appellation. — Befassung. — Beschwerde.

Durch die Appellation wird der zweite Richter mit der ganzen Sache befaßt; derselbe darf sich daher nicht auf die Prüfung derjenigen Punkte beschränken, welche zum Gegenstande ausdrücklicher Beschwerden gemacht worden sind.

Vdn. v. 3. Jan. 1849 § 129 [vgl. dort n. 1—4].

Erk. (V. I.) v. 1. Juli 1864 c. Ruben (Haß u. Gen. 634. I. Cr.).

R. war in 1. Inst. aus § 195 in Verbindung mit § 192a des StGB.s bestraft worden; er appellirte und machte verschiedene Beschwerden geltend, das AG. beseitigte dieselben und bestätigte das 1. Erk., indem es gleichzeitig erwog, daß die Frage, ob (wie der 1. Richter angenommen hatte) die dem Angegriffenen zugefügten Verletzungen zu den erheblichen zu zählen seien, nicht zum Gegenstande einer Appellationsbeschwerde gemacht worden seien. Auf die NB. des R. erfolgte Vernichtung und Zurückverweisung der Sache in die 2. Instanz. Gründe:

Das AG. hatte die erstrichterliche Feststellung nach Art. 101 des Ges.s v. 3. Mai 1852 im Ganzen zu prüfen und in Betreff eines jeden Merkmales des durch die angewendeten §§ 195 und 192a des StGB.s vorgesehenen Vergehens sich die Frage vorzulegen und zu beantworten, ob dagegen kein Bedenken bei ihm obwalte. Durch eine spezielle Beschwerde der Appellanten über die erstrichterliche Annahme des einen oder anderen Merkmals im fraglichen Thatbestande, dessen Vorhandensein überhaupt nebst der Anwendung der gedachten Strafbestimmungen die Appellanten bestritten hatten, war die selbstständige Prüfung der ganzen

Anklage von Seiten des App.-Richters keineswegs bedingt, und indem er sich der Untersuchung, ob der erste Richter mit Recht oder Unrecht die fraglichen Verletzungen als erhebliche nach § 192a des StGB.s qualifizirt habe, lediglich aus dem Grunde entzog, weil die Angeklagten diesen Umstand nicht zum Gegenstande einer besonderen Beschwerde gemacht hatten, hat er gegen seine in den Artt. 101 und 102 des cit. Ges.s und dem wesentlichen Berufe des Richters 2. Inst. begründete Pflicht der vollständigen sachlichen und rechtlichen Würdigung der unter Anklage gestellten, beziehungsweise vom ersten Richter bestraften Thathandlung verstoßen, so daß dieselbe, unter Vernichtung seines auf die mangelhafte Prüfung des Thatbestandes gebauten Urtels, ihm von Neuem aufgegeben werden mußte.

Antr. des GStA.s: gleichl. [23. — 1.]

---

1. 2. Mäkler. — Handelsbetrieb.
3. Sitzungsprotokoll. — Unterschrift.

1. **Ein Mäkler, welcher Handelsgeschäfte macht, begeht, selbst bei einer Mehrzahl derartiger Geschäfte, doch nur ein Vergehen.**

D. HGB. Art. 69 Nr. 1; Einf.-Ges. v. 24. Juni 1861 Art. 9 § 5.

2. **Das Verbot des „Machens von Handelsgeschäften" durch einen Mäkler umfaßt auch den Erwerb von Schiffsparten.**

Ebendas.

3. **Ist der Gerichtsvorsitzende nach dem Schlusse des Sitzungsprotokolls verhindert, dasselbe zu unterschreiben, so muß der älteste Beisitzer an seiner Stelle unterzeichnen.**

Ges. v. 3. Mai 1852 Artt. 78 [dort einzutr. als n. 50a]. 54.

Erk. (Z. I.) v. 1. Juli 1864 c. Ivers (664. I. Cr.).

Der Makler J. war angeklagt, Parten von zwei Schiffen erworben und dadurch der Vorschrift des Art. 69 Nr. 1 des D. HGB.s zuwider gehandelt zu haben; das AG. hielt nur einen dieser Fälle für erwiesen und bestrafte aus Art. 9 § 5 des Einf.-Ges.s v. 24. Juni 1861. Sowohl der OStA. als der Angekl. ergriffen die NB. Der erstere rügte, daß der Tenor des Erk.s des zweiten Falles, welcher auch Gegenstand der Anklage gewesen, keine Erwähnung thue, und behauptete außerdem die Nichtigkeit des ganzen Verfahrens, weil das Sitzungsprotokoll nicht von dem Vorsitzenden, sondern nur von den Beisitzern des AG.s unter gleichzeitiger Bescheinigung des inzwischen erfolgten Todes des ersteren unterschrieben sei. Der Angekl. machte dagegen geltend, daß der Ankauf von Schiffsparten nicht als ein „Machen von Handelsgeschäften" angesehen werden könne, da das Geschäft der Befrachtung des Schiffs lediglich durch den Korrespondenzrheder ohne jede Mitwirkung von seiner Seite besorgt worden sei. Das OTr. hat beide Beschwerden zurückgewiesen. Gründe:

Was zu A I. 1) die Beschwerde des OStA.s betrifft, so kann dieselbe schon deshalb nicht als zutreffend erachtet werden, weil, wenn der Art. 69 Nr. 1 des D. HGB.s den Mäklern ganz allgemein verbietet „Handelsgeschäfte" zu machen und der Art. 9 § 5 des Einf.-Ges.s ebenso allgemein die Verletzung dieser Pflicht mit Strafe bedroht, er diese Strafe zwar nicht nothwendig an den Nachweis einer Mehrzahl solcher Geschäfte knüpft, ebenso wenig aber, wenn eine Mehrzahl vorliegt, jedes einzelne derselben zu einem besonderen Vergehen stempelt, alle zusammen vielmehr, ähnlich wie im Falle eines unerlaubten Gewerbebetriebes, im Ganzen aufzufassen und als ein Vergehen anzusehen gestattet, weshalb es um so weniger der Aufführung aller vorliegenden Fälle dieser Art im Tenor bedarf.

Zu 2. Auch die Rüge des OStA.s gegen die formelle Gültigkeit des Audienzprotokolles 2. Inst. ist nicht begründet. Denn wenn gleich die Vorschrift des Art. 78 des Ges.s v. 3. Mai 1852 über die Führung des Audienzprotokolles in Schwurgerichtssachen unbedenklich auf die Audienzen der kollegialischen Gerichtsabtheilungen 1. und 2. Inst. analogisch anzuwenden ist; — vgl. Erk. v. 9. Febr. 1854 c. Bunsen (JMBl. S. 175); Erk. v. 21. Okt. 1859 c. v. Wedell (G. A. 7. S. 805) — so würde doch auch in Schwurgerichtssachen, wie schon der Abschn. 2 des Art. 54 a. a. O. zu erkennen giebt, die Unterschrift des Vorsitzenden, wenn derselbe nach gänzlich geschlossener Verhandlung durch höhere Gewalt an der Vollziehung des Protokolls verhindert werden sollte, durch das auf ihn folgende Mitglied des Schwurgerichtshofes, gewiß also auch durch alle vier Mitglieder desselben ersetzt werden können, da diese Mitglieder sämmtlich qualifizirt und im Stande sind, dasjenige zu beurkunden, was durch die Unterschrift des Vorsitzenden beurkundet werden soll. — Ist hiernach das Protokoll für gültig zu halten, so erledigt sich die Bemerkung des OStA.s, daß das auf Grund eines ungültigen Protokolles abgefaßte Erkenntniß nicht gültig sein könne, von selbst. Abgesehen davon, würde sie aber auch schon deshalb nicht richtig sein, weil das Erkenntniß gar nicht auf Grund des Protokolles, sondern lediglich auf Grund der mündlichen Verhandlung abgefaßt wird, — § 22 Vdn. v. 3. Jan. 1849 — vielmehr umgekehrt das Protokoll erst nach Abfassung des Urtheils geschlossen werden kann, weil es den Tenor des Erkenntnisses und außerdem zum wenigsten noch den Vermerk über die mündliche Verkündigung der Gründe enthalten muß, über die sich das Richter-Kollegium vereinigt hat. —

Zu B. Nicht weniger unbegründet ist endlich der materielle Angriff des Angeklagten wegen Verletzung der mehrerwähnten Vorschriften des HGB.s. Von diesen zählt es der Art. 69 Nr. 1 zu den Pflichten der Handelsmäkler, daß sie „für eigene Rechnung keine Handelsgeschäfte machen dürfen, weder mittelbar noch unmittelbar," und der Art. 9 § 5 des Einf.-Ges.s bedroht die Verletzung dieser und anderer Pflichten mit Geldbuße von 25—500 Thlrn. Aehnliche Bestimmungen enthielten schon die §§ 1322ff. II. 8. ALR., nur daß dieses im § 1323 a. a. O. noch die ganz besondere Vorschrift hatte, daß sich Mäkler auch keine „Schiffsparten" bedingen dürften. Dieses besondere Verbot ist nun zwar in das D. HGB. nicht mit übernommen worden, nach den Motiven jedoch nicht in der Absicht, es aufzuheben, sondern weil man es schon durch andere Bestimmungen mit ausgedrückt zu haben meinte. Es heißt nämlich in dem Protokoll der 16. Sitzung S. 123 bezüglich des Art.s 69 Nr. 1:

„Das Verbot des eigenen Handelsbetriebes ist in der Natur der Sache begründet. Der Handelsmäkler würde nicht mehr der unparteiische Vermittler von Handelsgeschäften sein können, wenn er ein eigenes Interesse an gewissen Handelsunternehmungen hätte. Das holländische Handelsgesetzbuch (Art. 65) und nach ihm der Würtemberger Entwurf (Art. 98) beschränken dieses Verbot auf denjenigen Handelszweig, für welchen der Handelsmäkler angestellt ist. Es erscheint aber angemessener, den Handelsbetrieb im Allgemeinen zu untersagen, wie dies das ALR. (II, 8. § 1322 ff.), so wie das französische HGB. (Art. 85) und das spanische (Art. 99) thuen; u. s. w."

Wenn nun aber unter den allegirten §§ 1322 ff. II, 8. des ALR.s nothwendig auch der § 1323 enthalten ist, der den Erwerb von Schiffsparten verbietet, so kann nur angenommen werden, daß man dieses Verbot als in dem Art. 69 Nr. 1 des neuen D. HGB.s mitbegriffen gedacht hat. Dafür spricht außerdem der Art. 271 Nr. 4, der zu den Handelsgeschäften auch „die Uebernahme der Beförderung von Gütern und Reisenden zur See zählt." Da nun im Allgemeinen Seeschiffe diesem Zwecke dienen und das Briggschiff „Friedrich von Schiller," von welchem der Angeklagte festgestellter Maaßen $^{2}/_{120}$ Part für sich erworben, wie gleichfalls feststeht, diesem Zwecke insbesondere gedient hat, so folgt von selbst, daß der Angeklagte durch seinen Eintritt in die Rhederei dieses Schiffes auch an den mit demselben betriebenen Frachtgeschäften, folglich an Handelsgeschäften Theil genommen hat. Zwar kann dem Angeklagten in rechtlicher Beziehung zugegeben werden, daß eine bloße Betheiligung an solchen Geschäften nicht identisch sei mit „Geschäfte machen," und in thatsächlicher Beziehung, daß die mit dem Briggschiffe „Friedrich von Schiller" gemachten Frachtgeschäfte nicht von ihm gemacht seien, sondern von dem Korrespondenzrheder, der dazu nach Artt. 458. 459 des D. HGB.s nicht nur überhaupt, sondern unter Umständen sogar unter Ausschließung der Mitrheder ermächtigt war; immer aber flossen die Vortheile des Geschäftes nach Verhältniß seines Antheils auch ihm zu; indem er also diese Geschäfte durch den Korrespondenzrheder für sich mit besorgen ließ, trieb er sie wenigstens mittelbar, was der oft angezogene Art. 69 Nr. 1 des HGB.s in Uebereinstimmung mit § 1322 II, 8. ALR. und mit Art. 85 des C. de comm. den Mäklern ebenfalls untersagt. — Es ist auch nicht richtig, was der Angeklagte behauptet, daß ein solcher Betrieb nicht geeignet sei, ihn mit seinen Mäklerpflichten in Konflikt zu bringen; denn es liegt zu Tage, daß wenn ein Schiffsmäkler für Schiffe, von denen er Parte besitzt, Frachten zu besorgen hat, er zum Nachtheil der Befrachter ein Interesse hat, die Fracht möglichst hoch herauszubringen.

Antr. des OStA.s: Zurückweisung der NB. des Angekl. und Vernichtung auf die NB. des OStA.s. [28. — 1.]

Bankerutt. — Verjährung.

Der Lauf der Verjährung eines Bankerutts beginnt erst mit der Konsumirung des Vergehens. Im Falle einer unordentlichen Buchführung (StGB. § 261 Nr. 2) beginnt daher der Lauf der Verjährung erst mit der demnächst eintretenden Zahlungseinstellung.

StGB. § 261 [dort einzutr. als n. 3a].

Erk. (Z. I.) v. 1. Juli 1864 c. Busse (673. I. Cr.).

B. hatte im J. 1863 seine Zahlungen eingestellt und war aus § 261 Nr. 2 bestraft worden, weil er in den Jahren 1852—1857 nicht ordnungsmäßige Handlungsbücher geführt hatte. Seine NB. rügte es, daß das AG. seinen Verjährungseinwand für unbegründet erachtet habe. Zurückweisung. Gründe:

Die unterlassene ordnungsmäßige Buchführung eines Kaufmanns bildet für sich allein noch keine strafbare Handlung; sie wird vielmehr erst zum Vergehen, wenn die Zahlungseinstellung hinzutritt. Letztere ist also ein wesentliches Requisit des Vergehens, durch deren Hinzutritt der einfache

Bankerutt erst konsumirt wird. Erst von dem konsumirten Vergehen an kann aber die Verjährung nach § 46 c. laufen, weil vor diesem Zeitpunkt noch nicht actio nata ist. Es kann daher auch nicht darauf ankommen, ob in einzelnen Fällen die Zahlungseinstellung des Kaufmanns von ihm verschuldet ist, oder durch Zufälligkeiten oder Unglücksfälle herbeigeführt wird, denn des Nachweises eines Kausalnexus zwischen der Zahlungseinstellung und der ordnungswidrigen Buchführung bedarf es nach dem Wortlaut und nach dem Sinne des § 261 c. nicht.

Antr. des GStA.s: gleichl. [14.—1.]

Entwendung. — Verwandter. — Glauben des Angeklagten. — Unredlicher Besitzer.

1. Der § 229 des StGB.s wird anwendbar, wenn Jemand eine Sache einem nahen Verwandten in der irrigen Meinung stiehlt, sie gehöre einem fremden Dritten.

StGB. § 229 [vgl. dort n. 15].

2. Der unredliche Besitzer, welchem eine Sache entwendet worden ist, kann nicht als Verletzter im Sinne des § 229 cit. angesehen werden.

StGB. §§ 229. 228 [dort einzutr. als n. 5 a].

Erk. (V. I.) v. 1. Juli 1864 c. Trost (683. I. Cr.).

Der in der Charité verstorbene minderjährige P. L. hatte als Erben seinen vollbürtigen Bruder A. L. in F. hinterlassen. Ein zu seinem Nachlasse gehöriger, im Besitze seines Meisters B. verbliebener Ueberzieher ward von dem Letztern der Halbschwester des Verstorbenen Th. Tr. ausgehändigt, nachdem der frühere Vormund des P. L. bescheinigt hatte, der letztere habe vor seinem Tode alle seine Sachen dem M. (Zuhälter der Th. Tr.) geschenkt. Diesen Ueberzieher hat der Angeklagte Tr. (Halbbruder des Verstorbenen) aus der Wohnung seiner Schwester, der genannten Th. Tr., entwendet; er ist deshalb aus §§ 215. 219 bestraft worden, obgleich ein Strafantrag des Erben A. L. (Halbbruder des Angekl.) nicht vorlag. Das AG. rechtfertigte diese Entscheidung durch die Ausführung: Tr. sei bei seiner Handlung der Ueberzeugung gewesen, der Ueberzieher gehöre dem ihm fremden M., die Anwendbarkeit des § 229 sei aber dadurch bedingt, daß der Dolus des Angekl. auf eine im Eigenthume der im cit. § hervorgehobenen Personen stehende Sache gerichtet gewesen sei; selbst wenn man aber auch diese Ansicht nicht theile, so sei M. dennoch hier ebenfalls als Verletzter anzusehen, weil er „durch die an ihn erfolgte Uebergabe des Rocks und dessen in gutem Glauben erfolgte Annahme rechtmäßiger Besitzer desselben geworden sei, die Th. Tr. demnächst den Rock von ihm zur Verwahrung erhalten und sonach seinen Besitz fortgesetzt habe.“ Auf die vom Angekl. und vom OStA. im Interesse des letztern ergriffene NB. hat das OTr. dieses Erk. vernichtet und die Sache in die 2. Instanz zurückverwiesen. Gründe:

Dem App.-Richter ist nicht darin beizupflichten, daß die Anwendung des § 229 StGB. nur gerechtfertigt sei, wenn der Dolus des Angeschuldigten auf eine in dem Eigenthume der dort genannten Verwandten stehende Sache als solche gerichtet war. Hat er das Eigenthum des Verwandten an einer von ihm aus der Gewahrsam einer dritten Person gestohlenen Sache auch nicht gekannt, diese Person ist aber durch den Diebstahl nicht verletzt, in ihren Rechten nicht beschädigt worden, — (vgl. den Fall des Präj. Nr. 160, Entsch. 30. S. 361) — sondern der dem Diebe nahe verwandte Eigenthümer ist der einzige Verletzte, so verbietet der § 229 deutlich, die Untersuchung ohne einen Antrag dieses Verwandten zu eröffnen. Der § 229 macht die Eröffnung der Untersuchung um so weniger von der Meinung des Diebes über den Eigenthümer der entwendeten Sache abhängig, als er seinen Grund in der Schonung der Familie hat, namentlich der in ihrem Eigenthume verletzten Eltern ꝛc., von deren nächsten Interessen die strafende Gerechtigkeit des Staates in den vorgesehenen Fällen ausnahmsweise sich zurückhält, bis sie von ihnen angerufen wird. Zwar dehnt der § 229 diese Rücksicht auf die Bande der Familie und die übrigen darin bezeichneten Pietäts-Verhältnisse nicht so weit aus, daß das Einschreiten der Behörden wegen eines Diebstahls oder einer Unterschlagung auch dann durch den Antrag des Vaters ꝛc. des Diebes bedingt wäre, wenn nicht der Vater allein durch die That verletzt, nicht gegen ihn allein dieselbe begangen ist, sondern auch gegen dritte, darunter in ihren Vermögensrechten leidende Personen. Vorliegend haben aber die Vorderrichter nur thatsächlich festgestellt, daß der fragliche Ueberzieher auf Anweisung des Vormundes des frühern Eigenthümers L. in Folge einer mündlichen, daher ungültigen Disposition dieses Eigenthümers von dem Depositar B. dem M. geschickt und daß M. durch die an ihn erfolgte Uebergabe und in gutem Glauben erfolgte Annahme des Rocks Besitzer desselben geworden sei, für ihn habe die Tr. den Rock verwahrt, seinen Besitz fortgesetzt, als der Angeklagte des Diebstahls daran sich schuldig machte; das Besitzrecht des M. sei daher durch diese Handlung — ganz abgesehen von der in gegenwärtiger Untersuchung nicht zum Austrage zu bringenden Eigenthumsfrage — im Sinne des § 229 verletzt. — Dabei nennt der App.-Richter den M. zwar einen rechtmäßigen Besitzer des Ueberziehers, allein aus den vorausgeschickten Thatsachen ist wenigstens nicht mit Bestimmtheit zu erkennen, was er darunter verstehe. Ein rechtmäßiger Besitzer im Sinne des § 10. I, 7. ALR. war M. demnach vielmehr nicht, denn die Ungültigkeit seines Titels ist festgestellt und nirgends spricht der App.-Richter sich darüber aus, ob M. nicht auch gewußt habe, daß sein Titel ungültig, er also unredlicher Besitzer gewesen sei, — § 11 l. c. — und welche in den folgenden §§ daselbst bezeichnete Voraussetzungen nach der Ansicht des Richters bei M. obgewaltet, namentlich worin sein „guter Glaube" bestanden habe.

Die thatsächliche Untersuchung hierüber war aber für die Entscheidung der Frage: ob M. durch die That des Angeklagten irgend eine Vermögens-Beschädigung, eine Verletzung, erlitten habe, von Erheblichkeit: denn war M.s Besitz am Ueberzieher ein unredlicher oder demselben gesetzlich gleichstehender — (§§ 11. 14. 15 a. a. O.) — so kann der Verlust dieses Besitzes an und für sich nicht für eine Beschädigung seines Vermögens gelten und nicht er, sondern der Eigenthümer L. in F. allein würde dann durch die Entwendung des Ueberziehers im Sinne des § 229 verletzt worden sein; vgl. §§ 137. 144. 177. 178. I, 7. ALR.

Antr. des GStA.s: entg. [23.—4.]

Zeuge. — Mangel der Vereidung. — App.-Gericht.

Der in zweiter Instanz nicht gerügte Mangel der Vereidung eines in zweiter Instanz vernommenen Zeugen hat die Nichtigkeit des appellationsgerichtlichen Urtheils zur Folge, wenn sich dieses auf das gedachte Zeugniß als ein vermeintlich vereidetes stützt.

Vdn. v. 3. Jan. 1849 § 55 [vgl. dort n. 23].

Erk. (B.I.) v. 1. Juli 1864 c. Hingst (690. I. Cr.).

Wenngleich die Unterlassung einer Zeugenvereidung in erster Instanz, welche in der zweiten nicht gerügt worden ist, an und für sich einen Angriff gegen das Verfahren des zweiten Richters nicht begründet: so gestaltet sich die Sache doch anders, wenn eine unbeeidete Aussage sowohl vom zweiten, wie vom ersten Richter, in der irrthümlichen Voraussetzung, sie enthalte ein eidliches Zeugniß, zum wesentlichen Träger seiner Entscheidung gemacht worden ist. Dieser Fall liegt hier vor. Der App.-Richter nennt zwar die Aussage des Damnifikaten v. B. nicht ausdrücklich eine beeidete; indem er sie aber als den Hauptstützpunkt des ersten Urtels, welches von der Beweiskraft derselben als eines eidlichen Zeugnisses ausgeht, auch zum vorzüglichen Gegenstande der Prüfung macht, ob er die erstrichterliche Feststellung beibehalten könne, wobei ihm nach Artt. 101 und 102 des Ges.s v. 3. Mai 1852 die formelle wie materielle Untersuchung der ganzen Sachlage von Amtswegen oblag, und die ihr vom ersten Richter gegebene formelle Qualifikation ganz unberührt läßt: adoptirt er letztere, baut auch seinen Glauben an den Inhalt und seinen Beitritt zur erstrichterlichen thatsächlichen Feststellung auf die vermeintliche eidliche Bekräftigung jener Aussage und somit auf ein formell nichtiges Fundament, welches die Nichtigkeit seines bestätigenden Erkenntnisses selbst, als des Aufbaues darauf nothwendig mit sich führt. Auch enthält sein Urtel für die Annahme, daß er die nämliche Ueberzeugung aus den Angaben des Damnifikaten geschöpft haben würde, wenn er dieselben nicht für ein eidliches Zeugniß nach dem Vorgange des ersten Richters angesehen hätte, keine Anhaltspunkte, nach Lage der Sache hätte es dafür einer bestimmten Erklärung bedurft.

Antr. des GStA.s: gleichl. [23. — 1.]

Münzfälschung. — Dolus. — Fragstellung.

Wenn der einer Münzfälschung Angeklagte die Stellung einer Frage an die Geschwornen darüber, ob er das Geld in der Absicht der Verausgabung nachgemacht habe, beantragt, so muß diesem Antrage bei Nichtigkeitsstrafe statt gegeben werden.

StGB. § 121 [vgl. dort n. 9].

Erk. (V. I.) v. 1. Juli 1864 c. Tecklenburg (721. I. Cr.).

T. wurde von den Geschwornen schuldig befunden, inländisches Metallgeld nachgemacht zu haben; sein Vertheidiger hatte vorher beantragt, den Geschwornen die Frage vorzulegen: „ob T. das Geld nicht in der Absicht nachgemacht habe, um es zu verausgaben;" der GH. hatte indessen diesen Antrag abgelehnt, „weil die Verhandlung nicht das mindeste Material zur Stellung dieser Frage geliefert habe." Auf die NB. des Angekl. erfolgte Vernichtung. Gründe:

Der § 121 StGB. erfordert zwar zum Thatbestand des dort vorgesehenen Verbrechens nicht die thatsächliche Feststellung, daß das falsche Geld in der Absicht, es auch wirklich in Umlauf zu setzen, nachgemacht worden ist; gleichwohl aber beruhet die Strafandrohung auf der Voraussetzung, daß diese Absicht bei der Anfertigung des falschen Geldes das Motiv des Thäters gewesen sei. Wird daher diese Absicht von Seiten des Angeklagten ausdrücklich bestritten, und beantragt derselbe, daß über das Nichtvorhandensein derselben im konkreten Falle den Geschwornen eine

Frage vorgelegt werde, so muß in Gemäßheit des Art. 81 des Ges.s v. 3. Mai 1852 den Geschwornen eine solche Frage vorgelegt werden, und zwar bei Strafe der Nichtigkeit des Verfahrens. Denn der Nachweis des Nichtvorhandenseins der gedachten Absicht schließt den strafrechtlichen Dolus, den der cit. § 121 voraussetzt, aus; dieser Nachweis bildet daher einen Strafausschließungsgrund, worüber auf den Antrag des Angeklagten den Geschwornen bei Strafe der Nichtigkeit eine zusätzliche Frage gestellt werden muß. Den auf eine solche Fragestellung gerichteten Antrag des Angeklagten kann daher der Schw.-GH. nicht ablehnen, und zwar am allerwenigsten aus dem Grunde, weil die Verhandlung kein thatsächliches Material zur Stellung der Frage geliefert habe, da eine solche Entscheidung einer Verneinung der verlangten Frage gleichsteht, und weil über diese Frage, da sie rein thatsächlicher Natur ist, nur die Geschwornen, niemals der GH. von vornherein zu entscheiden hat. Der GH. entzieht also durch eine solche Ablehnung dem Angeklagten das Recht, einen gesetzlichen Strafausschließungsgrund feststellen zu lassen, oder vielmehr er entzieht den ausschließlich hierzu berufenen Geschwornen die Entscheidung über das Vorhandensein oder Nichtvorhandensein des Strafausschließungsgrundes, indem er das Nichtvorhandensein desselben eigenmächtig feststellt. Weder zu dem einen noch zu dem anderen ist aber der Gerichtshof befugt, und er verletzt daher durch ein solches Verfahren wesentliche, unter Strafe der Nichtigkeit vorgeschriebene, Prozedur-Maaßregeln.

Antr. des GStA.s: gleichl. [14. — 1.]

Forstaufseher. — Bestellung. — Widersetzlichkeit.

Der Schutz des Ges.s v. 31. März 1857 wird auch solchen Forstaufsehern zu Theil, welche nicht vom Forsteigenthümer selbst, sondern mittelbar durch einen von ihm dazu Beauftragten bestellt worden sind.

Erk. (V. I.) v. 6. Juli 1864 c. Strack (669. I. Cr.).

Str. war in 1. Inst. wegen thätlicher Widersetzlichkeit gegen den Forstlehrling H., welcher von dem Gräflich B—schen Förster Sch. mit dem Forstschutze beauftragt war, aus dem Ges. v. 31. März 1837 § 1 bestraft worden. In 2. Inst. machte er geltend, H. sei nicht vom Forsteigenthümer (dem Grafen B.) zum Aufseher bestellt worden; nach stattgehabter Beweiserhebung über diesen Punkt sprach das AG. frei, weil H. nicht vom Grafen B. bestellt sei, und weil es zur Anwendung des cit. Ges.s nicht genügen könne, wenn H. mit Einwilligung des Gr. B. von dessen Förster Sch. als Lehrling angenommen und von dem letzteren zum Forstschutze angewiesen sei. Auf die NB. des OStA s ist dieses Erk. vernichtet und die Sache in die 2. Inst. zurückverwiesen worden. Gründe:

Es ist zwar richtig, daß das Ges. v. 31. März 1837 seinen Schutz unter Andern denjenigen Personen zu Theil werden läßt, welche von dem Jagd- und Forst-Berechtigten als Aufseher bestellt worden. Es kann aber hierbei rechtlich nicht in Zweifel gezogen werden, daß diese Bestellung von dem Forst- und Jagd-Berechtigten nicht bloß direkt und unmittelbar, sondern auch vermöge der ihm nach allgemeinen Grundsätzen zustehenden Befugniß, dritte Personen mit der Ausübung seiner Gerechtsame zu beauftragen, — mittelbar durch allgemeine oder spezielle Ermächtigung eines Anderen, zum Beispiel seines Försters in Betreff der, von diesem anzunehmenden Lehrlinge, erfolgen kann. Ist aber dies nicht zu bezweifeln, so folgt daraus von selbst, daß den solchergestalt als mittelbar von dem Forst- und Jagd-Berechtigten angestellten Aufsehern ebenfalls der Schutz des cit. Ges.s zu Theil werden muß. — Das angefochtene Erkenntniß hat nun diese Gesichtspunkte nicht gehörig gewürdigt, indem es sich mit der Feststellung begnügt hat, daß der Forsteigenthümer Graf B. seinem Förster Sch. die Erlaubniß ertheilt habe, Forstlehrlinge anzunehmen, und daß dann ꝛc. Sch., nicht aber der Graf B. dem Lehrling H. den Forstschutz übertragen. Es wäre vielmehr fernerweitig zu prüfen gewesen, ob nicht etwa der Graf B. dem Förster Sch. bei der Bewilligung der Annahme von Lehrlingen zugleich auch die allgemeine oder besondere Ermächtigung gegeben, diesen in vorkommenden Fällen auch die Aufsicht über die Forst zu übertragen. So wie die Ausführung des App.-Richters gegenwärtig lautet, liegt in ihr der Grundsatz ausgesprochen, daß nur der Forst- oder Jagd-Berechtigte selbst, resp. unmittelbar, die Bestellung eines Forstaufsehers vornehmen darf, und daß nur solchem der Schutz des cit. Ges.s zur Seite steht. Dies ist ein Rechtsirrthum.

Antr. des GStA.s: gleichl. [20.—3.]

Nachdruck. — Anonymer Verfasser. — Verleger.

Der Antrag auf Strafverfolgung wegen Nachdrucks kann von dem anonym gebliebenen Verfasser ausgehen, wenn er diese seine Verfasserschaft nachzuweisen vermag.

Ges. v. 11. Juni 1837 §§ 15. 1. 7.

Erk. (Z. I.) v. 6. Juli 1864 c. Vollmer (702. I. Cr.).

Die N—Zeitung hatte einen wissenschaftlichen Artikel ohne Nennung des Verfassers gebracht, welchen V. in die von ihm redigirte Börsenzeitung aufnahm. Er ward deshalb auf den Antrag des sich als Verfasser ausweisenden ꝛc. W. wegen Nachdrucks zur Untersuchung gezogen und bestraft, indem das AG. ausführte: W. sei zur Stellung des Antrags berechtigt gewesen und habe dieses Recht auch nicht durch seine Anonymität verloren; nur so lange er ungenannt bleibe, werde er durch den Verleger vertreten. Die NB. des V. rügte Verletzung der §§ 7 und 15 des Ges.s v. 11. Juni 1837: „der Verfasser einer Schrift habe den Schutz gegen Nachdruck nur, wenn er auf dem Titel genannt sei; im entgegengesetzten Falle trete der Verleger an seine Stelle, nur dieser könne daher den Nachdruck rügen; zwischen dem Verleger und ihm (V.) habe der Gebrauch bestanden, daß sie wechselseitig die von dem andern gebrachten Artikel in ihren Blättern nachgedruckt hätten; ihm habe nur das Verhältniß zum Verleger als Prüfstein der Statthaftigkeit des Nachdrucks dienen können; die Sache sei daher ebenso anzusehen, als habe ihm der Verleger das Recht zum Abdruck ausdrücklich eingeräumt; rücksichtlich des erst später bekannt gewordenen Verfassers habe er weder dolose noch kulpose gehandelt. — Zurückweisung. Gründe:

Der erste Richter stellt den wissenschaftlichen Charakter des hier in Rede stehenden Zeitungsartikels, also damit das Vorhandensein eines gegen den Nachdruck geschützten literarischen Objekts, fest. Die Form seines Erscheinens, nämlich als Zeitungsartikel, hat bei der Frage über den Schutz gegen Nachdruck an und für sich keinen Einfluß. Der Anspruch auf diesen Schutz steht nach § 1 des Ges.s v. 11. Juni 1837 dem Autor resp. seinen Rechtsnachfolgern zu. Daß der Denunziant W. hier der Autor sei und seine Verlagsrechte an den Herausgeber oder Verleger der N—Zeitung nicht abgetreten, dieselben sich vielmehr beim Abdrucke des Artikels in dieser Zeitung vorbehalten habe, stellt der erste Richter fest. Der § 7 des Gesetzes bestimmt nun in Beziehung auf anonyme Schriften, für welche eine besondere Schutzfrist bestimmt ist, daß zur Wahrnehmung des Rechtes auf diesen Schutz der Verleger an die Stelle des unbekannten Verfassers treten solle. Der Sinn dieser Vorschrift ist also deutlich der, daß der Verleger anonymer Schriften vor Gericht ohne Weiteres zur Geltendmachung des Schutzes, also zur Verfolgung des Nachdrucks legitimirt sei. Damit ist denn aber selbstverständlich nicht ausgeschlossen, daß dies nicht auch von dem Autor selbst geschehen könne, wenn er den Beweis seiner Autorschaft führt. Inwiefern nun der Angeklagte straflos gewesen sein würde, wenn er die ausdrückliche Erlaubniß zum Abdruck von dem Verleger der N—Zeitung erhalten hätte, obwohl demselben das Verlagsrecht an dem in Rede stehenden Artikel nicht zustand, mag hier unerörtert bleiben, jedenfalls hat der Angeklagte eine solche Erlaubniß nicht gehabt und der erste Richter verneint zugleich ausdrücklich die Existenz eines Usus zwischen beiden Zeitungen in Beziehung auf gegenseitigen Abdruck. Der Angeklagte konnte sich also keinerlei Recht, auch nicht einmal ein durch solchen Usus begründetes, zum Abdruck beilegen; es kann daher auch nicht einmal von einer bloßen Kulpa die Rede sein.

Die Verletzung eines Rechtsgrundsatzes, wie des am

Schlusse der NB. gedachten, ist hier in keiner Art ersichtlich. Daß der Artikel ein gegen Nachdruck geschütztes Objekt sei, konnte rechtlich dem Angeklagten nicht zweifelhaft sein. Sein Nachdruck hat daher unzweifelhaft das Recht eines Dritten verletzt, und für die Frage der Strafbarkeit ist es gleichgültig, ob er zur Zeit des Abdrucks den eigentlich Berechtigten bereits kannte, oder nicht.

Antr. des GStA.s: gleichl. [15. — 3.]

Jagd. — Dolus. — Kulpa.

Die Strafbarkeit der unbefugten Ausübung der Jagd ist bedingt durch das Bewußtsein der Widerrechtlichkeit; in Ermanglung desselben kommt es auf die Gründe und die Vermeidlichkeit des Irrthums nicht an.

StGB. § 274 [vgl. dort n. 13; RbOTr. 3. S. 351].

Erk. (S. II.) v. 7. Juli 1864 c. Bacmeister (148. II. Cr.).

B. war aus § 274 bestraft worden, weil er über die Grenzen seines Jagdgebiets hinaus die Jagd ausgeübt habe, der Jagdpächter aber die Grenzen seiner Jagd kennen müsse, und weil ein Ueberschreiten der letztern durch ein vermeidliches Versehen nicht straflos werden könne. NB. des Angekl. Vernichtung. Gründe:

Diese Ausführung beruht auf einer Verkennung des beim Jagdvergehen, wie bei allen Vergehen überhaupt erforderlichen strafrechtlichen Dolus, welcher das Bewußtsein der Widerrechtlichkeit der Handlung zu seiner Voraussetzung hat, mithin die Strafe ausschließt, wo dies Bewußtsein gefehlt hat, vielmehr der, wenn auch irrige Glaube an eine Berechtigung der Handlung vorhanden gewesen ist.

Antr. des GStA.s: gleichl. [22. — 2.]

Zolldefraude. — Waarenführer. — Steuerverschluß. — Revision. — Ermittlung des Tarifsatzes.

1. Ein Waarenführer, welcher die von ihm unter Steuerverschluß transportirte Waare am Bestimmungsorte an den Addressaten ohne vor-

gängige Revision abliefert, macht sich dadurch einer Zolldefraude schuldig, wenn der Verschluß ohne Mitwirkung der Steuerbehörde entfernt wird.

Zoll-Ges. v. 23. Jan. 1838 § 38; Begleitschein-Regul. v. 25. Nov. 1839 (Mind. Amtsbl. 1840 S. 95).

2. Sind die Waaren, welche Gegenstand einer Zolldefraude waren, nicht mehr durch eine Revision festzustellen, so ist stets der höchste Tarifsatz zum Grunde zu legen; jeder anderweitige Nachweis eines geringeren Tarifsatzes ist ausgeschlossen.

Zoll-Ordn. v. 23. Jan. 1838 §§ 43. 58.

Erk. (Z. II.) v. 7. Juli 1864 c. Stumpe (156. II. Cr.).

Der Schiffer St. hatte den Transport eines unter Steuerverschluß und Begleitschein-Kontrolle gestellten Kollo von Bremen nach Minden übernommen, und lieferte dasselbe in M. unmittelbar an den Addressaten N. ab, ohne vorher beim Steueramte die Revision zu veranlassen; bei N. ward die Plombe ohne Weiteres beseitigt. Wegen Zolldefraude bestraft, ergriff St. die NB. und machte geltend: er habe das Kollo mit allen Papieren an N. abgeliefert; da dieser nach § 14 des cit. Regulativs ebenfalls die Verpflichtung gehabt habe, die Zollrevision zu veranlassen und also für die Unterlassung verantwortlich sei, sei seine (des St.) Verbindlichkeit mit jener Ablieferung weggefallen; sodann aber habe das AG. mit Unrecht den erbotenen Nachweis abgelehnt, daß die im Kollo enthaltenen Waaren nicht den höchsten Tarifsatz getragen hätten. Zurückweisung. Gründe:

Zu 1. steht fest, daß der Angeklagte über abgabepflichtige Gegenstände vor der Anmeldung und Revision, die bei dem Hauptsteueramte in M. nach Inhalt des Begleitscheins hätte erfolgen sollen, durch Ablieferung derselben in der Wohnung des Addressaten ꝛc. N., verfügt hat. Hiermit war nach § 6 Nr. 3 des ZStr.-Ges.s v. 23. Jan. 1838 eine Zolldefraudation vollbracht. Auch war der Angeklagte der Urheber derselben, denn er als Waarenführer hatte die Waaren nach den unzweideutigen Bestimmungen der §§ 15 und 33 des Zollges.s und des § 59 des Begleitschein-Regul.s v. 25. Nov. 1839 dem Hauptsteueramte unmittelbar nach seiner Ankunft in M. zugleich mit den betreffenden Papieren zuzustellen und bis dahin den in Br. angelegten amtlichen Verschluß unverletzt zu erhalten. Sein Vergehen war daher gemäß § 6 Nr. 3 cit. vollendet, als er mit Umgehung dieser Verpflichtungen die Waaren aus seinen Händen an den Adressaten abgegeben hatte, und der Umstand, daß nach § 14 des gedachten Regulativs auch der Waaren-Empfänger auf dem Begleitscheine genannt sein soll, sowie die übrigen Sicherheitsmaaßregeln gegen Verkürzung der Zollgebühren sind für die Strafbarkeit des Angeklagten völlig unerheblich. Er konnte seine gesetzlichen Verpflichtungen auf keinen Andern übertragen, insbesondere nicht auf denjenigen, dem er verbotwidrig die Waaren übergab, indem er gerade dadurch jenen Verpflichtungen entgegen handelte, und sich in die Lage versetzte, seinerseits die vorschriftsmäßige amtliche Abfertigung der Waaren gar nicht mehr bewirken zu können. — Inwiefern ihm ein Regreß gegen den Waaren-Empfänger nach § 15 Alin. des Zollges.s und überhaupt zustehe, ist nicht Gegenstand des gegenwärtigen Verfahrens. — Der Vorderrichter hat den cit. § 6 Nr. 3 also richtig gegen den Imploranten in Anwendung gebracht.

Zu 2. Ebenso den § 58 der Zollordnung, worin der vorliegende Fall, wenn die Waaren nicht genau bekannt sind, von den umgekehrten unterschieden und bestimmt wird, daß in ersterem der höchste Eingangszoll zu erheben ist; so erklärt sich der Ausdruck „kann" durch die Worte „je nachdem" in § 58.

Antr. des GStA.s: gleichl. [23.—2.]

Rheinisches Verfahren. — Straferkenntniß. — Anführung der Thatsachen. — Gesonderte Feststellung.

1. Dem Art. 195 (211) der Rh. StPO. ist Genüge geleistet, wenn aus dem Gesammtinhalt eines Straferkenntnisses der Thatbestand zu erkennen ist, wegen dessen eine Bestrafung ausgesprochen ist.

2. **Diese Feststellung muß die konstitutiven Merkmale der betr. Strafthat umfassen und so speziell sein, daß sie in ihrer materiellen Grundlage von der thatsächlichen Feststellung eines damit verbundenen andern Vergehens unterschieden werden kann.** Rh. StPO. Artt. 195. 211.

Erk. (V. II.) v. 7. Juli 1864 Imme c. Loeff (164. II. Cr.).

Auf die von J. gegen L. erhobene Civilklage war der Letztere im Dispositiv des Erk.s 2. Inst. schuldig befunden worden: „— — den zc. J. — — schriftlich beleidigt und verleumdet zu haben." Die Gründe führten aus, daß L. ein Cirkular verbreitet habe, welches „seinem ganzen Inhalte nach nicht nur eine grobe Beleidigung, sondern auch eine Verleumdung des Civilklägers enthalte, welche geeignet sei, die Ehre und den Kredit des Letztern auf's Nachtheiligste zu gefährden." Auf den Kass.-Rekurs des L. ist dieses Erk. vernichtet und die Sache an eine andere App.-Kammer verwiesen worden. Erwogen ward:

daß der App.-Richter die nach der Bestimmung des Art. 211 der StPO. auch für die korrektionellen Gerichte zweiter Instanz geltende Vorschrift des Art. 195, dergemäß in dem Dispositiv eines jeden kondemnatorischen Urtheils die Thatsachen angeführt werden sollen, deren die vorgeladenen Personen schuldig oder wofür sie verantwortlich erklärt werden, allerdings unbeachtet gelassen hat, indem das Dispositiv des angegriffenen Urtheils, sofern es die Feststellung des Thatbestandes betrifft, sich lediglich darauf beschränkt, den Verklagten für überführt zu erklären: „den — — Kaufmann J. — — schriftlich beleidigt und verleumdet zu haben;"

daß indeß die Beachtung dieser Vorschrift des Art. 195 der StPO. bei Strafe der Nichtigkeit nicht geboten ist, und daß daher durch ihre Nichtbeachtung allein das angegriffene Urtheil der Kassation nicht unterliegen würde, sofern aus dem sonstigen Inhalte desselben der strafrechtliche Thatbestand derjenigen beiden Vergehen, wegen welcher gegen den Verklagten unter Anwendung der §§ 152 und 156 des StGB.s auf Strafe erkannt worden ist, in genügender Deutlichkeit zu entnehmen wäre;

daß dies aber nicht der Fall ist;

daß der App.-Richter es vielmehr in Bezug auf den objektiven Thatbestand der dem Verklagten zu Last gelegten Vergehen der schriftlichen Beleidigung und der Verleumdung auch in den Motiven des angegriffenen Urtheils bei der Erwägung belassen hat, „daß das inkriminirte Cirkular seinem ganzen Inhalte nach nicht nur eine grobe Beleidigung, sondern auch eine Verleumdung des Civilklägers enthalte, welche geeignet sei, die Ehre und den Kredit des Letzteren auf das Nachtheiligste zu gefährden;"

daß es hiernach völlig ungewiß und unentschieden bleibt, ob im Sinne der Auffassung des App.-Richters in jedem einzelnen Theile des Inhalts dieses Cirkulars zugleich eine schriftliche Beleidigung und eine Verleumdung, oder in welchen einzelnen Theilen desselben der Thatbestand der schriftlichen Beleidigung, und in welchen der Thatbestand der Verleumdung vorliege, mithin weder für das erste, noch das zweite Vergehen ein getrennter Thatbestand festgestellt ist;

daß namentlich das in dem § 156 des StGB.s vorgesehene Vergehen der Verleumdung nach der Bestimmung dieses § nur gegen denjenigen vorliegt, der in Beziehung auf einen Anderen unwahre Thatsachen behauptet oder verbreitet, welche denselben in der öffentlichen Meinung dem Hasse oder der Verachtung aussetzen;

daß es an einer solchen Feststellung des Thatbestandes der Verleumdung gegen den Verklagten hier durchaus fehlt, da der App.-Richter überhaupt keine Thatsachen angeführt, beziehungsweise aus dem Inhalte des inkriminirten Cirkulars hervorgehoben hat, durch deren Behauptung oder Verbreitung der Verklagte den Civilkläger in der öffentlichen Meinung dem Hasse oder der Verachtung ausgesetzt habe;

daß auch dann, wenn angenommen werden dürfte, daß der App.-Richter durch die Erwägung, daß das Cirkular seinem ganzen Inhalte nach nicht nur eine grobe Beleidigung, sondern auch eine Verleumdung des Civilklägers enthalte, nur der Ueberzeugung habe Ausdruck geben wollen, daß der ganze Inhalt des Cirkulars auch im Punkte der Verleumdung aus der Anführung einer einzigen oder der ununterbrochenen Verbindung mehrerer Thatsachen bestehe, doch immer die Feststellung fehlen würde, daß diese Eine oder diese mehreren, den ganzen Inhalt des Cirkulars erfüllenden Thatsachen unwahre Thatsachen gewesen seien;

daß die Frage: wann und unter welchen Bedingungen der Richter im Verleumdungs-Prozesse eine Thatsache als unwahr anzuerkennen habe, von der ihm dabei obliegenden Pflicht, die als unwahr anerkannte Thatsache auch als solche festzustellen, unter allen Umständen unabhängig ist;

daß in dem eben vorausgesetzten Falle überdies nur festgestellt sein würde, daß die Behauptung oder Verbreitung dieser Thatsachen geeignet sei, die Ehre und den Kredit des Civilklägers auf das Nachtheiligste zu gefährden, nicht aber auch, worauf es nach § 156 des StGB.s für die Konstituirung des Vergehens der Verleumdung allein ankommt, und welches aus nahe liegenden materiellen Differenzen hiermit keineswegs sofort zu identifiziren ist, den Betroffenen in der öffentlichen Meinung dem Hasse und der Verachtung auszusetzen;

daß der App.-Richter daher den § 156 des StGB.s durch Anwendung desselben auf einen, die konstitutiven Merkmale des Vergehens der Verleumdung entbehrenden Thatbestand verletze;

daß er zugleich den § 152 des StGB.s verletzt, da die Anwendung auch dieses § immerhin eine solche thatsächliche Feststellung des Vergehens der schriftlichen Beleidigung verlangt, daß sie in ihrer materiellen Grundlage von der thatsächlichen Feststellung eines damit verbundenen, anderen Vergehens unterschieden werden könne, und nicht wie hier, eine in den rechtlichen Interessen des Verklagten begründete Prüfung dieses Unterschiedes durch den Kass.-Richter ausschließt.

Antr. des GStA.s: gleichl. [11. — 2.]

Wohnung. — Eindringen. — Berechtigung.

Das Eindringen in eine von einem Dritten inne gehabte Wohnung ist nicht widerrechtlich, wenn dem Eindringenden ein vom Gegner nicht bestrittenes Recht zur Seite steht.

StGB. § 346 Nr. 1 [vgl. dort n. 5].

Erk. (Z. II.) v. 7. Juli 1864 c. Friedrichs (170. II. Cr.).

Die Angeklagte hatte eine Wohnung an H. vermiethet, und war, als dieser nach dem Ablaufe der Miethszeit nicht auszog, in die Räume desselben eingedrungen; deshalb aus § 346 Nr. 1 angeklagt, ward sie freigesprochen, weil das Eindringen kein widerrechtliches gewesen sei. NB. des OStA.s, weil der Miether auch nach dem Ablaufe der Miethzeit titulirter, wenn auch unredlicher Besitzer bleibe und Anspruch auf Schutz gegen Gewalt selbst desjenigen habe, der ein besseres Recht behaupte (ALR. I, 7. §§ 141. 145; Einl. §§ 77. 78). Das OTr. hat diese NB. zurückgewiesen, indem es erwog:

daß durch § 346 StGB. nur das widerrechtliche Eindringen in die Wohnung eines Andern mit Strafe bedroht wird, eine solche Widerrechtlichkeit aber ohne Verletzung eines Gesetzes unbedenklich in dem Falle verneint werden kann, wo nicht allein das materielle Recht dem Eindringenden zur Seite steht, sondern, wie vorliegend festgestellt ist, der bisherige Besitzer selbst anerkannt hat, daß seine Miethzeit bereits abgelaufen gewesen sei, indem unter dieser Voraussetzung, wie auch in dem angegriffenen Erkenntnisse angenommen worden ist, das einfache Eindringen in die betreffende Wohnung nur noch als ein durch das Strafgesetz nicht mit Strafe bedrohter Akt der Selbsthülfe erscheint.

Antr. des GStA.s: gleichl. [22.—2.]

Stempel. — Vollmacht. — Rechtsanwalt.

1. Der Rechtsanwalt, welcher zu seiner Legitimation eine nicht rechtzeitig mit dem Stempel versehene Vollmacht beibringt, hat die Stempelstrafe selbst dann verwirkt, wenn der Aussteller

der Vollmacht früher verfolgt und freigesprochen ist, und deshalb der Rechtsanwalt einen Rückgriff gegen jenen nicht mehr nehmen könnte.

Stemp.-Ges. v. 7. März 1822 § 22; AKO. v. 24. Febr. 1830.
Vgl. RhOTr. 1. S. 488; 2. S. 400.

2. Die 14tägige Frist zur Nachbringung des Stempels für eine Vollmacht beginnt mit der Ausstellung, nicht mit der Produktion.

Ebendas. § 12.

Erk. (Z. II.) v. 7. Juli 1864 c. Block (191. II. Cr.).

Der Rechtsanwalt Bl. war wegen Stempelkontravention verurtheilt worden, weil er am 13. März 1863 vor dem Criminal-Senat des AG.s eine am 21. Jan. ej. ausgestellte ungestempelte Vollmacht der Angeklagten B. überreicht hatte. Seine NB. rügte:

1. Verletzung des § 22 des St.-Ges.s, weil nicht er, sondern die ꝛc. B. die Kontravenientin, und diese von der betr. Anklage rechtskräftig freigesprochen sei; er (Bl.) könne daher auch nicht zur Zahlung einer von dieser verwirkten Strafe angehalten werden; das im cit. § 22 der Behörde ertheilte Recht, Stempel und Strafe vom Vorzeiger vorbehaltlich seines Rückgriffs gegen den Kontravenienten, einzuziehen, falle weg, wenn von diesem Rechte kein Gebrauch gemacht, und der zunächst angegriffene Kontravenient freigesprochen, somit also ein Rückgriff gegen ihn ausgeschlossen sei.

2. Die Vollmacht im Prozesse werde für den Anwalt erst im Augenblicke, wo er davon Gebrauch mache, stempelpflichtig, und erst mit diesem Augenblicke beginne die 14tägige Frist zur Beikassirung; diese sei hier am 13. März noch nicht verstrichen gewesen (verwiesen war auf Kochs Ergänzz. z. AGO. I, 3. § 37 Anm. 25).

3. Der Rechtsanwalt dürfe einen ertheilten Auftrag nicht wegen des Mangels eines Kostenvorschusses, also auch nicht wegen des Mangels des zur Vollmacht beizukassirenden Stempels ablehnen.

Das OTr. hat die NB. zurückgewiesen. Gründe:

Zu 1. Der § 22 des Ges.s v. 7. März 1822 bestimmt im Eingange unzweideutig, daß nicht allein die Nachbringung des Stempels, sondern auch die Entrichtung der ordentlichen Stempelstrafe gegen jeden Inhaber oder Vorzeiger einer mit dem erforderlichen Stempel nicht versehenen Urkunde verfolgt werden soll. In diesem Sinne hat also das Strafgericht auch die Vorzeigung einer stempelpflichtigen, aber vorschriftswidrig ungestempelten, Urkunde als Stempel-Kontravention, Zuwiderhandlung gegen das Stempelgesetz, zu behandeln und zu erkennen, und ein anderer Sinn liegt offenbar nicht in dem angegriffenen Urtel, indem es den Imploranten der Stempelkontravention schuldig erklärt hat, wie die Gründe darthun. Allerdings setzt sodann der angeführte § 22 jedem Kontravenienten im weiteren Sinne, d. h. Jedem, welcher dem Staate gegenüber die Stempelstrafe verwirkt hat, „den eigentlichen Kontravenienten" entgegen, aber nur hinsichtlich des Verhältnisses der verschiedenen strafbaren Personen — Kontravenienten — zu einander, indem es dem „eigentlichen Kontravenienten," d. i. nach dem dritten Satze desselben § bei einseitigen Erklärungen, wie Vollmachten, so lange sie nicht acceptirt sind, dem Aussteller, sowohl den Straf- als den Stempelbetrag endgültig zur Last fallen läßt, anderen wegen der Kontravention bestraften Personen aber ein Rückforderungsrecht gegen den „eigentlichen Kontravenienten" gestattet. Die Bestrafung des Produzenten der Urkunde ist von diesem seinem Regreßanspruche gegen den Aussteller in keiner Weise bedingt, vielmehr umgekehrt der Regreßanspruch von der vorigen Bestrafung des Produzenten, deren Voraussetzungen in den §§ 12 und 22 enthalten sind. Treffen letztere zu, so kann der Produzent seiner Verpflichtung gegen den Staat und der Strafe nicht entgehen, mag er seinen gesetzlichen Regreßanspruch gegen den Aussteller mit Erfolg geltend machen können oder nicht. Es würde daher auch ganz unerheblich für die Beurtheilung der gegenwärtigen Sache sein, wenn Angeklagter, wie er meint, seinen Regreß gegen die ꝛc. B. wegen der Freisprechung derselben verloren hätte, insofern nur die gesetzlichen Bedingungen seiner Bestrafung vorlagen, deren Konsequenzen auch nirgends dadurch ausgeschlossen sind, daß die B. vor ihm unter Anklage gestellt war. Denn nirgends ist geboten, den Präsentanten der stempelpflichtigen Urkunde vor dem Aussteller bei Vermeidung des Verlustes der Anklage gegen ersteren zu verfolgen.

Demgemäß hat der vorige Richter auch mit Recht angenommen, daß die Freisprechung der B. als Ausstellerin der fraglichen Vollmacht von der Stempel-Kontravention ohne Einfluß auf die Frage sei, ob der Angeklagte als Vorzeiger derselben bei Gericht einer Kontravention schuldig.

Zu 2. Für die Entscheidung über den Anfang der 14tägigen Frist, worin der Stempel zu einer Vollmacht beizubringen, ist der dritte Satz des § 12 a. a. O. maaßgebend: nicht vom Tage der Produktion, sondern „vom Tage der Ausfertigung an" läuft darnach die Frist für inländische Verhandlungen, und, damit die Innehaltung derselben festgestellt werde, muß der Tag der Kassation von der Behörde, wo das Stempelpapier gelöst worden, bescheinigt werden. Auf diese Bescheinigung, — denn von keiner andern ist im ganzen § die Rede — bezieht sich die Schlußbestimmung, daß es bei Vollmachten und solchen Verhandlungen, wozu Gerichts- oder andere Behörden den Stempel beizubringen von Amtswegen verpflichtet sind, nicht bedürfe. Daraus folgt aber keineswegs, daß eine außergerichtlich ausgestellte Vollmacht länger als 14 Tage ohne Stempel belassen, und die Produktion einer solchen ungestempelten Vollmacht den Geboten der §§ 21 und 22 zuwider straflos bleiben dürfe, wie in dem diesseitigen vom App.-Richter angeführten Erkenntnisse noch mit weiteren Gründen ausgeführt ist. Mit der Kassirung des Stempels zu einem gerichtlich erklärten Kaufvertrage, worauf Implorant sich bezieht, bietet der vorliegende Fall gar keine Analogie dar.

Zu 3. Der letzte Beschwerdepunkt läßt einen Nichtigkeitsgrund im Sinne des Art. 107 des Ges.s v. 3. Mai 1852 nicht wohl erkennen, wenn darin nicht etwa behauptet sein soll, daß der Vorderrichter gegen den Satz: die Rechtsanwälte seien Staatsdiener, wofür Implorant sich auf § 462 des Anh. z. AGO. § 3. III, 7 bezieht (vgl. § 30 der Vdn. v. 2. Jan. 1849, §§ 66 ff. des Disz.-Ges.s v. 21. Juli 1852), verstoßen habe. Da aber die Rechtsanwälte gerade in ihrer Eigenschaft als Beamte auf die Beobachtung der Gesetze einschließlich des Stempelgesetzes zu halten, um so mehr verpflichtet sind, und keineswegs die Pflicht haben, Angeklagte vor den Strafgerichten zu vertreten, wenn dieselben ihnen eine mit dem vorschriftsmäßigen Stempel versehene Vollmacht nicht ausstellen wollen oder können (vgl. auch die JMin.-Verf. v. 5. Mai 1851, JMBl. S. 215 und Art. 21 Alin. des Ges.s v. 3. Mai 1852, § 134 a. E. der Vdn. v. 3. Jan. 1849), so ist nicht erfindlich, wie jener Satz durch das angefochtene Erkenntniß verletzt oder aus der Deduktion des Imploranten zu 3. überhaupt eine Nichtigkeit in demselben herzuleiten sein sollte.

Antr. des GStA.s: gleichl. [23.—2.]

Hauptverhandlung. — Unterbrechung.

Es unterliegt dem richterlichen Ermessen, inwiefern eine Hauptverhandlung unterbrochen und demnächst (vor denselben Richtern) ohne Wiederholung des früher Verhandelten fortgesetzt werden kann.

Vdn. v. 3. Jan. 1849 § 14 [vgl. dort n. 10. 12]; Ges. v. 3. Mai 1852 Art. 74 n. 2.

Erk. (Z. II.) v. 7. Juli 1864 c. Terry (241. II. Cr.).

Zurückweisung der gegen ein app.-gerichtliches Erkenntniß gerichteten NB.; erwogen ward:

daß durch kein Gesetz, insbesondere nicht durch § 14 der Vdn. v. 3. Jan. 1849 die ununterbrochene Fortführung und Zuendebringung der Hauptverhandlung als unerläßlich vorgeschrieben ist, mithin die Frage, unter welchen Voraussetzungen eine Aussetzung der Sache zum Zwecke fortgesetzter Beweiserhebung vor demselben Gerichtspersonale ohne eine Wiederholung der bereits stattgehabten Verhandlungen zulässig ist, lediglich der gewissenhaften Erwägung des Gerichts anheimgegeben ist, ob dasselbe ohne jene Wiederholung ein auf allseitiger Würdigung der Prozedur beruhendes Erkenntniß abzugeben vermag, — die Bejahung dieser Frage aber in der Thatsache selber liegt, daß der Richter ohne jene wiederholte Beweisaufnahme sein Urtheil abgiebt.

Antr. des GStA.s: gleichl. [22.—2.]

Rückfall. — Feststellung. — Irrthum eines frühern Urtheils.

Der erkennende Richter hat die Frage, ob wiederholter Rückfall vorliege, selbstständig zu prüfen und festzustellen; eine irrige Feststellung des früheren Richters über die damalige Rückfälligkeit ist für ihn in keiner Weise maaßgebend und giebt dem Angeklagten kein Recht.

HDGes. v. 2. Juni 1852 § 16; StGB. § 219 [vgl. dort n. 3; Einf.-Ges. Art. VI. n. 4].

Erk. (Z. I.) v. 8. Juli 1864 c. Marx (660. I. Cr.).

M. war wegen Holzdiebstahls dreimal, am 17. Apr. 1861, 20. Juni und 20. Dez. 1862 bestraft worden; am 23. Mai 1863 beging er zum 4. Male einen Holzdiebstahl und ward deshalb aus § 16 des HDGes.s bestraft. Seine NB. rügte Gesetzesverletzung, weil das Erkenntniß vom 20. Dez. 1862, wenn gleich es in Wahrheit einen dritten Fall zum Gegenstande hatte, doch nur wegen „ersten Rückfalls" bestraft habe; es könne daher jetzt nicht wegen dritten Rückfalls gestraft werden. Zurückweisung. Gründe:

Die Beschwerde irrt, wenn sie fordert, daß die früheren Verurtheilungen jedesmal ausdrücklich wegen ersten resp. wegen zweiten Rückfalles erfolgt sein müssen, um sodann wegen dritten Rückfalles erkennen zu können. Denn das Gesetz stellt ein solches Erforderniß nicht auf, und aus der Natur der Sache ergiebt sich dasselbe nicht. Der Angeklagte muß die Zahl seiner früheren Verurtheilungen kennen und daher wissen, welche gesetzliche Folge daran geknüpft ist. Allerdings ergiebt sich nun zwar, daß der Angeklagte durch das Erkenntniß v. 20. Dez. 1862 ausdrücklich wegen ersten Rückfalles verurtheilt ist, so daß, wenn man hierauf ein entscheidendes Gewicht legen müßte, nun wegen des neuen Diebstahls v. 23. Mai 1863 nur auf die Strafe des zweiten Rückfalles (§ 7) erkannt werden könnte, während doch nach der Feststellung schon am 20. Dez. 1862 auf diese Strafe des zweiten Rückfalles hätte erkannt werden müssen, weil damals bereits die Vorbestrafungen vom 17. Apr. und v. 20. Juni 1862 vorlagen. Allein dieser Irrthum des Richters kann dem Angeklagten nicht zu Statten kommen; er kann der Beurtheilung des späteren Richters über die wahre Sachlage nicht präjudiziren — denn, wie erwähnt, der Angeklagte mußte diese wahre Sachlage kennen, also wissen, daß er bereits zweimal und nicht nur einmal bestraft worden sei, und das Aussprechen der Strafe des ersten Rückfalles enthält keine ausdrückliche Freisprechung von der Anschuldigung eines zweiten Rückfalles, gegen deren rechtskräftige Wirkung allein bei der fernern Verfolgung ein Bedenken in Beziehung auf die Anwendung des § 16 hergeleitet werden könnte.

Antr. des GStA.s: gleichl. [15.—1.]

Brandstiftung. — Mittheilung des Feuers. — Dolus.

Der § 287 des StGB.s bleibt da ausgeschlossen, wo dem Angeklagten bei seiner Handlung jede bösliche Absicht gefehlt hat.

StGB. § 287 [vgl. dort n. 1. 2].

Beschl. (I.) v. 8. Juli 1864 c. Samorski (199. B. I. Cr.).

S. hatte seine Torfbruchparzelle angezündet, und dadurch das Feuer den benachbarten Parzellen mitgetheilt. Auf die Anklage der fahrlässigen Brandstiftung erklärte sich die Gerichts-Abtheilung unzuständig, weil S. das Bewußtsein gehabt habe, daß die von ihm angezündete Parzelle nach Lage und Beschaffenheit geeignet sei, den benachbarten Parzellen das Feuer mitzutheilen. Das AG. sprach dagegen die Wiedereröffnung der Untersuchung wegen fahrlässiger Brandstiftung aus. Dieser letzteren Ansicht hat sich das OTr. angeschlossen, indem es erwog:

daß zwar nach der Entscheidung des OTr.s v. 26. Apr. 1858 c. Raden und nach dem auf Grund dieser Entscheidung festgestellten Präj. (G. A. 6. S. 337) zur Anwendung des § 287 StGB. nicht gehört, daß der Thäter die Absicht gehabt haben müsse, einen der in den §§ 285. 286 genannten Gegenstände in Brand zu setzen, vielmehr, wie die Entscheidung weiter ausführt, in Beziehung auf die Zurechnung des Erfolges schon der indeterminirte Dolus des Thäters ausreicht, dies aber zur Anwendung jenes Gesetzes überall da nicht ausreicht, wo von vorn herein jede bösliche Absicht gefehlt hat;

daß nun im vorliegenden Falle nach der Anklage selbst und nach dem damit übereinstimmenden Inhalte der Akten der Angeklagte seine Torfparzelle nur zu dem Zwecke, also in der Absicht angezündet hat, um die Torfunterlage auszubrennen und dadurch das Bruch in eine Wiese umzuwandeln, hierbei aber nur die Vorsichtsmaaßregeln gegen eine weitere Verbreitung des Feuers, sowie die Einholung der polizeilichen Erlaubniß nach § 43 Nr. 6 der Feldpolizei-Ordn. v. 1. Nov. 1847 versäumt hat;

daß diese völlig erlaubte Handlung aber mit der Annahme eines indeterminirten Dolus in Bezug auf jene Folge der Weiterverbreitung unvereinbar, die Herbeiführung dieser Folge vielmehr nur als eine fahrlässige im Sinne des §288 StGB. anzusehen sein würde.

Antr. des GStA.s: gleichl. [15. — 4.]

Medizinalpfuscherei. — Wiederholung. — Konkurrenz.

Jede unbefugte Unternehmung der Heilung einer Krankheit oder einer geburtshülflichen Handlung stellt einen selbstständigen Straffall dar; daher ist im Wiederholungsfalle reale Konkurrenz anzunehmen.

StGB. § 199 [vgl. dort n. 25].

Erk. (B. I.) v. 13. Juli 1864 c. Fritz (457. I. Cr.).

Der § 199 des StGB.s bedroht denjenigen mit einer Geldstrafe von 5 bis 50 Thlrn. oder mit Gefängnißstrafe bis zu 6 Monaten, welcher, ohne vorschriftsmäßig approbirt zu sein oder einem polizeilichen Verbote zuwider, die Heilung einer äußeren oder inneren Krankheit oder eine geburtshülfliche Handlung unternimmt. Es kann nach dieser Voraussetzung das Vergehen des § 199 in einer einzelnen Handlung bestehen, und eine Mehrheit von Fällen, wie bei einer gewohnheitsmäßigen Ueberschreitung oder ein gewerbsmäßiger Betrieb ist zum Thatbestande nicht erforderlich. Demnach bilden mehrere bei verschiedenen Personen unternommene geburtshülfliche Handlungen einzelne selbstständige Vergehen und die Vorschrift des § 56, daß bei realer Konkurrenz auf sämmtliche, dadurch begründete Strafen vereinigt zu erkennen, kommt zur Anwendung. Die im 2. Abs. des § 56 zugelassene Milderung bezieht sich aber nicht auf Geldstrafen, es mußte daher bei der Feststellung von zwei verschiedenen Fällen wenigstens auf eine Geldstrafe von 10 Thlrn. als Minimum erkannt werden, und der App.-Richter, welcher nur das für einen Fall bestimmte geringste Strafmaaß ausspricht, verletzt den § 56 des StGB.s.

Antr. des GStA.s: gleichl. [13.—3.]

Pfändung. — Bei-Seite-Schaffen. — Dritter. — Kenntniß.

Ein Dritter, welcher eine in Beschlag genommene Sache bei Seite schafft, ist strafbar, wenn er Kenntniß von der erfolgten Beschlagnahme hatte, sollte ihm auch zur Zeit das an den Gepfändeten ergangene Inhibitorium unbekannt geblieben sein.

StGB. § 272 [vgl. dort n. 21]; vgl. unten B. I 16. Sept. 1864 c. Schubert, 857.

Erk. (Z. I.) v. 13. Juli 1864 c. Woldt (700. I. Cr.).

Bei H. W. war am 27. Juli eine Quantität aufstehenden Roggens gerichtlich in Beschlag genommen und ein Aufseher darüber bestellt worden; an demselben Tage erfolgte auch die Insinuation des Inhibitoriums an H. W. selbst. In der folgenden Nacht hat darauf der Angeklagte T. W. jenen Roggen abgemäht und bei Seite geschafft, obgleich er von der erfolgten Arrestanlage, nicht aber von der Insinuation des Inhibitoriums, Kenntniß hatte. Aus § 272 bestraft, ergriff er die NB. und behauptete Verletzung dieses §. Zurückweisung. Gründe:

Dem Angeklagten kann zugegeben werden, daß auch die Beschlagnahme der Gutseinkünfte nach den §§ 110ff. I, 24. AGO. die Erlassung eines Exekutionsbefehls an den Schuldner voraussetzt. Dieselbe ist aber hier auch zu der Zeit, als der Angeklagte in der Nacht vom 27.—28. Juli die Früchte von dem Felde fortbrachte, bereits erfolgt gewesen. Zu dieser Zeit war also in jedem Falle dem Schuldner gegenüber die Beschlagnahme eine vollkommen zu Recht beständige, so daß der Schuldner selbst, wenn er zu dieser Zeit die Früchte fortgeschafft hätte, unbedenklich der Strafe des § 272 verfallen gewesen sein würde. Denn ihm war, wie erwähnt, der Exekutionsbefehl vorher schon insinuirt. Dagegen irrt der Angeklagte, wenn er glaubt, daß ihn — also einen Dritten — diese Strafe deshalb nicht treffen könne, weil er zur Zeit seiner Handlung noch nicht wußte, ob dem Schuldner auch der Exekutionsbefehl wirklich bereits insinuirt worden sei. Daß die Beschlagnahme verfügt und der Aufseher bereits bestellt war, wußte er; ihm gegenüber war hierdurch die Voraussetzung zur Anwendung des § 272 vollkommen vorhanden. Er handelte in jedem Falle mit der strafbaren Absicht, dem bestellten Aufseher und damit dem Gläubiger das Exekutionsobjekt, von welchem man nach der Feststellung annehmen muß, daß es bereits unter der Obhut des Aufsehers war, zu entziehen, und man kann höchstens sagen, daß er dies auf die Gefahr hin that, daß die Exekution auch dem Schuldner gegenüber durch die inzwischen erfolgende oder sogar bereits erfolgte Insinuation des Exekutionsbefehls vollständig und regelmäßig mit derselben Wirkung in Kraft getreten sei.

Antr. des GStA.s: gleichl. [14.—3.]

Schmähung des Staats ꝛc. — Thatsache. — Urtheil. — Gericht.

1. **Urtheilende Aeußerungen, welche geeignet sind, Haß oder Verachtung hervorzurufen, sind von der Strafvorschrift des § 101 StGB. nicht ausgeschlossen.**

StGB. § 101 [dort einzutr. als n. 7b].

2. **Auch in der Nacherzählung eines Gerüchts kann der Thatbestand des § 101 cit. gefunden werden.** Ebendas. [dort einzutr. als n. 7c].

Beschl. (I.) v. 13. Juli 1864 (205. B. I. Cr.).

Die S—er Zeitung war mit Beschlag belegt worden, weil der Inhalt eines von ihr gebrachten Artikels gegen § 101 StGB. verstoße. Die Instanzgerichte hatten indessen die Beschlagnahme aufgehoben, weil in der inkriminirten „nur allgemeinen, ein bloßes Urtheil enthaltenden Aeußerung die Behauptung einer bestimmt erkennbaren Thatsache noch nicht vorliege, bloße urtheilende Aeußerungen aber von jener Strafbestimmung nicht betroffen würden." Auf die Beschw. des OStA.s ist der Beschluß des AG.s aufgehoben und die Sache zur nähern Prüfung an das AG. zurückverwiesen worden. Gründe:

Die Motivirung muß

1) zunächst deshalb als rechtsirrthümlich bezeichnet werden, weil der allegirte § 101 nicht bloß die Behauptung oder Verbreitung erdichteter oder entstellter Thatsachen, sondern auch „öffentliche Schmähungen oder Verhöhnungen der Einrichtungen des Staats oder der Anordnungen der Obrigkeit," insofern durch dieselbe der Staat oder die Obrigkeit „dem Hasse oder der Verachtung ausgesetzt wird" mit Strafe bedroht, dergleichen Schmähungen und Verhöhnungen aber im Gesetze neben der Behauptung oder Verbreitung erdichteter oder entstellter Thatsachen hingestellt worden, mithin in etwas anderem als in der Behauptung von Thatsachen dieser Art werden bestehen müssen. Da nun auch nicht anzunehmen ist, daß es in der Absicht des Gesetzgebers gelegen haben könne, die einfache Behauptung wahrer Thatsachen mit Strafe zu bedrohen, so werden bloß urtheilende Aeußerungen, welche sich als Schmähungen oder Verhöhnungen der bezeichneten Art charakterisiren, von der Strafe des Gesetzes nicht nur nicht ausgeschlossen, sondern vorzugsweise darunter begriffen sein. Der App.-Richter wird sich daher in dem anderweit abzufassenden Beschlusse darüber auszusprechen haben, ob in den inkriminirten Aeußerungen, mögen sie nun als Behauptung von Thatsachen oder als bloße Urtheile aufgefaßt werden,

Schmähungen oder Verhöhnungen der im Gesetze bezeichneten Art enthalten seien.

2) Sodann ist nicht ersichtlich, was mit den Worten des angefochtenen Beschlusses gemeint sei, in der inkriminirten Stelle liege: „die Behauptung einer bestimmt erkennbaren Thatsache noch nicht vor.“ Diese Worte lassen, wie es scheint, nur zweierlei Deutungen zu. Es kann

a) damit gemeint sein, daß, weil in der inkriminirten Stelle gesagt sei „die Landwehrmannschaften sollen merkwürdige Erfahrungen ... gemacht haben,“ der Verfasser noch nicht eine bestimmte Thatsache behaupten, sondern nur die Existenz eines Gerüchtes habe hervorheben wollen. Das aber würde die Anwendbarkeit des § 101 nicht ausschließen, weil im Falle des § 101 so gut als im Falle des § 156 die einfache Nacherzählung eines Gerüchtes als Verbreitung einer unwahren oder erdichteten Thatsache aufgefaßt werden kann. Es kann ferner

b) damit gemeint sein, daß die von dem Verfasser des inkriminirten Artikels aufgestellte Behauptung bezüglich der von den Landwehrmannschaften angeblich gemachten, zur Hebung ihrer Stimmung nicht geeigneten Erfahrungen nicht dergestalt präcisirt und individualisirt sei, daß die Personen der von solchen Erfahrungen angeblich betroffenen Landwehrmänner und der Gegenstand dieser Erfahrungen genau zu erkennen seien. Auch hierin würde eine Verkennung des rechtlichen Begriffes einer Thatsache liegen. Denn, wenn Thatsache im Allgemeinen ein in der Vergangenheit liegendes Ereigniß, ein Geschehenes (factum) bedeutet, und wenn das Geschehene sich selten in allen seinen Einzelheiten, sondern immer nur mehr oder weniger getreu und der Wahrheit entsprechend wiedergeben läßt, so kann zum Begriff einer behaupteten Thatsache auch nicht ein bestimmtes Maaß der Präcisirung und Individualisirung gefordert werden, es muß vielmehr dazu jede Mittheilung von etwas Geschehenem genügen, welches aus der Allgemeinheit der Ereignisse so weit hervortritt, um von anderen Ereignissen unterschieden werden zu können. Von diesem Gesichtspunkte aus würde sich aber wenigstens nicht ohne Weiteres der Satz rechtfertigen lassen, die Behauptung, die Landwehrmannschaften hätten im gegenwärtigen Kriege bezüglich der Vertheilung von Auszeichnungen merkwürdige Erfahrungen gemacht, wodurch ihre Meinung keineswegs gehoben sei, lasse sich als Behauptung einer Thatsache überhaupt nicht auffassen. Auch hierüber wird es daher einer anderweiten Erwägung und thatsächlichen Feststellung von Seiten des App.-Richters bedürfen.

Antr. des OStA.s: gleichl. [28. — 3.]

Unzüchtige Schriften (Ausstellung). — Konfiskation. — Vernichtung.

Im Falle einer Bestrafung wegen Ausstellung ꝛc. unzüchtiger Schriften ꝛc. ist nur auf Konfiskation, nicht auch auf Vernichtung derselben zu erkennen.

StGB. §§ 151 [vgl. dort n. 4]. 19.

Erk. (Z.II.) v. 14. Juli 1864 c. Heyne (155. II. Cr.).

H. war, weil er: „— — unzüchtige Schriften an Orten, welche dem Publikum zugänglich waren, ausgestellt hatte," aus § 151 verurtheilt, und es war gleichzeitig die Konfiskation der betr. Schriften in den ausgestellten und zum Verkauf vorräthigen Exemplaren verordnet worden. Dagegen hatten die Instanzgerichte den Antrag des StA.s: „auch die Vernichtung jener Schriften anzuordnen" abgelehnt. Die NB. des OStA.s, welche Verletzung des § 19 StGB. rügte, ward zurückgewiesen. Gründe:

Für das im Abs. 1 des § 151 des StGB.s vorgesehene Vergehen enthält die Schlußbestimmung dieses § die spezielle Norm, wie es mit den zum Verkauf oder zur Verbreitung vorräthigen und ausgestellten Schriften, Abbildungen und Darstellungen gehalten werden soll. Sie steht der allgemeinen Bestimmung des § 19 ibid. in seinen letzten Absätzen als lex specialis gegenüber und würde nicht gemacht worden sein, wenn nicht mit Rücksicht auf die Eigenthümlichkeit des vorliegenden Vergehens eine spezielle Vorschrift für nothwendig erachtet worden wäre.

Von den Instanzrichtern ist zunächst schon nicht mit Unrecht hervorgehoben, daß die Vorschriften des § 19 Abs. 2 und 3, insofern dabei der Thatbestand einer an sich strafbaren Handlung, welche durch den Inhalt der Schrift, Abbildung oder Darstellung begründet werde, vorausgesetzt ist, bei dem Vergehen aus § 151 des StGB.s nicht paßten. Denn in der That ist die Anfertigung solcher Schriften, Darstellungen u. s. w. an sich nicht strafbar. Selbst der ermittelte Thäter bleibt als solcher straflos. Die Unzüchtigkeit der Schriften 2c. bildet sonach an sich auch den Thatbestand einer strafbaren Handlung nicht; sie ist vielmehr nur objektive Voraussetzung des durch den § 151 des StGB.s charakterisirten Vergehens. Mit Rücksicht darauf, daß die Anfertigung solcher Erzeugnisse einer Strafe nicht unterliegt, würde daher auch die Vernichtung der noch in seinen Händen befindlichen Platten und Formen zur Herstellung derselben selbst dann den erheblichsten Bedenken Raum geben, wenn durch Dritte eine Ausstellung und Verbreitung stattgefunden hätte.

Dann ergeben auch die legislativen Materialien zu dem jetzigen § 151, daß eben nichts weiter als die Konfiskation der bei dem Aussteller und Verbreiter vorfindlichen Exemplare 2c. beabsichtigt worden ist, und daß diese Konfiskation nicht unter dem Gesichtspunkte einer allgemeinen polizeilichen Maaßregel, sondern nur unter dem einer accessorischen, den Thäter allein treffenden Strafe aufgefaßt worden ist. Der Entwurf zum StGB. v. J. 1847 bestimmte:

„Wer unzüchtige bildliche Darstellungen oder Schriften öffentlich ausstellt oder im Umherziehen feil bietet, ist — — zu bestrafen.

Die bei ihm vorgefundenen Exemplare solcher Darstellungen oder Schriften sind zu vernichten.“ (§ 186 des Entw.)

Der § 140 des Entwurfs zum gegenwärtigen StGB. setzte

an Stelle der Vernichtung die Konfiskation, indem er besagte, „die ausgestellten und die zum Verkauf oder zur Verbreitung vorräthigen Schriften, Abbildungen und Darstellungen sind zu konfisziren.“ Die Kommission der zweiten Kammer verlangte hierzu den Zusatz, daß die Konfiskation in dem Strafurtel auszusprechen sei, weil sie nur eine accessorische Strafe des Vergehens darstelle (K.-B. II. K. zu § 140). Es ist also klar, daß die Wirkungen des Urtheils auch hinsichtlich der Verfügung über die Gegenstände, an welche sich die Verübung des Vergehens anlehnte, nur auf den Thäter erstreckte, und daß auch nicht ohne Absicht an Stelle der Vernichtung in dem StGB. einfach die Konfiskation gesetzt worden ist.

Diese Konfiskation entspricht aber auch wiederum der Natur des vorliegenden Vergehens, da die Schriften, Abbildungen und Darstellungen, eben weil sie für sich den Thatbestand einer strafbaren Handlung nicht enthielten, nur als Werkzeuge zur Verübung des im § 151 vorgesehenen Vergehens in Betracht kommen konnten.

Ein wesentlicher materieller Unterschied zwischen der im Entwurf von 1847 angeordneten Vernichtung und der durch den § 151 des StGB.s angeordneten Konfiskation waltet indessen auch nicht ob, da, wenn die Konfiskation ausgesprochen ist, die Objekte derselben ohnehin der Verfügung der Administrativbehörden anheimfallen, und also ebensogut vernichtet werden können, wie es bei verfälschten oder verdorbenen Getränken und Eßwaaren der Fall ist, welche in den Verkehr nicht mehr übergehen sollen, rücksichtlich derer gleichwohl nur die Konfiskation bestimmt ist (§ 345 Nr. 5 StGB.).

Die von der Nichtigkeitsbeschwerde begehrte Vernichtung der vorhandenen Exemplare der in Beschlag genommenen Schriften hat also keinen weitern Zweck, ist durch die Spezialbestimmung des § 151 des StGB.s nicht gerechtfertigt, und die allgemeine Vorschrift des § 19 daselbst, insofern sie analog der Bestimmung des § 50 des Preßgesetzes vom

12. Mai 1851 auf einem allgemeinen polizeilichen Gesichtspunkte beruht, kann eine Anwendung hier nicht finden.

Antr. des OStA.s: gleichl. [27. — 2.]

Falsches Zeugniß. — Voruntersuchung. — Rheinisches Verfahren.

Im Gebiete des Rheinischen Rechts ist ein in der Voruntersuchung abgelegtes falsches Zeugniß nicht strafbar.

StGB. § 126 [vgl. dort n. 7].

Erk. (B. II.) v. 14. Juli 1864 c. Franz (257. II. Cr.).

Fr. war in einer Untersuchungssache auf die Requisition eines altländischen Gerichts beim LG. zu Elberfeld als Zeuge vernommen worden, und hatte dabei, dem Rheinischen Rechte gemäß, den bürgerlichen Eid geleistet. Des falschen Zeugnisses angeklagt, ward er von den Geschwornen schuldig befunden und vom GH. aus § 126 verurtheilt. Seine NB. machte geltend, daß ein nach Rheinischem Verfahren in der Voruntersuchung abgelegtes falsches Zeugniß dort nicht strafbar sei. Das OTr. hat das Erk. des Schw.-GH.s **vernichtet**, und soweit es sich von dem gedachten Anklagepunkte handelte, auf Freisprechung erkannt, indem es erwog:

daß zwar nach der altländischen Gesetzgebung jeder eidlich vernommene Zeuge, welcher vor dem Inquirenten wissentlich eine Unwahrheit sagt, sich eines falschen Zeugnisses schuldig macht, — daß dagegen nach einem in der Theorie und Praxis feststehenden Grundsatze der, bis zur Einführung des StGB.s v. 14. Apr. 1856 in der Rheinprovinz bestandenen, Strafgesetzgebung als falscher Zeuge nur derjenige angesehen und bestraft worden ist, welcher in der Sitzung des erkennenden Gerichts ein falsches Zeugniß abgelegt hat;

daß dieser Rechtsgrund nicht so sehr auf der strafrechtlichen Definition des falschen Zeugnisses als solchen, als vielmehr auf der in der geschichtlichen Entwickelung der Materie und in dem System der Strafprozeß-Ordn. begründeten Anschauung beruht, daß nur die in der Sitzung des erkennenden Gerichts abgegebenen eidlichen Erklärungen als Zeugenaussagen im Sinne des Gesetzes zu betrachten, dagegen alle vorher vor dem Instruktionsrichter gemachten Angaben ungeachtet des dabei mittelst des sog. bürgerlichen Eides abgegebenen Versprechens, die ganze Wahrheit und nichts als die Wahrheit zu sagen, lediglich als vorläufige informatorische Aeußerungen anzusehen seien, von welchen der gerichtlich vernommene Zeuge im Interesse der unbeschränkten Wahrheitsermittelung wieder abgehen kann, ohne Gefahr zu laufen, auf Grund des von dem Instruktionsrichter aufgenommenen Protokolles wegen falschen Zeugnisses verfolgt zu werden;

daß dieser in der Rh. StPO. begründete formelle Rechtsgrundsatz auch durch die mit dem Art. 361 ff. des Rheinischen Code pénal im Wesentlichen übereinstimmende Vorschrift des § 126 StGB. weder nach dem Wortlaute des letzteren, noch auch nach der erkennbaren Absicht des Gesetzgebers als aufgehoben zu betrachten, die endliche Herbeiführung eines in dieser Beziehung gleichmäßigen Prinzips für die beiderseitigen Rechtsgebiete der Monarchie vielmehr der künftig zu erlassenden gemeinschaftlichen Strafprozeß-Ordnung vorbehalten worden ist, indem, wie in dem Kommissions-Bericht der II. Kammer S. 73, ohne einem Widerspruche zu begegnen, bemerkt wurde, „die desfallsige Entscheidung sich eigentlich auf die Frage reduzire, ob in der Voruntersuchung der Zeuge seine Aussage unter einem religiösen Eide abgeben solle,“ wie dies dermalen zwar in der altländischen, nicht aber auch in der Rheinischen Gesetzgebung der Fall ist;

daß im vorliegenden Falle der vor dem Untersuchungsrichter zu E. unter Ableistung des sogenannten bürgerlichen Eides abgegebenen Erklärung des Imploranten auch weder durch die ihr im vorgedachten Erwägungsgrund des angegriffenen Erkenntnisses gegebene Auffassung Seitens des Schw.-GH.s zu H., noch durch den Umstand ein anderer rechtlicher Charakter aufgedrückt werden kann, daß dieselbe auf Requisition eines altländischen Gerichtes stattgehabt hat, indem das Wesen einer jeden Rechtshandlung sich im Allgemeinen nach den Gesetzen des Ortes, an welchem sie vorgenommen worden ist, bestimmt;

daß zwar durch eine Bekanntmachung des General-Prokurators am Rh. AGH. v. 31. Juli 1833 die Rheinischen Instruktionsrichter auf Befehl des Justiz-Ministers angewiesen worden sind, bei Requisitionen Kgl. Gerichte außerhalb des Bezirks des Rh. AGH.s die abzuhörenden Zeugen nach den Vorschriften und in den Formen der Pr. Cr.-Ordn. zu verpflichten und den Zeugen zu bedeuten, daß der von ihnen zu leistende Eid hinsichtlich seiner Wirksamkeit demjenigen, welcher in öffentlicher Gerichtssitzung geleistet worden, ganz gleich zu achten und deswegen auch die Strafe des Meineides anwendbar sei, wenn der Zeuge die Unwahrheit sagen sollte;

daß es indessen hier einer Erörterung der Frage nicht bedarf, ob und in wie weit durch Beobachtung dieser dienstlichen Anweisung Seitens der betreffenden Beamten der vorbezeichnete Rechtsgrundsatz eine Abänderung erfährt, indem im vorliegenden Falle nach dem Ausspruche der Geschwornen und den Motiven des angegriffenen Erkenntnisses die Vernehmung des Imploranten lediglich nach den Formen der Rh. StPO. bewirkt worden ist.

Antr. des GStA.s: entg. [22.—1.]

Geschworner. — Standesherr. — Indigenat.

1. Ein Preußischer Unterthan, welcher eine Standesherrschaft in einem andern deutschen Bundesstaate erwirbt, verliert dadurch seine Eigenschaft als Preuße nicht, sollte er auch seinen Aufenthalt in ein anderes Land verlegen.

2. Ein Standesherr ist vom Geschwornendienste nicht befreit.

D. Bundesakte v. 8. Juni 1815 Art. XIV.; Ges. v. 31. Dez. 1842 § 15 ff.

Erk. (B. II. Int. d. Ges.) v. 14. Juli 1864 (264. II. Cr.).

Der Graf J. v. Schaesberg, ein geborner Preuße, erbte im Jahre 1856 die Standesherrschaft Tannheim in Würtemberg, und zeigte demzufolge dem Bürgermeister seines bisherigen Wohnortes an, daß er diesen Wohnsitz aufgebe. Im Jahre 1858 erkannte auf seine Reklamation das Finanzministerium an, daß er nicht zur Einkommensteuer herangezogen werden könne, „weil er als reichsständiger Graf nach Art. XIV. der Bundesakte das Vorrecht habe, ohne Rücksicht auf die Territorialgesetzgebung der einzelnen Staaten in Betreff des Erwerbes und des Verlustes der Heimathsrechte, seinen Wohnsitz nach Belieben zu wählen und zu wechseln, und daher dem Staate gegenüber, den er verlassen, nach seinem Abzuge in keiner Weise als Unterthan verpflichtet bleibe." Seit dem Jahre 1862 hat er dagegen seinen Wohnsitz wieder nach E. (Reg.-Bez. Aachen) verlegt. Zum Geschwornendienst herangezogen, beanspruchte er „als Würtembergischer Staatsangehöriger und Standesherr" Befreiung, welche ihm der Ass.-Hof zu A. zuerkannte, weil er sich in den Würtembergischen Unterthanenverband habe aufnehmen lassen und dadurch aufgehört habe, Preuße zu sein, die Befugniß hierzu aber — auch ohne die im Ges. v. 31. Dez. 1842 vorgeschriebene Entlassung aus dem Preußischen Unterthanenverbande — als ein Ausfluß der den Mitgliedern der vormals reichsunmittelbaren Geschlechter durch Art. XIV. 3a der D. Bundesakte garantirten unbeschränkten Freiheit, ihren Aufenthalt in jedem deutschen Bundesstaate rc. zu nehmen, betrachtet werden müsse.

Der GStA. hat im Auftrage des Just.-Ministers diese Entscheidung im Interesse des Gesetzes durch Kassations-Rekurs angefochten und geltend gemacht: daß die Bundesakte den deutschen Standesherrn zwar die freie Wahl des Aufenthalts gestatte, daß dieselben aber durch die Entfernung aus dem eignen und durch den Aufenthalt in einem andern Lande nicht aufhörten, Unterthanen des Landes zu sein, dem sie bis dahin angehörten, und daß sie ebensowenig Unterthanen des Landes würden, in welchem sie ihren Aufenthalt nähmen; im Uebrigen sei es aber auch rechtlich keineswegs unzulässig, daß Jemand gleichzeitig Unterthan zweier verschiedenen Staaten sei; die Eigenschaft als Standesherr könne endlich eine Befreiung vom Geschwornendienste nicht begründen, da dieses weder in dem cit. Art. XIV. der Bundesakte, noch in der Instr. v. 30. Mai 1820 ausgesprochen sei, eine solche Befreiung aber nur durch ein Gesetz habe erfolgen können.

Das OTr. hat demgemäß das Urtheil des Ass.-Hofes zu A. im Interesse des Gesetzes kassirt, indem es erwog:

daß das Gesetz über die Erwerbung und den Verlust der Eigenschaft als Preußischer Unterthan v. 31. Dez. 1842 in den §§ 15 u. folg. die Bestimmungen enthält, wie jene Eigenschaft verloren gehen kann;

daß die Standesherren in Preußen von diesen Bestimmungen durch kein Gesetz ausgenommen sind, und ebensowenig ein gesetzlicher Grund besteht, weshalb ein Preußischer Unterthan durch den Erwerb einer Standesherrschaft und Staatsangehörigkeit in einem deutschen Bundesstaate außerhalb des Königreichs Preußen seine genannte Eigenschaft ohne Beobachtung des Ges.s v. 31. Dez. 1842 verlieren könnte;

daß der Kgl. Assisenhof einen solchen Grund in Art. XIV. c. 1 der Deutschen Bundesakte v. 8. Juni 1815 zu finden glaubte, welcher den mittelbar gewordenen ehemaligen Reichsständen die unbeschränkte Freiheit gewährt, ihren Aufenthalt in jedem zu dem Bunde gehörenden oder mit demselben in Frieden lebenden Staate zu nehmen;

daß aber die Wahl des Aufenthaltes in einem Staate mit der Beibehaltung des Indigenats oder der Eigenschaft als Unterthan in einem anderen Staate rechtlich nicht unvereinbar und in keiner Weise aus Art. XIV. a. a. O. zu entnehmen ist, daß die thatsächliche Verlegung des Aufenthaltes eines Standesherrn aus einem Staate in den andern stillschweigend die Rechte und Pflichten auflöse, welche er als Unterthan seines bisherigen Staatsverbandes hatte;

daß der Unterschied zwischen der Freizügigkeit der vormaligen Reichsunmittelbaren nach Art. XIV. l. c. und der Freizügigkeit anderer Unterthanen der Deutschen Bundesstaaten nach Art. XVIII. b 1 der Bundesakte darin besteht, daß letztere (abgesehen von den besonderen Nr. 2 das. erwähnten Pflichten, vgl. Art. XIV. c. 3) nur in einen Bundesstaat und zwar in einen solchen, der sie erweislich zu Unterthanen annehmen will, erstere auch in andere Staaten auswandern können und von jedem Bundesstaate aufgenommen werden müssen;

daß dagegen ein Unterschied in Bezug auf die Frage, wie Jemand seine Unterthanen-Rechte und Pflichten verliere, zwischen vormaligen reichsunmittelbaren und andern Angehörigen eines Deutschen Bundesstaates ebensowenig im Bundesrechte, wie im Preußischen Landesrechte, namentlich in dem Gesetze v. 31. Dez. 1842 gemacht ist (vgl. Art. 8 des Edikts v. 21. Juni 1815);

daß demnach die Schlußfolgerung des Kgl. Assisenhofes: der Graf v. Schaesberg-Tannheim habe durch seine Succession in die Grafschaft Tannheim im Königreich Würtemberg und den Erwerb der dortigen Staatsangehörigkeit vermöge des Art. XIV. der Bundesakte ohne Weiteres seine festgestellte Eigenschaft als Preußischer Unterthan verloren, auf einer unrichtigen Auslegung dieses Artikels beruht und den § 15 des Ges.s v. 31. Dez. 1842 verletzt;

daß auch kein anderer gesetzlicher Grund für die Befreiung des jetzt wiederum im Regierungsbezirke Aachen wohnhaften Grafen v. Schaesberg-Tannheim vom Geschwornenamte vorliegt, somit nebst den eben gedachten Bestimmungen zugleich der Art. 396 der Rh. StPO. durch Nichtanwendung in dem angefochtenen Urtheile verletzt ist, und dasselbe der Vernichtung nicht entgehen kann.

Antr. des GStA.s: gleichl. [22.—1.]

Namen (falscher). — Pflicht sich zu nennen.

Die allgemeine Berechtigung, strafbare Handlungen anzuzeigen, giebt nicht die Befugniß, vom Urheber einer solchen die Nennung des Namens zu fordern; in einem solchen Falle ist daher die Annahme eines fremden Namens durch den Befragten nicht strafbar.

StGB. § 105 [vgl. dort n. 33].

Beschl. (II.) v. 14. Juli 1864 c. Vorstadt (27. B. II. Cr.).

B. war auf der Landstraße vom Chaussee-Aufseher E. bei der Mißhandlung eines Pferdes betroffen worden, und hatte, von dem letztern nach seinem Namen befragt, einen unrichtigen Namen abgegeben. Auf die vom Pol.-Anw. aus § 105 erhobene Beschuldigung lehnten beide Instanzrichter die Eröffnung der Untersuchung ab. Die hiergegen vom OStA. ergriffene Beschwerde erachtete der GStA. für unbegründet, weil die Chaussee-Aufseher nur die Aufrechthaltung der in der Vdn. v. 17. März 1839 enthaltenen, sowie in dem Chausseegeld-Tarif v.

29. Febr. 1840 unter Nr. 7—19 beigefügten polizeilichen Vorschriften zu überwachen hätten, dagegen nicht berufen seien, andere zufällig auf einer Chaussee verübte Excesse zu überwachen und eventuell einzuschreiten, C. also kein Recht gehabt habe, die Nennung des Namens von B. zu fordern. Das OTr. hat die Beschwerde zurückgewiesen. Gründe:

Daraus, daß Jedermann strafbare Handlungen anzuzeigen berechtigt ist, folgt nicht, daß er auch das Recht hat, von dem Urheber einer solchen Handlung die Nennung seines Namens und somit eine Erleichterung der Denunziation zu verlangen, beziehungsweise daß dem Thäter die im §105 StGB. unterstellte Pflicht obliegt, seinen wahren Namen auf Befragen gegen Jedermann kund zu thun. Auch hat dem Chaussee-Aufseher C. vermöge seines Amts als Chaussee-Aufseher ein Recht auf Mittheilung des richtigen Namens Seitens des B. an ihn nicht zugestanden, da sein Amt ihn nur beruft, die Gesetze und Verordnungen über den Kunststraßen-Verkehr und die Chausseegeld-Entrichtung zu überwachen und Uebertretungen derselben zur Bestrafung zu bringen.

[23.—3.]

Hazardspiel. — Halten. — Gewinnsucht.

Zum Thatbestande des strafbaren „Haltens eines Hazardspiels" gehört, daß aus Gewinnsucht gespielt werde; es genügt aber, wenn die Spieler aus Gewinnsucht handelten, sollte auch der Bankhalter einen solchen Zweck nicht gehabt haben.

StGB. § 340 Nr. 11 [vgl. dort n. 37].

Erk. (Z. I.) v. 15. Juli 1864 c. Allerdt (521. I. Cr.).

A. war in 1. Inst. wegen „aus Gewinnsucht und gewerbsmäßig betriebenen Hazardspiels" und wegen „Haltens von Hazardspielen an öffentlichen Orten" aus §§ 266 und 340 Nr. 11 StGB. bestraft worden; auf seine Appellation stellte der 2. Richter fest, daß er weder aus Gewinnsucht noch gewerbsmäßig gehandelt habe, und beseitigte deshalb die Verurtheilung aus § 266, ließ aber die aus § 340 Nr. 11 bestehen. Die NB. des Angekl. rügte Verletzung dieses §, weil auch er zu seinem Thatbestande Gewinnsucht voraussetze. Zurückweisung. Gründe:

Der Plenar-Beschluß des K. OTr.s v. 12. Dez. 1853 führt aus, daß nach der Entstehungsgeschichte der in den §§ 266. 267 und 340 Nr. 11 des StGB.s gegebenen Bestimmungen immer Gewinnsucht bei dem Hazardspiel vorausgesetzt wird, und es gehört daher zum Thatbestand des strafbaren Haltens von Hazardspielen an öffentlichen Wegen oder Plätzen oder in öffentlichen Versammlungsorten, daß das Hazardspiel nicht bloß zur Unterhaltung, sondern aus Gewinnsucht gespielt worden ist. In den §§ 267. 340 Nr. 11 ist jedoch von der Gewinnsucht der Spieler, nicht desjenigen, welcher das Hazardspiel hält oder gestattet, die Rede, und das Gemeingefährliche des Haltens oder Gestattens liegt in dem Anreizen der Gewinnsucht Anderer und nicht in den Vortheilen, welche durch das Spiel für denjenigen entstehen, der es hält oder gestattet. Demnach wird die Anwendung des § 340 Nr. 11 dadurch nicht ausgeschlossen, daß der App.-Richter thatsächlich feststellt, der Angeklagte A. habe — — das Hazardspiel nicht aus Gewinnsucht betrieben und aus diesem Spiel kein Gewerbe gemacht. Diese Feststellung betrifft die Anklage aus § 266 und bezieht sich nicht auf die Beschuldigung aus § 340 Nr. 11. In dem angegriffenen Urtheil wird aber die Gewinnsucht der Spieler als nachgewiesen angenommen.

Antr. des GStA.s: entg. [13. — 1.]

Medizinalpfuscherei. — Entbindung. — Nothwendigkeit des Beistandes.

Die Instanzrichter können ohne Rechtsirrthum annehmen, daß bei jeder Entbindung der Beistand einer Hebeamme für dringend nöthig zu erachten sei.

StGB. § 199 [dort einzutr. als n. 26].

Erk. (Z. I.) v. 15. Juli 1864 c. Hartrumpf (591. I. Cr.).

Die Angeklagte war von der Anklage der unbefugten Ausübung der Hebeammenkunst deshalb freigesprochen worden, weil die Hülfe einer Hebeamme bei jeder Entbindung für dringend nöthig zu erachten, und in den betr. Fällen die rechtzeitige Herbeiholung einer approbirten Hebeamme nicht mehr möglich gewesen sei. Den ersten dieser Gründe focht die NB. des OStA.s als rechtsirrthümlich an, weil aus Abs. 1 des § 199 hervorgehe, daß im Sinne des Gesetzes nicht bei jeder geburtshülflichen Handlung der Beistand einer approbirten Medizinalperson für erforderlich erachtet worden sei. Zurückweisung. Gründe:

Ein Rechtsirrthum ist nicht ersichtlich, wenn der App.-Richter davon ausgeht, daß bei jeder Entbindung der Beistand einer Hebeamme im Sinne des § 199 für dringend nöthig zu erachten sei. Weder die Worte, noch die Absicht des Gesetzes stehen hier entgegen, noch kann daraus, daß im ersten Absatz von geburtshülflichen Handlungen die Rede ist, gefolgert werden, daß die Dringlichkeit dieser Hülfe nicht immer stattfinde. Der Abs. 2 des § 199 hebt bei Handlungen der genannten Art die Bestimmung des ersten Absatzes nicht auf, sondern erfordert noch zu seiner Anwendung, daß in dem Fall des dringend nöthigen Beistandes eine approbirte Medizinalperson nicht herbeigeschafft werden konnte. Uebrigens bezieht sich der Ausdruck „geburtshülfliche Handlung" nicht ausschließlich auf die wirkliche Entbindung, sondern auch auf jede Behandlung während der Schwangerschaft, in welcher Fälle vorkommen können, die nicht eine Hülfe von gleicher Dringlichkeit, wie die Entbindung selbst, erfordern und bei welchen, um den Abs. 2 anwenden zu können, der Beweis zu erbringen ist, daß die Hülfe nicht aufgeschoben werden konnte.

Antr. des GStA.s: gleichl. [13.—1.]

Konkurrenz (reale). — Strafermäßigung. — Rechtskraft.

Im Falle der Begehung zweier Strafthaten greift die durch Abs. 2 des § 56 StGB. gestattete Strafermäßigung nur da Platz, wo eine gleichzeitige Aburtheilung in erster Instanz wenigstens möglich war. Sie bleibt daher ausgeschlossen, wenn die zweite That erst nach dem über die erste ergangenen Urtheile erster Instanz verübt ist, sollte dieses Urtheil auch auf Freisprechung gelautet haben.

StGB. § 56. [vgl dort n. 25]. 57 [vgl. dort n. 1]. Vgl. RdOTr. 3. S. 495.

Erk. (V. I.) v. 15. Juli 1864 c. Masuhr (609. I. Cr.).

M. war in 1. Inst. von der Anklage des Diebstahls im wiederholten Rückfalle am 19. Sept. 1862 freigesprochen worden; auf die Appellation des StA.s verurtheilte das AG. — am 20. Juli 1863 — zu zweijähriger Zuchthausstrafe, deren Vollstreckung am 13. Nov. 1863 begann. Demnächst ward gegen M. eine neue Anklage wegen eines am 5/6. Febr. 1863 verübten Diebstahls erhoben; auch wegen dieses Falles verurtheilten ihn die Instanzgerichte zu zweijähriger Zuchthausstrafe; dieser Verurtheilung war aber die Maaßgabe hinzugefügt, daß „sie mit Hinzurechnung des durch das Erk. in der frühern Sache vom 2. Juli 1863 ausgesprochenen die Dauer von 2 J. und 6 Mon. nicht übersteige." Auf die vom OStA. ergriffene NB. hat das OTr. das appellationsgerichtliche Erk. vernichtet und das Erk. 1. Inst. dahin abgeändert, daß die gedachte Maaßgabe zu beseitigen sei. Gründe:

In dem allegirten Erkenntnisse des OTr.s v. 12. Juni 1863 c. Frost (RdOTr. 3. S. 495) ist bereits ausgesprochen worden: „daß, wenn der Angeklagte nach Abfassung des Erkenntnisses erster Instanz, wenngleich bevor dasselbe die Rechtskraft beschritten hat, eine neue strafbare Handlung begangen hat, der Fall der realen Konkurrenz, für welchen der § 56 Abschn. 2 des StGB.s eine Strafmilderung gestattet, nicht vorliege." Es würde hierin auch nichts ändern, daß in der Sache c. Frost schon das erste wegen der früheren strafbaren Handlung ergangene Erkenntniß ein verurtheilendes war, während es hier auf Freisprechung lautete und die Verurtheilung erst in der zweiten Instanz erfolgt ist. Denn der Grund, der in der Sache c. Frost angeführt worden ist: „daß auch die in den höheren Instanzen ergangenen Entscheidungen sich auf die strafbaren Handlungen, wegen welcher die Anklage erhoben worden, beschränken müssen, und nicht auf andere selbstständige Handlungen des Angeklagten erstrecken dürfen, welche gar nicht Gegenstand der Untersuchung gewesen sind," paßt auf beide Fälle, gleichviel ob das Erkenntniß erster Instanz freisprechend oder verurtheilend gewesen ist.

Das hier ausgesprochene Prinzip ist nun zwar angefochten worden, so an der angeführten Stelle in G. A. 11. S. 630. 631 und bei Oppenhoff Strafprozeßgesetze zu Art. 131 n. 1—3. An beiden Stellen wird der Satz vertheidigt, daß, sobald nur die neue That vor beschrittener Rechtskraft des ersten Erkenntnisses, wenn auch nach dessen Verkündigung verübt worden, der Fall der realen Konkurrenz vorliege, der nach § 56 des StGB.s eine verhältnißmäßige Verminderung der für beide Thaten verwirkten Strafen gestatte, weil, wenn eine und dieselbe Person successive mehrere strafbare Handlungen verübt habe, die späteren den früheren gegenüber entweder nur als Rückfälle, die eine härtere Strafe nach sich ziehen, oder als Fälle realer Konkurrenz aufgefaßt werden könnten, die eine Strafmilderung gestattet. Dazu komme, daß wenngleich in dem vorausgesetzten Falle der erste Richter sich noch nicht in der Möglichkeit befinde, die zur Zeit seiner Entscheidung noch nicht vorgefallene That zu berücksichtigen, doch jedenfalls der App.-Richter nicht gehindert sei, eine verhältnißmäßige Milderung eintreten zu lassen.

Allein diese Gründe, denen sich auch der App.-Richter im vorliegenden Falle anschließt, indem er auf dieselben verweist, können als zutreffend nicht anerkannt werden.

Zuvörderst können Rückfall und reale Konkurrenz schon deshalb einander nicht als Alternative entgegengestellt werden, weil Rückfall nur bei gleichartigen, reale Konkurrenz aber auch bei verschiedenartigen strafbaren Handlungen eintreten kann. Sodann aber ist auch bei gleichartigen strafbaren Handlungen kein Grund abzusehen, warum dieselbe Handlung, welche nach erfolgter rechtskräftiger Verurtheilung wegen einer gleichartigen Handlung mit geschärfter Strafe belegt wird — (§ 58) —, einen Anspruch auf Milderung begründen sollte, wenn sie zwar nach erfolgter Verurtheilung wegen der früheren That, aber noch bevor das Urtheil die Rechtskraft beschritten hat, verübt worden ist, weil, wenn die eingetretene Rechtskraft eine höhere Strafe der Strafbarkeit durch Schärfung der gesetzlichen Strafe zur Folge hat, die zunächst geringere nicht in einer Strafmilderung, sondern lediglich in der einfachen Strafe des Gesetzes gefunden werden kann. Auch daß wenigstens der App.-Richter im Stande sein müsse, die durch die reale Konkurrenz gerechtfertigte Strafmilderung eintreten zu lassen, die dem ersten Richter noch nicht möglich gewesen ist, läßt sich allgemein nicht behaupten; denn nicht nur wird sehr oft der Fall eintreten, daß, wenn das App.-Erk. wegen der ersten strafbaren Handlung abzufassen ist, die Untersuchung wegen der zweiten noch gar nicht so weit gediehen ist, daß übersehen werden kann, ob diese überhaupt zu einer Strafe gegen den Angeklagten führen wird, sondern es liegt auch die Möglichkeit vor, daß die zweite strafbare Handlung erst nach Abfassung, oder vor eingetretener Rechtskraft des App.-Erk.s begangen wird, in welchem Falle dann von einer Strafmilderung durch den Richtigkeitsrichter nicht mehr die Rede sein könnte.

Wenngleich daher einerseits bei dem vom OTr. mehrfach ausgesprochenen Satze stehen geblieben werden muß: „daß die Strafmilderung wegen realer Konkurrenz nicht durch die Einheit des Erkenntnisses über die konkurrirenden strafbaren Handlungen bedingt werde, vielmehr auch im Falle verschiedener Erkenntnisse zu berücksichtigen sei," vgl. G.A. 1. S. 555, 2. S. 827, 4. S. 242, 7. S. 208, so muß doch andererseits dieser Satz, wie gleichfalls ausgesprochen worden, darin seine natürliche Beschränkung finden, daß eine gleichzeitige Aburtheilung aller konkurrirenden Handlungen möglich gewesen ist. Eine solche Möglichkeit ist aber, wie gezeigt worden, prozessualisch nur dann anzunehmen, wenn die konkurrirenden strafbaren Handlungen sich sämmtlich vor Eröffnung des Erkenntnisses erster Instanz über eine derselben zugetragen haben.

Antr. des GStA.s: gleichl. [28. — 1.]

Diebstahl. — Rückfall. — Holzdiebstahl.

Eine Vorbestrafung wegen Holzdiebstahls im dritten Rückfalle kann bei einem späteren Diebstahle nicht die Verhängung der Rückfallsstrafe rechtfertigen.

StGB. §§ 58. 219 [vgl. dort n. 16].

Erk. (Z. I.) v. 15. Juli 1864 c. Saremba (743. I. Cr.).

Die NB. des OStA.s rügte es, daß der Angeklagte, welcher der Theilnahme an einem schweren Diebstahle schuldig befunden war, nur aus §§ 218 und 35, nicht aber wegen Rückfalls aus § 58 bestraft worden sei, obgleich festgestanden habe, daß er früher wegen eines im dritten Rückfalle verübten Holzdiebstahls nach § 16 des HDGes.s eine Verurtheilung aus § 216 StGB. erlitten habe. Zurückweisung. Gründe:

Der Gerichtshof nimmt in den Entscheidungsgründen Bezug sowohl auf den § 16 Abs. 2 des Ges.s v. 2. Juni 1852, als auch auf das Erkenntniß des K. OTr.s aus dem Jahre 1852 (JMBl. 1852. S. 207), nach welchem die Vorbestrafungen wegen Holzdiebstahls im dritten Rückfalle weder die Anwendung des § 58, noch des § 219 des StGB.s begründen. Diese Ansicht, welche auch in den späteren Erkenntnissen v. 28. Okt. 1859 und 25. Okt. 1861 (G. A. 8. S. 100, 10. S. 49) wiederholt ausgesprochen ist, muß als die richtige betrachtet werden, da die Vorschrift des § 16 des Ges.s v. 2. Juni 1852, nach welchem der dritte und fernere Rückfall beim Holzdiebstahl gemäß § 216 des StGB.s bestraft werden soll, nicht die Annahme rechtfertigt, daß dieses Vergehen seine wesentliche Natur ändere und nun nicht mehr als Holzdiebstahl, sondern als ein gewöhnlicher Diebstahl im Sinne des StGB.s anzusehen sei. Jene Vorschrift enthält lediglich eine Strafbestimmung, hat aber auf den Charakter der strafbaren Handlung keinen Einfluß.

Antr. des GStA.s: gleichl. [13. — 1.]

Raum (umschlossener). — Trinkhalle. — Verbindung mit dem Boden.

Für den Begriff eines „umschlossenen Raumes" ist es nicht wesentlich, ob die Umschließung mehr oder minder fest mit dem Boden verbunden ist, und ob das Ganze mit größerer oder geringerer Veränderung in seiner Gestalt und Zusammensetzung von einer Stelle zur andern bewegt werden kann. Eine auf dem Boden lose aufstehende Trinkhalle kann daher für einen umschlossenen Raum erachtet werden.

StGB. § 221 [dort einzutr. als n. 11 a; vgl. RbOTr. 2. S. 28].

Erk. (Z. I.) v. 15. Juli 1864 c. Pape (Mühlenfels u. Gen. 818. I. Cr.).

P. aus § 218 Nr. 2 des StGB.s bestraft, rügte in seiner NB., daß die Instanzrichter eine sog. Trinkhalle, obgleich sie weder durch Mauerwerk, noch durch Pfähle, noch sonst mit dem Boden verbunden, sondern nur lose aufgesetzt gewesen sei, damit sie jeden Augenblick fortgenommen und anderswo aufgestellt werden könne, — für einen umschlossenen Raum erachtet hätten. Zurückweisung. Gründe:

Der Beschwerde des Imploranten steht schon der Umstand entgegen, daß in der gestellten Frage der umschlossene Raum nicht näher, namentlich nicht als eine nur lose auf den Erdboden aufgesetzte sog. Trinkhalle bezeichnet worden, die Frage vielmehr lediglich bei den Worten des Gesetzes stehen geblieben, mithin durch deren einfache Bejahung der Thatbestand des Gesetzes erfüllt worden ist. Wollte man aber auch auf die Anklage zurückgehen, in welcher allerdings das erbrochene, als umschlossener Raum bezeichnete Bauwerk so, wie vom Imploranten geschehen, beschrieben worden ist, so würde sich deshalb doch eine Verletzung des § 218 Nr. 2, verbunden mit § 221 (a. E.) noch nicht behaupten lassen. Wodurch sich der in diesem § erwähnte „umschlossene Raum" von bloßen verschlossenen Behältnissen unterscheidet, deren Erbrechung nur dann für einen Einbruch gilt, wenn sie im Innern eines Gebäudes vorgenommen werden (§ 223 Nr. 2), ist im Gesetze nicht gesagt.

In der Regel wird der Unterschied darin gefunden, daß der umschlossene Raum entweder ein Stück der Bodenfläche selbst oder ein mit der Bodenfläche verbundenes Bauwerk sein müsse, wie solches auch in den älteren Entscheidungen des OTr.s (siehe JMBl. 1853. S. 367) ausgeführt worden ist. Allein wenn man auch bei dieser Erklärung stehen bleibt, so läßt sich wenigstens nicht mit Bestimmtheit sagen, in welcher Weise ein als umschlossener Raum anzusehendes Bauwerk mit dem Boden verbunden sein müsse, ob und wie tiefe Fundamentirungen dazu nothwendig seien, ob dazu bloße Pfähle genügten, ja ob die Verbindung nicht auch durch die bloße Schwere des Bauwerkes selbst hergestellt sein könne, da hierbei Alles auf die Beschaffenheit des Bodens und des Bauwerkes im konkreten Falle ankommt. Ebenso wenig läßt sich ein durchgreifender Unterschied darin erkennen, ob das gleichviel auf welche Weise mit dem Boden verbundene Bauwerk mehr oder weniger leicht und mit größerer oder geringerer Veränderung in seiner Gestalt und Zusammensetzung von einer Stelle zur anderen bewegt werden kann. Wenn dann aber die Frage, was unter einem umschlossenen Raume im Gegensatze zu einem verschlossenen Behältnisse zu verstehen sei, nur nach der Anschauung des konkreten Falles beantwortet werden kann, so ist ein Rechtsirrthum in der Art, wie diese Beantwortung im vorliegenden Falle geschehen ist, jedenfalls nicht zu erweisen.

Antr. des GStA.s: gleichl. [28. — 1.]

---

1. Bankerutt (betrüglicher). — Anklage. — Fragstellung.
2. Fragstellung. — Alternative Frage.

1. Ist die Versetzung in den Anklagestand wegen betrüglichen Bankerutts aus einer der Nrn. des § 259 des StGB.s erfolgt, so ist es nicht unstatthaft, eine besondere Frage in Beziehung auf den Thatbestand einer andern Nr. desselben § zu stellen.

StGB. § 259 [vgl. dort n. 40; RdOTr. 2. S. 395].

2. Bei einer Anklage aus § 259 Nr. 1 ist es statthaft, die Frage an die Geschwornen alternative dahin zu richten, ob der Angeklagte sein Vermögen verheimlicht oder bei Seite geschafft habe.

Ebendas. [dort einzutr. als n. 46 b]; Ges. v. 3. Mai 1852 Art. 80 [vgl. dort n. 12].

Erk. (Z. I.) v. 15. Juli 1864 c. Blanckenburg (819. I. Cr.).

B. war wegen betrüglichen Bankerutts aus § 259 Nr. 3 StGB. in Anklagestand versetzt worden; im schwurgerichtlichen Verfahren wurde, außer der auf diese Anklage bezüglichen Frage auf den Antrag des StA.s ohne Widerspruch des Angeklagten noch die zweite besondere Frage gestellt, ob B. schuldig sei, „— — sein Vermögen theilweise verheimlicht oder bei Seite geschafft zu haben." Die Geschwornen bejahten die zweite Frage unbedingt, die erste Frage aber mit der Maaßgabe, daß nicht erwiesen sei, daß B. die Absicht gehabt habe, durch die Unterlassung der Buchführung seine Gläubiger zu benachtheiligen. Der SH. verurtheilte demgemäß aus § 259 Nr. 1 und § 261 Nr. 2 zu zweijähriger Zuchthausstrafe. Die NB. des Angeklagten rügte die Stellung der zweiten Frage, welche eine in dem Anklagebeschlusse nicht enthaltene Thatsache zum Gegenstande gehabt, und die Fassung dieser Frage, welche das „Verheimlichen oder Bei-Seite-Schaffen" alternative zusammengefaßt habe. Zurückweisung. Gründe:

Der Anklagebeschluß und die Anklage lauteten auf betrüglichen Bankerutt aus § 259 des StGB.s. Allerdings war speziell der Fall der Nr. 3 hervorgehoben, dies schloß aber prinzipiell nicht aus, daß im Laufe der Hauptverhandlung und demnächstigen Entscheidung nicht auch die in dem § 259 l. c. unter den übrigen Nummern speziell hervorgehobenen Fälle berücksichtigt werden durften, da, wie bereits das K. OTr. in dem Urtheil des Plen. v. 12. Mai 1862 c. Möller (RdOTr. 2. S. 395; G. A. 10. S. 470) entschieden hat, die Handlungsweise, welche das StGB. als Bankerutt bestraft wissen will, als zwei verschiedene Arten dergestalt in zwei Kategorien, nämlich betrügerischen und einfachen Bankerutt, gebracht hat, daß zwar nicht hinsichts der, zu einer jeden dieser Kategorien gehörigen Handlungen je unter sich, wohl aber hinsichts der Handlungen der einen Kategorie im Verhältniß zu denen der anderen, reale Konkurrenz, eintreten kann. Es war deshalb bereits an sich zulässig, in dem vorliegenden Falle außer dem § 259 Nr. 3 l. c. erforderlichenfalls auch den § 259 Nr. 1 in Betracht zu ziehen, da beide Fälle zu der einen, der von dem StGB. hervorgehobenen Kategorie des betrüglichen Bankerutts gehören. Dazu kommt indeß noch, daß die Anklageschrift, wie oben bereits erwähnt, bemerkt hatte, daß der Angeklagte von vorn herein die Absicht gehabt, seine Gläubiger zu benachtheiligen, und daß er seine sämmtlichen Cigarrenbestände vor seiner Zahlungs-Einstellung veräußert habe. Es stand daher nach Art. 86 des Ges.s v. 3. Mai 1852 auch in dieser Beziehung dem Nichts im Wege, den im Laufe der Hauptverhandlung näher hervorgetretenen Fall des betrüglichen Bankerutts aus § 259 Nr. 1 des StGB.s zum Gegenstande einer, den Geschwornen vorzulegenden Frage zu machen.

Ebenso hinfällig ist der Vorwurf zu 2, weil es nicht unzulässig ist, sobald es sich, wie hier, um die Herstellung eines und desselben Thatbestandes handelt, in Betreff dessen das Gesetz — § 259 Nr. 1 l. c. — die verschiedenen Alternativen als ganz gleichbedeutend aufgefaßt hat, den Geschwornen die im Gesetz ausgedrückte Alternative zur Beantwortung vorzulegen.

Antr. des GStA.s: gleichl. [20. — 1.]

Urkunde. — Unterkreuzung.

Eine Schrift, welche statt der Unterschrift nur Kreuzzeichen nebst einem beigefügten, aber weder durch Zeugen, noch durch einen Beamten attestirten Namen trägt, ist [im Gebiete des Preußischen Rechts] keine Urkunde.

StGB. § 247 [dort einzutr. als n. 91 a]. Vgl. RdOTr. 3. S. 446.

Beschl. (I.) v. 15. Juli 1864 c. Lewkiewicz (208. B. I. Cr.).

Gegen L. war beim KG. zu L—au durch B. eine Civilklage erhoben worden. Demnächst ging bei demselben Gerichte ein Schreiben ein, welches statt der Unterschrift nur 3 Kreuze und den beigefügten

Namen des Klägers B. ohne weitere Beglaubigung trug, und die Anzeige enthielt, daß der Kläger sich mit L. geeinigt habe und die Reposition der Akten beantrage. Gegen L., welcher dringend bezüchtigt war, der Urheber dieses Schreibens zu sein, war die Untersuchung aus § 241 StGB. eröffnet worden; die Gerichts-Abth. erachtete indessen das gedachte Schriftstück für eine Urkunde und erklärte sich deshalb unzuständig; der Ankl.-Senat nahm dagegen das Gegentheil an und sprach die Wiedereröffnung der Untersuchung wegen Betrugs aus; bei der Lösung des vorliegenden Komp.-Konflikts hat sich das OTr. der letztern Ansicht angeschlossen. Erwogen ward:

daß das der Untersuchung zum Grunde liegende Schriftstück, in welchem der Angeschuldigte unter dem Namen des Klägers B. zu den Prozeßakten die Einigung dieses Klägers mit ihm (dem Angeschuldigten) anzeigt, und die Reposition der Prozeßakten beantragt, keine Unterschrift, sondern nur 3 Kreuze mit dem beigefügten, aber weder durch Zeugen, noch durch eine Behörde oder einen Beamten, attestirten Namen „B." enthält, mithin in Ermangelung jener Unterschrift, respektive der Beglaubigung dieser Handzeichen als eine Urkunde im Sinne des § 247 des StGB.s nicht zu erachten ist.

Antr. des GStA.s: gleichl. [15.—3.]

Sachverständiger. — Anwesenheit bei dem Zeugenverhör.

Die zu vernehmenden Sachverständigen können in der Hauptverhandlung bei dem Verhöre der Zeugen zugegen sein; § 318 der Crim.-Ordn. bezieht sich auf sie nicht mit.

Vdn. v. 3. Jan. 1849 § 22 [vgl. dort n. 48]; Crim.-Ordn. § 318.

Erk. (Z. I.) v. 7. Sept. 1864 c. Eichendorf (892).

Der Angriff zerfällt schon um deshalb, weil, wie das K. OTr. in dem Erk. v. 19. Sept. 1855 c. Zerbun (G. A. 3. S. 689) entschieden hat, die Vorschrift des § 318 der Cr.-Ordn. auf die Vernehmung von Sachverständigen gar nicht bezogen werden kann, indem diese nicht, wie die Zeugen, eine bloß durch die Sinne wahrgenommene Thatsache bekunden, sondern nach den Regeln der Kunst oder der Wissenschaft ein Urtheil abgeben sollen, bei welchem eine Berichtigung und Aufklärung durch Aussagen anderer Personen angemessen sein kann.

Antr. des GStA.s: gleichl. [20. — 4.]

Urkunde. — Poststempel.

Der Abdruck eines Poststempels ist keine Urkunde.

StGB. § 247 [vgl. dort n. 70. 74; 4. Ausg. (u. d. Presse): n. 72. 76].

Beschl. (I.) v. 7. Sept. 1864 c. Trzebny (229. B. I. Cr.).

T. hatte gegen eine an ihn ergangene gerichtliche Verfügung beim AG. Beschwerde erhoben und zum Nachweise, daß die Beschwerdefrist noch nicht verstrichen sei, die Verfügung beigefügt, nachdem er den darauf befindlichen Abdruck des Postausgabestempels aus 21/12 in 31/12 verändert hatte. Die dieserhalb wegen Urkundenfälschung erhobene Anklage lehnte das AG. ab, weil der Abdruck eines Poststempels der Unterschrift ermangle und daher keine Urkunde sei. Beschwerde des OStA.s, weil die Notorietät des Umstandes, daß der Stempel von der Postbehörde herrühre, den Mangel der Urkunde ersetze. Der GStA. beantragte Zurückweisung, weil die Poststempelung lediglich die Kontrolle der Postunterbeamten bezwecke und keineswegs ein Beweismittel darstelle, welches geeignet sei, als die Quelle von Rechten ꝛc. oder als Mittel zu ihrer Erhaltung ꝛc. zu dienen. Zurückweisung. Gründe:

Der hier in Rede stehende Poststempel, welcher die Ausgabe der gerichtlichen Verfügung v. ꝛc. bei dem Postamt Behufs deren Insinuation an den Angeklagten bescheinigen soll, enthält keine Urkunde im Sinne der §§ 247 und 251 des StGB.s, indem er, abgesehen von der mangelnden Unterschrift, nur Zahlen ohne eine besondere Bezeichnung ihrer Bedeutung und ohne den Ausdruck irgend einer Beziehung auf ein Rechtsverhältniß oder einer Anordnung der Behörde enthält.

[15. — 4.]

Auswanderung. — Entlassung. — Aushändigung. — Dolus.

1. Der Instanzrichter kann ohne Gesetzesverletzung annehmen, daß derjenige, für welchen

die Urkunde über die bewilligte Entlassung aus dem Preußischen Unterthanenverbande zur Zeit seiner Auswanderung bereits ausgefertigt war, nicht ohne Erlaubniß ausgewandert sei, sollte jene Urkunde ihm auch noch nicht ausgehändigt gewesen sein.

StGB. § 110 [vgl. dort n. 1]; Ges. v. 10. März 1856 §§ 10. 11; Ges. v. 31. Dez. 1842 § 20.

2. Das Vergehen der unbefugten Auswanderung durch einen beurlaubten Landwehrmann setzt als Dolus das Bewußtsein der Rechtswidrigkeit der Auswanderung voraus.

StGB. § 110 [dort einzutr. als n. 14a; vgl. n. 7].

Erk. (Z. II.) v. 8. Sept. 1864 c. Messing (193. II. Cr.).

Der App.-Richter konnte ohne Verstoß gegen den § 110 des StGBs und §§ 10 und 11 des Ges.s v. 10. März 1856 annehmen, daß der Angeklagte nicht ohne Erlaubniß ausgewandert sei, wenn, wie thatsächlich feststeht, auf sein Gesuch von der betreffenden Behörde seine Entlassungsurkunde bereits zur Zeit seiner Auswanderung ausgefertigt war, da hierin materiell jedenfalls die Ertheilung der Erlaubniß zur Auswanderung enthalten gewesen ist, und der Umstand, daß Angeklagter sich vor der Empfangnahme der Urkunde entfernt hat, und dieselbe ihm somit nicht ausgehändigt ist, die faktische Existenz der Auswanderungs-Erlaubniß an sich nicht aufhebt.

Allerdings ist im § 20 des Ges.s v. 31. Dez. 1842 der Verlust der Eigenschaft eines Preußen an den Zeitpunkt der Aushändigung der Entlassungsurkunde geknüpft. Allein daß diese Bestimmung allein hier nicht durchgreifend sein kann, ergiebt die Betrachtung, daß der Angeklagte der Strafbestimmung des § 110 des StGB.s jedenfalls nicht unterliegen würde, wenn ihm auch nur von der Landespolizeibehörde bekannt gemacht worden wäre, daß seine Auswanderungs-Erlaubniß ertheilt sei, und er die desfallsige Urkunde in Empfang nehmen könne, und sich demnächst gleichwohl ohne diese Empfangnahme entfernt hätte.

Abgesehen hiervon ist aber auch der vom zweiten Richter weiter hervorgehobene Grund, daß auch der zur Anwendung des § 110 cit. erforderliche Dolus auf Seiten des Angeklagten nicht anzunehmen, allein geeignet, seine Entscheidung zu tragen. Zu diesem Dolus gehört mindestens das Bewußtsein der Rechtswidrigkeit der Auswanderung auf Seiten des beurlaubten Landwehrmannes. Daß der zweite Richter den Dolus in diesem Sinne auffaßt, dafür spricht der von ihm angeführte Grund, daß der Angeklagte die landespolizeiliche Erlaubniß zur Auswanderung nachgesucht habe; die Frage aber, ob aus diesem Umstande der Mangel des Dolus herzuleiten sei, war eine Thatfrage, die sich einem Angriffe im Wege der Nichtigkeitsbeschwerde entzieht.

Antr. des GStA.s: gleichl. [27. — 2.]

Attest. — Verlesung. — Rechtfertigung.

Atteste eines Beamten über solche Vorkommnisse, deren amtliche Bezeugung in der Form einer schriftlichen Bescheinigung nicht zu den Attributionen des betr. Beamten gehört, dürfen in der Sitzung nicht verlesen werden, vielmehr bedarf es der zeugeneidlichen Vernehmung des Beamten. — Abweichungen von dieser Regel sind nur dann statthaft, wenn sie nach Anleitung des Art. 25 des Ges.s v. 3. Mai 1852 gerechtfertigt werden.

Vdn v. 3. Jan. 1849 § 22 [vgl. dort n. 12. 13].

Erk. (S. II.) v. 8. Sept. 1864 c. Wolff (201. II. Cr.).

W. war in 1. Instanz verurtheilt worden, weil er „dem Landbriefboten R. einen Brief, welchen dieser in amtlicher Eigenschaft in seine Gewahrsam genommen, und zu dessen Amte die Verwahrung desselben gehörte, vorsätzlich entrissen und bei Seite geschafft habe." In 2 Instanz ließ das AG. eine von W. vorgelegte „amtliche Bescheinigung" des Ortsbürgermeisters M. verlesen, inhalts welcher der 2c. R. bei M. gewesen und ihn ersucht hatte, „er möge doch den W. zu sich kommen lassen und denselben zur Zurückgabe des Briefs auffordern, den er (R.)

demselben bei Leerung des Briefkastens in Güte gegeben habe," — und sprach auf Grund dieser Bescheinigung frei. Auf die NB. des OStA.s erfolgte Vernichtung jenes Erkenntnisses. Gründe:

Das vom Angeklagten in der Audienz erster Instanz bereits vorgelegte, vom ersten Richter aber unberücksichtigt gebliebene Attest des Bürgermeisters M., aus dessen zum Zwecke der Beweisaufnahme in der Audienz zweiter Instanz erfolgten Verlesung der App.-Richter eine zur Abweichung von der thatsächlichen Feststellung des ersten Richters berechtigende neue Beweisaufnahme gegründet hat, schließt diese Berechtigung keineswegs in sich. Dieses Attest stellt nicht etwa eine Urkunde über eine Handlung dar, welche der Bürgermeister M. amtlich zu konstatiren gehabt hätte, auch nicht eine solche, welche äußere Verhältnisse bezeugt, deren Bezeugung in der Form der amtlichen Bescheinigung zu den Attributionen des Bürgermeisters gehört; sie enthält vielmehr nur eine Erklärung über eine Thatsache, worüber der Bürgermeister M. lediglich mit Rücksicht auf seine amtliche Stellung Kenntniß erhalten hat. Nach dem in dem § 14 der Vdn. v. 3. Jan. 1849 niedergelegten Prinzip der Mündlichkeit des Verfahrens konnte diese Erklärung, sofern sie als Beweismittel benutzt werden sollte, nur in der Form der zeugenschaftlichen Vernehmung vor dem erkennenden Richter und zwar in Ermangelung eines gesetzlichen Ausnahmegrundes, unter eidlicher Bekräftigung, erfolgen, oder es hätte die Verlesung des die Erklärung enthaltenden Schriftstückes auf den Art. 25 des Ges.s v. 3. Mai 1852 gestützt werden müssen. Dazu wäre indessen eine besondere Motivirung für die Abweichung von der Regel erforderlich gewesen, und eine solche ist vom App.-Richter nicht gegeben worden. Insbesondere reicht dazu die in seinem Urtheil in Uebereinstimmung mit dem Sitzungs-Protokoll enthaltene Bemerkung, daß die fragliche Bescheinigung, die allerdings als eine amtliche bezeichnet wird, zum Zwecke der Beweisaufnahme verlesen worden sei, nicht hin, jene Ausnahme zu rechtfertigen, da eben die Verlesung eines für sich zum Beweise nicht geschaffenen Schriftstücks, dessen Verlesung also nicht die ordentliche Art der Beweiserhebung darstellt, nur als Beweisaufnahme im gesetzlichen Sinne gelten kann, wenn die besonderen Gründe angegeben sind, die allein geeignet sind, sie dazu zu machen.

Antr. des GStA.s: gleichl. [27.—2.]

Bankerutt. — Kaufmann. — Höker etc.

1. Ob Jemand zu denjenigen Handelsleuten gehöre, welche nach Art. 10 des D. HGB.s den Hökern, Tröblern etc. gleichgestellt und wie diese von der Pflicht der Buchführung entbunden sind, unterliegt der thatsächlichen Beurtheilung.

2. Der Strafrichter hat diese Frage selbstständig zu prüfen, und ist durch frühere Entscheidungen des Civilrichters nicht gebunden.

StGB. §§ 259. 261 [vgl. dort S. 469; einzutr. ebendas. als n. 2].

Erk. (Z. II.) v. 8. Sept. 1864 c. Dörffling (222. II. Cr.).

D. war aus § 261 StGB. und aus § 308 der Konk.-Ordn. verurtheilt worden, weil er als Kaufmann seine Zahlungen eingestellt und die vorschriftsmäßigen Bücher nicht gehörig geführt, auch die alljährliche Ziehung der Bilanz unterlassen, und weil er einen seiner Gläubiger zum Nachtheile der übrigen begünstigt habe. Seine NB. rügte Verletzung des § 261 und Art. 308 cit., weil er zu den im Art. 10 des D. HGB.s erwähnten „Handelsleuten" gehöre und daher von der Pflicht der Buchführung entbunden sei: das AG. habe mit Unrecht den Beweisantrag abgelehnt, daß er mit seinem Antrage auf Eintragung in das Handels-Register vom betr. Kr.-G. mit Rücksicht auf den cit. Art. 10 abgewiesen worden sei; wäre diese Thatsache erwiesen worden, so würde seine Verurtheilung sich als unstatthaft dargestellt haben, weil eine solche Kollision nicht stattfinden könne, daß der Handelsrichter einen Handelsmann unter Art. 10 cit. bringe und somit von der Buchführung entbinde, demnächst aber der Strafrichter das Gegentheil annehme und wegen unterlassener Buchführung bestrafe. Zur nähern Begründung ward auf das Ges. v. 19. Juli 1862 § 2 und auf die Min.-Instr. v. 12. Dez. 1861 Nr. II. verwiesen. Das OTr. hat die NB. zurückgewiesen. Gründe:

Der Art. 18 des Einf.-Ges.s z. D. HGB. setzt zunächst außer Zweifel, daß in § 261 des StGB.s unter Handelsleuten alle diejenigen zu verstehen sind, welche der Art. 4 des HGB.s umfaßt. Der Art. 10 das. entbindet nun allerdings die „Höker, Trödler, Hausirer u. dgl. Handelsleute von geringem Gewerbebetriebe" von gewissen Vorschriften für die übrigen Handelsleute, namentlich von der Buchführung nach Art. 28 u. ff. daselbst; allein eine rechtliche Definition des Begriffs von „dergleichen Handelsleuten von geringem Gewerbebetriebe" ist in Art. 10 nicht enthalten, und eben so wenig ergeben die Materialien zum D. HGB. eine feste Bestimmung dieser Ausdrücke. Sie machen nur soviel ersichtlich, daß dabei eine gewisse Aehnlichkeit des Handelsbetriebs mit dem Höker-, Trödler- und Hausir-Handel, d. i. „dergleichen" Handel, und ein geringer Gewerbebetrieb, wie es die Regel beim Höker-Handel u. s. w. ist, vorausgesetzt wird: beides Eigenschaften, die sich nicht auf dem Wege der Gesetzesauslegung, sondern durch thatsächliche Ermittelungen in jedem einzelnen Falle finden lassen. Vermöge einer solchen Ermittelung ist denn auch der App.-Richter zu dem Ergebnisse gelangt, daß der Handel mit Garn- und Wollenwaaren, welchen Angeklagter seit 1859 bis 1863 zu M. dergestalt betrieben hat, daß sein jährlicher Geschäftsumsatz sich auf 4000 bis 5000 Thlr. belief, nicht von geringem Umfange gewesen sei und nicht zu denjenigen Gattungen des Handelsgewerbebetriebes gehöre, worauf sich der Art. 10 des HGB.s bezieht und dieses Ergebniß der Beweisaufnahme ist in seinem Vordersatze nach Art. 107 des Ges.s v. 3. Mai 1852 unangreifbar — im Nachsatze mit dem Inhalte des Art. 10 keinesweges in einem rechtlichen Widerspruche. Ein derartiger Widerspruch läßt sich insbesondere nicht aus Nr. II. der JMin.-Instr. v. 12. Dez. 1861 in Verbindung mit dem Ges. vom 19. Juli ej. über einige Abänderungen des Gesetzes, wegen Entrichtuug der Gewerbesteuer herleiten. Erstere ist nur eine mit Bezugnahme auf Art. 4 des Einf.-Ges.s z. D. HGB. erlassene geschäftliche Anordnung, stellt unter Nr. II. auch nur eine

Regel für den Geschäftsbetrieb bei Führung der Handelsbücher auf, und erkennt ausdrücklich an, daß das Gesetz die in Art. 10 des HGB.s begriffenen Klassen der Handelsleute nicht festgestellt habe; das Richteramt konnte und sollte also damit in der Anwendung des Gesetzes auf konkrete Fälle nicht gebunden werden. Daß das Ges. v. 19. Juli 1861 als solches für die Anwendbarkeit des Art. 10 des HGB.s nicht maaßgebend sein darf, ergiebt sich bereits aus dem unmittelbar folgenden Art. 11. Auch bedarf es keiner weiteren Ausführung, daß die Vorderrichter die Frage, ob die Voraussetzungen für die Anwendbarkeit des § 261 des StGB.s und folgeweise insoweit, als dazu die gesetzliche Verpflichtung des Angeklagten zur Führung von Handelsbüchern gehörte, die Voraussetzungen des Art. 10 des HGB. erwiesen, beziehungsweise nicht erwiesen seien, selbstständig zu entscheiden hatten und hieran durch die angebliche frühere Zurückweisung des Antrags des Angeklagten ans Kgl. Kreisgericht, seine Firma in die Handelsregister einzutragen, nicht gehindert waren, da die Unabhängigkeit der Strafgerichte von den Entscheidungen der Civilgerichte grundsätzlich feststeht und nur durch positive, hierher nicht gehörige Ausnahmen beschränkt ist. Die Vorderrichter mußten vielmehr die Verpflichtung des Angeklagten zur Führung von Handelsbüchern für die Anwendung des § 261 Nr. 2 des StGB.s ihrerseits eben so gewiß selbstständig feststellen, wie dessen Zahlungseinstellung.

Der (II.) Angriff der Nichtigkeitsbeschwerde gegen die Anwendung des § 308 der Konkurs-Ordnung zerfällt nach Art. 31 des Einf.-Ges.s z. HGB., worin § 308 ausdrücklich auf alle unter Art. 4 des HGB.s begriffene Kaufleute ohne Ausnahme der in Art. 10 bezeichneten anwendbar erklärt ist, und nach dem Vorgesagten von selbst.

Antr. des GStA.s: gleichl. [23.—2.]

Konkurrenz, reale. — Ehrenstrafen.

Im Falle der realen Konkurrenz eines Verbrechens mit einem Vergehen ist die Untersagung der Ausübung der Ehrenrechte auch dann zu verhängen, wenn nur das Vergehen mit derselben bedroht ist, wegen des Verbrechens aber mit Rücksicht auf festgestellte mildernde Umstände nicht auf Zuchthausstrafe erkannt wird.

StGB. § 56 [vgl. dort n. 26]; § 57 [vgl. dort n. 5]. *)

Erk. (B.II.) v. 8. Sept. 1864 c. Krause (282. II. Cr.).

K., wegen Hausdiebstahls (§ 217 Nr. 4) und Urkundenfälschung vor den Schw.-GH. gestellt, legte in Betreff beider ein erschöpfendes Schuldbekenntniß ab; in Beziehung auf die Fälschung, nicht aber in Beziehung auf den Diebstahl wurden mildernde Umstände angenommen; der GH. verhängte Gefängnißstrafe und eine Geldbuße, nicht aber die vom StA. beantragte Untersagung der Ausübung der Ehrenrechte. Auf die NB. des StA.s erfolgte Vernichtung und zusätzliche Verhängung dieser Ehrenstrafe; erwogen ward:

daß bei dem Diebstahl aus § 217 Nr. 4 des StGB.s, sofern dabei mildernde Umstände nicht festgestellt sind, neben der Gefängnißstrafe zugleich auf Untersagung der Ausübung der bürgerlichen Ehrenrechte erkannt werden muß, wie dies auch bei dem einfachen Diebstahl nach § 216 das. unter gleicher Voraussetzung der Fall ist;

daß von dieser Nebenstrafe auch dann nicht abgegangen werden kann, wenn ein solcher Diebstahl realiter mit einem Verbrechen konkurrirt, welches beim Dasein mildernder Umstände zwar dem Diebstahl gegenüber mit einer härteren oder auch nur gleichen Gefängnißstrafe (vgl. §§ 216. 217. 250 des StGB.s), dagegen aber nur fakultativ mit Untersagung der Ausübung der bürgerlichen Ehrenrechte bedroht ist, da der § 56 Abs. 2 wie der § 57 Abs. 2 des StGB.s sich nur auf die Freiheitsstrafen beziehen, und daher die Nebenstrafen selbst des geringeren Vergehens unberührt lassen.

Antr. des GStA.s: gleichl. [27. — 2.]

*) Die Verweisungen auf Oppenhoff's Kommentar zum Strafgesetzbuche beziehen sich von jetzt an auf die vierte Ausgabe.

Verlesung eines Vernehmungsprotokolls neben der persönlichen Vernehmung.

Der Vorsitzende kann bei Gelegenheit der persönlichen Vernehmung eines Angeklagten [Zeugen] das Protokoll über die früheren Aussagen desselben verlesen lassen, ohne daß es eines diese Maaßregel anordnenden und rechtfertigenden Gerichtsbeschlusses bedürfte.

Vdn. v. 3. Jan. 1849 § 14 [vgl. dort n. 49]; § 22 [vgl. dort n. 58]; Ges. v. 3. Mai 1852 Art. 76 [vgl. dort n. 17]. Sic: Z. I. 23. Juni 1863 c. Thomas, 1036; Z. I. 21. Sept. 1864 c. Mogilowski. Vgl. RdOTr. 2. S. 524).

Erk. (Z. II.) v. 8. Sept. 1864 c. Sievenbrock (Mensing u. Gen. 303. II. Cr.).

Eine Verletzung des in dem Art. 25 des Ges.s v. 3. Mai 1852 in Betreff der Verlesung von Schriftstücken „zur Aufklärung der Sache" enthaltenen Grundsatzes ist darin nicht ersindlich, daß nach Ausweis des Audienzprotokolles bei der schwurgerichtlichen Verhandlung bei Gelegenheit der mündlichen Vernehmung des seine früheren Aussagen widerrufenden Mitangeklagten M. das Protokoll über diese früheren Aussagen, ohne vorgängigen Beschluß des Gerichtes, also auf Anordnung des Vorsitzenden, verlesen worden ist. Denn das Beweismittel, um welches es sich hier handelte, war die mündliche Vernehmung des Angeklagten. Daneben kam das verlesene Protokoll nicht als selbstständiges Aufklärungsmittel in Betracht, es war diese Verlesung vielmehr ersichtlich nur ein Hülfsmittel, dessen der nach Art. 76 l. c. des bezogenen Gesetzes mit der Leitung der Verhandlungen betraute Vorsitzende sich bedienen konnte und mußte, um den Angeklagten auf Widersprüche u. s. w. aufmerksam zu machen, um so ein sachgemäßes und erfolgreiches Resultat der Vernehmung zu erzielen.

Antr. des GStA.s: gleichl. [27. — 2.]

Schlägerei. — Mildernde Umstände.

Sind bei einer Schlägerei mehreren Betheiligten solche Verletzungen zuzuschreiben, welche nicht einzeln für sich, sondern in ihrer Gesammtheit eine erhebliche Körperverletzung zur Folge gehabt haben, so ist die Berücksichtigung mildernder Umstände an sich statthaft, die Strafe kann aber nicht geringer als dreimonatliches Gefängniß sein. StGB. §§ 195 [vgl. dort n. 21]; 196.

Erk. (B. I.) v. 9. Sept. 1864 c. Affmann (Hoffmann u. Gen. 775. I. Cr.).

A. hatte sich an einer Schlägerei betheiligt, bei welcher K. eine erhebliche Körperverletzung erlitten hatte; es ward festgestellt, daß auch A. selbst den K. bei dieser Gelegenheit mißhandelt habe. Die Instanzrichter verurtheilten ihn deshalb aus §§ 192a und 195 StGB. zu einer sechsmonatlichen Gefängnißstrafe. Seine NB. rügte Verletzung des § 196 ibid., weil das AG. die Berücksichtigung der geltend gemachten mildernden Umstände für unzulässig erklärt habe. Das OTr. hat das betr. Erkenntniß vernichtet und die Sache an das AG. zurückverwiesen. Gründe:

Der § 195 des StGB.s ist zwar mit Recht angewendet, und dabei kann von einer Kompensation gegenseitiger Mißhandlungen nach § 188 keine Rede sein. Allein der App.-Richter verneint die Zulässigkeit der Annahme mildernder Umstände, wie sie der Implorant beantragt hat, obwohl er in der vorangehenden Erörterung verschiedene darauf bezügliche Umstände in's Auge zu fassen scheint, lediglich aus dem Grunde, weil der § 196 in seiner Anwendung auf den § 195 nur dann Platz greife, wenn der Thäter der Körperverletzung ermittelt werde. Er hat also, wie aus seinem Citat (Oppenhoff 2. Ausg. zu § 196 n. 5) erhellt, nur das letzte Alinea des § 195 im Auge. Dies ist jedoch unrichtig. Wie die Entscheidung v. 2. Okt. 1862 c. Fricke [Starke; RdOTr. 3. S. 41; G. A. 10. S. 848] ergiebt, findet der § 196 auch auf diejenigen Theilnehmer an einer Schlägerei Anwendung, welche der Strafe des Abs. 2 des § 195 unterliegen, welche also Thäter einer

Körperverletzung sind, die nicht individuell, sondern nur durch die Gesammtwirkung der Thätlichkeiten die dort angegebene Folge gehabt hat. Obwohl nun in den Entscheidungen der Abs. 2 des § 195 in Bezug auf den Imploranten nicht speziell citirt ist, so scheint doch der vorliegende Fall seine Anwendung vorauszusetzen; jedenfalls hat sich der App.-Richter darüber auszusprechen, und darnach auch die Anwendung mildernder Umstände nochmals zu prüfen, obwohl sie, wie in jener Entscheidung ausgeführt ist, nicht den Erfolg einer Herabsetzung unter das Maaß der Alinea 1 vorgeschriebenen Strafe haben können.

Antr. des GStA.s: entg. [15. — 4.]

Widersetzlichkeit. — Forstaufseher. — Anstellung. — Vereidung.

Im Falle einer Widersetzlichkeit gegen einen Privatforstaufseher ist die Anwendbarkeit der §§ 1 und 2 des Ges.s v. 31. März 1837 nicht dadurch bedingt, daß der Aufseher auf Lebenszeit angestellt oder auf das Holzdiebstahlsgesetz vereidet war.

Ges. v. 31. März 1837 §§ 1. 2. — Aehnlich: Z. 2. Jan. 1850 c. Schmidt, 344; Z. I. 1. Juni 1859 c. Markieska, 477.

Erk. (Z. I.) v. 9. Sept. 1864 c. Wydra (799. I. Cr.).

Mit Recht bemerkt der App.-Richter, wie es zur Anwendung der §§ 1 und 2 des Ges.s v. 31. März 1837 genüge, daß der W. als herzoglicher Forstschutzbeamter angestellt ist, und Angeklagter selbst zugebe, in demselben einen Hülfsjäger des herzoglichen Försters N. erkannt zu haben. Die Anwendung der §§ 1 und 2 des Ges.s v. 31. März 1837 setzen auch in der That weder eine lebenslängliche Anstellung, noch die Vereidigung auf das Holzdiebstahlsgesetz voraus.

Antr. des GStA.s: gleichl. [18. — 4.]

Notar. — Rechtsanwalt. — Kollision.

Der Rechtsanwalt, welcher in einem Prozesse eine Partei vertreten hat, darf nicht demnächst als Notar über den Gegenstand jenes Prozesses einen Akt der freiwilligen Gerichtsbarkeit aufnehmen. Dieses Verbot bezieht sich nicht bloß auf die zwischen den streitenden Parteien abgeschlossenen Geschäfte, sondern auch auf diejenigen, welche eine der Parteien mit einem Dritten abschließt.

Not.-Ordn. v. 11. Juli 1845 § 6.

Erk. (I. Civ.-Sen.) v. 12. Sept. 1864 c. Rechtsanwalt und Notar S.
(359. D. I.).

In einem zwischen J. und Sz. geführten Prozesse, in welchem der Verklagte Sz. zur Zahlung einer Summe verurtheilt worden war, hatte der Angeschuldigte diesen letztern als Rechtsanwalt vertreten. Nichtsdestoweniger nahm er später einen Notariatsakt auf, durch welchen der frühere Gegner seiner Partei: J. jene judikatmäßige Forderung gegen Sz. an einen Dritten H. cedirte, und demnächst einen zweiten Akt, wodurch H. jene Forderung an J. zurückcedirte. Wegen Zuwiderhandlung gegen § 6 der Not.-Ordn. disziplinarisch verfolgt, ward er vom Ehrenrathe freigesprochen: „weil unter den Rechtskundigen über die Auffassung des cit. § 6 in Bezug auf die Frage: wer unter den darin genannten Betheiligten zu verstehen sei (zu denen aber H. ohne Zweifel nicht gehöre), eine Meinungsverschiedenheit stattfinde." Auf die Berufung des OStAnw.s ist dieses Erkenntniß vom OTr. abgeändert und eine Disziplinarstrafe gegen S. verhängt worden. Gründe:

Es ist gegen § 6 der Not.-Ordn. v. 11. Juli 1845 von dem Angeklagten wirklich gefehlt. Derselbe lautet:

> In prozessualischen Angelegenheiten, in welchen der Notar einem der Betheiligten als Justizkommissarius bedient ist, oder bedient gewesen ist, sowie in den Angelegenheiten einer Partei, deren General-Mandatar der Notar ist, darf derselbe keine Handlungen der freiwilligen Gerichtsbarkeit aufnehmen.

Der angeregte Zweifel über den Sinn dieser Vorschrift soll darüber bestehen, „wer unter den „Betheiligten" im § 6 zu verstehen sei;" es ist aber schwer zu begreifen, wie hierüber gerade ein Bedenken stattfinden kann, da die in einer prozessualischen Angelegenheit Betheiligten doch keine andere Personen sein können, als diejenigen, welche an dem Prozesse Theil genommen haben, seien es die Haupt- oder die Nebenparteien. Ein Rechtsanwalt, der zugleich Notar ist, darf daher nach diesem Gesetze keinen Notariatsakt von einer dieser Parteien eines Prozesses, in welchem er einer derselben als Anwalt bedient ist, oder gewesen ist, über den im Prozesse streitig gewesenen Gegenstand aufnehmen. Das Gesetz verbietet nicht etwa bloß die Aufnahme eines solchen Aktes unter oder zwischen den Betheiligten, sondern es verbietet ganz klar die Aufnahme jeder solchen Handlung der freiwilligen Gerichtsbarkeit dem Notar, der in seiner Eigenschaft als Anwalt einem der beim Prozesse Betheiligten, also den Prozeßparteien, gedient hat. Die Bemerkung in dem ersten Erkenntnisse: H. sei zweifellos kein solcher Betheiligter gewesen, ist an sich richtig, aber gleichgültig, denn der J. war ein Betheiligter, und von diesem hat der Angeklagte die Cession aufgenommen. Das erste Urtel widerspricht also dem einfachen, deutlichen Wortsinne des § 6 cit., wenn es durch die angeführte Bemerkung zu erkennen giebt, daß nur die Aufnahme eines Notariatsaktes, durch welchen die Prozeßparteien unter einander über den streitig gewordenen Gegenstand transigiren, untersagt sei. Daß dies nicht richtig ist, ergiebt auch die Gleichstellung dieses Falles mit dem im § 6 noch genannten weiteren Falle eines Notars, der General-Mandatar einer Partei ist; ein solcher soll auch keinen Notariatsakt in den Angelegenheiten seines Machtgebers aufnehmen, es ist ihm dies ganz unbedingt verboten, und doch würde hier jedes Mal ein Dritter Mitkontrahent sein. Ganz gleichmäßig verordnet der vorhergehende § 5 des Gesetzes, daß kein Notar eine Verhandlung aufnehmen darf, bei welcher er selbst oder seine Frau, oder die beiderseitigen, dort näher bezeichneten Verwandten oder Verschwägerten betheiligt sind, oder worin eine Verfügung zu Gunsten einer dieser Personen getroffen wird. Wie hiernach der Notar auch von einem Nichtverwandten keinen

Akt aufnehmen darf, bei welchem einer seiner nahen Verwandten betheiligt ist, und wie der Notar in allen Angelegenheiten desjenigen, von dem er eine General-Vollmacht erhalten hat, seiner Thätigkeit als Notar sich enthalten soll, so ist diese Zurückhaltung auch dem Notar geboten, der in einem Prozesse eine Partei als Rechtsanwalt vertreten hat, wenn eine der Prozeßparteien — gleichviel welche — über den streitig gewesenen Gegenstand eine Verfügung treffen will. Daß freilich nur dieser Gegenstand gemeint ist, folgt aus den Worten: „in prozessualischen Angelegenheiten" und versteht sich ohnehin von selbst. Das Gesetz nimmt in allen diesen Fällen an, daß der Rechtsanwalt, der als solcher für eine Partei in einem Rechtshandel gewirkt hat, nicht völlig unbefangen der Gegenpartei gegenüber sei, daß auch dasselbe von dem gelte, der die Angelegenheiten eines Dritten als dessen Generalbevollmächtigter betreibt oder demselben nahe verwandt ist, und es verlangt daher, daß er sich in Fällen dieser Art seiner Thätigkeit als Notar enthalte. Es geht hierin weiter, als die im ersten Erkenntnisse allegirte Vorschrift des Tit. 7. Thl. III. der AGO. § 26 d, wo im zweiten und dritten Absatz dem Notar, der einem Interessenten beiräthig gewesen, gestattet ist, zwischen diesem und dem anderen Theile eine notarielle Verhandlung aufzunehmen, wenn er den letzteren vorher von seinem Verhältnisse zum ersteren unterrichtet hat, oder wenn beide Interessenten ihn mit gutem Vorbedacht um die Vollziehung eines solchen Aktes ersuchen. Indessen kann doch nur das neuere Gesetz zur Anwendung kommen, welches ganz speziell bestimmt, unter welchen Verhältnissen oder unter welchen Personen der Notar sich seiner Thätigkeit ganz enthalten soll, während jener § 26 d außer der angeführten, nur noch die allgemeine Bestimmung enthält, daß ein Rechtsanwalt (Justizkommissar) auch wegen naher Verwandtschaft oder wegen eines Interesse zur Sache, als Notar nicht thätig sein dürfe. Das neuere Gesetz will offenbar die Thätigkeit des Sachwalters von der des Notars in jedem einzelnen Rechtsgeschäfte völlig getrennt wissen und dadurch für jeden einzelnen Fall das erreichen, was andere Gesetzgebungen bezwecken, indem sie jede dieser Funktionen besonderen Beamten aufgetragen haben. Der Angeklagte unterliegt daher einer Rüge, weil er gegen § 6 des Ges.s v. 11. Juli 1845 gefehlt hat.

Antr. des GStA.s: gleichl. [—4.]

Schlachtsteuerdefraude. — Absicht. — Gegenbeweis.

Zum Thatbestande einer Schlachtsteuerdefraude bedarf es nicht der Absicht, die Steuer zu umgehen; es genügt ein bewußtes Handeln. Der Schlußsatz des § 6 des Zoll-Straf-Gesetzes v. 23. Jan. 1838 gilt nicht bei Steuerdefrauden.

Steuer-Ordn. v. 8. Febr. 1819 § 60; Z.-Str.-Ges. v. 23. Jan. 1838 § 6.

Erk. (B. I.) v. 14. Sept. 1864 c. Broszinski & Hegener (118. I. Cr.).

Die vorigen Richter sprechen die Angeklagten deshalb frei, weil B. und H. bei der Schlachtung des Kalbes vor der deklarirten Zeit nicht die Absicht gehabt hätten, die Schlachtsteuer zu umgehen. Auf die Absicht der Steuerverkürzung, auf den Dolus oder die Kulpa der Angeklagten kommt es aber bei Mahl- und Schlachtsteuerdefraudationen überhaupt gar nicht an, sondern es genügt, wie das Ober-Tribunal bereits in vielfachen Entscheidungen, namentlich auch in dem Erk. v. 6. Nov. 1861 c. Wurzel ausgesprochen und ausgeführt hat, daß die den Thatbestand einer solchen Defraudation bildende Handlung vom Angeklagten mit Bewußtsein begangen ist. Im vorliegenden Fall steht fest, daß die vor 6 Uhr Morgens erfolgte Schlachtung eines Kalbes ohne die erforderliche steueramtliche Deklaration und Genehmigung geschehen ist, da die Schlachtung eines Kalbes erst um 6½ Uhr angemeldet und von der Steuerbehörde genehmigt war. Es ist also eine Gewerbshandlung, von welcher eine Abgabe zu entrichten war, der Steuerbehörde nicht angezeigt und deshalb nach § 60 der St.-Ordn. v. 8. Febr. 1819 die Strafe der Defraudation verwirkt. —

Der App.-Richter legt bei der Annahme, daß die Angeklagten nicht die Absicht gehabt hätten, die Schlachtsteuer zu umgehen, darauf Gewicht, daß mit der Schlachtung des Kalbes bis 6½ Uhr nicht habe gewartet werden können, weil das Kalb so erkrankt gewesen, daß dessen Tod jeden Augenblick zu befürchten stand. Dieser Umstand ist jedoch für die vorliegende Entscheidung rechtlich völlig unerheblich, da die Schlachtung des Kalbes vor der deklarirten Zeit nichts desto weniger eine freiwillige, also von den Angeklagten zu verantwortende Handlung blieb, und ein zu fürchtender Vermögensnachtheil die Uebertretung der Steuergesetze nicht rechtfertigen kann. Der im § 6 a. E. des Z.-Str.-Ges.s v. 23. Jan. 1838 ausgesprochene Grundsatz, auf welchen der App.-Richter Bezug nimmt, gilt nur für Zollvergehen und für das Vergehen der Kontrebande, findet aber auf Mahl- und Schlachtsteuervergehen keine Anwendung.

Antr. des GStA.s: gleichl. [18.—4.]

Meineid. — Wiederholung. — Konkurrenz.

Sind mehrere Eide falsch ausgeschworen worden, so stellt jede selbstständige Eidesleistung ein besonderes Verbrechen dar, ohne Unterschied, ob dieselben verschiedene Thatsachen zum Gegenstande hatten oder nicht.

StGB. §§ 125. 126. 56 [vgl. dort n. 2. 13].

Erk. (Z. I.) v. 14. Sept. 1864 c. Rother (950. I. Cr.).

Der Stellenbesitzer A. R. hatte gegen den Schneider R. eine Klage auf Rückgabe einer Quantität Tuch und Futterzeug und einer zum Aendern übergebenen Weste erhoben. Im Laufe des Prozesses leistete R. zwei ihm vom Kläger zugeschobene Eide dahin: daß der letztere ihn nicht bereits früher zur Herausgabe des Tuchs und Futters aufgefordert und daß derselbe ihm keine Tuchweste zur Aenderung übergeben habe," und zwar in der Weise, daß jeder Eid besonders ausgeschworen und jedem auch die Bekräftigungsformel hinzugefügt wurde. Wegen

Meineides in Anklagestand versetzt, ward er beider Handlungen schuldig befunden und vom Schw.-GH. wegen „wiederholten Meineides" (§§ 125. 56 StGB.) bestraft, indem erwogen ward, „daß R. zwar beide Eide in demselben Termine abgeleistet habe, daß sie aber über ganz besondere Thatsachen gelautet hätten, besonders zugeschoben und angenommen, sowie auch besonders verneint und je mit der Eingangs- und Endformel abgeleistet worden seien." Die NB. des R. rügte es, daß er wegen wiederholten Eides bestraft worden sei, obgleich beide Eide in derselben Prozeßsache und in demselben Termine geleistet seien. Zurückweisung. Gründe:

Der Thatbestand des mehrfachen Meineides wird nicht durch die Mehrheit der Thatsachen, auf welche sich die Eidesformel erstreckt, bedingt, und insoweit irrt der Schw.-GH. in den Gründen seines Erkenntnisses, vielmehr ist, wie derselbe weiter richtig ausführt, das Entscheidende die wiederholte selbstständige Eidesleistung selbst, damit also die besonders ausgedrückte wiederholte Anrufung Gottes in Beziehung auf die verschiedenen, in den Eidesformeln enthaltenen Thatsachen. Dies entspricht der Natur und dem Strafgrunde des vorliegenden Verbrechens. Daß die beiden Eide in derselben Prozeßsache, vor demselben Richter und in derselben Verhandlung abgeleistet sind, ist in Bezug auf die vorliegende Frage gleichgültig.

[15.—4.]

Schwurgericht. — Entlassung eines Geschwornen. — Neubildung.

Wird nach Bildung des Schwurgerichts einer der zu demselben gehörenden Geschwornen entlassen, so kann sofort zur Bildung eines neuen Schwurgerichts aus derselben Dienstliste geschritten werden. Dabei schadet es nicht, wenn sich inzwischen einzelne der früher abgelehnten Geschwornen entfernt hatten, sobald nur noch 24 Geschworne anwesend sind.

Vdn. v. 3. Jan. 1849 § 87 [dort einzutr. als n. 3]; Ges. v. 3. Mai 1852 Art. 61.

Erk. (Z. I.) v. 14. Sept. 1864 c. Elsner (971. I. Cr.).

Nachdem das Schwurgericht gebildet war, bat einer der angenommenen Geschwornen krankheitshalber um Entlassung; diese ward bewilligt und sofort zur Neubildung des Schwurgerichts übergegangen, obgleich sich ergab, daß von den früher anwesenden 29 Geschwornen sich 2 der anfänglich abgelehnten entfernt hatten, so daß bei der Neubildung nur noch 26 konkurrirten. Das rügte die NB. des Angeklagten: „es habe ein neuer Termin mit Vorladung aller einberufenen Geschwornen angesetzt oder doch sofort die Rückkehr jener 2 Geschwornen, welche sich entfernt hatten, veranlaßt werden müssen." Zurückweisung. Gründe:

Nachdem von den 12 bereits ausgeloosten und angenommenen Schwurmännern Einer wieder gänzlich dispensirt war, so konnte zur Bildung einer neuen Geschwornenbank geschritten werden, wodurch der Angeklagte sogar ein ausgedehnteres Ablehnungsrecht erhielt, als wenn nur ein zwölfter Geschworner aus der Urne gezogen worden wäre. Es hatten sich nun freilich inmittelst noch 2 andere Geschworne entfernt. Allein zu einer Aussetzung der Verhandlung oder zu einer Herbeiholung der entfernten fehlte es an einer gesetzlichen Veranlassung, da immer noch 26, mithin mehr als 24 Geschworne anwesend waren, überdies auch von keiner Partei ein Antrag auf Vertagung der Verhandlungen gemacht war.

Antr. des GStA.s: gleichl. [17. — 4.]

Siegel (amtliches). — Erbrechung. — Dolus.

Das Vergehen der Erbrechung eines amtlichen Siegels setzt als Dolus außer der Vorsätzlichkeit der betr. Handlung auch das Bewußtsein von der Widerrechtlichkeit derselben voraus.

StGB. § 108 [dort einzutr. als n. 4a].

Erk. (Z. II.) v. 15. Sept. 1864 c. P. J. Schäfer (225. II. Cr.).

Auf den Antrag mehrerer Erbbetheiligten hatte der Friedensrichter zu S. auf den Nachlaß des C. Sch. die Siegel angelegt und einen Hüter für dieselben bestellt. Später verständigten sich die sämmtlichen Betheiligten (welche alle großjährig und anwesend waren) über die Theilung und vollzogen dieselbe sofort, nachdem der mitbetheiligte P. J. Sch. trotz des Widerspruchs des Hüters die Siegel gelöst hatte. Aus § 108 StGB. beschuldigt, ward er von den Instanzrichtern freigesprochen, „weil die Siegelanlage hier nur als konservatorische Maaßregel erscheine, welche keineswegs die autoritas iudicis, sondern einzig und allein das Interesse der Theilungsberechtigten zum Gegenstande habe, und somit durch die Einigung der letztern gegenstandlos geworden sei; Sch. habe daher durch Abnahme der Siegel keine Rechte verletzt, vielmehr sine dolo und bona fide gehandelt." Der Kass.-Rekurs des Ober-Prokurators rügte Verletzung des § 108 cit. und der Artt. 928—940 der Rh. BPO., nach welchen es keinem Zweifel unterliege, daß die vom Friedensrichter angelegten Siegel auch beim Einverständnisse der dispositionsfähigen Betheiligten nur von jenem Beamten abgenommen werden könnten; dagegen komme es auf eine bona fides bei Vornahme der Handlung nicht an, vielmehr werde § 108 anwendbar, wenn das Erbrechen vorsätzlich und unbefugt stattgefunden habe. Das OTr. hat diesen Rekurs verworfen, indem es erwog:

daß das im § 108 StGB. vorgesehene Vergehen, als Vergehen gegen die öffentliche Ordnung, die Autorität des Staates, zwar zu seinem Thatbestande nur erfordert:

1) daß ein amtliches Siegel, welches von einem öffentlichen Beamten angelegt ist, um Sachen zu verschließen, zu bezeichnen oder in Beschlag zu nehmen, erbrochen, abgelöst oder beschädigt worden ist,

2) daß dieses ohne Befugniß und vorsätzlich geschehen sei;

daß auch grundsätzlich die Befugniß zur Abnahme der Siegel nur wieder der berufenen öffentlichen Autorität zusteht, und es demnach auch keinem Zweifel unterliegt, daß im Gebiete des Rheinischen Rechts zur Anlegung, wie zur Abnahme der Siegel in einer Erbschaftsangelegenheit, nur der Friedensrichter oder dessen Suppléant gesetzlich berufen ist (Artt. 907—940 BPO.);

daß ferner auch die Vorsätzlichkeit im Allgemeinen nur in der Absicht besteht, die Siegel zu erbrechen, abzulösen oder zu beschädigen, also in dem Willen, diese Handlungen vorzunehmen;

daß gleichwohl auch der hierin liegende Dolus, wie überall da, wo es sich nicht um eine rein formale Gesetzesübertretung handelt, bei dem Thäter das Bewußtsein der Widerrechtlichkeit der Handlung voraussetzt, der entsprechende Dolus also fehlt, wenn das Erbrechen, Ablösen oder Beschädigen der Siegel zwar von einer, an sich dazu nicht berechtigten Person erfolgte, dieselbe dabei aber in gutem Glauben gestanden hat, zu der Handlung berechtigt zu sein, und ihr somit auch das Bewußtsein fehlte, die Autorität des Staates dadurch zu verletzen;

daß, wenn nun auch nach der Natur des vorliegenden Vergehens, dasselbe dadurch allerdings nicht für ausgeschlossen erachtet werden könnte, daß, wie der Richter zweiter Instanz mit dem ersten anführt, der Friedensrichter im gegenwärtigen Falle die Siegel nur als konservatorische Maaßregel, lediglich im Interesse der Betheiligten angelegt habe, und durch die vom Beschuldigten bewirkte Abnahme der Siegel die Rechte dritter Personen nicht verletzt worden seien, da die Anlegung der Siegel immerhin unter gerichtlicher Autorität erfolgt ist, und die unbefugte Abnahme derselben eine Verletzung dieser Autorität, auch ohne die Verletzung der Rechte dritter Personen, worauf es hier weiter nicht ankommt, darstellen würde: — doch von den Instanzrichtern im Anschluß an das ganze Sachverhältniß thatsächlich angenommen ist, daß der Beschuldigte durch die Abnahme der Siegel nicht nur keines Dritten Rechte verletzt, sondern dabei sine dolo und bona fide gehandelt habe;

daß dieser letztere Erwägungsgrund im Zusammenhange mit der sonst festgestellten Sachlage nur die Auffassung gestattet, daß der Beschuldigte bei Abnahme der Siegel das Bewußtsein der Widerrechtlichkeit seiner Handlungsweise überall nicht gehabt, sich zu der Handlung vielmehr für befugt erachtet, und an eine Verletzung der Autorität des Staates nicht gedacht habe;

daß hierdurch der auch zu gegenwärtigem Vergehen erforderliche generelle Dolus thatsächlich beseitigt ist, und damit der erhobene Kassations-Rekurs um so mehr als unbegründet zerfällt, als selbst ein Rechtsirrthum, in so fern er nicht die Strafbarkeit einer Handlung überhaupt, sondern nur ein einzelnes, dieselbe bedingendes, mit dem innern reatus zusammenhängendes Moment betrifft, von der Berücksichtigung nicht ausgeschlossen sein würde.

Antr. des GStA.s: gleichl. [27.—3.]

Ehrverletzung. — Gerechtsame. — Beleidigende Absicht.

Der Instanzrichter, welcher annimmt, daß der Angeklagte eine objektiv ehrverletzende Aeußerung zum Zweck der Verfolgung vermeintlicher Gerechtsame gemacht habe, verletzt das Gesetz, wenn er verurtheilt, ohne die beleidigende Absicht festzustellen.

StGB. § 154 [vgl. dort n. 5. 6].

Erk. (B. II.) v. 15. Sept. 1864 c. Lempens (242. II. Cr.).

Der Hülfslehrer L. war aus § 102 StGB. verurtheilt worden, weil er durch mehrere an verschiedene Behörden gerichtete Eingaben einen Beamten in Beziehung auf seinen Beruf beleidigt und verleumdet habe; die Instanzrichter hatten jedoch das Vorhandensein mildernder Umstände angenommen, weil L. „mit den Eingaben ꝛc. anscheinend die Vertheidigung ihm vermeintlich zustehender Rechte bezweckt habe." Auf den Kass.-Rekurs des Beschuldigten erfolgte Vernichtung, indem erwogen wurde:

daß, wenn auch, soviel die Verhandlungen ergeben, der Kassationskläger in den Instanzen das Vorhandensein der die Anwendung des § 154 des StGB.s auf den vorliegenden Fall begründenden Voraussetzung, daß er nämlich mit den inkriminirten Eingaben die Ausführung und Vertheidigung von Gerechtsamen bezweckt habe, nicht mit ausdrücklichen Worten und unter Hinverweisung auf die gesetzlichen Bestimmungen hervorgehoben hat, doch die Nothwendigkeit, die Anwendbarkeit des § 154 einer Prüfung zu unterwerfen, nicht bloß durch die Eigenthümlichkeit der Sachlage und den Charakter der Beschuldigung selbst indizirt war, sondern der Richter erster Instanz dies auch in den Entscheidungsgründen ausdrücklich durch den Ausspruch anerkannt hat, daß der Beschuldigte mit seinen Eingaben anscheinend die Verfolgung vermeintlicher Gerechtsame beabsichtigt habe, und an dies Anerkenntniß wesentliche rechtliche Folgen, die Annahme von Milderungsgründen, geknüpft hat;

daß aber in Bezug auf einen solchen Umstand, der, wofern seine Existenz nachgewiesen ist, mit dem Thatbestande der Beleidigung sich verbindet, und deren Strafbarkeit, so lange nicht die Absicht zu beleidigen besonders dargethan ist, ausschließt, es dem Richter oblag, die Existenz oder Nichtexistenz desselben zum Gegenstande einer ausdrücklichen Feststellung zu machen, für den ersteren Fall die Frage nach der beleidigenden Absicht des Beschuldigten, für die der objektiv beleidigende Charakter der Aeußerungen selbst nicht maaßgebend ist, einer Erörterung zu unterwerfen und nur, wenn diese Erörterung zu einem bejahenden Resultate geführt hatte, eine Strafe eintreten zu lassen;

daß somit die korrektionelle Appellationskammer dadurch, daß sie dem in Rede stehenden Umstande, obgleich derselbe sich ihrer Prüfung darbot und von dem ersten Richter selbst in's Auge gefaßt worden war, die ihm gesetzlich gebührende Berücksichtigung nicht hat angedeihen lassen, vielmehr das ohne Weiteres, unter Anwendung der §§ 102. 163 StGB. strafende Urtheil erster Instanz bestätigt hat, den § 154 cit. verletzt und die vorher bezogenen §§ falsch angewendet hat.

Antr. des GStA.s: gleichl. [29.—3.]

Hausdiebstahl. — Arbeitgeber. — Handwerker.

Der Diebstahl, welchen ein Handwerker bei Gelegenheit einer in der Wohnung eines Kunden verrichteten Arbeit verübt, ist nicht als Hausdiebstahl im Sinne des § 217 Nr. 4 anzusehen.

StGB. § 217 Nr. 4 [vgl. dort n. 65].

Erk. (B. II.) v. 15. Sept. 1864 c. Lange (254. II. Cr.).

Der Schneider L. hatte in der Wohnung des ꝛc. Sch., während er für diesen Kleidungsstücke ausbesserte, einen Diebstahl verübt, und war deshalb aus § 217 Nr. 4 bestraft worden, weil Sch. zur fraglichen

Zeit der Arbeitgeber des Angeklagten gewesen sei. Auf die NB. des Sch. erfolgte Vernichtung und Zurückverweisung der Sache an das AG. „zur Würdigung des Maaßes der Strafbarkeit nach dem richtigen Strafgesetze." Gründe:

Wie feststeht, hat der Angeklagte an dem Tage, wo der Diebstahl verübt ist, als Schneider in der Wohnung des Deprädaten gearbeitet. Hierdurch ist indeß zwischen beiden Personen ein Verhältniß nicht begründet, wonach der Letztere als der Arbeitgeber des Ersteren zu betrachten wäre. Das Wort ist in dem § 217 sub Nr. 4 in dem engern technischen Sinne gebraucht, wonach darunter nicht Jeder, der durch einen Anderen in einem freien Auftragsverhältnisse eine Arbeit verrichten läßt, verstanden, sondern damit der Begriff des Handwerksmeisters und Fabrik-Inhabers umfaßt wird. In diesem Sinne ist der Ausdruck: Arbeitgeber in dem Sprachgebrauche des gewerblichen Lebens ausgeprägt, in die Gewerbegesetzgebung — Vdn. v. 9. Febr. 1849 — aufgenommen und in die Terminologie des Strafrechts übergegangen.

Das angefochtene Erkenntniß unterliegt daher der Vernichtung und war sodann die Sache, insbesondere auch zur Würdigung des Maaßes der Strafbarkeit des Angeklagten nach dem richtigen Strafgesetze zur anderweiten Verhandlung und Entscheidung an den vorigen Richter zurück zu verweisen.

Antr. des GStA.s: gleichl. [29. — 3.]

Polizei-Aufsicht. — Reale Konkurrenz. — Berechnung.

Ergehen gegen denselben Angeklagten wegen verschiedener Straffälle mehrfache Verurtheilungen, von welchen eine jede die Polizei-Aufsicht verhängt, so beginnt die Vollstreckung einer jeden dieser Polizei-Aufsichten mit der Abbüßung der durch das betr. Urtheil verhängten Freiheitsstrafe; treffen mehrere Polizei-Aufsichten in der Zeit zusammen, so gelangen sie gleichzeitig und

neben einander zur Vollstreckung; eine Summirung der Dauer findet nicht Statt.

StGB. § 26 [vgl. dort n. 2. 3; § 21 n. 5; § 56 n. 26].

Erk. (Z. II.) v. 15. Sept. 1864 c. Lübbecke (258. II. Cr.).

Die L. war durch Erkenntnisse v. 28. Sept. 1861 und v. 16. Nov. 1861 wegen Diebstahls zu 8 und resp. 6 Monat Gefängniß und jedesmal zu Stellung unter Polizei-Aufsicht verurtheilt, und demnächst von der Polizei-Behörde den im § 28 StGB. erwähnten Beschränkungen unterworfen worden. Sie hat jene beiden Freiheitsstrafen am 13. Juni und resp. am 24. Dez. 1862 abgebüßt. Am 13. März 1864 ward sie nach 7 Uhr außerhalb ihrer Wohnung betroffen und deshalb aus § 116 l. c. angeklagt, vom AG. aber freigesprochen, weil die Vollstreckung der Polizei-Aufsicht jedesmal nach der Abbüßung der gleichzeitig verhängten Freiheitsstrafe begonnen habe und dann für beide Verurtheilungen neben einander erfolgt sei, somit die Vollstreckung der letzten mit dem 24. Dez. 1863 ihr Ende erreicht habe. Die NB. des OStA.s rügte Verletzung des § 26 cit., weil das Gesetz von einer solchen gleichzeitigen Vollstreckung Nichts besage, und sonach eine successive Vollstreckung, d. h. eine Summirung der Dauer, eintreten müsse, höchstens mit der Beschränkung, daß die Gesammtdauer 10 Jahre nicht überschreiten dürfe; dabei ward auf Z. I. 8. Juli 1853 c. Szielinski (G. A. 2. S. 251) und auf Z. I. 15. Mai 1861 c. Schufft (G. A. 9. S. 495) verwiesen. Das OTr. hat die NB. zurückgewiesen. Gründe:

Die NB. kann als begründet nicht angesehen werden, indem nach § 26 StGB. die Stellung unter Polizei-Aufsicht von dem Tage an berechnet werden soll, an welchem die Freiheitsstrafe verbüßt ist, von dieser Regel aber der Fall nicht ausgenommen wird, in welchem der Verurtheilte zur Zeit des Ablaufes seiner Freiheitsstrafe noch auf Grund einer früheren Verurtheilung unter Polizei-Aufsicht steht. Das Gesetz faßt vielmehr die Stellung unter Polizei-Aufsicht wesentlich als eine Nachwirkung der erlittenen Freiheitsstrafe auf, welcher sie sich unmittelbar anschließt; es steht mithin auch ein gesetzliches Bedenken dem nicht entgegen, daß die mehrfachen, durch verschiedene Erkenntnisse verhängten Polizei-Aufsichten gleichzeitig neben einander zur Vollstreckung gelangen.

Antr. des GStA.s: gleichl. [22.—3.]

Appellationsgericht. — Vernichtung des Urtheils erster Instanz. — Aktenverlust.

Das Appellationsgericht ist befugt, das Urtheil erster Instanz zu vernichten und die Sache in die erste Instanz zurückzuverweisen, wenn die Akten zu Grunde gegangen sind, und dadurch die Prüfung der Gesetzlichkeit des erstrichterlichen Verfahrens unmöglich gemacht worden ist.

Ges. v. 3. Mai 1852 Art. 102 [dort einzutr. als n. 7 a]. Sic: Z. II. 22. Sept. 1864 c. Bockacker, 287; Z. II. 29. Sept. 1864 c. Vorberg, 276.

Erk. (Z. II.) v. 15. Sept. 1864 c. Faust (275. II. Cr.).

F. hatte gegen das ihn verurtheilende Erkenntniß erster Instanz appellirt; ehe es aber zur Verhandlung zweiter Inst. kommen konnte, wurden die Akten durch eine im Gerichtsgebäude ausgebrochene Feuersbrunst zerstört. Das AG. vernichtete daher arg. Art. 102 des Ges.s v. 3. Mai 1852 das erste Urtheil, weil dasselbe und eine darin enthaltene thatsächliche Feststellung nicht vorliege, sonach die nach Art. 101 l. c. erforderliche Prüfung gar nicht stattfinden könne; dieser Mangel einer Feststellung müsse einem wesentlichen Mangel des Erkenntnisses gleichgestellt werden. NB. des OStA.s: „die Artt. 101. 102 seien verletzt; der letztere treffe nicht zu, er gestatte eine Vernichtung nur beim Vorhandensein einer Nichtigkeit; die Annahme einer solchen sei hier nicht gerechtfertigt; das AG. habe nur Bedenken gegen die erstrichterliche Feststellung hegen können, und sei daher nur befugt gewesen, auf den Grund einer neuen Beweiserhebung selbst in der Sache zu entscheiden.“ Zurückweisung. Erwogen ward:

daß nach Art. 102 des Ges.s v. 3. Mai 1852 das Appellationsgericht, wenn es findet, daß das Urtheil erster Instanz an einer Nichtigkeit leidet, das angegriffene Urtheil aufzuheben hat, und alsdann befugt ist, aus wichtigen Gründen die Sache zur anderweiten Verhandlung und Entscheidung in die erste Instanz zurückzuverweisen;

daß aber die Frage: „ob die wesentlichen Förmlichkeiten des Verfahrens eingehalten, bezüglich die Strafgesetze richtig angewendet worden sind,“ nur durch das Sitzungsprotokoll und das Erkenntniß selber zu beantworten ist, das AG. mithin befugt war, im Falle der Zerstörung der Gerichtsakten und der hierdurch herbeigeführten Unmöglichkeit jeder Prüfung der Gesetzlichkeit des Verfahrens die betreffende Sache aus den von ihm zugleich festgestellten thatsächlichen Gründen in die erste Instanz zurückzuverweisen.

Antr. des GStA.s: gleichl. [22. — 3.]

Chaussee-Geld. — Vorzeigen der Quittung.

Die Strafbarkeit desjenigen, welcher einem berufenen Beamten die Chaussee-Geld-Quittung der zuletzt passirten Barrière nicht auf Erfordern vorzeigt, ist nicht durch den Nachweis bedingt, daß die fragliche Barrière ohne Entrichtung des Chaussee-Geldes passirt worden sei.

Zus.-Bemerkk. z. Chauss.-Geld-Tar. v. 29. Febr. 1840 Nr. 4. 6.

Erk. (B. I.) v. 16. Sept. 1864 c. Poge (639. I. Cr.).

P. hatte bei einer Fahrt auf einer Chaussee auf Erfordern eines dazu berechtigten Beamten die Chaussee-Geld-Quittung der zuletzt passirten Barrière nicht vorgezeigt, angeblich weil er dieselbe verloren habe. Ohne die Richtigkeit dieser Angabe zu prüfen, sprach das AG. von der aus Nr. 4 und 6 der Zus.-Bemerkungen zum Tarif v. 29. Febr. 1840 erhobenen Anklage frei: „weil nicht festgestellt sei, daß P. die fr. Barrière passirt sei, ohne das Chaussee-Geld zu entrichten.“ Auf die NB. des OStA.s erfolgte Vernichtung dieses Erkenntnisses und Zurückverweisung der Sache an das AG. Gründe:

Die Nrn. 4 und 6 der zusätzlichen Bestimmungen zum Chaussee-Tarif v. 29. Febr. 1840 haben, unabhängig von der Nr. 5, welche die Strafe der wirklichen Chaussee-Geld-Defraudation ausspricht, den Zweck, die erfolgte Bezahlung des Chaussee-Geldes zu kontrolliren. Um diese Kontrolle zu ermöglichen, soll jeder, der eine Chaussee befährt, die erhaltenen Chaussee-Geld-Quittungen aufbewahren, um sie auf Erfordern den mit dieser Kontrolle beauftragten Beamten vorzeigen zu können. Die Strafbestimmung der Nr. 6 trifft also ohne Rücksicht darauf, ob das Chaussee-Geld an der letzten Barrière bezahlt ist oder nicht, denjenigen, der die erhaltene Quittung nicht vorzeigt und sich dadurch der vorgeschriebenen Kontrolle entzieht. Nach den sonstigen bei

Uebertretung von Polizei- und Finanzgesetzen eintretenden Grundsätzen genügt auch zur Anwendung dieser Strafe die bloße Thatsache der Nichtvorzeigung nach erfolgter Aufforderung der zuständigen Beamten soweit, daß, wenn etwa Angeklagter behauptet, daß ihm durch höhere Gewalt oder unabwendbaren Zufall die erhaltene Quittung verloren gegangen sei, ihm der Beweis dieser Behauptung obliegt. Daß dieser Beweis hier geführt sei, stellen aber die Instanzrichter nicht fest, wenn gleich der erste Richter die Behauptung des Angeklagten für „wahrscheinlich" ansieht.

Antr. des GStA.s: gleichl. [28. — 4.]

Schmähung einer Einrichtung des Staats. — Homagialeid.

Der Homagialeid ist durch die Verfassung nicht aufgehoben, er ist daher als eine Einrichtung des Staats anzusehen.

StGB. § 101 [dort einzutr. als n. 9].

Erk. (Z. I.) v. 16. Sept. 1864 c. Minden (776. I. Cr.).

M. hatte in die von ihm redigirte —Zeitung einen Artikel aufgenommen, welcher die Weigerung eines Gutsbesitzers T., den Homagial- oder Huldigungseid abzuleisten, besprach. Die Instanzrichter fanden hierin den Thatbestand einer öffentlichen Schmähung einer Einrichtung des Staates und straften aus § 101 StGB. Die NB. des M. rügte Gesetzesverletzung, weil der Homagial- (Huldigungs-) Eid durch Art. 108 der Verfassung aufgehoben, also keine Einrichtung des Staats sei. Zurückweisung. Gründe:

Wenn der Art. 108 der Verfassungs-Urkunde vorschreibt, daß die Mitglieder beider Kammern und alle Staatsbeamten dem Könige den Eid der Treue und des Gehorsams zu leisten und die gewissenhafte Beobachtung der Verfassung zu beschwören haben, daß jedoch eine Vereidigung des Heeres auf die Verfassung nicht stattfinde, so ist damit im Hinblick auf den Art. 109, der die fortdauernde Gültigkeit aller bisherigen Gesetze und Verordnungen, die der Verfassungs-Urkunde nicht entgegenstehen, ausspricht, in keiner Weise gesagt, daß nicht auch andere Personen, die bisher dazu verpflichtet gewesen sind, nach wie vor Sr. Majestät dem Könige den Eid der Treue und des Gehorsams abzuleisten haben. Da nun bis zum Erlaß der Verfassungs-Urkunde, wie die Instanzrichter ausführen und der Implorant selbst nicht bezweifelt, die Ableistung des Huldigungs- oder Homagialeides den Erwerbern von Rittergütern obgelegen hat, — vgl. auch Erk. d. OTr.s v. 22. Okt. 1857 (Entsch. 38. S. 450), — und in diesem Eide nichts liegt, was mit der Verfassungs-Urkunde nicht in Einklang zu bringen wäre, im Uebrigen auch der § 101 des StGB.s auf den von den Instanzrichtern festgestellten Thatbestand richtig angewendet ist, — so hat die NB. des Angeklagten zurückgewiesen werden müssen.

Antr. des GStA.s: gleichl. [28. — 4.]

Zolldefraude. — Verzollte Waare. — Kontrollvorschrift.

Die Zollfreiheit verzollter Waaren, welche aus dem Inlande durch das Ausland wieder in das Inland eingeführt werden, ist nicht durch die Beobachtung der Kontrollvorschriften des § 76 der Zoll-Ordn. bedingt.

Zoll-Ges. v. 23. Jan. 1838 § 41; Zoll-Ordn. § 76. — Sic: RbOTr. 3. S. 350; Z. I. 25. Nov. 1864 c. Wittenberg, 1125.

Erk. (Z. I.) v. 16. Sept. 1864 c. Barneson (826. I. Cr.).

B. hatte Waaren, welche ihrer Natur nach zollpflichtig waren, undeklarirt eingeführt, war aber von den Instanzgerichten von der Anklage der Zolldefraude freigesprochen und nur wegen Verabsäumung der Kontrollvorschriften des § 76 der Zoll-Ordn. mit einer Ordnungsstrafe belegt worden, weil angenommen wurde, die betr. Waaren seien früher schon ins Zollgebiet eingeführt und verzollt, dann aber wieder ausgeführt und jetzt zum zweiten Male eingeführt worden. NB. des Prov.-St.-Direktors. Zurückweisung. Gründe:

Von einer Zolldefraudation kann nicht die Rede sein, und mit Recht nimmt der App.-Richter an, daß die Nichtbeobachtung der im § 76 der Zoll-Ordn. v. 23. Jan. 1838 gegebenen Kontrollvorschriften nur mit einer Ordnungsstrafe in Gemäßheit des § 18 des Zoll-Ges.s zu ahnden ist.

(Erk. v. 4. Juni 1856 c. Kuhlberg, G. A. 4. S. 687; Erk. v. 11. März 1863 c. Ernst, RdOTr. 3. S. 350.)

Daß die nach § 41 des Zoll-Ges.s in den vorausgesetzten Fällen zugestandene Zollfreiheit nur dann eintreten soll, wenn den Kontrollvorschriften des § 76 der Zoll-Ordn. genügt ist, sagt der Schlußsatz des § 11 l. c. nicht.

Antr. des GStA.s: gleichl. [18.—4.]

---

1. Anklageschrift. — Erläuterung durch den Vorsitzenden.
2. Beschlagnahme. — Bei-Seite-Schaffung. — Forderung. — Inhibitorium.
3. Vereidung. — Zeuge.

1. Es begründet keine Nichtigkeit, wenn der Vorsitzende des Schwurgerichtshofes nach der Verlesung der Anklageschrift die Anklage mündlich erläutert.

Ges. v. 3. Mai 1852 Art. 74 [vgl. dort n. 17].

2. Der § 272 StGB. ist auch auf in Beschlag genommene Forderungen zu beziehen; zur Beschlagnahme genügt in dieser Beziehung, wenn dieselbe dem Exequendus in der gesetzlichen Weise bekannt gemacht ist, sollte auch an den Drittschuldner das Inhibitorium noch nicht ergangen sein.

StGB. § 272 [vgl. dort n. 6. 21]. Vgl. Z. I. 13. Juli 1864 c. Woldt, 700, oben S. 66.

3. Die Unterlassung der Vereidung eines Zeugen hat Nichtigkeit zur Folge, insofern sie nicht durch Anführung eines gesetzlichen Grundes gerechtfertigt ist.

Vdn. v. 3. Jan. 1849 § 55 [vgl. dort n. 1. 23]; Crim.-Ordn. § 332.

Erk. (Z. B. I.) v. 16. Sept. 1864 c. Schubert (857. I. Cr.).

Die NB. des wegen Meineides und Arrestbruchs (StGB. § 272) verurtheilten Angeklagten rügte:

1. Verletzung des Art. 74 des Ges.s v. 3. Mai 1852 und des Prinzips der Mündlichkeit, weil der Vorsitzende nach der Verlesung der Anklageschrift „den Geschwornen die wesentlichen Behauptungen der Anklage erläutert" habe;

2. Beschränkung der Vertheidigung: bei der Anklage des Arrestbruchs habe es sich von einer Aktivforderung gehandelt, welche auf den Antrag seiner Ehefrau durch eine ihm insinuirte Arrestverfügung in Beschlag genommen worden sei, die er aber dessenungeachtet durch den RAnw. B. von dem Drittbesitzer des verhypothezirten Grundstücks habe einziehen lassen: sein Vertheidiger habe nun beantragt, zu konstatiren, ob auch dem Schuldner das vorschriftsmäßige Inhibitorium insinuirt gewesen sei, weil in Ermanglung desselben eine gültige Beschlagnahme nicht vorgelegen habe; mit Unrecht habe der Vorsitzende diesen Antrag abgelehnt;

3. Verletzung des § 332 der Crim.-Ordn. durch die Unterlassung der Vereidung des (in Beziehung auf die Anklage des Arrestbruchs) als Zeuge vernommenen RAnw.s B., zu deren Rechtfertigung der GH. weiter Nichts angeführt habe, als daß er „die Vereidung des B. nicht für nothwendig erachte."

Das OTr. hat die beiden ersten Angriffe für nicht begründet erachtet, mit Rücksicht auf den dritten aber das Erkenntniß vernichtet, jedoch nur insoweit es die Anklage des Arrestbruchs betraf [vgl. hierüber Strafverf. Art. 108 n. 12; Art. 117 n. 3; RbOTr. 2. S. 186. 196]. — Gründe:

Zu Nr. 1. Allerdings ist es in früheren Entscheidungen des OTr.s für eine Nichtigkeit erklärt worden, wenn den Geschwornen außer der Verlesung der Anklageschrift, welche der Art. 74 des Ges.s v. 3. Mai 1852 ausdrücklich fordert, noch Abschriften oder schriftliche Auszüge aus der Anklageschrift mitgetheilt werden, weil hierdurch das Prinzip der Mündlichkeit verletzt werde, — (G. A. 2. S. 397; 3. S. 241; Oppenhoff zu Art. 74 Note 18) — und nur etwa die Mittheilung einer Abschrift der Anklageformel ist für statthaft erachtet worden — G. A. 1. S. 686 (RbOTr. 1. S. 575). — Auf mündliche Erläuterungen der Anklageschrift durch den Vorsitzenden kann dieser Grundsatz indessen um so weniger bezogen werden, als dadurch augenscheinlich das Prinzip der Mündlichkeit nicht verletzt wird, weshalb dergleichen in einzelnen besonderen Fällen sogar dem Staatsanwalte nicht versagt worden sind — G. A. 5. S. 60. — Auch daß dadurch der Vorsitzende aus seiner Unparteilichkeit heraustreten, oder doch herauszutreten in Gefahr gerathen und dadurch einen ihm gesetzlich nicht zustehenden Einfluß auf die Geschwornen üben könne, läßt sich schon deshalb nicht behaupten, weil der Art. 79 nach dem Schlusse der Verhandlung dem Vorsitzenden die Pflicht auflegt, bei seinem Vortrage „alle diejenigen Bemerkungen zu machen, welche ihm zur Herbeiführung eines sachgemäßen Ausspruches der Geschwornen als geeignet erscheinen," und kein Grund abzusehen ist, weshalb dergleichen Bemerkungen nicht eben so gut im Laufe der Verhandlung sollten gemacht werden, wenn sich nach dem Ermessen des Vorsitzenden dazu eine Veranlassung darbietet.

Zu Nr. 2. Implorant sucht auszuführen, daß der Antrag seines Vertheidigers mit Unrecht zurückgewiesen sei, weil zur gesetzlichen Gültigkeit der Beschlagnahme einer ausstehenden Forderung auch der Erlaß und die Insinuation des Inhibitoriums an den Schuldner des Arrestaten gehöre. Allein, wenn dieses auch im Allgemeinen richtig ist, indem der § 101 Tit. 24 der PO. bei der Beschlagnahme von ausstehenden Forderungen des Exequendus oder Arrestaten vorschreibt, daß nicht bloß diesem unter Androhung einer Criminalstrafe für den Fall des Ungehorsams jede Disposition über die in Beschlag zu nehmende Forderung untersagt, sondern auch dem Schuldner der Forderung angedeutet werden soll, daß ihm eine dem Verbote zuwider geleistete Zahlung nicht als gültig werde angerechnet werden, so hat das Verbot gegen den Schuldner des Exequendus oder Arrestaten doch immer nur civilrechtliche Wirkungen und da solchergestalt die Mandate an den Arrestaten und an dessen Schuldner von einander völlig unabhängig sind, so kann es zur Begründung der Strafbarkeit des ersten nur darauf ankommen, daß diesem die erfolgte Beschlagnahme seiner Forderung in der gesetzlich vorgeschriebenen Weise bekannt gemacht worden ist. Von dieser Ansicht geht auch das Präjudiz der vereinigten Abtheilungen des Senats für Strafsachen des OTr.s v. 31. März 1856 aus, in welchem ausgeführt wird, daß der § 272 des StGB.s auf in Beschlag genommene ausstehende Forderungen mit zu beziehen sei: Entsch. 33. S. 229, G. A. 4. S. 344. — Hieraus folgt, daß es im vorliegenden Falle in der That nicht darauf ankam, ob das sonst erforderliche Inhibitorium an den rc. M. erlassen worden war oder nicht, der Antrag des Imploranten, solches zu konstatiren, also mit Recht zurückgewiesen worden ist.

Zu Nr. 3. Diese Beschwerde ist insoweit begründet, als die Nichtvereidigung des rc. B. in der That als ein formeller Mangel angesehen werden muß. Denn daß die Vorschrift im § 332 der Crim.-Ordn., wonach jede Zeugenaussage, wenn sie als Beweismittel dienen soll, eidlich bestärkt werden muß, zu den wesentlichen Prozeßvorschriften gehört, deren Unterlassung eine Nichtigkeit zur Folge hat, die selbst durch den Verzicht der Parteien nicht gehoben werden kann, ist vom OTr. schon mehrfach ausgeführt worden: G. A. 2. S. 409. 680; 4. S. 815; 6. S. 253. — Daraus folgt, daß, wenn der Richter aus einem gesetzlichen Grunde die Vereidigung eines Zeugen ausnahmsweise glaubt unterlassen zu müssen, er diesen Grund angeben muß. Da nun ein solcher Grund im vorliegenden Falle nicht angegeben worden ist, so unterliegt der Theil des Erkenntnisses, bei welchem dieser Fehler vorgefallen ist, und das demselben vorangegangene Verfahren der Vernichtung.

Antr. des GStA.s: Zurückweisung der NB. ad 1 u. 2, Vernichtung ad 3. [28. — 4.]

Zeuge. — Untersuchungsrichter. — Amtseid.

Der Untersuchungsrichter kann über seine im Laufe der Voruntersuchung gemachten Wahrnehmungen als Zeuge vernommen, und es können ihm bei dieser Gelegenheit die von ihm früher aufgenommenen Verhandlungen vorgelesen werden. In einem solchen Falle genügt statt der Vereidung die Versicherung der Wahrheit auf den Diensteid, sollte die Vernehmung auch die Ergebnisse einer sachverständigen Thätigkeit zum Gegenstande haben, welche der Untersuchungsrichter bei der Aufnahme eines Augenscheins entwickelt hatte.

Vdn. v. 3. Jan. 1849 § 22 [dort einzutr. als n. 16a].

Erk. (Z. I.) v. 16. Sept. 1864 c. Kunert (987. I. Cr.).

In einer einen Mord betreffenden Untersuchungssache waren bei der Obduktion der Leiche des durch einen Schuß Getödteten in der Wunde einige Papierstückchen und am Orte der That ein von einem Schusse herrührender Papierpfropfen gefunden worden. Der Untersuchungsrichter S. hatte diese Papierstücke mit dem im Besitze des Beschuldigten K. vorgefundenen Bruchstücke eines Amtsblatts verglichen und in einer von ihm aufgenommenen Verhandlung konstatirt, daß jene in dieses Bruchstück genau paßten. Ueber diese Vergleichung ist der rc. S. demnächst in der Sitzung als Zeuge vernommen, und sind ihm bei dieser Gelegenheit jene Verhandlungen vorgelesen worden; er hat dabei die Richtigkeit seiner Angaben auf seinen Amtseid versichert. Die NB. des Angeklagten rügte dieses Verfahren als unstatthaft und suchte namentlich auszuführen: S. habe hier ein Sachverständigengutachten abgegeben, er habe daher auch den Sachverständigeneid ausschwören müssen. Zurückweisung. Gründe:

Der richterliche Augenschein ist ein gesetzliches Beweismittel, bei welchem nicht immer die Zuziehung Sachverständiger vorgeschrieben ist. Ueber die Vornahme des Augenscheins hat der Richter ein Protokoll aufzunehmen und darin den von ihm ermittelten Befund zu registriren. Ist die Zuziehung Sachverständiger nicht vorgeschrieben oder nach den besonderen Umständen des Falles von dem Richter nicht für erforderlich erachtet, so bildet diese Registratur, wie jede andere richterliche Verhandlung, einen Theil der Voruntersuchung, deren Beweiskraft als solche selbstverständlich einer besonderen Bekräftigung nicht bedarf. Wird es daher für nöthig erachtet, was keinesweges, wie die Beschwerde behauptet, unzulässig ist, diesen Akt der Voruntersuchung zum Zwecke der unmittelbaren Anschauung durch den erkennenden Richter in der Hauptverhandlung durch den

Untersuchungsrichter wiederholen zu lassen, ihn also über seinen Befund unter Vorlegung derselben Beweisobjekte nochmals zu vernehmen, so kann er nur gehalten werden, die Richtigkeit dieser seiner Aussage auf seinen Amtseid zu versichern. So wenig er bei jenem Akte der Voruntersuchung Sachverständiger war, so wenig ist er es bei dieser seiner Vernehmung in der Hauptverhandlung. Der richterliche Augenschein, soweit derselbe eine sachverständige Thätigkeit einschließt, bleibt immer nur ein Theil der richterlichen Thätigkeit selbst, und tritt auch durch das Urtheil, welches der Richter dabei über seine Wahrnehmungen niederlegt, nicht aus diesem Kreise heraus in denjenigen eines eigentlichen von dem Richter verschiedenen Sachverständigen. Das stattgefundene Verfahren unterliegt daher nicht dem behaupteten Mangel. Daß dabei zur Information des S. seine eigenen Verhandlungen vorgelesen worden sind, ist vollkommen zulässig gewesen.

Antr. des GStA.s: gleichl. [15.—4.]

Zeugin. — Jüdin. — Vereidung.

Eine Jüdin, welche während ihrer monatlichen Reinigung als Zeugin vernommen wird, ist nicht zu vereiden.

Crim.-Ordn. § 336; AGO. I, 10 § 347; Vdn. v. 3. Jan. 1849 § 55 [dort einzutr. als n. 15a].

Erk. (Z. I.) v. 16. Sept. 1864 c. Paulowsky (1051. I. Cr.).

Es muß angenommen werden, daß die Zeugin P. ihre monatliche Reinigung gehabt habe. Der § 336 der Crim.-Ordn. verweist aber auf die Vorschriften der AGO. über das Verfahren bei der Abnahme jüdischer Eide, und hier ist im § 347 I, 10 vorgeschrieben, daß jüdische Frauen nur zu einer Zeit, wo sie von der monatlichen Reinigung frei sind, schwören können.

Antr. des GStA.s: gleichl. [15.—4.]

Schwurgericht. — Bildung. — Ablehnung. — Mehrheit der Angeklagten.

1. Wenn zwischen mehreren gleichzeitig vor den Schwurgerichtshof gestellten Angeklagten nicht eine vollständige Einigung über die Ausübung des Ablehnungsrechtes zu Stande kommt, so ist lediglich nach Anleitung des Gesetzes zu verfahren und eine theilweise Einigung nicht zu berücksichtigen.

Ges. v. 3. Mai 1852 Art. 70 [dort einzutr. vor n. 1].

2. Ist die Reihenfolge der Ablehnungen zwischen mehreren Angeklagten durch das Loos bestimmt, so hat sich derjenige, welcher der Erste in der Reihe geworden ist, bei jeder Namensziehung zuerst zu erklären.

Ebendas. [vgl. dort n. 4].

Erk. (Z.I.) v. 21. Sept. 1864 c. Friedländer (1059. I. Cr.).

Nachdem der Gerichtshof bei der Bildung in der Art verfahren war, wie er die Einigung unter den beiden Angeklagten resp. deren Vertheidigern aufgefaßt hatte, nun aber, nachdem die beiden Geschwornen B. und R. gezogen und angenommen waren, sich eine Differenz unter den Vertheidigern über den Sinn ihrer Einigung ergeben hatte, durfte der GH. bei dem neu beginnenden Verfahren natürlich auf diese bereits stattgefundene Ausloosung keine Rücksicht nehmen, er mußte vielmehr auch die Namen jener beiden Geschwornen wiederum in die Loosurne legen lassen, weil die neue Ziehung nach einem anderen Prinzip erfolgen sollte. Bei dem neu begonnenen Verfahren ist es nicht völlig klar, ob der GH. allein der gesetzlichen Vorschrift des Art. 70 des Ges.s v. 3. Mai 1852, oder ob er derselben nur in Verbindung mit der Einigung unter den Angeklagten, soweit eine solche wirklich stattgefunden hat, gefolgt ist, so daß er also in diesem letzteren Falle jene gesetzliche Vorschrift nur zur Ergänzung des Differenzpunktes, soweit er neben der in der Hauptsache stattgefundenen Einigung noch stehen geblieben war, benutzt hat. Wäre diese letztere Alternative die richtige, so würde der Gerichtshof das Gesetz verletzt haben. Denn sobald eine Einigung nicht vollständig unter den Angeklagten erfolgt, muß der Art. 70 angewendet werden, daneben kann auf eine theilweise Einigung keine Rücksicht genommen werden.

Es ist nun, wie die Registratur des Protokolles ergiebt, so verfahren worden, daß durch das Loos bestimmt wurde, welcher der beiden Vertheidiger zuerst bei jeder Ausloosung sich zuerst zu erklären, und der andere nur erst alsdann sich zu erklären habe, wenn der erstere angenommen habe. Das Loos hat sodann den Vertheidiger des Imploranten F. als den Zuersterklärenden getroffen. Dieses Verfahren entspricht dem Sinne des Gesetzes (Art. 70 des Ges.s v. 3. Mai 1852). Diese Vorschrift ist nämlich dahin aufzufassen, daß, nachdem die Zahl der Ablehnungen unter den mehreren Angeklagten nach Maaßgabe der beiden ersten Sätze des Art. 70 vertheilt ist, das Loos die Reihenfolge über die Ausübung dieser Ablehnungen bestimmt, und zwar in der Art, daß der durch das Loos bestimmte Ersterklärende sich bei jeder Namensziehung zuerst über die Annahme oder Ablehnung erklärt, bis die Zahl der ihm zustehenden Rekusationen erschöpft ist, daß der andere Angeklagte dagegen sich erst zu erklären hat, wenn der Erstere angenommen, oder wenn die Zahl seiner Ablehnungen erschöpft ist.

Das Protokoll ergiebt nun, daß nach den Erklärungen des StA.s der Vertheidiger des F., welchen das Loos als Ersterklärenden getroffen hatte, und nach diesem der Vertheidiger des L. sich über die Annahme, resp. Ablehnung erklärt haben, und daß dabei der F. 3 Ablehnungen und sodann der Vertheidiger des L. ebenso 3 Ablehnungen, bis zur Erschöpfung der Ausloosungen erklärt haben. Hiernach ist im Resultate richtig verfahren.

Antr. des GStA.s: gleichl. [15.—4.]

Belastungszeuge. — Verzicht. — Recht des Angeklagten.

Der Angeklagte kann dem Verzichte des Staatsanwalts auf die Vernehmung eines Belastungszeugen nicht widersprechen, er kann dagegen selbst die Vernehmung des Zeugen beantragen, muß dann aber die Thatsachen anführen, über welche dieselbe erfolgen soll.

Vdn. v. 3. Jan. 1849 § 52 [vgl. dort n. 69].

Erk. (Z. I.) v. 21. Sept. 1864 c. Mogilowski (1064. I. Cr.).

Das OTr. hat bereits in der Entscheidung v. 6. Mai 1864 (G. A. 12. S. 492) angenommen, daß dem Angeklagten an sich ein Widerspruchsrecht gegen den Verzicht des Staatsanwalts auf die Vernehmung vorgeladener Belastungszeugen nicht zustehe. Es steht ihm allerdings zu, auch seinerseits deren Vernehmung zu fordern; er muß jedoch, wie überall, alsdann die Thatsachen angeben, über welche die Vernehmung erfolgen soll, und weil er dies hier nicht gethan hat, ist der Antrag auf Vernehmung der Ehefrau M. abgelehnt.

Antr. des GStA.s: entg. [15. — 4.]

Appellationsrichter. — Abweichung von der erstrichterlichen Feststellung. — Begründung.

Der Appellationsrichter, welcher auf Grund einer neuen Beweiserhebung von der erstrichterlichen Feststellung abweicht, muß in den Gründen seines Urtheils das Ergebniß der neuen Beweisaufnahme und in welcher Weise dasselbe zu einer andern thatsächlichen Annahme geführt habe, erkennbar machen.

Ges. v. 3. Mai 1852 Art. 101 [vgl. dort n. 101]. Sic: RdOTr. 3. S. 343. 401. 480.

Erk. (V. II.) v. 22. Sept. 1864 c. Welling (184. II. Cr.).

Die Angeklagte war in 1. Inst. von der Anklage der Hehlerei freigesprochen worden, weil „nicht feststehe, daß sie beim Ankaufe der betr. Uhr gewußt habe, daß dieselbe gestohlen gewesen sei." Das AG.

veranlaßte eine neue Beweiserhebung und verurtheilte, weil „in Folge der neuen Beweisaufnahme thatsächlich festgestellt werden müsse, daß die W. beim Ankaufe der Uhr gewußt habe, daß ein Dritter E. diese Uhr gestohlen habe." Auf die NB. des Angeklagten erfolgte Vernichtung. Gründe:

Der App.-Richter konnte zwar von der erstrichterlichen Feststellung auf Grund der angeordneten neuen Beweisaufnahme abweichen; allein der Art. 101 des Ges.s. v. 3. Mai 1852 fordert, daß die abweichende Feststellung durch den neuen Beweis oder durch die wiederholte Beweisaufnahme ihre Begründung finde. — Es kann also nicht genügen, daß der App.-Richter, wie im vorliegenden Falle geschehen ist, sich nur im Allgemeinen auf die neue Beweisaufnahme beruft, vielmehr muß er das Ergebniß dieser Beweisaufnahme erkennbar machen, und in welcher Weise ihn das Ergebniß der Beweisaufnahme zu einer anderen thatsächlichen Annahme geführt habe. — Da es an jeder Andeutung hierüber fehlt, so hat die Vernichtung des angegriffenen Urtheils und die Verweisung der Sache zur neuen Verhandlung und Entscheidung erfolgen müssen.

[11. – 3.]

---

1. Fragstellung. — Begriffsmerkmal. — Besondere Frage.
2. Geschwornenspruch. — Widerspruch. — Unerheblicher Umstand.

1. Es ist unstatthaft, den Geschwornen eine Nebenfrage in Betreff eines in der Hauptfrage bereits ausdrücklich enthaltenen Begriffsmerkmals des betr. Straffalles vorzulegen.

Ges. v. 3. Mai 1852 Art. 84 [vgl. dort n. 8; Art. 81 n. 30. 49]. Sie: B. U. 11. Apr. 1861 (RdOTr. 1. S. 274); Z. U. 11. Sept. 1862 c. Rothe, 255.

2. Nichtigkeit tritt nicht ein, wenn zwei Geschwornensprüche lediglich in Beziehung auf einen

unerheblichen Umstand mit einander in Widerspruch stehen.

Ges. v. 3. Mai 1852 Art. 97 [vgl. dort n. 12 ff.].

Erk. (Z. II.) v. 22. Sept. 1864 c. Brinkmann u. Gen. (296. II. Cr.).

Gerh. u. Heinr. Brinkmann waren wegen gewaltsamer Erpressung vor den Schw.-GH. gestellt. Die in Betreff des ersteren gestellte Frage (1):

„Ist G. B. schuldig, — in Gemeinschaft mit H. B., um sich einen rechtswidrigen Vortheil zu verschaffen, den 2c. E. zu einer Handlung (der Herausgabe eines Geldbetrags) durch Gewalt gegen dessen Person, indem er in Gemeinschaft mit H. B. den 2c. E. unter wiederholten Zahlungsaufforderungen durch Stoßen, Schlagen, Niederwerfen mißhandelte, zu zwingen versucht zu haben?"

ward von den Geschwornen bejaht, die entsprechende Frage (3) in Betreff des H. B. dagegen verneint, rücksichtlich dieses aber eine auf „vorsätzliche Mißhandlung des E." lautende Frage (4) bejaht. Die von beiden gegen das verurtheilende Erkenntniß ergriffene NB. rügte:

1) Verletzung des Art. 81 des Ges.s v. 3. Mai 1852, weil der Schw.-GH. die Stellung der Eventualfrage: ob anzunehmen sei, daß G. B. bei der ihm zur Last gelegten Mißhandlung das Bewußtsein von der Rechtswidrigkeit der an 2c. E. gestellten Forderung gehabt, — aus dem Grunde abgelehnt habe, weil diese Frage ein Kriterium der ersten Frage in sich schließe, welches sich aus deren Beantwortung von selbst erledige;

2) einen Widerspruch zwischen den Geschwornensprüchen auf die erste und dritte Frage, indem die Betheiligung des H. B. an der That des G. B. zu Frage 1 bejaht, zu Frage 3 aber verneint sei.

Das OTr. hat die NB. zurückgewiesen. Gründe:

Zu dem Thatbestande des Verbrechens der Erpressung, welches Gegenstand der Anklage und Verhandlung war, gehört die Absicht, sich oder Dritten einen rechtswidrigen Vortheil zu verschaffen, und daher allerdings das Bewußtsein solcher Rechtswidrigkeit. Wird jene Absicht festgestellt, so ist damit auch dieses Bewußtsein festgestellt. In die Frage Nr. 1 war jene Absicht als zum Thatbestande gehöriges Moment durch die Worte „um sich einen rechtswidrigen Vortheil zu verschaffen" ausdrücklich aufgenommen. Daneben eine Frage zu stellen, wie sie der Vertheidiger beantragte, war unzulässig. — Das Ges. v. 3. Mai 1852 Art. 81 Satz 1 fordert nämlich nur, daß die Frage alle wesentlichen Merkmale der dem Angeklagten zur Last gelegten strafbaren Handlung enthalten solle. Ist nun auch die Aufnahme eines an sich wesentlichen, in der gesetzlichen Begriffsbestimmung aber nicht ausdrücklich enthaltenen Merkmals des betreffenden Verbrechens in die Fragestellung dann, wenn dies vom Angeklagten beantragt wird, unerläßlich, weil dann ein solcher Antrag als besonders gestellter Antrag auf Stellung einer Frage nach Strafausschließungsgründen im Sinne des vorletzten Satzes des Art. 81 cit. sich darstellt, so gilt dies doch nur von solchen Momenten, die nicht schon das Gesetz in seiner Begriffsbestimmung als zum Thatbestande gehörig ausdrücklich angegeben, die es vielmehr als selbstverständlich vorausgesetzt hat. Dagegen ist, wenn die — nicht in mehrere Fragen zu theilende (Art. 80 Abs. 3 l. c.) — Hauptfrage die Momente, welche das Gesetz ausdrücklich als zum Thatbestande gehörig angegeben hat, aufgenommen hat, neben derselben die Stellung einer Nebenfrage, welche dahin abzielt, Momente des gesetzlichen Thatbestandes, sei es in positiver oder negativer Form, nochmals in Frage zu stellen, und deren Stellung daher, wenn nicht darauf berechnet, doch dazu geeignet ist, Widersprüche in dem Ausspruche der Geschwornen herbeizuführen, unstatthaft. Solcher Art war aber, nach dem Obigen, die Nebenfrage, deren Stellung der Vertheidiger beantragt hatte.

Zu Nr. 2 ist anzuerkennen, daß in Bezug auf ein gemeinschaftliches Handeln die Fragen 1 und 3 nicht angemessen gefaßt waren (vgl. JMBl. 1852 S. 53). Ließe sich dann auch annehmen, daß ein Widerspruch in so weit vorgelegen habe, als auf die Frage Nr. 1 der G. B. schuldig erklärt wurde, „in Gemeinschaft mit dem H. B. den E. zu zwingen versucht zu haben," so war doch ein solch gemeinschaftliches Handeln mehrerer Personen für das, zu seiner Strafbarkeit den Eintritt des beabsichtigten Erfolges nicht erfordernde Verbrechen, welches Gegenstand der Anklage und Verhandlung war, überhaupt ein unerhebliches Moment; ein Widerspruch würde daher nur in Bezug auf einen unerheblichen Umstand vorliegen, welcher Widerspruch, auch wenn er ungelöset gelassen, Nichtigkeit nicht begründen kann. Indeß ist auch durch Verneinung der Schuldfrage hinsichts des H. B. ein Widerspruch mit der Bejahung der Frage 1 nicht eingetreten, wenn, wie bei Berücksichtigung der Antwort auf die Frage Nr. 4 sich rechtfertigt in der Antwort auf die Frage 3, die Verneinung des inneren Thatbestandes bei H. B. gefunden wird.

Antr. des GStA.s: gleichl. [26. — 3.]

Unzurechnungsfähigkeit. — Kind. — Unterscheidungsvermögen.

Das Gesetz betrachtet Kinder unter 7 Jahren nicht als schlechthin unzurechnungsfähig; es bedarf daher auch bei solchen Kindern in jedem Einzelfalle der thatsächlichen Prüfung, ob sie mit Unterscheidungsvermögen gehandelt haben.

StGB. § 40 [dort einzutr. als n. 2]; § 42; ALR. I, 4 § 20.

Beschl. (II.) v. 22. Sept. 1864 c. E. Tiemann (33. B. II. Cr.).

Der sechsjährige E. T. hatte vermittelst eines Zündhölzchens Stroh in einem Gebäude in Brand gesetzt. Die Instanzgerichte lehnten die Einleitung der Voruntersuchung ab, weil nach allgemeinen Rechtsgrundsätzen und arg. § 20. I, 4 ALR. Kinder unter 7 Jahren als unzurechnungsfähig anzusehen seien. Die hiergegen gerichtete Beschwerde des OStA.s erachtete der GStA. für begründet, weil zwar auch das jugendliche Alter im Einzelfalle als ein jede Zurechnungsfähigkeit ausschließendes Moment angesehen werden könne, eine derartige Annahme aber immer nur auf der Beurtheilung der besonderen Lage des einzelnen Falles beruhen dürfe und nicht als ein rechtlicher Grundsatz anzuerkennen sei. Das OTr. hat den Beschl. des AG.s aufgehoben und die Sache zur näheren thatsächlichen Prüfung an das letztere zurückgewiesen. Gründe:

Der Beschluß des AG.s beruht lediglich auf der grundsätzlichen Annahme, daß Kinder unter 7 Jahren schlechthin als unzurechnungsfähig angesehen werden müßten. Diese Annahme aber muß als eine rechtsirrthümliche erachtet werden. Was die zunächst zu deren Rechtfertigung angezogene Bestimmung des § 20. I, 4 ALR. anlangt, so kann dieselbe als maaßgebend nicht anerkannt werden, weil sie, abgesehen davon, daß sie nur für civilrechtliche Verhältnisse im Bezirke des ALR.s Geltung hat, mit dem Systeme des neuen StGB.s über die Zurechnungsfähigkeit sowie mit der damit in Verbindung stehenden freien Beweistheorie unverträglich ist. Das StGB. hat in den §§ 40—43 die aus dem Erforderniß der freien Willensbestimmung erwachsenden Gründe, welche die Strafbarkeit ausschließen, selbstständig normirt und hierbei eine bestimmte Altersgrenze, insbesondere die von 7 Jahren, nirgend als einen solchen Strafausschließungsgrund bezeichnet, eine derartige Bestimmung vielmehr nach Ausweise der Motive von 1850 S. 90 zu § 40 und 41 des Entwurfs absichtlich vermieden und nur bestimmt, daß, wenn ein Angeschuldigter noch nicht das 16. Lebensjahr vollendet hat und festgestellt wird, daß er ohne Unterscheidungsvermögen gehandelt hat, derselbe freigesprochen werden solle. Die Aufgabe des Richters ist also lediglich dahin fixirt, diese letztere Altersgrenze festzustellen und sodann nach Maaßgabe der konkreten physischen und psychischen Momente in jedem einzelnen Falle die Frage zu beantworten, ob ohne Unterscheidungsvermögen gehandelt worden ist oder nicht. Dieser thatsächlichen Prüfung hat das AG. sich mit Unrecht entzogen und sein Beschluß unterliegt daher der Vernichtung.

[22. — 3.]

Mahl- zc. Steuer. — Mehlverkauf. — Mahlmetze.

Der Verkauf der Mahlmetze durch den Müller ist kein steuerpflichtiger Handel im Sinne der Steuergesetze.

Ges. v. 2. Apr. 1852 § 1a.

Erk. (Z. I.) v. 23. Sept. 1864 c. Schmidt & Gen. (767. I. Cr.).

Es ist unrichtig, wenn die NB. behauptet, daß nach dem Ges. v. 2. Apr. 1852 alles Mehl, welches im halbmeiligen äußeren Steuerbezirk verkauft wird, versteuert werden muß, daß also auch namentlich das vom Angeklagten verkaufte Metzmehl, da seine Mühle im halbmeiligen Steuerbezirk von G. liegt, hätte versteuert werden müssen. Das OTr. hat vielmehr in dem Erk. v. 13. Juni 1857 c. Jäkisch — (G. A. 5. S. 685) — ausgesprochen und näher ausgeführt, daß der Verkauf des Mehls, welches der Müller aus der Mahlmetze genommen hat, keinen Handel mit Mehl im Sinne des Mahl- u. Schl.-St.-Ges.s v. 30. Mai 1820 und des Ges.s v. 2. Apr. 1852 enthält. Da der gedachten Entscheidung v. 13. Juni 1857 ein ganz gleiches Sachverhältniß wie dem gegenwärtigen Fall zum Grunde lag, so genügt es hier, auf die dortige Ausführung zu verweisen.

Antr. des GStA.s: gleichl. [18.—1.]

Zollpflichtigkeit. — Anmeldung. — Seegrenze.

1. Der Anmeldung beim Grenzzollamte unterliegen alle Waaren, welche ihrer Gattung nach zu den zollpflichtigen gehören.

2. An der Seeseite ist die diesseitige Küste die Zollgrenze. Was über diese hinaus liegt, ist hier als „Ausland" zu betrachten.

Zoll-Ordn. v. 23. Jan. 1838 § 1—3. Vgl. RbOTr. 1. S. 265.

Erk. (V. I.) v. 23. Sept. 1864 c. Schwebcke (824. I. Cr.).

Nach §§ 1—3 der Zoll-Ordnung ist jeder, welcher aus dem Auslande kommt und zollpflichtige Waaren oder nicht zollpflichtige Gegenstände, letztere im verpackten Zustande, mit sich führt, zur Anmeldung am Grenz-Zollamt resp. dem vorliegenden Ansageposten verpflichtet. Wenn der vorige Richter diese Bestimmung hier deshalb nicht für anwendbar und den Angeklagten nicht für verpflichtet gewesen erklärt, sein Fahrzeug bei dem Ansageposten zur Revision zu gestellen, weil das vom Angeklagten verladene Holz weder zollpflichtig, noch verpackt gewesen sei, so beruht dies insofern auf einem Rechtsirrthum, als Holz an und für sich dem Eingangszoll unterliegt. Im vorliegenden Falle war zwar allerdings die Ladung Holz, da sie von Rügen, also aus dem Inlande, kam, beim Wiedereingang in St. nicht zollpflichtig; dadurch wurde aber die Beobachtung der in §§ 1 bis 3 der Zoll-Ordn. enthaltenen Kontrollvorschriften nicht ausgeschlossen.

Der App.-Richter nimmt nun aber auch ferner an, daß der Angeklagte aus dem Auslande gar nicht gekommen sei, weil nicht feststeht, daß er auf der Reise von Rügen nach Stralsund in einer größern Entfernung als $^3/_4$ Meile von der Preußischen Küste das offene Meer berührt habe, das Meer an der Küste aber in einer Breite von 3 Seemeilen oder $^3/_4$ Preuß. Meilen als Eigenthum des angrenzenden Staates anzusehen sei. Auch dieser Grund, aus welchem der App.-Richter den Angeklagten freispricht, ist jedoch rechtlich nicht zutreffend. Denn wenn das Meer an den Preußischen Küsten auf die angegebene Breite nach völkerrechtlichen Grundsätzen auch wirklich als Eigenthum des Preußischen Staats anzusehen sein sollte — was für die vorliegende Entscheidung dahingestellt bleiben kann, so fragt es sich doch immer, was die Zollgesetze unter dem Ausdruck „das Ausland" verstehen, und was insbesondere § 1 der Zoll-Ordnung meint, wenn er bestimmt, daß, wer aus dem Auslande kommt, sich in den vorausgesetzten Fällen beim Grenz-Zollamt resp. dem vorliegenden Ansageposten zur Revision zu melden hat. In dieser Beziehung führt aber die NB. mit Recht aus, daß nach der Seeseite die Küste zugleich die Zolllinie oder Zollgrenze bildet, so daß Alles, was von der Seeseite eingeht, im Sinne des § 1 der Zoll-Ordnung als aus dem Auslande kommend angesehen werden muß. Denn nach § 24 des Zollgesetzes bildet die Landesgrenze zugleich die Zollgrenze oder Zolllinie, so daß Alles, was darüber hinaus, also jenseits liegt, als Ausland gilt. Daß die Zollgrenze an der Seeseite erst in einer gewissen Entfernung, namentlich erst in einer Entfernung von 3 Seemeilen, von der Küste gehen soll, darüber findet sich in den Zollgesetzen nirgend die geringste Andeutung, es bestimmt vielmehr § 25 des Zollgesetzes ausdrücklich, daß die Zollgrenze auch durch schiffbares Wasser gebildet werden kann, woraus sich unzweifelhaft ergiebt, daß in einem solchen Falle das diesseitige Ufer des Flusses, resp. die diesseitige Küste der See zugleich die Zollgrenze oder Zolllinie bildet.

Antr. des OStA.s: gleichl. [18. — 1.]

Kontrebande. — Zolldefraude. — Strafkumulirung.

Die Einführung von Gegenständen, deren Einfuhr verboten ist, kann nur als Kontrebande, nicht gleichzeitig als Zolldefraude bestraft werden.

StGB. § 306; ZSt.-Ges. § 1; Zoll-Ges. § 3. Vgl. RdOTr. 3. S. 549.

Erk. (Z. I.) v. 23. Sept. 1864 c. Marin (859. I. Cr.).

Zur Verhütung der Einschleppung von Viehseuchen hatte die Regierung zu K. die Einfuhr von Schweinen aus Polen verboten. M. war, weil er diesem Verbote zuwidergehandelt hatte, von den Instanzgerichten aus § 307 StGB. und § 1 des ZSt.-Ges.s zu einer Geldbuße und zur Konfiskation des betr. Schweines, nicht aber auch zu der im cit. § 1 angedrohten Geldbuße verurtheilt worden. Die NB. des OStA.s fand hierin eine Gesetzesverletzung; M. habe nicht allein dem Regierungsverbote zuwidergehandelt, sondern auch sich einer Zolldefraude dadurch schuldig gemacht, daß er das Schwein auf Nebenwegen mit Umgehung der Zollstelle aus dem Auslande nach Gr. geschafft habe; beide Handlungen seien selbstständig gewesen, es hätten daher auch § 23 des ZStr.-Ges.s und § 56 StGB. Anwendung finden müssen. Zurückweisung. Gründe:

Eine Kontrebande schließt ihrem Begriffe nach eine Zolldefraudation aus. Gegenstände, welche überhaupt nicht eingeführt werden dürfen, sind auch nicht zu verzollen. Von einem Zollvergehen kann daher auch nur in Beziehung auf Gegenstände die Rede sein, deren Einführung an und für sich erlaubt ist. Mit Recht hat hiernach der App.-Richter den § 23 des ZStr.-Ges.s im vorliegenden Falle nicht für anwendbar erachtet, und in seiner Entscheidung die vom OTr. in dem allegirten Erk. v. 6. Juli 1863 c. Stams (RbOTr. 3. S. 549; G. A. 12. S. 53) ausgesprochenen Grundsätze adoptirt.

Antr. des GStA.s: gleichl. [18. — 1.]

Bürgerrecht. — Verlust.

Das städtische Bürgerrecht kann nicht nur durch „Urtheil und Recht," sondern auch auf anderm Wege verloren gehen.

Städte-Ordn. v. 30. Mai 1853 (Ges.-Samml. S. 261 ff.) §§ 7. 5.

Erk. (B. I.) v. 23. Sept. 1864 c. Schulz (864).

Sch. war von der Anklage: „auf dem —See, auf welchem den Bürgern der Stadt D. das Fischereirecht zustand, unbefugter Weise gefischt zu haben," deshalb freigesprochen worden, weil er nach der Städte-Ordnung von 1808 das Bürgerrecht zu D. erlangt gehabt und nicht feststehe, daß er dasselbe durch Urtheil und Recht verloren habe. Auf die NB. des OStA.s erfolgte Vernichtung dieses Erkenntnisses und Zurückverweisung der Sache in die zweite Instanz. Gründe:

Der App.-Richter nimmt an, daß das einmal erworbene Bürgerrecht nach § 7 der neuen Städte-Ordnung v. J. 1853 nur durch Urtel und Recht wieder verloren gehe. Dies beruht auf einem Rechtsirrthume. Der § 7 l. c. sagt nur, daß unter Andern auch dadurch das Bürgerrecht und die Fähigkeit dasselbe zu erwerben, verloren geht, wenn Jemand in Folge rechtskräftigen Erkenntnisses der bürgerlichen Ehre verlustig gegangen ist (§ 12 StGB.). Der § 7 schreibt noch in vielen anderen Fällen den Verlust des Bürgerrechts vor und bestimmt namentlich im 4. Absatz wörtlich:

> „das Bürgerrecht geht verloren, sobald eines der zur Erlangung desselben vorgeschriebenen Erfordernisse (§ 5) bei dem bis dahin dazu Berechtigten nicht mehr zutrifft."

Die von der Anklage aufgestellte und durch amtliche Auskunft des Magistrats zu D. bestätigte Behauptung: „daß der Angeklagte sein Bürgerrecht später dadurch verloren habe, daß er den Anforderungen der neuen Städte-Ordnung nicht genügt, ist daher allerdings von rechtlicher Erheblichkeit und konnte vom App.-Richter nicht, wie geschehen, aus dem Grunde für unerheblich erklärt werden, weil das einmal erworbene Bürgerrecht nur durch Urtel und Recht verloren gehe. Es muß vielmehr noch erörtert und festgestellt werden, ob und welches der nach § 5 der Städte-Ordnung von 1853 zur Erlangung des Bürgerrechts vorgeschriebenen Erfordernisse bei dem bis dahin im Besitz des Bürgerrechts gewesenen Angeklagten jetzt nicht mehr zutrifft.

Antr. des GStA.s: gleichl. [18.—1.]

Angeklagter. — Vorladung. — Frist.

Trägt der Angeklagte auf Vertagung der Hauptverhandlung an, weil die seit der Vorladung zur Sitzung ihm belassene Frist zur Vorbereitung seiner Vertheidigung nicht hinreiche, so tritt Nichtigkeit des Verfahrens ein, wenn der Instanzrichter diesen Antrag ohne Angabe von Gründen beseitigt.

Vdn. v. 3. Jan. 1849 §§ 51 [vgl. dort n. 6]. 134 [dort einzutr. als n. 2b].

Erk. (V. I.) v. 28. Sept. 1864 c. Pfeiffer (Schärike u. Gen. 988. I. Cr.).

Der in C. verhaftete Angeklagte Pf. hatte gegen das verurtheilende Erkenntniß 1. Inst. appellirt und ward am 15. März zu der vom AG. zu F. auf den 18. ejusd. angesetzten Sitzung vorgeladen. In einer protokollarischen Eingabe machte er geltend, daß die ihm belassene Frist zu kurz sei, als daß er sich selbst vertheidigen oder auch vertheidigen lassen könnte, eventuell suchte er auszuführen, daß er sich der ihm zur Last gelegten That nicht schuldig gemacht habe. Auf diese Eingabe beschloß das AG., „sofort in der Sache zu verhandeln" und bestätigte demnächst das 1. Erkenntniß. Auf die NB. des Pf., welche in der Ablehnung des Vertagungsantrags eine Beschränkung der Vertheidigung fand, hat das OTr. das Erkenntniß vernichtet. Gründe:

Der § 134 der Vdn. v. 3. Jan. 1849 bestimmt zwar keine Frist, welche zwischen der Vorladung des Angeklagten und dem in der zweiten Instanz anberaumten Termine frei zu lassen ist. Es muß aber nach den Umständen des einzelnen Falles und der Entfernung dieser Zeitraum bemessen werden, damit der Angeklagte die Vertheidigung vorbereiten könne. Offenbar ist derselbe hier ungenügend, da mit Rücksicht auf die Entfernung zwischen C. und F. und auf die Haft des Angeklagten zwei Tage nicht ausreichen, die erforderlichen Vorkehrungen zur Vertheidigung in der Appellations-Instanz zu treffen, namentlich die Bestellung eines Vertheidigers zu beantragen, worauf die Verordnung hinweist. Gründe, weshalb die beantragte Vertagung nicht bewilligt worden, sind von dem App.-Richter nicht angegeben worden. Das Recht der Vertheidigung ist daher als beschränkt zu betrachten und das angegriffene Erkenntniß unterliegt nach Art. 108 Nr. 5 des Ges.s v. 3. Mai 1852 der Vernichtung. Der App.-Richter hat zwar die in dem Protokolle vom 17. März eventuell geltend gemachten Vertheidigungsgründe einer eingehenden Prüfung unterworfen, allein dieser Umstand beseitigt den Angriff in der NB. nicht, da dem Angeklagten die Gelegenheit nicht entzogen werden durfte, seine Vertheidigung auch noch in anderer Weise zu führen.

Antr. des GStA.s: gleichl. [13. — 4.]

Anpreisung. — Verbrechen. — Ausland.

Die Strafe des § 87 StGB. trifft auch denjenigen, welcher einen von einem Ausländer im Auslande gegen die Staatsgewalt seines eignen Landes verübten Hochverrath (Aufruhr) durch öffentliche Rechtfertigung anpreist.

StGB. § 87 [dort einzutr. als n. 16].

Beschl. (I.) v. 28. Sept. 1864 c. Wegner (271. B. I. Cr.).

W. war von der StA.-schaft des im § 87 StGB.s vorgesehenen Vergehens beschuldigt worden, die Instanzgerichte lehnten indessen die beantragte Einleitung der Voruntersuchung ab, weil zwar anzunehmen sei, daß der von der StA.-schaft inkriminirte, von W. ausgegangene Zeitungsartikel eine Anpreisung und Rechtfertigung des im Königreich

Polen gegen die Russische Regierung ausgebrochenen Aufstandes enthalte, hierauf aber § 87 cit. keine Anwendung finde, „weil Hochverrath oder Aufruhr von einem Ausländer im Auslande gegen die Regierung oder Staatsgewalt seines eigenen Landes verübt, nirgends in den Preußischen Gesetzen mit Strafe bedroht sei, also auch nach diesen Gesetzen nicht als Verbrechen oder Vergehen bezeichnet werden könne." Auf die Beschwerde des OStA.s ist dieser Beschluß vom OTr. aufgehoben und die Einleitung der Voruntersuchung angeordnet worden. Gründe:

Der § 87 StGB. bestraft „denjenigen, welcher Handlungen, die in den Gesetzen als Verbrechen oder Vergehen bezeichnet sind, durch öffentliche Rechtfertigung anpreist." Dabei wird kein Unterschied gemacht, ob die angepriesene Strafthat im Inlande oder Auslande, ob sie von Inländern oder von Ausländern begangen worden, wofern sie nur als eine an sich betrachtet nach preußischen Gesetzen als Verbrechen oder Vergehen sich darstellende überhaupt erscheint, ganz abgesehen davon, ob und in wie fern sie in dem jedesmaligen Fall für den Thäter nach den preußischen Gesetzen wirklich eine Strafe nach sich ziehen kann oder nicht. — Der § 87 trägt einen präventiven Charakter an sich, und die leitende Idee des Gesetzgebers ist augenscheinlich die gewesen, dergleichen Verherrlichungen an sich strafbarer Thaten zu verhindern, die vom sittlichen und staatsrechtlichen Standpunkte aus geeignet sind, das Wohl des Staats im Allgemeinen und abgesehen von dem speziell zur Sprache gebrachten Falle zu gefährden. Daß dies richtig ist, ergiebt die Entstehungsgeschichte des § 87 l. c. auf das Deutlichste, indem diese Gesichtspunkte bei Berathung desselben von der Kommission der II. Kammer ganz bestimmt hervorgehoben worden sind, denen demnächst die I. Kammer beigetreten ist; vgl. Verhh. ü. d. Entw. d. StGB.s, kl. Ausg. S. 96 ff. 462. Damit ist nicht jede Kritik historischer Thatsachen verwehrt, resp. in unangemessener Weise beschränkt. Eine solche wird straffrei ausgehen, so lange sie ihr eigentliches Feld nicht verläßt, und in dieser Beziehung hat sich die II. Kammer bei der erwähnten Berathung dahin ausgesprochen:

„daß zwischen der Aufforderung zum Ungehorsam gegen die Gesetze und der rein theoretischen Kritik der, durch strafrechtliche Bestimmungen geschützten gesellschaftlichen und staatlichen Institutionen noch etwas in der Mitte liege, welches dem öffentlichen Frieden hohe Gefahr bringen könne; es seien dies jene Reden und Schriften, welche ohne bloß in verständiger Weise Kritik zu üben, und ohne auf der anderen Seite direkt zu ungesetzlichen Handlungen aufzufordern, sich an das Gefühl und die Leidenschaften wenden, und in Formen, welche denen der wissenschaftlichen Untersuchung durchaus fern liegen, Handlungen, die das Strafrecht verpönt, nicht nur als erlaubt rechtfertigen, sondern geradezu durch Lobreden verherrlichen."

Demzufolge ist das AG. zu P. in einem Rechtsirrthum befangen gewesen, wenn es die Anwendung des § 87 StGB. davon abhängig machte, daß das im Auslande von einem Ausländer gegen seine eigene Regierung begangene Verbrechen oder Vergehen als solches in Preußischen Gesetzen mit Strafe bedroht sein müsse, wenn dessen anpreisende Rechtfertigung strafbar sein solle.

Antr. des GStA.s: gleichl. [20. — 4.]

Ruhestörung. — Unfug. — Nachtzeit.

Die Strafbarkeit des ruhestörenden Lärms und des groben Unfugs ist nicht dadurch bedingt, daß die betr. Handlungen zur Nachtzeit stattfinden.

StGB. § 340 Nr. 9 [vgl. dort n. 33a].

Erk. (S. II.) v. 29. Sept. 1864 c. Weiler (298. II. Cr.).

W. hatte „ungebührlicher Weise öffentliche Ruhestörung erregt und groben Straßenunfug verübt," war aber doch von der aus § 340 Nr. 9 StGB. erhobenen Beschuldigung deshalb freigesprochen worden, weil jener § voraussetze, daß die Handlungen bei Nachtzeit stattgefunden hätten, oder daß die Einwohner in ihrer Ruhe gestört worden seien, was hier nicht zutreffe. Auf den Kass.-Rekurs des Pol.-Anw.s erfolgte Vernichtung des Erkenntnisses und Verurtheilung des W., weil

der § 340 Nr. 9 keinen Anhalt für die Annahme des Pol.-Richters darbietet, daß nur der zur Nachtzeit verübte grobe Unfug strafbar sein solle, wie dies in dem frühern Art. 479 des Rh. StGB.s bestimmt war.

Antr. des GStA.s: gleichl. [22. — 3.]

Hausirhandel. — Feilbieten. — Gewerbmäßigkeit.

1. Zum Thatbestande des Hausirens ist nicht erforderlich, daß die zum Zwecke des Hausirhandels mitgeführten Waaren wirklich feilgeboten seien.

Hausi.-Regul. v. 28. Apr. 1824 §§ 2. 27. Vgl. oben S. 3.

2. Ebenso ist es nicht erforderlich, daß das Hausiren als dauerndes Gewerbe betrieben sei; es genügt eine gewerbmäßige, d. h. eine auf Gewinn gerichtete Handlung; unter dieser Voraussetzung kann auch ein einziger festgestellter Fall genügen.

Ebendas. § 2. 5; ähnlich: Z. II. 2. Juni 1853 c. Neucamp, 216.

Erk. (V. I.) v. 30. Sept. 1864 c. Senf (715. I. Cr.).

Der App.-Richter spricht den Angeklagten zunächst deshalb frei, weil in den Fällen, in welchen er Druckschriften verkauft, resp. Bestellungen auf Lieferungen angenommen haben soll, ein Feilbieten seiner Waaren nicht stattgefunden habe. Ein solches Feilbieten setzt aber die Anwendung des § 2 des Hausir-Regul. keineswegs nothwendig voraus, welcher ganz allgemein anordnet:

„Wer Waaren ohne Bestellung an einen oder mehrere andere Orte außer seinem Wohnorte bringt, um solche daselbst außer den Märkten (nicht fortdauernd) selbst zu verkaufen, oder durch Andere für seine Rechnung verkaufen oder öffentlich versteigern zu lassen, bedarf dazu eines Gewerbescheins."

Daß es des Nachweises nicht bedarf, daß die zum Zweck des Hausirens bei sich geführten Waaren vom Hausirer auch wirklich feilgeboten sind, hat das OTr. bereits früher wiederholt ausgesprochen und angenommen, daß es zur Anwendung der §§ 2 und 27 des Hausir-Regul.s genügt, wenn die Waaren zum Zwecke des Hausirens, d. h. des Verkaufes im Umherziehen, mitgeführt sind und der damit beabsichtigte Gewerbebetrieb angefangen hat, daß hiernach aber in jedem einzelnen Falle die Sache zu beurtheilen und festzustellen sei: Erk. v. 23. Nov. 1855 c. Franke [1076]; Erk. v. 21. Apr. 1858 c. Lange [374]; Erk. v. 15. Juni 1864 c. Stegemann [76, oben S. 3]; Präj. v. 2. Okt. 1843 Nr. 1341 (Präj.-Samml. S. 347).

Zwar bemerkt der App.-Richter, daß, wenn man auch mit Rücksicht auf die Fassung des § 2 des Hausir-Regul.s annehmen wollte, wie es darauf, ob ein Feilbieten der Waaren stattgefunden, nicht ankomme, sondern nur darauf, ob unbestellte Waaren im Umherziehen verkauft sind, der Beweis zur Ueberführung des Angeklagten doch nicht ausreiche, weil sich aus dem festgestellten Sachverhältniß nicht mit Sicherheit schließen lasse, daß Angeklagter das Verkaufen nichtbestellter Buchhändlerwaaren als fortgesetzte Beschäftigung treibe, daß er ein Gewerbe daraus mache, was auch von den Bestellungen auf weitere Lieferungen der verkauften Schriften gelte, welche der Angeklagte angenommen habe. Aber auch dieser Grund, aus welchem der App.-Richter den Angeklagten freispricht, beruht auf einem Rechtsirrthum. Die §§ 2 und 5 l. c. setzen nicht nothwendig voraus, daß das Hausiren als fortgesetzte Beschäftigung in einer größeren Ausdehnung als ein förmliches dauerndes Gewerbe betrieben wird, sondern nur, daß die Handlung eine gewerbsmäßige, d. h. auf einen Gewinn, einen Verdienst gerichtete gewesen ist, dergestalt, daß rechtlich der Thatbestand des unbefugten Hausirens unter Umständen auch schon in einem einzigen festgestellten Fall gefunden werden kann.

Antr. des GStA.s: gleichl. [18.—1.]

Stempel. — Versicherungspolice. — Beikassirung.

Die Beikassirung des Stempels zu einer Versicherungspolice muß binnen 14 Tagen, vom Tage der Ausfertigung der letztern an gerechnet, geschehen, sollte der Vertrag nach den betr. Bedingungen auch erst später nach der Zahlung der Prämie und nach der Aushändigung der Police an den Versicherten perfekt werden.

Stemp.-Ges. v. 7. März 1822 § 12.

Erk. (V. I.) v. 30. Sept. 1864 c. Reiß (739. I. Cr.).

Der Feuerversicherungs-Agent R. hatte eine vom 21. Sept. 1863 datirte Versicherungspolice erst am 15. Okt. ej. zur Beikassirung des Stempels der Steuerbehörde vorgelegt. In 1. Inst. wegen Stempelkontravention verurtheilt, ward er vom AG. freigesprochen, weil erwiesen sei, daß der Versicherte W. die Prämie erst am 15. Okt. gezahlt habe, der Versicherungsvertrag aber nach den Bedingungen desselben erst dann in Kraft treten sollte, wenn die voraus zu entrichtende Prämie gegen Aushändigung der Police gezahlt sei, die Stempelpflichtigkeit aber erst mit der Perfektion des Geschäfts eintrete. Auf die NB. des Prov.-St.-Dir.s erfolgte Vernichtung dieses Erkenntnisses und Bestätigung des Urtheils 1. Instanz. Gründe:

Nach dem Tarif zum Stempelgesetz beträgt der Stempel zu Assekuranz-Policen ein halbes Prozent der gezahlten Prämie, d. h. der Prämie, welche nach Inhalt der Police gezahlt ist, und der § 12 des Stemp.-Ges.s verordnet, daß stempelpflichtige Verhandlungen in der Regel auf das erforderliche Stempelpapier selbst geschrieben werden sollen, daß jedoch, wo dies nicht hat geschehen können, das erforderliche Stempelpapier zwar nachgebracht werden kann, dies aber bei Verhandlungen, die im Lande selbst vorgenommen werden, längstens binnen 14 Tagen vom Tage der Ausfertigung an geschehen muß. Im vorliegenden Falle ist die Police, wie feststeht, am 21. Sept. 1861 ausgefertigt, der erforderliche Stempel hätte also spätestens bis zum 5. Okt. 1863 nachgebracht werden müssen. Der Angeklagte hat die Police aber erst am 15. Okt. 1863, also nicht mehr rechtzeitig zur Stempelung vorgelegt und deshalb die Stempelstrafe verwirkt. Ob der Versicherungsvertrag bereits durch bloße Ausfertigung der Police perfekt wurde, oder nach den speziellen Bedingungen in der Police erst nach bezahlter

Prämie und nach erfolgter Aushändigung an den Versicherten, ist für die vorliegende Entscheidung völlig gleichgültig; es kommt vielmehr nur auf den Tag der Ausfertigung der Police an.

Eben so unzutreffend ist es, wenn der App.-Richter eine Police in Betreff der Stempelpflichtigkeit einem gezogenen Wechsel gleichstellt, und daraus, daß ein gezogener Wechsel unabhängig von dem Tage der Ausstellung nur zu stempeln ist, bevor damit ein Geschäft gemacht ist, folgert, daß auch Policen nur zu stempeln seien, nachdem das Assekuranz-Geschäft zu Stande gekommen. Die speziellen gesetzlichen Bestimmungen über die Stempelpflichtigkeit der gezogenen Wechsel können auf Assekuranz-Policen keine Anwendung finden.

Antr. des OStA.s: gleichl. [18. — 1.]

Betrug. — Vermögensbeschädigung. — Beschränkung der Verfügung.

Als Vermögensbeschädigung im Sinne des § 241 StGB. ist es anzusehen, wenn einem Andern das ihm zustehende Verwaltungs- und Verfügungsrecht über eine Sache [zeitweilig] entzogen wird.

StGB. § 241 [vgl. dort n. 16. 17].

Erk. (B. I.) v. 30. Sept. 1864 c. Stölzel & Schwiederka (850. I. Cr.).

St. hatte die Ablieferung einer Summe Geldes zu seiner Konkursmasse eine Zeit lang verzögert, Schw. an dieser Handlung Theil genommen. Gleichwohl sprach das AG. von der Anklage des Betrugs frei, „weil weder ein Zinsenverlust für die Masse entstanden, noch dieselbe in irgend einer ihr gesetzlich zustehenden Disposition über die Gelder beschränkt worden sei." Auf die NB. des OStA.s erfolgte Vernichtung dieses Erkenntnisses. Gründe:

Letzteres ist rechtlich unzutreffend, da nach § 4 der Konk.-Ordn. der Gemeinschuldner mit dem Zeitpunkt der Konkurs-Eröffnung von Rechtswegen die Befugniß verliert, sein zur Konkursmasse gehörendes Vermögen zu verwalten und über dasselbe zu verfügen, dies Verwaltungs- und Verfügungsrecht vielmehr auf die durch den Verwalter der Masse vertretene Gläubigerschaft übergeht. Durch Vorenthaltung der 1204 Thlr. 18 Sgr. 9 Pf. entzog der Angeklagte aber der Gläubigerschaft das ihr zustehende Verwaltungs- und Verfügungsrecht über die gedachten Gelder, worin eine Beschädigung des Vermögens der Masse lag, mochte nun damit auch ein Zinsenverlust verbunden sein oder nicht. Das OTr. hat auch bereits wiederholt, und namentlich in dem Erkenntniß v. 11. Okt. 1855 c. Adams ausgesprochen, daß die im § 241 StGB. vorgesehene Vermögensbeschädigung für vollendet zu erachten ist, sobald in der in diesem § angegebenen Weise und Absicht Sachen oder Gelder dem Besitz oder der Verfügung des Eigenthümers oder des gesetzlichen Repräsentanten desselben entzogen oder vorenthalten sind, und daß die etwaige spätere Ablieferung oder der spätere Ersatz für den Thatbestand des einmal vollendeten Vergehens des Betrugs einflußlos sind.

Antr. des GStA.s: gleichl. [18. — 1.]

Meineid (fahrlässiger). — Manifestationseid.

Die fahrlässige Ausschwörung eines falschen Manifestationseides ist nicht strafbar.

StGB. § 132 [vgl. dort n. 3]; AGO. I, 22 §§ 28 ff. 33. Sic: S. I. 25. Okt. 1864 c. Pusch, 1096.

Erk. (S. I.) v. 30. Sept. 1864 c. Jachner (855. I. Cr.).

Das Präjudiz des Kgl. OTr.s v. 8. Juli 1853 in der Untersuchung c. Stutterheim (G. A. 2. S. 119) und demnächst mehrere gleichförmige Entscheidungen haben angenommen: „daß der § 132 StGB. auf den Manifestationseid nicht Anwendung finde, weil der § 33. I, 22 AGO. gemäß Art. II. des Einf.-Ges.s v. 14. Apr. 1851 noch für anwendbar zu erachten, und die gedachte Vorschrift auch auf den assertorischen Theil des Manifestationseides zu beziehen sei." Es springt die Richtigkeit dieser Annahme um so mehr in die Augen, da der § 33. I, 22 AGO. anordnet, daß der Manifestationseid allemal das Versprechen enthalten muß, wenn sich in der Folge ergeben sollte, daß Etwas außer Acht gelassen worden sei, davon noch getreulich Anzeige zu thun. Hierin liegt die Einschränkung von selbst, daß eine aus Versehen, Fahrlässigkeit oder dergleichen unterlassene Angabe von Vermögensstücken keine andere Folge haben kann, als daß die Pflicht entsteht, nachträglich davon Anzeige zu erstatten. Es versteht sich daher ohne Weiteres, daß ein Meineid in dieser Beziehung nur dann vorhanden sein kann, wenn etwas wissentlich verschwiegen worden ist, und indem dies der § 33 l. c. noch ausdrücklich hinzufügt, setzt er hiermit nichts fest, was nicht schon aus der Natur des Manifestationseides auch ohnedem hergeleitet werden mußte.

Antr. des OStA.s: gleichl. [20.—1.]

Majestätsbeleidigung. — Oberhaupt eines fremden Staates. — Regent.

Der Regent eines fremden Staates ist als „Oberhaupt" desselben im Sinne des § 79 StGB. anzusehen.

StGB. § 79 [dort einzutr. vor n. 1].

Erk. (V. I.) v. 30. Sept. 1864 c. Dohm (911. I. Cr.).

D. war von der Anklage: „das Oberhaupt eines deutschen Staates beleidigt zu haben," vom AG. deshalb freigesprochen worden, weil es sich von der Beleidigung der Fürstin und Landesregentin von R.-Pl. handle, eine bloße Regentin aber nicht als „Oberhaupt" betrachtet werden könne. Auf die NB. des OStA.s erfolgte Vernichtung dieses Erkenntnisses und Bestätigung des ersten verurtheilenden Urtheils. Gründe:

Der in § 79 StGB. gebrauchte Ausdruck „Oberhaupt eines Staates" kann schon dem Wortlaut nach nicht bloß auf denjenigen beschränkt werden, welcher die Krone trägt, sondern bezieht sich ganz allgemein auf jeden, welcher Inhaber der höchsten Gewalt im Staate ist, also recht eigentlich auch auf den Regenten, welcher während der Minderjährigkeit des Trägers der Krone statt seiner regiert. Der vorhergehende § 78 spricht denn auch geradezu von dem Regenten eines deutschen Staates. Man hat nur im Ausdrucke abwechseln wollen, wenn in dem folgenden § 79 von dem Oberhaupt eines deutschen oder anderen Staates die Rede ist. Auch liegt kein innerer Grund vor, weshalb der einstweilige Regent eines befreundeten Staates nicht denselben Schutz gegen Beleidigungen genießen sollte, wie der eigentliche Landesherr desselben. Die speziellen Vorschriften des StGB.s in Betreff des Hochverraths gegen Preußen, sowie der Thätlichkeiten oder der Beleidigungen und Ehrfurchtsverletzungen gegen den König von Preußen und die Mitglieder seiner Familie, auf welche das Kammergericht Bezug nimmt, können für die Vorschriften des dritten Titels, betreffend feindliche Handlungen gegen befreundete Staaten, nicht maaßgebend sein. — Ganz konsequent bestimmt denn auch § 81 StGB., daß im Falle des § 79 nur auf Antrag der auswärtigen Regierung die Verfolgung eintreten soll. — Daß der im § 78 gebrauchte Ausdruck „Regent" und der im § 79 gebrauchte Ausdruck „Oberhaupt des Staates" gleichbedeutend sind, ergiebt sich endlich auch deutlich aus den Motiven zum Regierungs-Entwurf des StGB.s und aus dem K.-B. I. K., welcher hier ganz allgemein von Beleidigungen auswärtiger Regierungen spricht.

Antr. des GStA.s: gleichl. [18. — 1.]

Forst. — Pflanzengarten. — Holzdiebstahl.

Wenn aus einem in einem Forste belegenen Pflanzengarten Baumpflanzen entwendet sind, welche nicht zur Kultivirung des Waldes, sondern nur vorübergehend dort eingesetzt sind, um später in eine Allee verpflanzt zu werden, so ist nicht das Holz-Diebst.-Ges., sondern § 42

Nr. 3 der FPOrdn. oder § 216 StGB. anzuwenden.

H.-D.-Ges. v. 2. Juni 1852 § 1. Vgl. StGB. § 215 n. 83.

Beschl. (I.) v. 30. Sept. 1864 c. Liebelt (273. B. I. Cr.).

L. war beschuldigt worden, aus einem in einem Forste belegenen Pflanzengarten (Baumschule) Ahornpflanzen entwendet zu haben, welche zur Bepflanzung einer Allee angekauft und nur einstweilen in jenen Garten eingesetzt waren. Die Instanzgerichte lehnten die beantragte Eröffnung der Untersuchung aus § 216 StGB. ab, indem sie das H.-D.-Ges. für zutreffend erachteten. Die Beschwerde des OStA.s, welche hierin eine Gesetzesverletzung fand, erachtete der GStA. für nicht begründet, weil die Anklage nicht behauptet habe, daß der fr. Pflanzengarten nicht einen Theil des betr. Forstes bilde, unter dieser Voraussetzung aber auch solche Pflanzen als „Holz in Forsten" anzusehen (vgl. RdOTr. 4. S. 47) und § 1 des H.-D.-Ges.s auf dieselbe anwendbar sei, ohne daß etwas darauf ankomme, welche anderweite Bestimmung der Eigenthümer diesen Pflanzen gegeben und wie er sie zu benutzen beabsichtige. Das OTr. hat den app.-gerichtlichen Beschluß vernichtet und die Sache zur nähern Prüfung an das AG. zurückverwiesen. Gründe:

Wenn die in der rc. Forst entwendeten Ahornpflanzen sich nicht nur in einem als solchen erkenntlichen, sog. Pflanzengarten befunden, sondern auch nicht die Bestimmung gehabt haben, zur Kultivirung des Waldes zu dienen, vielmehr nur vorübergehend dort eingesetzt worden sind, um später in eine Allee verpflanzt zu werden, so kann es sich nicht um Entwendung im Walde stehenden Holzes im Sinne des § 1 des H.-D.-Ges.s v. 2. Juni 1852, sondern nur um eine Entwendung von anderweiten Bäumen oder Sträuchern handeln, die nach dem § 42 Nr. 3 in Verbindung mit § 45 der FPO., je nachdem dabei gewinnsüchtige Absicht obgewaltet hat oder nicht, als gemeiner Diebstahl aus § 216 des StGB.s oder als Feldpolizei-Uebertretung zu beahnden sein würde. Ob der Dieb gewußt hat, welche Bestimmung die entwendeten Bäume gehabt haben, ist dabei eben so gleichgültig, als ob er gewußt hat, daß der Ort der Entwendung ein zur Forstnutzung bestimmter Wald oder ein sonstiges Gesträuch gewesen sei.

[28. — 3.]

Disciplin. — Entfernung vom Amte. — Dauer. — Entschuldigung.

1. Hat die unerlaubte Entfernung eines Beamten vom Amte im Ganzen mehr als acht Wochen gedauert, so werden die §§ 8 resp. 9 der Disciplinargesetze v. 7. Mai 1851 und v. 21. Juli 1852 wirksam, sollte die betr. Zeit auch durch eine das Ausbleiben für eine kürzere Frist rechtfertigende Krankheit unterbrochen worden sein.

2. Auch dann, wenn die unerlaubte Entfernung eines Beamten von seinem Amte länger als acht Wochen gedauert hat, kann von der Strafe der Dienstentlassung abgesehen werden, wenn besondere Entschuldigungsgründe vorliegen.

Disc.-Ges. v. 7. Mai 1851 §§ 7. 8; — id. v. 21. Juli 1852 §§ 8. 9.

Erk. (Disc.-Sen.) v. 3. Okt. 1864 c. Gerichts-Assessor B. (353. D.)

Der Gerichts-Assessor B. war von der Gen.-Kommission zu M. bei welcher er zeitweise beschäftigt wurde, für die Zeit bis zum 13. März 1863 zum Spezial-Kommissar zu D. bestellt worden, er entfernte sich aber von dort schon am 24. Jan. ej. und kehrte auch nach dem 13. März erst am 23. Juni auf seinen ihm am 1. Apr. überwiesenen richterlichen Posten zurück; dagegen ward festgestellt, daß er bald nach dem Anfange des Monats Mai erkrankt und erst gegen Ende Mai wieder hergestellt worden sei. Dieserhalb wurde gegen ihn das Disciplinarverfahren eingeleitet, vom AG. aber nur ein Verweis verhängt, weil es das Vorhandensein besonderer Entschuldigungsgründe annahm. Der OStA. legte Berufung ein, weil nach § 8 des Ges.s v. 7. Mai 1851 auf Dienstentlassung habe erkannt werden müssen; das OTr. hat indessen das erste Erkenntniß bestätigt. In den Gründen wird zunächst ausgeführt, es komme nicht darauf an, ob das Verhalten des B. nach dem Ges. v. 7. Mai 1851 oder nach dem v. 21. Juli 1852 zu beurtheilen sei, da die hier zutreffenden §§ in beiden vollständig übereinstimmten, sodann heißt es weiter:

Die Annahme des ersten Richters: daß jeder der beiden Zeiträume, der vor und der nach der Erkrankung, nicht volle vier Wochen umfasse, würde der Anwendung der §§ 8 resp. 9 der beiden Disciplinar-Gesetze nicht entgegenstehen, da es, wenn auch die Zeit der Erkrankung außer

Ansatz bliebe, doch nicht gerechtfertigt wäre, beide Zeiträume abgesondert in Betracht zu ziehen, weil die Krankheit dem davon genesenen Angeschuldigten keinen Grund darbieten konnte, die fragliche vierwöchentliche Frist ganz auf's Neue zu beginnen und die unerlaubte Abwesenheit vor der Erkrankung als gar nicht vorhanden anzusehen.

Beide Disciplinargesetze stimmen indessen auch in den §§ 7 resp. 8 darin überein, daß sie die von ihnen angedrohte Strafe nur dann für anwendbar erklären, wenn nicht dem Beamten besondere Entschuldigungsgründe zur Seite stehen. Der enge Zusammenhang, welcher die §§ 8 resp. 9 mit den gedachten §§ 7 resp. 8 verbindet, indem sie ein und dasselbe Dienstvergehen, wenn auch unter verschiedenen Umständen und in verschiedenen Graden behandeln, stellt es außer Zweifel, daß auch bei den schwereren Arten dieses Vergehens, welche die §§ 8 und resp. 9 vor Augen haben, die richterliche Erwägung: ob Entschuldigungsgründe für den Beamten obwalten, nicht ausgeschlossen ist. Ist aber eine derartige Würdigung geboten, so ist damit gleichzeitig indizirt, daß je nach Maaßgabe der Stärke und Bedeutung dieser Entschuldigungsgründe eine größere oder geringere Strafbarkeit des Angeschuldigten hervortreten kann, und daß dieses Maaß der Verschuldung nicht außer Acht gelassen werden darf, wenngleich die §§ 7. 8 und 11 eine bestimmte, die Strafabwägung anscheinend ausschließende Strafe aufstellen, da sonst dem nothwendigen richterlichen Ermessen der Boden entzogen sein würde.

[—2.]

Disciplin. — Entgegenwirken gegen die Staatsregierung.

Ein Beamter, und insbesondere ein richterlicher Beamter verletzt seine Amtspflichten, wenn er eine Thätigkeit entwickelt, durch welche er sich mit den von der Staatsregierung vertretenen Anschauungen und Auffassungen in Widerspruch setzt, und die darauf berechnet ist, im Publikum eine Mißstimmung und ein Widerstreben gegen die Durchführung jener Auffassung hervorzurufen.

Disc.-Ges. v. 7. Mai 1851 § 1. Vgl. RdOTr. 4. S. 38.

Erk. (Disc.-Sen.) v. 3. Okt. 1864 c. Kreisrichter P. (372. D.).

Schon an und für sich darf ein Staatsdiener auch außerhalb seiner Amtsfunktionen nicht eine Thätigkeit entwickeln, durch welche er sich mit den von der Staatsregierung vertretenen Anschauungen und Auffassungen in direkten Widerspruch setzt, und die darauf berechnet ist, im Publikum eine Mißstimmung und ein Widerstreben gegen die Durchführung jener Auffassung hervorzurufen. Denn es liegt in der Natur der Sache, daß eine solche Thätigkeit von einem Beamten, also einem eigenen Organ der Staatsgewalt ausgeübt, nothwendig auf die Staatsverwaltung einen mehr oder minder nachtheiligen Einfluß haben, ihr Ansehen schmälern und ihre Wirksamkeit schwächen muß.

In noch erhöhterem Grade gilt dies aber von einem richterlichen Beamten, welcher sich vor Allem einen freien unparteiischen, unbefangenen Standpunkt wahren muß. Ein Richter, welcher seine der Staatsregierung feindlichen Tendenzen öffentlich manifestirt, kann in Sachen, welche mit der Politik zusammenhängen, nicht für unbefangen erachtet werden. Er beeinträchtigt dadurch seine richterliche Wirksamkeit. Eine solche öffentliche Opposition eines Richters gegen die Staatsregierung kann aber auch ferner die Folge haben, daß auf sein richterliches Ansehen hin von solchen, welchen ein selbstständiges Urtheil mangelt, die Maaßregeln der Regierung wirklich für verderblich, für gesetzwidrig und verfassungswidrig gehalten werden. Der Richter mißbraucht dadurch das Ansehen, welches ihm durch sein Amt im Interesse der Staatsgewalt als eines organischen einheitlichen Ganzen verliehen ist, dazu, um einen Theil dieser selben Gewalt in seiner Wirksamkeit zu gefährden.

Der Angeschuldigte hat sich zwar auf den § 27 der Verfassungs-Urkunde berufen. Allein die allgemein gesetzliche Vorschrift über das Recht der freien Meinungsäußerung im § 27 l. c. tritt nicht bloß vor den speziellen Strafgesetzen zurück, sondern erhält eine Beschränkung auch durch alle Vorschriften, welche besondere Pflichten begründen, mögen diese Vorschriften ausdrückliche sein oder sich aus dem Sinne und Zusammenhange der Gesetze ergeben.

Es ist nun aber eine solche Betheiligung an öffentlichen Demonstrationen und Agitationen gegen die bestehende Staatsregierung, im vorliegenden Falle sogar gegen die ausdrücklich erklärte Willensmeinung Sr. Majestät des Königs Selbst, wie sie dem Angeschuldigten zur Last fällt, mit den besonderen Pflichten, die das richterliche Amt auferlegt, unvereinbar und eines Richters unwürdig, welcher auch in seinem außeramtlichen Verhalten der Rücksichten eingedenk sein muß, welche er als Staatsdiener der Staatsregierung, insbesondere aber Sr. Majestät dem Könige schuldig ist, und auch bei Ausübung seiner bürgerlichen Rechte die ihm durch seinen Beruf und den geleisteten Diensteid auferlegten besonderen Pflichten, vor Allem aber das Sr. Majestät dem Könige eidlich abgelegte Gelöbniß der Treue und des Gehorsams nicht außer Acht lassen darf: Erk. v. 14. Sept. 1863 (RbO. 4. S. 38). Auch die Stellung des Angeschuldigten als Abgeordneter ändert hierin nichts. Denn der Art. 84 der Verfassungs-Urkunde spricht zwar den Grundsatz aus, daß die Abgeordneten für ihre Abstimmung in der Kammer (in dem Hause) niemals, für ihre darin ausgesprochenen Meinungen aber nur innerhalb der Kammer zur Rechenschaft gezogen werden können. Diese Nichtverantwortlichkeit kann aber nicht ausgedehnt werden auf das, was der Abgeordnete außerhalb des Hauses thut oder äußert. Dies gilt namentlich auch von sogenannten Rechenschaftsberichten, Auskünften, Belehrungen und Aufklärungen, die ein Abgeordneter, sei es an seine Wähler, sei es an das Publikum überhaupt zu richten sich veranlaßt findet, welche, insofern sie strafbaren Inhalts sind, die gesetzliche Strafe nach sich ziehen und den Schutz des Art. 84 der Verfassungs-Urkunde nicht in Anspruch nehmen können. Ueberhaupt hat ein Abgeordneter in Beziehung auf seine Auslassungen außerhalb des Hauses keine anderen Rechte, als sie jeder andern Person zustehen: Erk. v. 2. Mai 1864 (RdOTr. 4. S. 485). [—1.]

Urkunde. — Trockener Wechsel.

Ein vom Ehemanne auf die Ordre seiner mit ihm in Gütergemeinschaft lebenden Ehefrau ausgestellter, von der letztern auf einen Dritten girirter trockener Wechsel ist eine Urkunde.

StGB. §§ 247. 251 [vgl. dort n. 34].

Erk. (Z. I.) v. 5. Okt. 1864 c. Stübner (856. I. Cr.).

St. hatte einen trockenen, auf die Ordre seiner mit ihm in Gütergemeinschaft lebenden Ehefrau ausgestellten, von der letzteren auf den Schneider J. girirten Wechsel zum Nachtheil des J. unterdrückt. Aus § 243 verurtheilt, ergriff er die NB. und rügte Gesetzesverletzung, weil die Instanzrichter das betr. Schriftstück mit Unrecht für eine Urkunde erachtet hätten. Zurückweisung. Gründe:

Mögen auch diejenigen Erinnerungen, welche der Angeklagte gegen die Wechselkraft eines solchen Schriftstückes und gegen dessen Uebertragung auf den J. durch das Giro der Ehefrau geltend macht, in Beziehung auf die Geltendmachung der Forderung im Wechselprozesse rechtlich begründet sein, was hier dahingestellt bleiben kann, so läßt sich doch nicht verkennen, daß das Schriftstück auch außerhalb des Wechselprozesses für die Geltendmachung eines Anspruches von Seiten des J. gegen die St. — schen Eheleute wenigstens die Kraft eines erheblichen, von diesen Eheleuten selbst herrührenden und zur Unterstützung eines solchen Anspruches dienenden Beweismittels gehabt habe. Dies genügt aber zur Anwendung des § 243 Nr. 8 selbst unter der Beschränkung auf Urkunden im Sinne des § 247.

Antr. des GStA.s: gleichl. [15.—4.]

Chausseegelddefraude. — Unvollkommene Sperrung. — Dolus.

1. Die Verpflichtung zur Zahlung des Chausseegeldes ist durch die Vollständigkeit der Barrière-Sperrung nicht bedingt.

Chauss.-Geld-Tar. v. 29. Febr. 1840 Zus.-Bemerkk. Nr. 5. 8.

2. Die Ueberzeugung, daß der Fiskus zur Erhebung des Barrière-Geldes nicht berechtigt sei, hat für den Anstifter der Defraude die Straflosigkeit nicht zur Folge. Ebendas.

Erk. (Z. II.) v. 6. Okt. 1864 c. Gontermann (247. II. Cr.).

Die Steuerbehörde hatte an der F—er Landstraße eine Barrière-Hebestelle an einen Punkt verlegt, wo in dieselbe die W—er Straße einmündet, um dadurch auch diejenigen zur Zahlung zu verpflichten, welche die Landstraße an dieser Stelle verlassen oder betreten. Diese Aenderung war durch das Amtsblatt zur Kenntniß des Publikums gebracht worden. G. wegen einer von seinen Knechten auf seinen Befehl verübten Defraudation des Chausseegeldes verurtheilt, rügte in seiner NB.:

1) daß die Instanzrichter die Unvollkommenheit der Barrière-Sperrung, welche die Benutzung der Straße durch die von S. nach W. fahrenden 2c. Gespanne nicht hindern könne, für einflußlos erklärt, und

2) ein Gleiches in Betreff seiner Ueberzeugung angenommen hätten, daß der Fiskus zur Erhebung des fraglichen Barrière-Geldes nicht berechtigt sei.

Zurückweisung. Gründe:

1) Unter Festhaltung der thatsächlichen Voraussetzung muß der Anschauung beigepflichtet werden, daß die Verbindlichkeit des Publikums, der getroffenen Anordnung nachzukommen, nicht durch die größere oder geringere Vollkommenheit der zur Markirung des Verhältnisses bestimmten äußeren Vorrichtungen und Anstalten bedingt sein kann. Die Sperrung eines Weges an der Barrière-Hebestelle durch einen Schlagbaum u. s. w. ist nur ein faktisches Vorbeugungsmittel gegen das willkührliche Vorbeifahren; sie bildet aber nicht den Verpflichtungsgrund für die Entrichtung des Chausseegeldes, und es kann diese Verpflichtung

im vorliegenden Fall dadurch nicht aufgehoben sein, daß, wie dies in dem angefochtenen Erkenntnisse deutlich gemacht wird, das Haus des Erhebers nicht unmittelbar an der Staatsstraße liegt und der Hebebaum in der Weise ungeschickt angelegt ist, daß der Theil desselben, welcher die Staatsstraße zu sperren im Stande ist, von dem, welcher von S. nach W. führt, nicht passirt wird. Es findet diese Ansicht auch ihren Anhalt in der Wortfassung des Strafgesetzes — Nr. 5 des Anh. z. Chaussee-Geld-Tarif v. 29. Febr. 1840 —, welches lautet:

> Wer eine Chausseegeld-Hebestelle umfährt, oder — nicht anhält — oder überhaupt es unternimmt, sich der Entrichtung des Chausseegeldes auf irgend eine Art ganz oder theilweise zu entziehen, ꝛc.

Hiernach muß die Entscheidung des App.-Richters, daß eine Chausseegelddefraude vorliege, als mit keinem Rechtsgrundsatze in Widerspruch befindlich betrachtet werden. — —

3) Wenn endlich die NB. die Straflosigkeit des Angeklagten daraus herleiten will, daß er in der Ueberzeugung, daß der Fiskus zur Erhebung des fr. Barrière-Geldes nicht berechtigt sei, gehandelt habe und deshalb bei ihm ein Dolus nicht vorhanden gewesen sei, so ist allerdings der Grundsatz anerkannt, daß der Theilnehmer einer Defraudation nur dann strafbar ist, wenn er wußte, daß die Handlung des Thäters den Voraussetzungen einer Defraudation entspreche. Daß dies aber hier im vollen Sinne vorhanden war, ist thatsächlich festgestellt. Wenn der Angeklagte, indem er seinen Knechten die Umgehung des Chausseegeldes anbefahl, vorsätzlich und mit dem Bewußtsein der die Strafbarkeit dieser Umgehung bedingenden Voraussetzungen handelte, so kann das für ihn keine Straflosigkeit begründen, daß er von einer irrigen subjektiven Rechtsansicht ausgehend auf seine Gefahr die Uebertretung des Strafgesetzes unternommen hat.

Antr. des GStA.s: gleichl. [29.—2.]

Gesetzesunkenntniß. — Straflosigkeit. — Militärpflicht. — Meldung. — Irrthum.

Ein das Gesetz und seine Anwendbarkeit betreffender Irrthum begründet keine Straflosigkeit; daher wird der Militärpflichtige, welcher sich zu spät bei der betr. Behörde meldet, nicht deshalb von der Strafe befreit, weil er durch die Bekanntmachung jener Behörde in den Irrthum versetzt worden ist, er sei zur Meldung noch nicht verbunden.

Milit.-Ers.-Instr. v. 9. Dez. 1858 §§ 2 Nr. 1, 34 Nr. 1, 168; AKO. v. 9. Dez. 1858; StGB. § 44 [vgl. dort n. 6].

Erk. (S. II.) v. 6. Okt. 1864 c. Polländer (261. II. Cr.).

Die Militärpflicht beginnt für die in Westphalen gebornen Personen mit dem 1. Jan. desjenigen Jahres, in welchem sie das 21. Lebensjahr erreichen, für die in den übrigen Provinzen gebornen aber mit dem 1. Jan. desjenigen Jahres, in welchem sie 20 Jahre alt werden. Der in der Rheinprovinz im Jahre 1844 geborne, im Jahre 1864 zu B. in Westphalen in Arbeit stehende Buchbindergeselle P. hatte sich in diesem Jahre nicht vorschriftsmäßig gemeldet, war aber von der aus § 34 Nr. 1 und § 168 der Ers.-Instr. v. 9. Dez. 1858 erhobenen Anklage vom Polizeirichter deshalb freigesprochen worden, „weil er durch die betr. öffentliche Aufforderung des Magistrats zu B. in den Irrthum versetzt worden sei, daß die für Westphalen erlassene Bestimmung auch auf ihn Anwendung finde, und daß er daher, obwohl geborner Rheinländer, in Westphalen ebenso wie der geborne Westphale erst im Jahre 1845 sich zu melden brauche; seine Bestrafung werde daher durch § 44 StGB. ausgeschlossen." Den vom Pol.-Anw. hiergegen ergriffenen Rekurs wies das AG. aus demselben Grunde durch Verfügung zurück. Auf die Beschwerde des OStA.s ist diese Verfügung vom OTr. aufgehoben und die Sache an das AG. zurückverwiesen worden. Gründe:

Der Rekursrichter hat den § 44 StGB. angewendet und nach dessen Bestimmungen den Angeschuldigten, in Betreff der, nach Erreichung des zum Eintritte in den Dienst des stehenden Heeres verpflichtenden Lebensalters unterlassenen gehörigen Meldung zur Eintragung in die Stammrolle seines Aufenthaltsorts, für straflos erachtet, weil der Angeschuldigte, und zwar veranlaßt durch die Fassung der

Bekanntmachung des Magistrats zu B. v. ꝛc. sich im Irrthume befunden habe, nämlich irrthümlich der Meinung gewesen sei, daß die für die Provinz Westphalen in Betreff des Eintritts des militärpflichtigen Alters getroffene gesetzliche Bestimmung auch auf ihn, der zwar in dieser Provinz bei Erlangung des Alters von 20 Jahren sich aufhielt und aufhält, jedoch in der Rheinprovinz geboren ist, Anwendung finde. Diese Anwendung des § 44 cit. ist eine irrige. Die Bestimmungen dieses § 44, welche in den Motiven des Entwurfes v. J. 1847 — S. 27 zu § 60 — für gerechtfertigt erklärt wurden,

„weil sie den Grund der Strafausschließung anerkannten, der sich auf das dem Handelnden fehlende Bewußtsein von den thatsächlichen Umständen beziehe,"

welche aber der Entwurf v. J. 1850 weggelassen hatte, sind (nach dem Komm.-Ber. d. II. Kammer S. 39 und dem der I. Kammer S. 9) in das StGB. aus dem Entwurfe v. J. 1847 § 60 aufgenommen, weil die Grundsätze,

„daß, wenn dem Thäter die besondern Umstände, Eigenschaften und Beziehungen, welche seine Handlung strafbar oder mehr strafbar machten, unbekannt gewesen seien, er das, was den Thatbestand der strafbaren Handlung ausmache, nicht gewollt habe, resp. die die Strafbarkeit der letztern erhöhenden Momente nicht in seinem Vorsatze gelegen hätten und daher ihm nicht zuzurechnen seien,"

sich zwar aus allgemeinen Rechtsgrundsätzen deduciren ließen, es aber doch angemessen sei, sie ausdrücklich auszusprechen. Danach soll also ein faktischer Irrthum des Thäters, welcher und so weit er den zum Thatbestand gehörigen Vorsatz beseitigt, die Zurechnung ausschließen und insofern im Sinne des Rubrums Thl. I. Tit. 4 des StGB.s ein Strafausschließungsgrund sein. Es haben mithin diese Bestimmungen nur auf faktischen Irrthum und nur auf solchen faktischen Irrthum Bezug, der den Mangel des zum Thatbestande erforderlichen Dolus begründet. Der von dem Rekursrichter angenommene Irrthum würde aber das Gesetz selbst und dessen Anwendung betroffen haben, nicht ein faktischer Irrthum gewesen sein. Auch kommt es bei Zuwiderhandlungen gegen Polizeivorschriften, — und dergleichen sind die in Betracht kommenden Vorschriften der Milit.-Ers.-Instr. v. 9. Dez. 1858 § 34 Nr. 1, § 168 Nr. 1, in Verbindung mit § 21 Nr. 1. 2, welche dem vorbeugen sollen, daß sich ein Militärpflichtiger seiner Dienstpflicht entziehe, — wenn die Kontravenienten nur zu den überhaupt zurechnungsfähigen Personen gehören und sie eine solche Vorschrift zu kennen verpflichtet und im Stande waren, auf die Willensbestimmung, mit welcher, auf das Bewußtsein, in welchem gehandelt wurde, nicht an. Der Grund, aus welchem in der Verfügung v. ꝛc. der Rekurs zurückgewiesen ist, ist daher unrichtig; der Rekursrichter hat den § 44 des StGB.s durch unrichtige Anwendung verletzt.

Antr. des GStA.s: gleichl. [26.—2.]

Rheinisches Verfahren. — Unfähige Zeugen. — Diskretionäre Gewalt.

Nach Rheinischem Verfahren kann der Präsident des Schwurgerichtshofs vermöge seiner diskretionären Gewalt auch solche Zeugen uneidlich vernehmen, welche nach Art. 322 der StPO. nicht als Zeugen zugelassen werden sollen.

Rh. StPO. Artt. 322. 268. 269.

Erk. (Z. II.) v. 6. Okt. 1864 c. Manz (325).

In Erw., daß der Art. 322 der StPO. zwar ausdrücklich nur sagt, daß die in demselben benannten Personen nicht vernommen werden sollen;

daß aber der Zusammenhang mit Art. 315 u. ff. ergiebt, daß hier nur von der Vernehmung als Zeuge die Rede sei, welche nach Art. 317 unter Eid geschehen muß;

daß der Art. 269 ohne Einschränkung dem Assisenpräsidenten gestattet, auf Grund der ihm in Art. 268 beigelegten diskretionären Gewalt uneidlich jede Person zu vernehmen, deren Aussage zu Aufklärung der Sache dienen könne;

daß eine solche Vernehmung, welche kraft diskretionärer Gewalt, ohne Zeugeneid erfolgt, schon an sich dem Art. 322 nicht zuwider ist;

daß aber auch der Gebrauch, welchen der Assisenpräsident von den ihm nach Art. 268 und 269 der StPO. wirklich zustehenden Befugnissen macht, weder Gegenstand eines Einspruches von Seiten des Angeklagten oder seines Vertheidigers werden, noch einen Kassationsrekurs rechtfertigen kann; ꝛc.

A. d. Gr. verwirft ꝛc.

Antr. des OStA.s: gleichl. [12.—2.]

Theilnehmer. — Thäter. — Gewerbsmäßigkeit. — Jagdfrevel.

Der Theilnehmer an einem Jagdfrevel, welcher selbst gewerbsmäßig gehandelt hat, ist aus § 276 StGB. zu bestrafen, sollte auch der Thäter nicht gewerbsmäßig gehandelt haben.

StGB. §§ 35 [vgl. dort n. 4. 5]. 276.

Erk. (B. I.) v. 7. Okt. 1864 c. Marquardt (810. I. Cr.).

M. war der gewerbsmäßigen unberechtigten Jagdausübung (§§ 274. 276 StGB.), seine Ehefrau der Hehlerei angeklagt; beide waren in 1. Inst. freigesprochen worden. Auf die Appellation des StA.s ward die Ehefrau M. wegen unberechtigter Ausübung der Jagd (§§ 274. 275 l. c.), M. selbst aber wegen Theilnahme an diesem Vergehen durch Hülfeleistung bestraft; davon ob die Handlung des M. gewerbsmäßig geschehen sei, enthält die Feststellung Nichts. Auf die NB. des OStA.s ist dieses Erk. in Betr. des M. vernichtet und die Sache an das AG. zurückverwiesen worden. Gründe:

Die Anklage und auch das fernere Verfahren der StA.-schaft hatte die Strafbarkeit des ꝛc. M. auf den erschwerenden Umstand der Gewerbsmäßigkeit seiner Handlungsweise gestützt, und deshalb den § 276 StGB. angewendet wissen wollen. Obschon nun der App.-Richter selbst bemerkt, daß der Angeklagte viele Jahre hindurch den Wilddiebstahl gewerbsmäßig betrieben, hat er dennoch bei der thatsächlichen Feststellung, so wie bei der Strafabmessung, diesen Umstand außer Acht gelassen. Wahrscheinlich ist dies in Anbetracht des § 35 l. c. geschehen, welcher bestimmt: „daß auf den Theilnehmer dasselbe Strafgesetz anzuwenden, welches für den Thäter Anwendung findet.“ Allein es ist dabei übersehen, daß, wie bereits Hälschner in seinem System des Pr. Strafrechts 2. S. 334 hervorhebt, „die Strafbarkeit des Urhebers die Norm für die des Gehülfen nur in so weit bildet, als außer Anderem, nicht die Strafbarkeit des Einen oder des Anderen durch subjektive Momente bedingt wird, in Betreff deren Beide zu einander als getrennte und selbstständige Personen in Betracht kommen.“ Es ist daher in jedem Einzelfalle zu prüfen, ob nach der Natur der konkreten Strafthat, unter gewissen Voraussetzungen, bezüglich der Strafbarkeit des Theilnehmers eine, von der des Thäters abweichende, höhere Qualifikation eintreten muß. Bei den Jagdvergehen ist nun eine derartige Annahme ohne Zweifel gerechtfertigt. Nach dem § 276 StGB. wird die Strafbarkeit erhöht, sofern ein gewerbsmäßiges Handeln vorliegt. Eben deshalb ist es aber thatsächlich möglich, daß bei den gedachten Vergehen die Persönlichkeiten des Thäters und des Theilnehmers insoweit sich trennen, daß der Letztere bei seiner Thätigkeit gewerbsmäßig zu Werke gegangen sein kann, während dem dies bei dem ersteren nicht der Fall gewesen ist. Diese Möglichkeit wird rechtlich auch dann nicht ausgeschlossen, wenn der jetzige Theilnehmer früher als Thäter bestraft worden sein sollte, da bei Jagdvergehen in beiderlei Fällen die jedesmalige Willensrichtung nach der Seite der Gewerbsmäßigkeit hin, als specifisch verschieden sich nicht darstellt. Diese Gesichtspunkte hat der App.-Richter rechtsirrthümlich nicht in Betracht gezogen, und so zugleich gegen die Artt. 30. 31 des Ges.s v. 3. Mai 1852 verstoßen, weil er die darauf gerichtete Anklage nicht erschöpft hat.

[20. — 1.]

Disciplinarverfahren. — Rechtsanwalt. — Einleitung. — Einstellung.

Eine durch Beschluß gegen einen [Richter oder] Rechtsanwalt eingeleitete Disciplinar-Untersuchung kann nur durch Erkenntniß zum Austrage gebracht werden, insofern nicht die Staatsanwaltschaft darauf anträgt, den Angeschuldigten außer Verfolgung zu setzen.

Disc.-Ges. v. 7. Mai 1851 § 28.

Beschl. (I. Civ.-Sen.) v. 7. Okt. 1864 c. Rechtsanw. B. (383. B. D. I.).

Gegen den Rechtsanw. B. hatte das betr. AG. die Disciplinaruntersuchung eingeleitet und dieselbe an sich gezogen. Nach stattgehabter Voruntersuchung beantragte die StA.-schaft die Sache zur mündlichen Verhandlung zu verweisen, das AG. hat aber diesen Antrag aus materiellen Gründen abgelehnt. Dieser Beschluß ist vom OTr. auf die Beschwerde des OStA.s aufgehoben worden. Gründe:

Nachdem gegen den JR. B. mittelst Beschlusses v. ꝛc. die Discipl.-Unters. einmal eingeleitet war, konnte das Verfahren auch nur mittelst Erkenntnisses, sei es nun durch die Freisprechung des Angeschuldigten, oder durch dessen Verurtheilung zu irgend einer Strafe im geordneten Wege zum Austrag gebracht werden. Von dieser allgemeinen Regel gestattet der erste Absatz des § 28 des Ges.s v. 7. Mai 1851:

> Trägt die StA.-schaft darauf an, den Angeschuldigten gänzlich außer Verfolgung zu setzen, so giebt das Gericht, insoweit es diese Ansicht theilt, dem Antrage statt und ertheilt dem Angeschuldigten Ausfertigung des darauf bezüglichen, mit Gründen zu unterstützenden Beschlusses, welcher die Wirkung eines rechtskräftigen Urtels hat,

nur dann eine Ausnahme, wenn die StA.-schaft darauf anträgt, den Angeschuldigten außer Verfolgung zu setzen und das Gericht diese Ansicht theilt. Jene erstere Voraussetzung trifft nun hier nicht zu; einen Antrag, den JR. B. gänzlich außer Verfolgung zu setzen, hat der OStA. keineswegs gestellt, vielmehr beantragte er, die Sache gemäß § 28 l. c. zur mündlichen Verhandluug zu verweisen, also über die Schuld oder Unschuld des Angekl. durch Erkenntniß zu entscheiden. Hiermit im Widerspruche, und einseitig gegen den Antrag der StA.-schaft durfte das ꝛc. die einmal eingeleitete Discipl.-Unters. nicht mehr in der Weise, wie es mittelst Beschlusses v. ꝛc. geschehen, beendigen.

Unmittelbar an den oben extrahirten ersten Absatz des § 28 a. a. O. schließt sich nämlich dessen weitere hier maaßgebende Bestimmung dahin an:

> Wird die Sache nicht auf diese Weise erledigt, so verweist das Disciplinar-Gericht dieselbe wegen aller Anschuldigungspunkte, die im Einleitungs-Beschlusse erwähnt oder in der Voruntersuchung erörtert sind, zur mündlichen Verhandlung.

Dieser letztern Vorschrift gemäß hat das ꝛc. daher, unter Aufhebung seines Ablehnungs-Beschlusses v. ꝛc., zu verfahren. [— 4.]

Verjährung. — Uebertretung. — Polizeivorschrift.

Die im § 339 StGB. bestimmte Verjährungsfrist bezieht sich nur auf Uebertretungen im Sinne des § 1 l. c., nicht also auf die mit höheren Strafen bedrohten Zuwiderhandlungen gegen Polizeivorschriften.

StGB. § 339 [dort einzutr. als n. 3a].

Erk. (Z. I.) v. 12. Okt. 1864 c. Wohlgemuth (884. I. Cr.).

In der Bd. 4. S. 350 erwähnten Sache hatte der Angeklagte gegen das verurtheilende neue Urtheil des AG.s die NB. ergriffen und geltend gemacht, daß, da nach den Gründen des l. c. abgedruckten Erkenntnisses die Vorschrift des § 71 des Ges.s v. 23. Juli 1847 lediglich den Charakter einer im Interesse der öffentlichen Ordnung gegebenen Polizeivorschrift habe und die Ueberschreitung des betr. Verbots nach wie vor die Uebertretung einer Polizeivorschrift bleibe," — auch die Verjährung des § 339 StGB. Platz greifen müsse. Zurückweisung. Gründe:

Obgleich § 71 des Ges.s v. 23. Juli 1847 materiell nur eine Polizeivorschrift ist, auf welche in Bezug auf Dolus, Culpa u. s. w. die Grundsätze von Polizeiübertretungen Anwendung finden, so ist doch formell die darin verbotene Handlung ein Vergehen, weil die angedrohete Strafe bis zu 300 Thlrn. Geldbuße geht. Da nun der § 1 StGB. den Begriff von Verbrechen, Vergehen und Uebertretungen in Verbindung mit Art. VIII. des Einf.-Ges.s lediglich der Art und dem Maaße der gesetzlich angedrohten Strafen abhängig macht, und der dritte Titel des StGB.s, in welchem sich auch der § 339 befindet, nur von den formellen Uebertretungen, d. h. von solchen Handlungen spricht, die mit keiner höheren Strafe als 50 Thlrn. Geldbuße oder 6 Wochen Gefängniß bedroht sind, so kann auch auf Handlungen, deren Strafe höher ist, der § 339 keine Anwendung finden, wie solches auch schon vom OTr. in einem ähnlichen Falle durch das im JMBl. S. 269 abgedruckte Erk. v. 5. April 1854 bezüglich des im § 177 der Gew.-Ordn. vorgesehenen Vergehens, welches materiell auch nur eine Polizeivorschrift enthält, ausgesprochen worden ist.

Antr. des GStA.s: gleichl. [28.—4.]

---

1. 2. Anordnungen der Obrigkeit. — Aussetzen dem Hasse. — Individuelle Bezeichnung. — Richterliche Entscheidung.
3. Richterliche Ueberzeugung. — Beweislast.
4. Redakteur. — Beweislast.
5. Preßvergehen. — Untersagung des Gewerbebetriebs.

1. Die Anwendbarkeit des § 101 StGB. ist nicht dadurch bedingt, daß individuell bestimmte obrigkeitliche Behörden bezeichnet worden sind.

StGB. § 101 [vgl. dort n. 5].

2. Richterliche Entscheidungen sind als Anordnungen der Obrigkeit im Sinne des cit. § 101 anzusehen.

StGB. § 101 [dort einzutr. als n. 12a].

3. Hat der Staatsanwalt gegen ein wegen nicht geführten Beweises freisprechendes Erkenntniß appellirt und geltend gemacht, daß für

die betr. Thatsache eine gesetzliche Vermuthung spreche, welche zu widerlegen Sache des Angeklagten sei, so muß der App.-Richter diese Aufstellung prüfen, er kann die Appellation nicht aus dem Grunde zurückweisen, weil der Richter die Schuldfrage lediglich nach seiner Ueberzeugung zu entscheiden habe.

Vdn. v. 3. Jan. 1849 § 22 [dort einzutr. als n. 72a].

4. Der Redakteur einer kautionspflichtigen Blattes haftet für den Inhalt des Blattes als Thäter oder Theilnehmer, insofern er nicht nachweist, daß er diesen Inhalt vor der Veröffentlichung nicht gekannt habe.

Preßges. v. 12. Mai 1851 § 37; vgl. RdOTr. 4. S. 279.

5. Auf den Verlust der Befugniß zum Gewerbebetriebe ist in den geeigneten Fällen mit Nothwendigkeit zu erkennen, sollte auch inzwischen dieser Verlust durch ein anderes rechtskräftiges Erkenntniß ausgesprochen worden sein.

Ebendas. § 54. Vgl. oben S. 25.

Erk. (Z. B. I.) v. 12. Okt. 1864 c. Thiele (887. I. Cr.).

Th. war angeklagt worden, sich durch Aufnahme zweier Artikel in die von ihm redigirte kautionspflichtige Zeitung der Theilnahme an den in den §§ 75 und 101 StGB. vorgesehenen Vergehen schuldig gemacht zu haben. Das Gericht 1. Inst. nahm zwar an, daß jene Artikel objektiv den Thatbestand jener Vergehen enthielten, sprach aber doch von jener Anklage frei, weil der dem Angeklagten zu führende Beweis, daß er vor der Veröffentlichung Kenntniß von jenem strafbaren Inhalte gehabt habe, nicht erbracht sei, und strafte nur aus § 37 des Preßgesetzes. Sowohl Th. als die StA.-schaft appellirten, die letztere namentlich auch aus dem Grunde, weil nach dem Erkenntnisse des OTr.s v. 8. Jan. 1864 (RdOTr. 4. S. 279), die Beweislast in Betreff jener Kenntniß nicht dem StA., sondern dem Angeklagten selbst obliege, und weil nicht auf den Verlust der Befugniß zum Gewerbebetriebe erkannt sei, obgleich die Voraussetzungen des § 54 des Preßges.s vorlägen. Das AG. bestätigte indessen das 1. Urtheil. Dasselbe erwog u. A.: „möge man annehmen: der Anklage liege der Beweis der Schuld ob, oder auch: es stehe dem Angeklagten die diesfällige gesetzliche Vermuthung entgegen, so sei doch als maaßgebend zu erachten, daß der erkennende Richter nach § 22 der Vdn. v. 3. Jan. 1849 die Schuldfrage lediglich nach seiner freien Ueberzeugung zu entscheiden habe; hier habe der 1. Richter nur den Thatbestand des § 37 des Preßges.s festgestellt, wogegen kein Bedenken obwalte;" — auf den Verlust der Befugniß zum Gewerbebetriebe sei nicht mehr zu erkennen, weil diese dem Angeklagten bereits anderweitig rechtskräftig aberkannt sei. Sowohl der Angeklagte als der OStA. ergriffen die NB., die des erstern ward zurückgewiesen, auf die des letzteren dagegen erfolgte Vernichtung und Zurückverweisung der Sache an das AG. Gründe:

Der § 101 StGB. setzt nicht, wie der Angeklagte meint, zu seiner Anwendung nothwendig voraus, daß individuell bestimmte obrigkeitliche Behörden bezeichnet worden, und gerade hierin unterscheidet er sich wesentlich von dem im § 102 StGB. vorgesehenen Vergehen, welches allerdings davon abhängig ist, daß eine physische Person in ihrer Individualität beleidigt worden sein muß. Eine Analogie hieraus für den § 101 l. c. herzuleiten, ist daher unstatthaft, und das von der NB. herangezogene Erkenntniß des Kgl. OTr.s v. 6. Juli 1863 ohne Einfluß auf die gegenwärtige Frage, da es sich damals nur um die Erfordernisse des § 102 l. c. handelte.

Endlich irrt der Angeklagte seinerseits, wenn er richterliche Entscheidungen nicht als Anordnungen der Obrigkeit im Sinne des § 101 l. c. angesehen wissen will. Der Wortlaut und der Sinn des Gesetzes, sowie die Bedeutung des Begriffs einer „Obrigkeit" stehen dem entgegen, auch streitet dawider die eigene Ausführung der NB. hinsichts des Begriffs einer „obrigkeitlichen Anordnung," weil ein gerichtliches Erkenntniß ganz eigentlich einen positiven Zustand schafft, dem Gehorsam geleistet werden muß. Unter diesen Umständen kann es dahingestellt bleiben, ob und in wie weit die Maaßnahmen der Kgl. StA.-schaft als Anordnungen einer Obrigkeit zu betrachten sein mögen.

Dagegen ist die NB. der StA.-schaft nach beiden Richtungen hin begründet.

1) Der erste Richter ging von der Ansicht aus, daß

die Beweislast der Anklage obliege, und da ein Nachweis gegen den Angeklagten hinsichtlich seiner Theilnehmerschaft nicht erbracht sei, so müsse in dieser Beziehung Freisprechung erfolgen. Dagegen richtete sich die Appellationsbeschwerde der StA.-schaft und behauptete, daß gegen den Angeklagten als Redakteur die gesetzliche Präsumtion spreche. Für die eine oder die andere Ansicht mußte sich demzufolge der App.-Richter bestimmt aussprechen, weil davon die Frage abhing, ob eine fernerweitige Prüfung des Beweisresultats nach einer der beiden Richtungen hin erforderlich war. Statt dessen hat er die Lösung der zur Entscheidung gebrachten Auslegungen des § 37 des Preßges.s dahin gestellt sein lassen, und sich auf den § 22 der Vdn. v. 3. Jan. 1849 berufen, nach welchem dem erkennenden Richter obliege, seiner freien Ueberzeugung gemäß zu urtheilen. Dieser Ausweg ist offenbar nicht ausreichend, da der allegirte § 22 l. c. den erkennenden Richter verpflichtet, die Gründe, aus denen er seine Ueberzeugung gewonnen hat, anzugeben, damit erforderlichenfalls in der höheren Instanz beurtheilt werden kann, ob etwa Rechtsirrthümer dabei vorgekommen sind. Damit stimmt sodann der Art. 31 des Ges.s v. 9. Mai 1852 überein. Zu diesen Fundamenten der Entscheidung wird sich in einzelnen Fällen allerdings auch die Vorfrage anschließen, wem die etwaige Beweislast obliege, und obschon der Richter demnächst nicht daran gebunden sein wird, ob und in wie weit die eine oder die andere Partei den ihr obliegenden Beweis wirklich geführt hat, er vielmehr auch für berechtigt zu erachten ist, anderweitig seine Ueberzeugung zu schöpfen, so kann er sich doch nicht entbrechen, eine Beurtheilung für die im Laufe der Untersuchung aufgestellte und motivirte Behauptung, daß der vom Gesetz erforderte Nachweis vorhanden sei, eintreten zu lassen. Im vorliegenden Falle konnte sich daher der App.-Richter nicht damit behelfen, daß er auf die Erwägungsgründe des ersten Richters hinwies, die ja eben von der in zweiter Instanz als unrichtig bezeichneten Rechtsanschauung ausgingen. Er hat daher rechtlich geirrt, wenn er ohne Weiteres die angefochtene thatsächliche Feststellung erster Instanz für unbedenklich erklärte, und zwar um so mehr, als er, obschon nicht ganz direkt, doch durchblicken läßt, daß er hinsichts der in Frage stehenden Beweislast dem ersten Richter beitrete, indem er bemerkt, daß das Preßgesetz mit ausdrücklichen Worten die Beweislast dem Angeklagten in dem gegebenen Falle nicht auferlege, eine Ansicht, die nach dem Erkenntnisse des Kgl. OTr.s v. 8. Jan. 1864 c. Holdheim [RdOTr. 4. S. 279], unrichtig ist. Der § 37 des Preßges.s und der § 22 der Vdn. v. 3. Jan. 1849 erscheinen deshalb verletzt.

2) Aber auch der Vorwurf der Verletzung des § 54 des Preßges.s ist zutreffend. Der App.-Richter hat festgestellt, daß der Angeklagte jetzt innerhalb 5 Jahre zum dritten Male wegen Preßvergehens verurtheilt wird. Hiernach mußte in Folge des allegirten Gesetzes auf Verlust des Gewerbebetriebes als Zeitungsverkäufer erkannt werden, da, wie bereits in einer ganz gleichen Untersuchung wider denselben Angeklagten durch das Erkenntniß des Kgl. OTr.s v. 24. Juni 1864 [oben S. 25] ausgeführt ist, die volle von dem Gesetz angedrohte Strafe, also auch der Gewerbeverlust für jede That auszusprechen ist, welche damit bedroht worden, wenn nicht etwa ausdückliche Ausnahmen Platz greifen, die hier nicht vorliegen. Dort ist auch des Nähern ausgeführt, daß die Frage, ob und in wie weit die Vollstreckung eines Urtheils mit der eines andern über eine andere strafbare That der nämlichen Person zusammenfallen und insofern eine besondere Wirkung nicht äußern werde, wenn eben nicht spezielle Gesetze darüber sich aussprechen, bei Fällung der Entscheidung außer Betracht bleiben muß.

[20. — 4.]

Presse. — Zeitung. — Verleger. — Nachweis des Herausgebers. — Uebernommener Artikel.

Wenn ein Zeitungsartikel successive in mehrere Blätter übergeht, so ist in Betreff der späteren Veröffentlichungen nicht derjenige als Herausgeber im Sinne des § 35 des Preßges.s anzusehen, welcher denselben dem ersten Blatte zugeführt hat, vielmehr ist in Betreff jeder Veröffentlichung derjenige der Herausgeber, welcher dieselbe veranlaßt hat.

Preßges. v. 12. Mai 1851 § 35. Vgl. RdOTr. 3. S. 503; 4. S. 371; 5. S. 169.

Erk. (Z. I.) v. 12. Okt. 1864 c. Longrien (972. I. Cr.).

In der Bd. 4. S. 371 mitgetheilten Sache erbot der Angeklagte L. bei der erneuerten Verhandlung 2. Inst. Beweis, daß der inkriminirte Artikel aus einer andern Zeitung, dem E. A., in den von ihm redigirten K. T aufgenommen worden sei. Das AG. lehnte indessen diesen Beweisantrag ab, weil in jedem Falle bei einem Artikel nur ein Herausgeber möglich und der Angeklagte diesen nachzuweisen verpflichtet gewesen sei. Gegen das aus § 35 des Preßges.s verurtheilende Erkenntniß ergriff L. die NB. und focht u. A. die vorstehende Erwägung an: „werde ein bereits veröffentlichter Artikel in einem andern Blatte wiederholt abgedruckt, so sei derjenige für den Herausgeber zu erachten, welcher diesen Wiederabdruck veranlasse; der Verleger genüge seiner Pflicht, wenn er diesen nachweise; er, L., habe dieser Pflicht durch Benennung des Redakteurs M. genügt. Das OTr. hat die NB. zurückgewiesen. Gründe:

Zugegeben mag werden, daß der App.-Richter darin zu weit geht, wenn er den Satz ganz allgemein hinstellt, daß an einem, gleichviel wie oft nachgedruckten Artikel immer nur ein Herausgeber möglich und dafür ausschließlich derjenige zu erachten sei, der ihn der ersten Zeitschrift zugeführt und in dieser dessen Abdruck herbeigeführt hat, denn so gut wie jede andere Druckschrift nicht bloß einmal, sondern beliebig oft herausgegeben werden kann, wie solches mit den Werken längst verstorbener Verfasser, von denen kein Verlagsrecht mehr existirt, täglich geschieht, in welchem

Falle jede neue Ausgabe desselben Werks auch ihren besonderen Herausgeber hat, so gut würde solches auch bei einzelnen Zeitungsartikeln als möglich gedacht werden können. — Im vorliegenden Falle ist jedoch die entgegengesetzte Ansicht des App.-Richters auf die Entscheidung der Hauptsache von keinem Einflusse. Denn immer war es Sache des Angeklagten, wenn er sich damit schützen wollte, daß der inkriminirte Artikel aus einer anderen inländischen Zeitschrift wörtlich abgedruckt worden sei, dieses bei seiner ersten gerichtlichen Vernehmung nicht nur ausdrücklich zu erwähnen, sondern auch durch Vorlegung eines Exemplars des betreffenden Blattes nachzuweisen, um dadurch dem Richter nöthigenfalls ein Zurückgehen auf dieses Blatt zu ermöglichen. Hierin ändert es auch nichts, daß sich der vorliegende inkriminirte Artikel des „K— Telegraphen" selbst als aus dem „E— Anzeiger" entnommen ankündigt, weil diese Ankündigung für sich allein einen Beweis dieser Thatsache noch nicht liefert. Ebensowenig kann es etwas ändern, daß der Angeklagte noch im Audienztermine zweiter Instanz den Beweis darüber angetreten hat, daß der inkriminirte Artikel wörtlich aus dem E— Anzeiger entnommen sei. Denn wenn dieser Beweis die Stelle des Nachweises des Verfassers oder (des ursprünglichen) Herausgebers vertreten soll, so muß ihn der Verleger nach § 35 des Preßges.s gleich bei seiner ersten gerichtlichen Vernehmung führen.

Antr. des GStA.s: Zurückweisung der NB. [28. 4.]

Presse. — Zeitung. — Herausgeber. — Redakteur.

In Betreff eines Zeitungsartikels ist nicht der Redakteur als solcher, sondern derjenige als Herausgeber im Sinne des § 35 des Preßges.s anzusehen, welcher denselben der Zeitung zum Zwecke des Abdrucks zugeführt oder dessen Abdruck veranlaßt hat.

Vgl. RdOTr. 3. S. 503; 4. S. 371; 5. S. 168.

Erk. (Z. I.) v. 12. Okt. 1864 c. Hartung (981. I. Cr.).

Die H—sche Zeitung hatte einen für strafbar erachteten Artikel gebracht; der Verleger H. war deshalb aus § 35 Preßges.s angeklagt worden, weil er bei seiner ersten Vernehmung nicht den Verfasser oder Herausgeber jenes Artikels nachgewiesen, vielmehr unter Hinweis auf die bekannte Persönlichkeit des Redakteurs seine Verpflichtung dazu bestritten hatte. Beide Instanzgerichte hatten freigesprochen, weil bei kautionspflichtigen Zeitungen der Redakteur der Gesammtherausgeber aller abgedruckten Artikel sei. Auf die NB. des OStA.s hatte indessen das OTr. am 16. März 1864 aus den im Erk. v. 22. Febr. ej. (RdOTr. 4. S. 371) entwickelten Gründen das Erkenntniß 2. Inst. vernichtet und die Sache an das AG. zurückverwiesen. Hier verurtheilt, ergriff H. die NB. und suchte die vom AG. adoptirte Ansicht des OTr.s zu widerlegen. Zurückweisung. Gründe:

In dieser Beziehung ist lediglich auf die Gründe des angefochtenen OTr.s-Urtheils, welches inzwischen in G. A. 12. S. 275 ff. [RdOTr. 4. S. 371] abgedruckt ist, und in welchem die angeregten Fragen, soweit sie im vorliegenden Falle zu entscheiden waren, ausführlich erörtert worden sind, zu verweisen. Weiter sucht dann der Implorant auszuführen, daß unter einer Druckschrift im Sinne des § 35 des Preßges.s bei Zeitungen nicht ein einzelner Artikel, sondern immer nur das ganze, jedesmal erscheinende Blatt zu verstehen sei. Dieser Einwand trifft nicht zu. Denn Druckschrift heißt nichts anderes als eine gedruckte Schrift, in deren Begriff es nichts ändert, ob sie allein oder mit andern zusammen das Blatt einer Zeitung ausfüllt. Ebensowenig zutreffend ist es, daß nach der Meinung des Imploranten, wenn dieser Satz richtig wäre, jeder einzelne in dem Blatt einer Zeitung abgedruckte Artikel besonders mit dem Namen des Druckers und des Verlegers versehen sein müßte. Denn der Mechanismus der periodischen Presse bringt es mit sich, daß ein einzelnes Zeitungsblatt, mag sein Inhalt auch von mehreren Herausgebern herrühren, doch nur von Einem gedruckt und verlegt werden kann.

Antr. des GStA.s: gleichl. [28.—4.]

Diebstahl. — Einfriedigung. — Feldpolizeiordnung.

Im Falle der Beschädigung einer ländlichen Einfriedigung bleibt § 43 Nr. 1 der FPO. auch dann anwendbar, wenn sich an die Handlung eine Wegnahme in der Absicht rechtswidriger Zueignung anschließt; die Diebstahlsstrafe greift nur dann Platz, wenn eine gewinnsüchtige Absicht obwaltete.

FPO. v. 1. Nov. 1847 § 43 Nr. 1; StGB. § 215 [dort einzutr. als n. 79a].

Erk. (B. II.) v. 13. Okt. 1864 c. Uphoff (279. II. Cr.).

U. war aus § 216 StGB. bestraft worden, weil er „— — dem 2c. L. aus der Einfriedigung auf seinem Hofe 4 tannene Stangen in der Absicht rechtswidriger Zueignung weggenommen" hatte. Auf seine NB. erfolgte Vernichtung und Zurückverweisung der Sache an das AG. Gründe:

Die getroffene Feststellung rechtfertigt die Anwendung dieses § nicht, und wenn der App.-Richter die von der StA.-schaft beantragten Ermittelungen darüber, ob die faktischen Voraussetzungen der FPO. von 1847 vorhanden seien, aus dem Grunde abgelehnt hat, weil der angerufene § 43 Nr. 1 (Fassung von 1856) daselbst ausdrücklich das Zerstören oder die Beschädigung der Einfriedigungen bestraft wissen wolle, also eine hierauf gerichtete Absicht des Thäters voraussetze, während im gegenwärtigen Falle die Absicht rechtswidriger Zueignung festgestellt sei, so zeigt dies gerade den Rechtsirrthum, aus welchem seine mangelhafte Feststellung hervorgegangen ist. Unzweifelhaft wird nämlich die Anwendung des § 43 Nr. 1 der FPO. schon durch die Beschädigung und Zerstörung einer ländlichen Einfriedigung, und noch gewisser begründet, wenn die Absicht darauf gerichtet gewesen ist; allein die Anwendung des fraglichen § wird keineswegs dadurch ausgeschlossen, daß die Zerstörung oder Beschädigung mit einer Wegnahme der zur Einfriedigung dienenden Gegenstände verbunden, und diese in der Absicht rechtswidriger Zueignung stattgefunden hat. Dem

Bestimmungsgrunde zur Handlung ist allerdings Rechnung getragen. Geschieht die Zerstörung oder Beschädigung aus Bosheit oder Rache, so tritt die Bestimmung des § 282 StGB. ein. Allein, wenn ein solches Motiv nicht vorliegt, und sich der allerdings absichtlichen Handlung der Zerstörung oder Beschädigung die Wegnahme in der Absicht rechtswidriger Zueignung anschließt, so will auch das Gesetz eine solche Wegnahme und Zueignung nicht ohne Weiteres als Diebstahl angesehen wissen, da es im Anschluß an die gewöhnlichen Auffassungen des Lebens bei dergleichen Gegenständen noch keineswegs die an sich zum Begriff des Diebstahls erforderliche, und bei der rechtswidrigen Zueignung präsumirte gewinnsüchtige Absicht unterstellt. Es soll vielmehr zur Anwendung der Diebstahlsstrafe die ausdrückliche Feststellung der gewinnsüchtigen Absicht nothwendig sein.

Dies ist die unzweideutige Bestimmung des § 45 der FPO. in der Fassung des Ges.s v. 13. Apr. 1856. Ihr Sinn ist um so unzweifelhafter, als bereits unter der Herrschaft der FPO. von 1847 die Rechtsprechung des Kgl. OTr.s dahin ging, daß die unter Nr. 2 und 3 des § 43 daselbst vorgesehenen Fälle auch dann vorlägen, wenn das Abhauen, Beschädigen, Zerstören, Abbrechen ꝛc. in diebischer Absicht vorgenommen worden sei, und nunmehr zur Beseitigung jenes Zweifels der Abs. 2 in dem § 43 der FPO. von 1856 aufgenommen worden ist, worin jedenfalls die Feststellung der gewinnsüchtigen Absicht zur Anwendung der Diebstahlsstrafe gefordert wird. In gleichem Sinne hat sich denn auch das Kgl. Ober-Tribunal in dem Urtheile v. 13. Juli 1860 (G. A. 8. S. 699) und v. 12. Dez. 1862 (G. A. 11. S. 121) ausgesprochen.

Antr. des GStA.s: gleichl. [27.—2.]

1. Rheinisches Verfahren. — Geschworner. — Gewerberichter.

2. Id. — Zeuge. — Verwandter. — Diskretionäre Gewalt.

1. Die Mitglieder eines Gewerbegerichts sind nicht „Richter" im Sinne des Art. 384 der Rh. StPO., und daher nicht unfähig als Geschworne zu fungiren.

2. Zur Ablegung eines eidlichen Zeugnisses unfähige nahe Verwandte können des Widerspruchs der Angeklagten ungeachtet vom Präsidenten auf den Grund seiner diskretionären Gewalt uneidlich vernommen werden.

Rh. StPO. Artt. 322. 268. Vgl. oben S. 158.

Erk. (Z. II.) v. 13. Okt. 1864 c. Thelmann (326. II. Cr.).

Verwerfung des Kass.-Rekurses des Angeklagten. Erwogen ward:

daß dem Geschwornen Kaufmann E. J. aus C. weder in dem dem Angeklagten insinuirten Geschwornen-Verzeichnisse noch in dem Audienz-Protokolle die Eigenschaft des Präsidenten des Gewerbegerichts in C. beigelegt ist, daß aber auch, wenn dies der Fall wäre, der genannte Geschworne dennoch im Sinne des Art. 384 der StPO. nicht den Richtern beigezählt und als solcher zur Ausübung der Funktionen eines Geschwornen für gesetzlich unfähig erachtet werden könnte, da nach der AKO. v. 7. Aug. 1846 die conseils de prudhommes fernerhin zwar den Namen Kgl. Gewerbegerichte führen, hierbei aber der Beruf dieser Behörde nach wie vor wesentlich derselbe geblieben ist, und die Wahrnehmung dieses Berufes jene Gewohnheit im Rechtsprechen nicht voraussetzt, worin bei dem eigentlichen Richter der gesetzliche Grund seiner Ausschließung von den Funktionen eines Geschwornen zu finden ist;

In Erw., daß nach der Bestimmung des Art. 322 Nr. 5 der StPO. die Deposition der Ehefrau des Angeklagten bei Verhandlung der Sache nicht entgegen genommen werden kann;

daß diese Bestimmung, in Verbindung mit dem Zusatz, daß die erfolgte Vernehmung jedoch dann, wenn sich derselben weder das öffentliche Ministerium, noch die Civilpartei, noch der Angeklagte widersetzt haben, eine Nichtigkeit nicht bewirke, auch den Schluß begründet, daß die Nichtigkeit allerdings dann als vorhanden anzunehmen ist, wenn die Vernehmung der Ehefrau des Angeklagten, ungeachtet des Einspruchs desselben, stattgefunden hat;

daß die in diesem Falle angedrohte Nichtigkeit des Verfahrens jedoch nur eine, gegen den Einspruch des Angeklagten abgelegte eidliche Zeugenaussage zu ihrem Gegenstande hat;

daß aber in dem vorliegenden Falle die Ehefrau des Angeklagten durch den Assisen-Präsidenten uneidlich vernommen worden ist, und zwar unter ausdrücklicher Berufung desselben auf die ihm durch den Art. 268 l. c. beigelegte diskretionäre Gewalt und mit der an die Geschwornen gerichteten Erklärung „daß die Aussage der Ehefrau Th. als eine eigentliche Zeugenaussage nicht anzusehen sei, daß er ihnen vielmehr lediglich überlassen müsse, welches Gewicht sie darauf legen wollten;"

daß in der, in dieser Weise erfolgten, uneidlichen Vernehmung der Ehefrau Th. des Einspruchs dieses Angeklagten ungeachtet, weder eine Verletzung des Art. 322 der StPO., noch auch eine Ueberschreitung der dem Assisen-Präsidenten in dem Art. 268 ib. anvertrauten diskretionären Gewalt vorliegt.

Antr. des GStA.s: gleichl. [11. — 2.]

Polizeiverordnung. — Strafandrohung. — Uebermaaß. — Gültigkeit.

Eine Polizeiverordnung, welche eine das zulässige Maaß übersteigende Strafe androht, ist deshalb nicht ungültig; die Strafe muß nur auf das zulässige Maaß herabgesetzt werden.

Ges. v. 11. März 1850 §§ 5. 11; StGB. § 332 [vgl. dort n. 43. 45].

Sic: B. I. 14. Okt. 1864 c. Müller, 831.

Erk. (B. I.) v. 14. Okt. 1864 c. Röhricht (751. I. Cr.).

Die Regierung zu K. hatte unter dem 28. Jan. 1863 über das Ansammeln und den Verkauf von Waffen eine Polizeiverordnung erlassen, dabei aber die Strafe nicht speziell bestimmt, vielmehr lediglich auf die Strafvorschrift der §§ 340 Nr. 2 und 345 Nr. 3 StGB. hinverwiesen. R. hatte dieser Verordnung dadurch zuwidergehandelt, daß er „zum Zwecke des Handels Waffen empfangen und verkauft habe, ohne die vorgeschriebene Anzeige zu machen;" gleichwohl ward er von der betr. Anklage freigesprochen, weil die cit. Pol.-Vdn. nicht den Anordnungen des Ministers des Innern v. 6. Juni 1850 entspreche, und sonach ungültig sei (Ges. v. 11. März 1850 § 11); es sei nämlich in dieser Vdn. die Strafe nicht innerhalb des zulässigen Betrages von 10 Thlrn. und nicht dergestalt festgesetzt, daß eine bestimmte Summe oder ein Minimum und Maximum oder auch nur das letztere angegeben wäre, sondern sie sei nur durch Bezugnahme auf die §§ 340 Nr. 2 und 345 Nr. 3 StGB. angedeutet, welche beide einen völlig verschiedenen Thatbestand vorsähen. Auf die NB. des OStA.s ist das Erk. des AG.s vernichtet und die Sache in die Rekursinstanz zurückverwiesen worden. Gründe:

Die in Rede stehende Polizei-Vdn. v. ꝛc. enthält theils ein, in dem § 340 Nr. 2 StGB. zu dessen Anwendung vorausgesehenes Verbot, indem sie durch den § 3 das Ansammeln von Waffen und Munition ohne Einschränkung, also auch für Fälle außerhalb des jedesmaligen Gewerbebetriebes, untersagt, theils aber erläßt sie eine Reihe anderer, hiermit nicht in Verbindung stehender Polizei-Vorschriften, die an sich nach dem Ges. v. 11. März 1850 innerhalb der den Bezirks-Regierungen zugewiesenen Kompetenz liegen. Alle diese Fälle ohne Unterschied, ob sie sich an das Strafgesetzbuch anlehnen oder nicht, werden im § 4 l. c. mit der in den §§ 340. 345 StGB. ausgesprochenen Strafe bedroht, welche bis zu einer Geldbuße bis zu 50 Thlrn. resp. bis zu einer Gefängnißstrafe von 6 Wochen reicht. Da der § 11 des Ges.s v. 11. März 1850, resp. die Ministerial-Instruktion v. 6. Juni 1850, den Bezirks-Regierungen nur die Ermächtigung gewährt, Geldstrafen bis zu 10 Thlrn., denen nach § 18 des Ges.s v. 11. März 1850 eine Gefängnißstrafe bis zu 14 Tagen substituirt werden kann, anzudrohen, so frägt es sich in dem vorliegenden Falle lediglich, ob, da diese Bestimmung nicht beachtet worden, die betr. Polizei-Verordnung ihre verbindliche Kraft verloren hat. Diese Frage muß verneint werden. Insofern die Polizei-Verordnung, wie im § 3, wenigstens für gewisse Fälle, das in dem § 340 Nr. 2 vorgesehene Verbot aufstellt, ist die gewählte Strafandrohung ihrer Höhe nach vollkommen gerechtfertigt, wie auch schon das Kgl. OTr. in dem Erk. v. 26. Okt. 1854 c. Graef (G. A. 2. S. 815) entschieden hat, indem da, wo das Gesetz selbst die Strafe bereits bestimmt hat, davon nicht die Rede sein kann, daß die Polizeibehörde ihre Kompetenz überschritten habe. Allein auch hinsichts der übrigen, in der erwähnten Polizeiverordnung enthaltenen Polizeivorschriften, liegt darin allein, daß das Maximum der zulässigen Strafe überschritten worden, noch keine Nichtigkeit der gesammten Verordnung. Allerdings soll die letztere nach dem Reskripte des Ministerii des Innern v. 6. Juni 1850 eine solche Strafe festsetzen, daß innerhalb des zulässigen Betrages von 10 Thlrn. entweder eine bestimmte Summe oder ein Maximum und Minimum, oder auch nur ein Maximum angegeben werde.

Der § 11 des Ges.s v. 11. März 1850 hat zwar ferner bestimmt, daß der Minister des Innern über die Art der Verkündigung, so wie über die Formen, von deren Beobachtung die Gültigkeit derselben abhängt, die erforderliche Anordnung erlasse, und es könnte danach scheinen, als ob die in dem Ministerial-Reskripte enthaltene Anweisung „innerhalb des zulässigen Betrages von 10 Thlrn.“ eine dergestalt bindende sei, daß eine Zuwiderhandlung hiergegen die Ungültigkeit der ganzen Polizeiverordnung nach sich zieht. Allein dies Bedenken erledigt sich dadurch, daß die eben hervorgehobene Anweisung keine Vorschrift über die zu beobachtende Form enthält, sondern lediglich das wiederholt, was bezüglich der Höhe der festzusetzenden Strafe im Allgemeinen, das Ges. v. 11. März 1850 bereits selbst ausgesprochen hat, mithin einer ministeriellen Instruktion gar nicht unterworfen war. Andererseits läßt aber das allegirte Gesetz nirgends erkennen, daß die Gültigkeit der ganzen bezüglichen Polizeiverordnung davon abhängig sein soll, daß bei der Strafandrohung die vorgeschriebenen Grenzen nicht überschritten worden sind, und es steht deshalb dem Nichts entgegen, daß in Fällen der vorliegenden Art das Strafmaaß auf die gesetzlich zulässige Höhe zurückgeführt wird. Denn da die Polizeiverordnung v. ꝛc. durch Hinweis auf die §§ 340. 345 StGB. eine Strafe bis zu 50 Thlrn. ohne Unterschied der Fälle festsetzt, so enthält sie, wie die Ministerial-Instruktion v. 6. Juni 1850 verlangt, ein Maximum, und dieses umfaßt wieder jedenfalls die von dem Gesetz zugelassene Höhe von 10 Thlrn., so daß über den Umfang der dem Angeschuldigten im schlimmsten Falle aufzuerlegenden Strafe kein Zweifel obwalten kann.

Antr. des GStA.s: gleichl. [20.—1.]

---

1. Nichtigkeitsbeschwerde. — Staatsanwalt. — Geschwornenspruch.

2. Geschwornenspruch. — Angabe der Stimmenzahl.

1. Dem Staatsanwalt steht ungeachtet eines auf „nicht schuldig" lautenden Geschwornenspruchs die Nichtigkeitsbeschwerde zu, insoweit gerade die Existenz eines formgerechten und deutlichen Spruchs bestritten wird.

Ges. v. 3. Mai 1852 Art. 109 [vgl. dort n. 14]. Vgl. RdOTr. 2. S. 530.

2. Die Angabe der Stimmenzahl macht einen Geschwornenspruch nicht nichtig.

Ges. v. 3. Mai 1852 Art. 93 [vgl. dort n. 7]. Vgl. RdOTr. 2. S. 117; 4. S. 224.

Erk. (Z. I.) v. 14. Okt. 1864 c. Jentsch (922. I. Cr.).

Die Geschwornen hatten die ihnen vorgelegte Frage dahin beantwortet: „Nein, der Angeklagte ist nicht schuldig, mit sieben gegen fünf Stimmen." Demgemäß sprach der GH. in Uebereinstimmung mit dem Antrage des StA.s frei. Gleichwohl ergriff der letztere die NB. und suchte auszuführen, der Spruch sei nichtig und undeutlich; wogegen der Angeklagte die Unstatthaftigkeit der NB. des StA.s geltend machte. Zurückweisung. Gründe:

Die formelle Zulässigkeit der NB. kann zwar mit Art. 109 des Ges.s v. 3. Mai 1852 nicht angefochten werden, da dieser Artikel im Abs. 2, wie mehrmal vom OTr. ausgeführt worden ist, die Existenz eines der Form nach rechtsbeständigen und dem Inhalte nach deutlichen Spruches der Geschwornen, daß Angeklagter nicht schuldig sei, voraussetzt, die gegenwärtige NB. aber gerade das Dasein eines solchen Wahrspruches bestreitet; allein die Gründe, womit dies geschieht, sind in der That hinfällig. Denn obgleich die Bezeichnung der Stimmenzahl bei der Antwort der Geschwornen nach Art. 92 des genannten Gesetzes unnöthig war, weil Stimmengleichheit die Freisprechung des Angeklagten nach sich zog, so läßt sich daraus doch keine formelle Nichtigkeit des Verdikts herleiten, da der Schlußsatz des Art. 93 das. die Angabe der Stimmenzahl nicht bei Strafe der Nichtigkeit verbietet, auch dieses Verbot für eine, das Wesen des Schuldspruches im Sinne des ersten Satzes des Art. 93 und des Art. 108 berührende Vorschrift oder für einen wesentlichen Grundsatz des Verfahrens nicht angesehen werden kann, und Art. 93 seinem ganzen Inhalte nach nur Aussprüche, „durch welche eine Frage zum Nachtheile des Angeklagten beantwortet wird," zum Gegenstande hat, indem bei solchen die Stimmenzahl in dem durch den ersten Satz normirten Maaße ausgedrückt werden soll, im Uebrigen, d. h. über dasselbe hinaus, jedoch nicht.

Antr. des OStA.s: gleichl. [23. — 1.]

Thierarzt. — Gewerbebetrieb. — Umherziehen. — Gewerbesteuer. — Gewerbeschein.

1. Ein approbirter Thierarzt ist, auch wenn er seine Praxis im Umherziehen ausübt, zur Entrichtung einer Gewerbesteuer nicht verpflichtet und bedarf keines Gewerbescheins. Das gilt

selbst dann, wenn er bei seinen Kuren die nöthigen Medikamente selbst verabreicht.

Gew.-Steuer-Ges. v. 30. Mai 1820 § 2; Hausi.-Regul. v. 28. Apr. 1824 § 6.

2. In einem solchen Falle bleibt auch § 345 Nr. 2 StGB. außer Anwendung, möchte auch ein verabreichtes Medikament Gift enthalten.

StGB. § 345 Nr. 2 [dort einzutr. als n. 15a].

Erk. (B. I.) v. 19. Okt. 1864 c. Ernst (814. I. Cr.).

Der Thierarzt E. war wegen „unbefugten Gewerbebetriebs durch Ausübung der thierärztlichen Praxis und des Handels mit Medikamenten im Umherziehen und wegen verbotenen Verkaufs von Gift, welches in den gedachten Medikamenten enthalten gewesen," verurtheilt worden. Auf seine NB. ist das app.-gerichtliche Erkenntniß vernichtet und auf Freisprechung erkannt worden. Gründe:

Der Angeklagte hat, nachdem er die für Thierärzte zweiter Klasse vorgeschriebenen Staatsprüfungen bestanden, unterm rc. vom Ministerium der geistlichen, Unterrichts- und Medizinal-Angelegenheiten die Approbation als Thierarzt zweiter Klasse in den Königlichen Landen erhalten. Davon, daß er in Ausübung seiner Praxis auf seinen Wohnort, oder auch nur auf einen bestimmten Regierungsbezirk beschränkt sein soll, enthält seine Approbation nichts. Die vorigen Richter gehen nun aber davon aus, daß auch die approbirten Thierärzte zur Entrichtung der Gewerbesteuer verpflichtet sind, sobald sie die thierärztliche Praxis im Umherziehen ausüben. Dies beruht aber auf einem Rechtsirrthume. Approbirte Thierärzte gehören zu den Medizinalpersonen und unterliegen eben so wenig wie die Aerzte bei Ausübung ihrer Wissenschaft oder Kunst nach § 2 des Gewerbegesetzes v. 30. Mai 1820 einer Gewerbebesteuerung. Aber auch wenn sie diese ihre Wissenschaft oder Kunst im Umherziehen ausüben, sind sie zur Lösung eines Gewerbescheins nicht verpflichtet, weil sie eben kein Gewerbe treiben, und daher auch zu den im § 6 des Hausir-Regulativs v. 28. Apr. 1824 gedachten, zur Lösung eines

Gewerbescheins verpflichteten Personen nicht gezählt werden können, deren Gewerbebetrieb darin besteht, daß sie im Umherziehen Dienste oder Arbeiten anbieten.

Zwar soll der Angeklagte auch im Umherziehen einen Handel mit Medikamenten getrieben haben, worin allerdings ein Gewerbebetrieb liegen würde. Es ist aber von den vorigen Richtern nicht festgestellt, daß der Angeklagte auch dann, wenn es sich nicht um die Heilung ihm zur Behandlung anvertrauter kranker Pferde handelte, Medikamente im Umherziehen gewerbsmäßig verkauft hat. Wenn er aber nur bei Gelegenheit seiner thierärztlichen Kuren zugleich die nöthigen Medikamente verabreichte, und dafür und für die Kur zusammen ein Honorar erhielt, so kann hierin weder im Sinne des § 2 des Gewerbesteuergesetzes v. 30. Mai 1820, noch des Hausir-Regul.s v. 28. Apr. 1824 ein gewerbsteuerpflichtiger Handel rechtlich gefunden werden.

Dadurch erledigt sich dann aber auch die Beschuldigung, daß der Angeklagte verbotswidrig Gift verkauft hat, weil seine Medikamente theilweise auch Gift enthielten. Denn daß auch in den für Thiere bestimmten Medikamenten zum Theil Gift enthalten sein kann, versteht sich von selbst, und wenn daher der Angeklagte zu dem festgestellten Verabreichen der Medikamente befugt war, so kann ihm auch daraus kein Vorwurf gemacht werden, daß diese von ihm verabreichten Medikamente theilweise auch giftige Stoffe enthielten. Auf einen solchen Fall findet der § 345 Nr. 2 des StGB.s keine Anwendung.

Antr. des GStA.s: gleichl. [18.—4.]

Mahl- und Schlachtsteuer. — Halbmeile. — Verkauf.

Der Verkauf mahl- und schlachtsteuerpflichtiger Gegenstände innerhalb der Halbmeile unterliegt nur dann der Steuer, wenn er gewerbsmäßig geschieht.

Ges. v. 2. Apr. 1852 § 1b Nr. 1.

Erk. (V. I.) v. 19. Okt. 1864 c. Gobert (916. I. Cr.).

Daß Angeklagter die in N. und somit in dem halbmeiligen Steuerbezirk von St. eingeführten Brode feilgehalten hat, ist weder von der Anklage behauptet, noch von den vorigen Richtern festgestellt. Der Angeklagte kann daher auf Grund des § 1b Nr. 1 l. c. nur gestraft werden, wenn feststeht: daß er diese Brode in N. gewerbsmäßig verkauft hat. Davon sagt aber der App.-Richter nichts, welcher den Angeklagten vielmehr bloß deshalb straft, weil er die Brode in den äußeren Steuerbezirk von St. unversteuert eingeführt hat, was für den Thatbestand des § 1b Nr. 1 l. c. ganz gleichgültig ist. Nun stellt der erste Richter zwar ferner fest, daß der Angeklagte von den bei sich geführten Broden 90 Pfund Roggenbrod an die verehelichte M. zu N. verkauft hat; aber davon, daß dies gewerbsmäßig geschehen ist, enthält auch die erstrichterliche Feststellung nichts, obwohl die auf § 1b Nr. 1 des Ges.s v. 2. Apr. 1852 gegründete Anklage ausdrücklich behauptet hatte, daß der Angeklagte die Brode zum gewerbsmäßigen Verkauf nach N. gebracht, und einen Theil derselben, nämlich 90 Pfund Roggenbrode, auch wirklich in N. verkauft habe.

[18.—4.]

Fristenlauf. — Einreichung bei einer unrichtigen Behörde.

Die für die Einreichung einer Schrift bestimmte Präklusivfrist wird durch die Einreichung bei einer unrichtigen Behörde nicht gewahrt; dabei ist es auch gleichgültig, ob die Schrift bei einer sofortigen Weiterbeförderung an die richtige Behörde bei dieser noch rechtzeitig hätte eintreffen können, sobald dieses nicht wirklich geschehen ist.

Ges. v. 3. Mai 1852 Abschn. V. [vgl. dort S. 460 n. 55].

Beschl. (I.) v. 19. Okt. 1864 c. Schmidt (267. B. I. Cr.).

Schm. hatte gegen ein ihm ungünstiges Erkenntniß NB. angemeldet, am 30. Juli Ausfertigung erhalten und am 8. Aug. die Rechtfertigungsschrift beim OTr. eingereicht, von welchem sie am 11. ej. an das betr. StG. gelangte. Dieses wies das Rechtsmittel wegen der Verspätung der Rechtfertigungsschrift zurück; Beschw. des Angeklagten. Zurückweisung. In der Verbescheidung hieß es:

Die Rechtfertigungsschrift ist erst am 11. Aug., also nach Ablauf der Frist, bei dem Kgl. Stadtgericht eingegangen. Der Umstand, daß diese Schrift am 8. Aug. bei dem Kgl. OTr. eingereicht worden, ist unerheblich, da nach Art. 110 die Angabe der Beschwerdepunkte bei dem Gerichte erster Instanz ebenso, wie die Anmeldung des Rechtsmittels, erfolgen muß. Die Möglichkeit, daß nach dem Geschäftsgang diese Eingabe noch rechtzeitig an das Kgl. Stadtgericht hätte abgegeben werden können, ersetzt nicht die gesetzliche Form, deren Nichtbeachtung Ihnen zur Last fällt.

Antr. des GStA.s: gleichl. [13.—2.]

Anschuldigung (falsche). — Strafbare Handlung. — Feststellung des Thatbestandes.

Zur Rechtfertigung einer Verurtheilung wegen falscher Anschuldigung bedarf es der Feststellung aller wesentlichen Merkmale derjenigen Strafthat, welche die Anschuldigung zum Gegenstande hatte. Das gilt jedenfalls dann, wenn in dieser Beziehung ein Zweifel angeregt ist oder ein Bestreiten stattgefunden hat.

StGB. § 133 [dort einzutr. als n. 5a].

Erk. (B. II.) v. 20. Okt. 1864 c. Kracht (307. II. Cr.).

K. hatte eine Denunziation eingereicht, in welcher er dem Förster S. den Vorwurf machte: derselbe habe dem R. Schm. das Gewehr auf die Brust gehalten und denselben zu schießen gedroht; er war daher aus § 133 StGB. angeklagt worden, weil er den S. wider besseres Wissen einer „Bedrohung mit Mord" bezüchtigt habe. Die Instanzgerichte verurtheilten, stellten aber nur fest, daß K. den S. „des Versuchs einer strafbaren Handlung" beschuldigt habe, ohne sich dabei über die Natur dieser strafbaren Handlung und über die Voraussetzungen eines strafbaren Versuchs (StGB. § 31) näher auszusprechen. Auf die NB. des Angeklagten erfolgte Vernichtung und Zurückverweisung der Sache an das AG. Gründe:

Wenn über die rechtliche Natur der in der Eingabe des K. enthaltenen Handlnng, von der gesagt wird, daß sie der Versuch einer strafbaren Handlung sei, nach keiner Seite hin ein Bedenken angeregt wäre, so könnte vielleicht über den Anstoß hinweggegangen werden, daß nur von dem Versuche einer strafbaren Handlung, nicht von dem strafbaren Versuche einer strafbaren Handlung in der Feststellung gesprochen wird, und es könnte angenommen werden, daß selbstverständlich nur an einen solchen Versuch, der die gesetzlichen Merkmale an sich trägt, gedacht wird. Erwägt man indeß, daß die Frage über die Natur und den Charakter der in der Anschuldigung enthaltenen Handlung von Anfang an sich als zweifelhaft darstellt, daß dieselbe anders in der Anklage, anders vom Richter erster Instanz qualifizirt und daß über diese Qualifikation in der App.-Instanz Beschwerde geführt und dort die Strafbarkeit der Handlung überhaupt bestritten ist, so war es unerläßlich, auf eine spezielle Erörterung der desfallsigen Frage einzugehen und als Grundlage für die Anwendbarkeit des § 133 den rechtlichen Charakter der dem S. vorgeworfenen That einer exakten Prüfung zu unterwerfen, daß aber dieser Anforderung die in dem angefochtenen Erkenntnisse enthaltene Feststellung nicht genügt. —

In dem Erkenntnisse bleibt die Frage, was dem S. in der Denunziation zur Last gelegt sei, bei Seite liegen. Es wird von der Qualifikation einer strafbaren Bedrohung abgegangen und derselben nur per parenthesin eine andere, die des Versuches einer strafbaren Handlung substituirt, ohne daß gesagt wird, welche strafbare Handlung damit gemeint ist, und ob und worin die Merkmale der Strafbarkeit des Versuches dieser Handlung erkannt werden.

Unter diesen Umständen gewinnt die in der Feststellung enthaltene Lücke, nämlich der Mangel des Ausspruches, daß ein strafbarer Versuch 2c. vorliege, eine erhebliche Bedeutung, und es ergiebt sich, daß ein wesentliches Merkmal in dem Thatbestande des im § 133 vorgesehenen Vergehens nicht unzweifelhaft festgestellt, somit die Anwendung des § und die auf Grund desselben erfolgte Verurtheilung nicht gerechtfertigt ist.

Antr. des GStA.s: gleichl. [29.—2.]

Mißhandlung. — Vorsatz. — Absicht.

Zum Thatbestande der Mißhandlung genügt als Dolus die Vorsätzlichkeit; die Strafbarkeit einer solchen vorsätzlichen Mißhandlung wird dadurch nicht ausgeschlossen, daß der Angeklagte mit derselben eine andere Absicht, z. B. die der Befriedigung des Geschlechtstriebes verbunden hatte.

StGB. § 187 [vgl. dort n. 2. 3; RdOTr. 2. S. 120].

Erk. (B. I.) v. 21. Okt. 1864 c. Unger (1007. I. Cr.).

U. war von der Anklage der wiederholten Vornahme unzüchtiger Handlungen mit der minderjährigen, seiner Erziehung übergebenen B. G. freigesprochen worden, weil die Geschwornen zwar die Thatfrage bejaht, gleichzeitig aber den Umstand, daß U. der Erzieher der B. G. gewesen, verneint hatten. Auf den Grund eines gemachten Vorbehalts ward U. demnächst wegen vorsätzlicher Mißhandlung der B. G. verfolgt und in 1. Inst. aus § 187 StGB. verurtheilt, weil er in der Absicht, an der B. G. den Geschlechtstrieb zu befriedigen, dieselbe dadurch vorsätzlich mißhandelt habe, daß er gewisse (unzüchtige) Handlungen an ihrem Körper vornahm und sie dadurch verletzte, so daß sie mehrere Tage Schmerzen empfand. Das AG. ließ diese Feststellung bestehen, sprach aber frei, weil die Handlung des U. nicht auf Mißhandlung, sondern auf Befriedigung des Geschlechtstriebes gerichtet, folglich nur unter den Gesichtspunkt der im Tit. XII. des StGB.s (§§ 139—151) vorgesehenen Strafthaten zu bringen gewesen sei, und weil, wenn sich hier ein anwendbares Strafgesetz nicht finde, derselben nicht ein anderer Thatbestand, namentlich auch nicht der des § 187 untergelegt werden könne. Auf die NB. des OStA.s ist dieses Erkenntniß vernichtet und das Urtheil 1. Inst. bestätigt worden. Gründe:

Die angegriffene Entscheidung des App.-Gerichts beruht auf einer Verkennung des strafrechtlichen Unterschiedes zwischen „Vorsatz" und „Absicht." Wie schon Hälschner in seinem System des preußischen Strafrechts (§§ 32—36) auseinandersetzt, haben nämlich Vorsatz und Absicht einen verschiedenen Inhalt insofern, „als die Absicht sich auf den Erfolg, der Vorsatz dagegen auf die Thätigkeit bezieht, durch welche die Absicht ihre Verwirklichung finden soll," (a. a. O. S. 123). Dieser Theorie entsprechend werden im StGB. die Worte „Vorsatz" und „vorsätzlich" gebraucht, wenn es darauf ankommt, das Verhältniß des Erfolges zum Willen, als seiner Ursache zu bestimmen, das Wort „Absicht," wo das Verhältniß des Erfolges zu seiner gedankenmäßigen Auffassung bezeichnet werden soll (a. a. O. S. 129). So genügt beispielsweise zum Thatbestand des Diebstahls, des Raubes und ähnlicher Verbrechen und Vergehen nicht die vorsätzliche Wegnahme der fremden beweglichen Sache, sondern es muß noch die Absicht hinzutreten, sich diese Sache rechtswidrig zuzueignen, wogegen in anderen Fällen, wie z. B. bei der Vermögensbeschädigung und namentlich auch bei der Körperverletzung, umgekehrt die Vorsätzlichkeit der Handlung, die (objektiv) den rechtswidrigen Erfolg herbeigeführt hat, also eine mit dem Bewußtsein, daß ein solcher Erfolg daraus hervorgehen könne, freiwillig unternommene Handlung, ohne Rücksicht auf die sonstige Absicht des Thäters, die Anwendung des Strafgesetzes zur Folge hat. Hieraus folgt von selbst, daß wenn im vorliegenden Falle die Absicht des Angeklagten, seinen Geschlechtstrieb zu befriedigen, einem besondern Strafgesetze nicht unterliegt, mindestens die von ihm zur Erreichung dieser Absicht unternommene vorsätzliche Mißhandlung einer Person nach dem für dergleichen Mißhandlungen gegebenen Strafgesetze beurtheilt werden muß, wie solches vom OTr. bereits in dem Erk. v. 5. Dez. 1861 in der Untersuchungssache c. Viehhaus [RdOTr. 2. S. 120] ausgesprochen worden ist.

Antr. des GStA.s: gleichl. [28. — 4.]

Nachdruck. — Entschädigung. — Kompetenz. — Tod des Angeklagten.

In Nachdruckssachen hat der Strafrichter nicht allein über die Geldbuße und die Konfiskation, sondern auch über die dem Verletzten gebührende Entschädigung zu erkennen. Ist er daher einmal in gesetzlicher Weise mit einer solchen Sache durch Eröffnung der Untersuchung befaßt worden, so kann er sich der Entscheidung über Konfiskation und Entschädigung nicht mehr entziehen, sollte auch der Angeklagte im Laufe des Verfahrens gestorben sein. Das gilt namentlich vom Richter zweiter Instanz, wenn der Tod des Angeklagten erst nach dem Erkenntnisse erster Instanz eingetreten ist.

Nachdr.-Ges. v. 11. Juni 1837 §§ 10. 11. 12. 15. 16. 34. (Vgl. RdOTr. 1. S. 220; 1. S. 498; 3. S. 440; ähnlich: B. I. 1. Juni 1859 c. Großmann, 371, Entsch. 42. 2. S. 85; GA. 7. S. 460. 471. 485.) Vgl. Hartm. Strafgess. S. 188 n. 8.

Erk. (V. Pl.) v. 24. Okt. 1864 c. Bänsch (4. Pl.; 74. II. Cr.).

Gegen B. war auf den Antrag der angeblich verletzten Wittwe Sch. die Untersuchung wegen Nachdrucks eröffnet, in beiden Instanzen aber auf Freisprechung erkannt worden. Auf die NB. des OStA.s hatte das OTr. das Erkenntniß zweiter Instanz vernichtet und die Sache an das betr. AG. zurückverwiesen; ehe es indessen hier zur anderweiten Verhandlung kam, starb B., worauf das AG., das Verfahren für beendet erachtend, die Akten an das Gericht erster Instanz zur Reposition remittirte. Diese Verfügung nahm dasselbe zwar auf die Remonstration des OStA.s zurück, es erkannte sodann aber durch Urtheil dahin: „daß die Appellation der StA.-schaft für erledigt zu erachten sei." Auf die NB. des OStA.s, welcher Verletzung des Ges.s v. 11. Juni 1837 §§ 10. 11. 15. 16, des StGB.s §§ 19. 20, der Vdn. v. 3. Jan. 1849 §§ 14. 126. 134. 136, und des Ges.s v. 3. Mai 1852 Art. 101 behauptete, gelangte die Sache zur Entscheidung an die vereinigten Abtheilungen des Ober-Tribunals-Senats für Strafsachen. Hier beantragte der GStA. die Vernichtung des angefochtenen Erk.s und die Zurückverweisung der Sache an den Criminal-Senat des AG.s. Er führte aus: „die §§ 10. 11. 15. 16. 17 des Gesetzes v. 11. Juni 1837 sprächen überall nur von einem einzigen Verfahren, in welchem sowohl über die Entschädigung als über die Geldbuße und die Konfiskation zu erkennen sei und bezeichneten dasselbe ausdrücklich (§ 15) als das Untersuchungsverfahren; das könne auch nicht auffallen, weil die Strafe nur in einer Geldbuße bestehe, und weil zur Zeit der Verkündung des cit. Ges.s für derartige Fälle das fiskalische Untersuchungsverfahren maaßgebend gewesen sei, welches eine gleichzeitige Verfolgung des dem Verletzten gebührenden Ersatzes keineswegs ausgeschlossen habe (vgl. § 104. I, 35 AGO.); durch die Aufhebung der dieses fiskalische Untersuchungsverfahren betreffenden Vorschriften seien die Bestimmungen des Ges.s v. 1837 nicht außer Wirksamkeit gesetzt, zumal da innere Gründe dafür sprächen, daß gerade in Nachdruckssachen über Entschädigung und Strafe in einem einzigen verbundenen Verfahren aberkannt werde, indem hier die Frage nach der Entschädigungspflicht wesentlich durch das Vorhandensein eines das literarische Eigenthum eines Andern verletzenden s t r a f b a r e n Nachdrucks bedingt sei, während bei andern Strafthaten die Strafbarkeit der Handlung in der Regel zum Theil wenigstens auf andern Voraussetzungen beruhe als die Ersatzpflicht für den angerichteten Schaden; bei diesen sei daher eine Scheidung des Verfahrens gerechtfertigt gewesen, während es dafür bei jenem an einem ausreichenden Grunde fehle; das habe der Gesetzgeber auch dadurch anerkannt, daß er, obgleich er nur vom Untersuchungsverfahren spreche, doch in erster Linie (§ 10) von dem zuzuerkennenden Schadenersatze und erst in zweiter Linie von der Strafe handle; durch die Verbindung der beiden Verfahren vermeide der Gesetzgeber die Inkonvenienzen, welche daraus entstehen würden, wenn die identische Frage vor verschiedene Richter gebracht und vielleicht in widersprechendem Sinne gelöst werde, er habe selbst durch die Bestimmung des § 12 l. c. einen solchen Widerspruch für ausgeschlossen erachtet; nach diesen Grundsätzen — mit welchen auch die Gesetzgebung des Königreichs Sachsen insofern übereinstimme, als auch sie das Strafverfahren und die Geltendmachung des Civilanspruchs vor einen und denselben Richter (den Civilrichter) verweise — könne bei uns nur der Strafrichter über den Entschädigungsanspruch erkennen, und zwar selbst dann, wenn der Nachdrucker vor Einleitung des Verfahrens verstorben und vorräthige Exemplare nicht vorhanden seien, so daß also weder auf Geldstrafe noch auf Konfiskation zu erkennen sei; hierin liege auch nichts Abnormes, da auch das Zoll-Strafges. im § 59 und das Preßges. im § 50 ähnliche Vorschriften enthielten, und auch andere Gesetzgebungen derartige Ausnahmefälle kännten (vgl. für Frankreich ein Cass. 5. Apr. 1811, Sir. 11. 1. p. 204); — im vorliegenden Falle müsse das Gesagte um so mehr gelten, als hier die S t r a f e der Konfiskation verwirkt sei, welche nur im Strafverfahren ausgesprochen werden könne [vgl. Oppenhoff StGB.

§ 20 n. 4], das erkenne selbst die französische Rechtslehre an, obgleich nach Art. 2 des C. d'instr. cr. „die öffentliche Klage auf Anwendung der Strafe mit dem Tode des Beschuldigten erlösche" (vgl. Mang. de l'act. publ. n. 280; Merl. Rép. 17 p. 10; Cass. 9. prair. IX.; id. 9. déc. 1813, Sir. 1. 2. p 507; 14. 1. p. 94); die Zuständigkeit des Strafrichters würde daher hier auch für den Entschädigungsanspruch selbst dann begründet sein, wenn derselbe nur accessorisch in das Strafverfahren gehöre; — dazu komme endlich, daß hier der Strafrichter erster Instanz bereits erkannt habe; das ergangene Urtheil könne weder durch die eingelegte Appellation, noch durch den demnächstigen Tod des Angeklagten in sich zerfallen, so lange noch ein Theil der Entscheidung übrig bleibe, der auch nach dem Tode eine Wirksamkeit auszuüben vermöge; über die Aufhebung oder das Fortbestehen eines strafgerichtlichen Urtheils könne aber nur der höhere Strafrichter entscheiden; das erkenne die französisch-rheinische Gesetzgebung für den Fall an, wo gegen ein Erkenntniß des Strafrichters nur die Civilpartei wegen ihres Ersatzanspruchs appellire; dieselben Grundsätze würden dort auch im Falle des Todes des Beschuldigten angewendet (vgl. Sir. 54. 1. p. 668; 41. 1. p. 883 und die Note; Mang. de l'act. publ. n. 282); hiernach habe das AG. in keinem Falle die ganze Appellation für erledigt erachten können, vielmehr habe es in konsequenter Anwendung seiner Auffassung die erstrichterliche Entscheidung über Konfiskation und Entschädigungsanspruch aufheben und der StA.-schaft die Verfolgung im Civilwege vorbehalten müssen, weil sonst — durch die Erledigung der Appellation — das erstrichterliche Urtheil rechtskräftig geworden sein würde."

Das OTr. hat demgemäß das angefochtene Erkenntniß vernichtet und die Sache an das AG. zurückverwiesen. Gründe:

Müßte die Frage, über welche als über eine Präjudizialfrage allein der App.-Richter verhandelt und entschieden hat, lediglich nach den allgemeinen Grundsätzen über die Grenzen des Strafrechts und des Civilrechts, der Strafrechtspflege und der Civilrechtspflege, und über das Verhältniß, in welchem, bezüglich auf die rechtlichen Folgen einer Andere beschädigenden, zugleich strafbaren Handlung, Straf- und Civilsachen zu einander stehen, beantwortet werden, so möchte allerdings anzuerkennen sein, daß wenigstens Hinsichts der von der angeblich durch Nachdruck Verletzten beanspruchten Entschädigung und namentlich nach dem im Laufe des Strafverfahrens eingetretenen Tode des Angeschuldigten, der App.-Richter befugt gewesen sei, es abzulehnen, darüber zu erkennen, und also — wie der App.-Richter dies, dadurch daß er die Appellation der StA.-schaft für erledigt erklärte, wohl hat ausdrücken wollen — die Entscheidung über solche Entschädigung dem zu betretenden Civilrechtswege vorzubehalten oder zu überlassen. Nach jenen allgemeinen Grundsätzen hat nämlich der Strafrichter zwar — sofern nicht besondere gesetzliche Vorschriften Ausnahmen bestimmen, — auch civilrechtliche Vorfragen, von deren Beantwortung als Prämissen seiner im Urtelstenor zu treffenden Entscheidung diese abhängig ist, in den nicht rechtskräftig werdenden Erkenntnißgründen seiner Beurtheilung zu unterziehen, wie überhaupt jeder in einem bestimmten Falle zuständige Richter auch die dabei vorkommenden Präjudizialfragen, ohne deren Beantwortung zu einer endlichen Entscheidung nicht gelangt werden kann, mit zu erörtern befugt und verpflichtet ist. Auch soll bei dem Strafverfahren in den Landestheilen, in welchen die Crim.-Ordn. v. 11. Dez. 1805 Geltung erhielt, nach den Bestimmungen, welche diese in den §§ 6. 52. 68. 69. 125. 132. 282. 289. 294. 416. 488 und im dritten Absatze des inzwischen aufgehobenen § 587 getroffen hatte und nach der des § 178. I, 2 AGO., der Strafrichter, und namentlich der die Untersuchung führende Richter, für die Entschädigung des Beschädigten, soweit es ohne kontradiktorisches Verfahren, ohne Prozeß und Urtel möglich ist, sorgen; er soll auf den Schadenersatz Rücksicht nehmen; — vgl. das Marginal zu § 282 der Crim.-Ordn. und Pl.-Beschl. v. 15. Dez. 1856 (Entsch. 34. S. 28). Nicht aber ist es, — von der kaum als Ausnahme anzusehenden Bestimmung im § 18 des Holzdiebst.-Ges.s v. 2. Juni 1852 abgesehen, — nach den gedachten allgemeinen Grundsätzen Aufgabe des in den Landestheilen außerhalb des AGHofs zu Köln erkennenden Strafrichters, auch über die civilrechtlichen Folgen einer strafbaren Handlung in Bezug auf Entschädigung des Verletzten (im Tenor seines Urtels) zu erkennen.

Allein für das Strafverfahren, welches das Vergehen des unerlaubten Nachdrucks zum Gegenstande hat, hat das diese strafbare Handlung betreffende Spezial-Gesetz, mit Rücksicht auf die Eigenthümlichkeiten derselben, von den oben gedachten allgemeinen Grundsätzen abweichende Bestimmungen dergestalt getroffen, daß in einem Verfahren über unerlaubten Nachdruck außerhalb des Bezirks des AGHofs zu Köln der, in Folge eines Antrags des angeblich durch Nachdruck Beschädigten, mit der Sache befaßte Strafrichter befugt ist, über die von dem Beeinträchtigten beanspruchte Entschädigung zu erkennen, derselbe nicht befugt ist, die Entscheidung über die von dem Beeinträchtigten beanspruchte Entschädigung abzulehnen und einem Civilprozesse vor dem Civilrichter vorzubehalten oder zu überlassen, und derselbe auch nach dem Tode des Beschuldigten die Entscheidung über die Konfiskation der Nachdrucks-Exemplare zu treffen hat. — Das gedachte Ges. v. 11. Juni 1837 hat, mit Außerkraftsetzung aller ihm entgegenstehenden oder von ihm abweichenden früheren Vorschriften (§ 37), — also namentlich der materiellen civilrechtlichen Vorschriften der §§ 1020. 1024—1036. I, 11 und strafrechtlichen Vorschriften der §§ 1294—1297. II, 20 ALR. — nachdem es in den §§ 10—14, unter dem Marginale „g. Strafen des Nachdrucks" Bestimmungen über die strafrechtlichen und civilrechtlichen Folgen des verbotenen Nachdrucks (§§ 2—4) getroffen und in allen diesen Vorschriften — den § 14 allein ausgenommen — die Entschädigung des durch den Nachdruck Beeinträchtigten entweder an die Spitze gestellt oder allein behandelt hat, sodann unter dem Marginale „h. Untersuchungs-Verfahren" in den §§ 15—17 (vergl. §§ 30. 31) Vorschriften über das Verfahren gegeben. Es erwähnt in diesen Prozedur-Vorschriften in Betreff aller dem Nachdrucker angedrohten Nachtheile kein anderes Verfahren, als das Untersuchungs-Verfahren. Daß auch die in den vorhergehenden §§ als ein Hauptgegenstand der Dispositionen des Gesetzes behandelte Entschädigung Gegenstand dieses Untersuchungs-Verfahrens sein solle, ergiebt daher schon der Zusammenhang des Gesetzes. Dieses hat sodann im § 16 bestimmt:

> daß nach einmal erfolgter Einleitung der Untersuchung die Zurücknahme des (zuvor im § 15 gedachten) Antrages zwar in Beziehung auf die Entschädigung, nicht aber in Beziehung auf die Konfiskation und Geldbuße stattfinden könne.

Es hätte aber gar nicht in Frage kommen können, welchen Einfluß auf die Entschädigung die Zurücknahme des Antrags äußern solle, wenn nicht auch die Entschädigung einen Gegenstand der eingeleiteten Untersuchung hätte bilden sollen.

Das Gesetz legt im § 17 dem Richter die Pflicht auf, das Gutachten eines aus Sachverständigen gebildeten Vereins einzuholen, wenn es ihm zweifelhaft scheint, ob eine Druckschrift als Nachdruck oder unerlaubter Abdruck zu betrachten sei, oder wenn der Betrag der Entschädigung bestritten wird. Es geht hierbei davon aus, daß es ein und derselbe Richter sei, welcher die Untersuchung sowohl wegen der Strafe, als wegen der Entschädigung führt. Das Gesetz, welches bis dahin nur von der Untersuchung gesprochen, einer Civilklage auf Entschädigung aber keine Erwähnung gethan hatte, und nur von dem „Richter" spricht, würde, wenn es hier theils das Untersuchungs-, theils das Civilverfahren vor Augen gehabt hätte, unter jener Untersuchung also auch ein besonderes Civil-Entschädigungs-Verfahren hätte mit verstanden wissen wollen, nicht unterlassen haben, anzudeuten, daß zwei verschiedene Richter gemeint seien.

Indem hiernach auch die Wortfassung des Ges.s v. 11. Juni 1837 dafür spricht, daß es, wenn von dem Beeinträchtigten auf Untersuchung angetragen war, auch die Ausmittelung und Zuerkennung der Entschädigung in das in Folge solchen Antrags wegen des Vergehens des Nachdrucks eingeleitete Untersuchungs-Verfahren verweise, ging es, da, von der Konfiskation abgesehen, die Strafe dieses Vergehens nur Geldstrafe ist, davon aus, daß wegen desselben die fiskalische Untersuchung (AGO. I, 35 § 34 Nr. 1) stattfinde, wie das letztere denn auch die Min.-Verf. v. 27. Jan. 1841 (JMBl. S. 68) und die unterm 11. Sept. 1858 (JMBl. S. 298) bezüglich auf die in Untersuchungen wegen Nachdrucks rc. bei Einholung von Gutachten des Sachverständigen-Vereins erforderliche Regulirung des status causae et controversiae in Erinnerung gebrachte Min.-Verf. v. 25. Febr. 1842 ad A (JMBl. S. 107) angeben; dieses fiskalische Untersuchungs-Verfahren befolgte aber zum Theil die Regeln des Civilprozesses. Der oben angedeutete Grundsatz der Crim.-Ordn., daß wegen der Entschädigung ein eigentlicher Prozeß vor dem Strafrichter nicht stattfinde, dieser darüber nicht kontradiktorisch zu verhandeln und zu erkennen habe, kam in solchen Untersuchungen nicht unbedingt zur Anwendung. Vielmehr traten in selbigen bezüglich auf Entschädigungs-Ansprüche Modifikationen ein, nach welchen der solche Ansprüche machende Denunziant und der Denunziat sich zu einander als Parteien verhielten, und zwar dergestalt, daß der § 104. I, 34 AGO. es als selbstverständlich erklärte, daß, wenn die Untersuchung zugleich auf den von dem Denunziaten verursachten Schaden und dessen Ersatz gerichtet gewesen sei, gegen den hierüber sprechenden Theil des Erkenntnisses dem Denunziaten sowohl als dem Denunzianten oder dem Fiskus die ordentlichen Rechtsmittel, wie im Civilprozesse offen ständen und daß, wenn nur gegen diesen Theil des Urtels appellirt werde, die zweite Instanz nicht mehr als Untersuchung, sondern nur nach Art des Civilprozesses instruirt werden müsse, woraus allerdings auch folgte, daß in Betreff der im Erkenntnisse erster Instanz nicht wenigstens eventuell festgesetzten Höhe der Entschädigung der den Bestimmungen der AGO. I, 13. § 40; I, 23. § 64; I, 34. § 35. 54; I, 46. § 22 zu Grunde liegende Grundsatz Anwendung fand. Jener fiskalische Untersuchungs-Prozeß findet nun zwar nicht mehr statt. Daraus folgt aber nicht, daß nunmehr die Bestimmungen des Nachdrucksgesetzes v. 11. Juni 1837, zufolge deren die Entschädigung im Untersuchungsverfahren festgestellt werden soll, für aufgehoben erachtet werden könnten.

Auch in dem jetzigen Strafverfahren, wie es durch die Vdn. v. 3. Jan. 1849 und das Ges. v. 3. Mai 1852 in Verbindung mit der Crim.-Ordn. geregelt wird, müssen bei dem Verfahren über verbotenen Nachdruck von dem Strafrichter die Fragen über die Existenz des angeblich beeinträchtigten ausschließlichen Rechts, über die Beeinträchtigung dieses Rechts durch Nachdruck und über die Legitimation des Antragstellers zu dem Antrage, wie etwa vorkommende sonstige civilrechtliche Fragen nach civilrechtlichen Grundsätzen erörtert und entschieden werden, da von der Beantwortung jener Fragen die Verhängung der Konfiskation und der Geldbuße abhängt. In gleicher Weise wird aber durch die Beantwortung jener Fragen die Entschädigungspflicht bedingt; die letztere tritt ein, wenn jene Fragen zu bejahen sind. Hielt daher der Gesetzgeber das Strafverfahren für geeignet, darin jene Hauptfragen in Beziehung auf zu verhängende Strafe, nämlich Konfiskation und Geldbuße, zur Entscheidung gelangen zu lassen, so mußte ihm eben dieses Verfahren auch für die Ausmittelung und Festsetzung der Entschädigung geeignet erscheinen, in welcher Beziehung denn auch der § 17 des Ges.s v. 11. Juni 1837 für den Fall, daß der Betrag der Entschädigung bestritten wird, eine Vorschrift gegeben hat, und im § 11 dieses Gesetzes eine, die richterliche Bestimmung des Betrags der Entschädigung erleichternde Anweisung ertheilt worden ist.

Das Vergehen des unerlaubten Nachdrucks unterscheidet sich nach seiner eigenthümlichen Natur von andern strafbaren, eine civilrechtliche Delikts-Obligation gegen den dadurch Beschädigten begründenden Handlungen. Bei ihm giebt es keine civilrechtliche Verantwortlichkeit, welche auch dann noch eintreten könnte, wenn es an einem die Strafbarkeit bedingenden Momente fehlte. Ist Nachdruck im strafrechtlichen Sinne (Ges. v. 11. Juni 1837 §§ 2—4) vorhanden, so trifft den Thäter die Strafe und die Verpflichtung zum Schadenersatz; fehlt es an einem strafrechtlichen Momente, so liegt kein Nachdruck vor, folglich ist auch die Entschädigungs-Verpflichtung ausgeschlossen. Die Strafbarkeit und die Pflicht zum Schadenersatz hängen daher hier von einer und derselben Frage ab. Wenn aber das Fundament des Strafverfahrens mit dem der Civilklage auf Schadenersatz nicht etwa bloß thatsächlich ganz oder theilweise zusammenfällt, — so daß materielle Konnexität bei den Gegenständen der Prozeduren zwischen einer Straf- und Civilsache eintritt, — wenn es vielmehr rechtlich bei beiden dasselbe ist, so fehlt der Grund, worauf bei sonstigen strafbaren, einen Andern beschädigenden Handlungen die Scheidung zwischen dem civilrechtlichen und dem strafrechtlichen Verfahren beruht, nämlich die Nothwendigkeit, die That deshalb von zwei verschiedenen rechtlichen Gesichtspunkten zu prüfen, weil der Regel nach die Frage, ob eine That unter ein Strafgesetz falle, von derjenigen, ob sie eine Entschädigungspflicht begründe, verschieden ist, die strafrechtlichen Merkmale fehlen können und dennoch die Schadenersatzpflicht civilrechtlich vorhanden sein kann. Dieser Mangel eines innern Grundes, die Entscheidung über das nämliche Fundament des auf Bestrafung des unerlaubten Nachdrucks gerichteten Verfahrens und der Klage auf Schadenersatz wegen Nachdrucks vor zwei verschiedene Richter zu verweisen, hat den Gesetzgeber veranlaßt, in dem das Vergehen des Nachdrucks betreffenden Spezialgesetze das Verfahren in Nachdruckssachen dahin zu bestimmen, daß bei stattgehabtem Antrage des angeblich durch Nachdruck Beeinträchtigten, wie ein solcher Antrag Bedingung des gerichtlichen Einschreitens ist (§ 15), ein Richter, und zwar der Strafrichter über alle im § 10 bestimmten Folgen des Nachdrucks, nämlich über die Entschädigung des Beeinträchtigten, über die Konfiskation und über die in einer Geldbuße bestehende weitere Strafe zu erkennen kompetent sein soll.

Eben solche Gründe und dann die Rücksicht darauf, daß die Entschädigungsverbindlichkeit die Hauptsache sei, haben die Gesetzgebung des Königreichs Sachsen — wo zur Zeit der Emanation der Gesetze v. 22. Febr. 1844 und v. 27. Juli 1846 (vgl. Haubold Lehrb. des Kgl. Sächs. Priv.-Rechts 3. Aufl. § 427 I. u. IV. und Note h. g. r; § 346 Note a. k. m; Wächter das Verlagsrecht ꝛc. 18⁵⁷/₅₈ § 57 S. 714) ein Adhäsions-Verfahren in Strafsachen nicht stattfand (vgl. Gall Arch. d. Crim.-Rechts 1852 S. 342, 1853 S. 306 n. 28; G. A. 3. S. 598 n. 5; und sodann Kgl. Sächs. Strafpr.-Ordn. v. 30. Aug. 1855 Artt. 434—454) — bewogen, das Verfahren in Nachdruckssachen, sowohl für die Bestrafung, als für den Civilpunkt der Entschädigung einem und demselben Richter, und zwar dem Civilrichter zuzuweisen, in ähnlicher Weise, wie die AGO. I, 23. §§ 1 und 56 — wo, ebenso wie im § 54 das auf das Rechtsmittel Bezug habende Citat „Titel 14 § 3 Nr. 2" (statt Nr. 3) irrig aus dem corpus juris Friedericianum I, 23. § 42 (vgl. mit I, 14. § 3 Nr. 2) übernommen ist (siehe G. A. 3. S. 824; Erk. v. 18. Okt. 1855 c. Weinberg) — den Civilrichter anwies, über die Bestrafung eines bei der Instruktion eines Civilprozesses ausgemittelten gemeinen Betruges mit zu erkennen.

Mit jener Kompetenz-Bestimmung — der Zuweisung des Verfahrens in Nachdruckssachen an einen und denselben Richter und zwar an den Strafrichter für den Fall, daß der angeblich Beschädigte auf gerichtliche Untersuchung angetragen hat, — harmonirt es, daß das Ges. v. 11. Juni 1837 nach seiner Fassung in den §§ 10 ff. hauptsächlich und in erster Linie nicht die Geldbuße, sondern die Entschädigung als den Kontravenienten treffenden Nachtheil behandelt, diese zu leistende Entschädigung zu den Strafen (§ 10 Marg.) gerechnet und im § 34 die dem durch öffentliche Aufführung dramatischer oder musikalischer Werke verletzten Autor zukommende Entschädigung selbst in der Form der Strafe, — einer Geldbuße, von welcher dem Autor zwei Drittheile zufallen, — hat erscheinen lassen.

Für den Gesetzgeber mußte bei seinen das Verfahren

13*

ordnenden Bestimmungen auch die Rücksicht auf die Inkonvenienzen leitend sein, welche eintreten würden, wenn nicht zur Verhängung aller nachtheiligen Folgen des Nachdrucks nur ein Verfahren angeordnet wäre. Widersprechende Entscheidungen des im Strafverfahren erkennenden Strafrichters und des über beanspruchte Entschädigung im Civilprozesse erkennenden Civilrichters über das Vorhandensein eines Nachdrucks mit den strafrechtlichen Merkmalen desselben würden möglich geblieben sein, wiewohl das Gesetz einen andern Nachdruck, welcher etwa nur civilrechtliche Folgen hätte, nicht kennt und daher ein Widerspruch zwischen der Entscheidung des Strafrichters und der des Civilrichters nicht etwa, wie in den Fällen anderer strafbarer Handlungen und deren Folgen, sich dadurch lösen würde, daß, verschieden von dem Standpunkte des die civilrechtlichen Voraussetzungen einer Verpflichtung zum Schadenersatz beurtheilenden Civilrichters, der Strafrichter die strafrechtlichen Merkmale eines Vergehens festzustellen gehabt habe.

Ist nun aber hiernach das Ges. v. 11. Juni 1837 dahin auszulegen, daß nach gemachtem Antrage auf gerichtliche Untersuchung der Strafrichter kompetent sein soll, bei dem Vergehen des Nachdrucks auch über die Entschädigung im Strafverfahren zu verhandeln und zu erkennen, so darf er, nachdem er durch die in Folge solchen Antrags des Verletzten geschehene Eröffnung der Untersuchung mit der Sache befaßt worden ist, sich nicht der Entscheidung auch über die Entschädigung und über die Konfiskation entziehen, und zwar auch nicht nach dem im Laufe des Verfahrens eingetretenen Tode des Angeschuldigten, welcher Tod nur unzulässig macht, noch auf Strafe zu erkennen. Daß nämlich die Entschädigung des durch Nachdruck Verletzten nur ein Accessorium der dem Nachdrucker gedrohten Geldbuße und Konfiskation bilde und deshalb die Entschädigungsfrage nur accessorisch im Strafverfahren zu verhandeln sei, deutet das Ges. v. 11. Juni 1837 in keiner Weise an. Es behandelt vielmehr die Entschädigung als den Hauptpunkt; und die Verhängung auch dieses vermögensrechtlichen Nachtheils, welcher als unmittelbare Folge eines festgestellten Nachdrucks außer der Geldstrafe den Nachdrucker treffen soll, ist vor den Strafrichter verwiesen, weil die Kompetenz des Strafrichters in allen den Fällen die natürliche ist, wo die Aufgabe darin besteht, das Vorhandensein der strafrechtlichen Merkmale einer That festzustellen und die hieraus hervorgehenden rechtlichen Folgen auszusprechen. Kann nach allgemeinen Grundsätzen ein Strafverfahren gegen andere, als die der Strafthat Schuldigen nicht, mithin namentlich nicht gegen den nur civilrechtlich Verantwortlichen, stattfinden, so liegt der Grund hiervon darin, daß es zur Begründung eines Civilanspruchs in der Regel nur auf civilrechtliche Fragen, nicht aber auf die Feststellung ankommt, daß eine Strafthat begangen sei. Wo dagegen eine civilrechtliche Verantwortlichkeit davon abhängt, daß eine Strafthat mit allen strafrechtlichen Merkmalen vorliege, da gehört die Sache in das Strafverfahren.

Wäre es aber auch zulässig, die Entschädigung nur als ein Accessorium der Strafe anzusehen, so mußte doch immer auch wegen der Entschädigung nach dem eingetretenen Tode des Angeschuldigten B. weiter im Strafverfahren verhandelt und erkannt werden. Es mußte nämlich wegen der Konfiskation das Strafverfahren fortgesetzt werden. Denn die Konfiskation ist eine Strafe (StGB. §§ 19. 333 Nr. 3), und zwar eine solche, welche das Vermögen des Thäters trifft, gleichviel, ob derselbe noch am Leben oder ob er mit Tode abgegangen ist. Es bleibt auch das Fundament des auf Konfiskation gerichteten Verfahrens nach diesem eingetretenen Tode, welcher, wie der § 20 Abs. 2 des StGB.s ergiebt, die Geltendmachung der Konfiskation in den Nachlaß nicht hindert und insofern eine Ausnahme von der Regel, daß die Konfiskation die Eigenschaft einer neben einer Hauptstrafe eintretenden Nebenstrafe hat, begründet, bestehen, nämlich das Vorhandensein der strafrechtlichen Merkmale eines mit Konfiskation bedrohten Vergehens. Ein rechtlicher Grund für die Ausschließung des Strafverfahrens liegt daher nicht vor. Muß aber wegen der Konfiskation das Strafverfahren auch nach dem Tode des Thäters fortgesetzt werden, so kann dieser Tod keinen Grund abgeben, nicht auch wegen der Entschädigung darin ferner zu verhandeln, selbst wenn diese nur accessorisch in das Strafverfahren gehörte.

Dazu kommt für den vorliegenden Fall, daß erst nach ergangenem Erkenntnisse erster Instanz der Angeschuldigte gestorben ist, also erst nachdem durch Freisprechung des Angeschuldigten implicite auch über die Konfiskation und über die Entschädigung von dem ersten Richter, seiner Kompetenz gemäß, erkannt war, und daß der hinterher eingetretene Tod des Angeschuldigten diese Kompetenz und den Beruf des durch die eingelegte Appellation mit der Sache befaßten zweiten Richters, über jene zu urtheilen, nicht beseitigen konnte.

Der App.-Richter hat hiernach — abgesehen auch von der Form, in welcher er vorbehaltlos das weitere Strafverfahren für unstatthaft erklärt hat — das Ges. v. 11. Juni 1837 unrichtig ausgelegt; er hat in Folge solcher unrichtigen Auslegung mit Unrecht und mit Verletzung der §§ 10. 11. 15. 16 l. c. und des § 20 des StGB.s über Entschädigung und Konfiskation zu erkennen abgelehnt.

[26.—1.]

Fragstellung. — Eventualfrage. — Unvollständigkeit. — Nichtigkeit.

Wenn eine vom Schwurgerichtshofe gestellte Eventualfrage den Thatbestand des betr. Straffalles nicht erschöpft, so tritt Nichtigkeit des Verfahrens ein.

Ges. v. 3. Mai 1852 Art. 81. 86 [dort einzutr. als n. 32 a]; vgl. Art. 31 n. 4.

Erk. (S. I.) v. 26. Okt. 1864 c. Moder (813. I. Cr.).

M. war in Anklagestand versetzt worden, weil er „einen ihm zugeschobenen Eid wissentlich falsch ausgeschworen haben sollte." Bei der Verhandlung vor dem Schw.-GH. beantragte der StA.: ihm die Verfolgung wegen fahrlässigen Meineides vorzubehalten; auf den Antrag des Vertheidigers beschloß aber der GH. in dieser Beziehung sofort eine Eventualfrage zu stellen. In der demnächst gestellten Frage wurden indessen irriger Weise die Worte: „aus Fahrlässigkeit" ausgelassen. Die Geschwornen verneinten die Hauptfrage, und ebenso die Eventualfrage: „ob M. schuldig sei, — vor dem rc. Gerichte zu N. in einer eigenen Angelegenheit etwas Unwahres eidlich versichert zu haben," worauf der GH. sowohl von dem wissentlichen als von dem fahrlässigen Meineide freisprach. Auf die NB. des StA.s hat das OTr. dieses Erkenntniß und das vorhergegangene Verfahren, soweit dieselben die Anklage wegen fahrlässigen Meineides betrafen, vernichtet und die Sache zur anderweiten Verhandlung über diese Anschuldigung an die betr. Gerichtsabtheilung verwiesen. Gründe:

In der aus § 132 StGB. den Geschwornen gestellten und von ihnen verneinten eventuellen Frage fehlt der Ausdruck „aus Fahrlässigkeit," mithin ein gesetzliches Erforderniß des Thatbestandes. Die Frage ist also falsch gestellt und zwar lediglich aus Irrthum. Der Art. 81 des Ges.s v. 3. Mai 1852 fordert aber, daß die Frage bei Strafe der Nichtigkeit alle Thatsachen enthalten soll, welche die wesentlichen Merkmale der dem Angeklagten zur Last gelegten strafbaren Handlung bilden. Der Umstand, daß die Frage nur auf den Antrag des Vertheidigers gestellt worden, ist gleichgültig, weil der GH. durch die Zulassung des Antrages, also durch die Stellung der Frage, zu erkennen giebt, daß er gemäß Art. 86 des gedachten Gesetzes das Sachverhältniß auch von einem anderen Gesichtspunkte aus erschöpfen wolle. Hier aber hat der GH. außerdem den Antrag des StA.s auf Stellung des Vorbehaltes anderweiter Verfolgung wegen fahrlässigen Meineides dadurch abgeschnitten, daß er sofort die Frage wegen dieses Vergehens den Geschwornen vorgelegt hat. Die Einwendungen des Angeklagten gegen die beantragte Vernichtung sind nicht durchgreifend. Bei einer den gesetzlichen Vorschriften zuwider gestellten Frage ist auch das von den Geschwornen darauf abgegebene Verdikt, selbst wenn dasselbe an und für sich deutlich und bestimmt ist, hier also in Verbindung mit der Frage allerdings erklären mag, daß der Angeklagte nicht etwas Unwahres eidlich erhärtet habe, ebenso hinfällig, also für die Entscheidung unwirksam, weil es auf einer Grundlage beruhet, die, wie erwähnt, nicht aufrecht erhalten werden kann. Die Nichtigkeit trifft also das Verfahren überhaupt. Von einer Aufrechthaltung des dem Angeklagten günstigen Verdiktes kann also keine Rede sein; es handelt sich hier überdies nicht von einem auf eine regelrecht gestellte Frage ergangenen, dem Angeklagten theilweise günstigen, und deshalb möglicher Weise bei einer im Uebrigen erfolgenden Vernichtung aufrecht zu erhaltenden Verdikte, sondern um einen Mangel, welcher, weil er die gesetzlich vorgeschriebene Form verletzt, die ganze Frage und mithin auch das ganze Verdikt trifft.

Antr. des OStA.s: gleichl. [15.—4.]

Verlesung eines Schriftstücks. — Urkundenbeweis.

Die Verlesung eines Schriftstücks zum Zwecke der Beweiserhebung bedarf einer Rechtfertigung nach Anleitung des Art. 25 des Ges.s v. 3. Mai 1852 nicht, wenn es sich von einem Urkundenbeweise und nicht von der Mittheilung der Aussagen von Zeugen handelt.

Vdn. v. 3. Jan. 1849 §§ 14 [vgl. dort n. 45], 21; Ges. v. 3. Mai 1852 Art. 25 [vgl. dort n. 21].

Erk. (Z. I.) v. 26. Okt. 1864 c. Geppner (1033. I. Cr.).

Der Angeklagte hatte in 2. Instanz die erstrichterliche Feststellung angefochten und zu diesem Ende die Vernehmung der Wittwe ꝛc. St. als Zeugin beantragt. Das AG. veranlaßte diese Vernehmung durch das kommittirte Gericht erster Instanz; nach Erledigung jenes Auftrags sah sich dieses Gericht indessen veranlaßt, dem OStAnw. eine schriftliche Mittheilung über die gegen die Glaubwürdigkeit jener Zeugin aufgestiegenen Bedenken zu machen. Das AG. ließ darauf nicht allein das Vernehmungsprotokoll, sondern auch dieses Schreiben der Gerichts-Kommission verlesen und bestätigte das 1. Erkenntniß, indem es erwog: daß nach diesem Schreiben der gegründete Verdacht obwalte, daß die

Wittwe ꝛc. St. eine gedungene Zeugin sei, eine Vermuthung, welche auch durch andere Umstände unterstützt werde. Die NB. des G. rügte es, daß jene Verlesung stattgefunden habe, ohne daß sie in Gemäßheit des Art. 25 des Ges. v. 3. Mai 1852 durch Angabe der Gründe gerechtfertigt worden sei. Zurückweisung. Gründe:

Wenngleich nach Art. 25 cit. die Verlesung gewisser Schriftstücke nach vorgängigem Gerichtsbeschlusse nur „zur Aufklärung der Sache" gestattet ist, hier aber das Schreiben der Gerichts-Kommission zu T. v. ꝛc., welches der Imploraut als unstatthaftes Beweismittel bezeichnet, ausdrücklich „zum Zwecke der Beweisaufnahme" verlesen ist, so findet doch der Art. 25 um deswillen keine Anwendung, weil das gelesene Schreiben, soweit es als Beweismittel benutzt worden ist, nur den Inhalt gerichtlicher Akten mittheilt, die dem mittheilenden Gerichte selbst vorgelegen haben, folglich die Stelle derselben vertritt. Daß dergleichen Akten aber als Beweisstücke vorgelegt werden können, unterliegt keinem Zweifel, sobald es sich, wie hier, nicht um Mittheilung der Aussagen von Zeugen, die zur Audienz hätten geladen werden müssen, sondern lediglich um einen Urkundenbeweis handelt.

Antr. des GStA.s: gleichl. [28. — 4.]

Widerstand im Amte. — Exekutivbeamter. — Ortspolizeibeamter.

Die die Ortspolizei handhabenden Beamten können ihre desfallsigen Anordnungen persönlich ohne Zuziehung eines andern Exekutivbeamten zur Ausführung bringen; erfahren sie dabei einen Widerstand, so wird § 89 StGB. anwendbar.

StGB. § 89 [dort einzutr. als n. 7a].

Erk. (B. I.) v. 26. Okt. 1864 c. Gersten (1037. I. Cr.).

Der die Ortspolizei handhabende Domänen-Rentmeister K. hatte mehreren Musikern das Weiterspielen untersagt, und wollte, um bei dem Widerspruche derselben seinem Verbote Nachdruck zu geben, die gebrauchten Instrumente in Beschlag nehmen. Hierbei hat ihm G. durch Gewalt Widerstand geleistet, ist aber doch vom AG. von der aus

§ 89 StGB. erhobenen Anklage freigesprochen worden, „weil K. nicht zu den im cit. § vorausgesetzten Exekutivbeamten zu zählen und vermöge seines Amtes zwar die getroffenen Maaßregeln zu verfügen, nicht aber selbst auszuführen berechtigt gewesen sei." Auf die NB. des OStA.'s ist dieses Erkenntniß vernichtet und die Sache an das AG. zurückverwiesen worden. Gründe:

Daß bei den Ortspolizeibehörden kein Unterschied zwischen verfügenden und vollstreckenden Beamten stattfindet, wenn es sich um Anwendung des StGB.s § 89 handelt, folgt schon aus dem zweiten Abschnitte des § 1 des Gesetzes über die Polizei-Verwaltung v. 11. März 1850, wonach die hierzu bestimmten Ortspolizeibeamten, Bürgermeister, Amtmänner u. s. w. und nicht etwa untergeordnete Polizeidiener oder Exekutoren, die Anweisungen der vorgesetzten Behörden in Polizei-Angelegenheiten zur Ausführung zu bringen haben, mithin selbst auch als sogenannte Exekutivbeamten anzusehen sind; ferner aus dem § 20 a. a. O., wonach jede Polizeibehörde, also auch die Ortspolizeibehörde, ihre eigenen polizeilichen Verfügungen durch Zwangsmittel durchzusetzen berechtigt ist, nöthigenfalls also auch verhängende und exequirende Behörde zugleich sein kann; nicht minder aus dem § 3 des Ges.s zum Schutze der persönlichen Freiheit v. 12. Febr. 1850, wonach unter den Beamten, welche zu vorläufigen Ergreifungen und Festnahmen (also zu exekutivischen Maaßregeln) berechtigt sind, nicht bloß „Wachtmannschaften" und andere Beamte, welchen die Pflicht obliegt, Verbrechen und Vergehen zu erforschen, mithin die eigentlich sogenannten exekutivischen Polizeibeamten, sondern auch die Polizeibehörden im Allgemeinen, also auch die mit einer polizeilichen Funktion selbstständig beauftragten Beamten und Polizei-Vorstände, genannt werden.

Im vorliegenden Falle kommt ferner in Betracht, daß nach § 2 der beigebrachten Instruktion für die Domainen-Rentbeamten im Bezirke der Kgl. Regierung zu Marienwerder v. 1. Mai 1841 die Domainen-Rentmeister die Verwaltung der, dem Fiskus zustehenden gutsherrlichen Polizei zu besorgen haben, in den ihnen untergebenen Ortschaften mithin dieselbe Stellung einnehmen, wie die mit der Polizei-Verwaltung betrauten Rittergutsbesitzer auf ihren Gütern und den dazu gehörigen Ortschaften. So wenig nun den letzteren vorgeschrieben ist, daß sie sich zur Vollstreckung ihrer polizeilichen Anordnungen stets eigener sogenannter Exekutivbeamten zu bedienen haben, so wenig ist solches bei den Domainen-Rent- und anderen Ortspolizeibeamten der Fall, weshalb es auch in ihren rechtlichen Befugnissen keinen Unterschied machen kann, ob ihnen im einzelnen Falle dergleichen wirklich zu Gebote stehen oder nicht.

Daß ein die Ortspolizei verwaltender Gutsherr persönlich vorläufige Verhaftungen vornehmen könne, ist überdem schon in einem Urtheile des OTr.s v. 7. Okt. 1857 (G. A. 5. S. 851) ausdrücklich ausgesprochen worden. Derselbe Grundsatz findet aber nicht bloß bei vorläufigen Verhaftungen, sondern auch bei allen anderen Maaßregeln der exekutiven Polizei und ebenso wenig bloß bei Gutsherrn, sondern auch bei allen anderen Ortspolizei-Vorständen Anwendung.

Antr. des GStA.s: gleichl. [28.—4.]

---

1. Schlägerei. — Unverschuldetes Hineinziehen. — Persönliche Handlung.
2. Verlesung einer protokollirten Zeugenaussage. — Nichtauffinden des Zeugen.

1. Derjenige, welcher in eine Schlägerei ohne sein Verschulden hineingezogen und daher aus § 195 StGB. nicht zu bestrafen ist, wird dennoch von der Strafe der gegen ihn persönlich festgestellten besondern Handlungen, z. B. einer vorsätzlichen Körperverletzung, betroffen.

StGB. § 195 [vgl. dort n. 20].

2. Kann ein in der Voruntersuchung zu Protokoll vernommener Zeuge später nicht mehr aufgefunden und daher zur Sitzung nicht vorgeladen

werden, so ist es statthaft, jenes Vernehmungsprotokoll in der Sitzung verlesen zu lassen.

Vdn. v. 3. Jan. 1849 § 21 [vgl. dort n. 17]. Sic: Z. I. 5. Juni 1863 c. Ernst, 591. — Es dürfte sich empfehlen, einen solchen Fall nach Anleitung des Art. 25 des Ges.s v. 3. Mai 1862 zu behandeln.

Erk. (Z. I.) v. 26. Okt. 1864 c. Senger & Klein (1058. I. Cr.).

Durch Geschwornenspruch war gegen S. die Betheiligung an einer Schlägerei, bei welcher die Wittwe R. tödtlich verletzt worden sei, gegen Kl. aber die vorsätzliche Mißhandlung der Wittwe R. mit der Maaßgabe festgestellt worden, daß er sich dadurch an einer Schlägerei betheiligt habe, bei welcher die Wittwe R. tödtlich verletzt wurde; zugleich hatten die Geschwornen aber auch die Zusatzfrage bejaht, daß Kl. ohne sein Verschulden in die Schlägerei hineingezogen worden sei. Der Schw.G.H. verurtheilte demgemäß den S. aus § 195, den Kl. aus § 187. Die NB. des letzteren rügte Verletzung der §§ 187. 195: da er ohne sein Verschulden in die Schlägerei hineingezogen worden sei, so könne ihn auch eine Bestrafung aus § 187 nicht treffen. Dagegen behauptete die NB. des S. die Verletzung des § 21 der Vdn. v. 3 Jan. 1849 und des Art. 25 des Ges. v. 3. Mai 1852, weil der Schw.-G.H. die in der Voruntersuchung protokollirte Aussage des Zeugen F. R. hatte verlesen lassen und zur Rechtfertigung erwogen hatte, „daß dieser Zeuge seinem Aufenthalte nach nicht mehr zu ermitteln gewesen sei und Angeklagte und Vertheidigung sich damit einverstanden erklärt hätten." Zurückweisung. Gründe:

Der Angriff des Angeklagten Kl. zu I. ist nicht begründet. Allerdings ist Kl. nur der Betheiligung an einer Schlägerei, bei welcher ein Mensch getödtet worden, aus dem ersten Abschnitte des § 195 angeklagt, und es kann keinem Zweifel unterliegen, daß nachdem gegen ihn gleichzeitig durch den Spruch der Geschwornen festgestellt worden war, daß er ohne sein Verschulden in die Schlägerei hineingezogen worden sei, er von der Anklage aus dem ersten Abschnitte des § 195, wie demnächst geschehen, freigesprochen werden mußte. Dieses schließt aber seine Bestrafung wegen solcher strafbaren Handlungen nicht aus, die er nach seiner, wenn gleich unverschuldet, erfolgten Hineinziehung in die Schlägerei schuldbarer Weise verübt hat. Der letzte Abschnitt des § 195 hat die Möglichkeit solcher Fälle sogar ausdrücklich vorgesehen und darum unabhängig von den sonstigen Voraussetzungen des § 195 die Bestrafung derjenigen, die sich bei Gelegenheit solcher Schlägereien selbstständig eines Mordes, Todtschlages, einer schweren oder erheblichen Körperverletzung, sei es als Urheber oder Theilnehmer, nach den besonders dafür gegebenen Gesetzen vorgeschrieben. Dasselbe gilt von einfachen Körperverletzungen, wie solches in einem früheren Urtheil des O.Tr.s v. 8. Okt. 1856 c. Gandera (G. A. 4. S. 840) bereits ausgeführt worden ist. —

Ebensowenig liegt zu II., 2. eine Verletzung des Art. 25 des Ges.s v. 3. Mai 1852 oder des § 21 der Vdn. v. 3. Jan. 1849 vor. Denn der Art. 25 bezieht sich nur auf solche schriftliche Zeugenaussagen und andere Schriftstücke, die sonst, ohne das Prinzip der Mündlichkeit zu verletzen, als Beweisstücke nicht vorgelesen werden dürften, und deren Verlesung daher nur auf besonderen Beschluß des G.H.s „zur Aufklärung der Sache" gestattet sein soll, welches letzteres dann, wie vom O.Tr. vielfach ausgeführt worden, ausdrücklich den Geschwornen bemerkbar gemacht werden muß. Um ein solches Schriftstück handelt es sich hier aber nicht. Denn der § 21 der cit. Vdn. gestattet als Ausnahme von dem Prinzip der Mündlichkeit, daß wenn bei dem mündlichen Verfahren die Vernehmung eines Zeugen wegen Krankheit, Altersschwäche, großer Entfernung oder anderer unabweisbarer Hindernisse nicht erfolgen kann, dieselbe anderweit zu bewirken und das darüber aufzunehmende Protokoll in der Audienz verlesen werden soll, woraus allerdings folgt, daß die bloße Verlesung eines schon in der Voruntersuchung aufgenommenen Protokolls in solchen Fällen nicht genügen würde. Auch das letztere soll indessen geschehen können, wenn der Zeuge inzwischen verstorben wäre, mithin nicht noch einmal vernommen werden könnte. Mit diesem Falle auf gleicher Linie steht nun der hier vorliegende Ausnahmefall, daß ein zur Audienz zu ladender Zeuge nicht aufgefunden werden kann, weil seine nochmalige Vernehmung dann ebenfalls nicht möglich ist. Es muß daher aus gleichem Grunde die Verlesung seines schon in der Voruntersuchung abgegebenen Zeugnisses, zumal wenn solches, wie hier, eidlich erhärtet worden ist, genügen und als formell gültiges Beweisstück gelten können, wie solches vom OTr. auch schon früher, z. B. in der Untersuchungssache c. Lecaan durch Erkenntniß v. 4. März 1864 (G. A. 12. S. 492) ausgesprochen worden ist.

Antr. des GStA.s: gleichl. [28. — 4.]

---

1. 2. Linkes Rheinufer. — Ordonnanz von 1669. — Leinpfad.
3. Alluvion. — Eigenthum. — Wasserbauten.

1. Die Ordonnanz von 1669 ist auf dem linken Rheinufer für gehörig publizirt zu erachten.

Vgl. RhOTr. 4. S. 480.

2. Das im Art. 7 Tit. 28 der cit. Ordonnanz enthaltene Verbot des Bepflanzens des Leinpfads ist nicht auf die Fälle beschränkt, wo durch die Pflanzungen die Schifffahrt thatsächlich gestört wird; auch bezieht sich das Verbot auf beide Seiten des Flusses.

3. Das durch allmälige Anschwemmung an einem Flußufer sich ansetzende Land wird selbst dann Eigenthum des Uferbesitzers, wenn die Landbildung durch Wasserbauten des Wasserbaufiskus hervorgerufen worden ist.

Rh. BGB. Art. 556.

Erk. (B. II.) v. 27. Okt. 1864 c. Seiwert (271. II. Cr.).

Der Wasserbaufiskus hatte in der Saar, zur Regulirung des Laufs derselben, steinerne Krippen (Buhnen) anlegen lassen, welche sich vom Ufer in senkrechter Richtung in das Flußbette hinein erstreckten; zwischen diesen Krippen hatten sich allmälig Versandungen gebildet, welche im Laufe der Jahre fester, höher und vegetationsfähig wurden. Auf einer solchen Anschwemmung hatte S., dem das anstoßende Ufer gehörte, Weidenpflanzungen vorgenommen, und war deshalb auf den

Wunsch der Regierung, welche das Eigenthum des neugebildeten Landes für sich in Anspruch nahm, unter der Beschuldigung: „— — am linken Ufer der Saar — — zwischen den Wasserbauwerken im Flußgebiete ohne gesetzliche Erlaubniß Weiden gepflanzt zu haben" auf Grund des Art. 7 Tit. 28 der Ordonnanz vom J. 1669 vor Gericht gestellt, in beiden Instanzen aber freigesprochen worden. Der App.-Richter nahm zwar an, daß die vom ersten Richter bezweifelte Verkündung jenes Gesetzes auf dem deutschen linken Rheinufer Statt gefunden habe, hielt den betr. Art. 7 aber deshalb hier nicht für anwendbar, weil derselbe sich nur auf die Behinderung der Schifffahrt durch Anpflanzungen an dem zwischen Fluß und Leinpfad befindlichen Ufer (Lande) beziehe, hier aber die Anpflanzung auf dem dem Leinpfade gegenüber liegenden Ufer stattgefunden habe und sonach die Schifffahrt nicht hindere. — Kassations-Rekurs des Oberprokurators. — Die GStA.-schaft beantragte Vernichtung des angefochtenen Erkenntnisses, weil der cit. Art. 7 auch auf dem dem Leinpfade gegenüberliegenden Ufer auf eine Breite von 10 Fuß jede Anpflanzung untersage. — Das OT. hat das Erkenntniß zweiter Instanz vernichtet, und die Sache an eine andere App.-K. verwiesen, weil es noch einer näheren Feststellung über den Charakter der stattgehabten Anpflanzung bedürfe. Erwogen ward:

daß die Vorschrift des Art. 7 cit. zwar allerdings im Interesse der Schifffahrt gegeben ist, daß indessen zu ihrer Anwendung nicht gehört, daß durch die verbotswidrigen Pflanzungen und Anlagen die Schifffahrt thatsächlich gestört werde, das Dasein derselben vielmehr die Anwendung des Gesetzes gegen den Uferbesitzer begründet, welcher dieselben gemacht hat, weshalb auch nicht zu untersuchen war, ob durch die in Rede stehende Pflanzung eine Behinderung der Schifffahrt hervorgebracht werde;

daß sodann auch die Anpflanzungen und Anlagen der im Gesetze bezeichneten Art nicht bloß auf der Seite verboten sind, wo sich der Leinpfad befindet, sondern das Verbot sich auch, nach den klaren Worten des Gesetzes, auf das entgegengesetzte Ufer mit dem sogenannten „Contrepied, Marchepied" — bezieht, nur mit dem Unterschiede, daß hier bloß eine Entfernung von 10 Fuß vom Ufer bis in's adjacirende Terrain vorgeschrieben ist, mithin vom zweiten Richter die Anwendbarkeit des Gesetzes dadurch für sich nicht ausgeschlossen werden konnte, daß sich die Pflanzung auf dem dem Leinpfad entgegengesetzten Ufer befinde;

In Erw., daß vielmehr bei dem Umstande, daß nach der thatsächlichen Feststellung des zweiten Richters, die mit Weiden bepflanzte Stelle sich auf dem dem Leinpfade gegenüber liegenden Ufer befindet, übrigens das Gesetz von Handlungen des adjacirenden Eigenthümers (oder Eigenthumsbesitzers) ausgeht, die Entscheidung der Sache nur durch die Lösung der Fragen bedingt war, ob

1) das bepflanzte Terrain Eigenthum des Beschuldigten war;
2) ob die von ihm vorgenommene Anpflanzung 10 Fuß von dem Uferrande, welcher dieses sein Eigenthum begrenzte, entfernt ist oder nicht, und wenn letzteres der Fall, ob
3) die Weidenpflanzung den Charakter einer clôture, haie, oder Baumpflanzung im Sinne des Art. 7 cit. habe, oder nicht;

In Erw., daß nun ad 1 der App.-Richter, indem er, in wesentlicher Uebereinstimmung mit dem ersten Richter, als thatsächlich feststehend annimmt, daß der Beschuldigte in dem Saarflusse, auf das zwischen den von dem Fiskus angelegten Buhnen angeschwemmte Land, welches an das Eigenthum des Beschuldigten anstoße, und mit diesem durch allmählige Alluvion verbunden sei, die Weiden angepflanzt habe, sichtbar auch die Annahme unterstellt, daß das fragliche Land durch Alluvion Eigenthum des Beschuldigten geworden sei, wie denn auch aus der Darstellung des Sachverhältnisses, welches von dem Kgl. Ober-Prokurator in dem Einsendungs-Berichte gegeben ist, erhellet, daß es sich hier um ein, durch allmählige Anschwemmung gebildetes, nach und nach höher, fester und vegetationsfähiger gewordenes Terrain handelt, welches mit dem Grundstücke des Beschuldigten zusammenhängt;

daß unter diesen Umständen dann auch die Voraussetzungen der Alluvion nach Maaßgabe des Art. 556 des

BGB.s um so mehr vorhanden sind, als das Dasein derselben dadurch nicht ausgeschlossen sein würde, wenn die allmählige Landbildung nur durch die Wasserbauten, — also künstliche Anlagen, — des Wasserbaufiskus hervorgerufen worden wären;

In Erw., daß somit dermalen schon feststeht, daß der Beschuldigte Eigenthümer des Terrains sei, auf welchem die Weidenpflanzung von ihm gemacht worden ist;

In Erw., daß es dagegen ad 2. an jeder Feststellung darüber fehlt, wie weit sich die fragliche Anpflanzung von dem Uferrande, und namentlich dem Rande, welcher das durch die Alluvion gebildete, flußeinwärtsgehende neue Eigenthum des Beschuldigten begrenzt, entfernt befindet;

daß es ebenso ad 3. an der erforderlichen Feststellung über den Charakter der Anpflanzung gebricht; ꝛc.

[27. — 2.]

---

1. Stempelabgabe. — Civilrechtsweg. — Strafrichter.
2. Stempel. — Unvollständiger Wechsel. — Blanko-Accept.

1. Der wegen Stempeldefraudation Herangezogene kann auf die durch das Ges. v. 24. Mai 1861 ihm beigelegte Befugniß: in Betreff der Frage der Stempelpflichtigkeit auf eine Entscheidung im Civilrechtswege zu provoziren, — Verzicht leisten. Findet der Strafrichter, daß die Stempelpflichtigkeit nicht vorhanden, die Anklage also nicht begründet ist, so kann er von dieser freisprechen, ohne daß es der Verweisung der Sache zum Civilrechtswege bedürfte.

Ges. v. 24. Mai 1861 §§ 11. 14. Vgl. RdOTr. 4. S. 352.

2. Derjenige, welcher auf ein noch nicht vollständig ausgefülltes Wechsel-Formular als Bezogener sein (Blanko-) Accept setzt, macht sich einer Stempeldefraudation nicht schuldig, sollte auch dieses Formular demnächst in die Hand des

Ziehers zurückgelangen und von ihm vollständig ausgefüllt werden.

Stemp.-Ges. v. 7. März 1822 §§ 20. 26. — Sic: Z. (I. 748) 6. Jan. 1849 c. Koch; vgl. RbOTr. 1. S. 351; 4. S. 295. 544; Hartm. Strafgess. S. 109 n. 54.

Erk. (Z. II.) v. 27. Okt. 1864 c. Gildemeister (316. II. Cr.).

Ein von N. an eigene Ordre gezogener, mit dem Accepte des Bezogenen G. versehener und bei Sch. domizilirter Wechsel war durch einen Kommis des Domiziliaten im angeblichen Auftrage des Ziehers N. der Steuerbehörde zur Stempelung vorgelegt worden. Demzufolge ward der Acceptant G. wegen Stempeldefraude zur Untersuchung gezogen, von den Instanzgerichten aber freigesprochen, weil als erwiesen angenommen wurde, daß das Schriftstück zur Zeit, wo G. dasselbe mit seinem Accepte versah und zurückgab, nur ein noch nicht ausgefülltes Wechselformular gewesen sei. In zweiter Instanz hatte der OStA. Verweisung der Sache zum Civilrechtswege in Gemäßheit des Ges.s v. 24. Mai 1861 beantragt, das AG. aber diesen Antrag abgelehnt: „weil G. nicht die Stempelpflichtigkeit des Wechsels, sondern nur seine Strafbarkeit, wegen Mangels der Theilnahme am Umlaufe desselben, bestreite und es zudem nach jenem Gesetze lediglich von der Willkür des Angeklagten abhänge, ob er vorab den Civilrechtsweg betreten oder es auf die Entscheidung im Strafwege ankommen lassen wolle, G. aber hier die letztere Alternative gewählt habe." Sowohl der OStAnw. als die Prov.-Steuer-Direktion ergriffen die NB.; jener rügte Verletzung des Ges. v. 24. Mai 1861, dieser machte die Verletzung des Stempelgesetzes geltend. Die GStAnw.-schaft beantragte Zurückweisung der NB. des OStA.s, weil das Ges. v. 24. Mai 1861 nur dem Angeklagten ein Recht beilege, auf welches dieser verzichten könne, daher stehe es der StA.-schaft nicht zu, die Verletzung dieses Gesetzes zur Grundlage einer NB. gegen den Angeklagten zu machen. Dagegen erachtete sie die NB. der Pr.-St.-Direktion für begründet, weil derjenige, welcher ein unausgefülltes Wechselformular mit seinem Accepte versehe und unter solchen Umständen aus der Hand gebe, daß darin die Genehmigung einer später zu bewirkenden Ausfüllung des Formulars zu finden sei, — der Steuerbehörde dafür einstehen müsse, daß diese (gewissermaaßen in seinem Auftrage erfolgende) Ausfüllung nicht vor der Stempelung stattfinde, indem durch die Ausfüllung Wechsel und Accept ihre volle Wirksamkeit erlangten und die frühere Aushändigung nachträglich die Bedeutung eines mit dem Wechsel gemachten Geschäfts annehme (vgl. RbOTr. 1. S. 351). Das OTr. hat beide Beschwerden zurückgewiesen. Gründe:

Was zunächst die NB. des OStAnw.s betrifft, so ist

durch die §§ 11 und 14 des Ges.s v. 24. Mai 1861 dem Angeschuldigten nur eine Befugniß eingeräumt, von welcher Gebrauch zu machen ihm überlassen ist, und auf welche er ausdrücklich oder stillschweigend Verzicht leisten kann, nämlich die Befugniß, die civilrechtliche Vorfrage, von der seine Straffälligkeit abhängig ist, vorab zur Entscheidung im Civilrechtswege zu bringen. Daher ist zwar da, wo in dem Strafverfahren die Instanzrichter diese Befugniß dem Angeschuldigten entzogen und ihn zu Strafe verurtheilt haben, noch in der Nichtigkeits-Instanz auf die NB. des Angeschuldigten solche Prozedur zu veranlassen (B. Pl. 8. Febr. 1864 c. Scupin, RdOTr. 4. S. 352). Wo aber nach dem von den Instanzrichtern für festgestellt erachteten Sachverhalte diese den Angeschuldigten nicht straffällig gefunden und deshalb freigesprochen haben, und nach jener Feststellung solche Straffälligkeit wirklich nicht eintritt, — wie dies in dem vorliegenden Falle nach dem, was weiterhin auf die NB. der Prov.-St.-Direktion zu bemerken ist, stattfindet, — da konnten die Instanzrichter keine Veranlassung haben, erst noch, mit Bestimmung einer Frist, dem Angeschuldigten die Betretung des Civilrechtsweges über die civilrechtliche Vorfrage anheim zu geben, in Bezug auf welche sie, nach dem für festgestellt angenommenen Sachverhalte, die Anklage nicht begründet fanden und nicht begründet finden mußten. Vielmehr waren sie in solchem Falle befugt, ohne erst dem Angeschuldigten eine Frist zur Betretung des Civilrechtsweges zu bestimmen, zu befinden und durch Freisprechung des Angeschuldigten auszusprechen, daß die Anklage nicht begründet oder elidirt sei. Denn der Strafrichter hat, wenn er auch in Zoll- und Steuer-Defraudationssachen, und namentlich in Stempelsteuer-Defraudationssachen, nur über die Straffälligkeit des Angeschuldigten, nicht aber über die Verbindlichkeit zur Zahlung oder Nachzahlung der Steuer zu erkennen hat (KO. v. 18. Nov. 1828, GS. 29. S. 16), doch dabei, um die für seine Entscheidung über die Straffälligkeit des Angeschuldigten erforderliche Grundlage zu erlangen, auch zu beurtheilen und festzustellen, ob und welche Zoll- oder Steuerabgabe von dem Angeschuldigten zu entrichten gewesen sei; er ist, — sofern nicht besondere gesetzliche Vorschriften Ausnahmen bestimmen, — auch civilrechtliche Vorfragen, von deren Beantwortung als Prämisse seiner Entscheidung über die Straffälligkeit des Angeschuldigten diese abhängig ist, zu seiner Kognition zu ziehen befugt, und hierin ist auch durch das, die Erweiterung des Rechtsweges betreffende Ges. v. 24. Mai 1861 §§ 11 und 14 nur insoweit eine Aenderung eingetreten, als durch selbiges dem Angeschuldigten, unter den darin bestimmten Maaßgaben, die Befugniß eingeräumt worden ist, auch über jene Verpflichtung zur Zahlung oder Nachzahlung der Steuer, namentlich der Stempelsteuer, richterliche Entscheidung herbeizuführen, und deshalb auch bei bereits anhängigem Strafverfahren dem Beschuldigten mit dem Erfolge Gelegenheit und anheim gegeben werden soll, von dieser Befugniß Gebrauch zu machen, daß, wenn er davon Gebrauch macht, die im Civilrechtswege ergehende Entscheidung für den Strafrichter maaßgebend wird, wenn er aber von jener Befugniß keinen Gebrauch macht, der Strafrichter zwar nach wie vor, um die Grundlage für die im Tenor seines Erkenntnisses zu treffende Entscheidung über die Straffälligkeit des Angeschuldigten zu gewinnen, in den Erkenntnißgründen jene Verpflichtung selbstständig seiner Prüfung zu unterziehen, hierüber aber (im Tenor) nicht zu entscheiden hat, diese Entscheidung vielmehr der Verwaltungs-Behörde verbleibt. Jedenfalls ist die obengedachte im ersten Satze des § 14 des Ges.s v. 24. Mai 1861 getroffene Bestimmung nur eine, und zwar lediglich im Interesse des Angeschuldigten gegebene Prozedur-Vorschrift, deren etwanige, keine absolute prozessualische Nichtigkeit begründende Verletzung nicht von der StA.-schaft zu dem Zwecke geltend gemacht werden kann, um eine Vernichtung des Urtheils zum Nachtheile des Angeschuldigten herbeizuführen (Art. 109 Abs. 2 des Ges.s v.

3. Mai 1852). — Die zu solchem Zwecke eingelegte NB. des OStAnw.s war deshalb zurückzuweisen.

Was sodann die NB. der Prov.-St.-Direktion betrifft, in welcher dem App.-Richter die Verletzung von Rechtsgrundsätzen und namentlich der §§ 20 und 26 des Gesetzes über die Stempelsteuer vorgeworfen wird, so erscheint auch dieser Vorwurf, bei der von den Instanzrichtern getroffenen thatsächlichen Feststellung, nicht begründet. Diese Feststellung, nach welcher zu der Zeit, wo der Angeschuldigte G. auf das in Rede stehende Schriftstück sein (Blanko-) Accept setzte und jenes, damit versehen, an den (künftigen Zieher) rc. N. zurückgab, dasselbe nur ein unausgefülltes Wechsel-Formular war, kann in der Nichtigkeits-Instanz nicht, wie es in der Beschwerdeschrift unter sachlichen, auf den Akten-Inhalt und insbesondere auf die Zeugen-Aussage des rc. E. und auf eigene Anführungen des Angeschuldigten Bezug nehmenden Erörterungen geschieht, durch faktische Deduktionen beseitigt werden, und sie rechtfertigt die Entscheidung des App.-Richters. — Mag nämlich auch bei einem schon vorher in Umlauf gekommenen (vollständigen) Wechsel, welcher nicht gestempelt ist, der Bezogene, wenn er ihn mit seinem Accepte versieht, schon hierdurch allein, auch ohne hinzukommende Rück- oder Fortgabe desselben, damit ein Geschäft und sich straffällig machen (vgl. Z. I. v. 15. Jan. 1864 c. Solmsen, RdOTr. 4. S. 295), während sonst erst durch die Fortgabe des mit seinem Accepte versehenen Wechsels der Acceptant in den Wechsel-Verkehr eintritt (vgl. Erk. v. 15. Febr. 1859, Str. Arch. 34. S. 242. 248. 249; Borchardt Wechs.-Ordn. 2te Ausg. Art. 21 n. 156; Weiske Rechts-Lexik. 14. S. 297. 298 n. 293. 299); mag ferner auch für die Beweisfrage, nämlich für die Frage, wem der Beweis zur Last falle, wenn es in Frage kommt, ob das bei der Vorlegung zur Stempelung sich als ein vollständiger, mit Accept versehener Wechsel darstellende Schriftstück dies auch schon zur Zeit des darauf gesetzten Accepts und der von dem Acceptanten ohne vorgängige Stempelung geschehenen Rücksendung gewesen sei, vielleicht der Umstand von Bedeutung sein können, daß, wenn auf ein, Rücksichts eines wesentlichen Erfordernisses des Wechsels, noch unausgefülltes Wechsel-Formular ein Accept gesetzt und dasselbe mit diesem Accepte versehen aus den Händen gegeben und namentlich dem (künftigen) Trassanten zugestellt wird, dies füglich keinen andern Zweck haben kann, als den, diesen letztern zu ermächtigen, das Schriftstück zu ergänzen und daraus einen vollständigen Wechsel zu machen (vgl. Koch zu Art. 21 der Wechs.-Ordn. Anm. 50 und Art. 7 Anm. 36; Erk. v. 24. Sept. 1859, Str. Arch. 35. S. 118), also jedenfalls der Acceptant den (künftigen) Zieher in Stand gesetzt und ermächtigt hat, dergestalt das Schriftstück zu einem Wechsel zu machen, daß hiernächst aus ihm nicht zu entnehmen ist, ob dasselbe zur Zeit des Accepts noch kein (vollständiger) Wechsel war; — so kann doch ein Schriftstück, dem eines der wesentlichen Erfordernisse des Wechsels noch fehlt, als Wechsel nicht gelten (Art. 7 der Wechsel-Ordnung), und ist also kein Wechsel. Ein noch nicht existirender Wechsel aber kann nicht in Umlauf gesetzt, es kann nicht damit ein Geschäft gemacht werden; nur vorbereitet werden kann vor erfolgter Ausstellung des Wechsels ein damit zu machendes Geschäft. Wo daher festgestelltermaaßen das Accept auf ein unausgefülltes Wechsel-Formular, oder überhaupt auf ein Schriftstück gesetzt wurde, dem ein wesentliches Erforderniß eines Wechsels fehlte und das daher bei dem Acceptations-Vermerke und bei der ohne vorgängige Stempelung geschehenen Rücksendung noch kein Wechsel war, da ist von demjenigen, der jenes Schriftstück mit seinem Accepte versah, nur eine keinem Strafgesetze zuwider laufende Handlung begangen, die nicht durch spätere Handlungen eines Anderen den Charakter der Strafbarkeit annehmen kann.

[26.—2.]

Urkundenfälschung. — Beamter. — Privaturkunde.

Die Strafe des § 323 StGB. trifft auch denjenigen Beamten, welcher eine ihm vermöge seines Amtes zugängliche rc. ächte Privaturkunde verfälscht.

StGB. § 323 [vgl. dort n. 24].

Erk. (Z. II.) v. 27. Okt. 1864 c. Götze (379. II. Cr.).

Die Behauptung der NB., daß der § 323 StGB., wenn er auch dem § 252 gegenüberstehe, doch ebenso wie dieser § 252 zu seiner Anwendung (überall, in allen seinen Strafbestimmungen) die Fälschung einer öffentlichen Urkunde voraussetze, ist unrichtig, und die für diese Behauptung geschehene Bezugnahme auf das Erk. v. 26. Apr. 1860 (c. v. Kotze, JMBl. S. 362) ist eine unpassende. In der zweiten Alternative des ersten Absatzes jenes § 323, desgleichen in dem zweiten Absatze desselben, sind es auch dem (öffentlichen, § 331) Beamten amtlich anvertraute oder ihm vermöge seines Amtes zugängliche Privat-Urkunden, deren durch ihn geschehene Verfälschung oder Unterdrückung unter diese Strafbestimmungen fällt, wogegen der von der sogenannten intellektuellen Urkundenfälschung handelnde § 252 nur auf Beurkundungen in öffentlichen Urkunden, Büchern und Registern geht (vgl. Goltd. Matt. 2. S. 574 Nr. 4. 5; Oppenhoff StGB. § 323 n. 24; G. A. 9. S. 294).

Nur in der ersten Alternative jenes ersten Absatzes des § 323 handelt es sich von Urkunden, deren Aufnahme oder Ausstellung einem Beamten vermöge seines Amtes obliegt, wie der, die intellektuelle Urkundenfälschung betreffende § 252 auf falsche Beurkundungen in öffentlichen Urkunden, Büchern oder Registern Bezug hat.

Rücksichts solcher Schriften und Eintragungen in Bücher oder Register mag in Frage kommen können, ob sie nur den innern amtlichen Verkehr einer Behörde betreffen, wie solche Frage in dem Erkenntniß v. 18. Apr. 1853 (Entsch. 25. S. 261, Oppenhoff StGB. § 247 n. 108

[106]; 323. n. 4. 20 [4. 19.], in Bezug auf Deposital-Annahme-Befehle, die nach der Depos.-Ordn. v. 15. Sept. 1783 Tit. 2. §§ 20. 92. 397. 402. 415 zu den Rechnungsbelägen gehören, und in Bezug auf Anzeigen des Rendanten über nicht erfolgte Einzahlung), in dem cit. Erk. v. 26. Apr. 1860 (in Bezug auf Notirbücher bei Kontrollirung der Rübenzucker-Steuer), in dem Beschlusse v. 30. Jan. 1861 (G. A. 9. S. 291; RdOTr. 1. S. 232 in Bezug auf schriftliche Versicherungen eines Beamten über geleistete Vorschüsse oder Verwendung ihm zur Disposition gestellter Gelder), in dem Beschlusse v. 26. März 1862 (G. A. 10. S. 501; RdOTr. 2. S. 316, in Bezug auf die dessen Geschäftsbetrieb betreffenden Bücher eines Hüttenbeamten) und in dem Erkenntnisse v. 4. Nov. 1863 (G. A. 12. S. 148; RdOTr. 4. S. 145, in Bezug auf Bescheinigungen des Büreau-Vorstehers über Lohnschreiber-Liquidationen) erörtert ist. Solche Schriften oder Eintragungen in Bücher oder Register stehen aber hier, nach der thatsächlichen Feststellung, nicht in Rede.

Antr. des GStA.s: gleichl. [26. — 2.]

---

1. Rekurs. — Zurückweisende Verfügung. — Nichtigkeitsbeschwerde.

2. Gewerbe-Polizei-Kontravention. — Hausir-Kontravention. — Verfahren.

1. Die ein Rechtsmittel als Rekurs zurückweisende appellationsgerichtliche Verfügung kann durch Nichtigkeitsbeschwerde angefochten werden, wenn behauptet wird, daß das Rechtsmittel als Appellation zu behandeln gewesen wäre.

Vdn. v. 3. Jan. 1849 § 169 [vgl. dort n. 3; RdOTr. 1. S. 572; 4. S. 92].

2. Hausir-Kontraventionen sind, selbst wenn eine Gewerbepolizei-Kontravention damit konkurrirt, nur als Gewerbesteuer-Defraudationen zu

ahnden; es ist daher gegen das Erkenntniß erster Instanz die Appellation statthaft.

[Vgl. Strafverf. § 27 n. 9; Art. 135 n. 7; RdOTr. 3. S. 292].

Beschl. (II.) v. 27. Okt. 1864 c. Hillebrand (Weischer u. Gen. 33. B. II. Cr.).

W. und H. waren des unbefugten Gewerbebetriebes eines Verkäufers von Flugschriften im Umherziehen angeklagt worden; in erster Instanz vom Polizeirichter aus § 1 des Preßges.s v. 12. Mai 1851, § 177 der Gew.-Ordn. vom 17. Jan. 1835 und §§ 13 und 26 des Hausir-Regulativs v. 28. April 1824 „wegen Gewerbe-Kontravention" bestraft, meldete H. das Rechtsmittel „des Rekurses resp. der Appellation" an; das AG. wies „den Rekurs als unbegründet" durch Verfügung zurück, gegen welche H. eine Beschwerde an das OTr. richtete. Dieses hat die Beschwerde-Schrift dem betr. Kreisgerichte zugefertigt, „um auf selbige, welche als NB. anzusehen und zu behandeln sei, als Gericht erster Instanz die betr. Verfügung nach Art. 110—112 des Ges.s v. 3. Mai 1852 zu treffen." In der betreffenden Anweisung ward ausgeführt:

Hätte die Beschwerde nur eine im Rekurswege vorschriftsmäßig ergangene Verfügung zum Gegenstande, so würde sie, da gegen eine solche Verfügung ein weiteres Rechtsmittel nicht gestattet ist (§ 169 der Vdn. v. 3. Jan. 1849) schon an sich unstatthaft sein. Der rc. H. hält sich aber dadurch beschwert, daß das von ihm gegen das Erkenntniß 1. Inst. rc. eingewandte Rechtsmittel, von dem er bei der Einwendung desselben angab, daß er „Rekurs, resp. Appellation anmelde," und auf welches dann durch die Verfügung des Criminal-Senats des Kgl. AG.s v. rc. „der Rekurs als unbegründet zurückgewiesen" ist, nicht als Appellation behandelt worden ist. — Inhalts der Akten hatte nun auch die Anklage den rc. W. und den rc. H. nicht einer bloßen Gewerbe-Polizei-Kontravention (§ 1 des Preßges.s v. 12. Mai 1851), sondern unter Bezugnahme auf §§ 13 und 26 des Regulativs v. 28. Apr. 1824 über den Gewerbebetrieb im Umherziehen, auch einer Gewerbe-Steuer-Kontravention, nämlich des Gewerbebetriebes im Umherziehen ohne Gewerbeschein, beschuldigt, und der erste Richter hatte zwar in dem Tenor seines Erkenntnisses die Handlungen der Angeschuldigten, derentwegen er gegen diesen auf Strafe erkannte, nur als „Gewerbe-Kontravention" bezeichnet, aber doch zugleich ein Steuer-Vergehen als vorliegend angenommen und neben dem § 1 des Preßgesetzes und dem § 177 der Gew.-Ordn. die §§ 13 und 26 des Regul.s v. 28. Apr. 1824 als zur Anwendung kommend herangezogen. Insofern war daher, — wenn auch die Bezugnahme auf § 177 der Gew.-Ordn. neben der Strafbestimmung des Regul.s v. 28. Apr. 1824 § 26 unpassend war, weil das Hausiren (der Gewerbebetrieb im Umherziehen) nur nach § 26 jenes Regulativs als eine Gewerbe-Steuer-Kontravention und nicht nach § 177 der Gew.-Ordn. als eine Gewerbe-Polizei-Kontravention zu ahnden ist: Präj. Nr. 144 v. 12. März 1855; JMBl. S. 134; Oppenhoff's Strafverf. § 27 n. 9; Art. 135 n. 7; Erk. v. 18. Febr. 1863, RdOTr. 3. S. 292) — gegen das Erkenntniß erster Instanz, nach der, eine Ausnahme von der Vorschrift des Ges.s v. 3. Mai 1852 Art. 101 Satz 1 machenden Bestimmung des Art. 142 dieses Gesetzes, die Appellation zulässig, und das dagegen eingelegte Rechtsmittel war als Appellation zu behandeln. Ist dies gleichwohl nicht geschehen, vielmehr auf das von dem ꝛc. H. eingelegte Rechtsmittel, als auf eingewandten Rekurs entschieden und dieser, ohne kontradiktorisches Verfahren, durch Verfügung v. ꝛc. als unbegründet zurückgewiesen, so war dagegen, wegen Verletzung eines wesentlichen Grundsatzes des Verfahrens, die bei dem Gerichte erster Instanz anzumeldende Nichtigkeitsbeschwerde und zwar auch von Seiten des Angeschuldigten, zulässig (Oppenhoff's Strafverf. § 169 n. 4; Art. 106 n. 10; Art. 129 n. 1 a. 10. 11; vgl. G. A. 9. S. 379; Beschl. v. 3. Okt. 1861, RdOTr. 1. S. 572; Beschl. v. 7. Okt. 1863, RdOTr. 4. S. 92).

Antr. des GStA.s: gleichl. [26.—4.]

Mahl- und Schlachtsteuer. — Innerer Steuerbezirk. — Steuerstraße. — Versteuerungszeit. — Strafunmündiger.

1. Derjenige, welcher außer der im Ortsstatut bestimmten Tageszeit mahl- oder schlachtsteuerpflichtige Gegenstände unangemeldet und unversteuert in den innern Steuerbezirk einer steuerpflichtigen Stadt einbringt, unterliegt der Defraudationsstrafe auch dann, wenn er auf der Steuerstraße zum Steueramte betroffen wird.

Mahl- u. Schl.-St.-Ges. v. 30 Mai 1820 § 15.

2. Der Strafunmündige, welcher sich einer Steuerdefraude schuldig gemacht, dabei aber mit Unterscheidungsvermögen gehandelt hat, wird nur von der in Gemäßheit des § 43 StGB. gemilderten Strafe betroffen.

StGB. §§ 42 [vgl. dort n. 7]. 43.

Erk. (V. I.) v. 28. Okt. 1864 c. Nahn u. Gen. (794. I. Cr.).

Der Schlosser Aug. N. hatte mit seinen beiden noch nicht 16 Jahre alten Söhnen Alb. und Fr. N. zur Abendzeit nach Ablauf der für das betr. Steuer-Amt bestimmten Dienststunden eine Quantität Schweineschmalz in den innern Steuerbezirk der schlachtsteuerpflichtigen Stadt St. eingebracht und war dort auf der zum Steueramte führenden Steuerstraße betroffen worden. Gleichwohl verhängten die Instanzgerichte nicht die Defraudations-, sondern nur eine Ordnungsstrafe, weil die Angeklagten die Gegenstände zwar zu einer unzulässigen Zeit eingebracht, sie sich aber beim Betreffen auf der vorgeschriebenen Straße befunden hätten. Auf die NB. des Prov.-St.-Direktors ist das Erkenntniß des AG.s vernichtet und gegen Aug. N. die volle Defraudationsstrafe, gegen Alb. und Fr. N. aber die nach § 43 StGB. ermäßigte Strafe verhängt worden. Gründe:

Der App.-Richter bemerkt, wie der festgestellte Thatbestand nicht die Merkmale einer Schlachtsteuer-Defraudation enthalte, indem aus derselben nicht entnommen werden könne, daß die Angeklagten oder Einer von ihnen es unternommen haben, die schuldige Schlachtsteuer dem Staat zu entziehen, und der Thatbestand einer Schlachtsteuer-Defraudation selbstredend darin nicht zu finden sei, daß die Angeklagten auf der verordneten Steuerstraße nach der Stadt St. mit noch zu versteuerndem Schweinefleisch und Schmalz betroffen sind. Dies beruht jedoch auf einem Rechtsirrthum. Zunächst kommt es nach der Natur einer Schlachtsteuer-Defraudation darauf, ob die Angeklagten beabsichtigten, dem Staat die schuldige Schlachtsteuer zu entziehen, überhaupt gar nicht an, sondern es fragt sich nur, ob ihre Handlung, wie sie objektiv festgestellt ist, den Thatbestand einer Schlachtsteuer-Defraudation bildet. Diese Frage muß aber bejaht werden. — So lange sich die Angeklagten mit den steuerpflichtigen Gegenständen auf der verordneten Steuerstraße im äußeren halbmeiligen Steuerbezirk von St. befanden, fiel ihnen allerdings weder eine Schlachtsteuer-Defraudation noch eine Steuer-Kontravention zur Last. Sie haben aber die steuerpflichtigen Gegenstände auch in den inneren Steuerbezirk von St., und zwar zwischen 10 und 11 Uhr Abends, also zu einer Zeit eingeführt, wo, weil das Steueramt bereits längst geschlossen war, eine sofortige Anmeldung und Versteuerung ganz unmöglich war. Der § 14 des Orts-Regulativs für St. v. 2c. schreibt auch ausdrücklich vor, daß nur innerhalb der in den §§ 12 und 13 bemerkten Dienststunden des Steueramts — Thorkontrollen giebt es in St. nicht — steuerpflichtige Gegenstände eingehen dürfen (in den innern Stadtbezirk) und zwar so zeitig, daß sie vor Ablauf der Dienststunden beim Steueramt eintreffen. Wer nun diese Vorschrift nicht befolgt, sondern steuerpflichtige Gegenstände in den innern Steuerbezirk zu einer Zeit einführt, wo er ganz außer Stande ist, und sich in der von ihm selbst herbeigeführten Unmöglichkeit befindet, die steuerpflichtigen Gegenstände gleich bei der Ankunft in der Stadt der Vorschrift des § 15 des Mahl- u. Schlachtst.-Ges.s v. 30. Mai 1820 gemäß dem Steueramt anzumelden und zu versteuern, der steht der Steuerbehörde gegenüber demjenigen ganz gleich, welcher dies, obwohl er dazu im Stande war, unterläßt. Auch die Angeklagten haben unterlassen, die eingeführten steuerpflichtigen Gegenstände gleich bei der Ankunft in der Stadt dem Steueramt anzumelden und zu versteuern, und dadurch die Defraudationsstrafe nach § 15 l. c. verwirkt, ohne daß es hierin irgend etwas ändert, daß sie auch im innern Steuerbezirk die Steuerstraße innegehalten haben, weil sie auch von dieser aus die rechtzeitige, d. h. sofortige Anmeldung und Versteuerung nicht mehr bewirken konnten.

Hiernach unterliegt das angefochtene Erkenntniß in Gemäßheit des Art. 107 Nr. 1 des Ges.s v. 3. Mai 1852 der Vernichtung, und war in der Sache selbst auf Grund des von den vorigen Richtern festgestellten Sachverhältnisses das erste Erkenntniß dahin abzuändern, daß die Angeklagten in die Steuerdefraudationsstrafe zu verurtheilen.

In Betreff der beiden noch nicht 16jährigen Mitangeklagten A. R. und F. R., von welchen die vorigen Richter annehmen, daß sie mit Unterscheidungsvermögen gehandelt haben, war jedoch nach §§ 42 und 43 des StGB.s nur auf eine ermäßigte Strafe, wie geschehen, zu erkennen.

Antr. des GStA.s: gleichl. [18.—2.]

Feststellung. — Streit über den Sinn eines Begriffsmerkmales. — Diebstahl. — Wegnahme.

Werden der Sinn und die Bedeutung eines vom Gesetze bei der Definirung eines Straffalles aufgestellten wesentlichen Merkmals (z. B. des Begriffs der „Wegnahme" im § 215 StGB.) streitig, so muß der Instanzrichter die durch den konkreten Fall dargebotene thatsächliche Unterlage für dieses Merkmal feststellen; Nichtigkeit tritt ein, wenn er sich lediglich auf die Feststellung des Merkmals selbst beschränkt.

Ges. v. 3. Mai 1852 Art. 31 [vgl. dort n. 7]; 81 [vgl. dort n. 28]; 82 [vgl. dort n. 4. 7. 8].

Erk. (B. I.) v. 28. Okt. 1864 c. Lukowski (816. I. Cr.).

Dem Wirth B. war aus seiner Schaafheerde ein Bock entkommen; nach 2 Tagen zeigte es sich, daß derselbe unter die Heerde des Angeklagten gerathen war; dieser wollte aber, als er zur Herausgabe aufgefordert wurde, vom Bocke Nichts wissen und bestellte den B. auf den folgenden Tag, um nach demselben zu suchen. Als B. am anderen Tage in der Heerde des L. nachsuchte, fand er seinen Bock; derselbe war aber geschoren. L. zur Untersuchung gezogen, gab das Scheeren des Bockes zu, bestritt aber das Eigenthum des B., behauptete vielmehr das Thier aufgezogen zu haben. Der erste Richter stellte indessen fest, daß der Bock dem B. abhanden gekommen und unter die Heerde und mit derselben in den Stall des L. gerathen sei, sowie daß dieser, nachdem B. ihn zur Rückgabe aufgefordert, den Bock geschoren und die Wolle sich in rechtswidriger Absicht zugeeignet habe. Der App.-Richter hat diese Feststellung dahin ergänzt: daß L. dem B. ꝛc. eine demselben gehörige Sache in der Absicht rechtswidriger Zueignung weggenommen habe und aus § 216 gestraft. Die NB. des OStA.s rügte Gesetzesverletzung, weil der Bock, sobald er sich von der Heerde des B. verlaufen hatte, nicht mehr im Besitze des letzteren gewesen, sondern in die Gewahrsam des Angeklagten gekommen sei, weshalb hier von einer „Wegnahme der Wolle" keine Rede sein könne, die That des L. vielmehr als Unterschlagung (§ 226) qualifizirt werden müsse. Das OTr. hat das angefochtene Erkenntniß vernichtet, und die Sache in die zweite Instanz zurückverwiesen. Gründe:

Da in den Instanzen die Frage über die Anwendung der §§ 215 resp. 226 StGB. streitig geworden war, so war es Pflicht der Instanzrichter, insbesondere des App.-Richters, sich über die nothwendigen Voraussetzungen des von ihnen angenommenen Thatbestandes des Diebstahls, also über den fortdauernden Besitz des ꝛc. B. an dem entlaufenen Schaafbock und damit an dessen Wolle besonders auszusprechen. Obwohl daher in gewöhnlichen Fällen die Feststellung, daß der Angeklagte einem Anderen die Sache in der Absicht rechtswidriger Zueignung weggenommen hat, nach der mit dem Ausdruck „Wegnehmen" von den Redaktoren verbundenen Sinne zugleich die Feststellung des fortdauernd gewesenen Besitzes resp. der Gewahrsam des Bestohlenen enthält, so ermangelt es doch hier an der aus dem oben angeführten Grunde nothwendigen thatsächlichen und rechtlichen Begründung dieser Feststellung.

Es steht nur fest, daß der in Rede stehende Bock sich

von der Heerde des B. verlaufen hat, von diesem aufgesucht und unter der Heerde des Angeklagten, in welche er und mit welcher er in den Stall des Angeklagten gerathen war, wieder entdeckt ist.

Es unterliegt keinem Bedenken, daß, sofern nicht besondere, einer solchen Annahme entgegenstehende Thatsachen festgestellt werden, der B. unter diesen Umständen den Besitz und die Gewahrsam des Bocks verloren hatte. Er hatte das physische Vermögen, darüber durch sich oder durch Andere zu verfügen, verloren, § 111. I, 7 ALR., und konnte dasselbe erst wieder erlangen, nachdem er den Aufenthaltsort des Thiers gefunden hatte. Inzwischen hatte aber der Angeklagte die Gewahrsam des Thiers durch Zufall erlangt. In der Entscheidung v. 12. Febr. 1863 (G. A. 11. S. 363) ist zwar Diebstahl an einem frei auf der Straße herumlaufenden Hunde angenommen, aber nur deshalb, weil festgestellt ist, daß dieser Hund die Gewohnheit des Wiederkehrens gehabt, und daß deshalb der Eigenthümer den Besitz und die Gewahrsam nicht verloren gehabt habe. Davon ist aber hier keine Rede; mindestens würde es einer besonderen Feststellung hierüber bedurft haben. Der § 226 des StGB.s hat aber seine Fassung in den Worten „oder durch Zufall in seine Gewahrsam bekommen" ausdrücklich deshalb erhalten, weil man die bisher streitig gewesenen Fälle der vorliegenden Art, nämlich das Zulaufen fremder Thiere in die Heerde oder das Gehöft eines Anderen, hat treffen wollen. Es fragt sich also, ob der B. die verlorene Gewahrsam an dem Schaafbock durch das Wiederauffinden desselben wieder erlangt hatte. Dazu würde also entweder die körperliche Uebergabe resp. Rückgabe aus der Heerde von Seiten des Angeklagten, oder eine Willenserklärung desselben an den B., wie sie der § 59. I, 7 ALR. erwähnt, oder endlich eine symbolische Uebergabe im Sinne der §§ 62 ff. ibid. gehören. Von der diesfälligen Feststellung ist es sodann abhängig, ob das Scheeren des Bockes und die Aneignung der Wolle, je nachdem sie vor oder nach einer solchen

Uebergabe an den B. erfolgte, als Unterschlagung oder als Diebstahl zu betrachten sei. [15. — 2.]

Disciplin. — Rechtsanwalt. — Demonstration gegen die Regierung.

Der Rechtsanwalt, welcher sich an öffentlichen tendenziösen Demonstrationen gegen die Regierung betheiligt, verletzt dadurch die Pflichten, welche ihm sein Amt auferlegt.

Disc.-Ges. v. 21. Juli 1852 §§ 2. 66; Vdn. v. 30. Apr. 1847 § 2.
Vgl. RbOTr. 4. S. 38.

Erk. (I. Civ.-Sen.) v. 28. Okt. 1864 c. Rechtsanw. B. (363. D.).

Der Rechtsanwalt B. war, weil er einen demnächst durch den Druck veröffentlichten und verbreiteten Wahlaufruf, welcher eine den Absichten der Regierung zuwiderlaufende oppositionelle Tendenz verfolge, mitunterzeichnet hatte, zur Disziplinar-Untersuchung gezogen, vom Ehrenrathe aber freigesprochen worden. Auf die Berufung des OStA.s erfolgte Abänderung dieses Erkenntnisses und Verurtheilung des B. zu einem Verweise. Gründe:

Der Aufruf charakterisirt sich als eine tendenziöse Demonstration, und seine Verbreitung als öffentliche Agitation.

Wenn sich der Angeschuldigte geständlich daran betheiligt hat, so setzte er die Rücksichten außer Augen, die ihm seine Stellung, als Staatsbeamter, nothwendig gebot. Allerdings war es seiner subjektiven freien Ueberzeugung überlassen, ob und in wie weit er mit den Grundsätzen und Maaßnahmen der Kgl. Staatsregierung einverstanden sei oder nicht, und es blieb ihm namentlich unbenommen, seine eigene Wahlstimme nach seinem freien Ermessen abzugeben. Soweit konnte und durfte er seiner oppositionellen Gesinnung Rechnung tragen. Andererseits aber konnte das wenigstens, und zwar jedenfalls und unbedingt, von ihm als Staatsbeamten erwartet und verlangt werden, daß er sich von allen tendenziösen Demonstrationen und öffentlichen Agitationen fern hielt, die, wie jener Aufruf den von Sr.

Majestät dem Könige Allerhöchst Selbst wiederholt gebilligten Prinzipien der zeitigen Staatsregierung direkt und schroff entgegentreten. Diese leitenden Grundsätze sind in einem ähnlichen Falle in dem Erkenntnisse des OTr.s v. 14. Sept. 1863 — JMBl. S. 243; RdOTr. 4. S. 38 — bereits näher entwickelt, und es kann darauf um so mehr verwiesen werden, als die Kgl. StA.-schaft ihre Berufung vorzugsweise mit aus demselben gerechtfertigt, der Angeschuldigte darauf aber überhaupt nicht einmal geantwortet hat.

Zur Widerlegung der Entscheidungsgründe des Ehrenrathes bleibt nur noch Folgendes zu bemerken. Der rücksichtlich des Umfanges der allgemeinen Beamtenpflichten darin gemachte Unterschied zwischen Staatsdienern, welche eine feste Besoldung beziehen, und solchen, deren Amtseinnahmen durch gesetzlich festgesetzte Tarife geregelt sind, ist ein rein willkührlicher, und ebenso unmotivirt ist die Ansicht, daß, wenn sich zwar die Staatsbeamten der übrigen Kategorien von politischen Agitationen möchten fern zu halten haben, die Rechtsanwalte deshalb, weil sie vermöge ihres Amtes mit Ausübung von Regierungsrechten des Staats nichts zu thun, vielmehr sogar vielfach die Verpflichtung hätten, gegen die Regierungs-Verwaltung klagend aufzutreten und als Vertheidiger in Strafprozessen Partei-Interessen zu vertreten, also Parteimänner seien und sein sollten, abweichend von anderen Beamten, ihrem Berufe nicht zuwiderhandelten, wenn sie auch im politischen Leben sich als Parteimänner verhielten. — Diese Anschauung beruht auf einem gänzlichen Verkennen nicht bloß, wie schon oben gezeigt, der Beamtenpflichten im Allgemeinen, sondern insbesondere der Grenzen, innerhalb deren Rechtsanwalten in ihrem amtlichen Berufe — nämlich als Bevollmächtigten und Vertheidigern von Privatpersonen in Civil- oder Criminal-Prozessen eine Parteistellung eingeräumt und geboten ist, und der Ehrenrath übersieht dabei vollständig, daß die Behandlung politischer Tagesfragen außerhalb dieser vom Gesetze gezogenen Grenzen schlechthin nicht in den Kreis des Berufes der Rechtsanwalte gehörte, von einer vermöge ihres Amtes gebotenen Parteistellung derselben dabei mithin in keiner Weise die Rede sein kann. Die Gewohnheit, im amtlichen Leben eine einseitige Parteistellung einzunehmen, mag die Rechtsanwalte verleiten, sich für berechtigt zu halten, auch im außeramtlichen Leben als Parteimänner aufzutreten, vermöge ihres Amtes aber steht ihnen solche Berechtigung schlechterdings nicht zu.

Wenn aber in der Vor-Entscheidung schließlich noch bemerkt ist, es sei, so viel bekannt, noch nicht vorgekommen, daß von dem Publikum, welches hierüber wesentlich zu entscheiden habe, soweit es nicht aus leidenschaftlichen Parteigängern bestanden habe, einem Rechtsanwalte wegen seines politischen Verhaltens das Vertrauen „wirklich" entzogen worden sei, und wenn der Ehrenrath hierin einen Gegenbeweis dafür findet, daß ein Rechtsanwalt sich durch ein außeramtliches Verhalten der in Rede stehenden Art der Achtung und des Vertrauens, die sein Beruf erforderten, nicht unwürdig mache, so bedarf es, um das Irrige dieser Argumentation zu zeigen, nur der Hinweisung darauf, daß ein Rechtsanwalt durch sein Verhalten auch das Vertrauen der Staatsregierung nicht untergraben, oder durch politisch agitatorisches Treiben nicht schwächen darf, da auch deren Organe sich in zu seinem Berufe gehörenden Angelegenheiten seines Rathes und seiner Mitwirkung zu bedienen in der Lage sind, und Bedenken gegen die Unparteilichkeit des Rechtsanwaltes im amtlichen Verkehre möglich und erklärlich erscheinen, wenn derselbe durch sein außeramtliches Verhalten an den Tag legt, daß er sich für berufen glaubt, öffentlich als politischer Parteimann gegen die Staatsregierung aufzutreten und gegen sie zu agitiren.

Antr. des GStA.s: gleichl. [—4.]

1. Schmähung. — Anordnung der Obrigkeit. — Verdächtigung des Geistes der Regierung.
2. Preßvergehen. — Vorbestrafung. — Entziehung des Gewerbebetriebs.

1. Als „Schmähung der Anordnungen der Obrigkeit" ist auch eine Verdächtigung des Geistes und der Maximen der Regierung anzusehen.

StGB. § 101 [vgl. dort n. 5; RbOTr. 4. S. 18. 474].

2. Im Falle eines Preßvergehens ist auf die Entziehung der Befugniß zum Gewerbebetriebe nicht nur dann zu erkennen, wenn die Vorbestrafungen und die jetzige Verurtheilung ein vom Angeklagten selbst mittelst der Presse verübtes Vergehen zum Gegenstande haben, sondern auch dann, wenn die Verurtheilungen im Zusammenhange mit einem Preßvergehen ꝛc. standen resp. stehen, sollte auch der Angeklagte selbst weder Thäter noch Theilnehmer an der verübten Strafthat sein; z. B. wenn er früher aus § 37 des Preßges. s bestraft worden ist.

Preßges. v. 12. Mai 1851 § 54.

Erk. (V. I.) v. 2. Nov. 1864 c. Vierling (Breithor & Gen. 1061. I. Cr.).

Die NB. der StA.-schaft ist für begründet zu erachten. Denn zu 1 hat der App.-Richter allerdings den Sinn des § 101 StGB. verkannt, wenn er ihn lediglich um deshalb ausgeschlossen wissen will, „weil der in Rede stehende Artikel nicht bestimmte Einrichtungen, gewisse Institute des Staats oder obrigkeitliche Anordnungen, im vorliegenden Falle, die Errichtung, das Vorhandensein des Staats-Ministeriums, sondern die Handlungsweise desselben, seine Grundsätze, seine Thätigkeit kritisire." Gerade dies letztere fällt, die übrigen Erfordernisse vorausgesetzt, unter diejenigen Handlungen, welche der zweite Theil des § 101 l. c. vorausgesehen und mit Strafe bedroht hat. Es ist dies von dem Kgl. OTr. öfter, und vornämlich noch in dem Beschlusse v. 22. Apr. 1864 (Oppenh. RdOTr. 4. S. 474), auf den hiermit verwiesen wird, des Nähern dargethan, und namentlich gezeigt worden, daß das gedachte Strafgesetz sich auch auf die Verdächtigung des Geistes und der Maxime der Regierung ohne Beziehung auf konkrete Organe oder Erlasse derselben erstrecke. Wenn daher der App.-Richter anerkennt, daß der inkriminirte Artikel „die Handlungsweise des Staats-Ministerii, seine Grundsätze und Thätigkeit kritisire," so konnte er sich nicht entbrechen, weiter zu prüfen, ob dies in einer Art geschehen sei, daß hierdurch das Staats-Ministerium dem Hasse oder der Verachtung ausgesetzt worden sei. Anstatt dem hat er dies schlechthin abgelehnt und sich darauf beschränkt, nachzuweisen, daß der qu. Artikel lediglich eine Beleidigung enthalte. Er hat somit rechtlich gefehlt, und seine Entscheidung unterliegt deshalb der Vernichtung. —

Auch die Beschwerde zu 2 ist begründet. Der App.-Richter stellt fest, daß V. aus § 37 des Preßges.s in den Jahren 1860 und 1862, also zweimal rechtskräftig gestraft worden ist. Er glaubt aber auf die Entziehung des Gewerbebetriebes als Verleger, resp. Verkäufer von Zeitungen nicht erkennen zu dürfen, weil, wie der § 54 des Preßges.s voraussetze, die früheren Verurtheilungen des Angeklagten, und die jetzige, nicht wegen eines durch diesen mittelst der Presse begangenen Vergehens erfolgt sei. Eine solche beschränkte Bedeutung hat aber der § 54 l. c. gar nicht. Er sagt nicht, daß die Konzessions-Entziehung stattzufinden habe, wenn durch den Gewerbebetreibenden selbst ein mittelst der Presse verübtes Verbrechen oder Vergehen begangen worden, sondern es heißt dort nur, „wenn wegen eines mittelst der Presse begangenen Verbrechens, resp. Vergehens eine Verurtheilung erfolgt." Der Ausdruck „wegen" hat daher hier offenbar die Bedeutung wie „in Bezug auf," und will damit lediglich hervorheben, daß die frühere und die gegenwärtige Verurtheilung des Gewerbetreibenden im

Zusammenhange mit einem Preßverbrechen oder Preßvergehen stehen müsse, keineswegs aber wird damit ausgesprochen, daß derselbe allemal Thäter oder Theilnehmer der strafbaren Handlung im Sinne des allgemeinen StGB.s sein soll, wenn gegen ihn der § 54 l. c. zur Anwendung gebracht wird. Es ergiebt sich dies auch schon daraus, daß das allegirte Gesetz auf den § 1 hinweist, dort aber verschiedene Gewerbetreibende genannt sind, bei denen die Konzessions-Ertheilung im Vertrauen auf deren Zuverlässigkeit erfolgt, dem Gesetzgeber also es nahe gelegen hat, eine Entziehung des gestatteten Gewerbebetriebes für den Fall vorauszusehen, daß diese vertrauensvolle Genehmigung gemißbraucht worden oder die vorausgesetzte Zuverlässigkeit nicht vorhanden ist.

Der App.-Richter erachtet dann aber auch den § 54 l. c. um deshalb für unanwendbar, weil die gegen V. aus § 37 l. c. früher festgesetzten, resp. die jetzt gegen ihn aus § 35 l. c. verhängte Strafe lediglich Ordnungsstrafen seien. Dies ist wiederum ein Rechtsirrthum. Die erwähnten §§ enthalten eine derartige Bezeichnung nicht, sie drohen vielmehr „Geldbußen" ohne jeden Beisatz an. Zur Beurtheilung des Charakters dieser Strafen muß deshalb auf die allgemeinen gesetzlichen Bestimmungen des § 1 StGB. zurückgegangen werden. Nach diesen enthalten die §§ 35. 37 des Preßges.s unbedenklich Strafen, welche die diesfällig bedrohten Handlungen zu Vergehen stempeln, indem das Maximum der resp. Geldbußen den Betrag von 50 Thlrn. in allen Fällen übersteigt. Demgemäß hätte der App.-Richter auf Grund seiner eigenen Feststellungen gegen den Angeklagten V. auf den Verlust des Gewerbebetriebes als Buchhändler, Verleger resp. Verkäufer der — Zeitung erkennen müssen, und da er dies nicht gethan, unterliegt seine Entscheidung in dieser Beziehung der Vernichtung.

Antr. des GStA.s: gleichl. [20.—4.]

Sitzungsprotokoll. — Appellationsgericht. — Name des Referenten.

Es ist nicht unerläßlich, daß aus dem appellationsrichterlichen Sitzungsprotokolle der Name des Referenten ersichtlich sei.

Vdn. v. 3. Jan. 1849 § 136 [vgl. dort n. 2].

Erk. (Z. I.) v. 2. Nov. 1864 c. Neske (1101. I. Cr.).

— — Ebensowenig schreibt der vom Imploranten in Bezug genommene § 136 der Vdn. v. 3. Jan. 1849, noch ein sonstiges Gesetz vor, daß der Name des Referenten aus dem Audienzprotokolle erhelle.

Antr. des GStA.s: gleichl. [18.—4.]

Mahl- und Schlacht-Steuer. — Einbringen. — Deklarationspflicht. — Stellung zur Revision.

Derjenige, welcher eine mahl- und schlachtsteuerpflichtige Sache über die Steuerlinie einführt, ist als „Einbringer" auch ohne vorgängige Aufforderung zur Deklaration verpflichtet; er thut nicht genug, wenn er die Sache den Steuerbeamten zur Revision stellt. Die betr. Pflicht kann von ihm nicht auf einen Andern übertragen werden.

M.- u. Schl.-St.-Ges. v. 20. Mai 1820 § 15.

Erk. (V. I.) v. 2. Nov. 1864 c. Schmidt (1115. I. Cr.).

In der Bd. 4. S. 356 erwähnten Sache hatte das AG., an welches die Zurückverweisung erfolgt war, abermals auf Freisprechung des Schm. erkannt, indem es annahm, daß nicht dieser, sondern der Kommis Ph. der Einbringer der Mehlladung und zur Deklaration verpflichtet gewesen sei; wäre aber auch Schm. Einbringer gewesen, so habe er seiner Verpflichtung dadurch genügt, daß er das Mehl „zur Revision stellte;" auch sei nicht nachgewiesen, daß er gewußt, welche Mehlsorte sich auf dem Wagen befand, er habe sonach eine Steuerdefraude nicht beabsichtigt. Auch dieses Erkenntniß ist auf die NB. des OStAnw.s vom OTr. vernichtet und Schm. zur Defraudationsstrafe verurtheilt. In den Gründen wird zunächst ausgeführt, daß das AG., dem Art. 118 des Ges.s v. 3. Mai 1852 zuwider, die im früheren Ober-Tribunals-

Erkenntnisse der Vernichtung zum Grunde gelegten Rechtsgrundsätze nicht als maaßgebent anerkannt und ebenfalls seiner Entscheidung zum Grunde gelegt habe. Sodann heißt es weiter:

Einbringer im Sinne des § 15 des M.- u. Schl.-St.-Ges.s v. 30. Mai 1820 ist derjenige, welcher einen steuerpflichtigen Gegenstand in den steuerpflichtigen Bezirk, also über die Steuerlinie, sei es in den äußeren halbmeiligen, oder in den inneren Steuerbezirk einführt. Denn nach § 15a l. c. sollen die in eine steuerpflichtige Stadt eingebrachten steuerpflichtigen Gegenstände gleich bei der Ankunft dem Steueramt angemeldet und versteuert werden, und es heißt im § 15a l. c. ferner:

> Eine Unterlassung der Anzeige bei der Ankunft der Waaren in der Stadt, oder eine Abweichung von dem durch die Steuerbehörde vorgeschriebenen Wege, welchem der Steuerpflichtige bis zum Steueramt folgen muß, wird als Defraudation angesehen und geahndet."

Es ergiebt sich hieraus, daß der Einbringer nicht die Aufforderung der Steuerbeamten zur Deklaration abzuwarten, sondern unmittelbar nach der Ankunft in der Stadt und vor dem Steueramt unaufgefordert und zwar richtig deklariren muß. Daß er die Ladung den Steuerbeamten bloß zur Revision stellt, genügt bei Entrichtung der Mahl- und Schlachtsteuer nicht, sondern ist vom Gesetz nur in Betreff der Zollabgabe nach § 6 Nr. 1b des Zollstrafgesetzes v. 23. Jan. 1838 denjenigen Personen, welche nicht Gewerbetreibende sind, gestattet. —

Der App.-Richter erkennt selbst an, daß der Angeklagte anfangs, als er mit seinem Wagen bei dem Steuergebäude anlangte, den Steuerbeamten jedenfalls als Einbringer gegenüber gestanden habe, so daß, wenn er damals eine falsche Deklaration abgegeben hätte, seine Schuld unzweifelhaft gewesen sein würde. Diese Qualität als Einbringer habe er aber dadurch verloren, daß bevor eine förmliche Deklaration Seitens der Steuerbeamten vom Angeklagten erfordert und vom ihm abgegeben worden, der

Kommis Ph. erschienen sei und die Ladung zur Verwiegung gestellt habe, indem der Wagen auf Veranlassung des Ph. näher an die Waage herangefahren sei. Damit sei Ph. den Beamten gegenüber als Einbringer des steuerpflichtigen Guts aufgetreten und der Angeklagte ausgeschieden, denn, Ausnahmefälle abgerechnet, sei für gewöhnlich derjenige der Einbringer, der in dem Augenblicke, wo der steuerpflichtige Gegenstand den Steuerbeamten vor dem Steueramt zur Revision gestellt werde, in Person die Sachen in seiner Gewahrsam habe und sie zur Revision stelle. Diese Ausführung des App.-Richters ist gleichfalls rechtlich unzutreffend. Denn wer thatsächlich die steuerpflichtigen Gegenstände einmal in den Steuerbezirk eingebracht hat, bleibt auch dem Gesetz und der Steuerbehörde gegenüber der alleinige steuerpflichtige Einbringer, welcher gar nicht befugt ist, sich hiervon loszusagen, und seine Qualität als steuerpflichtiger Einbringer auf irgend einen Andern zu übertragen, wie denn ebensowenig ein Dritter berechtigt ist, als Einbringer für ihn einzutreten.

Kann hiernach rechtlich nicht bezweifelt werden, daß der Angeklagte nach der eigenen thatsächlichen Feststellung des App.-Richters der Einbringer der Mehlladung gewesen ist, so steht auch nach den in dem Erkenntniß des OTr.s v. 10. Febr. c. und in der gegenwärtigen Entscheidung ausgesprochenen Grundsätzen seine Strafbarkeit fest, mag man nun annehmen, daß der Angeklagte nach der jetzigen thatsächlichen Feststellung des App.-Richters gar nicht deklarirt hat, oder indem er den Steuerbeamten auf ihre Frage nach dem Inhalt seiner Ladung antwortete: „es sei Roggenmehl" unrichtig deklarirt hat.

Antr. des GStA.s: gleichl. [18.—4.]

Körperverletzung. — Leibesbeschaffenheit des Verletzten.

Der Grundsatz des § 185 StGB. kommt auch bei erheblichen rc. Körperverletzungen zur Anwendung. StGB. § 192a [vgl. dort n. 7; § 193 n. 2; § 194 n. 5]. 185.

Erk. (Z. I.) v. 4. Nov. 1864 c. Günther (853. I. Cr.).

G. war, weil er „dem ꝛc. M. vorsätzlich eine Körperverletzung zugefügt hatte, welche erhebliche Nachtheile für die Gesundheit desselben und dessen länger andauernde Arbeitsunfähigkeit zur Folge gehabt habe." aus § 192a StGB. bestraft worden. Seine NB. rügte es, daß der App.-Richter den von ihm angebotenen Beweis: daß M. früher an einem Herz- und Lungenübel gelitten, und daß er nach dem fraglichen Vorfalle erhitzt und in leichter Kleidung bei kaltem Wetter nach Sch. zum Arzte zurückgefahren sei, und dadurch vornämlich die späteren Krankheitserscheinungen und ihre längere Dauer herbeigeführt habe, — unter Hinverweisung auf § 185 abgelehnt habe. Zurückweisung. Gründe:

Der App.-Richter hat mit Recht den Grundsatz des § 185 StGB. auch auf Körperverletzungen angewendet, und daher im Sinne des von dem Angeklagten aufgestellten Erfordernisses einer „unmittelbaren" Folge mit Recht angenommen, daß der Thäter, hier also der Angeklagte, auch denjenigen schlimmeren Erfolg vertreten müsse, welcher durch das Hinzutreten individuell wirkender Nebenumstände oder durch die eigenthümliche Körperbeschaffenheit des Verletzten eingetreten sind. Jener Grundsatz über die Anwendbarkeit des § 185 ist nämlich von dem OTr. bereits in mehreren Vorentscheidungen angenommen. Wenn nun der Angeklagte in der App.-Instanz den Beweis darüber angetreten hatte, daß der M. schon früher an einem Herz- und Lungenübel gelitten habe, daß derselbe ferner nach dem hier in Rede stehenden Vorfalle erhitzt und in leichter Kleidung bei kalter Witterung nach Sch. zum Arzt und zurückgefahren sei, und daß durch diese Umstände vornämlich die Krankheitserscheinungen, die längere Krankheit entstanden sei, so paßt hierauf vollkommen die gedachte Vorschrift des § 185, und es kann auch dabei aus der früheren Entscheidung des OTr.s v. 10. Okt. 1855 (G. A. 3. S. 839) ein Zweifel nicht entstehen.

Antr. des GStA.s: gleichl. [15.—1.]

1. 2. Gewerbe=Steuer. — Zweig=Niederlassung. — Prokurist.

3. Steuerstrafresolut. -- Res iudicata.

1. Jede Zweig=Niederlassung eines Handels=geschäfts mit Bergwerksprodukten ist gewerbe=steuerpflichtig.

2. Wird die Anmeldung einer solchen Nie=derlassung zur Besteuerung unterlassen, so ist der Leiter derselben straffällig, sollte er auch nur Prokurist des Herrn des Geschäfts sein.

Gew.-St.-Ges. v. 30. Mai 1820 §§ 2. 4. 39b; AKO. v. 9. Jan. 1823 u. v. 17. Dez. 1833. Vgl. Z. I. 6. Juni 1860 c. Kärger, 436; Z. I. 26. Juni 1863 c. Rösler, 550 (RbOTr. 3. S. 527).

3. Ist gegen ein Strafresolut der Steuer=behörde auf rechtliches Gehör angetragen wor=den, so verliert jenes als Entscheidung seine Kraft; es kann daher eine relative Rechtskraft nicht be=gründen, vielmehr kann der Richter auch ein hö=heres Strafmaaß verhängen, als durch dasselbe geschehen war.

Ges. v. 3. Mai 1852 Art. 136 [vgl. dort n. 27. 28; RbOTr. 2. S. 57; 4. S. 53].

Erk. (Z. I.) v. 4. Nov. 1864 c. Kassel (861. I. Cr.).

K. war, weil er „— — zu B. in Prokura des Gr. G. H. v. D. das Komptoir der am Z—Platze unter der Firma: „Gr. G. H. v. D.-sches Bergwerks-Produkten-Komptoir“ bestehenden Zweig-Niederlassung eröffnet hatte, ohne davon behufs der Besteuerung Anzeige zu machen,“ aus § 39 b des Gew.-St.-Ges.s bestraft worden. Seine, Gesetzesver=letzung rügende, NB. ward zurückgewiesen. Gründe:

Durch die Feststellung des AG.s rechtfertigt sich die Anwendung des § 39 b des Gew.=St.-Ges.s, da ein der ge=dachten Feststellung zum Grunde liegender Rechtsirrthum nirgends ersichtlich ist. Namentlich ist den vorigen Richtern darin beizutreten, daß die Gewerbesteuerpflichtigkeit dieser Zweig=Niederlassung als eines Handelsgeschäftes nach §§ 2 u. 4 des cit. Ges.s keinem Bedenken unterliegt, da die Steuer von jeder einzelnen Firma, von jedem einzelnen Komptoir und von jedem einzelnen Laden ohne Rücksicht auf die Zahl der Theilnehmer entrichtet werden muß, und die AKO. v. 9. Jan. 1823 und v. 17. Dez. 1833 die Gewerbesteuerfreiheit des Hüttenbetriebes betreffend, hier nicht Platz greifen. — Mit Recht haben es auch die vorigen Richter für unerheblich erklärt, daß der Angeklagte nur Prokurist des Gr. H. v. D. ist, weil er festgestelltermaaßen selbst diese Zweig-Niederlassung unter besonderer Firma thatsächlich eröffnet und geleitet, auch in dem Geschäftslokal derselben am Z—platz die Aufträge von Käufern auf Waaren der H. v. D.schen Hüttenwerke angenommen, sowie die Zahlungen dafür in Empfang genommen hat. Sein Verhältniß als Prokurist berührt die Steuerbehörde nicht, welche sich an denjenigen halten kann, welcher faktisch das steuerpflichtige Handelsgeschäft betreibt.

Endlich kann auch von der in der NB. behaupteten reformatio in peius keine Rede sein, weil das Strafresolut der Steuerbehörde, wenn dagegen auf rechtliches Gehör provozirt ist, jede Wirksamkeit in Betreff der darin verhängten Strafe verliert, und die Gerichte auf die volle gesetzliche Strafe zu erkennen verpflichtet sind.

Antr. des GStA.s: gleichl. [18.—1.]

Mahlsteuer. — Müller. — Versteuerungsschein.

Die Strafbarkeit des Müllers, welcher steuerpflichtiges Getreide ohne einen von der Steuerbehörde ausgefertigten, mit dem Mahlgute übereinstimmenden Versteuerungsschein vermahlt, ist nicht dadurch bedingt, daß derselbe dabei die Verkürzung der Steuer beabsichtigt habe.

Ges. v. 2. Apr. 1852 § 2. Vgl. RbOTr. 1. S. 171.

Erk. (Z. I.) v. 4. Nov. 1864 c. Ziegler (1062. I. Cr.).

Es liegt hier der Thatbestand des § 2 des Ges.s v. 2. Apr. 1852 vor, welcher verordnet:

„Müller, welche steuerpflichtiges Getreide u. s. w. ohne einen von der betreffenden Steuerbehörde ausgefertigten, mit dem Mahlgute nach Art und Menge übereinstimmenden Versteuerungsschein vermahlen oder mit Unterlassung einer desfallsigen Anzeige bei der Steuerbehörde zum Vermahlen annehmen, machen sich der Defraudation schuldig."

Daß dabei auch eine Verkürzung der Steuer beabsichtigt, überhaupt eine betrügerische Absicht vorausgesetzt wird, sagt das Gesetz nicht, und gehört überhaupt nicht zum Thatbestande einer Mahlsteuerdefraudation.

Antr. des OStA.s: gleichl. [18.—1.]

Holzdiebstahl. — Rückfall. — Begünstigung.

Derjenige, welcher sich nach dreimaliger Bestrafung wegen Holzdiebstahls der einfachen Begünstigung eines solchen schuldig macht, unterliegt der Strafe des § 16 des HDGes.s.

HDGes. v. 2. Juni 1852 §§ 8. 16. Vgl. Hartmann Strafgess. S. 490 § 8 n. 1; RdOTr. 4. S. 409.

Erk. (V. I.) v. 4. Nov. 1864 c. Golze (1114. I. Cr.).

G. hatte den Holzdiebstahl eines Andern im Sinne des § 37 StGB. begünstigt, nachdem er selbst bereits wegen Holzdiebstahls im dritten Rückfall bestraft worden war. Die Instanzrichter straften nur aus § 5 Abs. 2 des HDGes.s. Auf die NB. des OStA.s ist aber das Erkenntniß des AG.s vernichtet und die Strafe aus §§ 16. 8 ibid. verhängt worden. Gründe:

Es ist bereits in dem Urtheile des Kgl. OTr.s v. 9. Febr. 1857 c. Dietz (G. A. 5. S. 415) des Näheren ausgeführt, daß der zweite Absatz des § 8 des HDGes.s v. 2. Juni 1852 eine Unterscheidung zwischen der Begünstigung im Falle des § 38 und einer solchen im Sinne des § 37 des StGB.s, nicht wie im § 5 des HDGes.s geschehen, aufstellt, vielmehr ganz allgemein von der Begünstigung redet. Es ist sodann ferner in dem Erkenntnisse des Kgl. OTr.s v. 4. März 1864 c. Klein (RdOTr. 4. S. 409) eingehend dargethan, daß die Strafe des § 16 des HDGes.s auch denjenigen trifft, welcher sich nach dreimaliger Bestrafung wegen Holzdiebstahls der Hehlerei in Beziehung auf einen solchen schuldig macht. Dasselbe muß aus eben denselben Gründen in Gemäßheit des zweiten Absatzes des § 8 des HDGes.s gelten, wenn es sich um eine Begünstigung handelt, da das Gesetz beide gleichstellt.

Antr. des GStA.s: gleichl. [20. — 1.]

Polizei-Verordnung. — Gesetzlichkeit. — Richterliche Prüfung.

1. Wenn eine Zuwiderhandlung gegen eine Polizei-Verordnung zum Gegenstande einer Strafverfolgung gemacht ist, so hat der befaßte Strafrichter zu prüfen, ob jene Verordnung innerhalb der durch das Pol.-Ges. v. 11. März 1850 § 6 gezogenen Grenzen geblieben ist.

2. Eine Polizei-Verordnung, welche das Tanzen nach Musik im Innern einer Privatwohnung von einer polizeilichen Erlaubniß abhängig macht, ist nicht verbindlich.

Pol.-Ges. v. 11. März 1850 §§ 17. 6. 5. 11. 15; StGB. § 332 [vgl. dort n. 47. 12. 14; RbOTr. 3. S. 290; Hartmann Strafgess. S. 423].

Erk. (Z. II.) v. 8. Nov. 1864 c. Kleinschmidt u. Gen. (359. II. Cr.).

Die Regierung zu E. hatte durch eine auf Grund des Pol.-Ges.s v. 11. März 1850 § 11 erlassene Pol.-Vdn. das Tanzen nach Musik (selbst in Privatwohnungen) von der Einholung einer polizeilichen Erlaubniß abhängig gemacht, und Zuwiderhandlungen mit einer Polizeistrafe bedroht. Kl. hatte durch Veranstaltung einer nicht genehmigten Tanzbelustigung in seiner Wohnung und sechs andere Personen durch Theilnahme an diesem Tanzvergnügen mit der Kenntniß von der mangelnden Erlaubniß jenem Verbote zuwidergehandelt, waren aber von den Instanzgerichten von der erhobenen Anklage aus dem Grunde freigesprochen worden, weil jene Verordnung ungesetzlich und demgemäß nicht verbindlich sei; in den Gründen der betr. Erkenntnisse war ausgeführt, daß die Strafgerichte nach § 17 des cit. Ges.s zwar nicht die Nothwendigkeit oder Zweckmäßigkeit, wohl aber die Gesetzlichkeit solcher Verordnungen zu prüfen berufen seien. Die NB. des OStA.s behauptete Verletzung des § 17 cit., welcher dem Richter die Prüfung der Gesetzlichkeit der Vdn. nur nach den Bestimmungen der §§ 5. 11 und

15 ibid. gestatte, jede weiter gehende Prüfung aber, insbesondere ob die Verordnung innerhalb der durch § 6 ibid. bestimmten Grenzen ergangen sei, ausschließe. Zurückweisung. Gründe:

Bei Beurtheilung der zur Entscheidung gestellten Frage muß davon ausgegangen werden, daß die dem Strafantrage zur Grundlage dienende Pol.-Vdn. der Kgl. Regierung zu E. v. 2c. nicht als ein Verwaltungsakt im eigentlichen Sinne des Worts, sondern als eine dem Gebiete der Gesetzgebung angehörige polizeiliche Strafverordnung anzusehen und zu behandeln ist, wie dies einestheils in der Fassung des § 332 des StGB.s seinen Ausdruck gefunden hat, und anderntheils durch die Zulässigkeit der eine Gesetzes-Verletzung voraussetzenden Beschwerde an das Kgl. OTr. bestätigt wird. Die gesetzgebende Gewalt als solche wird nun aber nach Art. 62 der Verfassungs-Urkunde gemeinschaftlich durch den König und beide Kammern ausgeübt; einer Behörde kann diese Gewalt nur zustehen, wenn und inwiefern sie derselben durch ein in verfassungsmäßiger Weise zu Stande gekommenes Gesetz ausdrücklich übertragen worden ist. Schon nach allgemeinen Grundsätzen müssen hiernach die Gerichte zur Untersuchung der Frage für berufen erachtet werden, ob eine auf Grund einer derartigen Delegation ergangene und Gesetzeskraft beanspruchende Polizei-Verordnung von einer hierzu kompetenten Behörde und innerhalb der durch das Gesetz selber aufgestellten Schranken erlassen worden ist. Allein dies Prinzip wird auch ausdrücklich durch Art. 8 der Verfassungs-Urkunde insoweit festgestellt, als es sich um die Verhängung einer Strafe handelt, indem derselbe bestimmt:

> Strafen können nur in Gemäßheit des Gesetzes angedroht oder verhängt werden.

Nach dieser Verfassungs-Bestimmung ist es klar, daß zunächst diejenige Behörde, welche überhaupt zur Erlassung von Polizei-Verordnungen berechtigt ist, sich die Frage vorzuführen hat, ob die Materie, welche durch die Verordnung geregelt werden soll, zu denjenigen gehört, welche nach der Bestimmung des Gesetzes überhaupt Gegenstand polizeilicher

Vorschriften sein können und sollen. Eben derselben Prüfung kann sich demnächst aber auch diejenige Behörde, welche auf Grund der wirklich ergangenen Verordnung eine Strafe verhängen soll, nämlich das Gericht, nicht entziehen, weil eine Strafe nur in Gemäßheit des Gesetzes, also nur dann verhängt werden darf, wenn dieselbe durch eine gesetzlich berechtigte Behörde innerhalb der Grenzen ihrer gesetzlichen Delegation angedroht worden ist.

In der eingelegten Beschwerde wird nun aber behauptet, diese letztere Kognition sei den Gerichten, gegenüber den Polizei-Verordnungen, durch das Ges. v. 11. März 1850 ausdrücklich untersagt, indem dieselben nach § 17 l. c. nicht die Nothwendigkeit und Zweckmäßigkeit, sondern nur die gesetzliche Gültigkeit jener Verordnungen nach den Bestimmungen der §§ 5. 11 und 15 dieses Gesetzes in Erwägung zu ziehen hätten, hierdurch aber die richterliche Kognition über die Frage ausgeschlossen werde, ob die Verordnung sich ihrem Inhalte nach auf Materien beziehe, welche durch § 6 ibid. als Gegenstände der ortspolizeilichen Vorschriften bezeichnet worden sind. Insofern diese letztere Behauptung durch den klaren Inhalt des Ges.s v. 11. März 1850 gerechtfertigt werden könnte, würde sie allerdings für die Gerichte die Nöthigung herbeiführen, über die oben aus Art. 8 der Verfassungs-Urkunde abgeleiteten Grundsätze hinwegzugehen, weil die materielle Verfassungsmäßigkeit eines formell verfassungsmäßigen Gesetzes durch die Gerichte nicht in Frage gestellt werden darf. Allein der hierdurch supponirte Gegensatz zwischen der Verfassungs-Urkunde und dem Gesetze liegt in der Wirklichkeit nicht vor, wie sich dies aus dem Gesammt-Inhalte desselben und aus der Geschichte der Materie mit Bestimmtheit ergiebt.

Vor dem Erscheinen des Ges.s v. 11. März 1850 konnte im Gebiete des ALR.s die hier in Rede stehende Frage kaum hervortreten, weil im § 6. II, 13 ALR. der Erlaß allgemeiner Verbote und Strafdrohungen für ein Majestätsrecht erklärt, und durch die Vdn. v. 26. Dez. 1808 den

Regierungen nur unter höherer Genehmigung die desfallsige Befugniß ertheilt war, welche durch die Regierungs-Instruktion v. 23. Okt. 1817 lediglich dahin erweitert wurde, daß die Regierungen selbstständig Strafen wegen solcher Handlungen anzudrohen befugt sein sollten, welche durch ein Gesetz bereits verboten waren. Dagegen war in der Rheinprovinz den Verwaltungs- und Gemeindebehörden bereits durch die Gesetze v. 16. Aug. 1790 und 19. Juli 1791 hinsichtlich bestimmter Materien die Befugniß zur Erlassung von Polizei-Verordnungen mit Strafandrohung eingeräumt; in diesem Rechtsgebiete ist es aber ungeachtet des daselbst in schärfster Weise durchgeführten Prinzips der Unabhängigkeit der Exekutivgewalt von der Judikatur jederzeit anerkannt worden, daß die Gerichte in Betreff dieser Verordnungen zu untersuchen haben, ob dieselben auf diejenigen Materien Bezug haben, welche den gedachten Behörden überwiesen waren, verneinendenfalls aber der betreffenden Polizei-Verordnung, als mit den Gesetzen in Widerspruch stehend, die strafrechtliche Anwendbarkeit zu versagen berufen seien. Seinen bestimmtesten Ausdruck hat dieser Fundamentalsatz im Art. 107 der Belgischen Verfassungs-Urkunde gefunden:

„Les cours et tribunaux n'appliqueront les arrêtés et règlements généraux, provinciaux et locaux, qu'autant qu'ils seront conformes aux lois,"

und es liegt aus vielen Gründen die Annahme nahe, daß der Art. 8 der Preußischen Verfassungs-Urkunde seine Formulirung gerade im Hinblick hierauf erhalten hat und eben dasselbe Grundprinzip aussprechen sollte. Jedenfalls war es, wie weiterhin sich ergeben wird, den Verfassern des Ges.s v. 11. März 1850 vollkommen bekannt und gegenwärtig, daß die Institution der hier in Rede stehenden polizeilichen Gesetzgebungsgewalt in demjenigen Landestheile, aus welchem sie auf die gesammte Monarchie übertragen werden sollte, niemals anders, als in Verbindung mit der oben bezeichneten, der so nahe liegenden Gefahr des Mißbrauchs entgegenwirkenden gerichtlichen Kognition aufgefaßt worden ist. Diese gerichtliche Kognition ist aber in jenem Gesetze selber nirgend ausgeschlossen, vielmehr im § 17 anerkannt worden, indem er zwar diese Kognition in Betreff der Nothwendigkeit oder Zweckmäßigkeit der Maaßregel, der verfassungsmäßigen Stellung der Behörden vollkommen entsprechend, ausschließt, dieselbe jedoch hinsichtlich der Frage der gesetzlichen Gültigkeit jener Vorschriften ausdrücklich statuirt. In dieser, sowohl die negative, als die positive Seite der Frage erschöpfenden Gesetzesstelle sind allerdings nur die §§ 5. 11 und 15, nicht auch der § 6 ibid. citirt worden, allein es bedurfte dieses Citates auch in keiner Weise, weil in den §§ 5 und 11 ibid. die subjektiv berechtigten Behörden bezeichnet, im § 15 dagegen in objektiver Beziehung festgestellt war, daß in die polizeilichen Vorschriften keine Bestimmungen aufgenommen werden dürfen, welche mit den Gesetzen überhaupt, mithin auch mit dem Ges. v. 11. März 1850 selber im Widerspruch stehen. Ein solcher Widerspruch mit diesem Gesetze würde aber unzweifelhaft eintreten, wenn eine Polizei-Verordnung Materien, welche nach §§ 6 und 12 ibid. nicht zu den Gegenständen der polizeilichen Vorschriften gehören, zu denselben heranziehen wollte; die Gerichte sind daher durch § 15 eben sowohl berufen und angewiesen worden, die desfallsige Kognition eintreten zu lassen.

Wenn in dieser Beziehung etwa ein Zweifel erhoben werden könnte, ob die Gerichte als qualifizirt zu erachten seien, über das zum Gebiete dieser polizeilichen Attributionen nach dem Willen des Gesetzes Gehörige, beziehungsweise Nichtgehörige maaßgebend zu befinden, so wird dieser Zweifel durch die fernere Bestimmung des § 7 l. c. beseitigt, wonach zu Verordnungen über Gegenstände der landwirthschaftlichen Polizei die Zustimmung der Gemeinde-Vertretung erforderlich ist. Es ergiebt sich hieraus, daß die Verhängung einer durch eine Polizei-Verordnung angedrohten Strafe durch die Gerichte nach § 15 ibid. ebenwohl deren Erörterung darüber voraussetzt und erheischt, ob es sich dabei um einen

Gegenstand der landwirthschaftlichen Polizei handle und darum die Zustimmung der Gemeinde-Vertretung erforderlich sei oder nicht, wie dies auch in den Erkenntnissen des Kgl. OTr.s v. 15. Mai 1856 c. Marquet und v. 6. Juni 1863 c. Becker ausgesprochen worden ist. Hiermit erhält denn auch die Bestimmung des § 14 ibid., welche die frühere Befugniß der Bezirks-Regierungen, sonstige allgemeine Verbote und Strafbestimmungen zu erlassen, aufhebt, diejenige legislative Bedeutung, welche ihr andernfalls fehlen würde.

Die Entstehungsgeschichte des in Rede stehenden Gesetzes, dessen Entwurf ohne Motive vorgelegt worden ist, bietet zwar keine absolut entscheidende Momente zur Feststellung der Absicht des Gesetzgebers dar, allein sie ist im Wesentlichen dennoch geeignet, die vorstehende Auffassung zu unterstützen. Seitens des Regierungs-Vertreters war insbesondere in der ersten Kammer die wegen ihrer Allgemeinheit angefochtene Bestimmung des § 6 in litt. i durch Bezugnahme auf die vielen, in Ermangelung jener allgemeinen Bestimmung ergangenen kassirenden Urtheile im französischen Rechtsgebiete vertheidigt und dabei bemerkt worden, daß es dort oft nothwendig geworden sei, solche Erkenntnisse anzufechten und durch Kassations-Urtheile zu beseitigen, obgleich die Verordnungen an sich nützlich gewesen seien. Hieraus habe der Gesetzentwurf Nutzen ziehen zu müssen geglaubt, und deshalb die allgemeine Bestimmung in litt. i beantragt, dieselbe sei „durchaus praktisch, und nicht eine Thür, durch welche der Polizeistaat wieder einziehen könnte.“ Es ist klar, daß diese Ausführung jede Absicht einer prinzipiellen Ausschließung der Gerichte von der Prüfung der Frage, ob eine Polizei-Verordnung auf diejenigen Materien Bezug habe, welche den gedachten Behörden überwiesen worden sind, ausschließt. Eben dasselbe ergiebt sich auch aus den Erklärungen des Vertreters des Justiz-Ministeriums: das Gewicht des § 17 liege darin, daß der Richter nicht die Nothwendigkeit oder Zweckmäßigkeit, sondern nur die gesetzliche Gültigkeit der Verordnung zu prüfen habe. Er hat also, indem er das im Gesetz selber enthaltene Citat der §§ 5. 11 und 15 gar nicht einmal wiederholte, nur obige zwei Gegensätze als solche hervorgehoben und im Mindesten nicht erkennen lassen, daß die richterliche Prüfung der gesetzlichen Gültigkeit wiederum nur auf gewisse Gesichtspunkte, insbesondere auf die §§ 5. 11 und 15, unter Ausschließung des § 6, beschränkt und nicht, wie bisheran, nach allen in der Sache selbst begründeten Seiten hin aufrecht erhalten werden sollte. Hiergegen kann auch nicht mit Erfolg eingewendet werden, daß schon die Allgemeinheit der Bestimmung des § 6 in litt. i entweder jede gerichtliche Kognition ausschließe, oder dieselbe mit der durch § 17 ausgeschlossenen Prüfung der Nothwendigkeit und Zweckmäßigkeit zusammenfallen lasse. Denn einestheils ergiebt die Natur der Sache selber und wird durch das vorliegende Gesetzgebungsmaterial bestätigt, daß der Gesetzgeber sich zwar der Unmöglichkeit einer, alle eventuellen polizeilichen Bedürfnisse erschöpfenden Aufzählung der betreffenden Gegenstände wohl bewußt war, jedoch geglaubt hat, durch die vielen in litt. a bis h gegebenen Beispiele den wirklichen Charakter der desfallsigen Materie hinreichend fixirt zu haben, um einen sichern Anhalt für die Beurtheilung der Zubehörigkeit der nicht benannten zu geben. Anderntheils ist es klar, daß, wenn nach litt. i zu den Gegenständen ortspolizeilicher Vorschriften „alles Andere gehören solle, was in besondern Interessen der Gemeinden und ihrer Angehörigen polizeilich geordnet werden muß," die Beurtheilung dieser, den allgemeinen Bereich der polizeilichen Fürsorge überhaupt betreffenden Nothwendigkeit in keiner Weise mit der im § 17 von der richterlichen Kognition ausgeschlossenen Frage der Nothwendigkeit oder Zweckmäßigkeit zusammenfällt, indem diese letztere Frage lediglich die Angemessenheit der innerhalb des Bereiches der polizeilichen Gesetzgebungsgewalt getroffenen konkreten Anordnungen berührt.

Wenn zur Unterstützung der vorliegenden Beschwerde Seitens des OStA.s noch auf das Urtel des Kgl. OTr.s

v. 13. Febr. 1863 c. Säbisch [RdOTr. 3. S. 290] hingewiesen wird, so beruhet diese Bezugnahme auf einer unrichtigen Auffassung dieses Erkenntnisses, indem dasselbe nur ausspricht, daß, „wenn das App.-Gericht in eine Erörterung darüber eingegangen, ob nach § 6 des Ges.s v. 11. März 1850 ein Grund ersichtlich sei, weshalb eine nichtamtliche Zeitschrift den Titel „Kreisblatt" nicht führen solle, hierbei der § 17 l. c. übersehen werde, nach welchem den Gerichten das Recht nicht zustehe, die Nothwendigkeit oder Zweckmäßigkeit der ergangenen Polizei-Vorschrift in Erwägung zu ziehen." Die Zulässigkeit einer richterlichen Prüfung der Frage, ob die durch eine polizeiliche Vorschrift betroffene Materie nach § 6 l. c. zu denjenigen Gegenständen gehöre, welche überhaupt einer Regelung durch Polizei-Verordnungen gesetzlich empfänglich sind, ist hiermit in keiner Weise verneint worden. In den Erkenntnissen des Kgl. OTr.s v. 6. Apr. 1854 c. Haas, v. 6. Sept. 1855 c. Dresing, v. 8. Jan. und 1. Okt. 1857 c. Knorsch resp. c. Römerscheid, und v. 15. Apr. 1858 c. Hoppe ist vielmehr die Befugniß der Gerichte zur Untersuchung der Frage, ob die betreffende Verordnung die Grenzen der polizeilichen Gesetzgebungsgewalt im Sinne des § 6 l. c. überschritten habe oder nicht, und ob dieselbe daher nach § 15 ibid. zur Handhabung durch die Gerichte geeignet sei, ausdrücklich ausgesprochen und zur Anwendung gebracht worden.

Was nun die schließliche Frage anlangt, ob die hier in Rede stehende, dem Strafantrag zum Grunde gelegte und lediglich auf Grund des § 11 des Ges.s v. 11. März 1850 erlassene Polizei-Verordnung sich innerhalb der durch die §§ 12 und 6 ibid. bestimmten Grenzen der polizeigesetzlichen Befugnisse bewege, so kann der desfallsigen verneinenden Ausführung der Instanzrichter im Allgemeinen nur beigepflichtet werden. Wenn insbesondere die Bestimmung ad 1:

„Es darf nicht mehr nach Musik getanzt werden, ohne daß eine schriftliche und mit dem Stempel versehene Erlaubniß der Ortspolizei-Behörde zuvor eingeholt worden ist," in der Verordnung selber sofort den nach der thatsächlichen Feststellung der Instanzrichter vorliegend zutreffenden Zusatz erhalten hat:

„Diese Erlaubniß wird in solchen Fällen nie verweigert werden, wenn ein Privatmann in eigener Wohnung geladenen Gästen eine Tanzbelustigung auf eigene Kosten giebt,"

so liefert die Verordnung selber hierdurch den Beweis, daß die polizeiliche Regulirung derartiger Tanzbelustigungen, deren Erlaubniß niemals versagt werden darf, nicht durch die Verhältnisse des Regierungs-Bezirks geboten sein kann. Eine einfache Anzeige der beabsichtigten Tanzbelustigung ist in der Verordnung nicht vorgeschrieben worden, mithin nicht zu untersuchen, ob etwa bei Anordnung einer solchen eine anderweite Beurtheilung würde Platz greifen können.

Das polizeiliche Interesse der Gemeinden, gegen ungebührlichen ruhestörenden Lärm sicher gestellt zu werden, ist jedenfalls durch die Bestimmung des § 340 Nr. 9 des StGB.s bereits gesetzlich befriedigt und darum einer Regelung durch Polizei-Verordnungen nicht empfänglich.

[22. — 2.]

---

1. Fragstellung. — Wechselfälschung. — Auflösung des Begriffs Wechsel.

2. Fragstellung. — Reale Konkurrenz. — Zusammenfassung.

3. Wucher. — Versteckter. — Gewohnheitsmäßiger. — Reale Konkurrenz.

1. In der eine Wechselfälschung betreffenden Frage an die Geschwornen muß dem Antrage: „den Begriff Wechsel durch Angabe der gesetzlichen Requisite desselben aufzulösen" mit Nothwendigkeit Statt gegeben werden.

Ges. v. 3. Mai 1852 Artt. 81. 82 [vgl. dort n. 5]; StGB. § 251 [vgl. dort n. 30]. Vgl. RbOTr. 3. S. 192; 4. S. 346.

2. Es ist unstatthaft, mehrere verschiedene Fälle des versteckten Wuchers in einer

einzigen Frage an die Geschwornen zusammen zu fassen.

Ges. v. 3. Mai 1852 Art. 80 [vgl. dort n. 11; RdOTr. 3. S. 397].
Contra im Grundsatze: Z. I. 30. Jan. 1861 c. Schramm, 139; G. A. 9. S. 185.

3. Hat sich Jemand in mehreren verschiedenen Fällen des versteckten Wuchers schuldig gemacht, so liegt reale Konkurrenz vor und § 56 StGB. wird anwendbar, sollte auch festgestellt sein, daß der Angeklagte den Wucher gewohnheitsmäßig betrieben habe.

StGB. §§ 56. 263 [vgl. dort n. 62; RdOTr. 2. S. 336].

Erk. (V. I.) v. 9. Nov. 1864 c. Redlich & Stärk (547. I. Cr.).

R. und St. waren wegen Urkundenfälschung, Wuchers ꝛc. in Anklagestand versetzt und bestraft worden; R. beruhigte sich bei dieser Entscheidung, während St. und der StAnw. die NB. ergriffen. St. rügte, daß

1) in der eine Wechselfälschung betreffenden Frage 7 die betr. Schrift als „Wechsel" bezeichnet und nicht dem Antrage seines Vertheidigers gemäß die gesetzlichen Merkmale des Wechsels in dieselbe aufgenommen seien, sowie

2) daß die ihm zur Last gelegten fünf verschiedenen Wucherfälle nicht zum Gegenstande einzelner Fragen gemacht, sondern in einer Frage zusammengefaßt worden seien („— — schuldig, — — zu fünf verschiedenen Malen sich von seinen Schuldnern höhere Zinsen als 6 pCt. vorbedungeu oder haben zahlen lassen, diese Ueberschreituug gewohnheitsmäßig betrieben und das Geschäft jedesmal so eingekleidet zu haben, daß dadurch die Gesetzwidrigkeit versteckt worden ist?").

Dagegen fand der StA. eine Verletzung des § 56 StGB. darin, daß der Schw.-GH. die festgestellten fünf verschiedenen Wucherfälle (an welchen R. Theil genommen hatte) deshalb für ein einziges Vergehen erachtet habe, weil dieselben festgestelltermaaßen gewohnheitsmäßig betrieben seien.

Das OTr. hat die Vernichtung des angefochtenen Erkenntnisses wegen aller 3 Beschwerden ausgesprochen. Gründe:

Zu I. 1. Nach Art. 81 des Ges.s v. 3. Mai 1852 müssen die Fragen bei Strafe der Nichtigkeit alle Thatsachen enthalten, welche die wesentlichen Merkmale der dem Angeklagten zur Last gelegten strafbaren Handlung bilden.

In der 7. Frage ist aber der Inhalt des abhanden gekommenen, angeblich verfälschten Wechsels nur mit den Worten: — „einen von dem Müller D. in Höhe von 2 Thlrn. ausgestellten Wechsel" — angeführt. Weder die Erfordernisse eines Wechsels nach Vorschrift der Artt. 4 und 96 der Wechselordnung v. 6. Jan. 1849 sind angegeben, noch ist ersichtlich, ob das Schriftstück eine Urkunde im Sinne des § 247 Abs. 2 StGB. gewesen. Der Ausdruck „Wechsel" würde genügen, wenn über dessen Inhalt kein Bedenken obgewaltet hätte, — ob dieses hier der Fall war, ist nicht außer Zweifel. Die Anklage giebt die Entstehung des Wechsels an, stellt aber am Schlusse die Anklageformel ebenso unbestimmt hin, wie die den Geschwornen vorgelegte Frage lautet. In der Sitzung hat sich der Angeklagte nicht näher über die Fassung des Wechsels erklärt, auf einen Streit über seinen Inhalt deutet aber der Antrag des Vertheidigers hin, die Requisite, welche das Gesetz von einem Wechsel fordere, in die Frage aufzunehmen. Es hätte deshalb durch die Verhandlungen der Inhalt des Schriftstücks näher ermittelt, und sodann die in die Frage aufzunehmende Anklage vervollständigt werden müssen. Für die Annahme, daß es hierzu an dem Material gefehlt, liegt kein Anhaltspunkt vor. Es muß daher bei diesem Punkt der Anklage wegen Verletzung des Art. 81 cit. und unrichtiger Anwendung der §§ 247 nnd 251 Nr. 5 StGB. das Urtheil des Schwurgerichtshofes vernichtet und die Sache zur anderweiten Verhandlung und Entscheidung vor denselben zurückgewiesen werden.

Zu I. 2. Die 13. Frage umfaßt fünf getrennte Fälle des versteckten Wuchers, deren nähere Umstände in der Anklage unter Nr. 5. 6. 8. 9 und 10 angegeben, in der Fragstellung jedoch übergangen sind. Die Verbindung der 5 Fälle in dieser Form ist unzulässig, weil die Geschwornen die spezielle Beschaffenheit eines jeden einzelnen Falles des versteckten Wuchers zu beurtheilen haben, hiefür aber die Fragstellung die erforderlichen Mittel nicht darbietet. Insofern sie die Frage theilweise bejahen und verneinen wollten, würden sie sich nicht mit „Ja" und „Nein" haben erklären können, wie der Art. 80 des cit. Ges.s vorschreibt, sondern die einzelnen Fälle mit ihren besonderen Umständen bezeichnen müssen, wozu jedoch in der Frage die Angaben fehlen. Es verstößt mithin die Fragstellung gegen die Bestimmung der angeführten Artt. 80 nnd 81, und unterliegt das angefochtene Urtheil auch bei diesem Theil der Anklage der Vernichtung.

Zu II. Durch die Konkurrenz der Fälle des versteckten Wuchers mit dem gleichzeitig festgestellten gewohnheitsmäßigen Wucher werden die strafrechtlichen Folgen der Ersteren nicht aufgehoben, vielmehr ist, da sie verschiedene selbstständige Vergehen bilden, nach § 56 StGB. auf sämmtliche durch sie begründete Strafen vereinigt zu erkennen.

Antr. des OStA.s: gleichl. [13. — 4.]

Betrug. — Vermögensbeschädigung. — Bewußtsein.

Zum Thatbestande des Betrugs gehört zwar nicht die Absicht, das Vermögen eines Andern zu beschädigen, wohl aber das Bewußtsein, daß die Irrthumserregung eine solche Beschädigung zur Folge haben werde oder haben könne.

StGB. § 241 [vgl. dort n. 9; RbOTr. 3. S. 32].

Erk. (Z. I.) v. 9. Nov. 1864 c. Haak & Gen. (666. I. Cr.

W. Haak hatte sich auf Anstiften seiner Mutter zur Abbüßung einer gegen seinen Bruder Fr. H. erkannten Gefängnißstrafe unter dem Namen Fr. H. dem Gefängnißinspektor zu St. gestellt und hatte durch seine Verpflegung dem Fiskus Ausgaben veranlaßt. Deshalb des Betrugs angeklagt, wurden sie freigesprochen, weil nicht für erwiesen angenommen werden könne, daß sie bei ihrer Handlung sich des Erfolges der Vermögensbeschädigung bewußt gewesen seien, beide vielmehr offenbar geglaubt hätten, es komme bezüglich der für die fiskalische Verwaltung entstehenden Kosten auf dasselbe hinaus, ob Fr. H. oder W. H. die Strafe verbüße [vgl. über diese Frage Oppenhoff StGB. § 241 n. 10; § 252 n. 16]. NB. des OStA.s. Zurückweisung. Gründe:

Der § 241 des StGB.s erfordert zu seiner Anwendung die durch die Irrthumserregung veranlaßte Beschädigung des Vermögens eines Andern, und diese Beschädigung wird von dem App.-Richter, wenn auch nicht ausdrücklich festgestellt, doch in den Entscheidungsgründen als vorhanden angenommen. Richtig ist es, wie die NB. anführt, daß die Absicht der Angeklagten nicht auf die Vermögens beschädigung, sondern auf die Erzielung des Gewinnes gerichtet sein müsse, aber ebenso unbedenklich ist die Voraussetzung, daß dem Angeklagten bewußt gewesen, die Irrthumserregung werde eine solche Beschädigung zur Folge haben oder doch nach dem natürlichen Lauf der Dinge zur Folge haben können. Ohne dieses Bewußtsein mangelt es an dem strafrechtlichen Dolus, welcher gerade darin besteht, daß der Angeklagte wußte, die gewinnsüchtige Absicht werde ohne die gegen einen Anderen bewirkte Vermögensbeschädigung nicht erreicht werden. Der App.-Richter hat nun ausdrücklich nach der ganzen Sachlage festgestellt, daß die Angeklagten bei ihrer Handlung sich des Erfolges der Vermögensbeschädigung nicht bewußt gewesen sind, hiermit mangelt es an einer wesentlichen Voraussetzung des § 241. Ob sie diesen Einwand vorgebracht haben, erscheint nicht von Erheblichkeit, da der Richter die Vertheidigungsgründe von Amtswegen zu prüfen hat.

Antr. des GStA.s: gleichl. [13.—4.]

Betrug. — Prozeßrichter. — Simulation.

Eine Täuschung des Prozeßrichters durch den wissentlichen Gebrauch unrichtiger Beweismittel (z. B. über ein simulirtes Geschäft) kann den Thatbestand des Betrugs darstellen.

StGB. § 241 [vgl. dort n. 65]. Aehnlich: Z. I. 6. Jan. 1865 c. Jacoby.

Erk. (Z. I.) v. 9. Nov. 1864 c. Lang & Schmidt (688. I. Cr.).

Der Angekl. Schm. schuldete dem Kaufmann L—n aus einem rechtskräftigen Erkenntnisse eine bedeutende Summe, für welche der letztere eine Hypothekeneintragung auf ein dem Schm. gehöriges Grundstück erwirkte. Inzwischen hatte Schm. das Grundstück durch Punktation und Notarialakt an L. verkauft, welcher auf Grund dieser Urkunden eine Klage auf Löschung der Hypothek des L—n erhob, demnächst nach stattgehabter Subhastation jenes Grundstücks im Kaufgelderbelegungsverfahren gegen die Auszahlung der Kaufgelder an L—n protestirte und endlich in einen von L—n gegen Schm. angestellten Arrestprozeß intervenirte und die betr. Gelder für sich in Anspruch nahm. Hierin fanden die Anklage und das verurtheilende Erkenntniß des AG.s einen Betrug, weil jene Punktation sowie der Notarialakt simulirt seien, um dem L—n die Beitreibung seiner Forderung zu erschweren oder dieselbe ganz zu vereiteln, und weil bei der Handlung die gewinnsüchtige Absicht vorgewaltet habe, das betr. Grundstück resp. die mit Arrest belegte Geldsumme im Besitze des Schm. zu erhalten. NB. der Angekl. wegen Verletzung des § 241 StGB. Zurückweisung. Gründe:

Das App.-Urtheil nimmt als bewiesen an, daß der Prozeßrichter durch Geltendmachung der simulirten Verträge in Irrthum versetzt worden. Der Einwand der Angeklagten, daß bei dem Prozeßrichter ein Irrthum im Sinne des § 241 überhaupt nicht eintreten könne, weil derselbe nicht nach den einseitigen Angaben der Parteien, sondern nur auf Grund vorliegender Beweise zu urtheilen habe, entbehrt in dieser Allgemeinheit der Begründung. Eine Täuschung des Prozeßrichters durch wissentlichen Gebrauch unrichtiger Beweismittel und die hierdurch veranlaßte Vermögensbeschädigung des Gegners kann unter die Bestimmung des § 241 fallen, und das angeführte Argument ist nicht durchgreifend, um in der Prozeßführung eine Handlung als straflos erscheinen zu lassen, welche außerhalb des Prozesses unzweifelhaft als Betrug sich qualifizirte.

Antr. des GStA.s: gleichl. [13.—4.]

Civil-Einrede. — Aussetzung des Strafverfahrens. — Bescheinigung. — Beschädigung von Wegen. — Prüfung der Qualität als Weg.

1. Wenn die Voraussetzungen des Ges.s v. 31. Jan. 1845 zutreffen, so ist die Aussetzung des

Strafverfahrens nicht bloß gestattet, sondern geboten.

Ges. v. 31. Jan. 1845 § 1. Vgl. Strafverf. § 22 n. 78; RhOTr. 1. S. 74.

2. Zur „Bescheinigung" einer vorgeschützten Civil-Berechtigungs-Einrede genügt die Angabe des bestimmten Rechtsgrundes sowie des Beweismittels.

Ebendas. [vgl. dort n. 78a]. Sic: B. II. 25. Febr. 1861 c. Walther, 76. Vgl. RhOTr. 1. S. 494.

3. Das Ges. v. 31. Jan. 1845 findet bei Beschädigungen von öffentlichen oder Privatwegen Anwendung.

Ebendas. — Vgl. Strafverf. § 22 n. 77; RhOTr. 2. S. 65.

4. Diese Anwendbarkeit des cit. Ges.s fällt aber hinweg, sobald die Regierung den betr. Weg nach dem linksrheinischen Ges. v. 9. vent. XIII. für einen Vicinalweg erklärt oder seine Breite festgestellt hat.

5. Ist [eine solche Erklärung der Regierung nicht erfolgt und auch] eine die Eigenthumsfrage betreffende Civilberechtigungseinrede nicht vorgeschützt worden, so hat der Strafrichter selbst die Qualität des betr. Wegs, insbesondere ob er ein Vicinalweg sei, zu prüfen. Dagegen muß er das Strafverfahren aussetzen, sobald eine solche Einrede vorgeschützt, insbesondere auch, wenn behauptet ist, das in Frage stehende Terrain gehöre nicht zum Wege.

Erk. (B. II.) v. 10. Nov. 1864 c. Schleicher & Gen. (255. II. Cr.).

Schl. u. Gen., welche unter der Beschuldigung: „— — den öffentlichen von B. nach Cl. führenden Kommunalweg vor ihrem Grundstücke unbefugt durch Abgraben verringert zu haben (StGB. § 349 Nr. 1)," vor den (Rh.) Polizeirichter gestellt worden waren, machten hier den Einwand: daß das betr. Terrain nicht zum gedachten Wege, sondern zu ihrem anstoßenden Grundstücke gehöre, ihr Eigenthum und von ihnen mehr als 30 Jahre lang, insbesondere durch Aneignung des Holz- und Grasaufwuchses, benutzt worden sei, und daß über diese Civileinrede vorher vom Civilrichter entschieden werden müsse. Der Polizeirichter erhob indessen über diesen Einwand Beweis, und verurtheilte sodann die Beschuldigten, weil anzunehmen sei, daß das fragliche Terrain zum Wege gehöre, unter diesen Umständen aber die Eigenthumseinrede keine Berücksichtigung verdiene und der vorherigen Entscheidung des Civilrichters nicht zu überweisen sei. Die Beschuldigten ergriffen den Kass.-Rekurs wegen Verletzung des Ges.s v. 31. Jan. 1845 § 1; die GStAnw.-schaft erachtete denselben für unbegründet, weil der Polizeirichter zu prüfen habe, ob der vorgeschützte Einwand gehörig „bescheinigt" sei, und deshalb denselben unberücksichtigt lassen dürfe, sobald er zu der Ueberzeugung gelange, daß von ihm im Civilverfahren ein Erfolg nicht zu erwarten sein werde. Das OTr. hat gleichwohl das Erkenntniß vernichtet und die Sache an ein anderes PGericht verwiesen, indem es erwog:

In Erw., daß nach § 1 des Ges.s v. 31. Jan. 1845 über das Verfahren in Wald-, Feld- und Jagdfrevelsachen der Strafrichter auf in Untersuchungen wegen Wald-, Feld- oder Jagdfrevel von dem Angeschuldigten vorgebrachte Einrede, daß er zu der ihm als Frevel zur Last gelegten Handlung berechtigt gewesen sei, das Erkenntniß auszusetzen hat, wenn die Einrede durch Angabe des bestimmten Rechtsgrundes und der Beweismittel hinreichend bescheinigt und zugleich von der Art ist, daß sie im Falle ihrer Richtigkeit jede Strafe ausschließen würde;

daß, wenn sich auch dieser § der Ausdrucksweise bedient, daß der Strafrichter das Erkenntniß nur aussetzen dürfe, wenn die oben bezeichneten Voraussetzungen vorhanden seien, daraus nicht zu folgern ist, daß die Aussetzung der Strafprozedur für den Richter bloß fakultativ sei, daß er vielmehr verpflichtet ist, wenn die Voraussetzungen des § vorhanden sind, dieselbe auszusprechen;

In Erw., daß das Gesetz überhaupt auch auf Beschädigungen und Usurpationen an Vicinalwegen Anwendung findet, da die im § 349 Nr. 1 des StGB.s vorgesehenen Beschädigungen an öffentlichen oder Privatwegen unzweifelhaft unter den allgemeinen Begriff von Feldfreveln fallen, wie denn auch das Rh. Rur.-Ges. v. 28. Sept. — 6. Okt. 1791 Art. 40 Tit 2 die Handlungen der vorliegenden Art zu den Feldfreveln gerechnet hat;

In Erw., daß zwar dann, wenn ein Weg von der zuständigen Verwaltungsbehörde in Gemäßheit des Ges.s v. 9. vent. XIII. für einen Vicinalweg erklärt und dessen Breite festgestellt ist, (Art. 6 u. 7) derjenige, welcher der Verringerung der Breite dieses Weges beschuldigt wird, mit der Civil-Einrede Eigenthümer des weggenommenen Terrains zu sein, nicht gehört werden kann, weil selbst im Falle der Begründung des Eigenthumsanspruches die Kontravention nicht aufgehoben würde;

daß der Fall aber anders liegt, wenn es sich um einen Weg handelt, der nicht in der vorstehend angegebenen Weise als Vicinalweg deklarirt und seiner Breite nach fixirt worden ist;

daß in einem solchen Falle vielmehr der Einwand des Beschuldigten, daß das von ihm weggenommene Terrain nicht zum öffentlichen Wege gehöre, sondern vielmehr einen Theil seines daran anstoßenden Eigenthums bilde, nach § 1 des Ges.s v. 31. Jan. 1845 vom Strafrichter berücksichtigt werden muß, sofern derselbe nur in der gesetzlichen Weise bescheinigt worden ist, — eine Bescheinigung, die indessen nur die Angabe der Beweismittel und des bestimmten Rechtsgrundes erfordert, welcher zum Eigenthumserwerbe führen kann;

In Erw., daß im vorliegenden Falle die heutigen Kassationskläger der wider sie erhobenen Beschuldigung gegenüber: „—— den öffentlichen, von B. nach Cl. führenden Kommunalweg vor ihrem Grundstücke unbefugt durch Abgraben verringert zu haben," zwar zugestanden haben, die Handlung, welche die Beschuldigung als strafbar bezeichne, vorgenommen zu haben;

daß sie zugleich aber den Einwand erhoben, daß die Bodenstrecke, welche sie hätten umgraben lassen, nicht zu dem Wegeterrain, sondern zu dem ihnen eigenthümlich gehörigen anstoßenden Grundstücke gehöre, und daß sie dieselbe mehr als 30 — ja 40 Jahre lang, insbesondere durch Aneignung des Holz- und Graswuchses benutzt hätten, über diesen Eigenthumseinwand aber vorher vom Civilrichter entschieden werden müsse;

daß von keiner Seite behauptet war, daß der von B. nach Cl. führende Weg von der zuständigen Verwaltungsbehörde als Kommunal- oder Vicinalweg erklärt und seiner Breite nach fixirt worden sei;

daß es dem mit der Beschuldigung befaßten Polizeirichter zwar zustand, seinerseits die Qualität des fraglichen Weges zu prüfen und denselben nach Maaßgabe dieser Prüfung für einen Vicinalweg zu erachten, wie solches im vorliegenden Falle geschehen ist;

daß aber hier der Streit sich nicht sowohl um die Eigenschaft des fraglichen Weges als eines Kommunalweges drehte — diese Eigenschaft vielmehr von den Beschuldigten selbst nicht bestritten worden war — sondern darum, ob die Bodenstrecke, welche die Beschuldigten abgegraben hatten, einen Theil dieses Weges bilde, oder ob, wie die Beschuldigten dies behaupteten, dieselbe zu ihrem daran anstoßenden Grundstücke gehöre;

daß der desfallsige Einwand der Beschuldigten eine wahre Civil-Einrede im Sinne des § 1 des Ges.s v. 31. Jan. 1845 darstellte;

daß daher der Polizeirichter nur zu prüfen hatte, ob diese Einrede nach Maaßgabe dieses § hinreichend bescheinigt sei;

daß er aber diese Prüfung nicht vorgenommen hat, vielmehr die Eigenthumsfrage selbst entschieden, indem er angenommen hat, daß nach dem Resultate des von ihm eingenommenen Augenscheins, der produzirten Urkunden, der Aussagen der Zeugen und Sachverständigen das fragliche Terrain zum Gemeindewege gehöre, Gemeindeeigenthum sei und folgeweise also die Kontravention gegen § 349 Nr. 1 des StGB.s vorliege;

daß auch nicht gesagt werden kann, daß nach der von dem Polizeirichter vorgenommenen Beweisaufnahme und seinen Urtheilsgründen angenommen werden müsse, daß er die Einrede jedenfalls nicht für ausreichend bescheinigt erachtet habe, da er sich auf einen Mangel der Bescheinigung nicht gestützt, sondern die Eigenthumsfrage zu Gunsten der Gemeinde entschieden hat;

daß endlich auch die Betrachtung nicht für durchgreifend zu erachten ist, daß, wenn der Polizeirichter bei der ihm zuständigen Untersuchung über die Vicinalität des Weges zugleich die untrüglichen Merkmale über deren Ausdehnung in der Breite finde, er dann auch berechtigt sein müsse, die Verringerungen dieser Breite durch Handlungen, für welche der Charakter von Besitzhandlungen in Anspruch genommen wird, als usurpative Eingriffe in den öffentlichen Weg um so mehr zu betrachten, als nach der vorherrschenden Meinung der Rechtslehrer auch die Breite der Kommunalwege der Verjährung nicht unterworfen sei, weil dann der Polizeirichter immerhin der Entscheidung über die Civilfrage vorgreifen würde, und überdies für die Frage, wieweit die Ausdehnung des Weges reicht, auch der Besitz des anstoßenden Eigenthümers von Werth sein kann;

In Erw., daß daher das Polizeigericht den § 1 des Ges.s v. 31. Jan. 1845 über das Verfahren in Wald-, Feld- und Jagdsachen, sowie den § 349 Nr. 1 des StGB.s verletzte, wenn es die von den Beschuldigten erhobene Civil-Einrede nicht nach Maaßgabe des eben citirten § des Ges.s v. 31. Jan. 1845 behandelt, vielmehr über die Eigenthumsfrage selbst entschieden hat ıc. [27. — 2.]

Strafantrag. — Rechtzeitigkeit. — Feststellung. — Nichtigkeit.

Die Strafverhängung ist nur dann gerechtfertigt, wenn die Instanzrichter die rechtzeitige Stellung des erforderlichen Strafantrags festgestellt haben. Fehlt es an dieser Feststellung, so liegt eine materielle Rechtsverletzung vor.

StGB. § 50 [vgl. dort n. 22]; Ges. v. 3. Mai 1852 Art. 107 [vgl. dort n. 27].

Erk. (B. II.) v. 10. Nov. 1864 c. Kirsch (297. II. Cr.).

Die Angeklagte war aus § 271 StGB. gestraft worden, weil sie: „— — ihr selbst gehörige bewegliche Sachen der Nutznießerin, ihrer Mutter, in rechtswidriger Absicht weggenommen habe." Die Instanzrichter hatten festgestellt, daß die Mutter, Wittwe A., den erforderlichen Strafantrag gestellt habe, nicht aber, daß dieses rechtzeitig geschehen sei. Die NB. des K. rügte im Allgemeinen „Gesetzesverletzung"; gleichwohl erfolgte Vernichtung und Zurückverweisung der Sache an das AG. Erwogen ward:

daß nach dem Schlußsatze des § 271 cit. hier die Bestimmung des § 229 StGB. zur Anwendung kommen muß, wonach die Implorantin nur auf den von ihrer Mutter innerhalb der im § 50 das. bestimmten Frist gestellten Antrag zur Untersuchung gezogen und bestraft werden kann;

daß daher die rechtzeitige Stellung dieses Antrages vom Instanzrichter festgestellt werden mußte;

daß zwar diese Antragstellung an sich nicht zu den konstitutiven Merkmalen des der Implorantin zur Last gelegten Vergehens gehört, vielmehr nur eine Bedingung der Strafverfolgung und der Strafverhängung bildet;

daß dieselbe aber wegen dieser ihrer letztern Natur wesentlich mit dem materiellen Rechte zusammenhängt, und daher auch der Mangel der erforderlichen Feststellung in das Gebiet der materiellen Rechtsverletznng mit hinein fällt.

[27. — 2.]

Unzüchtige Schrift. — Begriff.

Unzüchtig im Sinne des § 151 StGB. ist nur das in geschlechtlicher Beziehung Unsittliche.

StGB. § 151 [vgl. dort n. 1; § 150 n. 1].

Erk. (Z. II.) v. 10. Nov. 1864 c. Döger (322. II. Cr.).

Die NB. des aus § 151 StGB. verurtheilten D. rügte es, daß das AG. den Begriff des Wortes „unzüchtig" nicht auf das in geschlechtlicher Beziehung Unsittliche beschränkt habe. Das OTr. hat das Rechtsmittel zurückgewiesen, weil der App.-Richter am Schlusse seines Erkenntnisses feststelle, „die fr. Darstellungen fielen in die Sphäre der gemeinsten geschlechtlichen Unsittlichkeiten." Dagegen ward in Betreff der obigen Frage die Auffassung des AG.s mißbilligt. Gründe:

Zwar ist der erste Entscheidungsgrund des App.-Richters, welcher die Ansicht ausspricht und zu motiviren sucht, daß die hier in Rede stehenden beiden Abbildungen schon um deswillen im Sinne des § 151 StGB. „unzüchtig" seien, weil sie die Sitte und Zucht verletzten, und namentlich der Begriff des in diesem § gebrauchten Wortes „unzüchtig" zu eng aufgefaßt werde, wenn er bloß in Beziehung auf geschlechtliche Verhältnisse gesetzt werde, unrichtig. Freilich ist es richtig, daß das Gesetz den Begriff des Wortes nicht definirt habe, und es ist auch zuzugeben, daß der ältere Sprachgebrauch häufig Alles darunter brachte, was der Wohlanständigkeit, der Sitte, der Zucht in sittlicher, ja sogar in rechtlicher Beziehung, zuwider lief. Allein daß heut zu Tage das Wort nicht mehr in dieser allgemeinen Bedeutung genommen, sondern auf das geschlechtlich Unsittliche beschränkt werde, darüber legen die Wörterbücher von Heinsius, Campe, Adelung sub voce „Unzucht" ein übereinstimmendes Zeugniß ab. Daß aber in einer neuern Strafgesetzgebung, welche die Zuwiderhandlung gegen die Sittlichkeit nur in einem beschränktern Maaße sichtbarlich in ihr Gebiet ziehen will, von der heute gebräuchlichen Bedeutung des Wortes habe abgewichen werden sollen, wenn es unzüchtige Abbildungen unter Strafe stellt, wäre schon von vorn herein nicht anzunehmen. Daß dies indessen hier auch nicht der Fall ist, vielmehr der Begriff von „unzüchtig" geschlechtliche Beziehungen voraussetzt, ergiebt sich nicht nur aus der Aufnahme des § 151 in den 12. Titel des StGB.s und der Bedeutung, in welcher sonst das Wort „unzüchtig" in diesem Titel gebraucht wird, sondern auch daraus, daß bei Berathung des StGB.s der im Entwurfe desselben gewählte Ausdruck „welche die Sittlichkeit verletzen," in Folge des Kommissions-Berichts der II. Kammer, in „unzüchtige" umgewandelt wurde, weil die erstere Ausdrucksweise zu unbestimmt sei, und auf ein weites Feld führe. Die Argumentation des 2. Richters, daß ja auch der § 150 sich in dem 12. Titel des StGB.s befinde, ist nicht zutreffend, weil die Verletzung des geschlechtlichen Schaamgefühls auch Voraussetzung dieses § ist, nicht zu gedenken, daß dieser §. selbst, wenn man diese Voraussetzung nicht zugeben wollte, seine Aufnahme in den Titel 12 aus bloßen Zweckmäßigkeitsgründen finden konnte, ohne daß ein Gleiches in Bezug auf den § 151 daselbst, welcher das Wort „unzüchtig" mit Absicht gebraucht, zu behaupten wäre. — Ebenso verfehlt ist die Bezugnahme auf den Art. 287 des Code pénal, weil eben die demselben nachgebildete Ausdrucksweise des Entwurfes, um nicht auf ein zu weites Feld zu kommen, durch den bestimmtern Ausdruck „unzüchtig" ersetzt worden ist.

Antr. des GStA.s: gleichl. [27. — 2.]

Rheinisches Verfahren. — Civil-Einrede. — Bescheinigung. — Einstellung des Strafverfahrens. — Kassationsrekurs.

1. Nach Rheinischem Verfahren kann das Urtheil, durch welches das Strafverfahren ausgesetzt wird, bis über eine vorgeschützte Civil-Einrede vom Civilrichter entschieden sei, durch Kassationsrekurs angefochten werden.

Rh. StPO. Art. 416.

2. Die bloße Vorschützung einer Civil-Einrede (z. B. des Eigenthums) ohne Angabe des Rechtsgrundes und der Beweismittel kann die Aussetzung des Strafverfahrens nicht rechtfertigen.

Ges. v. 31. Jan. 1845 § 1. Sic: B. II. 28. Febr. 1861 c. Walther, 76. Vgl. RhOTr. 1. S. 494; 5. S. 250.

Erk. (B. II.) v. 10. Nov. 1864 c. Ohlinger (350. II. Cr.).

O. war unter der Beschuldigung: „— — von dem Gemeindeeigenthum 7 Quadratfuß verbaut zu haben (StGB. § 349 Nr. 1)" vor das Pol.-Gericht gestellt worden; hier machte er den Einwand: „die von ihm verbaute Stelle sei sein Eigenthum," worauf das Gericht „das Strafverfahren so lange aussetzte, bis über die Eigenthumsfrage vom kompetenten Richter entschieden sein werde." Hiergegen ergriff der Pol.-Anw. den Kassationsrekurs, den der betr. Ob.-Prokurator auf Grund des Art. 14 des Ges.s v. 2. brum. IV für zulässig erachtete, weil das angefochtene Erkenntniß durch die Aussetzung des Strafverfahrens bis zur civilgerichtlichen Entscheidung über die Eigenthumsfrage dem ersteren durch die letztere präjudizire, weshalb es nicht als ein bloßes jugement d'instruction (StPO. Art. 416), sondern als ein interlokutorisches [?] Urtheil anzusehen sei. Das OTr. hat das angefochtene Erkenntniß vernichtet, indem es erwog:

daß in dem angegriffenen Urtheile der Polizeirichter das Strafverfahren gegen den Beschuldigten so lange ausgesetzt hat, bis über die von demselben vorgebrachte Eigenthums-Einrede von kompetenter Stelle erkannt sein werde; daß er diese Aussetzung auf das Ges. v. 31. Jan. 1845 stützt, demgemäß im Falle einer solchen Einrede von dem Strafrichter erst dann erkannt werden könne, wenn über diese Einrede von kompetenter Seite entschieden sei;

daß der Polizeirichter sich in diesem Urtheile also für inkompetent erklärt, über die dem Beschuldigten zur Last gelegte Thathandlung zur Zeit erkennen zu können;

daß die Zulässigkeit des Kassationsrekurses gegen ein solches Urtheil nach der Schlußbestimmung des Art. 416 der StPO. keinem Zweifel unterliegt;

Was die Begründung des Rekurses betrifft; In Erw., daß nach der Vorschrift des § 1 des Ges.s v. 31. Jan. 1845 in Untersuchungen wegen Wald-, Feld- oder Jagdfrevel auf die von dem Angeschuldigten vorgebrachte Einrede, daß er zu der ihm als Frevel zur Last gelegten Handlung berechtigt gewesen, der Strafrichter das Erkenntniß „nur dann aussetzen darf," wenn die Einrede durch Angabe des bestimmten Rechtsgrundes und der Beweismittel hinreichend bescheinigt und zugleich der Art ist, daß sie im Falle ihrer Richtigkeit jede Strafe ausschließen würde; daß auch in eben diesem Falle der Rechtsgrund und die Beweismittel, durch welches das Strafverfahren ausgesetzt wird, in dem Urtheile angegeben werden müssen;

daß sich der Polizeirichter in der Begründung des angegriffenen Urtheils indeß für die Aussetzung des Strafverfahrens gegen den Beschuldigten, bis über die Eigenthumsfrage von kompetenter Seite erkannt sein werde, lediglich auf die Anführung beschränkt hat, daß nach der Behauptung des Beschuldigten die fragliche, von ihm verbaute Stelle sein Eigenthum sei;

daß diese Anführung, da sie weder den Rechtsgrund der Einrede noch der Beweismittel, und zwar in keiner Weise bescheinigt, der Vorschrift des cit. § 1 nicht genügt, der Polizeirichter daher diesen § durch Nichtbeachtung verletzte, indem er in dem untergebenen Falle das Strafverfahren ohne ausreichende Konstatirung der dazu gesetzlich erforderlichen Vorbedingungen aussetzte.

Antr. des OStA.s: gleichl. [11.—2.]

Ausland. — Preuße. — Nachträgliche Aberkennung der Ehrenrechte.

Wenn gegen einen Preußen wegen einer im Auslande begangenen und dort bestraften That im Inlande das Verfahren auf nachträgliche Aberkennung der Ehrenrechte eingeleitet ist, so hat der befaßte Richter den Sachverhalt selbstständig zu prüfen; er ist weder durch die der That vom ausländischen Gerichte beigelegte Qualifikation, noch durch die Annahme mildernder Umstände gebunden.

StGB. § 24 [vgl. dort n. 8; RbOTr. 2. S. 218].

Erk. (Z. II.) v. 10. Nov. 1864 c. v. Czentner u. Czententhal (366. II. Cr.).

v. Cz., ein Preuße, war von dem Hgl. Braunschweigschen Gerichte zu G. der „doppelt qualifizirten Unterschlagung" schuldig befunden und mit Rücksicht auf obwaltende „Strafmilderungsgründe" zu einer Zwangsarbeitsstrafe von 1½ Jahren verurtheilt, diese Strafe auch theilweise an ihm vollstreckt, theilweise aber im Wege der Gnade erlassen worden. Demnächst ist gegen ihn im Inlande auf Grund des § 24 StGB. ein neues Strafverfahren eingeleitet, und es ist ihm die Ausübung der bürgerlichen Ehrenrechte auf 1 Jahr untersagt worden, und zwar auf Grund der vom AG. getroffenen Feststellung: „daß er — in gewinnsüchtiger Absicht das Vermögen Anderer 2c. dadurch beschädigt habe, daß er durch das Vorbringen falscher Thatsachen einen Irrthum erregte," sowie „daß ihm dabei mildernde Umstände nicht zur Seite ständen." Die NB. des v. Cz. rügte es, daß das AG. den Sachverhalt selbstständig geprüft und nach Preußischen Gesetzen beurtheilt habe; die Feststellung des Braunschweigschen Gerichts, nach welcher er sich einer Unterschlagung und zwar unter mildernden Umständen schuldig gemacht, habe aufrecht erhalten und der neuen Beurtheilung zum Grunde gelegt werden müssen. Zurückweisung. Gründe:

Das Wesen der in dem § 24 des StGB.s enthaltenen Vorschrift besteht darin, daß in dem daselbst vorgesehenen Falle der Verlust der bürgerlichen Ehre 2c. gegen den Preußen nicht nachträglich als Accessorium zu der bereits erkannten Strafe und auf Grund des früheren Verfahrens, sondern von dem kompetenten inländischen Richter selbstständig auf Grund eines neuen Strafverfahrens verhängt wird. Dies neue Strafverfahren unterscheidet sich von jedem anderen nur dadurch, daß sein Zweck auf die Ehrenstrafe beschränkt ist, im Uebrigen aber ist darin dem Richter dieselbe Aufgabe, wie in jedem anderen Verfahren gestellt, — die Entscheidung und Feststellung des Thatbestandes, sowie der Schuld des Angeklagten in ihrem ganzen Umfange, wozu selbstredend auch die Strafausschließungs- oder Milderungsgründe gehören. — Hierin ist für den inländischen Richter das vorhergegangene Urtheil des ausländischen in keiner Weise maaßgebend.

Vergeblich bemüht sich daher die NB., gegen die Statthaftigkeit des diesseits eingeleiteten Verfahrens unter Bezugnahme auf § 4 Nr. 3 des StGB.s einen Einwand aus der von dem ausländischen Richter in Betreff der Qualifizirung der That oder etwa vorhandener Milderungsgründe getroffenen Entscheidung herzuleiten. Das Letztere, die angebliche Feststellung von Milderungsgründen durch den ausländischen Richter, würde außerdem, abgesehen davon, daß es den diesseitigen Richter, wie ausgeführt, in der freien Beurtheilung nicht bindet, schon aus dem Grunde überall nicht von Erheblichkeit sein, weil das Vorhandensein mildernder Umstände, selbst wenn solches jetzt noch festgestellt würde, die Verhängung der Ehrenstrafe nicht mit Nothwendigkeit ausschließen würde. War aber der Richter nach allen Seiten hin zu einer selbstständigen Prüfung des vorliegenden Thatbestandes berufen, so war ihm auch nach Artt. 30. 86 des Ges.s v. 3. Mai 1852 die Ermächtigung gegeben, die die Substanz der Anklage bildende That unter einem anderen strafrechtlichen Gesichtspunkte, als dem, worunter sie in der Anklage gestellt war, aufzufassen.

Antr. des GStA.s: gleichl. [29.—2.]

Versuch. — Abstehen wegen eines vermeintlichen Hindernisses.

Beim Versuche ist ein vermeintliches, in Wahrheit nicht vorhandenes Hinderniß als ein äußerer vom Willen des Thäters unabhängiger, die Vollendung hindernder Umstand anzusehen.

StGB. § 31 [vgl. dort n. 31].

Erk. (Z. II.) v. 10. Nov. 1864 c. Sarnes (386. II. Cr.).

Der Angeklagte hatte in der Absicht, einen Diebstahl auszuführen, im Hause des Kaufmanns R. eine Thüre mittelst falschen Schlüssels geöffnet, dann aber von der weiteren Ausführung der That Abstand genommen und die Thüre wieder verschlossen, weil er ein im Laden von Mäusen gemachtes Geräusch hörte und glaubte, daß es von Menschen herrühre. Wegen Diebstahlsversuch bestraft, rügte er in seiner NB. Verletzung des § 31, weil er freiwillig von der beabsichtigten That zurückgetreten sei. Zurückweisung. Gründe:

Die NB. vermeint, daß die Requisite zu einem unfreiwilligen Rücktritt des Angeklagten vor der anfänglich beabsichtigten That nicht vorlägen. Aber die desfallsigen Deduktionen der NB. scheitern an der einen Rechtsirrthum nicht ergebenden Feststellung der Instanzrichter, daß Angeklagter nur durch einen äußern, vom Willen desselben unabhängigen Umstand an der Ausführung des Diebstahls gehindert worden sei. Insbesondere konnten die Instanzrichter, wie geschehen, das Dasein des vorliegenden Requisites darauf gründen, daß der Angeklagte, nach dem Aufschließen der Ladenkammerthüre nur durch das von den Mäusen im Laden verursachte Geräusch, indem er dasselbe für ein von Menschen ausgehendes gehalten, veranlaßt, die fragliche Thüre wieder gesperrt, und von der Ausführung der That nur um deswillen abgestanden sei, weil er sich beobachtet geglaubt habe (Motive des ersten Richters), oder weil er, wie der App.-Richter auf die in zweiter Instanz vom Angeklagten gemachten speziellen Einwendungen noch erwägt, die fragliche Thüre nicht nur in Folge des durch die Mäuse verursachten Geräusches wieder zuschloß, sondern auch demnächst nur noch an der Thüre stehen blieb, um nach dem Grunde des Geräusches zu lauschen und je nach dem Resultate dieser Forschung einen nochmaligen Versuch zum Einbringen in den Laden zu machen, oder sich in seine Wohnung zurückzuziehen. — Der Umstand, daß Angeklagter nur irrthümlich ein ihm entgegenstehendes Hinderniß angenommen hat, ändert in der Sache, wie auch der erste Richter bereits ausführte, überall nichts, da auch das vermeintliche Hinderniß für den Willen des Angeklagten ein äußeres Hinderniß darstellen konnte.

Antr. des GStA.s: gleichl. [27.—2.]

Disziplinarverfahren. — Ehrenrath. — Zusammensetzung.

Ein Beschluß des Ehrenraths der Rechtsanwalte ist nichtig, wenn an demselben ein Mitglied Theil genommen hat, gegen welches die Einleitung eines Disziplinarverfahrens verfügt worden war, sollte auch das betr. App.-Gericht diese

Sache zur Untersuchung und Entscheidung an sich gezogen haben.

Vdn. v. 30. Apr. 1847 § 24; Ges. v. 21. Juli 1852 §§ 70. 71.
Vgl. oben S. 29.

Erk. (I. Civ.-Sen.) v. 14. Nov. 1864 c. Rechtsanw. B. (3828. I. C.-S.).

Das AG. zu K. hatte sich veranlaßt gesehen, gegen die Rechtsanwalte St. und J. die Disziplinaruntersuchung einzuleiten und die Sache in Gemäßheit des § 70 des Ges.s v. 21 Juli 1852 an sich zu ziehen. Demnächst nahmen beide RAnwalte, als Mitglieder des Ehrenraths, an einem Beschlusse des letzteren Theil, durch welchen die Disziplinaruntersuchung gegen den RAnw. B. eröffnet wurde, indem davon ausgegangen wurde, daß die Einleitung eines Disziplinarverfahrens gegen einen RAnw. sein Ausscheiden aus dem Ehrenrathe nur dann zur Folge habe, wenn das betr. Verfahren vor dem letztern selbst schwebe. Auf die Beschwerde des OStA.s ist der betr. Beschluß vom OTr. aufgehoben worden. Gründe:

Zwar meint der Ehrenrath in seinem Beschlusse v. 2c., der allegirte § 24 dürfe nur auf die vor dem Ehrenrathe selbst, nicht aber auch auf die vor dem Kgl. AG. schwebenden Disziplinaruntersuchungen bezogen werden; zu einer solchen Beschränkung nöthigt aber weder der generelle Wortlaut des gedachten Gesetzes, noch erscheint sie nach dem unverkennbaren legislativen Grunde desselben gerechtfertigt. Es mag richtig sein, daß die Vdn. v. 30. Apr. 1847 eine dem § 70 des neuern Ges.s v. 21. Juli 1852 entsprechende Vorschrift, nach welcher unter gewissen Umständen ausnahmsweise auch das betreffende AG. als Disziplinar-Behörde gegen Rechtsanwalte und Notare eintreten kann, noch nicht kennt; daraus folgt aber immer nicht, daß, wenn das 2c. AG. auf Grund und nach Maaßgabe des gedachten § 70 sich veranlaßt gesehen hat, gegen die Justizräthe St. und J. selbst Disziplinaruntersuchungen einzuleiten, und diese Sachen zur Untersuchung und Entscheidung an sich zu ziehen, auf diese Disziplinaruntersuchungen der § 24 l. c. nicht Anwendung fände, jene beiden Mitglieder des Ehrenraths vielmehr nach wie vor in demselben verbleiben könnten. Eine solche Annahme ist mit dem augenscheinlichen Zwecke des oftgedachten § 24 durchaus unvereinbar. Der Ehrenrath ist verpflichtet, über die Erfüllung der besonderen Amtspflichten, sowie derjenigen Pflichten seiner Standesgenossen zu wachen, welche durch Ehrenhaftigkeit, Redlichkeit und Anstand bedingt werden: er tritt insofern als entscheidende Disziplinar-Behörde ein zc. §§ 2 ff. Der Gesetzgeber erachtet es nun nicht angemessen, diese disziplinarische Ueberwachung seiner Standesgenossen fernerhin Mitgliedern des Ehrenraths anzuvertrauen, welche sich selbst im Sinne des gedachten § 2 oder nach § 2 des cit. Ges.s vergangen haben, gegen welche ein Disziplinar-Verfahren nothwendig geworden ist. Von diesem Gesichtspunkte aus kann es selbstverständlich keinen Unterschied machen: ob die gegen ein Mitglied des Ehrenraths eingeleitete Disziplinaruntersuchung nach § 5 der cit. Vdn. von dem Ehrenrathe selbst, oder in Gemäßheit des § 70 des cit. Ges.s von dem betreffenden AG. beschlossen worden ist. In dem einen wie in dem andern Falle ist gegen ein Mitglied des Ehrenraths ein Disziplinar-Verfahren nothwendig geworden, und dies letztere hat dessen sofortiges Ausscheiden aus dem Ehrenrathe zur unvermeidlichen Folge.

Waren hiernach aber die Justizräthe St. und J. am zc. als Mitglieder des Ehrenraths nicht mehr zu betrachten, so durften sie auch an dem Eingangs gedachten Eröffnungsbeschlusse nicht Theil nehmen, der letztere wird daher in Folge der Beschwerde des dortigen OStA.s v. zc. hierdurch aufgehoben.

Antr. des OStA.s: gleichl. [—3.]

Anklage. — Urtheil. — Identität der Handlung. — Zeit.

Es ist statthaft, in dem Urtheile die Zeit der Begehung der betr. Strafthat anders zu bestimmen, als es in der Anklage geschehen war, sobald nur eine irrige Bezeichnung berichtigt und nicht

eine andere That zum Gegenstande der Entscheidung gemacht wird.

Vdn. v. 3. Jan. 1849 § 1 [vgl. dort n. 14]. Sic: Z. I. 4. Dez. 1863 c. Schwarz, 1246; Z. I. 6. Jan. 1865 c. v. Minkwitz, 1204; u. ö. [feste Praxis].

Erk. (Z. I.) v. 16. Nov. 1864 c. Czerwicki (635. I. Cr.).

Cz. war einer „am 9. Mai" verübten Beleidigung eines Beamten in officio angeklagt worden; das verurtheilende Erkenntniß stellte den Thatbestand fest, bezeichnete aber als Tag der Begehung den 9. Juni. Dieses rügte die NB. des Angeklagten als unstatthaft. Zurückweisung. Gründe:

Es ist die Feststellung der Zeit des Vorfalls auf den 9. Juni v. J. keine wesentliche Veränderung der Anklage, welche den 9. Mai als Tag der Handlung bezeichnet. Es handelt sich immer um die nämliche That, deren Charakter nicht davon abhängt, ob sie an dem einen oder an dem andern Tage verübt wurde.

Antr. des GStA.s: gleichl. [13.—4.]

Vereidung. — Anerkennung eines ärztlichen Attestes.

Nichtigkeit tritt ein, wenn ein Arzt in der Hauptverhandlung ein von ihm vorher ausgestelltes in der Sitzung verlesenes Attest anerkennt, ohne den vorschriftsmäßigen Eid zu leisten.

Vdn. v. 3. Jan. 1849 §§ 22. 55 [dort einzutr. als n. 22b]; Cr.-Ordn. § 332.

Erk. (V. I.) v. 16. Nov. 1864 c. Doß u. Gen. (1222. I. Cr.).

In der Hauptverhandlung war auf den Antrag des Vertheidigers ein von diesem vorgelegtes, von Dr. U. über den Gesundheitszustand des Hauptangeklagten D. ausgestelltes ärztliches Attest verlesen worden. Demnächst erschien Dr. U. selbst als vorgeladener Belastungszeuge, lehnte aber sein Zeugniß ab; der GH. billigte die dafür angeführten Gründe, die Vernehmung und Vereidung des U. erfolgten daher nicht; gleichwohl ward demselben jenes bereits verlesene Attest vorgelegt und von ihm rekognoszirt. Auf die NB. des Angeklagten erfolgte Vernichtung des schwurgerichtlichen Verfahrens. Gründe:

Ob es nöthig gewesen wäre, nunmehr den Dr. U. noch über den Inhalt seines Attestes umständlich zu vernehmen, kann dahin gestellt bleiben; jedenfalls hat der Vorsitzende die Erklärung desselben über die Ausstellung erfordert. Eine derartige Rekognitionshandlung aber konnte, da er selbst nicht Partei war, nur als eine Zeugenaussage aufgefaßt werden, die, um als Beweis im Sinne des § 22 der Vdn. v. 3. Jan. 1849, sowie des Art. 25 des Ges.s v. 3. Mai 1852 zu gelten, gemäß § 332 der Cr.-Ordn. der Beeidigung formell bedurfte. Da diese weder erfolgt, noch ein Grund angegeben ist, der sie unstatthaft oder doch entbehrlich hätte erscheinen lassen, so mußte das schwurgerichtliche Verfahren und das darauf gegründete Erkenntniß, soweit beides die fünf Implorantinnen betrifft, gemäß Art. 108 letzter Absatz und Art. 117 des cit. Ges.s vernichtet und die Verhandlung und Entscheidung der Sache vor ein neues Schwurgericht verwiesen werden.

Antr. des GStA.s: gleichl. [28.—4.]

Urkunde. — Exekutions-Bericht.

Ein von einem Exekutor an das vorgesetzte Gericht über die aufgetragene Exekution erstatteter Bericht ist keine Urkunde, [wenn derselbe nicht die über die Pfändung aufgenommene Verhandlung enthält].

StGB. § 323 [vgl. dort n. 18. 11 13].

Beschl. (I.) v. 16. Nov. 1864 c. Bock (311. B. I. Cr.).

Gegen den Exekutor B. war die Untersuchung wegen Amtsunterschlagung eröffnet worden; die befaßte Gerichtsabtheilung erklärte sich indessen für inkompetent, weil B. zur Verdeckung jener That einen unrichtigen Exekutions-Bericht erstattet, und sich dadurch einer Urkundenfälschung im Sinne des § 323 StGB. schuldig gemacht habe. Der Anklagesenat sprach dagegen die Wiedereröffnung der Untersuchung aus, weil ein solcher Exekutions-Bericht keine Urkunde sei. Das OTr. ist dieser letztern Ansicht beigetreten und hat zur Lösung des entstandenen Kompetenzkonflikts das erstrichterliche Urtheil aufgehoben. Erwogen ward:

daß der Exekutions-Bericht v. 2c., in welchem der Angeklagte anzeigt, daß in der Wohnung des Verklagten Z.

mehrere Gegenstände unter Siegel gelegt und demselben alle fernere Disposition darüber bei Strafe des Betrugs untersagt worden, nicht eine Verhandlung ist, welche der Angeklagte vermöge seines Amtes über eine Pfändung aufgenommen hat, sondern zu den amtlichen Anzeigen gehört, welche derselbe seiner vorgesetzten Behörde über den Vollzug eines Auftrags erstattet;

daß aber ein solches Schriftstück nicht unter die Bestimmung des § 323 StGB. fällt, hier vielmehr unter Urkunde eine amtliche Verhandlung verstanden wird, durch welche eine Thatsache unmittelbar konstatirt, nicht aber bloß als geschehen referirt wird, wie dies in dem Erk. v. 8. Sept. 1858 c. Klimanig (G. A. 6. S. 717) näher ausgeführt ist.

Antr. des GStA.s: gleichl. [13.—3.]

Branntweinsteuer. — Neue Geräthe. — Betrieb.

Ein Brennereibesitzer, welcher es verabsäumt, die Anschaffung neuer Geräthe dem Steueramte rechtzeitig anzuzeigen, unterliegt der Strafe des § 66 der Steuer-Ordn. auch dann, wenn sich die betr. Brennerei zur Zeit außer Betrieb befand.

Steuer-Ordn. v. 8. Febr. 1819 §§ 16. 66.

Erk. (S. I.) v. 18. Nov. 1864 c. Schwenzner (746. I. Cr.).

Bei einer in der Brennerei des Schw. vorgenommenen Revision fanden sich vier neue Bottiche und ein neues Kühlschiff, welche er dem Steueramte nicht angezeigt hatte. Aus §§ 16. 66 l. c. verfolgt, ward er von den Instanzgerichten freigesprochen, weil seine Brennerei sich zur fraglichen Zeit außer Betrieb befunden habe, insbesondere die Blase versiegelt gewesen sei, so daß ein Betrieb unmöglich habe stattfinden können. Auf die NB. des OStA.s erfolgte Vernichtung und Verurtheilung. Gründe:

Nach § 16 der Steuer-Ordn. v. 8. Febr. 1819 ist jedem Inhaber einer Brennerei ganz allgemein die Verpflichtung auferlegt, die Anschaffung neuer Brenngeräthe der Steuerbehörde binnen 3 Tagen anzumelden, und es wird hierbei nicht unterschieden, ob die Brennerei augenblicklich sich im

Betriebe befindet, oder nicht. Der App.-Richter nimmt zwar an, daß im vorliegenden Falle die Brennerei des Angeklagten nicht bloß außer Betrieb gewesen, sondern daß dem Angeklagten auch wegen der stattgehabten Versiegelung der Blase der Betrieb der Brennerei geradezu unmöglich gemacht sei; dadurch hat jedoch die Existenz der einmal errichteten und unter der Kontrolle der Steuerbehörde stehenden Brennerei des Angeklagten nicht aufgehört und der Angeklagte hatte daher die im § 16 l. c. gegebenen Kontrollvorschriften der stattgehabten Versiegelung der Blase ungeachtet nach wie vor zu befolgen.

Antr. des OStA.s: gleichl. [18. — 3.]

Viehseuche. — Abwendung. — Regierungs-Verordnung.

Der § 307 StGB. kommt nur dann zur Anwendung, wenn die Bezirks-Regierung durch eine den Ausbruch einer Viehseuche in einem bestimmten Orte ꝛc. konstatirende Verordnung Absperrungsmaaßregeln ꝛc. angeordnet hat.

StGB. §§ 307. 306 [dort einzutr. als n. 2a].

Erk. (Z. I.) v. 18. Nov. 1864 c. Severin (898. I. Cr.).

S. war von der Anklage: „— — wohl wissend, daß zu F. unter dem Rindvieh die Maul- und Klauenseuche herrsche, daselbst einen Ochsen an den Sch. zu B. verkauft zu haben," deshalb freigesprochen worden, weil die vom StA. in Beziehung genommene Verordnung der Regierung zu Potsdam v. 10. Nov. 1820 (Potsd. Amtsbl. 1820. S. 256) nur den Verwaltungsbehörden für den Fall des Ausbruchs der gedachten Seuche gewisse Maaßnahmen einschärfe, und keine Absperrungsmaaßregel im Sinne des § 307 anordne. NB. des OStA.s. Zurückweisung. Gründe:

Die Regierungs-Vdn. v. Jahre 1820 — wenngleich sie eine Anordnung der Cirkular-Verfügung v. 29. Mai 1809 in Erinnerung bringt, wonach „aus denjenigen Orten, wo die Maul- und Klauenseuche herrscht, kein Vieh anderwärts, oder auf die Märkte gebracht werden, und Viehmärkte nicht in den Orten, wo das Uebel herrscht, sondern außerhalb auf einem abgesonderten Platz, in dessen Nähe das kranke

Vieh nicht kommt, gehalten werden sollen," — kann hier nicht Platz greifen, weil die Anwendung des § 307 des StGB.s den erfolgten Erlaß von Absperrungs- oder Aufsichtsmaaßregeln oder Einführungsverboten für den konkreten Fall einer an einem bestimmten Orte oder in einem bestimmten Bezirk ausgebrochenen Viehseuche voraussetzt, es also hier zum Mindesten noch einer speziellen Verfügung der Regierung bedurft hätte, welche den wirklich erfolgten Ausbruch einer Viehseuche in F. oder in dem Bezirk, in welchem dasselbe liegt, konstatirte und in Betreff der zu deren weiteren Verbreitung zu ergreifenden Maaßregeln auf jene frühere Verordnung hinwies. — Da es an dieser wesentlichen Voraussetzung des § 307 l. c. fehlt, so konnte die NB. der StA.-schaft als eine begründete nicht angesehen werden, wobei nur noch zu bemerken bleibt, daß der vorige Richter die Vdn. v. 1820 nicht als ein Gesetz — wie die NB. irrig unterstellt — betrachtet hat, und daß die Meinung der StA.-schaft, es würde unzweckmäßig sein, wenn die Absperrungsmaaßregeln erst nach dem Eintritt einer Seuche erlassen würden, weil sie dann zu spät kämen, — auch wenn dieser Ansicht beigetreten werden könnte — ohne Einfluß auf die Entscheidung nach Lage der Sache bleiben würde.

Antr. des GStA.s: entgeg. [14.—3.]

Brief. — Aufgabe zur Post. — Verbreitung.

Die öffentliche Verbreitung einer Schrift ehrverletzenden Inhalts und somit die Vollendung des betr. Vergehens kann angenommen werden, wenn jene Schrift unter Kreuzband zur Post gegeben ist.

StGB Thl. II. Tit. XIII. [vgl. dort S. 252 n. 19. 27]; Preßges. v. 12. Mai 1851 §§ 32. 33. Vgl. RdOTr. 2. S. 535; 4. S. 6.

Erk. (Z. I.) v. 18. Nov. 1864 c. Reitenbach & Krauseneck (920. I. Cr.).

R. hatte eine Anzahl lithographirter Briefe unter Kreuzband zur Post gegeben, deren Inhalt Beleidigungen gegen das Staatsministerium enthielt; er ward daher aus § 102, der Lithograph Kr. aus § 34 Nr. 2

StGB. angeklagt, und beide in 2. Inst. verurtheilt, wobei das AG. erwog: „der Einwand, es liege eine Veröffentlichung nicht vor, weil die in Beschlag genommenen Exemplare unter Kreuzband verschlossen zur Post gegeben, aber gar nicht an ihre Adresse gelangt seien, erledige sich durch das Z. Pl. d. OTr.s v. 17. Juli 1862 c. Stefanski (RdOTr. 2. S. 535)." Die NB. der Angekl. rügte unrichtige Anwendung der §§ 32. 33 des Preßges.s: es handle sich nicht, wie in dem cit. Erkenntnisse des OTr.s von einer Zeitung oder von einem zur allgemeinen Verbreitung bestimmten Schrift, sondern von einem unter dem Schutze des Briefgeheimnisses zur Post gegebenen Briefe; in einem solchen Falle werde ein durch den Inhalt des Briefes begangenes Vergehen erst in dem Augenblicke vollendet, wo der Adressat Kenntniß davon nehme (Erk. d. OTr.s v. 17. Dez. 1856, G. A. 5. S. 82 [vgl. StGB. § 3 n. 3]); der Versuch eines Preßvergehens sei nicht strafbar. Zurückweisung. Gründe:

Wenn die NB. behauptet, daß eine Verletzung des § 32 des Preßges.s v. 12. Mai 1851 insofern vorliege, als mit Unrecht auf Grund desselben die öffentliche Verbreitung des inkriminirten Schriftstücks festgestellt worden, indem das letztere als ein bloßer Privatbrief zu betrachten sei, der unter Kreuzbandverschluß der Post anvertraut, und noch nicht an die Adresse befördert gewesen sei, — so ist zwar der NB. zuzugeben, daß die Bezugnahme des vorigen Richters auf den § 32 cit., sowie auf das Präjudikat des Kgl. OTr. v. 17. Juli 1862 (RdOTr. 2. S. 535) eine unpassende ist, indem es sich hier allerdings nicht von einem Erzeugniß der periodischen Presse handelt, sondern nur von Briefen, die im Wege des Drucks vervielfältigt worden waren, auf welchen Fall die bezogene Gesetzesstelle keine Anwendung findet. Allein neben dieser Bezugnahme hat der App.-Richter im Eingang seiner Entscheidungsgründe die öffentliche Verbreitung des fraglichen Schriftstücks thatsächlich festgestellt, und es ist nicht erfindlich, daß diese Feststellung auf einem Rechtsirrthum beruhe, da einestheils 5 Exemplare des gedachten Briefs zur Post befördert worden waren, und da anderntheils die Briefe nicht verschlossen, also unter dem Schutz des Briefgeheimnisses, sondern bloß unter Kreuzband, also unverschlossen, in einem solchen Zustande zur Post gegeben worden waren, daß mindestens die Beamten der Post sie lesen konnten und durften, was, wie aus der erfolgten Beschlagnahme hervorgeht, auch wirklich geschehen ist. Unter diesen Umständen konnte wenigstens der Instanzrichter in der Handlungsweise des rc. R. eine öffentliche Verbreitung jenes Schriftstückes im Sinne des §152 Abs. 2 des StGB.s thatsächlich annehmen, wobei es gleichgültig ist, ob die erwähnten Briefe schließlich an ihre Adressen gelangt sind, oder nicht. Von einem bloßen Versuche handelt es sich daher hier nicht, da das Vergehen als konsumirt festgestellt worden, folglich nicht in Frage kommt, ob nach § 32 l. c. auch der bloße Versuch dieses Vergehens mit Strafe belegt werden könne, oder nicht.

Antr. des GStA.s: gleichl. [15. — 3.]

Versammlungsrecht. — Polizeibehörde. — Landrath.

Die Befugnisse, welche das die Ausübung des Versammlungsrechts regelnde Ges. v. 11. März 1850 den Ortspolizeibehörden beilegt, stehen auch den diesen vorgesetzten höheren Organen der Polizei-Gewalt insbesondere dem Landrathe zu.

Ges. v. 11. März 1850 §§ 4—6. 14.

Erk. (Z. I.) v. 18. Nov. 1864 c. Gebing (986. I. Cr.).

G. war in 1. Inst. von der Anklage: „— — als Vorsitzender einer abgehaltenen Versammlung dem Landrath v. Sp., welcher die Versammlung als Abgesandter der Obrigkeit überwachte, die Anweisung eines Platzes verweigert zu haben" deshalb freigesprochen worden, weil der rc. v. Sp. faktisch und rechtlich nicht als Abgesandter der Ortspolizeibehörde fungirt habe, und weil nur auf diese der § 4 des Ges.s v. 11. März 1850 sich beziehe." Das AG. hatte dagegen verurtheilt, indem es, unter Hinverweisung auf die §§ 30. 40 des Ges.s v. 30. Apr. 1815, auf §§ 32. 18. 12 der Dienst-Instr. für die Landräthe v. 31. Dez. 1816, auf § 1 des Pol.-Ges.s v. 11. März 1850, auf § 62 der Städte-Ordn. v. 30. Mai 1853 und auf eine Min.-Verf. v. 6. März 1859 auszuführen suchte, daß der Landrath, welcher der Ortspolizeibehörde Befehle geben könne, auch alle dieser überwiesenen polizeilichen Maaßregeln aus eignem Rechte ausüben dürfe; es sei daher gleichgültig, daß hier der in der Versammlung als Vertreter des Bürgermeisters anwesende Beigeordnete J. erklärt gehabt habe: „v. Sp. sei nicht Abgeordneter der Ortspolizeibehörde." NB. des G. Zurückweisung. Gründe:

Es ist richtig, daß das Ges. v. 11. März 1850 den Ortspolizeibehörden, resp. deren Abgeordneten die Ueberwachung der in diesem Gesetze genannten Vereine, sowie speziell die darin bezeichneten besonderen Befugnisse für diesen Zweck überträgt. Allein es ist durchaus verfehlt, wenn die Beschwerde aus diesem Grunde den vorgesetzten Behörden der Ortspolizei die gleichen Befugnisse verneint. Denn diese Ortspolizei ist nur eines der verschiedenen Organe der Polizeigewalt überhaupt, ihre Befugnisse sind nur die Ausflüsse der letztern, mithin auch an und für sich den höhern vorgesetzten Organen der Polizei-Gewalt beigelegt, sofern nicht besondere Ausnahmen in einzelnen Gesetzen bestimmt sind. Die Uebertragung bestimmter Funktionen an einzelne Polizeibehörden in einem Gesetze hat daher nur den Sinn, die besondere Amtspflicht dieser Behörden in dem gegebenen Fall zu bezeichnen, niemals aber kann daraus gefolgert werden, daß deshalb die Uebernahme derselben Funktionen durch die höheren vorgesetzten Organe der genannten Polizeibehörden gesetzlich untersagt sei, sobald sich dieselben, wie hier geschehen, den Betheiligten erkennbar machen und diese Uebernahme erklären. Nach den von dem App.-Richter allegirten Vorschriften unterliegt es nun aber keinem Bedenken, daß der Kreislandrath die vorgesetzte Polizeibehörde der nicht ausdrücklich eximirten Ortspolizeibehörden seines Kreises ist. Ihm steht es demnach unbedenklich zu, unter den angeführten Umständen und nach seinem Ermessen statt ihrer einzuschreiten. Er ist alsdann der unmittelbar aus eigenem Rechte ausübende Polizeibeamte und nicht nur der Abgeordnete der Ortspolizeibehörde. Die gesetzlichen Vorschriften, welche von diesen handeln, finden alsdann also auch unmittelbar auf ihn Anwendung. Die in der Beschwerde angezogene Aeußerung des Vertreters der Ortspolizeibehörde: der Landrath sei nicht deren Abgeordneter, ist daher hier gleichgültig.

Dienstinstruktionen und spezielle ministerielle Erlasse, welche sich auf die Dienstverhältnisse bestehender Behörden beziehen, sind keine Gesetze, deren verbindliche Kraft die besonders vorgeschriebene Publikation voraussetzt. Zudem ist das Verhältniß der Ortspolizeibehörden zu dem Landrath im Allgemeinen ein notorisches, und insbesondere erhellt nirgends, daß der Angeklagte dessen Nichtkenntniß behauptet hätte.

Antr. des GStA.s: gleichl. [15.—3.]

Wahlstimme. — Kauf.

Der § 86 StGB. bestraft jedes Anbieten, resp. Annehmen von Vortheilen für die Ausübung des Stimmrechts in einer bestimmten Richtung, selbst wenn der betr. Wähler auch ohne jene Einwirkung in demselben Sinne gestimmt haben würde. Gleichgültig ist es auch, ob die Einwirkung von dem zu Wählenden oder von einem Dritten ausging.

StGB. § 86 [dort einzutr. als n. 2].

Erk. (Z. I.) v. 18. Nov. 1864 c. Wolff (1004. I. Cr.).

W. war aus § 86 StGB. verurtheilt worden, weil er bei einer in Ausübung der staatsbürgerlichen Rechte stattgehabten Wahl „die Wahlstimmen zweier Wähler Kr. und Sp. gekauft habe;" das AG. hatte dabei erwogen, daß § 86 jede Einwirkung auf den Willen eines Wahlberechtigten mittelst materieller Vortheile treffe, sollte auch nachgewiesen werden, daß der betr. Wahlmann auch ohne jene Einwirkung in derselben Weise gewählt haben würde. Hierin fand die NB. des W. eine Gesetzesverletzung: weder Versuch noch Vollendung einer Strafthat könnten angenommen werden, wo der zum Thatbestande gehörende verbrecherische Erfolg undenkbar sei; der „Kauf einer Wahlstimme," d. h. ein mißbräuchlicher Einfluß auf das freie Wahlrecht, sei aber da unmöglich, wo das Votum bei dem zu Beeinflussenden schon feststehe; sonach sei der von ihm erbotene Beweis: „daß sowohl Kr. als St. bestimmt entschlossen gewesen, in der Weise zu wählen, wie sie es demnächst gethan hätten," — rechtlich erheblich gewesen. Zurückweisung. Gründe:

Es ist nur ein uneigentlicher, dem französischen Strafrecht entlehnter Ausdruck, wenn das Gesetz im § 86 des StGB.s von dem „Kauf oder Verkauf" einer Wahlstimme spricht. Denn daß hier der civilrechtliche Begriff und die Erfordernisse eines wirklichen Kaufgeschäfts nicht gemeint sind, leuchtet von selbst ein. Man ist vielmehr in der Praxis und in der Doktrin darüber einverstanden, daß das Gesetz die sogenannte Wahlbestechung im Auge hat. Das Wesen derselben besteht also in dem Anbieten, resp. Annehmen von Vortheilen für die Ausübung des Stimmrechts bei öffentlichen Wahlen in einer bestimmten Richtung. Mit Recht nimmt aber der App.-Richter an, daß in diesem Sinne das Gesetz auch in dem Falle Anwendung finde, wenn feststehen sollte, daß der betreffende Wähler auch ohne vorgängigen „Kauf" die Wahl ganz in derselben Weise vorgenommen haben würde. Denn einmal liegt für den Bestechenden wenigstens die mehrere Sicherheit vor, oder wird von ihm mindestens beabsichtigt, daß der Wähler seine Absicht festhalte, also im letzten entscheidenden Augenblicke nicht ändere, und sodann will das Gesetz überhaupt der Immoralität, welche in der Annahme oder in dem Anbieten von Vortheilen für die Ausübung einer staatsbürgerlichen Pflicht resp. eines solchen Rechtes liegt, entgegenwirken.

Dadurch erledigt sich der in Rede stehende Angriff der NB., welcher überdies daran scheitert, daß hier die eigentlichen Erfordernisse des Versuches in dem Sinne der Beschwerde nicht zutreffen. Der Sp. und der Kr. haben den Antrag des Angeklagten nicht abgelehnt, und nur in diesem Falle könnte man von einem Versuche desselben, die Wahlstimme jener zu kaufen, sprechen. Jene sind vielmehr auf dessen Antrag eingegangen, und sie haben die ihnen gebotenen Vortheile angenommen. Damit ist das Vergehen strafrechtlich vollendet, ohne Rücksicht darauf, ob der Wille des Anderen im Erfolge dadurch allein bestimmt ist, oder ob derselbe auch außerdem schon vorhanden gewesen sein würde.

Endlich hat der App.-Richter auch mit Recht angenommen, daß das Gesetz in § 86 nicht allein denjenigen, welcher selbst gewählt werden will, sondern auch jeden Dritten, welcher die Wahlstimme kauft, im Auge hat.

Antr. des GStA.s: gleichl. [15. — 3.]

Urkundenfälschung. — Blankett. — Auftrag. — Ueberschreitung.

Der zur Ausfüllung eines Blanketts Beauftragte, welcher über diesen Auftrag hinausgeht und z. B. ein Wechselformular für einen höhern Betrag ausfüllt, als sein Auftrag besagte, wird von der Strafe des § 248 StGB. betroffen.

StGB. § 248 [vgl. dort n. 8].

Erk. (Z. I.) v. 18. Nov. 1864 c. Möser (1198. I. Cr.).

M. war, weil er nach dem Geschwornenspruche: „— — zu wiederholten Malen in der Absicht, sich Gewinn zu verschaffen, drei von den G—schen Eheleuten mit deren Unterschrift als Aussteller resp. Acceptanten versehene Wechselformulare über höhere Summen, als er von den G—schen Eheleuten ermächtigt war, insoweit also ohne den Willen der letztern ausgefüllt und von den so entstandenen Wechseln Gebrauch gemacht hatte," — aus §§ 248. 250 StGB. bestraft worden. Seine NB. behauptete Verletzung des § 248, weil die Ausfüllung der Wechsel mit dem Willen der G—schen Eheleute erfolgt sei, die Ueberschreitung des Auftrags aber nur einer civilrechtlichen Beurtheilung unterliege. Zurückweisung. Gründe:

Eine so beschränkte Auslegung der Worte des § 248 StGB. „ohne dessen Willen" kann für begründet nicht erachtet werden. Hat der Angeklagte, wie durch das Verdikt feststeht, die mit der Unterschrift der Aussteller resp. Acceptanten versehenen Wechselformulare so ausgefüllt, daß die dadurch entstandenen Wechsel sie zu Schuldnern anderer und zwar höherer Summen machten, als wozu sie gemacht sein wollten, so hat er die Wechselformulare ohne und sogar gegen deren ihm erklärten Willen ausgefüllt und die

Anwendung des § 248 auf diese Ausfüllung ist daher mit Recht erfolgt.

Antr. des GStA.s: gleichl. [23. — 3.]

---

1. Rechtsmittel. — Beruhigung. — Vertheidiger.
2. Vertheidiger, gemeinschaftlicher. — Nichtigkeitsbeschwerde.

1. Der Vertheidiger kann nicht gegen den erklärten Willen des Angeklagten ein Rechtsmittel einlegen.

Vdn. v. 3. Jan. 1849 Abschn. IV. [vgl. dort S. 453 n. 19]. Sic: Z. II. 5. Jan. 1865 c. Rost, 304 (siehe unten).

2. Die Bestellung eines gemeinschaftlichen Vertheidigers für mehrere Angeklagten kann zur Begründung einer Nichtigkeitsbeschwerde nur dann dienen, wenn vor dem Instanzgerichte Umstände geltend gemacht waren, welche jene Maaßregel als unstatthaft erscheinen ließen.

Crim.-Ordn. § 467; Ges. v. 3. Mai 1852 Art. 21 [vgl. dort n. 4].

Erk. (Z. I.) v. 23. Nov. 1864 c. Schmusch, Trompetta u. Gen. (1243. I. Cr.).

Zuvörderst muß die von dem Vertheidiger auch für die Mitangeklagten Tr. und P. erhobene Beschwerde zurückgewiesen werden. Denn diese beiden Angeklagten haben ausdrücklich erklärt, sich bei dem ergangenen Urtheil beruhigen zu wollen; ein Widerruf dieser Erklärung erhellt nicht, diese Angeklagten sind vielmehr in Folge jener Erklärung nach dem Zuchthause abgeführt. Der Vertheidiger ist aber nicht befugt, wider den ausdrücklich erklärten Willen der Angeklagten das Rechtsmittel einzulegen!

Die sonach nur übrig bleibende Beschwerde des Schm. ist sachlich unbegründet. Der noch jetzt anwendbare § 467 der Crim.-Ordn. bestimmt: Wenn ꝛc. Die Frage nun, wenn nach dieser Vorschrift ein gemeinschaftlicher Vertheidiger bestellt werden kann, resp. eine getrennte Vertheidigung eingeleitet werden muß, hängt vor Allem von dem aus den Umständen, also für die Anberaumung der Hauptverhandlung aus der Voruntersuchung resp. der Anklage, für den Verlauf der Hauptverhandlung selbst aber aus dem erst in derselben sich ergebenden Sachverhältnisse ab. Hierüber muß vor Allem das durch jene Vorschrift geleitete Ermessen des Gerichtshofes für entscheidend erachtet werden. Dieser aber hat im vorliegenden Falle jenes Ermessen sowohl bei dem Beginn der Sitzung, als am Schlusse derselben auf die Anträge des Vertheidigers ausgeübt und seine Beschlußnahme würde in der Nichtigkeitsinstanz nur anfechtbar sein, wenn die Beschwerde aus den Akten erhellende unberücksichtigt gebliebene Umstände angeführt hätte, welche die Anwendung jener Vorschrift der Crim.-Ordn. geboten hätten.

Antr. des GStA.s: gleichl. [15.—4.]

Beamter. — Mißhandlung, erhebliche.

Die Strafe einer von einem Beamten in officio verübten vorsätzlichen Mißhandlung bestimmt sich lediglich nach § 316 StGB.; daher ist es im Falle einer unter mildernden Umständen zugefügten erheblichen Körperverletzung statthaft, unter das im § 196 bestimmte geringste Strafmaaß hinabzugehen.

StGB. §§ 316 [vgl. dort n. 5]. 196.

Erk. (V. II.) v. 24. Nov. 1864 c. Oprg (342. II. Cr.).

Der Polizei-Kommissar O. hatte „— — während der Ausübung seines Berufs den 2c. P. vorsätzlich und zwar dergestalt mißhandelt daß der Mißhandelte erhebliche Nachtheile für seine Gesundheit erlitten hatte und eine länger andauernde Arbeitsunfähigkeit die Folge gewesen war." Die Instanzgerichte nahmen indessen das Vorhandensein mildernder Umstände an und verhängten aus § 316 StGB. eine Geldbuße. Die App.-Kammer führte hierbei aus: der cit. § 316 lege auf die „Erheblichkeit" der Mißhandlung kein entscheidendes Gewicht; derselbe sei aber im Vergleiche mit § 192a als der schwerere anzusehen, weil er die Verschärfung der Strafe durch Verhängung der zeitigen Unfähigkeit zu öffentlichen Aemtern gestatte, weshalb er nach dem Grundsatze des § 55 allein zur Anwendung gebracht werden müsse." Der Kass.-Rekurs des Ober-Prokurators rügte unrichtige Anwendung des § 316 und Verletzung der §§ 192a und 196, nach welchen mindestens eine vierwöchentliche Gefängnißstrafe zu verhängen gewesen wäre: die im § 316 vorgesehene That sei schon nach den allgemeinen Strafgesetzen strafbar, diese Strafbarkeit werde hier durch die konkurrirende Beamtenqualität erhöht; nach der ursprünglichen Fassung des § 316 hätten Milderungsgründe nur im Falle der schweren Mißhandlung Berücksichtigung finden können; der durch das Ges. v. 30. Mai 1859 eingeschobene zweite Absatz habe eine weiter gehende Berücksichtigung mildernder Umstände nur im Anschlusse an § 187 gestattet und für diesen Fall eine Gleichstellung des Beamten mit dem Nichtbeamten im Strafminimum zugelassen; unmöglich könne es aber in der Absicht des Gesetzgebers gelegen haben, für den gedachten Fall den Beamten milder als den Nichtbeamten zu behandeln und in Betreff seiner die Strafe unter das den letzteren treffende Maaß herabzusetzen; daher müsse, wenn eine erhebliche Mißhandlung vorliege, das Strafminimum des § 196 beibehalten, und also mindestens auf 4wöchentliches Gefängniß erkannt werden." Das OTr. hat den Rekurs verworfen, indem es erwog:

daß der § 289 des Entwurfs zum StGB. v. 1850 dahin lautete:

> Ein Beamter, welcher in Ausübung oder in Veranlassung der Ausübung seines Amtes vorsätzlich Mißhandlungen oder Körperverletzungen verübt oder verüben läßt, wird mit Gefängniß nicht unter drei Monaten bestraft; auch kann gegen denselben auf zeitige Unfähigkeit zu öffentlichen Aemtern erkannt werden.
>
> Ist die Mißhandlung oder Körperverletzung eine schwere (§ 176 — jetzt § 193 —), so tritt Zuchthaus nicht unter drei Jahren ein.

In Erw., daß hierdurch die von einem Beamten in Ausübung des Amtes, oder in Veranlassung desselben verübte Mißhandlung oder Körperverletzung, nur im Anschluß an den Begriff der einfachen und schweren Mißhandlung oder Körperverletzung, zum selbstständigen Vergehen oder Verbrechen erhoben war, so zwar, daß allerdings das Vergehen oder Verbrechen mit Rücksicht auf die persönliche Stellung des Thäters und das Verhältniß, in welchem er handelte, mit einer schwereren Strafe, als der für das gemeine Verbrechen oder Vergehen der Körperverletzung oder Mißhandlung bestimmten, bedroht gewesen ist;

daß in Folge dieser Auffassung denn auch die Berücksichtigung mildernder Umstände in jedem Falle, sei es bei der einfachen, sei es bei der schweren Mißhandlung, ausgeschlossen bleiben sollte;

In Erw., daß hiernach also der § 289 des Entwurfs für das darin vorgesehene Vergehen oder Verbrechen die lex specialis bildete;

daß bei einer durch ein Spezialgesetz unter Strafe gestellten Handlung, mag sie, wie dies bei Gattungsverbrechen oder qualifizirten Verbrechen möglich ist, auch den Thatbestand eines solchen Verbrechens in sich schließen, doch nie von einer idealen Konkurrenz des letzteren mit dem Spezialverbrechen die Rede sein kann, rücksichtlich des durch das Spezialgesetz regulirten Verbrechens vielmehr ausschließlich nur die dafür bestimmte Strafe maaßgebend ist und begriffsmäßig sein kann;

In Erw., daß mithin auch im Falle des § 289 des mehrerwähnten Entwurfs jedes Zurückgehen auf die für das gemeine Verbrechen oder Vergehen der Mißhandlung oder Körperverletzung bestimmten Strafen grundsätzlich ausgeschlossen gewesen sein würde, wenn der §, wie es damals allerdings nicht der Fall war, für ein solches Zurückgehen irgend Raum gelassen hätte;

In Erw., daß die Kommission der II. Kammer bei Berathung des § 289 cit. von der Ansicht ausging, daß die allermeisten Umstände, welche nach § 179 (jetzt 196) als mildernde bei der Körperverletzung überhaupt anzuerkennen seien, auch vorkommen könnten, wenn ein Beamter sich dieses Verbrechens im Amte schuldig mache, und daß daher konsequent jene Umstände auch im Falle des § 289 ihre Berücksichtigung finden müßten;

daß in Folge dieser Ansicht für das Alin. 2 des § 289 ein Abänderungs-Vorschlag dahin gemacht wurde:

> Ist die Mißhandlung oder Körperverletzung eine schwere (§ 176) und findet keiner der im § 179 (jetzt 196) vorgesehenen Milderungsgründe Statt, so tritt Zuchthaus nicht unter drei Jahren ein.

daß dieser Vorschlag demnächst adoptirt wurde und daraus der § 316 des StGB.s in seiner ersten Fassung hervorgegangen ist;

In Erw., daß sichtbar die so bemerkte Aenderung nur dahin ging, daß nunmehr, beim Dasein eines der im § 179 vorgesehenen Milderungsgründe, das für den Fall der schweren Mißhandlung oder Körperverletzung angedrohte Strafminimum von drei Jahren Zuchthaus für den Richter nicht mehr bindend sein, die Strafe vielmehr mit Berücksichtigung jener Umstände bemessen werden solle;

daß, da nun nicht gesagt war, daß in diesem Falle die Strafe selbst nach Maaßgabe des § 179 bestimmt werden solle, der § 289, demnächstige § 316, vor wie nach die lex specialis für den Fall blieb und daher die Norm für die Strafbestimmung nur aus ihm entnommen werden konnte;

daß man damit von selbst auf das Alin. 1 des § verwiesen war, und demnach das für den Fall der einfachen Mißhandlung bestimmte Strafminimum auch die Grenze für die unter mildernden Umständen begangene schwere Mißhandlung abgeben mußte;

In Erw., daß, da das im Alin. 1 des mehr citirten § bestimmte Strafminimum in drei Monaten Gefängniß, und bloß fakultativ in Unfähigkeits-Erklärung zu öffentlichen Aemtern auf Zeit, bestand und die von einem Nichtbeamten unter mildernden Umständen begangene schwere Körperverletzung damals noch (nach der ersten Fassung des mit § 179 übereinstimmenden § 196 des StGB.s) jedenfalls mit Gefängniß nicht unter 6 Monaten bestraft werden mußte, allerdings der Fall möglich war, daß die von einem Beamten im Amte verübte Mißhandlung in concreto so gelind geahndet wurde, wie dies in gleichem Falle bei dem gemeinen Verbrechen der Mißhandlung nicht hätte geschehen können;

daß indessen diese Möglichkeit, wenngleich in der Anlage des Gesetzes das Amtsverbrechen sich als das qualifizirte gemeine Verbrechen darstellte, durch den aufgenommenen

Verbesserungs-Vorschlag der II. Kammer in das Gesetz selbst gebracht worden ist und folglich der Richter ohne direkte Gesetzesverletzung das unter mildernden Umständen verübte Amtsverbrechen gelinder behandeln konnte, als dies unter sonst gleichem Verhältniß bei dem gemeinen Verbrechen möglich gewesen wäre;

In Erw., daß das Ges. v. 14. Apr. 1856, wodurch die mit einer mehr als 20tägigen Krankheit oder Arbeitsunfähigkeit verbundene Körperverletzung aus der Kategorie der im § 193 des StGB.s vorgesehenen schweren Körperverletzungen ausgeschieden und modifizirt als erhebliche Körperverletzung in dem neuen § 192a unter eine besondere Strafe gestellt wurde, den § 316 des StGB.s unverändert bestehen ließ, im Art. II. jedoch bestimmte, daß überall da, wo das StGB. den § 193 beziehe, der jetzige § 193 eintrete;

daß sonach auch unter diesem Gesetze der § 316 seinen Charakter als Spezialgesetz für das darin vorgesehene Verbrechen oder Vergehen nicht verloren hat, und durch dasselbe nur das bewirkt wurde, daß, da der § 316 der neu geschaffenen erheblichen Körperverletzung besonders nicht gedachte, diese aber dem Alin. 2 des § nicht mehr unterlag, auch für diesen Fall die Strafbestimmung lediglich im Alin. 1 des § zu suchen war, einerlei, ob es sich dabei um eine, unter mildernden Umständen verübte, erhebliche Körperverletzung handelte, oder ob solche Umstände dabei nicht konkurrirten;

daß bei dieser Lage der Dinge denn freilich, ähnlich wie vorher, die Möglichkeit gegeben war, daß die erhebliche Körperverletzung, die, von einem Nichtbeamten ohne Konkurrenz mildernder Umstände verübt, nach § 192a des StGB.s mit 6 Monaten Gefängniß mindestens belegt werden mußte, von einem Beamten im Amte begangen, und sofern von der fakultativ angedrohten Unfähigkeit zu öffentlichen Aemtern auf Zeit abgesehen wurde, — mit 3 Monaten Gefängniß bestraft werden konnte, während umgekehrt im Falle des Daseins mildernder Umstände das gemeine Vergehen nach § 196 a. a. O. ein Minimum mit einem Monate Gefängniß bedroht war, das Amtsvergehen aber nicht gelinder, als mit drei Monaten Gefängniß (Alin. 1 § 316) bestraft werden konnte;

In Erw., daß endlich auch in dem Ges. v. 30. Mai 1859 die früheren Alin. 1 und 2 des § 316 des StGB.s beibehalten und nur zwischen beide Alinea der Satz eingeschoben wurde, wonach auch für den Fall des Alin. 1 die Berücksichtigung mildernder Umstände für statthaft erklärt und beim Dasein derselben die Strafe dahin bestimmt wurde, daß solche in Gefängniß auch unter 3 Monaten oder in Geldbuße bis zu 300 Thalern bestehen könne;

In Erw., daß die Motive zu diesem Gesetze allerdings direkt nur auf die Nothwendigkeit einer konsequenten Durchführung des Prinzips in Betreff der nicht schweren Mißhandlung hinweisen, was schon bei Berathung des Entwurfs zum § 292 hinsichtlich der schweren Mißhandlung anerkannt worden sei, bei der vorhandenen Gleichheit des Grundes also in dem erstern Falle der Berücksichtigung mildernder Umstände gleichfalls Eingang verschafft werden müsse;

daß indessen eben daraus, daß eine sonstige Aenderung im § 316 nicht vorgenommen und namentlich darin ebensowenig wie in dem früheren Gesetze v. 14. Apr. 1856, die nunmehr schon seit mehreren Jahren neben der einfachen und schweren Mißhandlung oder Körperverletzung bestehende erhebliche Körperverletzung besonders erwähnt wurde, zunächst entnommen werden darf: daß auch der neuere Gesetzgeber bei der im § 316 vorgesehenen Strafthat nicht nur einen weiteren Unterschied zwischen der einfachen und erheblichen Körperverletzung nicht gemacht hat, sondern auch nicht machen wollte, — dann aber auch daß der § 316 überhaupt fortwährend die lex specialis für alle Modifikationen der von einem Beamten im Amte oder aus Anlaß desselben verübten Mißhandlung oder Körperverletzung bilden sollte, also beim Vorhandensein seines Thatbestandes in der einen oder andern Form nur die im § selbst gegebenen Strafbestimmungen Platz greifen können, und jedes Zurückgehen auf die für das gemeine Vergehen der einfachen oder erheblichen Körperverletzung festgesetzten Strafen, wie der Gedanke an eine ideale Konkurrenz des gemeinen und Amtsverbrechens für ausgeschlossen erachtet werden muß;

daß insbesondere bei dem neuesten Gesetzgeber gerade zu unterstellen ist, daß ihm, nachdem einmal die erhebliche Körperverletzung von der schweren ausgeschieden war, die Betrachtung nicht fern gelegen, daß die erhebliche, von einem Beamten im Amte verübte Mißhandlung, möchten dabei mildernde Umstände vorwalten oder nicht, nicht nothwendig eine Strafe erheische, die unter allen Umständen nicht geringer sein könne, als die auf das gemeine Vergehen gesetzte, ohnehin aber der Beamte in der, wenn auch nur fakultativen Unfähigkeitserklärung zu öffentlichen Aemtern auf Zeit, einer besondern, nur dem Amtsverbrechen eigenthümlichen Strafverschärfung unterworfen ist;

In Erw., daß man demnach schließlich zu der Annahme kömmt, daß der Gesetzgeber, indem er den § 316 als lex specialis beibehielt, wesentlich davon ausgegangen ist, daß das richterliche Ermessen weiter nicht, als der § selbst an die Hand giebt, beschränkt werden solle;

In Erw., daß im vorliegenden Falle der App.-Richter zwar angenommen hat, daß sich der Beschuldigte und jetzige Kassationsverklagte einer erheblichen Körperverletzung im Amte oder in Anlaß des Amtes gegen den rc. P. schuldig gemacht habe;

daß er gleichwohl gegen den Beschuldigten auf Grund des § 316 des StGB.s nur auf eine Geldbuße von 50 Thalern, eventuell 3 Wochen Gefängniß erkannt hat, und mit Rücksicht auf diese Strafe der Kassationsrekurs des öffentlichen Ministeriums dem App.-Richter die Verletzung des eben bezeichneten § 316 und der §§ 192 a und 196 des StGB.s zum Vorwurfe macht;

daß indessen der App.-Richter, insoweit er bei seinem

Urtheile davon ausging, daß das durch den Beschuldigten verübte Vergehen ein Amtsvergehen darstelle, bei welchem das zu arbitrirende Strafmaaß nicht, wie bei dem gemeinen Vergehen, an das Moment der Erheblichkeit gebunden, sondern nach den Umständen des Falles zu bemessen sei, dem bisher Ausgeführten zur Folge, das maaßgebende Strafgesetz richtig ausgelegt und somit dieses Gesetz, — den § 316 des StGB.s — keineswegs unrichtig angewendet, sowie ebensowenig den §§ 192a, resp. 196 daselbst durch unterlassene Anwendung verletzt hat, und sonach der erhobene Kassationsrekurs sich als begründet nicht darstellt.

Antr. des GStA.s: gleichl. [27. — 2.]

Gewerbebetrieb. — Stellvertreter.

Der Betrieb eines Gewerbes setzt nicht nothwendig voraus, daß der Betreffende bei den zur Ausübung desselben gehörenden wesentlichen Verrichtungen persönlich thätig sei.

Gew.-Ordn. v. 17. Jan. 1845 §§ 61. 62. 16. 59; Vdn. v. 9. Febr. 1849 § 23. Vgl. RbOTr. 1. S. 364; 3. S. 267.

Erk. (B. II.) v. 24. Nov. 1864 Krämer & Gen. c. Bertholet (348. II. Cr.).

Die Bäckermeister Kr. u. Gen. hatten als Civilkläger den Müller B. vor das Zucht-Pol.-Gericht laden lassen, weil er das Bäckergewerbe selbstständig betrieben habe, ohne den Erforbernissen des § 23 der Vdn. v. 9. Febr. 1849 entsprochen zu haben. Die Instanzgerichte sprachen frei, weil nach der stattgehabten Beweisaufnahme „B., welcher für Mehl- und Fruchthandel besteuert sei und zugleich einen Handel mit Brod angemeldet habe, dem vorschriftsmäßig geprüften und die Gewerbesteuer zahlenden Bäcker D. Mehl und Feuerung liefere und den Backofen stelle, wogegen dieser das gebackene Brod dem B. zum Verkaufe überlasse und für seine Leistungen nur einen bestimmten Lohn und Kost erhalte; hiernach lasse also B. das Brod durch einen geprüften Meister backen und sei bei den wesentlichsten Verrichtungen des Bäckergewerbes nicht thätig, so daß also von einem selbstständigen Gewerbebetriebe desselben nicht die Rede sein könne; ebensowenig finde aber auch eine unerlaubte Stellvertretung statt, da D. nur nach einer Richtung hin, nämlich im Backen, sich thätig erweise, und zwar in eignem Namen, kraft des mit B. abgeschlossenen Vertrages, so daß die Requisite einer vollständigen Vertretung nicht als vorhanden zu erachten seien." — Auf den Kassationsrekurs des Ober-Prokurators und der Civilkläger ist das Erkenntniß 2. Inst. vernichtet und die Sache zur anderweiten Verhandlung an eine andere Appellkammer verwiesen worden. Erwogen ward:

daß wenn das angefochtene Erkenntniß feststellt, daß der Verklagte B., welcher einen Handel mit Brot angemeldet hat, das Brot durch den D., dem er dazu Mehl und Feuerung liefert und den Backofen stellt, backen läßt und demselben hierfür nur einen bestimmten Lohn und Kost gewährt, dieser Feststellung gegenüber gleichwohl zu der Annahme, daß von einem selbstständigen Betriebe des Bäckergewerbes auf Seiten des B. nicht die Rede sein könne, lediglich aus dem Grunde gelangt, weil derselbe bei der wesentlichsten Verrichtung des Bäckergewerbes persönlich nicht thätig sei, dieser Annahme eine unrichtige Auffassung und Anwendung des in den maaßgebenden gesetzlichen Bestimmungen ausgeprägten Begriffes des selbstständigen Gewerbebetriebes zu Grunde liegt; daß nämlich nicht in der persönlichen Ausübung der zu demselben gehörigen einzelnen technischen Verrichtungen, oder, wie § 61 der Gew.-Ordn. v. 17. Jan. 1845 es bezeichnet, der Befugnisse des Gewerbebetriebes, die auch durch einen Stellvertreter vorgenommen werden können, sondern in der, für eigene Rechnung und unter eigener Verantwortlichkeit unternommenen Ausübung der Gesammtheit der den Gewerbebetrieb konstituirenden Operationen der selbstständige Gewerbebetrieb besteht (§§ 16. 59 l. c.);

daß somit das angegriffene Urtheil durch seine Entscheidung den, den selbstständigen Betrieb des Bäckergewerbes an gewisse Voraussetzungen knüpfenden, § 23 der Vdn. v. 9. Febr. 1849 verletzt und deshalb der Vernichtung unterliegt, daß jedoch die Entscheidung in der Sache selbst durch eine erschöpfende Feststellung der zu der Anwendung des

Strafgesetzes erforderlichen thatsächlichen Momente nicht vorbereitet ist.

Antr. des OStA.s: gleichl. [29.—2.]

Brücke. — Privatweg. — Beschädigung ꝛc. — Dolus.

Die Beschädigung ꝛc. einer Brücke auf einem Privatwege ist auch dann aus § 43 Nr. 1 der FPO. zu bestrafen, wenn sie in der Absicht geschah, sich die abgebrochenen Stücke derselben rechtswidrig zuzueignen; die Diebstahlsstrafe greift nur dann Platz, wenn eine gewinnsüchtige Absicht obwaltete.

FPO. v. 1. Nov. 1847 § 43 Nr. 1; StGB. § 215 [vgl. dort n. 79a; RbOTr. 5. S. 171].

Erk. (B. II.) v. 24. Nov. 1864 c. Fasthöfer (368. II. Cr.).

Die Angeklagte hatte „— dem ꝛc. W. von einer demselben zugehörigen Brücke an der —er Chaussee verschiedene Holzstücke in der Absicht rechtswidriger Zueignung weggenommen," und war auf den Grund dieser Feststellung wegen Diebstahls bestraft worden. In 2. Inst. beantragte der OStA. nähere Ermittelungen darüber, ob sich die Brücke auf einem Privatwege befinde, weil dann eventuell der § 43 Nr. 1 der FPO. anwendbar werde. Das AG. bestätigte indessen das 1. Erkenntniß, indem es erwog, daß „der cit. § die Absicht zu beschädigen ꝛc. voraussetze, also da ausgeschlossen bleibe, wo, wie hier festgestellt sei, die Wegnahme eine rechtswidrige Zueignung bezweckt habe. Auf die NB. des OStA.s ist dieses Erkenntniß vernichtet und die Sache an das AG. zurückverwiesen worden. Gründe:

Die Gründe, aus welchen der App.-Richter den Antrag des OStA.s abgelehnt hat, sind rechtlich nicht stichhaltig und dokumentiren zugleich eine irrige Auffassung der hierher einschlagenden gesetzlichen Bestimmungen. Denn es ist mit diesen Bestimmungen zunächst nicht in Einklang zu bringen, wenn der App.-Richter zur Ablehnung des prinzipalen und eventuellen Antrages der OStA.-schaft angeführt hat, daß der vom letzteren angerufene § 43 Nr. 1 der FPO. offenbar die Absicht des Handelnden, zu beschädigen oder zu zerstören, voraussetze, und nur das Faktum des Zerstörens und Beschädigens bestraft wissen wolle, nicht aber diejenige Zerstörung oder Beschädigung betreffe, welche vorgenommen sei, in der Absicht der Wegnahme behufs rechtswidriger Zueignung, wie sie in casu feststehe.

Ebenso ist das von dem App.-Richter weiter hervorgehobene Motiv, als beziehe sich das Alin. 2 des § 45 der FPO. nur auf diejenigen Fälle der §§ 41—43, in welchen die Fort- und Wegnahme von Gegenständen mit Strafe bedroht sei, als gerechtfertigt nicht anzuerkennen. Aus der Wortfassung des § 45 Abs. 2 l. c. ergiebt sich nämlich schon, daß auch Beschädigungen oder Zerstörungen von einer Brücke auf Privatwegen, selbst wenn sie in der Absicht rechtswidriger Zueignung geschehen, den Bestimmungen des § 43 Nr. 1 daselbst unterworfen bleiben, und daß nur die ausdrückliche Feststellung, daß Rache oder Bosheit das Motiv der That gewesen, oder daß dieselbe in gewinnsüchtiger Absicht begangen sei, die Anwendung derselben ausschließen könne. Es erhellt dies aber auch nicht minder aus dem Stande der Rechtsprechung vor dem Ges. v. 13. Apr. 1856 und den Motiven zu diesem Gesetze.

In letzterer Hinsicht ist es namentlich Thatsache, daß die Judikatur des Kgl. OTr.s angenommen hatte, daß die unter Nr. 2 und 3 des § 43 der FPO. erwähnten Fälle (jetzt § 42 Nr. 3, § 43 Nr. 3) auch dann vorhanden seien, wenn das Abhauen, Abbrechen oder Beschädigen, oder das Zerstören oder Beschädigen in diebischer Absicht vorgenommen sei (Urthl. v. 17. Dez. 1853 und v. 17. Juli 1854); und sie hat namentlich den in dem § 42 Nr. 6 enthaltenen Satz, wonach die Entwendung von Garten- oder Feldfrüchten als Diebstahl gestraft werden solle, wenn dabei die Absicht eines unredlichen Gewinnes obgewaltet habe, auf diesen speziellen Fall beschränkt, während die Mehrzahl der Gerichte den sich aus § 42 Nr. 6 ergebenden Satz auf die übrigen in den §§ 41—43 vorgesehenen Feldfrevel, welche gleichfalls den Charakter der Entwendung hatten, oder unter Umständen annehmen, analog angewendet hatte. Zweck des Ges.s v. 13. Apr. 1856 war es nun, den Grundsatz des

§ 42 Nr. 6 cit., um den in der Praxis hervorgetretenen Mißständen zu begegnen, für alle Fälle der §§ 41—43, wo eine Wegnahme in diebischer Absicht vorkomme, zu generalisiren, und diesem Zweck entsprechend ist das Alin. 2 des § 45 aufgenommen worden, wobei gerade die gewinnsüchtige Absicht, als der Sache entsprechender für die Anwendung der Diebstahlsstrafe gefordert worden ist (Landtags-Vhdll. in G. A. 3. S. 862 ff.; 4. S. 145. 147. 150). Es ergiebt sich hieraus, daß es keineswegs die Absicht des neuen Gesetzes gewesen ist, der Annahme des Kgl. OTr.s und der Gerichte entgegen zu treten, daß auch da, wo die FPO., wie in den Nrn. 2 und 3 des § 43, nur von Abhauen, Abbrechen oder Beschädigen, oder von Zerstören oder Beschädigen spricht, die Bestimmungen derselben selbst dann zur Anwendung kommen sollten, wenn mit dem Beschädigen oder Zerstören zugleich eine Fortnahme der Sachen verbunden, ja die Wegnahme der Zweck der Handlung war, daß man vielmehr nur die schwereren Fälle, nämlich die, wo die Wegnahme in gewinnsüchtiger Absicht geschehen ist, der Diebstahlsstrafe unterworfen wissen wollte.

Einzelne neuere, in das Ges. v. 13. Apr. 1856 aufgenommene Fälle legen dies auch, in Verbindung mit den Motiven zu demselben, zur Evidenz dar.

Das Kgl. OTr. hatte vor diesem Gesetze unter andern die Nr. 2 des § 43 der FPO. auf den Fall nicht für anwendbar, vielmehr die Diebstahlsstrafe für gerechtfertigt erachtet, wo Sträuche aus einem Garten ausgerissen und weggenommen waren, weil auf diesen Fall die FPO., die l. c. nur das Abhauen, Abbrechen oder Beschädigen mit Strafe bedrohe, nicht passe, indem hier ein Ausreißen vorliege. Der der Nr. 2 des § 43 entsprechende § 42 Nr. 3 hat die fernere Möglichkeit dieser Annahme beseitigt, indem er zwischen die früheren Worte „abhaut, abbricht oder beschädigt," die Worte „ausreißt, ausrodet," eingeschaltet hat. Die Motive dazu sagen: daß wenn man sich streng an den Wortlaut des früheren § 43 Nr. 2 halte, auch diese Bestimmung auf die durch Ausreißen und Ausgraben bewirkten Entwendungen nicht anwendbar erscheine, und demgemäß die Diebstahlsstrafe eintreten müsse. Auf diese Weise würde aber ein sehr wesentlicher prinzipieller Unterschied in der Bestrafung eines an sich gleichen Vergehens eintreten, lediglich aus dem äußern und unwesentlichen Umstande, ob die Wegnahme mittelst Ausrodens oder Abhauens erfolgt sei. Ausdrücklich wird also hier die Bestimmung des § 42 Nr. 3 cit. auch dann für anwendbar gehalten, wenn mit dem Abhauen, Abbrechen, Ausroden, Ausreißen, eine Wegnahme verbunden gewesen, die Wegnahme mittelst dieser Handlungen geschehen ist.

Dem bisher Ausgeführten schließt sich dann aber auch die Wortfassung des § 45 Abs. 2 genau an, indem sie dahin geht:

> Wenn in den Fällen der §§ 41—43 eine Wegnahme in gewinnsüchtiger Absicht stattgefunden hat, so kommen die Strafen des Diebstahls zur Anwendung.

Insbesondere weist der Gebrauch des Wortes „eine" vor Wegnahme, unzweideutig darauf hin, daß das Alinea sich nicht bloß auf die Fälle der §§ 41—43 beziehe, in welchen die Wegnahme oder Fortnahme von Gegenständen mit Strafe bedroht ist, sondern daß man, wie auch im Uebrigen die allgemeine Bezugnahme der §§ 41—43 ergiebt, alle Fälle vor Augen gehabt hat, wo der nächsten Handlung, also auch dem Abhauen, Zerstören oder Beschädigen eine Wegnahme der Sache gefolgt ist. Bei der Richtigkeit der Ansicht des App.-Richters hätte das Gesetz sich nur des bestimmten Artikels „die" und nicht des unbestimmten Artikels bedienen können.

Freilich wird die Anwendbarkeit des § 43 Nr. 1 des Ges.s v. 13. Apr. 1856 auch schon dadurch begründet, daß die darin bezeichneten Gegenstände absichtlich zerstört oder beschädigt worden, und dabei namentlich die Absicht bloß auf die Zerstörung oder Beschädigung gerichtet gewesen ist. Allein es folgt daraus nicht, daß wenn die absichtliche Zerstörung oder Beschädigung jener Gegenstände bloß Mittel zum Zwecke ihrer gänzlichen oder theilweisen Wegnahme gewesen ist, dann die Handlung nothwendig den Charakter eines Feldfrevels verliere. Das Gegentheil ist vielmehr schon aus dem bisher Ausgeführten zu entnehmen, und der Gedanke der Gesetzgebung geht einfach dahin: alle in den §§ 41—43 vorgesehenen Handlungen behalten, auch wenn eine Wegnahme dabei stattgefunden hat, den Charakter von Feldfreveln; fallen sie dann auch in das Gebiet der Entwendungen, so sollen sie doch nicht ohne Weiteres als Diebstahl behandelt werden; um sie zum Diebstahl zu machen, muß vielmehr die „gewinnsüchtige Absicht" ausdrücklich festgestellt werden, wie die einfache Zerstörung oder Beschädigung der unter den Schutz der Feldpolizei gestellten Gegenstände in die gemeinrechtliche Vermögensbeschädigung erst übergeht, wenn die That aus Rache oder Bosheit geschehen ist.

Beim Diebstahl genügt zwar im Allgemeinen zur Charakterisirung des Dolus die Absicht der rechtswidrigen Zueignung. Die zum Wesen des Diebstahls gehörige gewinnsüchtige Absicht wird dabei vorausgesetzt, und es bedarf daher auch in der Regel ihrer besonderen Feststellung nicht; die ausdrückliche Feststellung derselben muß aber stattfinden, wo, weil sie nach der Natur des Gegenstandes angezweifelt werden kann, das Gesetz ihre Feststellung ausdrücklich fordert.

Da nun der Gesetzgeber bei den in den §§ 41—43 der FPO. vorgesehenen Feldvergehen, sofern dabei eine Wegnahme stattgehabt hat, die wahre diebische Absicht noch nicht unterstellt, so erscheint es ganz konsequent, daß er sich, um die Annahme des Diebstahls zu begründen, mit der einfachen Feststellung der Absicht der rechtswidrigen Zueignung nicht begnügt, sondern die ausdrückliche Feststellung der gewinnsüchtigen Absicht gefordert hat.

Aus dem bisher Ausgeführten folgt von selbst, daß die vom App.-Richter im gegenwärtigen Falle in Uebereinstimmung mit der vom ersten Richter getroffenen Feststellung, welche bloß die Absicht der rechtswidrigen Zueignung umfaßt, zur Anwendung des § 216 des StGB.s gegen die Beschuldigten nicht genügte, das Gesetz vielmehr auf einen unvollständigen Thatbestand angewendet ist. Denn es handelte sich bei der vorliegenden Beschuldigung um einen Fall, der unter die Bestimmung des § 43 Nr. 1 der FPO. fiel, jedenfalls dann, wenn, wie der Kgl. OStA. behauptete und näher ermittelt wissen wollte, die fragliche Brücke eine Brücke auf einem Privatwege gewesen ist. Gezeigtermaaßen hat der App.-Richter nur aus irrigen Rechtsgründen die Bestimmungen des § 43 Nr. 1 und des § 45 Abs. 2 nicht für anwendbar erachtet, so daß auch dieser Rechtsirrthum die unzureichende thatsächliche Feststellung hervorgerufen hat.

Antr. des GStA.s: gleichl. [26. — 2.]

---

1. Rheinisches Verfahren. — Eventualfrage an die Geschwornen. — Vernichtung. — Verweisung vor einen andern Schwurgerichtshof.

2. Meineid. — Verleitung. — Verleitungsversuch.

1. Ist nach Rheinischem Verfahren auf den Grund einer vom Präsidenten mit Rücksicht auf das Ergebniß der Verhandlungen gestellten, den Thatbestand des betr. Straffalls nicht erschöpfenden, von den Geschwornen bejahten Eventualfrage eine Verurtheilung erfolgt, so muß das die Vernichtung aussprechende Erkenntniß die Sache zur neuen Verhandlung vor einen andern Gerichtshof verweisen.

Rh. StPO. Artt. 429. 271. Contra: Erk. des franz. Kass.-Hofs v. 6. Jan. 1837 (Sir. 38. 1. p. 252; Dalloz Rép. de législ. etc. m. Cassation n. 2253. 6°., welches die Verweisung vor einen andern Gerichtshof deshalb für unstatthaft erachtete, weil die erhobene Anklage durch den die Hauptfrage verneinenden Geschwornenspruch gänzlich erledigt sei, es sonach für eine neue Verhandlung an der gesetzlichen Grundlage fehle (StPO. Art. 271).

2. Kann derjenige, welcher schuldig befunden ist, einen Andern zur (wissentlichen) Ableistung eines falschen Eides 2c. verleitet zu haben, aus § 130 StGB. bestraft werden, wenn die Voraussetzungen der §§ 34 Nr. 1, 125 und 126 nicht vorliegen? (Diese Frage ist nur von der GStA.-schaft beantwortet und bejaht worden.)

StGB. § 130 [vgl. dort n. 16. 17. 3. 9]. Vgl. Z. II. 1. Dez. 1864 c. Laufenbergs (s. unten).

Erk. (B. II.) v. 24. Nov. 1864 c. Dückers (Kleppen & Gen. 398. II. Cr.).

Kl. und zwei Genossen waren des falschen Zeugnisses, D. der Verleitung derselben zu diesem Verbrechen durch Ueberredung und Versprechen angeklagt und alle vor den (Rh.) Schw.-GH. gestellt worden. Die die drei Hauptangeklagten betreffenden in Gemäßheit des § 125 StGB. gestellten Fragen wurden von den Geschwornen bejaht, dagegen verneinten dieselben die drei in Gemäßheit des Anklageurtheils gestellten Fragen, ob D. die drei Hauptangeklagten zur Begehung des von ihnen verübten Verbrechens „durch Ueberredung und Versprechen bestimmt habe." Außer diesen drei Fragen waren aber auf Grund des Ergebnisses der Verhandlungen vom Präsidenten in Betreff des D. noch drei Eventualfragen dahin gestellt, ob er „nicht wenigstens schuldig sei, den Kl. (2c.) zu der in der ersten (2c.) Frage enthaltenen Thathandlung verleitet zu haben." Auf den bejahenden Wahrspruch der Geschwornen ist D. aus § 130 StGB. verurtheilt worden. — Seine NB. rügte die Verletzung dieses §; auch er setze alle Begriffsmerkmale des § 34 Nr. 1, insbesondere also auch die Feststellung des zur Verleitung benutzten Mittels voraus; eventuell treffe der § nur zu, wo ein Verleitungsversuch erfolglos geblieben sei, er passe also nicht, wo — wie hier feststehe — der Verleitete sich des strafbaren Meineides schuldig gemacht habe. —

Die GStA.-schaft bemerkte in der letzteren Beziehung: jede Verleitung setze eine Thätigkeit voraus, welche dahin abziele, einen Andern zu einem bestimmten Thun oder Lassen zu veranlassen; da es im Augenblicke, wo die Verleitungshandlungen stattfinden, noch ungewiß sei, ob der zu Verleitende dem an ihn gerichteten Ansinnen entsprechen werde oder nicht, so sei jede derartige Thätigkeit zunächst nur ein Versuch der Verleitung und nehme den Charakter der wirklichen Verleitung erst dadurch an, daß der Andere derselben Folge leiste und also die ihm angesonnene Handlung 2c. vornehme; der § 130 sehe nun einen solchen „Verleitungsversuch" vor, ohne dabei irgendwie anzudeuten, daß derselbe erfolglos geblieben sein müsse, vielmehr träfen seine Voraussetzungen bei jedem Verleitungsversuche zu; nur dann, wenn dieser Versuch allen Voraussetzungen des § 34 Nr. 1 entspreche, und wenn in Folge desselben das Verbrechen des Meineids von dem Anderen begangen worden sei, greife die schwerere Strafe der Anstiftung zu diesem Verbrechen Platz; so lange dagegen letztere nicht zutreffe, sei es, — weil der Verleitete das Verbrechen nicht begangen habe, oder aber, weil der Verleitungsversuch nicht alle Merkmale der „Anstiftung" in sich vereinige, — bleibe es bei der Anwendbarkeit des § 130, da es widersinnig sein würde, jeden erfolglosen Verleitungsversuch zu bestrafen, eine wirksame Verleitung aber straflos zu lassen, sobald eine Anstiftung im Sinne des § 34 Nr. 1 nicht nachgewiesen werden könne.

Das OTr. hat das angegriffene Erkenntniß vernichtet, und die Sache zur vollständigeren Erledigung der Anklage an einen anderen Schw.-GH. verwiesen. Erwogen ward:

daß für den Fall der Verneinung der den Kassationskläger ꝛc. D. betreffenden, auf die Theilnahme an dem, den ersten drei Angeklagten beigemessenen Verbrechen des Meineides gerichteten Hauptfragen die Erhebung einer eventuellen Anklage aus § 130 des StGB.s und sonach die Stellung der hierauf bezüglichen Subsidiarfragen dem Sinne des Art. 25 des Einf.-Ges.s, welches die den Gegenstand der Anklage bildende Thatsache geeigneten Falles unter einem andern Gesichtspunkte der Strafbarkeit, als worunter die Anklage sie gestellt hat, aufzufassen gestattet, entsprechend und somit gegen dessen formelle Zulässigkeit ein Bedenken nicht vorhanden war;

daß aber durch die erfolgte Beantwortung der Subsidiarfragen nicht festgestellt ist, daß die dem Angeklagten in denselben zur Last gelegte Verleitung der Angeklagten J. Kl. ꝛc. zur Ableistung eines falschen Eides eine wissentliche gewesen ist;

daß dieser Umstand ein wesentliches Merkmal des im § 130 cit. vorgesehenen Verbrechens bildet und der Assisenhof diesen §, wenn er denselben auf den, wie geschehen, festgestellten Thatbestand anwendete, verletzt hat;

daß daher das angefochtene Urtheil auf den eingelegten Rekurs, ohne daß es eines Eingehens auf die von dem

Kassationskläger geltend gemachten Angriffe bedarf, vernichtet und die Anklage durch eine neue, den gesetzlichen Voraussetzungen entsprechende Fragestellung und Entscheidung ihre Erledigung finden muß.

[29. — 2.]

Unzüchtige Handlung. — Kind. — Verletzung des Schaamgefühls.

Zum Thatbestande des im § 144 Nr. 3 StGB. vorgesehenen Verbrechens genügt der objektiv unzüchtige Charakter der betr. Handlung; es ist daher nicht erforderlich, daß durch dieselbe das Schaamgefühl des davon betroffenen Kindes verletzt worden sei.

StGB. § 144 Nr. 3 [dort einzutr. als n. 22a].

Erk. (Z. II.) v. 24. Nov. 1864 c. Wapelhorst (410. II. Cr.).

Die Behauptung der NB., daß § 144 Nr. 3 auf den vorliegenden Fall unrichtig angewendet sei, indem das darin vorgesehene Verbrechen, dem Begriffe der Nothzucht analog, eine Verletzung des Schaamgefühles auf Seiten desjenigen, an welchem das Verbrechen verübt wird, voraussetze, welches Gefühl bei einem einjährigen Kinde nicht vorhanden sein könne, ist unrichtig. Es kommt bei dem Verbrechen des § 144 Nr. 3 nur darauf an, daß die Handlung, welche vorgenommen wird, objektiv den Charakter einer unzüchtigen an sich trägt, nicht aber auf den Grad des Bewußtseins oder der Empfindung der gesetzlich als willenlos betrachteten Person, mit oder an welcher die unzüchtige Handlung vorgenommen wird. Das jedes Bewußtsein, somit also auch jedes Gefühl der verletzten Schaam ausschließende Alter der Kinder im vorliegenden Falle stand daher der Anwendung des § 144 Nr. 3 nicht entgegen, dieser ist vielmehr auf den festgestellten Thatbestand richtig angewendet.

Antr. des GStA.s: gleichl. [29. — 2.]

Protokoll. — Kommissarische Zeugenvernehmung. — Zweifel.

Läßt das über eine kommissarische Zeugenvernehmung aufgenommene Protokoll einen wesentlichen Punkt zweifelhaft, so ist es statthaft, darüber den Richter-Kommissar und den Protokollführer zu amtlichen Erklärungen aufzufordern.

Ges. v. 3. Mai 1852 Art. 78 [dort einzutr. als n. 66].

Erk. (B. I.) v. 25. Nov. 1864 c. Zadow (771. I. Cr.).

Auf Anordnung des AG.s hatte in 2. Inst. die Vernehmung mehrerer Zeugen an Ort und Stelle durch einen kommittirten Richter des Kreisgerichts stattgefunden; im Eingange des darüber aufgenommenen Protokolls war konstatirt, daß die fungirenden Gerichtsbeamten bei ihrem Eintreffen den Angeklagten Z. anwesend getroffen hätten; im weitern Verlauf der Verhandlung hieß es sodann: es sei dem Angeklagten Kenntniß von den Aussagen der einzelnen Zeugen gegeben worden. Bei der erneuerten Verhandlung vor dem AG. behauptete nun Z.: der Richter-Kommissar habe ihm die Anwesenheit bei der Zeugenvernehmung als „unzulässig" nicht gestattet, er habe sich daher entfernen müssen und sei erst am Schlusse wieder hereingerufen worden, um das aufgenommene Protokoll zu durchlesen; sein Antrag ging dahin: die Wiederholung der Zeugenvernehmung anzuordnen, oder doch den Richter-Kommissar und den Protokollführer, darüber, daß der erstere ihn aus dem Zimmer gewiesen, als Zeugen zu vernehmen. Beide Anträge lehnte das AG. ab, „weil hier nur das Protokoll beweisend sein könne, aus diesem die Anwesenheit des Z. hervorgehe, und die Vernehmung des Richters und des Protokollführers als Zeugen unzulässig sei." Auf die NB. des Z. erfolgte Vernichtung des demnächst ergangenen verurtheilenden Erkenntnisses und Zurückverweisung der Sache an das AG. Gründe:

Der App.-Richter hält einen Beweis über den Hergang bei Aufnahme eines in zweiter Instanz vor einem kommittirten Richter stattgehabten Beweisverfahrens nach Art. 78 des Ges.s v. 3. Mai 1852 überhaupt nicht für statthaft. Dieser Ansicht kann in ihrer Allgemeinheit und besonders dann nicht beigetreten werden, wenn die von dem Richter-Kommissar aufgenommenen Protokolle ein klares

Bild über die stattgehabte Verhandlung nicht liefern. Im vorliegenden Falle konstatiren die Protokolle vom 12. März pr. in ihrem Eingange allerdings die Anwesenheit des Angeklagten bei der Ankunft des Richter-Kommissars, was sich daraus sehr natürlich erklärt, daß die Verhandlung in dem Amts-Büreau resp. in der Wohnung des Angeklagten statthatte. Sodann konstatirt aber das Protokoll weiter, daß nach stattgehabter Lokalbesichtigung und nach erfolgter Vernehmung der Zeugen dem Angeklagten die aufgenommenen Verhandlungen vorgelesen worden sind; hieraus läßt sich folgern, daß er bei der Verhandlung selbst nicht gegenwärtig gewesen sein kann, sowie, daß seine Abwesenheit keine freiwillige gewesen sein kann, weil sonst überall kein Grund abzusehen sein würde, weshalb ihm die Verhandlungen verlesen wurden. Das Protokoll hätte also, wenn es Anspruch auf Vollständigkeit haben sollte, der Entfernung des Angeklagten von der Verhandlung, des Zeitpunktes dieser Entfernung, und des Grundes derselben Erwähnung thun müssen, um die Veranlassung anschaulich zu machen, aus welcher die spätere Verlesung erfolgte, für welche das Protokoll keinen Grund angiebt. — Unter diesen Umständen erscheint die Angabe des Angeklagten, daß der Richter-Kommissar seine Anwesenheit bei der Verhandlung nicht gestattet habe, mehr als wahrscheinlich, indem bei einer freiwilligen Entfernung des Angeklagten kein Grund vorgelegen haben würde, die in seiner Abwesenheit aufgenommenen Protokolle ihm nachträglich vorlesen zu lassen.

Da nun der Art. 78 a. a. O., welcher nur von den in Schwurgerichts-Sachen aufgenommenen Audienz-Protokollen handelt, nicht unbedingt und unter allen Umständen auf die von einem Richter-Kommissar aufgenommenen Protokolle Anwendung findet, so stand gesetzlich nichts entgegen, den Richter-Kommissar sowie den Protokollführer zur amtlichen Erklärung über die von dem Angeklagten aufgestellte Behauptung aufzufordern, da bei der Richtigkeit der letztern das Beweisverfahren allerdings als nichtig zu betrachten war.

Antr. des OStA.s: gleichl. [14.—3.]

1. Erkenntniß. — Gründe. — Feststellung.
2. Chausseehebestelle. — Umfahren.

1. Es genügt nicht, wenn in einem Erkenntnisse die wesentlichen Merkmale des betr. Straffalles mit den Worten des Gesetzes in abstracto festgestellt sind, vielmehr müssen auch die dieser Feststellung zum Grunde liegenden, für erwiesen erachteten speziellen Thatsachen erkennbar gemacht werden.

Ges. v. 3. Mai 1852 Art. 31 [vgl. dort n. 26 ff., RdOTr. 4. S. 1].

2. Das Umfahren einer Chausseegeld-Hebestelle ist nur dann strafbar, wenn es in der Absicht geschah, sich der Entrichtung des [verschuldeten] Chausseegeldes zu entziehen.

Chauss.-Geld-Tar. v. 29. Febr. 1840, Zus.-Bestst. Nr. 5. — Sic: Z. II. 19. Jan. 1865 c. Kreideweiß, 403; vgl. Hartmann Strafgess. S. 246 n. 3. 2; RdOTr. 2. S. 338. 558. — Nach der feststehenden Praxis des OTr.s ist zur Entrichtung des Chausseegeldes nur derjenige verpflichtet, welcher die Landstraße sowohl vor als hinter der Hebestelle benutzt, nicht aber derjenige, welcher die Landstraße erst hinter der Hebestelle erreicht, oder die benutzte Landstraße vor der Hebestelle verläßt, sollte er sich auch dazu eines verbotenen Weges bedient haben; vgl. Hartm. l. c. n. 2.

Erk. (S. I.) v. 25. Nov. 1864 c. Weinkauff (985. I. Cr.).

Das Dorf R. liegt in einiger Entfernung von der nach Th. führenden Landstraße; an dieser befindet sich R. gegenüber eine Hebestelle. W. hatte nun, um von R. nach Th. zu gelangen, mit seiner Fuhre einen erst hinter der Hebestelle in die Landstraße einmündenden, von der Steuerbehörde für diese Benutzung verbotenen Weg benutzt, und war aus Nr. 5 der zusätzl. Bestimmungen z. Chaussee-Geld-Tarif v. 29. Febr. 1840 bestraft worden, indem die Instanzrichter sich auf die Feststellung beschränkt hatten: „er habe — — die — Hebestelle durch Benutzung eines verbotenen Weges umfahren," ohne den obigen Sachverhalt in den Gründen näher erkennbar zu machen. Sowohl W. als der OStA. ergriffen die NB., beide rügten Verletzung der cit. Nr. 5, der OStA. aber außerdem die Nichtbeobachtung des Art. 31 des Ges.s v. 3. Mai 1852, weil die thatsächliche Feststellung den konkreten Sachverhalt nicht erkennen lasse. Das OTr. hat das Erkenntniß des AG.s vernichtet und die Sache in die 2. Instanz zurückverwiesen. Gründe:

Zunächst muß die Beschwerde über Verletzung des Art. 31 des Ges.s v. 3. Mai 1852 für begründet erachtet werden. Denn die vom App.-Richter aufrecht erhaltene thatsächliche Feststellung des ersten Richters geht nur dahin: „daß der Angeklagte die ꝛc. Hebestelle durch Benutzung eines verbotenen Weges umfahren hat." Dies genügt zur Anwendung des Gesetzes nicht. Es muß vielmehr durch Hervorhebung der speziellen, für erwiesen erachteten Thatsachen und der für dieselben sprechenden Beweise dargethan werden, daß die in den Worten des Gesetzes in abstracto aufgestellten Merkmale der strafbaren Handlung in concreto vorhanden sind, es müssen also die der thatsächlichen Schlußfeststellung zum Grunde liegenden für erwiesen erachteten speziellen Thatsachen im Erkenntniß mit aufgeführt werden, um prüfen zu können, ob das Gesetz richtig zur Anwendung gebracht ist. Im vorliegenden Fall erhellen diese thatsächlichen Unterlagen der Schlußfeststellung weder aus dem ersten noch aus dem zweiten Erkenntniß, wodurch eine Nichtigkeit nach § 31 des Ges.s v. 3. Mai 1852 begründet wird: Erk. d. OTr.s v. 10. Juli 1863 (RdOTr. 4. S. 1). Aus den Vorerkenntnissen erhellt in keiner Weise, welchen Weg der Angeklagte eingeschlagen hat, um von seinem Wohnhause zu R. hinter der L—er Hebestelle auf die Chaussee nach Th. zu gelangen, und weshalb dieser vom Angeklagten benutzte Weg für einen verbotenen erachtet ist.

Aber auch die Beschwerde über unrichtige Anwendung des Gesetzes ist begründet. Denn es ist von beiden vorigen Richtern ganz außer Acht gelassen, daß die Nr. 5 der AKO. v. 29. Febr. 1840 nur das absichtliche Umfahren der Hebestelle, um sich der Entrichtung des Chausseegeldes zu entziehen, mit Strafe bedroht (Erk. d. OTr.s v. 19. Nov. 1858 c. Wendling, 1046; id. v. 13. Juli 1859

c. Wegner, 357; Beschl. v. 7. Apr. 1862 c. Jablonski, 76 B., RdOTr. 2. S. 338).

Ob im vorliegenden Fall der Angeklagte mittelst des von ihm eingeschlagenen Weges ausdrücklich beabsichtigte, sich der Entrichtung des Chausseegeldes zu entziehen, darüber sprechen die vorigen Richter sich gar nicht aus.

Antr. des GStA.s: gleichl. [18. — 3.]

Meineid (fahrlässiger). — Manifestationseid.

Die fahrlässige Ausschwörung eines Manifestationseides ist im Geltungsbereiche der AGO. straflos.

StGB. § 132 [vgl. dort n. 3]; AGO. I, 22. §§ 28 ff. 33. — Vgl. RdOTr. 1. S. 520; 4. S. 338; 5. S. 145.

Erk. (S. I.) v. 25. Nov. 1864 c. Pusch (1096. I. Cr.).

Die Angeklagte war von den Instanzgerichten wegen eines aus Fahrlässigkeit falsch geschwornen Manifestationseides aus § 132 StGB. verurtheilt worden, wobei das AG. zur Begründung der Anwendbarkeit des cit. § und zur Beseitigung des § 33. I, 22. AGO. ausführte: der aus dem Corp. jur. Frid. IV. Tit. 9 § 5 fast buchstäblich übernommene Schlußpassus des cit. § 33: „— der Beweis eines Meineides findet also hier nur insofern statt, als etwas wissentlich verschwiegen worden ist" — enthalte keine Bestimmung, Befehl oder Verbot des Gesetzgebers, sondern eine bloße Konklusion, deren Werth von ihrer logischen Richtigkeit allein abhange; daß aber an und für sich ein fahrlässiger Manifestationseid sehr wohl denkbar sei, habe das OTr. selbst in dem Erk. v. 3. Febr. 1864 (RdOTr. 4. S. 338) überzeugend dargethan. Auf die NB. der P. ist das Erkenntniß des AG. vernichtet und auf Freisprechung von der Anklage des fahrlässigen Meineides erkannt worden. Gründe:

Es kann nicht mit dem Vorderrichter angenommen werden, daß der Schlußsatz des § 33. I, 22. AGO. vermöge seiner Verbindung durch das „also" mit dem Vordersatze die Bedeutung einer präceptiven Bestimmung, welche den Worten: „der Beweis eines Meineides findet hier nur insofern statt, als etwas wissentlich verschwiegen worden ist," unstreitig beiwohnt, verliere und zu einer ganz überflüssigen Schlußfolgerung sich gestalte. Vielmehr streitet die Vermuthung dafür, daß der Gesetzgeber mit diesen, wie mit seinen Bestimmungen überhaupt, nichts Ueberflüssiges habe sagen, sondern seinen Willen als Gesetz habe verkünden wollen. Daher hat die vorgedachte Willensäußerung desselben mit ihrer Aufnahme in's Gesetzbuch aufgehört, eine bloße Folgerung zu sein; sie ist ein Willensakt des Gesetzgebers, ein vom Richteramte zu befolgendes Gesetz geworden. Nur wenn man mittelst grammatischer oder logischer Interpretation einer Gesetzstelle zu der Ueberzeugung gelangt, daß sie nicht etwa bloß auf unrichtigen rationellen Gründen beruht, sondern daß der Wille, die Absicht des Gesetzgebers bei deren Erlaß auch nicht auf eine Bestimmung für die richterliche Anwendung gerichtet gewesen sei, darf diese Anwendung unterbleiben. Eine solche Absichtlosigkeit des Schlußsatzes des § 33 a. a. O., dessen Wortlaut nicht bloß enunciativ, sondern dispositiv erscheint, läßt sich weder aus seiner historischen Quelle, dem Corp. jur. Frid., noch aus seiner Entstehung mittelst einer unschlüssigen Anknüpfung an den Vordersatz herleiten, zumal auch andere Gründe, außer der durch die Partikel „also" angedeuteten logischen Operation für diese Bestimmung vorhanden sind und den Gesetzgeber sehr wohl geleitet haben könnten, eine bloß aus Fahrlässigkeit geschehene wahrheitswidrige Ableistung des assertorischen Theils des Manifestationseides straflos zu lassen, um den Erfolg des promissorischen Theils zu erleichtern, wenn er sie auch nicht als eine logische Folgerung aus letzterm Theile betrachtet hätte; vgl. Erk. v. 3. Febr. 1864 in Oppenh. RdOTr. 4. S. 338. Im Uebrigen genügt es, auf die früheren Entscheidungen der vorliegenden Frage zu verweisen: Oppenhoff n. 3 zu § 132 und RdOTr. 1. S. 520.

Antr. des GStA.s: gleichl. [23.—3.]

Zurückbehaltungsrecht. — Pfandrecht. — Mitbesitz. — Wegnahme.

Die Wegnahme der eignen in der Gewahrsam eines Pfandgläubigers oder Zurückbehal-

tungsberechtigten befindlichen Sache ist nicht strafbar, wenn der Angeklagte sich zur Zeit noch im Mitbesitze derselben befand.

StGB. § 271 [dort einzutr. als n. 11a].

Erk. (Z. I.) v. 25. Nov. 1864 c. Kiehn (1102. I. Cr.).

K., welcher bei dem Gastwirth L. eine Zeit lang gewohnt hatte, machte Anstalten zur Abreise, ohne seine Schuld für Miethe und Beköstigung zu bezahlen; L. erklärte ihm daher: „daß er seine Kleidungsstücke zurückbehalte," verschloß zu diesem Ende den Schrank, in welchem sich die letzteren befanden, und steckte den Schlüssel zu sich; K. öffnete indessen mit einem im Zimmer verbliebenen Duplikatschlüssel den Schrank, nahm seine Kleider heraus und entfernte sich mit denselben. Aus §271 StGB. angeklagt, ward er vom AG. freigesprochen, weil L. nicht den Naturalbesitz, d. h. das physische Vermögen gehabt habe, mit Ausschließung Anderer über die Sache zu verfügen. Die NB. des OStA.s rügte Verletzung des § 395. I, 21. ALR., § 33 Nr. 4 Konk.-Ordn., § 271 StGB., weil der letztere nicht eine ausschließliche Gewahrsam voraussetze, hier aber dem L. nicht bloß das Zurückbehaltungsrecht, sondern auch das Pfandrecht des Vermiethers zur Seite gestanden habe, in Betreff welches es auf den Naturalbesitz gar nicht ankomme. Das OTr. hat das Rechtsmittel zurückgewiesen. Gründe:

Der § 271 des StGB.s bedroht sowohl die Verletzung der Rechte des Pfandgläubigers, als eines anderen Retentionsberechtigten, nur insofern mit Strafe, als die betreffende Sache aus der Gewahrsam derselben weggenommen wird. Das Wort „wegnehmen" setzt in diesem § 271 ebenso wie im § 215 immer die Gewahrsam dessen voraus, welchem die Sache weggenommen wird, sei derselbe Nutznießer, Pfandgläubiger, oder habe er ein bloßes Zurückbehaltungsrecht. Die Entstehungsgeschichte des § 271 lehrt auf's Bestimmteste, daß damit insbesondere das Römische furtum possessionis des Eigenthümers einer verpfändeten Sache am Pfande getroffen werden sollte, welches in § 10 J. de obl. qu. ex del. bezeichnet ist, in Gemäßheit des deutschen Diebstahls-Begriffs aber nicht in der Lehre vom Diebstahle als einer Entwendung fremder Sachen aus der Gewahrsam des Eigenthümers oder eines Dritten, sondern als Entwendung der eigenen Sache aus fremder Gewahrsam im 25. Titel Theil II. des StGB.s Platz fand. In der ersten Kammer erklärte der Regierungs-Kommissar ausdrücklich, daß Verletzungen des Pfandrechts der Vermiether, die keine Wegnahme der Sachen des Miethers aus der Gewahrsam des Vermiethers darstellten, nicht den Thatbestand des § 271 bildeten, und man war darüber bei allen Faktoren der Gesetzgebung einig, wenngleich eine Ausdehnung des § 271 von einer Seite gewünscht wurde (vgl. Bes. Komm. zu § 271 S. 510ff.; G. M. 2. S. 618 Nr. 4; Motive zu § 249 des Entw.s S. 72; K.-B. II. K. zu § 198 d. Entw.s S. 116, und zu § 249 S. 138). Ebenso verhält es sich nach § 1110. II, 20. ALR. Die Bezugnahme des Imploranten auf § 395. I, 21. ALR. und § 33 Nr. 4 der Konk.-Ordn. ist demnach ganz unerheblich, und es kommt lediglich darauf an, ob der App.-Richter ohne Rechtsirrthum festgestellt hat, daß der Angeklagte zur Zeit der That die Gewahrsam seiner Weste und Beinkleider nicht an den Gastwirth L. verloren hatte. Diese Frage muß bejahet werden. Denn es ist in dem angegriffenen Erkenntnisse thatsächlich festgestellt, daß zu dem Kleiderschranke zwei Schlüssel gehörten, wovon der eine an einem Nagel beim Spiegel in dem von dem Angeklagten und anderen Handwerksgesellen bewohnten Zimmer hing und von diesen stets, sowie auch von dem Angeklagten benutzt worden ist, als er seine gedachten Kleidungsstücke aus dem Schranke nahm; daß aber dieser Schlüssel gar nicht in die Gewahrsam des L. gekommen, sondern mit einem andern, den Miethern unbekannten, in der Ofenröhre verwahrten Schlüssel der Schrank durch L. verschlossen worden war. Daß Angeklagter letzteres gesehen habe, steht zudem nicht fest. Indem der Vorderrichter unter diesen Umständen nicht für erwiesen annahm, daß Angeklagter seine Kleidungsstücke aus der Gewahrsam des L. weggenommen habe, hat er gegen keinen Rechtsgrundsatz, namentlich nicht gegen § 65. I, 7. ALR. verstoßen; vgl. § 111 das.

[23. — 3.]

Postbeamter. — Unterdrückung eines Briefs.

Ein Postbeamter kann sich der „Unterdrückung" eines Briefs auch dann schuldig machen, wenn er selbst der Addressat ist, der Brief aber nur gegen Erlegung eines Vorschußbetrags ausgegeben werden durfte.

StGB. § 328 [dort einzutr. als n. 7].

Erk. (B. I.) v. 25. Nov. 1864 c. Schrimpff (1109. I. Cr.).

Der Postbeamte Schr. hatte bei der ihm obliegenden Dekartirung der angekommenen Briefe einen an ihn selbst gerichteten mit Postvorschuß und Porto belasteten Brief, den er vorschriftsmäßig an die Ausgabeexpeditian abliefern und in das Abrechnungsbuch eintragen sollte, an sich genommen ohne jene Beträge erlegt zu haben. Aus § 328 angeklagt, ward er vom AG. freigesprochen, weil der cit. § nur den Postverkehr sichern solle, also nur da zutreffe, wo ein Brief ꝛc. demjenigen entzogen werde, welcher auf die Ausantwortung ein Recht habe. Auf die NB. des OStA.s erfolgte Vernichtung und Zurückverweisung der Sache in die 2. Instanz. Gründe:

Das Kgl. Kammergericht hat bei der Auslegung des § 328 StGB. und bei dem ohne alle Einschränkung aufgestellten Grundsatze, daß das Vergehen von dem Adressaten des Briefes nicht begangen werden könne, das vorliegende Sachverhältniß unerwogen gelassen. Es handelt sich hier um einen Vorschußbrief. Die Postbehörde zahlt dem Absender den vermerkten Vorschuß nur alsdann, wenn der Brief durch den Adressaten durch Zahlung des Vorschußbetrages an das Postamt des Eingangsortes eingelöst wird. Bis zu dieser Zahlung wird also der Brief dem Adressaten vorenthalten. Zahlt derselbe binnen einer bestimmten Frist nicht, so geht der Brief an den Absender zurück. Unter diesen Umständen hat daher der Adressat nur ein bedingtes Recht auf den Brief; er erlangt das Eigenthum erst durch die Einlösung. Bis dahin ist also das Vergehen des § 328 auch in der Person des Adressaten denkbar, jedenfalls gewährt der weitere Begriff der „Unterdrückung" die Möglichkeit, in solchem Falle auch Handlungen der vorliegenden Art einer besonderen Beurtheilung aus dem Gesichtspunkt dieses Vergehens zu unterwerfen. Setzt sich der Adressat ohne die Kenntniß der Postbehörde des Eingangsortes von der Existenz des Briefes, ohne Zahlung des Vorschußbetrages in den Besitz desselben, so würde sich die Handlung sehr wohl als eine Unterdrückung ansehen lassen können. Denn das bloß bedingte Recht auf den Brief wird ohne Erfüllung der Bedingung ausgeübt, und auch der § 243 Nr. 8 StGB. straft die Unterdrückung von Urkunden, welche dem Thäter nicht ausschließlich gehören. Der Thäter elidirt dadurch das Recht des Absenders auf den Rückempfang des nicht eingelösten Briefes, und er bringt möglicher Weise die Postbehörde in den Fall, dem Absender, welchem sie sich nach dem Reglement zur Rückgabe des nicht eingelösten Briefes verpflichtet hat, für die Zahlung des Vorschußbetrages haften zu müssen.

Antr. des GStA.s: gleichl. [15.—3.]

---

1. Urkunde, amtliche. — Angeblicher Beamter.
2. Urkunde. — Kostenvorschuß. — Aufforderung.

1. Als amtliche Urkunde im Sinne des § 251 Nr. 2 StGB. ist diejenige anzusehen, welche sich äußerlich als eine von einem Beamten aufgenommene rc. darstellt; ob der betr. Person der amtliche Charakter wirklich beiwohne, ist gleichgültig.

StGB. § 251 Nr. 2 [vgl. dort n. 8].

2. Die schriftliche Aufforderung eines Advokaten an einen Klienten, ihm einen bestimmten Betrag als „Kostenvorschuß" zu übersenden, ist eine Urkunde.

StGB. § 247 [dort einzutr. als n. 147a].

Erk. (Z. I.) v. 25. Nov. 1864 c. Müller (1230. I. Cr.).

M. war von den Geschwornen schuldig befunden worden:

1) — — die auf der Rückseite des Benachrichtigungsschreibens über die Einkommensteuer Nr. 8177 der Einschätzungskommission für Berlin v. 17. Dez. 1862 für die Monate Okt., Nov., Dez. 1863 befindliche

Quittung unter der Rubrik: „Betrag: Thlr. 22, Tag der Zahlung: 21. Okt. 1863, Quittung: Klingen, Elbing," in der Absicht, sich Gewinn zu verschaffen, fälschlich angefertigt und von derselben zum Zwecke der Täuschung Gebrauch gemacht zu haben;

2) — — in der Absicht sich Gewinn zu verschaffen, das Schreiben des Advokaten J. an den Hotelbesitzer T., in welchem jener von diesem einen Kostenvorschuß von 3 Thlrn. fordert, durch Umwandlung der 3 Thlr. in 6 Thlr. 10 Sgr. verfälscht und von demselben zum Zweck der Täuschung Gebrauch gemacht zu haben.

Der SH. erwog darauf, daß die in der 1. Frage erwähnte Schrift eine amtliche Urkunde, die in der 2. erwähnte aber eine Urkunde sei, da sie über den Betrag des geforderten Kostenvorschusses und daß die verlangte Zahlung die Eigenschaft eines Vorschusses habe, Aufschluß gebe, und verurtheilte aus §§ 247. 250. 251 StGB. — Die NB. des Angeklagten rügte Gesetzesverletzung; beide Schriftstücke seien keine Urkunden; insbesondere entspreche die in der 1. Frage erwähnte Schrift nicht den Voraussetzungen einer Quittung (§ 87. I, 16. ALR.); die in einer Kolonne neben dem übrigen Inhalte sich findenden Namen seien nicht als „Unterschriften" anzusehen, jedenfalls aber sei nicht durch die Geschwornen festgestellt, daß die betr. beiden Namensschriften von Beamten herrührten, auch gebe es gar keine Beamten dieser Namen. Zurückweisung. Gründe:

Zu I. kann die NB. nicht für begründet erachtet werden. Denn es unterliegt nicht dem geringsten Zweifel, daß nach dem Wortlaute des vom Angeklagten gefälschten Schriftstückes in Verbindung und im Zusammenhange mit dem Inhalte des Schreibens der Einschätzungs-Kommission an den ꝛc. T. v. ꝛc., des demselben auf der Rückseite beigefügten Quittungsformulars und der drei ächten Quittungen über die drei ersten Quartalzahlungen das vom Angeklagten fälschlich angefertigte Schriftstück alle nach § 87. I, 16. ALR. wesentliche Erfordernisse einer Quittung enthält, daß dem Angeklagten also, weil eine Quittung eine Urkunde im Sinne des § 247 StGB. bildet, eine Urkundenfälschung zur Last fällt. Auch der § 251 Nr. 2 l. c. ist hier richtig zur Anwendung gebracht, da, die Aechtheit der gefälschten Quittung vorausgesetzt, die angeblichen Unterzeichner derselben, K. u. E., nur inländische Beamte sein könnten. Alle diese Voraussetzungen der §§ 247 und 251 Nr. 2 l. c. ergeben sich auch aus dem Verdikte der Geschwornen, so daß von Verletzung der Artt. 87 und 108 Nr. 7 des Ges.s v. 3. Mai 1852 keine Rede sein kann.

Zu II. Auch hier war die NB. des Angeklagten zu verwerfen, da das Schreiben des Advokaten J. an den ꝛc. T. v. ꝛc., worin er letzteren zur Zahlung eines Kostenvorschusses von 3 Thlrn. auffordert, allerdings eine Urkunde im Sinne des § 247 cit. ist, weil, wie der vorige Richter mit Recht hervorhebt, das gedachte Schreiben über den Betrag des geforderten Kostenvorschusses und darüber, daß die verlangte Zahlung die Eigenschaft eines Vorschusses hat, Auskunft zu geben geeignet, also zum Beweise von Rechten und Rechtsverhältnissen von Erheblichkeit ist.

Antr. des GStA.s: gleichl. [18. — 3.]

Stempel. — Vollmacht. — Strafsache. — Einreichung bei Gericht.

1. Jede Vollmacht zur Vertretung eines Angeklagten in einem Untersuchungsverfahren ist stempelpflichtig, sollte die zu verhängende Strafe auch nur in Geldbuße unter 50 Thlrn. bestehen.

Stemp.-Ges. v. 7. März 1822 § 3 a. — Sic: B. (I, 103) 17. Mai 1858 c. Link; Z. (I, 237) 19. März 1858 c. Rieck; B. (I, 954) 1. Okt. 1858 c. Kosika, G. A. 7. S. 89; vgl. B. (I, 832) v. 10. Dez. 1856 c. Brand, G. A. 5. S. 255, welches (in einer Steuerdefraudationssache) die Stempelpflichtigkeit nur annahm, „wenn die Anklage ein stempelpflichtiges Objekt zum Gegenstande habe;" B. (I, 1035) 7. Nov. 1855 c. Blank; Hartm. Strafgess. S. 106 n. 40 ff.

2. Wird eine ungestempelte Vollmacht innerhalb der zur Nachbringung des Stempels belassenen vierzehntägigen Frist bei Gericht eingereicht, so liegt, selbst wenn eine rechtzeitige Nachbringung des Stempels nicht erfolgt, eine Stempeldefraudation nicht vor.

Stemp.-Ges. v. 7. März 1822 §§ 12. 21; Ges. v. 10. Mai 1851 § 16; Ges. v. 9. Mai 1854 Art. 21. — Sic: Fin.-Min.-Verf. v. 19. Jan. 1859;

contra: B. (I, 1035) 7. Nov. 1855 c. Blank, G. A. 4. S. 228; B. (I, 832) 10. Dez. 1856 c. Brand, G. A. 5. S. 255.

Erk. (Z. B. Pl.) v. 28. Nov. 1864 c. Böhle (7 Pl.; 268. II.).

In einem gegen die B. wegen Stempeldefraudation anhängigen Untersuchungsverfahren legte der RA. Schw. am 4. Juni 1863 eine vom 2. ej. datirte ungestempelte Vollmacht zur Vertretung der Angeklagten vor. Da innerhalb der 14tägigen Frist des § 12 des Stempelges.s die Nachkassirung des Stempels nicht erfolgte, ward gegen die B. eine neue Anklage wegen Stempeldefraude erhoben, in erster Instanz aber auf Freisprechung erkannt, weil es sich im ersten Verfahren nur von einer mit der festen Strafe von 2 Thlrn. bedrohten Stempeldefraude gehandelt, die Vollmacht also einen Gegenstand unter 50 Thlrn. (Stempelges. § 12) betroffen habe. Auf die Appellation des PAnw.s änderte das AG. dieses Erkenntniß ab und verhängte die Stempelstrafe, weil § 3a des Stempelges.s hier gar nicht passe, Vollmachten zur Vertretung in einer Untersuchungssache vielmehr (nach B. I. 1. Okt. 1858 c. Kostka verglichen mit B. I. 3. Juni 1863 c. Raschke, RdOTr. 3. S. 483) immer stempelpflichtig seien, und eine Verpflichtung des Gerichts durch rechtzeitige Supplirung des Stempels die Strafe von der Angeklagten abzuwenden, nicht bestanden habe. — Die NB. der B. rügte:

1) Verletzung des cit. § 3a des Stemp.-Ges.s, welcher ganz allgemein laute; zur Zeit der Verkündung dieses Ges.s sei die Vertretung eines Angeklagten durch einen Bevollmächtigten nicht statthaft gewesen; jetzt lasse das Gesetz eine solche zu, § 3a müsse also auch darauf anwendbar werden;

2) Verletzung des § 12 ibid.: die Stempelpflichtigkeit einer Prozeßvollmacht beginne erst mit ihrer Vorlegung bei Gericht, erst von dieser an liefen die 14 Tage zur Beikassirung; sodann aber sei das Gericht nach Art. 21 Ges. v. 9. Mai 1854 zur sofortigen Einziehung des Stempelbetrages verpflichtet gewesen; habe es dieser Pflicht nicht genügt, so könne die Angeklagte dafür nicht haften (Koch AGO. I, 3. § 37 n. 25).

Der GStAnw. beantragte Zurückweisung der NB. Er führte zu Nr. 1 aus: § 3a des StGes.s passe hier nicht, weil eine Untersuchung, welche eine Verurtheilung wegen eines Straffalles zur Folge haben könne, kein nach Geld schätzbarer Gegenstand sei, ihre Bedeutung vielmehr über die möglicher Weise zu verhängende Geldbuße hinausgehe: das erkenne der Stempeltarif dadurch an, daß er die Erkenntnisse in Straf- und Injuriensachen stets und selbst dann, wenn nur auf Geldstrafe unter 50 Thlrn. erkannt werde, und nicht minder alle Strafresolute für stempelpflichtig erkläre.

Zu Nr. 2 sei es zunächst irrig, daß die Stempelpflichtigkeit einer

Prozeßvollmacht erst mit der Vorlegung bei Gericht beginne (vgl. Z. II. 7. Juli 1864 c. Bleck, RbOTr. 5. S. 58); sodann aber habe der Art. 21 des Ges.s v. 9. Mai 1854 an der Verpflichtung der Parteien: ihre Urkunden auf das Stempelpapier zu schreiben oder doch für die rechtzeitige Nachkassirung des Stempels zu sorgen, nichts geändert, und insbesondere die betr. Pflicht nicht auf das Gericht übertragen; er gewähre nur ein hinzutretendes Mittel zur Sicherung der Stempelabgabe; auch unterscheide er nicht zwischen dem Falle, wo die Einreichung der Urkunde innerhalb der Nachkassirungsfrist, und dem wo sie erst später erfolge, und verpflichte nicht die Gerichte im erstern Falle die Liquidirung des Stempels noch innerhalb jener Frist zu bewirken; zur Wahrung des fiskalischen Rechts gehöre aber, nicht bloß daß der Stempelbetrag überhaupt eingezahlt, sondern daß er auch rechtzeitig eingezahlt werde; auch sei aus Art. 21 nicht zu folgern, als sei vom Augenblicke an, wo die Urkunde bei Gericht eingereicht worden, die Nachkassirung des Stempels unstatthaft, weil jetzt die Gebühr nur noch als Gerichtsgebühr eingezogen werden könne: das Gesetz lasse nur den Gebrauch des Stempelpapiers bei den Gerichten aufhören, und schreibe deshalb vor, daß die Partei zur Einzahlung des baaren Betrages angehalten werden solle; wann dieses geschehen müsse, sei nicht gesagt; daher bleibe es in dieser Beziehung bei der Regel, nach welcher eine Einziehung nicht eher geschehe, als nach Ablauf der Frist, innerhalb welcher die Partei das Recht habe, den Stempel in natura nachzubringen; von einer Aufhebung dieses Rechts enthalte der cit. Art. 21 Nichts.

Das OTr. (Pl.) hat dagegen das 2. Erkenntniß vernichtet und das freisprechende Erkenntniß des Polizeirichters bestätigt. Gründe:

Der erste Angriff kann zwar aus den Gründen der im App.-Erkenntnisse citirten diesseitigen Urtheile für gerechtfertigt nicht erachtet, auch die Auslegung, welche Imploratin dem Schlußsatze des § 12 des Stempelgesetzes zu geben versucht, an sich für durchgreifend nicht erkannt werden.

Dagegen mußte die Vernichtung des zweiten Erkenntnisses und die Herstellung des ersten wegen der behaupteten Verletzung eines Rechtsgrundsatzes nach dem § 16 des Ges.s v. 10. Mai 1851 und dem Art. 21 des dasselbe ergänzenden Ges.s v. 9. Mai 1854 erfolgen, deren Nichtberücksichtigung Seitens des App.-Richters die unrichtige Anwendung des § 21 des Stempelgesetzes mit sich geführt hat. Denn nachdem der citirte § 16 angeordnet hatte, daß der Gebrauch des Stempelpapiers bei den Gerichten aufhören und die Stempelbeträge wie Gerichtskosten verrechnet werden sollten, hob der Art. 21 ausdrücklich das Gebot hervor:

„wenn Kirchenzeugnisse, Inventarien, Taxen, Vollmachten und letztwillige Dispositionen von den Parteien ohne den vorgeschriebenen Stempel eingereicht werden, so ist der Betrag desselben als Gerichtsgebühr zu liquidiren und einzuziehen.“

An der Strafbarkeit desjenigen, welcher eine Vollmacht, die vor mehr als vierzehn Tagen vor ihrer Einreichung bei Gericht ausgefertigt ist, ausgestellt hat oder produzirt, dessen Stempelkontravention also nach den §§ 12. 21. 22 des Stempelgesetzes konsumirt, dessen Strafe verwirkt ist, hat diese Bestimmung freilich nichts geändert, und hierauf macht die JMin.-Instr. v. 1. Juni 1854 Nr. 27 noch besonders aufmerksam, indem sie der Vorschrift, den Geldbetrag des Stempels bei Einreichung einer ungestempelten Vollmacht in Einnahme zu stellen, hinzufügt, daß die etwa verwirkte Stempelstrafe außerdem festzusetzen sei. Bei Einreichung der Vollmacht innerhalb 14 Tage nach ihrer Ausstellung ist aber die Strafe noch nicht verwirkt, die Gerichte haben sich dann also darauf zu beschränken, daß sie den Geldbetrag des Stempels in Soll-Einnahme stellen, und der Produzent der Vollmacht weiß hiermit das fiskalische Interesse vollkommen gesichert. Er reicht die Vollmacht mit dem Bewußtsein ein, sich dadurch solidarisch mit dem Aussteller als Schuldner des Geldbetrags von 15 Sgr. an den Fiskus zu bekennen und sich der Exekution zu unterwerfen; sein Bewußtsein, den Stempelbetrag zu defraudiren, ist damit ausgeschlossen, und ebenso seine Strafbarkeit. Indem die angeführten § 16 und Art. 21 verfügen, daß der Geldbetrag von 15 Sgr. als eine exekutorische Schuld an den Justizfiskus von dem Gerichte in Soll-Einnahme gestellt werde, konnten sie nicht gleichzeitig die Beibringung des Stempels als eine Pflicht gegen den Steuerfiskus daneben fortbestehen lassen. Es soll und muß jetzt die Sicherstellung der Staatskasse zur Erlangung der 15 Sgr. unter dem Titel „Gerichtsgebühr" innerhalb der vierzehntägigen Frist ganz gleiche Geltung haben mit der früheren Sicherstellung der Staatskasse durch Beibringung des Stempels binnen derselben Frist. Die entfernte Möglichkeit, daß der Geldbetrag als uneinziehbar sowohl von dem Produzenten, als dem Aussteller der Vollmacht befunden werden könnte, ist dabei vom Gesetzgeber nicht in Betracht gezogen worden und um so weniger von Erheblichkeit, als sie auch bei der Einziehung des Naturalstempels und der Strafe vorhanden ist.

[20. — 1.]

Bankerutt. — Buchführung. — Wirth. — Handelsgesetzbuch.

1. Von der Pflicht der Buchführung sind die Wirthe aller Art befreit, sollte ihr Geschäftsbetrieb auch ein sehr ausgedehnter sein.

D. HGB. Art. 10 [einzutr. StGB. S. 467 als n. 2].

2. Ein Wirth ꝛc., welcher erst nach der Einführung des D. HGB.s seine Zahlungen einstellt, bleibt auch wegen der früheren Versäumung der schuldigen Buchführung straflos.

Ebendas. [das. einzutr. als n. 3].

Erk. (Z. I.) v. 30. Nov. 1864 c. Meyer (791. I. Cr.).

M. hatte seit 1853 Gastwirthschaft verbunden mit einer Restauration betrieben und dabei jährlich im Durchschnitt 17—18,000 Thlr. umgesetzt. Im Okt. 1862 stellte er seine Zahlungen ein, wobei es sich ergab, daß er keine ordnungsmäßigen Bücher geführt und nicht jährlich die Bilanz gezogen habe. Aus § 261 Nr. 2 und 3 StGB. verfolgt, ward er in beiden Instanzen freigesprochen, weil er nach Art. 10 des D. HGB.s zur Führung von Büchern und zur Ziehung einer Bilanz nicht verpflichtet gewesen sei, und in dieser Beziehung nur die jetzige zur Zeit der Zahlungseinstellung geltende Gesetzgebung maaßgebend sein könne; der cit. Art. 10 spreche von Wirthen ganz allgemein, auch ergebe sich aus den Materialien des Gesetzbuchs, daß man bewußter Weise auch die großen Gasthofsbesitzer von der Pflicht der Buchführung habe befreien wollen. — Die NB. des OStA.s machte Verletzung des cit. Art. 10 und des Art. IV. des Einf.-Ges.s zum StGB. geltend: durch die Anwendung des ersteren werde dem HGB. rückwirkende Kraft beigelegt; Art. 10 enthalte keine in das Gebiet des Strafrechts fallende Vorschrift, er könne also die früher verübten strafbaren Handlungen nicht straflos machen: bis zum 1. März 1862 habe M. nach dem Umfange seines Geschäfts Bücher führen müssen, die Verabsäumung dieser Pflicht sei strafbar geblieben, arg.: Erk. d. OTr.s v. 5. Nov. 1862 und v. 7. Mai 1863 (RdOTr. 3. S. 104. 427). Zurückweisung. Gründe:

Der OStA. bestreitet nicht, wie in der Appellationsschrift geschehen, die Richtigkeit der Interpretation, welche die vorigen Richter dem Art. 10 des HGB.s gegeben haben. Es genügt auch, in dieser Hinsicht auf die Ausführung in dem angegriffenen Urtheil zu verweisen, nach welcher die Vorschriften des HGB.s über die Verpflichtung, Bücher zu führen, auf alle Wirthe, ohne Unterschied zwischen dem ausgedehntern oder geringern Geschäftsbetriebe, keine Anwendung finden. Die Protokolle der handelsrechtlichen Kommission, Bd. III. S. 1261. 1281 und Bd. VI. S. 4509, auf welche der App.-Richter sich beruft, liefern den Beweis, daß bei den Verhandlungen der verschiedene Standpunkt der kleinern Wirthe und der Besitzer größerer Gasthöfe zur Erörterung gekommen, dennoch aber der Ausdruck „Wirthe" in seiner ganz allgemeinen Bedeutung im Art. 10 aufgefaßt worden ist. Bei der gesetzlichen Bestimmung, welche Klassen von Gewerbtreibenden zur Führung von Büchern verpflichtet sind, ist aber der Umfang und die Beschaffenheit des Geschäfts, auf welche der § 261 Nr. 2 und 3 des StGB.s Bezug nimmt, nicht mehr maaßgebend, sondern das HGB. bildet allein die Norm. Der Art. 10 nimmt auf diesen Umstand nur bei gewissen Klassen von Gewerbtreibenden Rücksicht, schließt aber die Wirthe ausdrücklich aus.

Ebenso richtig entscheidet der App.-Richter die andere Frage, welchen Einfluß die vor der Zahlungseinstellung eingetretene Gesetzeskraft des HGB.s auf die Strafbarkeit des Angeklagten äußere. - Da zur Zeit der Zahlungseinstellung derselbe gesetzlich nicht mehr verpflichtet war, Bücher zu führen, so kann von einer schuldbaren unordentlichen Führung der Handelsbücher und von einer schuldbaren Unterlassung der Bilanzziehung nicht die Rede sein, — folglich fehlt es an einer wesentlichen Voraussetzung des § 261 Nr. 2 und 3 des HGB.s. — Die NB. wird zwar hauptsächlich auf die Ansicht gestützt, daß der App.-Richter dem Art. 10 des HGB.s eine rückwirkende Kraft beigemessen und den Sinn des im Art. 4 des Einf.-Ges.s ausgesprochenen Grundsatzes verkannt habe. Dieser Angriff ist aber nach beiden Richtungen verfehlt. Bevor von dem Angeklagten die Zahlungen eingestellt worden, hatte nach § 261 des StGB. die mangelhafte Buchführung keinen strafbaren Charakter und konnte auf diese Nachlässigkeit allein eine Anklage nicht gegründet werden. Bei Einführung des HGB.s lag daher kein Vergehen vor, womit sich jeder Bezug auf den Art. 4 des Einf.-Ges.s erledigt, welcher eine unter dem alten Gesetz verübte strafbare Handlung voraussetzt. Ebensowenig ist dem Handelsgesetzbuch eine rückwirkende Kraft gegeben, denn erst mit der späteren, nach seiner Einführung erfolgten Zahlungseinstellung konnte die Frage entstehen, ob dem Angeklagten ein Bankerutt zur Last falle, und da zu dieser Zeit derselbe zur Buchführung nicht verpflichtet war, fehlte nunmehr eine andere Voraussetzung des § 261. Die Urtheile des Kgl. OTr.s aus den Jahren 1862 und 1863, welche die NB. anführt, treffen hier aus dem einfachen Grunde nicht zu, weil es sich damals von einem, unter der frühern Gesetzgebung bereits verübten Vergehen (Wucher) handelte, dessen Merkmale sämmtlich aus jener Zeit datirten, während hier dieses nicht der Fall ist. Wenn die NB. anführt, es genüge, daß zu irgend einer Zeit des Geschäftsbetriebes die Vorschrift wegen der Buchführung nicht erfüllt worden sei, so steht ihr entgegen, daß sämmtliche Voraussetzungen, welche das Strafgesetz zur Annahme einer strafbaren That erfordert, zusammen-wirken müssen und nicht getrennt verschiedenen Zeiten, ohne allen Kausalnexus, angehören können.

Antr. des GStA.s: gleichl. [13. — 4.]

Unterschlagung. — Gewinnsüchtige Absicht.

Zum Thatbestande der Unterschlagung gehört nicht eine auf Gewinn gerichtete Absicht.

StGB. § 225 [vgl. dort n. 53]; ähnlich: Z. I. 19. Okt. 1864 c. Oswald, 977.

Erk. (Z. I.) v. 30. Nov. 1864 c. Stockhausen (807. I. Cr.).

Wenn der Angeklagte hervorhebt, daß er das Geld nicht vorsätzlich bei Seite geschafft habe, und daß es somit an dem Dolus der Schadenszufügung fehle, so erfordert der § 225 des StGB.s zu seiner Anwendung weder die auf Schadenszufügung noch die auf Gewinn gerichtete Absicht, sondern nur das Bewußtsein, daß dem Eigenthümer der bei Seite geschafften Sache Nachtheil zugefügt werde.

Antr. des GStA.s: gleichl. [13. — 4.]

Schlachtsteuer. — Fleischverkauf. — Gewerbe.

Wer das Fleisch eines selbstgemästeten und selbstgeschlachteten Stücks Vieh theilweise, nicht um dadurch einen Gewinn zu machen, sondern weil dasselbe nicht im eignen Haushalte verbraucht werden kann, an verschiedene Personen verkauft, nimmt dadurch noch nicht einen Gewerbsverkauf vor. Mahl- u. Schl.-St.-Ges. v. 2 Apr. 1853 § 1 b. 1.

Erk. (Z. I.) v. 30. Nov. 1864 c. Knüppel (947. I. Cr.).

Die verehelichte Zimmergesell K., welche zu G. im halbmeiligen Steuerbezirk der schlachtsteuerpflichtigen Stadt St. wohnt, hatte ein selbstgemästetes Schwein geschlachtet und eine Quantität des Fleisches, welches sie im eignen Haushalte nicht verbrauchen konnte, an zwei Personen in G. abgelassen, ohne davon die Schlachtsteuer entrichtet zu haben. Beide Instanzrichter fanden hierin keinen gewerbsmäßigen Verkauf und sprachen von der Anklage der Schlachtsteuerdefraude frei. Die

NB. des Pr.-St.-Direktors rügte 1) Verletzung des Art. 101 des Ges.s v. 3. Mai 1852, weil das AG. die Frage, was gewerbsmäßiger Verkauf sei, als Gegenstand der thatsächlichen Feststellung ansehe, während sie Gegenstand einer rechtlichen Schlußfolgerung sei; 2) Verletzung des Ges.s v. 2 Apr. 1852 § 1 b. 1, weil der in gewinnsüchtiger Absicht vorgenommene wiederholte Verkauf nothwendig ein gewerbsmäßiger sei. Zurückweisung. Gründe:

Ob ein gewerbsmäßiger Verkauf in einem gegebenen Falle stattgefunden hat, ist eine wesentlich thatsächliche Frage, keine bloße Rechtsfrage, oder bloße rechtliche Folgerung. Die in der NB. gerügte Verletzung des Art. 101 des Ges.s v. 3. Mai 1852 liegt daher nicht vor.

Beide vorige Richter verneinen nun, daß im vorliegenden Falle ein gewerbsmäßiger Verkauf stattgefunden hat, — von einem Feilhalten ist überhaupt nicht die Rede — aus dem Grunde, weil die Angeklagte nur von ihrem selbstgemästeten und selbstgeschlachteten Schweine eine Quantität Fleisch, welches sie in ihrer Haushaltung nicht gebrauchen konnte, an zwei Personen in G. abgelassen habe. Die vorigen Richter sehen also als thatsächlich erwiesen an, „daß die Angeklagte dabei die Erzielung keines Gewinnes beabsichtigt, sondern sich des Fleisches nur zur Abwendung von Schaden entäußert habe."

Unter diesen Umständen konnten die vorigen Richter aber ohne Rechtsirrthum annehmen, daß ein gewerbsmäßiger Verkauf nicht stattgefunden habe. Von Verletzung des § 1 b. Nr. 1 des Ges.s v. 2. Apr. 1852 kann daher keine Rede sein.

Antr. des GStA.s: gleichl. [18.—4.]

Holzdiebstahl. — Erschwerender Umstand. — Forstliste.

Die erschwerenden Umstände, unter welchen ein Holzdiebstahl verübt wurde, sind vom Richter selbst dann zu berücksichtigen, wenn sie in der betr. Forstliste nicht mit erwähnt waren. Dieser letztere Umstand rechtfertigt nur eine Vertagung und erneuerte Vorladung des Angeklagten, wenn derselbe in der Sitzung nicht erschienen war.

H.-D.-Ges. v. 2. Juni 1852 § 4. 27—29.

Erk. (B. I.) v. 30. Nov. 1864 c. Schwantz (1116. I. Cr.).

Der Angeklagte war in erster Instanz wegen einfachen Holzdiebstahls aus § 3 des H.-D.-Ges.s bestraft und der Antrag des PAnw.s auf Verhängung der Strafe des § 4 deshalb abgelehnt worden, weil der erst in der Sitzung geltend gemachte erschwerende Umstand des Gebrauchs eines Messers nicht schon in die Forstliste aufgenommen sei, diese aber die Grundlage des ganzen Verfahrens bilde. Der hiergegen vom PA. ergriffene Rekurs ward vom AG. unter Billigung der Gründe des ersten Richters durch Verfügung zurückgewiesen. Auf die NB. des OStA.s ist diese Verfügung aufgehoben und die Sache zur kontradiktorischen Verhandlung an das AG. zurückverwiesen worden. Gründe:

Es ist zwar richtig, daß in Holzdiebstahlssachen die Forstliste die Anklage vertritt, und daß § 27 das H.-D.-Ges.s v. 2. Juni 1852 vorschreibt, was die Forstliste als Anschuldigung enthalten muß, so wie daß dahin auch die Angabe gehört, ob und welche erschwerende Umstände den Holzdiebstahl begleitet haben. Daraus kann aber mit dem vorigen Richter nicht gefolgert werden, daß Alles, was nicht schon in der Forstliste erwähnt ist, in dem Verfahren nach dem Ges. v. 2. Juni 1852 gänzlich außer Betracht bleiben muß. Die Vorschriften des Verfahrens bei Uebertretungen greifen, insofern nicht spezielle Bestimmungen des cit. Ges.s entgegenstehen, auch in Holzdiebstahlssachen nach ausdrücklicher Erklärung des gedachten Gesetzes im § 24 desselben Platz, was daher auch von den Artt. 29 und 30 des Ges.s v. 3. Mai 1852 gilt, da sie gleichfalls auf Uebertretungen Anwendung finden. Zwar ist dem vorigen Richter zuzugeben, daß die Forstliste die Unterlage für das ganze Verfahren bildet, es ist dies jedoch nicht in einem höhern Grade wie bei der Anklage im ordentlichen Strafverfahren der Fall. Auch der § 39 der Vdn. v. 3. Jan. 1849 bestimmt, was die Anklage enthalten muß in ganz gleicher Weise, wie dies im § 27 des H.-D.-Ges.s v. 2. Juni 1852 in Betreff der die Anklage vertretenden Forstliste geschehen ist, ohne daß daraus gefolgert werden kann, daß Thatsachen, die nicht schon in der Anklage erwähnt sind, unter allen Umständen unberücksichtigt bleiben sollen, da das den Vorschriften der Artt. 29 und 30 des Ges.s v. 3. Mai 1852 widersprechen würde. Daß übrigens in Betreff solcher nicht schon in der Forstliste erwähnter Thatsachen im Falle des Ausbleibens des Angeklagten das in § 29 des Ges.s v. 2. Juni 1852 vorgeschriebene Kontumazial-Verfahren nicht ohne Weiteres eintreten kann, sondern eine anderweitige Vorladung des Angeklagten unter Mittheilung der die Anklage ergänzenden Thatsachen erfolgen muß, versteht sich von selbst.

Antr. des GStA.s: gleichl. [18. — 4.]

Mahl- 2c. Steuer. — Deklaration. — Stellen zur Revision.

Jeder, welcher steuerpflichtige Gegenstände in eine mahl- 2c. pflichtige Stadt einbringt, ist zur Deklaration verpflichtet; er thut nicht genug, wenn er die verschlossenen Behältnisse unter Vorlegung der Frachtbriefe zur Revision stellt. Gleichwohl ist derjenige, welcher eine derartige ungenügende Deklaration wegen seiner Unbekanntschaft mit dem Inhalte der Behältnisse macht, nicht als Defraudant anzusehen; die Steuerbehörde ist nur berechtigt, ihn bis zur Abgabe einer erschöpfenden Deklaration zurückzuweisen.

Schl.- u. M.-St.-Ges. v. 30. Mai 1820 § 15d. Sic: Z. (II. 344) 1. Dez 1864 c. Grau. Vgl. RdOTr. 4. S. 29.

Erk. (Z. II.) v. 1. Dez. 1864 c. Blochberger (334. II. Cr.).

Bl. hatte mit dem Geschirre seines Dienstherrn, des Spediteurs O., eine verschlossene Kiste vom Bahnhofe abgeholt, sie nach der mahl- 2c. pflichtigen Stadt N. transportirt, und sie am Thore dem betr. Steuerbeamten, ohne eine Deklaration über den Inhalt abzugeben, unter Vorlegung des Frachtbriefs zur Revision gestellt. Bei dieser ergab es sich, daß der Inhalt steuerpflichtig war, was der Frachtbrief nicht erkennen ließ. Der Steuerdefraude angeklagt, ist Bl. von den Instanzgerichten freigesprochen worden, weil er eine selbstständige Deklaration gar nicht gemacht habe, auch nicht habe machen können, da er nicht in der rechtlichen Möglichkeit gewesen sei, vom Inhalte der verschlossenen Kiste Kenntniß zu nehmen, und weil endlich der Steuerbeamte die ihm einfach unter Ueberreichung des Frachtbriefs zur Revision gestellte Kiste nicht am Eingange zurückgewiesen habe, sondern zur „Revision geschritten sei." Die vom Pr.-St.-Direktor ergriffene NB. hat das OTr. zurückgewiesen. Gründe:

Nach § 15 des Ges.s über die Mahl- und Schlachtsteuer v. 30. Mai 1820 müssen mahlsteuerpflichtige Gegenstände, welche in eine dieser Steuer unterworfene Stadt eingebracht werden, gleich bei der Ankunft dem Steueramte angemeldet und versteuert werden. Daraus ergiebt sich zunächst allerdings schon die Pflicht für den Transportanten, die von ihm einzubringenden mahlsteuerpflichtigen Gegenstände selbst speziell zu deklariren. Dies bestimmt denn auch der § 8 des Regulativs für die Stadt N. v. 2c. näher dahin: daß beim Eingange mit mahl- und schlachtsteuerpflichtigen Gegenständen in die Stadt von dem Transportanten an der Thorkontrole unaufgefordert anzuhalten, und die Gegenstände nach Art, Gattung, Menge der Frachtstücke genau zu deklariren und mit dazu gehörigen Papieren zur Revision zu stellen seien. Die Pflicht des Transportanten zur speziellen Deklaration der einzubringenden mahlsteuerpflichtigen Gegenstände ist demnach an sich außer Zweifel.

Wenn sodann der § 15 des citirten Ges.s v. 30. Mai 1820 sub litt. d bestimmt: „daß eine Unterlassung der Anzeige bei der Ankunft der Waaren in der Stadt als eine Defraudation angesehen und geahndet werden solle," und es hiernach in dem obengedachten Regulativ v. 2c. § 102 heißt:

> „Wer es unternimmt, sich der schuldigen Mahl- und Schlachtsteuer durch Uebertretung der dafür angegebenen Bestimmungen zu entziehen, ist nach § 17 des Ges.s v. 30. Mai 1820 den Strafen der Steuerverkürzung aus § 60 einschließlich § 65 der Steuer-Ordn. v. 8. Febr. 1819 unterworfen,"

so ist auch hiernach so viel gewiß, daß der Transportant, welcher mahl- oder schlachtsteuerpflichtige Gegenstände in die der Steuer unterworfene Stadt ohne Anmeldung oder Anzeige oder Deklaration bei dem Steueramte eingebracht hat, oder eine unrichtige Deklaration darüber gemacht hat, wegen dieser Thatsachen allein als Defraudant angesehen werden muß, gleichviel, ob er dabei in dolo oder in culpa versirte oder nicht, da das Gesetz die Defraudationsstrafe allein von dem Dasein jener Thatsachen abhängig gemacht hat.

Auch muß anerkannt werden, daß von der Verpflichtung zur speziellen Deklaration der mahl- und schlachtsteuerpflichtigen Gegenstände selbst zu Gunsten derjenigen Personen keine Ausnahme gemacht ist, welche in verschlossenen Behältnissen mahlsteuerpflichtige Gegenstände in die mahlsteuerpflichtige Stadt einbringen, selbst wenn sie nach ihrem Verhältnisse zu den Transportstücken gar nicht in der rechtlichen Möglichkeit waren, sich davon die Ueberzeugung zu verschaffen, daß und welche steuerpflichtige Gegenstände darin enthalten waren. Auch für sie besteht die spezielle Deklarationspflicht beim Einbringen der Gegenstände, und die Steuerbehörde ist auch nicht verpflichtet, sich in solchem Falle mit Vorlegung der Frachtbriefe, und mit Stellung verschlossener Behältnisse zur Revision zu begnügen.

Allein wenn es auch nach dem Bisherigen unzweifelhaft ist, daß der Transportant, welcher unter solchen Umständen wirklich deklarirt hat, unbedingt der Defraudationsstrafe verfällt, im Falle die Deklaration eine unrichtige gewesen ist, so ist doch damit die Frage noch nicht erledigt, ob derjenige als Defraudant angesehen werden kann, welcher die Steuer keineswegs umgeht, vielmehr gleich bei der Ankunft die einzubringenden verschlossenen Behältnisse, worin sich thatsächlich steuerpflichtige Gegenstände befinden, dem Steueramte mit der Erklärung vorlegt, daß er zu einer Deklaration außer Stande sei, oder was auf dasselbe hinausläuft, die verschlossenen Behältnisse einfach unter Ueberreichung des Frachtbriefes zur Revision angemeldet und gestellt hat, weil er zur eigenen speziellen Deklaration nicht im Stande sei, indem er von dem Inhalte der Behältnisse selbst Kenntniß zu nehmen, sich in der rechtlichen Unmöglichkeit befunden habe. Diese Frage muß aber sonder Zweifel verneint werden. Dieser Fall steht offenbar demjenigen nicht gleich, wo mahlsteuerpflichtige Waaren mit Unterlassung der Anmeldung der Anzeige, der Deklaration überhaupt in die mahlsteuerpflichtige Stadt eingebracht worden sind, oder bezüglich derselben eine unrichtige Deklaration gemacht worden ist. In dem supponirten Falle handelt es sich vielmehr um Gegenstände, welche erst eingebracht werden sollen, und gleich beim Eingang in dieselbe bei der Ankunft angemeldet und zur Revision gestellt worden sind. Freilich konnte diese Anmeldung und Gestellung der Zollbehörde gegenüber die erforderliche spezielle Deklaration der einzuführenden Gegenstände nicht ersetzen; allein unter den Umständen kann doch von einer vollbrachten Defraudation keine Rede sein, wenn der Transportant erklärt, außer Stande zu sein, die spezielle Deklaration zu machen, und es bleibt keine andere Konsequenz, als die übrig, daß die Steuerbehörde das Einbringen der Gegenstände inhibiren kann, bis die vollständige Deklaration gemacht ist. Dazu muß sie berechtigt sein. Macht sie von diesem Rechte aber keinen Gebrauch, begnügt sie sich vielmehr mit der Anmeldung, wie sie erfolgt ist, und schreitet sie hierauf zur Revision, so hat sie selbst im Wege ihres Verfahrens die unvollständige Deklaration des Transportanten ergänzt, welches in der Zollgesetzgebung nach § 9 der Zoll-Ordn. v. 23. Jan. 1838 ausdrücklich für statthaft erachtet ist, und auch in analoger Weise bei der Schlacht- und Mahlsteuer zur Anwendung gebracht werden konnte. Der Transportant kann daher auch wegen Mangels der vollständigen Deklaration als Defraudant überall nicht gestraft werden.

Mit Recht hat somit auch der App.-Richter auf der Grundlage des von ihm festgehaltenen Sachverhältnisses angenommen, daß der Angeschuldigte der ihm zur Last gelegten Mahlsteuerdefraudation sich nicht schuldig gemacht habe. Nach diesem Sachverhältnisse hat der Angeschuldigte als Fuhrknecht des Spediteurs O. die (nachher bei der amtlichen Eröffnung mit 12 Pfd. Weizengries und 12 Pfd. Gerstengraupen als der Mahlsteuer unterliegenden Gegenständen angefüllt gefundene) mit der Eisenbahn angekommene fragliche verschlossene Kiste nach der Stadt N. transportirt, und dieselbe an dem dasigen Georgenthore dem kontrollirenden Beamten zur Revision gestellt, indem er, ohne eine Deklaration ihres Inhaltes zu machen, den darüber lautenden Frachtbrief, wonach die Kiste „diverse Waaren“ enthalten sollte, dem Beamten übergeben. Es soll also der Angeschuldigte die Kiste wohl angemeldet, dabei aber den Inhalt derselben nicht als Materialwaare und überhaupt nicht deklarirt, vielmehr dieselbe, weil sie verschlossen war, mit dem Frachtbriefe zur Revision dem Beamten übergeben haben, unter dem selbstverständlichen Hinweise, daß er ohne Eingriffe in fremde Rechte Kenntniß von deren Inhalt nicht habe nehmen können.

Hat nun der kontrollirende Beamte, wie weiter feststeht, sich mit der Art der Anmeldung und Vorlegung begnügt, die Kiste auch nicht zurückgewiesen, solche vielmehr zur Revision gezogen und revidirt, so befindet sich der App.-Richter mit den vorhin entwickelten Rechtsansichten in vollkommenem Einklang, wenn er den Mangel der vollständigen Deklaration Seitens des Angeklagten nach der Sachlage für straflos erachtet hat. Die in der NB. gegen die Rechtsanschauung des App.-Richters erhobenen Angriffe sind auch überall nicht zutreffend. Die Behauptung der Rechtfertigungsschrift, daß im vorliegenden Falle die Defraudation nach § 15 lit. d des Ges.s v. 30. Mai 1820 gleichwie nach § 8 des N—er Ortsregulativs um deswillen begründet gewesen sei, weil thatsächlich festgestellt worden, daß der Angeschuldigte die fragliche Kiste, in welcher sich 12 Pfd. Weizengries und 12 Pfd. Gerstengraupen befunden haben, nach der Stadt N. gebracht, und an dem dortigen Georgenthore dem kontrollirenden Beamten zur Revision gestellt habe, ohne eine Deklaration des Inhalts der Kiste abzugeben, findet ihre Widerlegung in demjenigen, was oben über den Unterschied zwischen einer gänzlich unterbliebenen Deklaration oder einer unrichtigen Deklaration über bereits eingeführte mahlsteuerpflichtige Gegenstände, und einer beim Eingang in die Stadt am Thoramte gemachten, mit Uebergabe der verschlossenen Behältnisse und der Frachtbriefe verbundenen Erklärung des Transportanten, außer Stande zu sein, eine spezielle Deklaration abgeben zu können, gesagt worden ist.

Nicht erfindlich ist auch, daß der App.-Richter, wie die NB. andeutet, bei seiner Entscheidung davon ausgegangen sei, daß es bei der Defraudation nach § 15 lit. d des Schlacht- und Mahlsteuergesetzes noch auf den Dolus des Angeschuldigten ankomme. Der Gedankengang des App.-Richters ist vielmehr der, daß die bezogene Bestimmung des § 8 des N—er Ortsregulativs den Steuerbeamten nur die Befugniß zuspreche, von dem Transportanten eine genaue Deklaration zu verlangen, und wenn der Transportant dies nicht vermöge, ihn zurückzuweisen; dagegen aber bei Erfüllung der im § 15 d des Schlacht- und Mahlsteuergesetzes vorgeschriebenen Anzeige oder Anmeldung bei Ankunft der Waaren in der Stadt schon an sich ein Unternehmen nicht vorliege, um sich — nach der Ausdrucksweise des § 102 des mehrgedachten N—er Ortsregulativs zu reden — der schuldigen Schlacht- und Mahlsteuer zu entziehen. Dieser Gedankengang ist aber in seinem Ausgangspunkte jedenfalls richtig, und wenn auch zuzugeben ist, daß auch das Ges. v. 30. Mai 1820 im § 15 lit. a und d unter der Anmeldung oder Anzeige gleichfalls eine spezielle Deklaration der mahlsteuerpflichtigen Gegenstände selbst versteht, so wird sich doch auch nicht läugnen lassen, daß die Argumentation des App.-Richters immerhin noch nicht zu der Unterstellung führt, daß er das Dasein der Defraudation von einem Dolus, oder gar nur von einer Kulpa des Transportanten abhängig gemacht habe.

Auch spricht der App.-Richter ferner den ihm in der Rechtfertigungsschrift untergelegten Satz nicht aus, daß in einem Falle, wie der vorliegende, die Steuerbeamten entweder die Pflicht hätten, die Waare ganz zurückzuweisen, oder nach dem Revisionsbefunde abzufertigen. Der App.-Richter spricht vielmehr ganz in Uebereinstimmung mit dem von ihm angerufenen Urtheil des Kgl. OTr.s v. 10. Sept. 1863 c. Eichendorf nur die Ansicht aus, daß den Steuerbeamten das Recht zustehe, eine spezielle Deklaration zu verlangen, und wenn der Transportant dies nicht vermöge, ihn zurückzuweisen; und er nimmt dann weiter ebenfalls nur an, daß, wenn die Steuerbeamten von diesem ihrem Rechte keinen Gebrauch machten, sich vielmehr mit der Art der Anzeige und Anmeldung begnügten und zur Revision schritten, dann der Mangel einer vollständigen Deklaration, nach dem in der Abgabengesetzgebung bereits enthaltenen (§ 9 der Zoll-Ordn. v. 23. Jan. 1838) und eine analoge Anwendung bei der Schlacht- und Mahlsteuer nicht ausschließenden Grundsatze, als straflos betrachtet werden müsse. Es bedarf keiner Ausführung, daß diese Annahme des App.-Richters mit der Behauptung nicht zusammenfällt, welche, wie vorerwähnt, in der Nichtigkeitsbeschwerde hervorgehoben ist.

Zwar soll ein analoges Zurückgehen von der Zollgesetzgebung auf die Schlacht- und Mahlsteuergesetzgebung um so weniger zulässig sein, als überhaupt Analogien im Strafrechte nicht statthaft seien, die Schlacht- und Mahlsteuergesetzgebung aber auch nicht auf denselben Prinzipien beruhe, und nicht dieselben Zwecke verfolge, wie die Zollgesetzgebung, oder umgekehrt. Allein der allgemeine Satz, daß bei Gleichheit des Grundes wenigstens in dem Gebiete der formalen Strafgesetzgebung eine analoge Anwendung zulässig sei, wird schwerlich bestritten werden können. Indessen wird auch hier keineswegs die Meinung aufgestellt, daß der Transportant der Waare, gleich wie es nach der Zollgesetzgebung der Fall ist, ein **Recht** darauf habe, von der Zollbehörde die Abfertigung ohne spezielle Deklaration zu verlangen, sondern es wird nicht **für unzulässig** gehalten, daß die

Steuerbeamten, im Falle, wo der Transportant erklärt, sich in der Unmöglichkeit zu befinden, eine spezielle Deklaration über die am Eingang in die Stadt vorgeführten Waaren zu machen, ebenso verfahren, wie es im § 9 der Zoll-Ordn. statuirt ist, und daß, wenn sie selbst hierauf eingehen, der Transportant, welcher die Zurückweisung der Waare im anderen Falle gewärtigen mußte, nicht wegen mangelhafter Deklaration der Defraudationsstrafe verfallen kann. Mit dem eben Gesagten erledigt sich auch die Behauptung der Rechtfertigung der NB., daß der Beamte, wenn er zur Revision eines Frachtstückes geschritten sei, und er darin mahl- oder schlachtsteuerpflichtige Waaren finde, welche nicht deklarirt gewesen, gar nicht nach dem Revisionsbefunde abfertigen dürfe, sondern nach § 15 d den Prozeß machen müsse.

Diese Behauptung geht aber dagegen an, daß selbst eine analoge Berufung auf den § 9 der Zoll-Ordn. dann nicht zuläßig sei, wenn die Steuerbeamten nicht, weil dazu verpflichtet, sondern dazu berechtigt, die mangelhafte Deklaration des Transportanten selbst ergänzt haben. Daß aber diese Analogie jedenfalls insoweit zutreffend sei, muß um so mehr angenommen werden, als in der That für die Abgabengesetzgebung überhaupt, die Verkehrsverhältnisse wesentlich auf gleicher Linie liegen, und die Mahlsteuerbehörden unter allen Umständen gegen die Absicht und den Willen des Waarentransportanten ein Verfahren nicht einschlagen dürfen, was ihn ohne das konsumirte Steuervergehen der Defraudationsstrafe aussetzen würde.

Die Exemplifikationen, welche die Rechtfertigungsschrift der NB. noch aus dem allgemeinen Verfahren beim Eisenbahnverkehr rücksichtlich der mahl- und schlachtsteuerpflichtigen Güter macht, und die daraus hergeleiteten Folgerungen sind auch nicht geeignet, die bisher vertretene Ansicht irgendwie zu beeinträchtigen. Wenn unter Andern gesagt wird, daß diese Güter bei der Ankunft des Zuges in eine mahl- und schlachtsteuerpflichtige Stadt (sofern sie dahin bestimmt seien) von dem Zugführer resp. dem Güterexpedienten auf Grund der Frachtbriefe und lediglich auf Grund dieser deklarirt, während die übrigen Frachtgüter, deren Inhalt nach den Frachtbriefen nichts Mahl- und Schlachtsteuerpflichtiges enthalte, gar nicht besonders deklarirt würden, gleichwohl dann, wenn sich bei der Revision hiernächst fände, daß eben diese letztern nicht deklarirten Frachtstücke dennoch mahl- und schlachtsteuerpflichtige Waaren enthielten, dieserhalb der Konfiskationsprozeß eingeleitet werde: so ist darauf einfach zu erwidern, daß dann in der Erklärung, daß nur in bestimmten Behältnissen die und die steuerpflichtigen Waaren enthalten seien, von selbst die Deklaration liegt, daß die übrigen nichts der Art enthielten. Es ist dann wirklich eine Deklaration vorhanden, und zwar in Bezug auf die als steuerpflichtig nicht behandelten Güter eine negative Deklaration, welche sich mit dem Fall keinesweges identifizirt, wo in Bezug auf bestimmte verschlossene Behältnisse eine Deklaration von dem Transportanten für unmöglich erklärt, und den Steuerbeamten dann überlassen worden ist, das Geeignete zu thun. Der Zugführer oder Güterexpedient, welcher wirklich positiv oder negativ deklarirt, bleibt selbstredend für seine Deklaration verantwortlich. Gleiches kann aber nicht für den anderen Fall behauptet werden, der eben uns zuletzt hier angeführt worden ist.

Was das Bedenken betrifft, welches daraus abgeleitet ist, daß das Interesse der Betheiligten durch ein den Steuerbeamten eingeräumtes Recht, Mangels vollständiger Deklaration die Waaren, ja die ganze Ladung zurückzuweisen, einer gesetzlich nicht beabsichtigten Gefährdung ausgesetzt sein würde, und folgeweise eine solche Zurückweisung nicht in der Befugniß der Steuerbeamten stehen könne, — so scheint es doch sehr nahe zu liegen, daß gerade, um dem Zurückweisungsrecht der Steuerbeamten zu begegnen, Seitens der Geschäftsleute, welche die Ankunft ihrer Waarensendung rechtzeitig an den Ort ihrer Bestimmung wünschen, Veranstaltungen getroffen werden, daß der Transportant sich in der Lage befinde, das Einbringen der Waaren unbehindert bewerkstelligen zu können.

Schließlich ist in der Rechtfertigung der NB. noch auf ein Urtheil des Kgl. OTr.s v. 6. Nov. 1861 (Centr.-Bl. d. Abg.-Verwaltung 1862 S. 111; RdOTr. 2. S. 39) Bezug genommen. Allein dieses Urtheil enthält nichts, was mit der hier vertretenen Rechtsansicht irgend im Widerspruch stünde, da jenes Urtheil nicht konstatirt, daß eine Deklaration, unter Umständen, wie die vorliegenden, nicht stattgefunden habe.

Antr. des GStA.s: gleichl. [26.—2.]

Meineid. — Unzurechnungsfähigkeit. — Verleitung.

Die Strafe des Versuchs einer Verleitung zum Meineide trifft auch denjenigen, welcher einen Andern zur wirklichen Ausschwörung eines Meineides veranlaßt hat, sobald dieser letztere wegen Unzurechnungsfähigkeit straflos bleibt.

StGB. § 130 [vgl. dort n. 17. 16. 3. 9; RdOTr. 4. S. 248. 113; 5. S. 293].

Erk. (Z. II.) v. 1. Dez. 1864 c. M. Laufenbergs (397. II. Cr.).

Herrmann und Michael L. waren, der erstere wegen Meineides, der letztere wegen Anstiftung zu diesem Meineide vor den Schw.-GH. gestellt worden; die Geschwornen verneinten die den ersteren betreffende Frage, erklärten dagegen den M. L. schuldig:

„— seinen Bruder H. L. durch Ueberredung und Mißbrauch seines Ansehens wissentlich verleitet und bestimmt zu haben, diesen Eid (Fr. 1) wissentlich falsch auszuschwören,"

worauf derselbe vom GH. aus § 130 StGB. bestraft worden ist. Der Kassationsrekurs des M. L. behauptete Verletzung der §§ 34. 125. 130 StGB.: die beiden Geschwornensprüche seien nur in der Weise vereinbar, daß H. L. für unzurechnungsfähig erachtet worden sei; eine Strafthat desselben liege also jedenfalls nicht vor, M. L. könne sonach auch nicht Theilnehmer an derselben sein; ebensowenig könne er aber als Thäter des wirklich geschwornen Eides betrachtet werden, weil es in der Natur des Meineides liege, daß er nur durch den Thäter in Person, nicht durch einen Dritten verübt werden könne; mit Recht seien daher die

§§ 34. 125 außer Anwendung geblieben; dagegen sei § 130 verletzt, er bestrafe denjenigen, welcher aus dem zu Verleitenden einen des Meineides Schuldigen machen wolle; die wirkliche Verleitung zu einer kein Verbrechen darstellenden That könne aber mit der erfolglosen Verleitung zu einem Verbrechen nicht ohne Weiteres identifizirt werden; vielmehr habe es der Stellung einer besonderen Frage aus § 130 bedurft. In Uebereinstimmung mit dem Antrage der GStAnw.schaft (vgl. oben S. 293) hat das OTr. den Kass.-Rekurs verworfen, indem es erwog:

daß aus einer Verbindung der beiden Antworten — wenn ein Widerspruch bei der zweiten mit der ersten nicht angenommen werden soll — nothwendig angenommen werden muß, daß H. L. nicht nur falsch, sondern auch wissentlich falsch geschworen, und sein Bruder, der Kassationskläger M. L., ihn wissentlich durch die angegebenen Mittel zur Ableistung des objektiv falschen Eides verleitet und bestimmt hat, und daß nur aus einem die Zurechnungsfähigkeit ausschließenden Grunde der H. L. der That nicht für schuldig erachtet worden ist;

daß bei dieser Sachlage der § 130 des StGB.s gegen den M. L. mit Recht zur Anwendung gebracht worden ist, da der § voraussetzt, daß der Thäter den Andern zum Meineidigen machen, d. h. ihn zur wissentlichen Ableistung eines falschen Eides verleiten wolle, und er, der Verleitende, selbst dabei wissentlich, d. h. mit dem Willen, einen wissentlich falschen Eid zu erzielen, gehandelt habe, diese Voraussetzungen aber hier dem M. L. gegenüber, auch ohne daß es noch einer besonderen Frage bedurft hätte, vorliegen, daß namentlich hierbei auf den Umstand, daß H. L. den Eid wirklich abgeleistet hat, aber wegen eines ihm persönlichen, nothwendig aus der Zurechnungsfähigkeit desselben entnommenen Grundes der That nicht schuldig erachtet worden ist, während der § 130 nur die erfolglos versuchte Verleitung zum Meineide vor Augen hat, kein Gewicht gelegt werden kann, weil es nach der Entstehungsgeschichte des fraglichen § nur die Absicht war, unter allen Umständen den auch nicht mit den Merkmalen des § 34 Nr. 1 des

StGB.s verbundenen Versuch der Verleitung zum Meineide, mit Rücksicht auf die innere Verwerflichkeit eines solchen Unternehmens, unter Strafe zu stellen, nicht aber denjenigen straflos zu machen, dessen Handlung noch ein Mehreres, nämlich die wissentlich falsche Ableistung, zur Folge gehabt hat, aber unter § 34 Nr. 1 cit., beim Wegfalle eines strafbaren Verleiteten, nicht subsumirt werden kann, in diesem Falle vielmehr die wirkliche Ableistung des Eides, dem Verleiter gegenüber, mindestens als etwas rein Zufälliges erscheint.

Antr. des GStA.s: gleichl. [27.—2.]

Fragstellung. — Abänderungsantrag. — Zeitpunkt.

Von dem Augenblicke an, wo die Verlesung des Geschwornenspruchs durch den Vorsteher begonnen hat, können Anträge auf Stellung einer Zusatzfrage nach mildernden Umständen keine Berücksichtigung mehr finden.

Ges. v. 3. Mai 1852 Art. 84 [vgl. dort n. 17. 18; Art. 79 n. 37. 38].

Erk. (Z. II.) v. 1. Dez. 1864 c. Reckmann (411. II. Cr.).

R. war wegen sieben Wechselfälschungen in Anklagestand versetzt worden; in Betreff jeder einzelnen ward den Geschwornen eine Frage vorgelegt, die Stellung von Fragen nach dem Vorhandensein mildernder Umstände war nicht beantragt worden. Als aber der Vorsteher der Geschwornen mit der Verlesung der Sprüche begonnen und bereits die bejahende Antwort auf die drei ersten Fragen vorgelesen hatte, verlangte der Vertheidiger das Wort und beantragte in Beziehung auf alle 7 Fragen die Stellung der Zusatzfrage, ob mildernde Umstände obwalteten. Der Schw.-GH. lehnte diesen Antrag als verspätet ab, und verurtheilte, nachdem auch in Betreff der übrigen 4 Fragen der bejahende Geschwornenspruch verlesen war, aus § 251 Nr. 5 und 56 StGB. Die NB. des Angeklagten erachtete jene Ablehnung des Antrags für gesetzwidrig; die GStA.-schaft schloß sich dieser Ansicht in Betreff der Fragen 4 bis 7, für welche die Antwort zur Zeit noch nicht verlesen war, an, hielt sie dagegen in Betreff der Fragen 1 bis 3, welche durch den bereits verlesenen Spruch bejaht waren, für nicht gerechtfertigt (vgl. Strafverf. Art. 79 n. 39; Art. 84 n. 17. 18). Das OTr. hat die NB. im Ganzen zurückgewiesen. Gründe:

Im Allgemeinen ist es zwar richtig, daß die Frage um Zulassung von mildernden Umständen bis zu dem Zeitpunkte statthaft ist, wo das Verdikt der Geschwornen durch ihren Vorsteher noch nicht verkündet worden ist, und daß selbst diese Statthaftigkeit auch dann noch eintritt, wenn der verkündete Spruch der Geschwornen an Mängeln leidet, die nach Art. 97 des Ges.s v. 3. Mai 1852 eine erneuerte Beschlußnahme der Geschwornen nothwendig machen. Dagegen aber erscheint die Annahme ebenwohl nicht ungerechtfertigt, daß schon der Eintritt in die Verlesung des Ausspruchs der Geschwornen durch ihren Vorsteher, alsdann die Grenze für die Fragenstellung bezeichne, wenn der hiernächst verlesene Wahrspruch nicht mangelhaft ist. Denn der innere und tiefere Grund, weshalb ein von den Geschwornen durch den Vorsteher derselben bereits verkündetes mangelloses Verdikt die nachträgliche Stellung von Fragen ausschließt, welche ins Gebiet der Thatsachen fallen, beruht darin, daß die Berathung der Geschwornen eine ungetheilte, den ganzen Thatbestand und alle damit zusammenhängende Umstände umfassende sein soll, und daß nach ihrer regelrechten Beendigung eine nochmalige Berathung über neue Umstände nicht mehr statthaft sein könne. Dieser Grund würde dahin führen, daß auch die Geschwornen, sobald sie sich zur Verkündigung ihres Wahrspruches in dem Sitzungszimmer wieder eingefunden haben, vor der Verkündigung ihres Spruches nicht mehr in ihr Berathungszimmer zurückgeschickt werden können, und erst abgewartet werden müsse, ob der von ihnen durch ihren Vorsteher verkündete Spruch wegen solcher Mängel, die nach Art. 97 l. c. eine wiederholte Berathung gebieten, einer abermaligen Berathung unterworfen werden müsse. Im Falle eines regelrechten Sprchs müßte demnach konsequent behauptet werden, daß nunmehr jede weitere Berathung über die Thatfrage nicht mehr stattfindig sei. Dagegen bleibt es andrerseits wiederum wahr, daß der Ausspruch der Geschwornen erst durch die Verkündigung zur äußeren Existenz gelangt, und also das Stadium der Berathung erst seinen Abschluß in der Verkündigung findet. Allein ebenso sehr die letztere den Abschluß der Berathung bildet, wird auch der wirkliche Eintritt in die erstere, als ein mit der Berathung zusammenhängendes Ganze aufgefaßt werden müssen. Dieser Akt der Verkündigung ist der Unterbrechung rechtlich so wenig fähig, als es bei dem Akt der Berathung selbst statthaft sein würde. Eine thatsächlich eingetretene Unterbrechung vor vollendeter Verkündigung kann daher auch nur die Bedeutung eines rechtlich indifferenten Moments haben, das heißt mit anderen Worten: es kann durch eine solche thatsächliche Unterbrechung in der Vorlesung ein rechtlicher Effekt nicht erzeugt werden, der in der Voraussetzung, daß der vollständig verlesene Wahrspruch nicht mangelhaft befunden werden könnte, eine neue Erörterung der Thatfrage nach irgend einer Richtung rechtlich unmöglich machen würde. Es tritt auch diese Rechtsanschauung mit der Plenarentscheidung des Kgl. OTr.s v. 20. Apr. 1857 c. Müller (G. A. 5. S. 505, Präj. Nr. 234) nicht in Widerspruch, da dort nur nach Maaßgabe des damaligen Falles, in welchem es sich um einen bereits vollständig verkündeten Spruch der Geschwornen handelte, entschieden, und auch das darnach aufgestellte Präjudiz nur im Anschluß an diesen Fall aufzufassen ist, die Frage aber, wie sie sich hier in concreto darstellt, nicht mit entschieden hat.

[27. — 2.]

Verstümmelung. — Finger. — Verlust. — Amputation. — Fragstellung.

1. Der Verlust zweier Fingerglieder kann als „Verstümmelung" angesehen werden.

StGB. § 193 [vgl. dort n. 7].

2. Eine in Folge einer Mißhandlung nothwendig gewordene Amputation ist als eine bei der Mißhandlung stattgehabte Verstümmelung zu betrachten. Ebendas. [vgl. dort n. 1].

3. **Im Falle einer Anklage aus § 193 StGB. kann der Ausdruck „Verstümmelung" in der Fragstellung durch Angabe des speziellen Sachverhalts aufgelöst werden; eine solche Auflösung ist aber nur dann unerläßlich, wenn der Begriff streitig geworden ist.**

Ebendas. [vgl. dort n. 3].

Erk. (Z. II.) v. 1. Dez. 1864 c. Kastel (412. II. Cr.).

Zurückweisung der NB. des Angeklagten. Erwogen ward:

daß ein Rechtsirrthum bei der Fragstellung, bei dem an diese sich anschließenden Ausspruche der Geschwornen, mit dem denselben ergänzenden Ausspruche des Schw.-GH.s und bei dem Erkenntnisse des letztern nicht obgewaltet hat, wenn dabei davon ausgegangen resp. angenommen ist, daß als Verstümmelung auch der Verlust zweier Fingerglieder angesehen werden könne, daß als eine bei einer Mißhandlung oder Körperverletzung stattgehabte Verstümmelung auch diejenige Verstümmelung anzusehen sei, die erst, als zurechenbare Folge jener Mißhandlung oder Körperverletzung mittelbar, in Folge des durch diese hervorgerufenen Krankheitszustandes und einer durch diesen nöthig gewordenen chirurgischen Operation (Amputation) eingetreten ist, und daß eine Auflösung des Begriffs „Verstümmelung," der ein rein thatsächlicher allerdings nicht ist, bei der Fragstellung, wenn auch zulässig, doch auch den Umständen nach, nur da erforderlich sei, wo dieser Begriff streitig geworden ist.

Antr. des OStA.s: gleichl. [26. -- 2.]

Stempel. — Ausländischer Wechsel. — Inländisches Accept.

Der inländische Acceptant eines ausländischen Wechsels, welcher denselben vor der Stempelung dem Inhaber zurückgegeben hat, unterliegt der Stempelstrafe nicht, wenn ihm nicht der Nachweis

geliefert wird, daß er im Inlande die Acceptation vorgenommen habe.

Stemp.-Ges. v. 7. März 1822 §§ 20. 26; vgl. RbOTr. 1. S. 231.

Erk. (Z. I.) v. 2. Dez. 1864 c. Friedländer (982. I. Cr.).

Fr. war der Stempelkontravention angeklagt, weil er einen aus dem Auslande auf ihn als Bezogenen („Fr. in Goldap") gezogenen Wechsel vor der Stempelung acceptirt habe; die Instanzgerichte sprachen aber frei, weil nicht festgestellt sei, daß er die Acceptation im Inlande vorgenommen habe, dieses auch aus der Adresse nicht entnommen werden könne, weil der Ortsname (Goldap) nur den Wohnort des Bezogenen und den eventuellen Zahlungsort bezeichne. Die vom OStA. ergriffene NB. erachtete die GStA.-schaft für gerechtfertigt: für die Stempelpflichtigkeit könne nur der Inhalt des Schriftstücks selbst maaßgebend sein; enthalte dasselbe daher über den Acceptationsort Nichts, so müsse angenommen werden, daß der Wechsel und die einzelnen Wechselgeschäfte im regelmäßigen Gange zu Stande gekommen seien, daß also der inländische Bezogene an seinem Wohnorte das Accept auf den Wechsel gesetzt, und hier mit demselben durch Rückgabe des Wechsels das Geschäft gemacht habe; gehe man weiter, so bürde man der strafverfolgenden Behörde einen fast nie zu führenden Beweis auf, was — gerade in Abgabesachen — unmöglich in der Absicht des Gesetzgebers gelegen haben könne, da es regelmäßig Straflosigkeit nach sich ziehe; dazu komme, daß der Grundsatz der Instanzrichter in gleicher Weise auch bei inländischen Wechseln anwendbar sein würde; auch bei diesen mache ein vom inländischen Bezogenen im Auslande zugefügtes Accept denselben nicht stempelpflichtig, während dafür, daß ein Accept im Inlande geschrieben sei, beim inländischen Wechsel nicht mehr spreche, als beim ausländischen. — Das OTr. hat gleichwohl die NB. zurückgewiesen. Gründe:

Aus dem Inhalt des in Rede stehenden ausländischen Wechsels ergiebt sich nicht, daß er vom Angeklagten im Inlande acceptirt ist; es erhellt vielmehr aus dem Wechsel selbst gar nicht, an welchem Ort das Accept vom Angeklagten auf den Wechsel gesetzt ist, und es kann bloß daraus, daß der Angeklagte zu G., also im Inlande wohnt, und daß G. auch als sein Wohnort im Wechsel angegeben ist, noch nicht ohne Weiteres rechtlich gefolgert werden, daß Angeklagter den Wechsel in G. acceptirt hat (Z. I. 30. Jan. 1861 c. Cohn, RbOTr. 1. S. 231).

Wenn daher die vorigen Richter für nicht erwiesen ansehen, daß der im Auslande ausgestellte Wechsel zur Zeit, als der Angeklagte sein Accept darauf setzte, bereits in die Preußischen Staaten eingegangen war, daß also der Angeklagte vor der Stempelung ein Geschäft mit dem Wechsel im Inlande gemacht hat, so ist ein dieser Feststellung zum Grunde liegender Rechtsirrthum nirgend ersichtlich.

Als der Wechsel von dem ersten inländischen Inhaber desselben, Kaufmann E. zu B., und zwar vor der weiteren Indossirung der Steuerbehörde zur Stempelung vorgelegt wurde, lag der Thatbestand einer Stempelkontravention des Angeklagten nach dem Inhalt des Wechsels noch keinesweges vor, was nur dann der Fall gewesen sein würde, wenn aus dem Wechsel selbst erhellt hätte, daß er in G. oder sonst im Inlande vom Angeklagten acceptirt war.

Das Erkenntniß des OTr.s v. 2. Nov. 1859 c. Ohnesorge — (JMBl. 60. S. 95) — steht daher auch der gegenwärtigen Entscheidung keinesweges entgegen, vielmehr lag es im vorliegenden Falle allerdings der Anklage ob, zu beweisen, daß der Wechsel vom Angeklagten im Inlande acceptirt ist, weil sich dies aus dem der Steuerbehörde zur Stempelung vorgelegten Wechsel selbst noch nicht ergab.

Antr. des GStA.s: entg. [18.—3]

Presse. — Redakteur. — Verfasser. — Haftbarkeit.

1. **Der Redakteur eines kautionspflichtigen Blattes haftet für den objektiv strafbaren Inhalt in Gemäßheit des § 37 des Preßges.s auch dann, wenn der Verfasser aus einem subjektiven Grunde, z. B. wegen mangelnden Dolus, straflos bleibt.**

Preßges. v. 12. Mai 1851 § 37.

2. **Der Redakteur eines kautionspflichtigen Blattes, welcher von der gegen ihn als Verfasser eines Artikels strafbaren Inhalts erhobenen Anklage deshalb freigesprochen worden ist, weil ihm**

der erforderliche Dolus nicht beiwohnte, kann auch nicht aus § 37 des Preßges.s bestraft werden.
Ebendas.

Erk. (Z. II.) v. 8. Dez. 1864 c. Hoppe (310. II. Cr.).

Die von H. redigirte -- Zeitung hatte einen Artikel gebracht, in welchem der Thatbestand des § 102 StGB. gefunden wurde; da H. sich als Verfasser desselben bekannte, ward gegen ihn Anklage erhoben; es erfolgte indessen Freisprechung, weil angenommen wurde, er habe ohne das zum Thatbestande erforderliche Bewußtsein (Dolus) gehandelt. Nunmehr erhob die StA.-schaft Anklage aus § 37 des Preßges.s, auch von dieser sprachen indessen beide Instanzgerichte frei. In den Gründen des AG.s war ausgeführt: „durch die frühere rechtskräftig gewordene Entscheidung stehe fest, daß H. als Verfasser des betr. Artikels eine Ehrverletzung nicht begangen habe; nun seien aber der Thatbestand und die Thäterschaft einer Ehrverletzung nicht zu trennen; fehle es daher an einem Thäter, so könne auch der inkriminirte Artikel in dieser Beziehung nichts Strafbares enthalten und § 37 cit. nicht Platz greifen, da er die Strafbarkeit des Inhaltes voraussetze." Die NB. des OStA.s erachtete die GStAnw.-schaft für begründet, weil der § 37 cit. gar keinen Dolus, sondern nur voraussetze, daß der Inhalt des Blattes objektiv strafbar sei, eine solche objektive Strafbarkeit aber sehr wohl vorhanden sein könne, selbst wenn es an einem strafbaren Thäter ganz fehle. — Das OTr. hat die NB. zurückgewiesen. Gründe:

Zwar ist der NB. zuzugeben, daß die Gründe des App.-Urtheils in abstracto aufgefaßt, zu weit greifen, da der Thatbestand und die Thäterschaft einer Ehrverletzung, und namentlich da, wo es sich um eine durch die Presse begangene Ehrverletzung handelt, allerdings von einander getrennt werden können. So kann unbedenklich der Redakteur einer Zeitung für den objektiv strafbaren Inhalt eines Zeitungsartikels, namentlich einer objektiv für strafbar zu erachtenden Injurie aus § 37 des Preßges.s zur Verantwortung gezogen werden, wenn er diesen Artikel von einem Andern übernommen hat, und dieser aus irgend einem subjektiven Grunde, z. B. dem mangelnden Dolus, straflos bleibt. — Anders verhält sich aber die Sache, wenn der Redakteur selbst, wie es in casu feststeht, auch der Verfasser des inkriminirten Artikels war, und die als Verfasser wider ihn erhobene Anklage rechtskräftig zurückgewiesen ist, weil ihm der strafrechtliche Dolus, wie es in dem vom App.-Richter bezogenen Beschluß v. ꝛc. heißt, das Bewußtsein, daß er verleumderische oder beleidigende Thatsachen verbreite, nicht beigemessen werden könne. Dieses Bewußtsein kann in der Person des Redakteurs, der zugleich Verfasser ist, kein verschiedenes sein. Hat er ohne das Bewußtsein der Strafbarkeit und Rechtswidrigkeit den objektiv immerhin beleidigenden Artikel verfaßt, und fällt demnach in seiner Person die Annahme einer Ehrverletzung weg, so kann ihn auch wegen der Aufnahme des Artikels in seiner Eigenschaft als Redakteur eine Nachlässigkeitsstrafe für eine Handlung nicht treffen, die nach seinem Bewußtsein als eine Strafthat nicht angesehen werden konnte. Im Anschluß an den konkreten Fall — und so müssen wohl auch die Gründe des App.-Richters aufgefaßt werden — bleibt daher die Annahme seines Urtheils, daß sich die Thäterschaft und der objektive Thatbestand nicht trennen lassen, immerhin gerechtfertigt.

Zu demselben Resultat führt auch folgende Betrachtungsweise der Sache. Bei der selbstständigen Verantwortlichkeit des Redakteurs aus § 37 l. c. wird der regelmäßigere Fall vorausgesetzt, daß der Redakteur des inkriminirten Preßerzeugnisses der Verfasser nicht sei. Wird er als Verfasser direkt in Anspruch genommen, und wird er deshalb bestraft, so kann von der Nachlässigkeitsstrafe aus § 37 gegen ihn weiter keine Rede mehr sein. Wird dagegen auf eine solche Anklage seine Autorschaft oder Theilnahme nicht festgestellt: kein Zweifel, daß er dann noch aus § 37 l. c. verfolgt werden kann. Wird aber seine Autorschaft zwar festgestellt, das inkriminirte Preßerzeugniß aber auch nur subjektiv nicht für strafbar erachtet, so streitet alle Ratio dagegen, daß er noch wegen derselben straflosen Handlung als Redakteur der Bestrafung unterworfen bleibe; es erscheint vielmehr die Annahme nicht unberechtigt, daß die so erfolgte Freisprechung dieselbe Wirkung erzeuge, wie die Verurtheilung wegen der Autorschaft. [27. — 2.]

Beleidigung. — Bewußtsein. — Absicht zu beleidigen.

Eine objektiv ehrverletzende Aeußerung 2c., bei welcher das Bewußtsein des ehrverletzenden Charakters obwaltete, kann den Thatbestand einer Beleidigung enthalten, auch wenn sie in einer andern als in der Absicht zu beleidigen gemacht wurde. Geschah dieselbe aber in einer andern [für sich berechtigten] Absicht, so ist die Strafbarkeit durch die Feststellung einer beleidigenden Absicht bedingt.

StGB. Thl. II. Tit. XIII. [vgl. Oppenh. StGB. S. 253 n. 24]; § 154.

Erk. (B. II.) v. 8. Dez. 1864 c. Schruhl (323. II. Cr.).

Die Untersuchungssache gegen Schr. (vgl. RbOTr. 3. S. 473) war vom OTr. vor ein anderes AG. verwiesen worden. Hier erfolgte eine neue Beweiserhebung und demnächst Freisprechung von der aus § 90 StGB. erhobenen Anklage, dagegen Verurtheilung wegen symbolischer Beleidigung des Reg.-Raths Fr. in Ausübung seines Berufs. Ausgeführt ward: § 90 treffe nicht zu, weil Schr. nur beabsichtigt habe, seinen Vater vor Lebensgefahr zu schützen, und ihm deshalb die Absicht: von dem 2c. Fr. die Unterlassung einer Amtshandlung zu erzwingen, nicht beigemessen werden könne, die thatsächliche Verhinderung der intendirten Amtshandlung vielmehr nur als eine zufällige Folge des Versuchs des Schr., durch Entfernung des 2c. Fr. eine das Leben seines Vaters bedrohende Gefahr abzuwenden, anzusehen sei; dagegen sei in der Bedrohung des Fr. eine symbolische Beleidigung desselben während Vornahme einer Amtshandlung zu finden. — Die NB. des Angeklagten suchte darzuthun, daß die Ausführungen des AG.s mit einander im Widerspruche ständen; jedenfalls habe es aber zur Rechtfertigung einer Bestrafung der Feststellung einer beleidigenden Absicht bedurft. — Das OTr. hat das Erkenntniß des AG.s vernichtet und die Sache an das letztere zurückverwiesen. Gründe:

Allerdings können Beleidigungen auch durch Zeichen — als symbolische Beleidigungen, — zugefügt werden, und allerdings kann, wenn auch eine Beleidigung nicht fahrlässig begangen werden kann, eine objektiv ehrverletzende Aeußerung oder Handlung, bei welcher das Bewußtsein des ehrverletzenden Charakters derselben vorhanden war, den Thatbestand einer Beleidigung enthalten, auch wenn sie in anderer (Haupt-) Absicht, als in der Absicht zu beleidigen, vorgenommen wurde. Wo aber nach der Feststellung eine objektiv ehrverletzende Aeußerung oder Handlung in solcher anderer Absicht vorgenommen ist, wo sie namentlich festgestelltermaaßen zur Vertheidigung oder Ausführung von Gerechtsamen stattgefunden hat, da fehlt, wenn nicht nach der Form der (durch Worte oder Zeichen geschehenen) Aeußerung oder nach den Umständen, unter welchen diese erfolgte, gleichwohl die Absicht zu beleidigen vorhanden war, der zum Thatbestande der Ehrverletzung gehörige Dolus, so daß, nach dem auch für symbolische Beleidigungen geltenden Grundsatze des § 154 des StGB.s, in solchem Falle eine Ehrverletzung eben nur alsdann vorhanden angenommen werden kann, wenn auch festgestellt wird, daß bei solcher Aeußerung oder Handlung die Absicht zu beleidigen obwaltet und sich kund gegeben habe. Daß nun der Angeklagte nur seinen Vater vor Lebensgefahr habe schützen wollen, er nur eine das Leben seines Vaters bedrohende Gefahr abzuwenden gegen den Regierungs-Rath Fr. sich geäußert und gehandelt habe, hat der App.-Richter für festgestellt angenommen. Dieser Feststellung widerspricht es, daß gleichwohl der App.-Richter in derselben Handlung des Angeklagten eine symbolische Beleidigung jenes Beamten während der Vornahme einer Amtshandlung gefunden hat. Dies würde nur zulässig gewesen sein, wenn er neben jener Feststellung zugleich festgestellt hätte, daß und wie die Absicht des Angeklagten, den Regierungs-Rath Fr. zu beleidigen, sich kundgegeben habe. Solche Feststellung hat aber der App.-Richter nicht getroffen. Daher ist von ihm in Folge der Nichtberücksichtigung des § 154 der § 102 des StGB.s durch unrichtige Anwendung verletzt.

Antr. des GStA.s: gleichl. [26.—2.]

Eventualfrage. — Hauptfrage. — Identität des Thatbestandes.

In Beziehung auf denselben strafbaren Thatbestand dürfen nicht zwei Fragen gestellt werden. Es ist daher unstatthaft, neben einer Hauptfrage auch noch eine Eventualfrage zu stellen, welche denselben Thatbestand mit denselben Merkmalen zum Gegenstande hat.

Ges. v. 3. Mai 1852 Art. 86 [dort einzutr. als n. 29a]. 84 [vgl. dort n. 8; RbOTr. 1. S. 274; 5. S. 128]. Vgl. Oppenh. Strafverf. Art. 80 n. 20; Art. 81 n. 25. 30. 49].

Erk. (B. II.) v. 8. Dez. 1864 c. Graas (363. II. Cr.).

Die den Geschwornen vorgelegten Fragen lauteten:

1) Ist G. schuldig, — — dem 2c. W. W. vorsätzlich durch einen Wurf mit einem Steine oder einem andern Gegenstande eine Körperverletzung beigebracht zu haben, welche den Tod des W. zur Folge gehabt hat?

2) (zu beantworten, wenn die Frage ad 1 verneint wird.) Ist G. schuldig, — — dem 2c. W. W. vorsätzlich mit einem Steine oder andern Gegenstande an den Kopf geworfen und dadurch vorsätzlich mißhandelt zu haben, in Folge welchen Wurfes der W. niedergefallen und durch diesen Fall eine Körperverletzung davon getragen hat, welche den Tod des W. herbeigeführt hat?

Die Geschwornen verneinten die erste, bejahten aber die zweite Frage unter Annahme mildernder Umstände, worauf der GH. den Angeklagten aus den §§ 194 und 196 StGB. verurtheilte. Die NB. des letztern, welche Verletzung der Artt. 80—82 des Ges.s v. 3. Mai 1852 durch Stellung einer doppelten Frage in Betreff desselben Thatbestandes rügte, ward von der GStA.-schaft für nicht begründet erachtet. Sie führte aus: allerdings sei es unstatthaft, in Betreff des identischen Thatbestandes zwei verschiedene Fragen den Geschwornen vorzulegen, weil sowohl die Bejahung als die Verneinung der ersten Frage eine definitive Entscheidung in sich schließen und eine Beantwortung der zweiten Frage im entgegengesetzten Sinne nothwendig mit dem ersten Spruche in Widerspruch treten würde; dieser Grundsatz treffe aber nur da zu, wo beide Fragen dahin abzielten, denselben thatsächlichen Sachverhalt festzustellen, er passe nicht mehr, wenn die beiden Fragen den thatsächlichen Sachverhalt verschieden auffaßten, sollten sie auch demnächst in Betreff der Gesetzesanwendnng zu demselben Resultate führen. Hier sei die erste Frage dahin gegangen, ob W. durch „den Wurf,"

d. h. durch die unmittelbare Einwirkung des geworfenen Gegenstandes auf den Körper eine Verletzung erlitten habe, welche den Tod zur Folge hatte, — während die zweite Frage als unmittelbare Folge des Wurfs nicht den Tod, sondern das Niederfallen des W., und erst als Folge dieses Niederfallens die tödtliche Körperverletzung, die letztere also nur als mittelbare Folge des Wurfs ansah; beide Fragen hätten also offenbar verschiedene Sachverhalte zum Gegenstande, die deshalb nicht als identisch aufgefaßt werden könnten, weil jene Unterscheidung für die rechtliche Beurtheilung unerheblich sei, vielmehr in beiden Fällen der Urheber des Wurfs als Urheber der tödtlichen Körperverletzung strafbar sei; eben deshalb könne auch nicht von einem Widerspruche die Rede sein, dessen sich die Geschwornen durch die Verneinung der ersten und durch die Bejahung der zweiten Frage schuldig gemacht hätten; ebenso-wenig sei die Hauptfrage in unzulässiger Weise getheilt worden, denn der betr. Art. 80 cit. erheische nur, daß alle zu einem strafbaren Thatbestande gehörigen wesentlichen Merkmale in einer Frage zusammen gefaßt würden, stehe also nicht entgegen, in Beziehung auf denselben Vorfall zwei Fragen zu stellen, von welchen jede den ganzen Thatbestand umfasse.

Das OTr. hat gleichwohl das angegriffene Erkenntniß und das vorhergegangene Verfahren vernichtet und die Sache vor den Schw.-GH. zurückverwiesen. Gründe:

Wenn der Art. 80 vorschreibt, daß die Hauptfrage nicht in mehrere Fragen getheilt werden soll, so hat dies die Bedeutung, daß alle zum Begriff des Verbrechens (in seiner einfachen Gestalt) gehörigen Merkmale in der Hauptfrage zusammengefaßt werden müssen. Abgesehen von den Nebenfragen, welche der Art. 84 des vorbezogenen Gesetzes vorsieht, kann es zu einer eigentlichen eventuellen Frage — einer Frage, die dann noch zu beantworten ist, wenn die Hauptfrage verneint wird — nur kommen, wenn ungeachtet dieser Verneinung, welche nothwendig die Verneinung des einen oder andern zum Thatbestand des unter Anklage gestellten Verbrechens gehörigen Merkmals voraussetzt, sich die That noch unter einem Gesichtspunkte als strafbar darstellen kann, unter welchen sie die Anklage nicht gebracht hatte. Die That muß dann nothwendig unter einen neuen Verbrechensbegriff treten, einen neuen von der ursprünglichen Auffassung verschiedenen Straffall darstellen, was selbstredend auch da zutrifft, wo es sich von verschiedenen Formen handelt, unter welchen ein Gattungsverbrechen begangen werden kann, da hier der neue Verbrechensbegriff in den dieser Form eigenthümlichen Merkmalen sich darbietet. Die Probe für die Statthaftigkeit einer eventuellen Frage wird daher auch immer darin bestehen, daß man prüft, ob mit Rücksicht auf den veränderten Gesichtspunkt nach Abs. 2 des Art. 86 des Ges.s v. 3. Mai 1852 eine besondere Verfolgung vorbehalten werden könnte, so daß der Grundsatz ne bis in idem einer solchen Verfolgung nicht entgegenstehen würde. Die Unstatthaftigkeit eines solchen Vorbehaltes leuchtet aber ein, wenn die neue Verfolgung dasselbe Verbrechen, seinem Begriff und Thatbestand nach, zum Gegenstande haben würde, und es ergiebt sich daraus die Richtigkeit des vorhin Ausgeführten, daß eine eventuelle Frage nur zulässig erscheint, wenn die That unter dem veränderten Gesichtspunkte in einen neuen, von der Auffassung der Anklage verschiedenen Verbrechensbegriff übergehen würde, so daß es für die Entscheidung nunmehr nur auf die Feststellung des diesem Begriff entsprechenden Thatbestandes ankommen könnte.

Resultat ist hiernach, daß in Bezug auf dasselbe Verbrechen keine zwei Fragen gestellt werden können, wenn nach Verneinung der den Thatbestand dieses Verbrechens erschöpfenden Hauptfrage, die eventuelle Frage nur dasselbe Verbrechen mit dem nämlichen gesetzlichen Thatbestande und denselben Merkmalen, also auch nicht einmal verschiedenen Merkmalen, welche nebeneinander als gleichbedeutend im Gesetze aufgestellt sein möchten — zum Vorschein bringen würde. Die Folge einer solchen doppelten Fragestellung kann daher auch nur die sein, daß freilich im Falle beide verneint werden, dann das Verbrechen jedenfalls nicht vorliegt, daß aber dann, wenn die prinzipale Frage verneint, und die zweite Frage bejaht wird, ein offenbarer Widerspruch zwischen beiden Antworten hervortritt, da das, was rechtlich und thatsächlich dasselbe ist, nicht gleichzeitig bejaht und verneint werden kann. Und so liegt die Sache im gegenwärtigen Falle.

Zur Anklage stand das Verbrechen aus § 194 StGB. Es setzt zu seinem Thatbestand voraus eine von dem Thäter einem andern zugefügte vorsätzliche Mißhandlung oder Körperverletzung, welche den Tod des Mißhandelten oder Verletzten zur Folge gehabt hat. Diesem Thatbestand entsprach die erste den Geschwornen vorgelegte, mit der Anklage übereinstimmende Frage. Die zweite eventuelle Frage hatte dasselbe Verbrechen zum Gegenstande, und zwar mit denselben zu seinem Begriff gehörigen Merkmalen. Der Unterschied ist nur der, daß bei der ersten Frage der Wurf mit dem Steine direkt als Ursache der Körperverletzung hingestellt ist, welche den Tod des Verletzten zur Folge gehabt hat, während bei der zweiten ohne Zweifel durch das Ergebniß der Verhandlungen veranlaßten Frage nicht schon dieser Wurf, sondern der dadurch verursachte Fall des Denatus die Körperverletzung herbeigeführt haben soll, welche den Tod des Verletzten zur Folge gehabt hat. War es aber, wie der Schw.-GH. in dem angegriffenen Urtheil mit Recht ausführt, für den Thatbestand des vorliegenden Verbrechens, und die Herstellung des Kausalzusammenhanges zwischen der Handlung des Angeklagten und dem eingetretenen Erfolge gleichgültig, ob der Wurf direkt oder indirekt die tödtliche Verletzung verursacht hat, und mußte der Angeklagte nach der Natur des vorliegenden Verbrechens auch für den tödtlichen Erfolg einstehen, sobald nur die Handlung oder Mißhandlung, in welcher die Ursache der Körperverletzung liegt, eine vorsätzliche gewesen ist: so folgt daraus, daß die zweite Frage im Verbrechensbegriff und in den dazu gehörigen *Merkmalen* identisch war mit der ersten, und daß sie, indem sie die Art der Ausführung des Verbrechens spezialisirte, allenfalls *an die Stelle der ersten Frage* treten, nicht aber als eventuelle Frage neben derselben bestehen konnte. Eben wegen der Identität des Thatbestandes in beiden Fragen hätten daher, wenn die erste allein gestellt und verneint worden wäre, die Thatsachen, welche jetzt zum Inhalte der zweiten Frage gemacht sind, nicht den Gegenstand eines Vorbehaltes zum Zweck einer besonderen Verfolgung bilden können, da dieser Verfolgung unbedenklich das „ne bis in idem" entgegengestanden haben würde.

Aus der Identität des Inhalts der ersten und zweiten Frage folgt nun aber auch weiter, daß ohne Widerspruch die erste nicht verneint und die zweite bejahet werden konnte; und da dieser Widerspruch ungehoben besteht, so muß sich auch dermalen noch die Anklage als unerledigt darstellen, indem weder der Angeklagte das zu seinen Gunsten lautende verneinende Verdikt (auf die erste Frage), noch die Anklage das bejahende Verdikt (auf die zweite Frage) für sich in Anspruch nehmen kann, eben weil kontradiktorische Gegensätze sich stets einander aufheben.

Die NB. erscheint demnach insoweit, als sie dem Schw.-GH. die Verletzung des Art. 80 cit. zum Vorwurf macht, nicht minder auch wegen der behaupteten materiellen Gesetzesverletzung insoweit begründet, als der § 194 ohne eine feststehende thatsächliche Unterlage angewendet ist. Das Schwurgerichtsurtheil mußte daher nebst dem Verfahren vernichtet, und die Sache zur anderweiten Verhandlung und Entscheidung an ein neues Schwurgericht verwiesen werden. Zwar vermeint die NB., daß auf Freisprechung des Angeklagten zu erkennen gewesen, und auch jetzt noch darauf zu erkennen sei, weil durch die Verneinung der ersten Frage Seitens der Geschwornen die ganze Schuldfrage erledigt gewesen sei, und auf dies bejahende Verdikt der Geschwornen zur zweiten Frage der § 194 cit. nicht habe angewendet werden können, da der dadurch festgestellte Thatbestand die Voraussetzungen dieses § nicht enthalte. Dies ist aber irrig. Denn, wie aus dem Bisherigen schon zu entnehmen ist, enthält auch die zweite Frage die Merkmale des im § 194 cit. vorgesehenen Verbrechens. Der § 185 des StGB.s ist nämlich, wie dies in der Judikatur des

Kgl. OTr.s mehrfach anerkannt ist (vgl. Entsch. 33. S. 206), auch auf schwere Körperverletzungen ebenso anwendbar, wie auf die vorsätzliche Tödtung, weil durch jenen § nur die alte Kontroverse des Kriminalrechts entschieden worden ist, ob der Kausalzusammenhang zwischen der verletzenden Handlung und dem eingetretenen tödtlichen Erfolge auch dann bestehen bleibe, wenn dieser Erfolg nur durch eine Zwischenursache eingetreten ist, welche erst durch die primitive Handlung hervorgerufen und in Wirksamkeit gesetzt wurde, durch die Bejahung dieser Frage aber ein für alle Fälle maaßgebendes Prinzip festgestellt worden ist, wo es sich um die Feststellung des Kausalzusammenhanges zwischen der zugefügten Mißhandlung oder Verletzung und dem erfolgten Tode handelt. Durch die Antwort der Geschwornen auf die zweite Frage ist nun aber festgestellt, daß der Angeklagte den rc. W. vorsätzlich mit einem Steine an den Kopf geworfen, und dadurch vorsätzlich mißhandelt hat; daß in Folge dieses Wurfes der rc. W. niedergefallen ist, und daß durch diesen Fall der letztere eine Körperverletzung davon getragen hat, welche den Tod desselben zur Folge hatte. Die Anwendung des Prinzips aus § 185 auf diese Feststellung würde es folglich unbedenklich machen, daß mit der letztern die Voraussetzungen des im § 194 cit. vorgesehenen Verbrechens gegeben seien, da darnach die vorsätzliche Mißhandlung des Angeklagten als die primitive Ursache erscheint, durch welche die Körperverletzung des W. entstanden ist, die schließlich seinen Tod zur Folge gehabt hat. Kein Zweifel daher auch, daß, wenn in der Anklage von vorn herein das Verbrechen so formulirt gewesen wäre, wie es in der jetzigen zweiten eventuellen Frage geschehen ist, diese Frage als alleinige Hauptfrage den Gegenstand der Beantwortung der Geschwornen gemacht hätte, auf die regelrechte Bejahung dieser Frage der § 194 cit. hätte Anwendung finden müssen. Auf den festgestellten Thatbestand wäre daher auch das Gesetz richtig angewendet, und die Behauptung des Imploranten, daß er, nachdem die erste Frage von den Geschwornen verneint worden, von der Anklage habe freigesprochen werden müssen, weil die Antwort der Geschwornen auf die zweite Frage einen dem § 194 cit. entsprechenden Thatbestand nicht festgestellt habe, erweist sich mithin jedenfalls als unrichtig. Es fehlt vielmehr nur an einer die Anwendung des § 194 rechtfertigenden thatsächlichen Feststellung, weil die Antwort der Geschwornen auf die zweite Frage mit ihrer Antwort auf die erste in einem unlösbaren Widerspruch steht, bei diesem Widerspruch die Schuldfrage weder im bejahenden noch im verneinenden Sinne als gelöst betrachtet werden kann, der Widerspruch andererseits aber nur dadurch hervorgerufen ist, daß dem Art. 80 des Ges.s v. 3. Mai 1852 zuwider in Bezug auf dasselbe Verbrechen zwei Fragen gestellt worden sind, dessen Thatbestand in einer Hauptfrage hätte zusammengefaßt werden müssen, und wie geschehen, nicht zum Gegenstand einer Haupt- und eventuellen Frage gemacht werden konnte.

[27.—2.]

Kindesmord, fahrlässiger. — Bei-Seiteschaffung der Leiche.

Macht sich eine Mutter der fahrlässigen Tödtung ihres neugebornen unehelichen Kindes und der bei Bei-Seiteschaffung des Leichnams schuldig, so liegt ein Fall der realen Konkurrenz vor.

StGB. § 186 [vgl. dort n. 16; RdOTr. 1. S. 588; 4. S. 126].

Erk. (B. I.) v. 9. Dez. 1864 c. Perkuhn (888. I. Cr.).

Die unverehelichte P. war unter der Anklage: „ihr uneheliches Kind gleich nach der Geburt vorsätzlich getödtet zu haben" vor den Schw.-GH. gestellt worden. Nach stattgehabter Verhandlung stellte der Vorsitzende außer der den Kindesmord betreffenden Frage noch zwei Eventualfragen in Betreff der fahrlässigen Tödtung des Kindes (2), und in Betreff der Bei-Seiteschaffung des Leichnams (3), und zwar in der Weise, daß es der Beantwortung der 3. Frage nicht bedürfe, sobald entweder die 1. oder die 2. bejaht werde. Der StA. beantragte darauf: die 3. Frage nicht eventuell, sondern unbedingt zu stellen, da die Bei-Seiteschaffung der Leiche ein selbstständiges Vergehen neben der Tödtung des Kindes sei; der GH. lehnte indessen diesen Antrag ab:

„weil die Tödtung des Kindes an und für sich schon den Thatbestand der Fortschaffung des Leichnams in sich begreife und daher neben der Bestrafung wegen Tödtung die gleichzeitige Anwendung des § 186 nicht zulässig sei." — Die Geschwornen verneinten hierauf die 1., bejahten die 2. Frage und ließen die 3. unbeantwortet, worauf der GH. die Strafe des § 184 verhängte. Die NB. des StA.s rügte die Ablehnung des oben erwähnten Antrags, weil die Begründung eine Verletzung der §§ 184. 186 StGB. und des Art. 86 des Ges.s v. 3. Mai 1852 in sich schließe. Die GStAnw.-schaft schloß sich dieser Ansicht an: „die Tödtung eines Kindes und die Bei-Seiteschaffung der Leiche könnten gar nicht in idealer Konkurrenz verübt werden, weil das letztere Vergehen eine Leiche voraussetze, ihm also die vollendete Tödtung vorhergegangen sein müsse; zwar sei es denkbar, daß der Akt, welcher die Tödtung herbeiführe, gleichzeitig auch den Körper bei Seite schaffe, z. B. wenn die Tödtung durch das Werfen in eine Abtrittsgrube ꝛc. bewirkt werde, dann liege aber gar kein Fall einer Konkurrenz vor, weil die Handlung keine Leiche zum Gegenstande gehabt habe, § 186 also außer Anwendung bleibe; — dagegen suche eine Abhandlung in Goltd. Arch. (12 S. 91) auszuführen: der Gesetzgeber habe durch den § 186 Abs. 2 dem Kindesmorde vorbeugen wollen, und folgere daraus, daß, wo es zum letzteren gekommen, die Strafe jenes § ausgeschlossen bleiben müsse; dieser Schluß sei aber eines Theils in sich nicht gerechtfertigt, andern Theils sei aber auch nicht zu übersehen, daß der 1. Abs. des § 186 auch die Bei-Seiteschaffung jeder andern Leiche mit Strafe bedrohe, daß also die Verhinderung des Kindesmordes unmöglich der allein maaßgebende Grund der Strafandrohung im Abs. 2 sein könne; — im vorliegenden Falle handle es sich übrigens auch nur noch von einer fahrlässigen Tödtung, auf welche jene Ausführung jedenfalls nicht passe." Nichts destoweniger sprach sich die GStA.-schaft für die Zurückweisung der NB. aus: „eben weil die Bei-Seiteschaffung der Leiche eines Kindes ein selbstständiges, von der Tödtung des letzteren verschiedenes Vergehen sei, habe die Fragstellung auf dasselbe nicht ausgedehnt werden dürfen, da Art. 86 des Ges.s v. 3. Jan. 1852 es nur gestatte, die der Anklage zum Grunde liegende Thatsache selbst, aus einem anderen Gesichtspunkte zum Gegenstande einer besonderen Frage zu machen; als die der Anklage zum Grunde liegende Thatsache sei nun aber nur die im Anklagebeschlusse als solche hervorgehobene zu betrachten, nicht aber dasjenige, was außerdem noch vom OStAnw. demnächst in seiner Anklageschrift aufgestellt oder berührt worden sei (vgl. Oppenh. Strafverf. § 79 n. 38; Art. 81 n. 2. 6; Art. 79 n. 42; Art. 86 n. 5); daher sei es auch hier gleichgültig, daß die Darstellung des Sachverhalts in der Anklageschrift das ganze Verhalten der P. einschließlich des Werfens des

Kindes in den Fluß umfasse; sei sonach die Stellung einer Frage aus § 186 unstatthaft gewesen, so könne die Ablehnung des Antrags auf unbedingte Stellung derselben keine Nichtigkeit herbeiführen; es werde daher genügen: in den Gründen des zu erlassenden OTr.s-Erkenntnisses die Rechtsanschauung zu mißbilligen, auf welche der Schw.-GH. die Ablehnung jenes Antrags gestützt habe, damit nicht aus denselben und aus der Stellung der (unbeantwortet gebliebenen) Eventualfrage (3) der Einwand des „non bis in idem" gegen eine anderweitige Verfolgung der P. aus § 186 hergeleitet werden könne." — Das OTr. hat das schwurgerichtliche Erkenntniß, insoweit, als dadurch über das Vergehen der Bei-Seiteschaffung des Leichnams des unehelichen Kindes der P. nicht entschieden worden ist, vernichtet und die Sache zur anderweiten Verhandlung über dieses Vergehen vor die Gerichts-Abtheilung verwiesen. Gründe:

Allerdings fällt die Stellung eventueller Fragen aus Art. 86 des Ges.s v. 3. Mai 1852 hauptsächlich dem Ermessen des GH.s nach der Entwicklung des vorliegenden Sachverhältnisses anheim, und ein solches Ermessen ist der Kritik in der Nichtigkeitsinstanz entzogen. Sobald aber die Frage wirklich gestellt ist, dabei aber ein Streit, wie der vorliegende, über den Antrag der kumulativen Stellung neben der Hauptfrage eintritt, unterliegt die Entscheidung allerdings dem höhern Richter.

Die Gründe, aus welchen der GH. diesen Antrag abgelehnt hat, sind theils thatsächliche, theils rechtliche. Derselbe geht davon aus, daß die Tödtung des Kindes und die Fortschaffung seines Leichnams als ein Ganzes, als eine fortgesetzte Handlung zu betrachten sei, in solchem Falle aber neben der Bestrafung wegen der Tödtung des Kindes die gleichzeitige Anwendung des § 186 des StGB.s unstatthaft sei. An und für sich würde nun die Entscheidung über jene faktische Vorfrage, ob die Tödtung und die Fortschaffung als ein Ganzes in dem obigen Sinne zu betrachten sei, als eine hauptsächlich thatsächliche den Geschwornen gebühren, und es daher Sache der Formulirung der zu stellenden Frage sein, das streitige Moment der idealen oder realen Konkurrenz für die Geschwornen in der Fassung der Frage erkennbar hervorzuheben, oder aber es würde ihre

Belehrung über den Streitpunkt erfolgen müssen. Der GH. allein konnte also die Entscheidung hierüber nicht treffen.

Das Bedenken aber, ob, sobald die reale Konkurrenz, also die Bei-Seiteschaffung des Leichnams nach vollendetem Kindesmord, vorliege, die Entscheidung nicht in dem vorliegenden Verfahren, sondern auf eine besondere Anklage in einem neuen Verfahren erfolgen müßte, erledigt sich durch den Inhalt der Anklage, welche das ganze Verhalten der Angeklagten mit Einschluß der Verbergung der Spuren ihres Verbrechens umfaßt.

Die Angeklagte ist durch das in so weit rechtskräftig gewordene Urtel des Schw.-GH.s auf Grund des Verdikts der Geschwornen wegen fahrlässiger Tödtung ihres Kindes verurtheilt. Die Zweifel, welche in der Beantwortung der NB., insbesondere auch durch die Berufung auf das Urtheil des OTr.s v. 21. Okt. 1853 c. Ziegler darüber angeregt sind, ob bei erwiesener Tödtung des Kindes gleichzeitig auch die Anwendung des § 186 des StGB.s gegen die Angeklagte zulässig sei, sind theils durch spätere Entscheidungen, in jedem Falle aber hier dadurch erledigt, daß die Angeklagte nicht wegen vorsätzlicher Tödtung, also wegen Kindesmords, sondern, wie erwähnt, nur wegen fahrlässiger Tödtung verurtheilt ist, neben dieser aber in jedem Fall die Annahme einer Konkurrenz des Vergehens der Bei-Seiteschaffung des Leichnams keinem Bedenken unterliegen kann.

Der Schwurgerichtshof hat daher in jedem Falle darin gefehlt, daß er die Frage über diese Konkurrenz nicht zum Austrag gebracht hat. Sein Urtheil unterliegt demnach insoweit der Vernichtung, und mußte, da nunmehr nur noch über das Vergehen zu entscheiden ist, die Sache an die Gerichtsabtheilung zurückgewiesen werden.

[15. — 3.]

Gottesdienst. — Störung. — Ausdehnung.

Der Instanzrichter kann die Störung einzelner am Gottesdienste Theil nehmender Personen und des Geistlichen für eine Störung des Gottesdienstes selbst erachten.

StGB. § 136 [vgl. dort n. 12].

Erk. (Z. I.) v. 9. Dez. 1864 c. Waldow (1057. I. Cr.).

Die Instanzrichter konnten ohne Verletzung des § 136 StGB. selbst in dem halblauten Murmeln des Angeklagten in der Kirche einen „störenden Lärm" erkennen, und zwar um so mehr, als nach ihrer Feststellung eine wirkliche Störung mehrerer Gemeinde-Mitglieder und selbst des fungirenden Geistlichen durch das Murmeln des Angeklagten entstanden ist.

Antr. des GStA.s: gleichl. [14.—3.]

---

1. Inkompetenz. — Appellationsgericht. — Reformirung.
2. Hochverrath ꝛc. — Kreisgericht. — Inkompetenzerklärung.

1. Findet der App.-Richter, daß der erste Richter sich mit Unrecht für kompetent erachtet hat, so muß er sich darauf beschränken, unter Aufhebung des angefochtenen Urtheils jene Inkompetenz des Gerichts erster Instanz auszusprechen; er darf sich nicht auch selbst inkompetent erklären.

Ges. v. 3. Mai 1852 Art. 102 [vgl. dort n. 19].

2. Findet das befaßte Instanzgericht, daß der Thatbestand eines zur Kompetenz des Staatsgerichtshofs gehörenden Verbrechens vorliege, so muß es sich darauf beschränken, seine Inkompetenz auszusprechen; es darf nicht mehr prüfen, ob jener Thatbestand eine Bestrafung nach sich ziehen könne.

Ebendas. Art. 7 [dort einzutr. als n. 7a].

Erk. (Z. I.) v. 9. Dez. 1864 c. Steinitz & Hellwig (1215. I. Cr.).

Gegen die Angeklagten war aus den §§ 97. 91. 89 und 4 Nr. 3 StGB. die Untersuchung eröffnet worden, weil sie sich der in jenen §§ vorgesehenen Vergehen in Rußland und gegen das Russische Militär schuldig gemacht hätten. Der erste Richter sprach wegen mangelnden Beweises frei. Auf die Appellation der StA.-schaft stellte das AG. nach stattgehabter neuer Beweisaufnahme gegen beide Angeklagten den Thatbestand eines gegen die Russische Regierung verübten Hochverraths im Sinne des § 61 StGB., und daß derselbe auch nach Russischen Gesetzen strafbar sei, fest und erwog, daß nach dem Ges. v. 25. Apr. 1853 nur der Staatsgerichtshof zuständig sei, über dieses Verbrechen zu erkennen; sodann führte das Erkenntniß aber weiter aus, daß ein von einem Preußen in Rußland gegen die Russische Regierung verübter Hochverrath nach Preußischen Gesetzen nicht strafbar sei. Der Tenor des appellationsgerichtlichen Erkenntnisses lautete dahin: „daß das Urtheil erster Instanz aufzuheben, und in der Sache selbst das Kreisgericht und das App.-Gericht zur Verhandlung und Entscheidung inkompetent seien." — Die NB. des OStA.s rügte Verletzung des Art. 7 des Ges.s v. 3. Mai 1852, nach welcher der befaßte Instanzrichter seine Inkompetenz nur dann aussprechen dürfe, wenn er finde, daß die betr. That eine seine Kompetenz überschreitende s t r a f b a r e Handlung sei; erachte er dagegen die That für straflos, so müsse er freisprechen. — Das OTr. hat diese NB. z u r ü c k g e w i e s e n. Gründe:

Zwar hat der vorige Richter zunächst insofern gefehlt, als er sich, sobald er fand, daß die That der Angeklagten die Kompetenz der Gerichts-Abtheilung überschritt, nicht darauf beschränkt hat, die Inkompetenz des ersten Richters unter Aufhebung seines Erkenntnisses auszusprechen, sondern, wie es im Tenor des zweiten Urtels ausdrücklich heißt, „in der Sache selbst" auch seine eigene Inkompetenz erklärt. Denn nach Art. 102 Alin. 2 des Ges.s v. 3. Mai 1852 darf der App.-Richter, wenn der erste Richter sich mit Unrecht für kompetent erklärt hat, niemals i n d e r S a c h e s e l b s t erkennen, und der App.-Richter widerspricht sich auch selbst, wenn er diese s e i n e e i g e n e Inkompetenz ausspricht, nichtsdestoweniger aber in zweiter Instanz erkannt hat, welches letztere allerdings insofern geschehen mußte, als der vorige Richter gerade das einzige kompetente Gericht ist, an welches gegen das ergangene erste Erkenntniß appellirt werden konnte. Auf diese mangelhafte Fassung des App.-Erkenntnisses kommt es jedoch nicht wesentlich an, weil der App.-Richter wenigstens materiell in der Sache selbst nicht erkannt, also die Vorschrift des Art. 102 Alin. 2 nicht verletzt hat.

Wenn nun der App.-Richter nach veranlaßter neuer Beweisaufnahme fand, daß den Angeklagten nicht ein in den §§ 89. 91 und 97 vorgesehenes Vergehen wider die öffentliche Ordnung, wie die Anklage behauptet hatte, zur Last fällt, sondern daß sie sich eines Hochverraths oder Landesverraths schuldig gemacht haben, so war der App.-Richter allerdings verpflichtet, weil im vorliegenden Fall eine relative Rechtskraft des ersten Erkenntnisses ihn hierin nicht behinderte, wie geschehen, die Inkompetenz des ersten Richters auszusprechen, da über das Verbrechen des Hochverraths und Landesverraths nach dem Ges. v. 25. Apr. 1853 nur der Staatsgerichtshof zu erkennen kompetent ist. — Zwar nimmt nun der vorige Richter an, daß nur ein im Auslande begangener Hochverrath oder Landesverrath gegen Rußland vorliege, welcher in Preußen nicht verfolgt und bestraft werden könne, und es läßt sich nicht verkennen, daß der App.-Richter auch hier wieder mit sich selbst in Widerspruch geräth, wenn er einestheils die Kompetenz des Staatsgerichtshofes für begründet erklärt, anderntheils davon ausgeht, daß den Angeklagten keine in Preußen strafbare Handlung zur Last fällt. Jedoch auch die Entscheidung darüber, ob ein von einem Preußen im Auslande gegen Rußland verübter Hochverrath oder Landesverrath nach § 4 Nr. 3 des StGB.s in Verbindung mit der Kartell-Konvention v. 8. Aug. 1857 (GS. S. 765) in Preußen verfolgt und bestraft werden kann, gebührt nicht den gewöhnlichen Gerichten, sondern zunächst dem Staatsgerichtshof, so daß die erfolgte Inkompetenz-Erklärung des KG.s zu L. Seitens des App.-Richters nach dessen Auffassung des Sach- und Rechtsverhältnisses jedenfalls vollkommen gerechtfertigt erscheint, welche zu dem Resultate führt, daß nunmehr der

StA.-schaft die Verfolgung der beiden Angeklagten beim Staatsgerichtshof unbenommen bleibt.

Antr. des GStA.s: gleichl. [18.—3.]

Zeuge. — Vereidung. — Unglaubwürdigkeit. — Schwurgerichtshof.

Der Schwurgerichtshof ist befugt, von der Vereidung eines für unglaubwürdig erachteten Zeugen abzusehen.

Crim.-Ordn. § 333; Vdn. v. 3. Jan. 1849 § 55 [vgl. dort n. 29]. Sie: Z. I. 3. Febr. 1865 c. Seidler, 85, in Betr. einer Abtheilungssache.

Erk. (Z. I.) v. 9. Dez. 1864 c. Delgart (1304. I. Cr.).

Die NB. der Angeklagten rügte es, daß der Schw.-GH. die Vereidung zweier Entlastungszeugen deshalb abgelehnt habe, „weil diese den Eindruck vollständiger Unglaubwürdigkeit machten;" es ward versucht auszuführen, daß § 333 der Cr.-Ordn. auf schwurgerichtliche Sachen nicht passe, weil nicht der GH., sondern die Geschwornen die Glaubwürdigkeit der Zeugen zu prüfen hätten. Zurückweisung. Gründe:

Diese Beschwerde ist unbegründet, weil der § 333 der Crim.-Ordn. den Richter ermächtigt, Zeugen, bei denen er Gründe findet, sie für gänzlich unglaubwürdig zu halten, unvereidigt zu lassen, diese Gründe selbst aber, da sie rein thatsächlicher Natur sind, einer Anfechtung durch die NB. nicht unterliegen, wie solches vom OTr. schon vielfach und noch neuerdings in dem Erkenntnisse v. 9. Mai 1862 c. Wunder (G. A. 10. S. 483) ausgesprochen worden ist.

Antr. des GStA.s: gleichl. [28.—3.]

---

1. Ablehnung der Geschwornen. — Uebertragung auf einen Mitangeklagten. — Vertheidiger.
2. Dolmetscher. — Anwesenheit. — Zuziehung.

1. Läßt ein Angeklagter, welcher die Ausübung des Ablehnungsrechts einem Mitangeklagten übertragen hat, es geschehen, daß der letztere das gedachte Recht durch seinen Vertheidiger aus-

üben läßt, so kann er dieses nicht im Wege der Nichtigkeitsbeschwerde als eine Ueberschreitung des ertheilten Auftrags rügen.

Vdn. v. 3. Jan. 1849 § 92 [dort einzutr. als n. 4a].

2. Ist im Eingange des Sitzungsprotokolls die Zuziehung eines Dolmetschers zu den Verhandlungen konstatirt, so reicht dieses zu dem Nachweise aus, daß derselbe überall thätig gewesen sei, wo es seiner Zuziehung bedurfte.

Ges. v. 3. Mai 1852 Art. 27 [vgl. dort n. 20].

Erk. (Z. I.) v. 9. Dez. 1864 c. Dudeck & Olschowska (1306. I. Cr.).

Es steht fest, daß die Angeklagten dem Hauptangeklagten C. D. bei der Bildung des Schwurgerichts die Ausübung des ihnen zustehenden Ablehnungsrechtes mit übertragen haben, und daß dieser das Ablehnungsrecht seinem Vertheidiger „abgetreten," dieser auch dasselbe ausgeübt hat. Es kann nun einem Bedenken nicht unterliegen, daß auf einen Akt der vorliegenden Art und auf das dadurch begründete Rechtsverhältniß die civilrechtlichen Vorschriften (§ 37 ff. I, 13. ALR.) über das Substitutionsrecht der Bevollmächtigten nicht anzuwenden sind, sondern daß nach den Umständen festzustellen ist, ob der gemeinsame Wille aller Betheiligten über die Art und Weise der Ausübung des hier in Rede stehenden öffentlichen Rechtes der Ablehnung mit hinlänglicher Sicherheit erhelle. Dies ist aber der Fall. Die Angeklagten sind über die Bedeutung dieses ihnen zustehenden Rechtes der Ablehnung von 7 Geschwornen durch sie Alle belehrt; sie waren mit ihren Vertheidigern gegenwärtig, als der C. D. die Ausübung des Ablehnungsrechtes auf seinen Vertheidiger übertrug, und dieser dasselbe demgemäß für Alle ausübte, und sie haben weder bei der Bildung des Schwurgerichts, noch endlich bei der Verhandlung der Hauptsache einen Widerspruch gegen die so gebildete Geschwornenbank erhoben. Ein Angriff, wie der jetzt erhobene, darauf beruhend, daß die Ausübung des Ablehnungsrechtes in jener Weise wider ihren Willen geschehen sei, ist daher unter diesen Umständen nicht mehr statthaft.

Das Audienzprotokoll ergiebt, nach dem ausdrücklichen Vermerk in demselben, die Anwesenheit des polnischen Dolmetschers bei der Verhandlung der Sache. Dies genügt, um daraus den Beweis zu schöpfen, daß derselbe auch überall, wo es erforderlich war, thätig gewesen sei. Eines besonderen Vermerks bei jedem einzelnen Akte, wie bei der Vernehmung deutsch redender Zeugen oder Sachverständigen, bedarf es unter diesen Umständen nicht, vielmehr würde es eines besonderen Nachweises der Verabsäumung bedürfen. Die fortlaufende Thätigkeit des Dolmetschers ist übrigens hier genugsam dadurch angezeigt, daß bei der Verlesung deutscher Schriftstücke die Verdolmetschung registrirt ist.

Antr. des GStA.s: gleichl. [15.—3.]

Theilnahme. — Uebertretung.

Bei Uebertretungen, welche bloß polizeilicher Natur sind und keine materielle Rechtsverletzung enthalten, ist die Theilnahme und insbesondere auch die Anstiftung nicht strafbar.

StGB. Thl. III. [vgl. dort S. 561 n. 8. 9]; AKO. v. 31. Okt. 1841 (JMBl. 42. S. 176).

Erk. (3. Pl.) v. 12. Dez. 1864 c. Schiller (1128. I. Cr.).

Sch. war von der Anklage: „ohne Erlaubniß der Polizeibehörde im Kruge zu D. Druckschriften vertheilt zu haben (Preßges. v. 12. Mai 1851 § 10. 41)," in erster Instanz wegen mangelnden Beweises freigesprochen worden. Der Pol.-Anw. ergriff den Rekurs und beantragte neue Beweiserhebung; das AG. wies indessen den Rekurs durch Verfügung zurück, indem es rücksichtlich der beantragten neuen Beweiserhebung erwog: durch dieselbe solle nur dargethan werden, daß Sch. einem Dritten Druckschriften zur Vertheilung übersandt habe; in einer solchen Uebersendung könne aber höchstens ein bei Uebertretungen nicht strafbarer Versuch, ev. eine gleichfalls nicht strafbare Theilnahme gefunden werden. Diese Ansicht: daß die Theilnahme an einer Uebertretung straflos sei, focht der OStA. durch Beschwerde an. Der GStAnw. erachtete dieselbe für begründet und führte in dieser Beziehung aus: der

Umstand, daß die Vorschriften des § 34 StGB. in dem von den Uebertretungen handelnden Thl. III. des StGB.s nicht wiederholt seien, berechtige nicht zu der Schlußfolgerung, daß sie hier nothwendig ausgeschlossen bleiben müßten, da unbestrittener Maaßen andere im Thl. I. enthaltene allgemeine für Uebertretungen nicht wiederholte Vorschriften auch bei diesen Anwendung fänden, z. B. die Bestimmungen der §§ 20. 40—43; auch sei allgemein anerkannt und vom OTr. wiederholt entschieden worden, daß § 34 bei solchen Uebertretungen Platz greife, welche eine materielle Rechtsverletzung in sich schlössen und nur wegen des angedrohten Strafmaaßes zu den Uebertretungen gezählt würden; dagegen habe man das Gegentheil bei eigentlichen Polizeiübertretungen behauptet und als solche diejenigen Handlungen bezeichnet, welche wegen der durch sie bewirkten Gefährdung des gemeinen Wohls, um Beschädigungen vorzubeugen und ohne Rücksicht auf den Erfolg oder eine wirklich beabsichtigte Rechtsverletzung, ohne Rücksicht auf das Vorhandensein eines Dolus mit Strafe bedroht seien, so daß es bei ihnen nur auf die That in ihrer äußeren Erscheinung ankomme; diese Unterscheidung habe aber keine Berechtigung; die Strafgewalt des Staats finde ihren Grund nicht im verletzten Rechte des Einzelnen, sondern in der Störung der Ordnung im Ganzen; daher seien nicht bloß materielle Rechtsverletzungen Gegenstand des Strafrechts, vielmehr habe der Staat das Recht und die Pflicht, auch solche Handlungen bei Strafe zu untersagen, welche gegen die öffentliche Ordnung, gegen Religion und Sittlichkeit gerichtet seien, oder welche der persönlichen Sicherheit, der Gesundheit oder dem Vermögen seiner Bürger Gefahr brächten; habe der Staat von diesem Rechte Gebrauch gemacht und eine Handlung unter Strafe gestellt, so könne es keinen Unterschied machen, aus welchem Grunde dieses geschehen sei, ob deshalb, weil in der Handlung eine materielle Rechtsverletzung liege, oder deshalb, weil aus der Handlung für das gemeine Wohl oder für einzelne Bürger Gefahr erwachse; die That solle in dem einen, wie in dem anderen Falle unterbleiben; in der beregten Verschiedenheit liege kein Grund, daß das Strafgesetz nicht auch der Mitwirkung zu derselben (der „Theilnahme") in dem einen wie in dem andern Falle entgegentrete; die Richtigkeit des Gesagten ergebe sich namentlich daraus, daß das StGB. nicht bloß Uebertretungen, sondern auch Vergehen kenne, welche in jenem Sinne einen polizeilichen Charakter hätten (vgl. § 39. 112. 186. 306. 307 StGB.); bei ihnen könne die Anwendbarkeit des § 34 keinem Bedenken unterliegen; es sei nicht abzusehen, warum derselbe bei sonstigen Strafthaten gleicher Natur bloß deshalb ausgeschlossen bleiben solle, weil die Strafe das Maaß von 6 Wochen Gefängniß (50 Thlr. Geldbuße) nicht übersteige; — ebensowenig rechtfertige das subjektive Moment (daß es bei Uebertretungen polizeilicher Natur der Feststellung eines Dolus nicht bedürfe) jene Annahme; sehe auch das Strafgesetz bei manchen Straffällen von dem Nachweise eines Dolus oder auch nur einer Fahrlässigkeit ab, so setze dasselbe doch immer ein gewisses, wenn auch vielleicht geringes, Maaß der Verschuldung voraus, und es müsse Straflosigkeit eintreten, sobald bewiesen werde, daß es an diesem Maaße fehle; nun sei freilich die Strafbarkeit der Theilnahme dadurch bedingt, daß der Hauptthäter mit Vorsatz gehandelt habe, denn die Theilnahme bestehe eben entweder in dem Hervorrufen des strafbaren Willens des Thäters oder in der Beförderung der Ausführung der vom Thäter gewollten That; daraus folge aber weiter Nichts, als daß von einer Theilnahme da nicht die Rede sein könne, wo die That lediglich aus Fahrlässigkeit begangen sei; dagegen sei eine Theilnahme an derselben unzweifelhaft möglich, sobald sie wirklich mit Vorsatz verübt werde; es fehle an jedem Grunde, diese Theilnahme für straflos zu erachten; bei den Verbrechen und Vergehen, welche mit schwereren oder geringeren Strafen belegt würden, je nachdem sie mit Vorsatz oder aus Fahrlässigkeit verübt würden (Tödtung, Körperverletzung, Brandstiftung 2c.), zweifle Niemand an der Richtigkeit des Gesagten; der Umstand, daß das Gesetz bei den Uebertretungen ebenso wie bei den oben erwähnten Vergehen die fahrlässige Begehung mit derselben Strafe bedrohe wie die vorsätzliche, sei nicht dazu angethan, eine Abweichung von jenen Grundsätzen zu rechtfertigen; die That desjenigen, welcher einen Andern zu einer Strafthat anreize oder die Ausführung der von dem Andern bereits beschlossenen That befördere, sei objektiv nicht minder nachtheilig, subjektiv nicht minder schuldbar, weil die Hauptthat unter das nämliche Strafgesetz fallen würde, wenn sie aus bloßer, eine Theilnahme ausschließender, Fahrlässigkeit begangen wäre. —

Das OTr. hat in seinem Erkenntnisse (welches beiläufig unter Hinverweisung auf die Materialien S. 785 den Grundsatz ausspricht:

> daß die Artt. 101 und 102 des Ges.s v. 3. Mai 1852 auch auf den Rekurs Anwendung finden),

die NB. zurückgewiesen. Gründe:

In Bezug auf die Strafbarkeit der Theilnahme ist zwischen Uebertretungen, die auf allgemeinen Landesgesetzen und solchen, die auf polizeilichen, nach Maaßgabe des Ges.s v. 11. März 1850 erlassenen Verordnungen beruhen, nicht zu unterscheiden, da ein solcher Unterschied weder in den Gesetzen noch in der Sache selbst begründet ist. Es kann sich daher nur darum handeln, ob die Theilnahme und insbesondere die sog. intellektuelle Urheberschaft oder Anstiftung, welche der § 34 Nr. 1 des StGB.s als Theilnahme bezeichnet, bei Uebertretungen überhaupt strafbar sei. Folgt man dem Wortlaute der §§ 34. 35 des StGB.s in Verbindung mit den §§ 332ff. a. a. O., so muß man diese Frage verneinen, weil die §§ 34. 35 schlechthin nur von Verbrechen und Vergehen handeln, unter den allgemeinen Vorschriften über die Bestrafung der Uebertretungen, welche mit dem § 332 beginnen, aber Bestimmungen, welche den §§ 34. 35 entsprächen, oder sich sonst über diesen Gegenstand verbreiteten, nicht enthalten sind. Dem unerachtet hat die Praxis in einzelnen Fällen den Wortlaut allein nicht für unbedingt entscheidend angenommen mit Rücksicht darauf, daß bei den Berathungen über das StGB. in der Kommission der zweiten Kammer die Frage, ob und wie weit die im ersten Theile enthaltenen allgemeinen Bestimmungen über die Bestrafung, deren im ersten Titel des dritten Theiles nicht ausdrücklich gedacht worden, auch auf Uebertretungen anzuwenden seien, zwar angeregt, aber im Hinblick auf die Schwierigkeit hierüber ein allgemein gültiges Prinzip aufzustellen, nicht entschieden, vielmehr die Erwartung ausgesprochen worden ist, daß es der Rechtsprechung gelingen werde, je nach Verschiedenheit der Fälle für jede Art der Uebertretungen das richtige Prinzip aufzufinden. Dieser Voraussetzung entsprechend, hat das OTr. schon in dem Präjudiz Nr. 21 v. 23. Febr. 1853 c. Lucht (Entsch. 25. S. 217; G. A. 1. S. 563) entschieden, daß die §§ 40—44 des StGB.s, welche von der Zurechnungsfähigkeit handeln, wenn gleich darin ebenfalls nur von Verbrechen und Vergehen die Rede ist, und die §§ 332ff. a. a. O. besondere Bestimmungen hierüber in Bezug auf Uebertretungen nicht enthalten, dennoch auf die letzteren mit anzuwenden seien.

Was speziell die Lehre von der Theilnahme betrifft, so hat sich das OTr. in einer Reihe von Entscheidungen dahin ausgesprochen, daß die §§ 34. 35 auf solche Uebertretungen, welche nicht bloß polizeilicher Natur sind, sondern (wie Steuerdefraudationen, Entwendungen von Feldfrüchten in geringer Quantität u. s. w.) materielle Rechtsverletzungen enthalten, gleichfalls anzuwenden seien. Es ist dabei davon ausgegangen worden, daß, wie die Entstehungsgeschichte des StGB.s ergiebt, der dritte Theil desselben ursprünglich nur dazu bestimmt gewesen ist, die sog. Polizeiübertretungen, d. h. solche Handlungen aufzunehmen, die wegen ihrer Gefährdung des gemeinen Wohles zur Verhütung von Beschädigungen und ohne Rücksicht auf ihren Erfolg mit Strafe bedroht werden sollten, daß aber, nachdem die Dreitheilung der strafbaren Handlungen in Verbrechen, Vergehen und Uebertretungen beschlossen worden, auch die übrigen (sog. kriminellen) Uebertretungen, welche nur mit Geldbuße bis zu 50 Thlrn. oder Gefängniß bis zu 6 Wochen bedroht worden, in den dritten Theil verwiesen worden sind, und daß daher kein Grund vorliegt, die letzten von der Anwendung der allgemeinen Grundsätze des Strafrechtes auszuschließen; (siehe Erk. v. 23. Apr. 1856 c. Blüchert, JMBl. S. 169, G. A. 4. S. 553; ferner die Urtheile v. 4. Febr. 1857 c. Teeck, v. 30. Nov. 1860 c. Görner, v. 5. Nov. 1862 c. Pahl, v. 27. Febr. 1863 c. Riedel und v. 8. Juli 1863 c. Eichel (RdOTr. 3. S. 101. 551; G. A. 11. S. 53. 285. 715). Hieraus würde folgen, und ist auch in dem angeführten Urtheile v. 5. Nov. 1862, wo es sich um eine der vorliegenden ganz ähnliche bloße Preß-Polizeiübertretung handelte, ausdrücklich ausgesprochen worden, daß die in den §§ 34. 35 enthaltenen Vorschriften über die Bestrafung der Theilnahme an Verbrechen und Vergehen auf bloße Polizeiübertretungen nicht anzuwenden seien.

Mit Rücksicht darauf, daß sich Zweifel gegen die Richtigkeit dieser Ansicht erhoben, namentlich wenn es sich um Theilnahme durch Anstiftung (intellektuelle Urheberschaft) handelt, sind die Fragen, ob

1) der § 34 des StGB.s auf Polizeiübertretungen überhaupt,

2) verneinenden Falles, ob er nicht wenigstens auf den intellektuellen Urheber solcher Uebertretungen anzuwenden sei,

zur Entscheidung der vereinigten Abtheilungen des Senats für Strafsachen des OTr.s gestellt, von diesen aber aus folgenden Gründen verneint worden:

Zu 1. Der erheblichste Grund, welcher dafür angeführt wird, auch die Polizeiübertretungen den im Allgemeinen Theil des StGB.s enthaltenen Bestimmungen, namentlich also denjenigen, die über die Theilnahme handeln, zu unterwerfen, ist der, daß nicht nur einzelne dieser Bestimmungen, wie die über die Zurechnungsfähigkeit, ausdrücklich schon auf Polizeiübertretungen angewendet worden sind, sondern daß auch der zweite Theil des StGB.s unter den sog. Vergehen verschiedene Strafbestimmungen enthält, die rein polizeilicher, d. h. präventiver Natur sind, wie die §§ 199. 201. 202. 306. 307 und die mit Rücksicht darauf unter den Vergehen aufgeführt worden, weil sie mit einer höheren Strafe als 50 Thlr. Geld oder 6 Wochen Gefängniß bedroht sind. Wenn nun auf diese die §§ 34. 35 des StGB.s ihrem wörtlichen Inhalte nach unzweifelhaft anzuwenden sind, so wurde daraus der Schluß gezogen, daß eine gleiche Anwendung auch bei Polizeiübertretungen statthaft sein müsse, da sich diese von den Polizeivergehen nur durch das Maaß der Strafe unterschieden, welches auf die Anwendbarkeit allgemeiner strafrechtlicher Grundsätze nicht füglich von Einfluß sein könne. Allein wenn gleich etwa Unzuträglichkeiten hierin gefunden werden können, so sprechen doch überwiegende Gründe dafür, auf bloße Polizeiübertretungen die §§ 34. 35 des StGB.s im Allgemeinen nicht anzuwenden.

Wenn nämlich zur Strafbarkeit gewöhnlicher, d. h. kriminell strafbarer Handlungen in allen Fällen, wo das Gesetz nicht die Fahrlässigkeit besonders mit Strafe bedroht, ein vorsätzliches, d. h. auf Erreichung eines bestimmt gewollten Erfolges gerichtetes Handeln, oft auch noch eine auf Erreichung eines weiteren Zweckes gerichtete Absicht gefordert wird, so genügt zur Bestrafung bloßer Polizeiübertretungen das objektive Vorhandensein der äußeren That. Wird nun zwar auch bei dieser vorausgesetzt, daß sie dem Thäter überhaupt zugerechnet werden kann, so kommt es doch nicht darauf an, ob er einen bestimmten Erfolg derselben wirklich gewollt, oder auch nur als möglich hätte voraussehen können, es wird mit einem Worte bei bloßen Polizeiübertretungen zwischen Vorsatz und Fahrlässigkeit (Dolus und Kulpa) nicht unterschieden. — Vgl. Köstlin System des deutschen Strafrechtes S. 168. 171 und die Entscheidungen des OTr.s abgedruckt in G. A. 3. S. 825 und im JMBl. 1862. S. 160. — Wenn nun aber nach allgemeinen strafrechtlichen Grundsätzen eine Theilnahme nur bei vorsätzlich begangenen strafbaren Handlungen möglich, bei fahrlässigen hingegen rechtlich unmöglich ist, — vgl. G. A. 5. S. 48 ff. 68 — so ergiebt sich von selbst, daß sie grundsätzlich auch da nicht vorkommen kann, wo zwischen Vorsatz und Fahrlässigkeit nicht unterschieden wird und oft auch gar nicht unterschieden werden kann. Hierin ändert es auch nichts, daß in einzelnen Fällen immerhin auch bei Polizeiübertretungen das eine oder das andere zu erkennen sein wird. Denn wenn, wie schon gesagt, bei Polizeiübertretungen nur die That an sich, d. h. die That wie sie äußerlich zur Erscheinung kommt, ohne Rücksicht auf die Willensrichtung des Thäters, zum Gegenstande der Bestrafung gemacht wird, so folgt mit Nothwendigkeit, daß sie auch nur an ihrem eigentlichen Urheber und daher, wenn zu ihrer äußern Hervorbringung mehrere zusammengewirkt haben (Miturheber), auch an sämmtlichen Urhebern, nicht aber auch an denjenigen bestraft werden kann, deren Thätigkeit dabei nicht zur äußeren Erscheinung gekommen ist, wie z. B. an denjenigen, die dazu Anleitung gegeben oder wissentlich Werkzeuge geliefert haben u. s. w.

Zu 2. Der letzte Grund führt mit Nothwendigkeit dahin, auch im Fall der intellektuellen Urheberschaft oder Anstiftung von der Anwendung der §§ 34. 35 des StGB.s auf Polizeiübertretungen abzustehen. Es ist kein Gewicht darauf zu legen, daß in einer AKO. v. 31. Okt. 1841 (JMBl. 42. S. 176) die Strafbarkeit der Theilnehmer u. s. w. auch bei „Polizei Kontraventionen" ausgesprochen worden ist, weil sich dieselbe lediglich auf die jetzt aufgehobenen §§ 64 ff. II, 20. ALR. bezieht, und das StGB. nicht erkennen läßt, daß man bei seiner Abfassung von der nämlichen Ansicht ausgegangen wäre, der Wortlaut desselben vielmehr dagegen spricht. Auch die Beleidigung des Rechtsgefühls, welche etwa darin gefunden werden könnte, wenn bei gewissen erheblichen Polizeiübertretungen, wie z. B. in den Fällen der §§ 340 Nr. 1 bis 4; 344 Nr. 1 und in anderen mehr, derjenige, der aus irgend welchem Grunde den Thäter zur Begehung der That gedungen oder ihn durch Befehle, denen dieser gehorchen zu müssen geglaubt, dazu bestimmt hat, straflos ausgehen sollte, kann nichts ändern, da es klar ist, daß das bestehende Gesetz Bestimmungen über die Bestrafung intellektueller Urheber bei bloßen Polizeiübertretungen eben nicht ertheilt, und daß, wenn bei Polizeiübertretungen nur die äußere That bestraft wird, ohne ausdrückliche gesetzliche Bestimmung der bloße Anstifter, der an deren äußerlicher Hervorbringung unbetheiligt ist, so wenig als ein anderer bloßer Theilnehmer bestraft werden kann.

[29. — 1.]

Nichtigkeitsbeschwerde. — Legalisirung. — Ausgeschiedener Beamter.

Ein aus den Staatsdienst ausgeschiedener Beamter ist nicht qualifizirt, eine Nichtigkeitsbeschwerde zu legalisiren.

Ges. v. 3. Mai 1852 Art. 110 [vgl. dort n. 33; RdOTr. 2. S. 454].

Beschl. (I.) v. 14. Dez. 1864 c. Matthias (1076. I. Cr.).

Die NB. des Angeklagten, welche von einem freiwillig aus dem

Staatsdienste geschiedenen Gerichts-Assessor A. legalisirt war, ward ohne mündliche Verhandlung zurückgewiesen, indem erwogen wurde:

daß durch den Beschluß des Plenums des Straffenats beim OTr. v. 16. Juni 1862 (RdOTr. 2. S. 454; G. A. 10. S. 565) der Grundsatz festgestellt worden ist: „daß ein auf sein Ansuchen aus seinem Amte entlassener Rechtsanwalt nicht zu den zum Richteramt befähigten Rechtsverständigen im Sinne des Art. 110 des Ges.s v. 3. Mai 1852 zu zählen sei;"

daß dieser, in dem damals verhandelten Falle zwar nur auf Rechtsanwalte angewendete Grundsatz nach den der Entscheidung zum Grunde gelegten Erwägungen auch bei anderen Beamten gelten muß, weil überhaupt angenommen worden ist, daß nach Lage der Gesetzgebung den aus dem Staatsdienst geschiedenen Beamten die vorausgesetzte Eigenschaft, welche der Art. 110 cit. erfordert, nicht mehr beiwohne.

Antr. des GStA.s: gleichl. [15. — 4.]

Polizei-Obrigkeit. — Feuerversicherung.

Als „Polizei-Obrigkeit" im Sinne des § 14 des Ges.s v. 8. Mai 1837 über das Mobiliar-Feuerversicherungswesen ist nicht der Schulze, sondern der Inhaber der Polizeigewalt anzusehen.

Ein Irrthum über die betr. Befugniß des Schulzen ist nicht geeignet, im Falle einer Zuwiderhandlung gegen die §§ 14 und 31 l. c. Straflosigkeit zu begründen.

Ges. v. 8. Mai 1837 §§ 14. 31; StGB. § 44 [vgl. dort n. 6; RdOTr. 5. S. 156].

Erk. (Z. I.) v. 14. Dez. 1864 c. Kieckhöfel & Dörschnabel
(1190. I. Cr.).

K. und D. hatten als Agenten einer Feuerversicherungsgesellschaft Versicherungspolicen an die Versicherten ausgehändigt, nachdem sie vom betr. Schulzen, nicht aber von dem die Polizeigewalt ausübenden Rentamte zu C. die amtliche Erklärung erlangt hatten, daß der Aushändigung in polizeilicher Hinsicht kein Bedenken entgegenstehe. Sie wurden deshalb von den Instanzgerichten aus den §§ 14 und 31 des Ges.s v. 8. Mai 1837 bestraft, indem ausgeführt ward: nach § 3 des Ges.s v. 14. Apr. 1856 sei nur das Rentamt, nicht der Ortsschulze als „Polizei-Obrigkeit" anzusehen, auch könne der von den Angeklagten behauptete Umstand, daß der Schulze dem Rentamt substituirt gewesen (§ 7 l. c.), hier nicht in Betracht kommen, da Nichts vorgebracht sei, wodurch das Eintreten des Substituten rechtlich begründet würde; endlich stehe den Angeklagten auch § 44 StGB. nicht zur Seite, sollte ihnen auch der Mangel der Qualität des Schulzenamts unbekannt gewesen sein. NB. Zurückweisung. Gründe:

Der § 14 des Ges.s v. 8. Mai 1837 fordert die Erklärung der „Polizei-Obrigkeit" des Wohnortes des Versicherungssuchenden. Daß dem Schulzen allein, resp. in Verbindung mit den Gerichtsmännern eine polizeiliche Gewalt in der Dorfgemeinde gesetzlich zusteht, unterliegt schon nach dem § 46. II, 7. ALR. gar keinem Bedenken; es sind ihm hier eine ganze Reihe polizeilicher Anordnungen und Maaßregeln übertragen. Dennoch aber kann man von ihm als eigentlicher „Polizei-Obrigkeit" nicht sprechen, vielmehr unter dieser nur den Inhaber der Polizeigewalt, entweder aus eigenem Rechte vermöge des Gutsbesitzes, oder vermöge der staatlichen Delegation nach dem Ges. v. 14. Apr. 1856 verstehen. Nur dessen Organ ist der Schulze.

Daß nun in diesem Sinne das Rentamt C. die Polizei-Obrigkeit von H. sei, stellt der erste Richter fest; einer Bekanntmachung darüber durch die Amtsblätter bedurfte es, wie die Beschwerden behaupten, nicht. Die Stellvertretung nach dem Ges. v. 1856 ist eine besondere, eine Ausnahme bildende Thatsache; sie ist hier nicht festgestellt, auch eigentlich von den Angeklagten gar nicht behauptet worden. Man kann auch eine direkte Verneinung derselben darin finden, daß die Anklage auf einer Denunciation des Rentamtes beruht.

Endlich hat auch eine Verletzung des § 44 StGB. nicht stattgehabt. Will man nämlich auch in den Feststellungen der Instanzrichter zugleich die Annahme finden, daß die Angeklagten in dem guten Glauben gestanden, das Schulzenamt zu H. sei die im Ges. v. 8. Mai 1837 bezeichnete, also die kompetente Behörde zur Ertheilung der vorgeschriebenen Bescheinigung, so ist doch der Irrthum, in welchem sie sich hiernach befunden haben, kein faktischer, wie solchen jener § 44 allein voraussetzt, sondern er ist ein rechtlicher Irrthum, weil er sich auf die Auslegung und Anwendung der gesetzlichen Vorschriften bezieht, in denen nicht allein die Vornahme der Handlung selbst, sondern insbesondere ihre Vornahme vor einer bestimmten im Gesetze bezeichneten Behörde vorgeschrieben ist, und ein solcher Irrthum schließt die Strafbarkeit nicht aus.

Antr. des GStA.s: gleichl. [15.—4.]

Kompetenzkonflikt, negativer. — Eröffnungsbeschluß. — Inkompetenzurtheil. — Beschlußfassung des Anklage-Senats.

Wenn der Anklage-Senat eine Untersuchung eröffnet, demnächst aber die befaßte Gerichtsabtheilung sich durch Erkenntniß inkompetent erklärt hat, weil die schwurgerichtliche Zuständigkeit begründet sei, so muß der Anklagesenat in der Sache durch einen neuen förmlichen Beschluß befinden; es genügt nicht, wenn er die Akten dem Ober-Tribunal mit der berichtlichen Aeußerung einreicht: „er finde keine Veranlassung von seiner frühern Ansicht abzugehen."

Ges. v. 3. Mai 1852 Art. 9 [vgl. dort n. 9. 7. 8. 12; JMBl. 1855. S. 247 Note].

Beschl. (I.) v. 14. Dez.. 1864 c. Mahlke (329. B. I. Cr.).

M. war von der Rathskammer wegen einer für ein Verbrechen erachteten Handlung vorläufig in den Anklagestand versetzt worden, der Anklage-Senat eröffnete dagegen die Untersuchung, weil er in jener Handlung nur den Thatbestand eines Vergehens fand. Die demzufolge befaßte Gerichtsabtheilung theilte hinwieder die Ansicht der Rathskammer und sprach durch Erkenntniß ihre Inkompetenz aus. Die Akten gelangten hierauf in Gemäßheit des Art. 63 des Ges.s v. 3. Mai 1852 wieder an das AG., dieses reichte dieselben aber ohne Weiteres „zur Hebung des Kompetenzkonflikts nach Art. 9 Abs. 3 des cit. Ges s" an das OTr. ein, „da sie keine Veranlassung fänden, von ihrer frühern Ansicht abzugehen." — Die GStA.-schaft erachtete diese Verfahrungsweise für nicht richtig und das AG. für verpflichtet, durch neuen förmlichen Beschluß über die Sache unter Berücksichtigung des im mündlichen Verfahren vor der Abtheilung ermittelten Verhaltes derselben zu befinden (vgl. Oppenhoff Strafverf. Art. 9 n. 7ff.), und deutete insbesondere darauf hin, daß der StA.-schaft das Recht zustehe, den zu erlassenden Beschluß durch Beschwerde anzufechten (vgl. Art. 63 l. c.), und daß ihr dieses Recht entzogen werde, wenn statt eines förmlichen motivirten Beschlusses die hier gewählte Form Anwendung finde. — Das OTr. hat durch Verfügung die Akten an das AG. zurückgesandt:

um vorerst dem kreisgerichtlichen Inkompetenzurtheil gegenüber in einem motivirten Beschlusse über die weitere Behandlung der Sache nach Maaßgabe des Art. 63 des Ges.s v. 3. Mai 1852 zu befinden, da die berichtliche Aeußerung, daß der Kgl. Kriminal-Senat keine Veranlassung gefunden habe, von seiner frühern Ansicht abzugehen, um so weniger für genügend erachtet werden kann, als daraus nicht zu entnehmen ist, ob der Kgl. Kriminal-Senat seine frühere Ansicht auch nach Prüfung und Erwägung der seitdem vorgekommenen Beweis-Erhebungen aufrecht erhalten haben wolle. [17. — 3.]

Akten-Einsicht. — Vertheidiger. — Nichtigkeitsbeschwerde.

Der Angeklagte kann zum Zweck der Begründung der Nichtigkeitsbeschwerde verlangen, daß seinem Vertheidiger die Untersuchungsakten in der Gerichtsregistratur vorgelegt werden.

Vdn. v. 3. Jan. 1849 § 17 [dort einzutr. als n. 3a].

Beschl. (II.) v. 15. Dez. 1864 c. Schweitzer (346. II. Cr.).

Der verurtheilte Angeklagte hatte die NB. angemeldet und gebeten, seinem Vertheidiger die Gerichtsakten vorlegen zu lassen, um danach das Rechtsmittel zu begründen. Das KG. ließ dem Angeklagten eine Urtheilsausfertigung zustellen und beschied den Vertheidiger dahin: daß

„eine Vorlegung der Akten nach beendeter Verhandlung vor dem Schwurgerichte dem gewesenen Vertheidiger zu verlangen nicht gestattet sei." Das rügte der Angeklagte in der Rechtfertigungsschrift. Das OTr. hat durch Beschluß vom 15. Dez. 1864 jene kreisgerichtliche Verfügung „als nach § 17 der Vdn. v. 3. Jan. 1849 nicht gerechtfertigt" aufgehoben und dem KG. aufgegeben, dem Vertheidiger RAnw. G. die Akten vorlegen zu lassen und ihm eine 10tägige Frist zur anderweiten Rechtfertigung der NB. zu bestimmen.

Antr. des GStA.s: gleichl. [26.—2.]

Betrug. — Falsche Thatsache. — Sinnliche Wahrnehmbarkeit. — Möglichkeit.

Der Begriff der „Thatsache" im § 241 StGB. ist nicht auf solche Zustände oder Ereignisse zu beschränken, welche objektiv irgendwie durch die Sinne wahrgenommen, festgestellt oder widerlegt werden können; ebenso wenig wird jener Begriff durch die rationelle Unmöglichkeit des behaupteten Zustandes rc., z. B. der Hexerei, ausgeschlossen.

StGB. § 241 [dort einzutr. als n. 46a].

Erk. (S. II.) v. 15. Dez. 1864 c. Wegner (360. II. Cr.).

Die Angeklagte war in 1. Instanz wegen Betrugs verurtheilt worden, weil sie „— — in gewinnsüchtiger Absicht das Vermögen des rc. W—sch dadurch beschädigt habe, daß sie in ihm durch das Vorbringen der falschen Thatsache: sein Vieh sei behext — einen Irrthum erregte." Das AG. sprach dagegen frei, weil jenes Vorbringen nicht als die Behauptung einer falschen Thatsache anzusehen sei; zwar gränze dieselbe sehr nahe an eine Thatsache insofern, als W—sch damit den Begriff eines in seinen äußern Erscheinungen und Wirkungen erkennbaren faßbaren Zustandes verbunden haben möge; eine solche Annahme Seitens des Getäuschten genüge aber nicht, vielmehr ließen sich als „Thatsachen" im Sinne des § 241 nur solche Zustände oder Ereignisse betrachten, welche objektiv irgendwie durch die Sinne wahrgenommen und festgestellt oder widerlegt werden könnten; die Behauptung: „das Vieh sei behext" bezeichne keinen solchen durch die Sinne erfaßbaren Zustand, sondern enthalte nur im Urtheil eine Ansicht der Behauptenden, daß aus irgend welcher äußerlich wahrnehmbaren Erscheinung auf die stattgehabte Einwirkung übersinnlicher Kräfte geschlossen werden müsse; ein solches Urtheil, selbst wenn es mit dem Bewußtsein seiner Unrichtigkeit ausgesprochen worden, sei nicht unter § 241 zu subsumiren". Auf die NB. des OStA.s ist dieses Erkenntniß vernichtet und die Sache in die 2. Instanz zurückverwiesen worden. Gründe:

Aus der Entstehungsgeschichte des § 241 des StGB.s geht hervor, daß man abweichend von frühern allgemeinen Begriffsbestimmungen des Betruges zum Thatbestande desselben das Vorbringen falscher oder das Unterdrücken wahrer Thatsachen forderte, um allgemeine Urtheile und Anpreisungen, wie sie im Handel und Wandel vorzukommen pflegen, aus dem Begriffe des Betruges zu beseitigen. Indem der Gesetzgeber im Gegensatz von allgemeinen Urtheilen und Anpreisungen, zum Begriff des Betruges das Vorbringen von Thatsachen fordert, leitet er in negativer Weise darauf hin, daß zu einer Thatsache etwas Konkretes, Bestimmtes gehöre, was vorhanden oder geschehen sein soll, und als solches dargestellt wird, wobei es denn selbstverständlich ist, daß bloße subjektive Meinungsäußerungen, oder Versicherungen, welche das versichernde Subjekt für die Zukunft macht, an sich zu den Thatsachen nicht zu rechnen sind. Aber nirgends ist angedeutet, daß sich als Thatsachen im Sinne des § 241 cit. nur solche Zustände oder Ereignisse betrachten ließen, welche objektiv in irgend einer Weise durch die Sinne wahrgenommen und festgestellt oder widerlegt werden können.

Von dem Gebiete der Thatsachen sind vielmehr auch innere Zustände, bestimmte Eigenschaften, welche einer Person oder Sache beigelegt werden, selbst allgemeinere Begriffe — Dinge also, die sich als solche der sinnlichen Wahrnehmung entziehen — nicht ausgeschlossen. Sie fallen daher auch unter den § 241 cit., sobald sie zur Erregung eines Irrthums als etwas konkret Seiendes hingestellt und benutzt werden. Der Behauptung der Angeklagten, „das Vieh des W—sch sei behext" — d. h. befinde sich in einem durch übernatürliche Einwirkungen hervorgerufenen krankhaften Zustande — konnte mithin auch nicht aus den vom App.-

Richter angeführten Grunde der Charakter einer Thatsache versagt werden.

Auch würde der Annahme, in der fraglichen Behauptung der Angeklagten sei eine wirkliche Thatsache enthalten, der Umstand nicht entgegenstehen, daß der vorgegebene Zustand des Viehes rationell nicht als möglich erscheint. Denn diese Unmöglichkeit wird nicht bei allen Menschen unterstellt, von Vielen wird vielmehr noch daran geglaubt, daß das Vieh behext werden könne, wie denn auch der rc. W—sch an das desfallsige Vorgeben der Angeklagten, nach der eigenen Feststellung des App.-Richters, geglaubt hat. Unter solchen Umständen würde man es aber immerhin mit einer Thatsache zu thun haben, insofern einerseits der Krankheitszustand in concreto als etwas Wirkliches, etwas Eingetretenes behauptet, und von der andern Seite diese Behauptung, als der Wirklichkeit entsprechend, also als eine Thatsache aufgenommen wird.

Jedenfalls beruht nach dem Bisherigen die Entscheidung des App.-Richters auf einer unrichtigen Auffassung des im § 241 des StGB.s enthaltenen Begriffs der Thatsachen; sie konnte daher der Vernichtung nicht entgehen.

Antr. des GStA.s: gleichl. [27. — 2.]

Mißhandlung. — Vorsatz. — Bewußtsein.

Eine Mißhandlung ist vorsätzlich zugefügt, sobald der Handelnde sich bewußt war, daß dieselbe eine bestimmte Person treffen werde, sollte der Hauptvorsatz auch dahin gerichtet gewesen sein, eine andere Person zu treffen.

StGB. Thl. I. Tit. III. [vgl. dort n. 13]; § 187 [dort einzutr. als n. 4a].

Erk. (Z. II.) v. 15. Dez. 1864 c. Lorenz (395. II. Cr.).

L. war mit dem rc. Schm. handgemein geworden, wollte demselben einen Schlag versetzen, traf aber die dazwischen tretende Frau des Schm. Die Instanzgerichte straften wegen vorsätzlicher Mißhandlung der Frau, weil L. „habe erkennen müssen und erkannt habe, daß er mit dem Schlage die Frau Schm. treffe." NB. Zurückweisung. Erwogen ward:

daß in dem angegriffenen Erkenntnisse ausgeführt wird, daß der Hauptvorsatz des Angeklagten dahin gegangen, den 2c. Schm. zu schlagen, — daß er aber, als er zur Thätigkeit überging, nach den konkurrirenden Umständen erkennen mußte und erkannt habe, daß er mit dem Schlage, um den es sich handelt, die Frau Schm. treffe und er demzufolge diese letztere vorsätzlich geschlagen habe;

daß in dieser Ausführung eine Verletzung der Rechtsgrundsätze bezüglich des Vorsatzes in keiner Weise zu erkennen, mithin die nur auf die Behauptung dieser Verletzung gestützte NB. unhaltbar ist.

Antr. des GStA.s: gleichl. [22. — 2.]

Hausir-Kontravention. — Verjährung.

Hausir-Kontraventionen verjähren in fünf Jahren.

Haus.-Regul. v. 28. Apr. 1824 §§ 26. 32; Ges. v. 22. Mai 1852 Art. V.

Erk. (Z. II.) v. 15. Dez. 1864 c. Bönnemann (427. II. Cr.).

Mit Recht ist die Verjährungseinrede des Angeklagten vom App.-Richter unter Berufung auf Art. V. des Ges.s v. 22. Mai 1852 verworfen worden, indem nach §§ 26 und 32 des Regul.s v. 28. Apr. 1824 die Handlung des Angeklagten eine Zuwiderhandlung gegen ein Steuervergehen darstellt.

Antr. des GStA.s: gleichl. [11. — 2.]

Kommissarisches Zeugenverhör. — Vorladung des Angeklagten. — Mangel der Rüge.

Der verhaftete Angeklagte, welcher zu einer vom App.-Gerichte angeordneten kommissarischen Beweiserhebung nicht vorgeladen worden ist, kann diesen Verstoß nicht im Wege der Nichtigkeitsbeschwerde geltend machen, wenn der für ihn in

der Sitzung des App.-Gerichts erschienene Vertheidiger denselben nicht gerügt hat.

Vdn. v. 3. Jan. 1849 § 21 [vgl. dort n. 7. 14].

Erk. (Z. I.) v. 15. Dez. 1864 c. Hennig (789. I. Cr.).

Das AG. hatte auf den Antrag des Angeklagten die Vernehmung einiger Schutzzeugen durch das kommittirte Gericht 1. Instanz angeordnet; zu dieser war der Angeklagte, soviel die Akten ergaben, nicht vorgeladen worden. In dem folgenden Sitzungstermine, zu welchem der verhaftete Angeklagte nicht vorgeführt war, rügte der für ihn aufgetretene Vertheidiger jenen Verstoß nicht. Dagegen machte H. selbst denselben zur Begründung seiner NB. geltend. Die GStA.-schaft beantragte Vernichtung des Erkenntnisses, weil dem verhafteten und deshalb am persönlichen Erscheinen verhinderten Angeklagten jener Mangel der Rüge nicht entgegen stehen könne. Das OTr. hat die NB. zurückgewiesen. Gründe:

Wenn eine Vorladung des Angeklagten zum Termin vom 23. März cr., in welchem seine Schutzzeugen für die zweite Instanz vernommen wurden, nicht erfolgt sein sollte, worüber es allerdings beim Mangel eines Insinuations-Dokumentes an einer näheren Konstatirung fehlt, so hätte Angeklagter auch diesen angeblichen Formverstoß in zweiter Instanz rügen müssen, was nicht geschehen, da sein Vertheidiger im Schlußaudienz-Termin nur eine Herabsetzung des erkannten Strafmaaßes beantragt hat. Unter diesen Umständen kann aber Angeklagter in der gegenwärtigen Instanz nicht mehr mit diesem Einwand gehört werden.

Antr. des GStA.s: entgeg. [14. — 3.]

Grenzstein. — Anerkennung. — Verrückung.

Die Verrückung eines die Grenze zwischen zwei Grundstücken bezeichnenden Steines ist strafbar, wenn derselbe von den beiden Nachbarn übereinstimmend als Grenzstein betrachtet worden war.

StGB. § 243 Nr. 8 [vgl. dort n. 34].

Erk. (Z. I.) v. 16. Dez. 1864 c. Markus (1021. I. Cr.).

M. hatte von einem Raine, welcher sein Grundstück von dem des Nachbarn trennte, etwa ein Drittel abgegraben und seinem Grundstücke zugelegt, auch einen in der Mitte des Rains stehenden, „von beiden Nachbarn für einen Grenzstein gehaltenen" Stein herausgenommen und ihn „in die Mitte des schmäler gemachten Rains, nach der Seite des Nachbarn zu, gesetzt." Aus § 243 Nr. 8 l. c. angeklagt, beantragte er in 2. Instanz die Erhebung eines Beweises darüber: daß die richtige Grenze nicht durch den Rain gebildet werde, daß der Stein kein Grenzstein und nicht vor drei Jahren als solcher anerkannt worden und vor einem Jahre gar nicht vorhanden gewesen sei. Der App.-Richter lehnte diesen Antrag ab, weil aus einem frühern Geständnisse des M. selbst hervorgehe, daß beide Nachbarn den Stein als Grenzstein anerkannt hätten. Das rügte die NB. als eine Beschränkung der Vertheidigung. Zurückweisung. Gründe:

Der App.-Richter hat die neuen Beweisanträge geprüft und der ihm ertheilten Befugniß gemäß für unerheblich erklärt. Wenn er dabei in Uebereinstimmung mit dem ersten Richter von dem Grundsatz ausgeht: es genüge, wenn der Stein zwar nicht ausdrücklich als Grenzstein gesetzt, derselbe aber doch von beiden Grenznachbarn für einen solchen gehalten worden sei, — so enthält dies keinen Rechtsirrthum, weil, wie der Inhalt der Entscheidung ergiebt, dabei von einem beiderseitigen, durch Thatsachen begründeten Einverständnisse der Nachbarn ausgegangen ist.

Antr. des GStA.s: gleichl. [15.—3.]

Bankerutt. — Neue Schulden. — Besserung der Vermögenslage.

Der Kaufmann, welcher neue Schulden macht, obgleich sein Vermögen nach der letzten Bilanz nicht die Hälfte seiner Schulden deckt, bleibt straflos, wenn sich demnächst seine Vermögenslage in dem Maaße bessert, daß jene Voraussetzung des § 261 Nr. 4 StGB. nicht mehr zutrifft, sollte fernerhin auch in Folge späterer Ereignisse eine Zahlungseinstellung erfolgen.

StGB. § 261 Nr. 4 [vgl. dort n. 38].

Erk. (Z. I.) v. 16. Dez. 1864 c. Berger (1087. I. Cr.).

Die Bd. 4. S. 14 erwähnte Sache gelangte in Folge der vom OTr. ausgesprochenen Zurückverweisung wiederum an das AG., welches nunmehr auf Freisprechung erkannte. Es nahm auf den Grund einer neuen Beweisaufnahme an: B. habe in den Jahren 1860—1862 neue Schulden gemacht, auch sei dargethan, daß nach der Bilanz v. 31. Dez. 1859 das Vermögen nicht die Hälfte der Schulden deckte, dagegen habe sich in den folgenden Jahren die Vermögenslage in dem Maaße gebessert gehabt, daß nach den Bilanzen von 1860 und 1861 die Schuldenmasse nicht die Hälfte des Vermögensbestandes erreichte; außerdem ward festgestellt, daß der größere Theil der am 31. Dez 1859 vorhanden gewesenen Schulden in den folgenden Jahren gedeckt worden sei; gleichwohl war später Zahlungseinstellung erfolgt. Das AG. ging nun von der Ansicht aus, daß nach den Gründen des l. c. mitgetheilten OTr.s-Erkenntnisses v. 17. Juli 1863 in einem derartigen Falle Straflosigkeit eintrete, „sobald es dem Kridar gelungen sei, in der Zwischenzeit denjenigen Gläubigern gerecht zu werden, deren Forderungen zur Zeit der Bilanz sein Aktiv-Vermögen um mehr als das Doppelte überstiegen"; dieser Grundsatz sei nach Art. 118 des Ges.s vom 3. Mai 1852 für den neubefaßten Instanzrichter in der Sache bindend, und sei dahin aufzufassen, daß es — um Straflosigkeit herbeizuführen — genüge, wenn, wie hier der Fall, auch nur die größere Hälfte jener Gläubiger befriedigt sei. — Die NB. des OStA.s focht diese Ausführung an: Straflosigkeit könne nach § 261 Nr. 4 und dem cit. OTr.s-Erkenntnisse nur dann eintreten, wenn alle früheren Gläubiger ohne Unterschied befriedigt seien.

Die GStA.-schaft sprach sich für die Zurückweisung der NB. aus: zunächst sei es irrig, wenn das AG. sich durch die angeführte Erwägung des OTr.s für gebunden erachtet habe, da auf den betr. Rechtssatz nicht die vom OTr. ausgesprochene Vernichtung gestützt, derselbe vielmehr nur ausgesprochen sei, um die Beseitigung eines geltend gemachten angeblichen Nichtigkeitsgrundes zu rechtfertigen; — sodann aber könne es überhaupt nicht darauf ankommen, ob die nach der früheren Bilanz vorhandenen Gläubiger alle oder zum Theil befriedigt worden seien, da der § 261 Nr. 4 nicht blos die Rechte der frühern, sondern auch der spätern Gläubiger, welchen gegenüber die neuen Schulden gemacht würden, schützen solle; der Kaufmann, dessen Vermögen nicht die Hälfte seiner Schulden decke, handle, wenn er dennoch' neue Schulden kontrahire, auf die Gefahr hin, im Falle eintretender Zahlungseinstellung aus § 261 bestraft zu werden. Diese Strafe müsse aber fortfallen, wenn sich im Allgemeinen seine Vermögenslage wieder in dem Maaße bessere, daß nunmehr das vorhandene Vermögen wenigstens die Hälfte der vorhandenen (alten und neuen) Schulden decke; erfolge dann später doch die Zahlungseinstellung, so nehme das Gesetz an, sie sei nicht die Folge des früheren leichtsinnigen Schuldenmachens gewesen. — Das OTr. hat die NB. zurückgewiesen. Gründe:

Ein im Sinne des § 261 c. überschuldeter Kaufmann, der gleichwohl seine Geschäfte fortsetzt und neue Schulden kontrahirt, thut dies auf die Gefahr hin, daß, wenn es ihm nicht gelingt, sich zu günstigeren Vermögensumständen empor zu arbeiten, und wenn er vielmehr in Folge der schon bestandenen Zerrüttung seines Vermögens sich zur Einstellung seiner Zahlungen genöthigt sieht, — er der Strafe des § 261 verfalle. Gelingt es ihm dagegen durch erhöhete Thätigkeit, Sparsamkeit, günstige Spekulationen rc. sich zu einer günstigeren Vermögenslage zu erheben, so kann, wenn in Folge späterer Ereignisse die Zahlungseinstellung dennoch erfolgen muß, auf die in einem früheren Jahre zur Zeit der Ueberschuldung aufgenommene Bilanz nicht zurückgegangen werden, um den § 261 Nr. 4 gegen den Kridar anzuwenden, auch wenn zur Zeit der Zahlungseinstellung nicht alle aus der Periode der Ueberschuldung herrührenden Passiva vollständig und bis auf den letzten Betrag getilgt sein sollten, denn in einem solchen Falle besteht zwischen der früheren Ueberschuldung und der späteren Zahlungseinstellung kein Kausalnexus, wenigstens läßt sich ein solcher in zuverlässiger Weise nicht darthun. [14. — 3.]

Wucher. — Einkleidung. — Sofortige Zahlung.

Es ist eingekleideter Wucher, wenn Jemand sich über ein gegebenes Darlehen (Prolongation) einen Schuldschein (Wechsel) ausstellen und daneben eine übermäßige, im Scheine rc. nicht erwähnte Zinsvergütung zahlen rc. läßt.

StGB. § 263 [vgl. dort n. 50. 55]. Contra: B. II. 8. Dez. 1859 c. Belke (G. A. 8. S 567).

Erk. (B. I.) v. 16. Dez. 1864 c. Popp & Mannheim (1145. I. Cr.).

P. und M. waren in 1. Instanz wegen versteckten Wuchers in 9 Fällen verurtheilt worden; auf ihre Appellation setzte das AG. die Strafe herab, weil es nur bei zwei Fällen versteckten Wucher annahm, bei den übrigen 7 Fällen aber die Einkleidung negirte. Bei diesen handelte es sich von Wechselprolongationen, welche in der Weise bewirkt worden waren, daß der Schuldner am Verfalltage einen neuen später fälligen Wechsel über einen ganz gleichen Betrag ausstellte, gleichzeitig aber als s. g. „Prolongationsgebühren" oder „Prolongationskosten" einen den zulässigen Zinssatz übersteigenden Betrag sofort zahlte. Auch in dieser Manipulation fand das AG. einen Wucher, dagegen hielt es dafür, daß „eine Einkleidung, d. h. ein Verstecken der Zinsenüberhebung in der Form eines Geschäfts, in welchem sie dem in den wahren Sachverhalt nicht Eingeweihten unerkennbar bleibe" — nicht vorliege, weil „ungesetzliche Zinsen offen gefordert und offen gezahlt seien." — NB. des OStA.s. Die GStA.-schaft erachtete dieselbe für begründet, weil nach der eignen Auffassung des AG.s das Geschäft ein wucherisches gewesen sei, die Ausstellung der Wechsel und die Baarzahlung also ein einheitliches Geschäft dargestellt hätten, das geschaffene Beweismittel (der Wechsel) aber nur die Kapitalsschuld, nicht auch die bereits erfolgte Zinszahlung erkennen lasse, diese letztere also verdecke. — Das OTr. hat das 2. Erkenntniß vernichtet und das erste bestätigt. Gründe:

So gewiß auch die Unterscheidung zwischen eingekleidetem, verschleiertem oder verstecktem Wucher einerseits und offenem Wucher andererseits sich nicht bloß thatsächlich, sondern auch rechtlich bestimmen lassen muß, um jenen zu strafen, diesen straflos zu erklären: so giebt das StGB. doch ebensowenig, als das ALR. und die Quellen des gemeinen Rechts ein allgemeines Merkmal für die Beschaffenheit des sogenannten Kleides, Schleiers, pallium an, unter welchem die übermäßige Zinsenerhebung versteckt sein muß, um gefährlicher vor dem Gesetze zu erscheinen, als ein anderer Zinswucher, und deshalb nach einigen Gesetzgebungen einer härtern Strafe als letzterer zu verfallen, nach anderen überhaupt erst strafbar zu werden. Ueberall werden nur Beispiele des versteckten Wuchers aufgezählt, ohne die Anwendung des Begriffes desselben auf sonstige Fälle auszuschließen (vgl. L. 26 § 1 C. de usuris — 4. 32: interdicta licentia creditoribus, ex pecuniis foenori dandis aliquid detrahere vel retinere siliquarum nomine vel sportularum vel alterius cujuscunque causae gratia etc.;

R. Pol.-O. v. 1577 Tit. VI.; Tittmann Handb. der Strafrechtswissenschaft Thl. III. § 553 S. 521 ff.; ALR. II, 20. § 1273 ff.; G. Matt. 2. S. 605), und danach ist soviel unzweifelhaft, daß das Wesen des versteckten Wuchers nicht in einer gewissen Form der Einkleidung, sondern in dem Versteckt sein desselben, in seiner Unsichtbarkeit beruht, daß jede Handlungsweise des Gläubigers, wodurch er die Ueberschreitung des gesetzlichen Zinsmaaßes unerkennbar macht, jedes Verstecken des Vorbedingens oder Sichzahlenlassens unerlaubter Zinsen den wesentlichen Thatbestand des fraglichen Vergehens ausmacht. So liegt denn auch im § 263 kein besonderer Nachdruck auf dem bildlichen Worte „einkleidet," sondern auf dem „so," daß dadurch die Gesetzwidrigkeit versteckt wird. Man wollte, wie die Entstehungsgeschichte und die Motive des § zeigen, überhaupt keinen neuen Begriff schaffen, sondern setzte den alten voraus, der unter den Namen „verschleierter, verkleideter, verdeckter, versteckter Wucher," usuraria pravitas palliata, herkömmlich war (vgl. Mot. der Reg. u. d. Kom. d. II. K. zu § 240 des Entw. v. 1850; Bes. Komm. S. 501 ff.; G. Matt. S. 604) und wollte insbesondere das landrechtliche Vergehen des „Wuchers" (§§ 1273 ff. II, 20) nicht verändern, namentlich die Merkmale des Thatbestandes nicht enger ziehen, wie die Faktoren der Gesetzgebung ausdrücklich erklärten. Der vereinigte ständische Ausschuß wollte die Strafbarkeit des Wuchers, wenn eine mindere Valuta, als das Schulddokument besagt, gezahlt worden, ausgedrückt wissen; die Regierung (Mot. S. 69 cit.) erwiderte aber darauf u. A.: das sei überflüssig, „weil es offenbar ein verschleierter Wucher sei, wenn sich der Gläubiger eine größere Summe verschreiben läßt, als das dargeliehene Kapital mit Zurechnung gesetzlich erlaubter Zinsen beträgt"; es genüge daher die Fassung des Entwurfs § 240 (§ 263 StGB.). — Der § 263 erkennt daher nur einen rechtlichen Gegensatz zwischen verstecktem und unverstecktem Wucher, keine rechtliche Verschiedenheit unter den vielen möglichen Fällen des versteckten Wuchers selbst an: er unterscheidet insbesondere nicht zwischen einem eingekleideten versteckten Wucher, einem versteckten Wucher mit einem Pallium, und einem versteckten Wucher ohne ein Pallium; insbesondere würde der Ausdruck: „unbekleideter versteckter Wucher“ rechtlich eine contradictio in adjecto enthalten, insofern man nur unter „Verstecken“ immer eine vorsätzliche Einrichtung des wucherlichen Geschäftes im Ganzen dergestalt, daß Niemandem außer den Kontrahenten die gesetzwidrige Zinsenerhebung bemerkbar ist, versteht. Daß auch von dem Schuldner diese unbemerkt bleibe, ist — beiläufig gesagt — zum Begriffe des versteckten Wuchers nicht erforderlich, wie oft erkannt, auch vom App.-Richter nicht verkannt ist, so daß der dahin gerichtete Vorwurf der NB. denselben nicht trifft.

Dagegen trifft denselben nach dem Bisherigen allerdings der Vorwurf, das Verstecken der Zinsenüberhebung im untergebenen Falle rechtlich verneint zu haben. Er selbst nimmt an, daß die in den betr. Wechseln ausgedrückten Beträge von 150 Thlrn., resp. 50 Thlrn. nur dargeliehene Kapitalssummen, für deren Rückzahlung Angeklagter P. dem W. dreimonatliche Ausstände bewilligte, und daß die Beträge von 20, resp. 12 Thlrn., welche Angeklagter bei Empfangnahme der Wechsel nach dem thatsächlichen Inhalte des ersten Urtels unter dem Namen von Prolongationsgebühren oder Prolongationskosten sich zahlen ließ, im Sinne des Gesetzes Zinsen gewesen seien; er meint aber, diese übermäßigen Zinsen seien nicht versteckt, sondern „offen gefordert und offen gezahlt“ worden. Allein nach der vom ersten Richter gegebenen, vom zweiten nicht veränderten Sachlage war abgesehen davon, daß Angeklagter und sein mitangeklagter Helfer dem Schuldner gegenüber den Namen „Prolongationsgebühren“ für jene Zinsen gebrauchten, es für jeden Dritten völlig unverkennbar, daß Angeklagter dieselben „sich zahlen ließ“ und dies zur Vorbedingung der Belassung des Hauptgeldes in der Hand des Schuldners gemacht hatte. Angeklagte hatten aber auch dadurch, daß sie Schuldscheine in der Form von Wechseln über die dargeliehene Hauptsumme allein sich als ausschließliche Beweismittel über die Natur des Geschäfts geben ließen, dem ganzen Geschäfte mittelst einer positiven Handlungsweise das Ansehen gegeben, daß der Dritte, namentlich auch der Richter im Hinblicke auf Art. 96 Nr. 2 der Allg. D. Wechs.-Ordn. und die §§ 727. 729. 824 I, 11. ALR. die Valuta für unverzinslich halten, die gesetzwidrige Zinsenzahlung ihm verborgen bleiben mußte, wenn nicht der Schuldner selbst — wie später geschehen — sie zur Entdeckung brachte. Es liegt kein bloßes negatives Verschweigen der gesetzwidrigen Zinsen-(Prolongations-Gebühren — §§ 803 und 810 I, 11. ALR.) Erhebung, sondern ein positives Unterdrücken derselben, nach Analogie des Unterdrückens einer wahren Thatsache beim Betruge, allen in das Geschäft nicht Eingeweihten gegenüber, thatsächlich vor, d. i. rechtlich ein Verstecken der Gesetzwidrigkeit im Sinne des § 263 des StGB.s. Das Mittel des Versteckens, das „Einkleiden," bestand in der Errichtung einer Urkunde, welche nicht das ganze Geschäft, wie es geschlossen war, nämlich ein durch die Vorauszahlung übermäßiger Zinsen bedingtes Darlehn, zur Erkenntniß brachte, sondern einen Theil desselben, indem darin die gesetzwidrige Bedingung und Zahlung unterdrückt wurde, so daß die Urkunde zum Deckmantel — Pallium — der Gesetzwidrigkeit ebenso sich eignete und diente, als wenn die Zinsen nicht baar aus der Hand des Schuldners in die Hand des Angeklagten, resp. seines Helfers bezahlt, sondern von der Wechselvaluta abgezogen und dennoch in den verschriebenen Betrag derselben als ein Theil davon fälschlich aufgenommen worden wären. Vergleicht man die Beispiele und die allgemeinen Bezeichnungen des verschleierten Wuchers in den oben citirten älteren Rechtsquellen, insbesondere l. 26 § 1 C. de usuris, §§ 3 und 8 Tit. 17 der R. P. O. von 1577, § 1277. II, 20. ALR. — „jede lästige Bedingung, hinter welche der Gläubiger die übermäßigen Zinsen versteckt, ist als Wucher anzusehen" — § 1278 u. § 1279 das. —:

so kann man kein Bedenken tragen, Fälle der vorliegenden Art demselben beizuzählen und gemäß dem oben angeführten Zusammenhange des § 263 StGB. mit diesen Quellen auch unter diesem § zu begreifen. Hinsichtlich der Gründe der Strafbarkeit besteht hier durchaus kein Unterschied. — Vgl. Berner Lehrb. d. Strafrechts S. 196. [23.—3.]

Steuerdefraude. — Unzurechnungsfähigkeit. — Trunkenheit.

Eine im Zustande der Unzurechnungsfähigkeit begangene Steuerdefraude ist straflos, sollte jene auch durch Trunkenheit herbeigeführt sein.

StGB. § 40 [vgl. dort n. 4]. Vgl. RbOTr. 1. S. 156; 2. S. 5; 5. S. 105.

Erk. (Z. I.) v. 16. Dez. 1864 c. Ritthammer (1250. I. Cr.).

R. war von der Anklage einer Schlachtsteuerdefraude deshalb freigesprochen worden, weil er sich zur betr. Zeit „in einem die freie Willensthätigkeit ausschließenden Zustande der Trunkenheit befunden und sonach bei der That ohne Zurechnungsfähigkeit gehandelt habe." Die NB. des OStA.s rügte unrichtige Anwendung des § 40 StGB.; derselbe greife nur bei solchen Strafthaten Platz, zu deren Thatbestand der Vorsatz des Thäters gehöre, nicht aber bei den aus Fahrlässigkeit begangenen Gesetzesübertretungen, welche eine durch eignes Verschulden herbeigeführte, bis zur Sinnlosigkeit gesteigerte Trunkenheit nicht straflos machen könne, weil die Trunkenheit schon an und für sich als eine Fahrlässigkeit anzusehen sei, für deren Folgen der Thäter einstehen müsse. Dabei war auf V. I. 9. Nov. 1860 (RbOTr. 1. S. 156) verwiesen. — Zurückweisung. Gründe:

Es ist zwar richtig, daß in dem cit. Erkenntniß vom 9. Nov. 1860 c. Jänsch anerkannt ist, daß eine durch eigene Schuld herbeigeführte Trunkenheit eine aus Fahrlässigkeit begangene Gesetzesübertretung nicht straflos machen kann. Im vorliegenden Fall ist aber nicht festgestellt — was in jener Sache c. Jänsch ausdrücklich geschehen war — daß die Trunkenheit des Angeklagten durch seine eigene Schuld herbeigeführt ist. Auch erhellet weder aus der Anklage, noch aus den beiden Vorerkenntnissen irgend ein Umstand, welcher auf eine besondere Verschuldung des Angeklagten in Betreff seiner Trunkenheit und daß er die dadurch veranlaßte Zuwiderhandlung gegen die Steuergesetze als möglich habe voraussehen können, hindeutet. Wenn der Angeklagte daher sich seiner diese Uebertretung der Steuergesetze bildenden Handlung nach der thatsächlichen Feststellung der vorigen Richter gar nicht bewußt gewesen ist, so konnte ihn deshalb auch keine Strafe treffen. [18.—3.]

Geldbuße. — Verwandlung in Gefängnißstrafe. — Reale Konkurrenz.

Die Dauer der an die Stelle der Geldbußen tretenden Gefängnißstrafe darf auch dann vier Jahre nicht übersteigen, wenn wegen mehrerer in realer Konkurrenz verübter Straffälle mehrfache Geldbußen zu verhängen sind.

StGB. §§ 17 [vgl. dort n. 5]. 56.

Erk. (Z. I.) v. 16. Dez. 1864 c. Holtorf (1310. I. Cr.).

H. war wegen einer großen Anzahl konkurrirender Fälschungen neben einer Zuchthausstrafe von zehn Jahren zu einer Geldbuße von im Ganzen 8000 Thlrn. verurtheilt, der letzteren aber für den Unvermögensfall eine Zuchthausstrafe von nur 2 Jahr 8 Monaten substituirt worden, weil der Schw.-GH. davon ausging, daß auch im Falle der realen Konkurrenz die substituirte Freiheitsstrafe das Maaß des § 17 Abs. 2 StGB. nicht übersteigen dürfe. NB. des OStA.s, welche die GStAnw.-schaft für begründet erachtete, da § 17 nur für den gewöhnlichen Fall einer einzigen Verurtheilung Verfügung treffe, im Allgemeinen der Fall der realen Konkurrenz aber ausschließlich durch die §§ 56 und 57 geregelt werde; nach diesen bilde die Strafkumulation die Regel und nur in Betreff der prinzipalen Freiheitsstrafe sei durch das Ges. v. 9. März 1853 eine Abweichung von jenem Prinzipe gestattet worden; da diese hier nicht zutreffe, so könne rücksichtlich der substituirten Gefängnißstrafe nur die Maaßbestimmung des § 57 Platz greifen. Das OTr. hat die NB. zurückgewiesen. Gründe:

Die Fassung des zweiten Satzes des § 17, daß „an Stelle einer (inexigiblen) Geldbuße Gefängnißstrafe treten soll," entscheidet die vorliegende Frage augenscheinlich nicht; das Wörtchen „eine" läßt sich nur als den unbestimmten

Artikel, nicht als Bestimmung des einzelnen Falles im Gegensatze einer Mehrzahl von uneinziehbaren Geldbußen, an deren Stelle auch unstreitig Gefängnißstrafe treten muß, oder — was noch künstlicher sein würde — so verstehen, daß damit nur eine für ein einziges Verbrechen oder Vergehen ausgesprochene Geldbuße gemeint sei, nicht aber eine Geldbuße, die ein Urtel wegen verschiedener konkurrirender Vergehen durch Zusammenzählung der für ein jedes verwirkten Geldbußen in einem Gesammtbetrage normiren kann, wie es in dem angegriffenen Erkenntnisse geschehen ist.

Der folgende Satz des § 17, der erst von der Dauer der eventuellen Gefängnißstrafe handelt, enthält weder das Wörtchen „eine," noch auch das Wort „Geldbuße," sondern setzt das Verhältniß jener Dauer zu gewissen Geldbeträgen fest ohne Unterschied, ob die letzteren aus der Geldbuße für ein einziges Verbrechen oder aus Geldbußen für verschiedene konkurrirende Verbrechen bestehen. Sieht man demnach von der Lösung der erhobenen Frage durch die Wortfassung des § 17 ab, so ergiebt die Entstehungsgeschichte desselben, daß alle Entwürfe des StGB.s nach dem Vorgange der AKO. v. 24. Febr. 1812 (GS. S. 114) ein Maximum der Freiheitsstrafe bestimmt haben, die Jemand um deswillen erleiden könnte, weil er zur Erlegung der nach dem Gesetze nur verwirkten Geldbuße unvermögend ist; es erschien den Anforderungen der Gerechtigkeit wie Billigkeit gemäß, eine Grenze anzunehmen, über welche hinaus die Gefängnißstrafe eines Unvermögenden in gar keinem Verhältnisse mehr zur Zahlung eines Geldbetrages von Seite eines Vermögenden stehen würde, wo alle und jede unbeibringliche, in einem Erkenntnisse aufgelegte Geldstrafen durch die mehrjährige Entbehrung der Freiheit gesühnt werden mußte.

Dieses Maximum der subsidiären Gefängnißstrafe ist schon in älteren Entwürfen und sodann seit dem Erlasse des Zoll-Str.-Ges.s v. 23. Jan. 1838 § 3 und der AKO. v. dems. Tage (GS. S. 92) unter ausdrücklicher Bezugnahme auf das darin festgesetzte Maximum der den Geldbußen wegen Zoll- und Steuerdefraudationen zu substituirenden Gefängnißstrafe von vier Jahren festgesetzt worden, „theils" — wie die Motive zu § 16 des jüngsten Entwurfs (§ 17 des StGB.s) besagen, „damit auch bei hohen Geldstrafen eine entsprechende Freiheitsstrafe verhängt werden kann, theils damit die nöthige Uebereinstimmung zwischen der allgemeinen Strafgesetzgebung und den Steuerstrafgesetzen, die sehr hohe Geldbußen bestimmen, nicht aufgehoben wird." Weiter, als die Steuerstrafgesetze, sollte das StGB. also gewiß nicht in Beziehung auf das Maximum von vier Jahren gehen und nur der in den Gesetzen v. 23. Jan. 1838 aufgestellte Unterschied zwischen dem ersten Straffalle und den Rückfällen ist in's StGB. nicht übergegangen. — Ob der erste Fall des Vergehens, der erste „Rückfall" im Gegensatze zum „Rückfalle," nur eine einzige Defraudation oder mehrere konkurrirende zum Gegenstande gehabt habe, unterschieden aber jene Gesetze von 1838 nicht, und die Konkurrenz gemeiner Vergehen kann daher eine Ueberschreitung der im § 17 des StGB.s begrenzten Dauer der subsidiären Gefängnißstrafe auch nicht begründen. —

Dieser Sinn sowohl des § 17, als des citirten Zollstrafgesetzes ist denn auch in dem Erkenntnisse c. Löwenherz v. 25. Mai 1853 und c. Steinthal v. 9. Mai 1855 als der richtige anerkannt worden.

Der § 57 des StGB.s gehört nicht hierher, da derselbe von Anfang bis zu Ende nur von prinzipalen Freiheitsstrafen handelt; vgl. Oppenh. StGB. § 57 Nr. 4. 10; G. Matt. zu 17 Nr. 3 und 10, id. zu § 57 Nr. 3; Besel. S. 119 Nr. 2.

Für die Dauer derjenigen Freiheitsstrafen, welche an die Stelle unbeibringlicher Geldbußen wegen Verbrechen und Vergehen treten dürfen, ist der § 17 des StGB.s, beziehungsweise das Ges. v. 23. Jan. 1838 allein maaßgebend, deren Absicht nur sehr unvollkommen erreicht sein würde, wenn zwar anstatt der Geldbuße von 2000 Thalern, die wegen eines Verbrechens ausgesprochen werden kann (vgl. z. B. §§ 244. 251 StGB.), höchstens vier Jahre Gefängniß gegen einen Vermögenden vollstreckt werden dürften, dagegen mehr als vier Jahre zulässig wären gegen Jemanden, der den nämlichen Betrag wegen Konkurrenz mehrerer geringerer Vergehen respektive Geldbußen zu zahlen hätte und dazu außer Stande wäre.

Dazu kommt, daß die Fälle, worin die Geldbuße für ein einziges Verbrechen oder Vergehen 1460 Thlr. übersteigt, somit nach dem ungünstigsten Verhältnisse von einem Tage für 1 Thlr. in eine, vier Jahre überdauernde, Freiheitsstrafe verwandelt werden könnte, zu selten sind, um die Absicht der Gesetzgebung bei Feststellung des Maximum der eventuellen Gefängnißstrafe als darauf beschränkt erachten zu dürfen.

Antr. des GStA.s: entg. [22. — 3]

Stempel. — Gesinde-Entlassungsschein.

Nur der einem Dienstboten ertheilte schriftliche Abschied, nicht die vorläufige Bescheinigung der Herrschaft, daß der anderweitigen Vermiethung des Dienstboten nichts entgegenstehe, ist stempelpflichtig.

Stemp.-Ges. v. 7. März 1822, Tarif v. Entlassungsschein; Ges.-Ordn. v. 8. Nov. 1810 §§ 171. 9. 10.

Erk. (Z. I.) v. 21. Dez. 1864 c. Christmann (1210. I. Cr.).

Ch. hatte der bei ihm dienenden M. Sch. ein „Abzugsattest" ertheilt, zu welchem ein Stempel nicht verwendet war; gleichwohl sprach ihn das AG. von der Anklage der Stempeldefraude frei, weil „das Attest nach seinem Inhalte kein Gesinde-Dienst-Entlassungsschein im Sinne des § 171 der Gesinde-Ordn., sondern nur die dem Gesinde zum Zweck der Wiedervermiethung nach § 9. 10 l. c. zu ertheilende vorläufige Bescheinigung sei, daß der anderweitigen Vermiethung Nichts entgegenstehe." NB. des OStA.s. Zurückweisung Gründe:

Es muß dem vorigen Richter darin beigetreten werden, daß, wenn der Tarif zum Stemp. Ges. v. 7. März 1822 die Versteuerung der Gesinde-Entlassungsscheine mit 5 Sgr. Stempel vorschreibt, damit nur der schriftliche Abschied gemeint ist, welchen die Herrschaft dem Gesinde beim Abzuge, also wenn das Gesinde den Dienst verläßt, nach § 171 der Ges.-Ordn. v. 8. Nov. 1810 zu ertheilen schuldig ist, daß dagegen die vorläufige Bescheinigung der Herrschaft noch während des Dienstes des Gesindes, daß der anderweitigen Vermiethung desselben Nichts entgegenstehe, der Stempelsteuer nicht unterliegt.

Antr. des GStA.s: gleichl. [18.—4.]

Presse. — Vertheilen. — Begriff.

Ob ein „Vertheilen" einer Druckschrift im Sinne des § 10 des Preßges.s stattgefunden habe, ist Gegenstand der thatsächlichen Beurtheilung; als ein solches kann unter Umständen auch die Uebergabe eines einzigen Exemplars an eine Person angesehen werden.

Preßges. v. 12. Mai 1851 § 10.

Erk. (Z. I.) v. 21. Dez. 1864 c. Schittke (1291. I. Cr.).

Sch. war „der Vertheilung von Druckschriften ohne polizeiliche Erlaubniß" angeklagt, weil er vier verschiedene Druckschriften in je einzelnen Exemplaren dem Schankwirth B. eingehändigt hatte. Das AG. fand hierin nicht den Thatbestand des „Vertheilens," da nicht feststehe, daß Sch. dergleichen Schriften auch noch andern Personen gegeben oder auch nur bei sich geführt habe. NB. des OStAnw.s. Zurückweisung. Gründe:

Wenn auch der Ausführung des App.-Richters: es gehöre zum Begriff einer öffentlichen Vertheilung (von Druckschriften), „daß solche an beliebige und mehrere Personen erfolgt sei, und daß mehrere Personen davon Mittheilung erhalten haben," in rechtlicher Beziehung nicht unbedingt beizupflichten, im Gegentheil der Ausführung des OStAnw.s darin beizutreten ist, daß unter Umständen schon die Uebergabe eines einzigen Exemplars an eine einzige Person genügen könne, um den Begriff des „Vertheilens" darzustellen, so ist doch die Frage, ob dergleichen Umstände vorhanden seien, thatsächlicher Natur, und es kann als ein Rechtsirrthum nicht bezeichnet werden, wenn der App.-Richter darin, daß der Angeklagte nur dem Schankwirth B. je ein Exemplar von vier Druckschriften übergeben und mehrere dergleichen nicht einmal bei sich gehabt hat, ein Vertheilen im konkreten Falle nicht findet. Ebensowenig kann etwas darauf ankommen, daß der Angeklagte dem rc. B. das Ansinnen gestellt hat, die übergebenen Druckschriften in seinem Schanklokal auszulegen, weil, wenn in einem solchen Auslegen auch ein Vertheilen gefunden werden könnte, doch andererseits feststeht, daß B. diesem Ansinnen weder entsprochen, noch einmal selbst die Schriften gelesen hat. Es würde sich also äußersten Falles nur um eine erfolglos gebliebene Aufforderung zur Begehung einer Uebertretung handeln, die schon nach allgemeinen strafrechtlichen Grundsätzen straflos bleiben würde.

Antr. des GStA.s: gleichl. [23. — 4.]

Urkundenfälschung. — Blankett. — Bedeutung der Schriftzeichen.

Wenn bei dem Mißbrauch eines Blanketts andere schon früher über der Namensschrift befindliche Schriftzeichen mit benutzt sind, so kommt es nicht darauf an, welche Bedeutung denselben vor der Ausfüllung beizulegen war, sobald sie nur nach der Ausfüllung so zu lesen sind, daß das Ganze den Charakter einer Urkunde annimmt.

StGB. § 248 [dort einzutr. als n. 7a].

Erk. (Z. I.) v. 21. Dez. 1864 c. Rousseau (6. I. Cr. v. 1865).

R. hatte einen Brief des Buchdruckereibesitzers H., welcher unter dem Contexte das Wort: „Ihr" und etwas tiefer den Namen: „H." trug, in der Weise zur Herstellung eines Wechsels benutzt, daß er den Context abschnitt und auf den leeren Raum über der Namensschrift die Worte schrieb: „Am 9. Febr. 1864 zahlen Sie für diesen Wechsel an die Ordre des — fünfzigtausend Thaler." „Herrn J. O. in K."

Nur das Wort „Wechsel“ war nicht ganz von der Hand des Angeklagten geschrieben, vielmehr hatte er an das schon früher dort befindliche, ziemlich undeutlich geschriebene Wort: „Ihr“ die Zeichen „echsel“ angehängt, wodurch das Ganze die Gestalt annahm, daß es als „Wechsel“ zu lesen war. Aus § 248. 251 bestraft, machte er im Wege der NB. geltend: es stehe fest, daß er nur das Wort „echsel“ geschrieben habe, das vorhergehende, von ihm in keiner Weise veränderte Schriftzeichen habe ursprünglich unbestrittener Maaßen „Ihr“ bedeutet; ebendeshalb dürfe es jetzt nicht als ein W aufgefaßt und das Ganze nicht als „Wechsel“ gelesen werden, es sei gleichgültig, daß es sich dem subjektiven Gesichtssinne des ersten Richters als solches dargestellt habe; fehle hiernach in dem Schriftstücke das Wort „Wechsel“, so könne dasselbe nach Art. 4 Nr. 1 der D. WO. nicht als solcher angesehen werden, und § 251 StGB. sei mit Unrecht zur Anwendung gebracht. Zurückweisung. Gründe:

Es ist für die Anwendung des Rechtsbegriffs eines Wechsels völlig gleichgültig, ob der Buchstabe W. oder auch ein anderer oder mehrere Buchstaben, namentlich das Wörtchen „Ihr,“ vor der Herstellung des Schriftstücks durch den Angeklagten dort gestanden habe, wo er die Schriftzeichen „echsel“ anknüpfte; genug, daß nach dieser Ausfüllung das Ganze für „Wechsel“ zu lesen war und von den Geschwornen gelesen worden ist.

Antr. des GStA.s: gleichl. [23. — 4.]

Urkunde, öffentliche. — Amtliche Bescheinigung. — Geleistete Arbeit.

Amtliche Bescheinigungen über die von einem Arbeiter für öffentliche Rechnung geleisteten Arbeiten, welche diesem Arbeiter als amtliche Beweisstücke für seine Lohnforderung dienen, sind öffentliche Urkunden.

StGB. § 247 [vgl. dort n. 103. 134]. 251 [vgl. dort n. 19]. RdOTr. 4. S. 145.

Erk. (B. I.) v. 21. Dez. 1864 c. Kelsch (28. I. Cr. v. 1865).

Der Chausseeaufseher K. war von den Geschwornen schuldig befunden worden, in mehreren Fällen:

1) — in der Absicht sich Gewinn zu verschaffen bewirkt zu haben, daß in der vom Kgl. Kreisbaumeister Fr. über Arbeiten, welche auf der — Chaussee ausgeführt worden, und über die Richtigkeit der darüber aufgestellten Bescheinigung vom — die Thatsache als geschehen bekundet wurde, daß der Maler Sch. das Numeriren und Anstreichen von 100 Stück Grenzsteinen zum Preise von 2½ Sgr. bewirkt habe, während diese Arbeit nur zum Preise von 1 Sgr. 10 Pf. für den Stein bewirkt war; und sodann

2) — in der Absicht sich Gewinn zu verschaffen das Vermögen des Kgl. Fiskus dadurch beschädigt zu haben, daß er bei Aufstellung der Liquidation des rc. Sch. über — — für ausgeführte Malerarbeiten und bei Ueberreichung derselben an den Kreisbaumeister Fr. durch Vorbringung falscher Thatsachen einen Irrthum erregte.

Der Schw.-GH. erachtete indessen die in der 1. Frage erwähnte Bescheinigung nicht für eine Urkunde, daher den § 252 StGB. nicht für anwendbar, und verurtheilte nur wegen wiederholten Betrugs. Auf die NB. des OStA.s hat das OTr. dieses Erkenntniß vernichtet und die Strafe aus § 252 und 242 StGB. verhängt. Gründe:

Der Ansicht des StA.s, daß die von dem Kgl. Kreisbaumeister Fr. in Ausübung seines Amtes ausgestellten Bescheinigungen über geleistete Arbeiten an den Chausseesteinen, wodurch der Arbeiter rc. Sch. ein amtliches Beweisstück für seine Lohnforderung erhielt, öffentliche Urkunden im Sinne des § 252 StGB. seien, war beizupflichten, wie bereits im ähnlichen Falle ausgeführt worden ist (RbOTr. 4. S. 145, G. A. 12. S. 143). Demgemäß mußte auch dieser § zur Anwendung kommen und ist die Strafe mit Rücksicht auf die Mehrheit der von den Geschwornen festgestellten (intellektuellen) Fälschungen, sowie auf die damit jedenfalls noch materiell konkurrirenden Vergehen des Betruges abgemessen worden.

Antr. des GStA.s: gleichl. [23. — 4.]

Vertreter. — Rechtsmittel. — Befugniß.

Angehörige des (großjährigen) Angeklagten, z. B. der Vater desselben, können nicht gegen seinen Willen ein Rechtsmittel ergreifen.

Vdn. v. 3. Jan. 1849 Abschn. IV. [vgl. dort S. 452 n. 14; Art. 21 n. 24].

Beschl. (I.) v. 21. Dez. 1864 c. Depke (325. B. I. Cr.).

Die vom Vater des verurtheilten D. angemeldete NB. war vom KG. zurückgewiesen worden; der RA. L. ergriff im Namen des ersteren die Beschwerde an das OTr., auch diese ward aber zurückgewiesen; in der Verbescheidung heißt es:

Es wird Ihnen eröffnet, daß der 24jährige Angeklagte Friedrich Depke zum gerichtlichen Protokolle v. rc. ausdrücklich erklärt hat, sich bei dem, ihn wegen Brandstiftung zu einer 2jährigen Zuchthausstrafe verurtheilenden schwurgerichtlichen Erkenntnisse v. rc. beruhigen zu wollen, woraus nach den hier allein entscheidenden Artt. 106 ff. des Ges.s v. 3. Mai 1852 in Verbindung mit dem § 126 der Vdn. v. 3. Jan. 1849 folgt, daß wider den Willen des Angeklagten dessen Vater nicht berechtigt ist, das Rechtsmittel der Nichtigkeits-Beschwerde einzulegen. In dieser Beziehung ist der § 435 der Cr.-Ordn. als aufgehoben zu erachten.

Antr. des GStA.s: gleichl. [20. — 2.]

Wucher. — Einkleidung. — Zeitfolge.

Ein versteckter Wucher kann auch in der Weise verübt werden, daß das die Gesetzwidrigkeit verdeckende Geschäft vorbereitet wird, noch ehe die Zinsenverabredung zum Abschlusse gekommen ist.

StGB. § 263 [dort einzutr. als n. 52a].

Erk. (3. I.) v. 4. Jan. 1865 c. Alscher (865. I. Cr.).

Es unterliegt keinem Bedenken, daß das Geschäft, welches die Gesetzwidrigkeit verdecken soll, der ungesetzlichen Zinsenstipulation nachfolgt. Dies hindert aber nicht, daß das einkleidende Geschäft in der Erwartung einer solchen Zinsenverabredung vorbereitet, im vorliegenden Falle also —

wo die Wechselform gewählt worden, — daß die Wechsel ausgestellt und acceptirt wurden, während das Giro auf den Angeklagten aber erst erfolgte, d. h. die Wechsel ihm übergeben wurden, nachdem man sich über die Höhe des Darlehns vereinbart hatte. In dieser Richtung liegt daher keine Verletzung des § 263 l. c. vor, wie das Kgl. ObTr. bereits in dem Urtheil v. 2. Okt. 1861 (G. A. 9. S. 851) angenommen hat.

Antr. des OStA.s: gleichl. [13.—4.]

---

1. Presse. — Kautionspflichtige Zeitung. — Verleger. — Nachweis des Herausgebers.
2. Verleger. — Verantwortlichkeit. — Ehrverletzung. — Bekanntmachung des Urtheils.

1. Im § 35 des Preßges.s ist unter dem „Herausgeber," welchen der Verleger „nachzuweisen" verpflichtet ist, derjenige zu verstehen, welcher die Veröffentlichung des Preßerzeugnisses mit Kenntniß seines Inhaltes veranlaßt hat; bei kautionspflichtigen Blättern muß in Betreff jedes einzelnen Artikels derjenige nachgewiesen werden, welcher diesen Artikel mit Kenntniß seines Inhalts dem Blatte zum Zwecke des Abdrucks zugeführt hat.

Preßges. v. 12. Mai 1851 § 35. Vgl. RbOTr. 3. S. 503; 4. S. 371; 5. S. 169.

2. Im cit. § 35 deutet der Ausdruck „nachweisen" auf die Bezeichnung der betr. Person verbunden mit der Angabe der Beweismittel für die Richtigkeit dieser Bezeichnung.

Ebendas.

3. Wird der Verleger einer Druckschrift aus § 35 cit. bestraft, weil der Inhalt derselben den Thatbestand einer Ehrverletzung enthält, so kann

nicht gleichzeitig aus § 163 StGB. die Bekanntmachung des Urtheils angeordnet werden.

StGB. § 163 [dort einzutr. als n. 9a].

Erk. (Z. I.) v. 4. Jan. 1865 c. Hartung (897. I. Cr.).

Die von H. verlegte H—sche Zeitung hatte einen Artikel gebracht, durch dessen Inhalt der Unteroffizier B. in Beziehung auf seinen Beruf verleumdet wurde; wegen Theilnahme an dieser Verleumdung war der Redakteur des Blattes Dr. v. H. verurtheilt worden, es war jedoch die Gestattung der Bekanntmachung des Urtheils (StGB. § 163) nicht erfolgt. Außerdem ward der Verleger H. aus § 35 des Preßges.s angeklagt, weil er bei seiner ersten Vernehmung weder den Verfasser noch den Herausgeber des betr. Artikels nachgewiesen habe. Er machte in 2. Instanz geltend: er sei bei seiner ersten Vernehmung zwar nach dem Verfasser des Artikels und auch nach dem Herausgeber der Zeitung, nicht aber nach dem Herausgeber des Artikels befragt worden, als Herausgeber der Zeitung habe er sofort den Redakteur Dr. v. H. genannt; er erbot nunmehr auch den Beweis, daß v. H. wirklich der Herausgeber des Artikels sei. Dieses letztere Erbieten erachtete das AG. für verspätet und verurtheilte den H., indem es sich auf die im Plenar-Erkenntnisse des OTr.s v. 22. Febr. 1864 (RdOTr. 4. S. 371) entwickelten Gründe stützte; dagegen lehnte es den Antrag des OStA.s: auf Grund des § 163 StGB. dem Unteroffizier B. die Bekanntmachung des Urtheils zu gestatten, — ab, weil H. nicht wegen Ehrverletzung gestraft werde. — Sowohl H. als der OStA. ergriffen die NB. Der erstere suchte zunächst die im cit. Erkenntnisse v. 22. Febr. 1864 entwickelten Grundsätze zu widerlegen: die Frage, wer Herausgeber einer Druckschrift sei, — dürfe nicht, wie geschehen, mit Rücksicht auf eine Spezies von Druckschriften (kautionspflichtige Blätter) gelöst, vielmehr müsse der generelle Begriff des „Herausgebers" festgestellt werden, weil die betr. Verpflichtung des Verlegers allgemeiner Natur sei und bei verschiedenen Druckschriften nicht verschieden sein könne; auch sei ein einzelner Artikel einer Zeitung keine „Druckschrift" im Sinne des Preßges.s. Sodann rügte H. die Ablehnung des nachträglich gestellten Beweisantrags: der § 35 verpflichte den Verleger, bei seiner ersten Vernehmung den Herausgeber 2c. nachzuweisen, nicht aber diese Angabe zu beweisen, was keineswegs gleichbedeutend sei. — Der OStA. behauptete dagegen Verletzung des § 163 StGB. und suchte auszuführen: das den H. verurtheilende Erkenntniß stelle objektiv den Thatbestand einer Verleumdung des B. fest, auch liege der Verurtheilung aus § 35 des Preßges.s dieser Thatbestand zum Grunde, dieselbe sei wenigstens mittelbar durch die in dem betr. Artikel enthaltene Ehrverletzung veranlaßt; § 163 cit. bestimme aber nicht sowohl eine Strafe als vielmehr eine Form der Ehrenrettung für den Beleidigten. —

Das OTr. hat beide NBeschwerden zurückgewiesen. In Betreff des Rechtsmittels des H. ist auf die in den OTr.s-Entscheidungen v. 17. Juni 1863 und v. 22. Febr. 1864 (RbOTr. 3. S. 503; 4. S. 371) enthaltenen Ausführungen verwiesen, und sodann erwogen:

Wenn der App.-Richter den in zweiter Instanz gestellten Beweisantrag, daß der Dr. v. H. der wirkliche Herausgeber der Artikel gewesen, nicht berücksichtigt hat, weil dieser Nachweis gleich bei der ersten Vernehmung habe geführt werden müssen, so ist hierin eine unrichtige Anwendung des § 35 ebenfalls nicht enthalten, da der von dem Angeklagten aufgestellte Unterschied zwischen nachweisen und beweisen der Begründung entbehrt, der App.-Richter übrigens die Bedeutung, welche dem „nachweisen" beizulegen, in den Worten ausspricht, daß der Angeklagte in dem Protokoll den Namen des Herausgebers unter Angabe der Beweismittel nicht einmal genannt habe. —

Der Angriff in der NB. des OStA.s wird durch die angeführten Gründe des App.-Richters beseitigt. Der als verletzt bezeichnete § 163 StGB. unterstellt eine wegen Ehrverletzung ausgesprochene Verurtheilung und betrachtet die in demselben angeordneten Bekanntmachungen, welche auf Kosten des Verurtheilten erfolgen, als einen Theil der Strafe. Nun ist der Angeklagte H., auf welchen allein die Appellation des StA.s sich bezog, nicht wegen Ehrverletzung, sondern wegen Unterlassung des im § 35 des Preßgesetzes vorgeschriebenen Nachweises bestraft, und der § 35 enthält nicht eine gleiche Vorschrift, wie der § 163 StGB. Eine mittelbare Verurtheilung wegen Ehrverletzung, von welcher die NB. ausgeht, ist aber dem StGB. unbekannt, nur der Urheber und Theilnehmer können wegen Beleidigung verfolgt werden. In keinem Falle könnte übrigens im Sinne des § 163 der Tenor des App.-Urtheils, sondern nur das den Dr. v. H. wegen Ehrverletzung bestrafende erste Erkenntniß auf den Antrag des verletzten B. bekannt gemacht werden.

Antr. des GStA.s: gleichl. [13.—4.]

Branntweinsteuer. — Hefenbereitung. — Einmaischung — Defraudation.

Die Hefenbereitung ist ein Akt der Einmaischung; sie kann daher, wenn sie undeklarirt stattfindet, sowohl die Defraudations- als die Kontraventionsstrafe nach sich ziehen.

AKO. v. 10. Jan. 1824 § 5. Vgl. RbOTr. 1. S. 173; B. I. 14. Okt. 1859 c. Bennecke, 688.

Erk. (B. I.) v. 4. Jan. 1865 c. Schützmann (642. I. Cr. v. 1864).

Der Brennereiverwalter Sch. hatte von einem durch Aufsetzen eines Kranzes vergrößerten, sonst aber deklarirten Hefeneimer wiederholt Gebrauch gemacht, um das Uebergähren und somit den Verlust der Hefe zu verhindern. Der Steuer-Kontravention und Defraudation angeklagt, ward er von beiden Instanzrichtern freigesprochen, vom AG. aber wegen „Abänderung der Brennereigeräthe ohne Anzeige" mit einer Ordnungsstrafe belegt. Jene Freisprechung ward durch die Erwägung gerechtfertigt, daß die Bereitung der Hefe kein Akt der Maischbereitung sei, und deshalb auch einer Versteuerung nicht unterliege, weshalb weder die Kontraventionsstrafe, der AKO. v. 10. Jan. 1824 noch eine Defraudenstrafe Platz greifen könne. — Auf die NB. des Pr.-St.-Direktors ist das Erkenntniß 2. Instanz vernichtet und die Sache an das AG. zurückverwiesen worden, weil noch die thatsächliche Feststellung darüber fehle, ob eine Steuerverkürzung beabsichtigt gewesen sei. Gründe:

Unter Einmaischung und Zubereitung von Maische ist rechtlich und im Sinne der AKO. v. 10. Jan. 1824 das ganze Verfahren in den Brennereien zu verstehen, von der ersten Einbringung der Frucht an, bis zur vollständigen Reife der Maische und dem Abbrennen derselben. Hierzu gehört daher auch die Hefenbereitung in den Brennereien. Das OTr. hat auch bereits in dem Erk. v. 12. Dez. 1860 c. Freywald u. Fritze [RbOTr. 1. S. 173] im Einklang mit dem Fin.-Min.-Reskr. v. 20. Febr. 1838 (Schimmelf. Ind. Steuern 2. Ausg. S. 724) ausgesprochen, daß die Hefenbereitung ein integrirender Theil der Maischbereitung oder Einmaischung bildet, und daß daher die AKO. v. 10. Jan. 1824 Nr. 5 auch auf Hefengefäße Anwendung findet. Die letztere spricht ganz allgemein von den zur Einmaischung oder Gährung der Maische benutzten „Gefäßen" und bedroht ebenso allgemein und ohne Ausnahme „die Einmaischung oder Zubereitung von Maische, die dem Steuerbeamten gar nicht angesagt, oder die an anderen Tagen, in anderen Räumen, oder in anderen Gefäßen als den angesagten vorgenommen wird," mit Strafe. Die Hefenbereitung bildet aber denjenigen Theil der Maischbereitung überhaupt, durch welchen die Hefe, das Gährungsmittel, hergestellt, und die Gährung der Maische befördert wird. Sie enthält also einen integrirenden Akt der Maischbereitung, gleichviel, ob diese Bereitung des Gährungsmittels in dem versteuerten Bottig selbst, oder mit Genehmigung der Steuerbehörde in einem zu dem versteuerten Bottig gehörigen Nebengefäß (Hefengefäß) geschieht. Auch das letztere muß dann als ein zur Gährung der Maische benutztes Gefäß angesehen werden. —

Wenn übrigens der App.-Richter bemerkt, daß, weil die Hefenbereitung überhaupt keiner Versteuerung unterliege und eine Steuer von der Hefe gar nicht defraudirt werden könne, die Defraudationsstrafe in einem Falle, wie der vorliegende, auch niemals verwirkt sein könne, so beruht dies gleichfalls auf einem Rechtsirrthum. Denn die Hefe wird allerdings nach der AKO. v. 10. Jan. 1824 ebensowenig versteuert, wie die Maische. Dagegen muß aber der Rauminhalt oder Quartinhalt der zur Einmaischung oder Gährung der Maische benutzten Gefäße, wozu an und für sich auch die zur Hefenbereitung benutzten Nebengefäße gehören, versteuert werden. Nun ist zwar durch die Bekanntmachung des Fin.-Ministers v. 16. Juni 1827 (Schimmelpf. l. c. S. 249) den Steuerbehörden erlaubt, unter gewissen Bedingungen den steuerfreien Gebrauch der zur Maischbereitung benutzten Nebengefäße, also auch der Hefengefäße, zu gestatten, dies jedoch gänzlich von ihrem Ermessen nach näherer Prüfung der Verhältnisse in jedem einzelnen Fall abhängig gemacht. Es wird also bei einer Ordnungswidrigkeit in Betreff eines solchen Nebengefäßes in jedem einzelnen Fall, wenn es sich zugleich um die Defraudationsstrafe handelt, immer auch noch thatsächlich festzustellen sein, wie es sich in Beziehung auf die Steuerfreiheit des Nebengefäßes in concreto verhält, ob also das benutzte Nebengefäß steuerfrei gewesen ist, und unter welchen Bedingungen diese Steuerfreiheit von der Steuerbehörde bewilligt war, sowie, ob diesen Bedingungen genügt ist; namentlich muß dann also auch geprüft und festgestellt werden, worauf es im vorliegenden Fall, weil die Ordnungswidrigkeit in dem Aufsetzen eines zinnernen Kranzes auf das Hefengefäß bestanden hat, ankommen wird, ob in Beziehung auf den Rauminhalt des Nebengefäßes die von der Steuerbehörde in dieser Hinsicht gezogenen Grenzen innegehalten sind, da, wie die NB. mit Recht ausführt, der einem Nebengefäß deklarationswidrig hinzugesetzte Raum unzweifelhaft an und für sich ein maischsteuerpflichtiges Objekt bildet, dessen Nichtversteuerung bei nachgewiesener Absicht der Steuerverkürzung nach der AKO. v. 10. Jan. 1824 die Verwirkung der Defraudationsstrafe zur Folge hat.

Antr. des GStA.s: gleichl. [18.—4.]

Ausland. — Aufruhr.

Der von einem Preußen im Auslande gegen einen dortigen Beamten rc. verübte Aufruhr ist in Preußen nach Anleitung der §§ 91 und 4 Nr. 3 des StGB.s zu bestrafen.

StGB. § 4 Nr. 3 [vgl. dort n. 20]; 91. Vgl. RdOTr. 4. S. 147.

Erk. (B. I.) v. 4. Jan. 1865 c. Swit (858. I. Cr.).

Die thatsächliche Feststellung der Vorderrichter enthält alle Merkmale des Thatbestandes des Aufruhrs, welchen der § 91 des StGB.s mit Strafe bedroht. Die Deduktion des App.-Richters, daß der Aufruhr als inneres Staatsverbrechen in der Sprache des ALR.s und der Theorie von einem Preußen nur gegen die Preußische Staatsgewalt begangen werden könne, kann als haltbar nicht erachtet werden. Unter dem „Widerstande gegen die Staatsgewalt" ist den Worten nach der Widerstand gegen diejenige Staatsgewalt zu verstehen, welche am Orte der That herrscht. Wird er in einem fremden Staate unter den in den §§ 89 und 91 des StGB.s bezeichneten Umständen verübt, so führt er dort alle die Gefahren für Leben und Eigenthum, wie für das Gemeinwohl mit sich, welche er hier mit sich führen würde, und es ist kein Grund anzunehmen, daß eine solche Handlung eines Preußen bloß deshalb straflos ausgehen müßte, weil sie nicht gegen die Preußische Staatsgewalt gerichtet war. Das Gesetz selbst schweigt von einer derartigen Beschränkung der Strafbarkeit der in ihm vorgesehenen Thathandlungen des Aufruhrs gänzlich, und selbst vom legislatorischen Standpunkte aus würde es sehr bedenklich erscheinen, einem im Auslande verübten und auch nach den dortigen positiven Strafgesetzen strafbaren Aufruhr die Straflosigkeit zuzusichern. Unstreitig hätte die Gesetzgebung einen solchen mit einer geringern Strafe bedrohen können, als den Widerstand eines Preußen gegen seine eigene Staatsgewalt, wie es bei einigen eminenten Staatsverbrechen ausdrücklich geschehen ist; für das Vergehen des Aufruhrs ist es aber nicht geschehen und erschien genügend, daß die Strafverfolgung wegen desselben, wenn es im Auslande begangen, überhaupt nach § 4 Nr. 3 des StGB.s dem pflichtmäßigen Ermessen der Staatsanwaltschaft überlassen, nicht aber geboten sei; hat aber die Staatsanwaltschaft einmal nach Erwägung aller Umstände die Strafverfolgung eingeleitet, so kann sich das Richteramt der Anwendung der §§ 89 und 91 des StGB.s nach Feststellung des Thatbestandes und der Thäterschaft ebensowenig mit Rücksicht auf den ausländischen Ort der That entziehen, wie der Anwendung anderer §§ des StGB.s auf die darin bedrohte, wenngleich im Auslande begangene That, die immer mehr oder weniger gegen den Staat, worin sie verübt, gegen sein Gemeinwohl gerichtet und ja eben darum unter eine öffentliche Strafe gestellt ist. Dem theoretischen Unterschiede zwischen Staatsverbrechen und gemeinen Verbrechen kann von den Gerichten nicht im weitern Umfange Rechnung getragen werden, als von dem Gesetze.

Antr. des GStA.s: gleichl. [15.—4.]

---

1. Fragstellung. — Unvollständigkeit. — Ergänzung. 2. Konnexität. — Wegfall. — Ober-Tribunal.

1. Eine unvollständige, die Anklage und den Thatbestand nicht erschöpfende Frage an die Geschwornen kann nicht aus einer andern einen Mitangeklagten betreffenden Frage ergänzt werden, wenn sie nicht eine ausdrückliche Verweisung auf diese enthält.

Ges. v. 3. Mai 1852 Art. 80 [vgl. dort n. 2. 8].

2. Ist ein Vergehen wegen seiner Konnexität mit dem Verbrechen eines Andern mit diesem vor den Schwurgerichtshof gebracht worden, so verweist das Ober-Tribunal, wenn es die Entscheidung und das Verfahren nur wegen des ersteren vernichtet, die Sache vor die zuständige Gerichtsabtheilung.

Ges. v. 3. Mai 1852 Art. 3 [vgl. dort n. 14].

Erk. (V. II.) v. 5. Jan. 1865 c. Braß (Herr & Gen. 425. II. Cr.).

H. und Br. waren unter der Anklage der gemeinschaftlichen Meuterei, bei welcher H. Gewaltthätigkeiten verübt habe, vor den Schw.-GH. verwiesen worden; in Betreff des H. ward eine erschöpfende Frage gestellt, während die auf den Br. bezügliche der angewendeten Gewalt keine Erwähnung that. Auf die NB. des letztern erfolgte Vernichtung des verurtheilenden Erkenntnisses und Zurückverweisung der Sache vor die Gerichtsabtheilung. Erwogen ward:

daß die NB. des Br. insofern als begründet erachtet werden muß, als derselbe durch den Spruch der Geschwornen nur der Zusammenrottung und des gemeinsamen Ausbruchsversuches für schuldig erklärt worden ist, diese

Feststellung aber den gesetzlichen Thatbestand des im § 96 StGB. vorgesehenen Vergehens nicht erschöpft, zu diesem Ende vielmehr erforderlich ist, daß der Ausbruchsversuch ein gewaltsamer gewesen, wenngleich die desfallsigen Gewaltthätigkeiten nicht von allen Betheiligten verübt zu sein brauchen;

daß dieser Mangel vorliegend auch nicht durch die festgestellte Gemeinsamkeit des Ausbruchsversuches ersetzt werden kann; indem die den rc. Br. betreffende Frage sich nicht ausdrücklich auf die in der ersten Frage gegen rc. H. festgestellten Gewaltthätigkeiten zurückbezieht;

daß endlich nach Erledigung der Anklage wider rc. H. der in der Konnexität beruhende Grund weggefallen ist, aus welchem früher die Sache auch gegen Br. vor den Schwurgerichtshof verwiesen worden ist; rc.

Antr. des GStA.s: gleichl. [22.—2.]

Grundstück rc. (fremdes). — Uebergang. — Eingeschlossenes Grundstück.

Das Fahren rc. über eine fremde Wiese rc. vor beendigter Ernte kann deshalb nicht straflos bleiben, weil diese Handlung nothwendig war, um auf ein benachbartes, von allen Seiten eingeschlossenes Grundstück zu gelangen.

StGB. § 347 Nr. 10 [dort einzutr. als n. 17a]; Rh. BGB. Art. 682.

Erk. (B. II.) v. 5. Jan. 1865 c. Franken & Klein (392. II. Cr. v. 1864).

Fr. und Kl. waren unter der Beschuldigung: „— —‚unbefugt vor völlig beendigter Ernte über eine fremde Wiese gefahren zu sein" vor das (Rh.) Pol.-Gericht gestellt worden. Sie wandten ein: sie seien Pächter eines anstoßenden, von allen Seiten eingeschlossenen Grundstücks, hätten also auf dasselbe nur durch Ueberfahren eines Nachbargrundstücks gelangen können; sie seien zur Erstattung des angerichteten Schadens bereit und hätten sich auch dazu, dem Eigenthümer der Wiese gegenüber, erboten." Der PR. nahm diese thatsächlichen Einwendungen für erwiesen an und sprach unter Bezugnahme auf Rh. BGB. Art. 682 frei. Auf den Kass.-Rekurs des PA.s ist dieses Erkenntniß vernichtet und die Strafe des § 347 StGB. verhängt worden. Erwogen ward:

daß die dem Eigenthümer eines eingeschlossenen Grundstückes nach Art. 682 des BGB.s zustehende Befugniß, zur Benutzung desselben eine Wegegerechtigkeit über die Grundstücke seines Nachbars nach der öffentlichen Straße in Anspruch zu nehmen, nur dadurch zur Verwirklichung gebracht werden kann, daß von der zuständigen Behörde im Wege Rechtens festgestellt wird, über welches der benachbarten Grundstücke und in welcher Richtung der Weg nach der öffentlichen Straße eingeschlagen werden soll, — die eigenmächtige Benutzung eines selbstgewählten Weges aber jeder rechtlichen Begründung entbehrt;

daß diesemnach die Kassationsverklagten, unter Verletzung des Art. 682 des BGB.s von der gegen sie erhobenen Beschuldigung, am 31. Aug. v. J. unbefugt, vor völlig beendeter Ernte, über die Wiese, genannt „das Grind," bei M., gefahren zu haben, freigesprochen worden sind, da die Dringlichkeit der Ernte an und für sich die Strafbarkeit der Handlung nicht aufheben kann, und der im ergangenen Erkenntnisse angenommene gute Glauben der Beschuldigten nur auf einem Rechtsirrthume beruhen würde, welcher einen Einfluß auf die Strafbarkeit nicht ausüben kann.

[22.—2.]

---

1. Urkundenfälschung. — Gewinn. — Umgehung einer Klage.

2. Geschworne. — Recht der theilweisen Bejahung rc.

1. Es ist als ein gesuchter „Gewinn" im Sinne des § 247 StGB. anzusehen, wenn Jemand beabsichtigt, einen Anspruch zu realisiren, ohne erst die sonst erforderliche Klage auf Zahlung anstellen zu müssen.

StGB. § 247 [dort einzutr. als n. 10a].

2. Die Befugniß der Geschwornen, eine Frage theilweise zu bejahen und theilweise zu vernei-

nen, beruht auf einer wesentlichen Vorschrift des Verfahrens; sie darf nicht beschränkt werden.

Ges. v. 3. Mai 1852 Art. 80 [vgl. dort n. 14; Art. 81 n. 29].

Erk. (B. II.) v. 5. Jan. 1865 c. Kohlhepp (378. II. Cr.).

Der auf der Zeche M. T. in Arbeit stehende Bergmann K. schuldete seinem Wirth H. für Kost und Wohnung 12 Thlr. Auf Ansuchen des letzteren hatte daher der Gruben-Direktor E. angeordnet, daß K. seinen rückständigen Lohn aus der Grubenkasse nur mit Einwilligung des H. ausgezahlt erhalten sollte; dieses war dem K. bekannt gemacht worden, seine Zustimmung hatte dazu er nicht ertheilt. Er hat demnächst eine Schrift, lautend:

> Ich bescheinige, daß J. K. bei mir in der Kost ist und seinen Lohn empfangen kann, — rc. (Datum)

fälschlich mit dem Namen des H. unterzeichnet und auf Vorlegung derselben Auszahlung seines Lohnes erlangt. Hierin fand die Anklage den Thatbestand der Urkundenfälschung. Der StA. beantragte die Fragstellung in Beziehung auf die behauptete gewinnsüchtige Absicht dahin zu fassen: „— — in der Absicht sich in den Besitz des von ihm auf der Zeche M. T. verdienten, ihm aber auf Antrag und im Interesse seines Wirths H., dem er einen anerkannten Rückstand an Kostgeld schuldete, *mit seinem Wissen* und *ohne seinen Widerspruch* von der Grubenverwaltung vorenthaltenen und mit Beschlag belegten Lohnes zu bringen und diesen Lohn anderweitig und zwar *nicht* zu der dem H. zugesicherten Bezahlung des rückständigen Kostgeldes zu verwenden" —. Der Gerichtshof lehnte indessen diesen Antrag ab und formulirte den betr. Theil der Frage dahin: „— — in der Absicht seinen Lohn, welcher ihm nach der Anweisung des Grubendirektors E., nachdem er in dieselbe *ausdrücklich eingewilligt*, nicht anders als mit Genehmigung des rc. H. ausgezahlt werden sollte, ohne diese Genehmigung zu erlangen, — —." In den Gründen des betr. Beschlusses ward ausgeführt: „in Betreff des Erfordernisses der gewinnsüchtigen Absicht sei auf die Einwilligung des Angeklagten und zwar auf die ausdrückliche Einwilligung Gewicht zu legen, und im Uebrigen enthalte die gewählte Form der Frage sowohl eine genügende Auflösung des Begriffs der gewinnsüchtigen Absicht in die thatsächlichen Momente als die übrigen Kriterien der Urkundenfälschung." Sodann belehrte der Vorsitzende die Geschwornen, daß die ganze Frage zu verneinen sei, selbst wenn nur die *ausdrückliche* Einwilligung des K. für nicht erwiesen erachtet werde. In Betreff des letzteren Punktes erbaten sich die Geschwornen demnächst noch eine nähere Belehrung: ob sie nicht die Frage im Ganzen bejahen und hinzufügen dürften: „es sei nicht erwiesen, daß K. ausdrücklich in die Anordnung des E. eingewilligt habe," worauf der Vorsitzende wiederholt erklärte: „sie hätten die Frage lediglich mit Ja oder Nein zu beantworten, dieselbe also zu verneinen, falls sie auch nur das „ausdrücklich" verneinen zu müssen glaubten." Hierauf sprachen die Geschwornen das Nichtschuldig aus. Auf die NB. des StA.s ist das freisprechende Erkenntniß vernichtet und die Sache zur erneuerten Verhandlung vor den Schw.-GH. zurückverwiesen worden. Gründe:

Der Schw.-GH. hat, — wie es scheint, mit Berücksichtigung der Ministerial-Verfügung v. 29. März 1853 ad a und b (JMBl. S. 136) angemessen gefunden, den zum Thatbestande der Urkundenfälschung gehörenden Begriff von „Gewinn" und „gewinnsüchtiger Absicht" nicht, wie in dem Anklage-Beschlusse und in der Anklageschrift geschehen war, mit den Worten des Gesetzes in die den Geschwornen gestellte Frage aufzunehmen, sondern denselben aufzulösen, ihm der Sachlage des konkreten Falles entnommene thatsächliche Momente zu substituiren, von denen er angenommen hat, daß durch sie jenes gesetzliche Merkmal, dem Gesetze entsprechend, wiedergegeben werde. Er ist bei solcher Formulirung der Frage, bei der Ablehnung der von der StA.-schaft beantragt gewesenen anderweiten Fassung der Frage und auch bei der den Geschwornen, in Betreff der ungetheilt zu bewirkenden Bejahung oder Verneinung der Frage, geschehenen Bedeutung von der Ansicht ausgegangen, daß der Gruben-Direktor ohne ausdrückliche Zustimmung des Angeklagten diesem dessen Lohnverdienst, auf privates Ansuchen und im Interesse dessen Kostwirths H., zurückhalten zu lassen, nicht befugt gewesen sei, deshalb der Angeklagte nicht in gewinnsüchtiger Absicht gehandelt habe, wenn er zu dem Zwecke, um eine solche ohne seine ausdrückliche Zustimmung getroffene Anordnung zu beseitigen oder zu umgehen — fälschlich eine Urkunde, — die oben gedachte Bescheinigung, angefertigt und davon zum Zwecke der Täuschung Gebrauch gemacht habe.

Dabei hat aber der Schw.-GH. den Begriff „Gewinn" und „gewinnsüchtige Absicht" zu eng aufgefaßt. — Der Angeklagte würde, wenn ihm, in Folge der erwähnten, ihm bekannt gewordenen, wenn auch ohne seine Zustimmung getroffenen Anordnung, die Auszahlung seines Lohnverdienstes verweigert wurde, hierauf haben klagen müssen, was seinem Kostwirthe H. Gelegenheit und Veranlassung gegeben haben würde, gerichtlichen Arrest auszubringen. Wenn nun der Angeklagte, um dem zu entgehen und ohne Befriedigung des H. die Zahlung seines Lohnverdienstes zu erlangen, sich fälschlich die qu. Bescheinigung anfertigte und davon zum Zwecke der Täuschung Gebrauch machte, so war jenes allerdings ein von ihm beabsichtigter, und zwar unrechtmäßiger, Gewinn. Er wollte dadurch, mit wenigstens „möglicher Beschädigung,“ also Gefährdung des H., gegen die ihm bekannt gewordene Anordnung des Gruben-Direktors, in die vortheilhafte Lage kommen, nicht erst auf Zahlung klagen zu müssen, und dies war im Sinne des § 247 des StGB.s, wo der Begriff „Gewinn“ ein weiterer ist, als z. B. im § 241 a. a. O., ein Gewinn. Ueberdies hat der Schw.-GH. die Geschwornen durch die denselben geschehene Bedeutung in der denselben zustehenden Befugniß, die gestellte Frage theilweise zu bejahen und theilweise zu verneinen, widergesetzlich (Ges. v. 3. Mai 1852 Art. 80 Abs. 1; Art. 91 Abs. 2) beschränkt, (vgl. Oppenh. Strafverf. Art. 80 Nr. 14; Art. 81 Nr. 29, G. A. 4. S. 98); es ist auch durch diese Beschränkung eine dem Gesetze nicht entsprechende Fragstellung erfolgt.

Antr. des GStA.s: gleichl. [26. — 2.]

Rechtsmittel. — Vertheidiger. — Genehmigung.

Eine vom Vertheidiger ohne Auftrag ergriffene Nichtigkeitsbeschwerde wird wirksam, wenn der Angeklagte sie später [wenn auch nach Ablauf der betr. Frist] genehmigt; letzteres ist anzunehmen, wenn derselbe, nachdem er Kenntniß davon erlangt hat, nicht widerspricht.

Vdn. v. 3. Jan. 1849 Abschn. IV. [vgl. dort S. 453 n. 19; oben S. 277].

Erk. (Z. II.) v. 5. Jan. 1865 c. Rost (304. II. Cr.).

Die NB. war für zulässig zu erachten, wiewohl der Vertheidiger eines Angeklagten zur selbstständigen Einlegung eines Rechtsmittels nicht befugt ist und im vorliegenden Falle der für die schwurgerichtliche Verhandlung dem Angeklagten von Amtswegen zugeordnet gewesene Vertheidiger bei der durch ihn geschehenen Einlegung der NB. nicht einmal angegeben hat, daß sie im Auftrage des Angeklagten geschehe. Denn die erfolgte Einwendung des Rechtsmittels muß als von dem Angeklagten genehmigt erachtet werden, da er, nachdem er von der durch seinen Vertheidiger geschehenen Einlegung der NB., unter Zustellung einer Urtelsausfertigung, durch die Verfügung v. 20. Sept. c. benachrichtigt worden war, derselben nicht widersprochen hat.

Antr. des GStA.s: gleichl. [26.—2.]

Urkundenfälschung. — Gewinn. — Vermögensvortheil.

Bei der Urkundenfälschung ist der gesuchte Gewinn nicht auf Vermögensvortheile zu beschränken.

StGB. § 247 [vgl. dort n. 6].

Beschl. (II.) v. 5. Jan. 1865 c. Stuckas (9. B. II. Cr.).

St. hatte die Vollstreckung der gegen ihn wegen einer Schuld verhängten Personalexekution durch Vorlegung eines falschen Dilationsscheines zeitweise abgewendet; gleichwohl lehnte das AG. die Versetzung in Anklagestand aus § 247 ab, weil in diesem § der Ausdruck „Gewinn" lediglich auf Vermögensvortheile zu beziehen sei. Auf die NB. des OStA.s ist dieser Beschluß aufgehoben und die Sache an das AG. zur nähern thatsächlichen Prüfung zurückverwiesen worden. Gründe:

Der App.-Richter hat jedenfalls den Begriff des Gewinnes im Sinne des § 247 des StGB.s zu eng aufgefaßt, wenn er unter demselben nur Vermögensvortheile begreift. Denn das Gesetz enthält in der Beziehung, im Gegensatz zu § 241 des StGB.s, eine Beschränkung weiter nicht und der allgemeine Begriff paßt ebensowohl auf andere Vortheile in Betreff sonstiger Rechte, z. B. der Freiheit,

Ehre, Familie. In diesem Sinne hat das Kgl. OTr. jenen Begriff auch in mehreren Entscheidungen aufgefaßt (vgl. Oppenhoff StGB. ad § 247 Note 6) und so war es denn auch hier grundsätzlich nicht ausgeschlossen, in der Absicht, sich zeitweise die in gesetzlicher Weise bedrohte Freiheit zu bewahren, eine „gewinnsüchtige" zu erkennen. Da nun aber der App.-Richter seine Prüfung über die Gewinnsucht nur auf den auf einen Vermögensvortheil beschränkten unrichtigen Gesichtspunkt gestützt hat, so mußte nach der Richtung hin die Beschwerde allerdings für begründet erachtet werden.

Antr. des GStA.s: gleichl. [27. — 3.]

Vereidung. — Unmöglichkeit. — Zeuge.

Ist es unmöglich, einen Zeugen zur eidlichen Bekräftigung seiner Aussage anzuhalten, so kann der Instanzrichter auch seine unbeeideten Erklärungen den Feststellungen zum Grunde legen.

Vdn. v. 3. Jan. 1849 §§ 22. 55 [vgl. dort n. 1. 27].

Erk. (Z. I.) v. 6. Jan. 1865 c. Aronssohn (1122. I. Cr.).

In einer Untersuchungssache wegen Stempeldefraudation hatten die Instanzrichter einen im Auslande wohnenden Entlastungszeugen Kr. durch Requisition des betr. ausländischen Gerichts vernehmen lassen; dabei hatte Kr. die Beeidigung seiner Aussage abgelehnt und das requirirte Gericht angezeigt, daß nach den dort geltenden Grundsätzen ein Zwang zur Eidesleistung in Sachen der fraglichen Art nicht stattfinde. Gegen das freisprechende Erkenntniß 2. Instanz ergriff die Steuerbehörde die NB. und rügte es, daß die thatsächliche Feststellung auf die unbeeidigte Aussage des Kr. gestützt worden sei. Das OTr. hat diese NB. zurückgewiesen, indem es den obigen Grundsatz aussprach.

Antr. des GStA.s: gleichl. [18. — 3.]

Ausfuhrverbot. — Kontrebande. — Unternehmen.

Die Aufzählung im § 6 des ZStrGes.s v. 23. Jan. 1838 erschöpft nicht alle Fälle, in welchen die Strafe der Kontrebande verwirkt ist.

Insbesondere ist das Unternehmen einer verbotenen Ausfuhr ꝛc. auch da anzunehmen, wo die letztere beabsichtigt und diese Absicht durch Handlungen äußerlich an den Tag gelegt ist.

ZStrges. v. 23. Jan. 1838 §§ 1. 6; contra in Betreff des Unternehmens einer verbotenen Einfuhr: Z. I 27. Sept. 1854 c. Koleczko, G. A. 2. S. 822; Z. (I. 175) 8. März 1861 c. Weiner, G. A. 9. S. 354. Vgl. RdOTr. 1. S. 393; 3. S. 33; Hartmann Strafgess. S. 211 n. 2.

Erk. (V. I.) v. 6. Jan. 1865 c. Sachs & Wolff (1002. I. Cr. v. 1864).

Die Angeklagten hatten nach der erstrichterlichen Feststellung „es unternommen, einem Ministerialverbote zuwider 100 Sensen zum Zweck der Ausfuhr über die Polnische Grenze von L. nach Kl. Pr. zu schaffen." Gleichwohl sprach das AG. von der Anklage der Kontrebande frei, weil jene Feststellung nicht mit Nothwendigkeit dahin führe, daß die Angeklagten die „Ausfuhr der Sensen nach Polen" selbst übernommen hätten; wie aus den Worten „wer es unternimmt —" im § 1 des ZStGes.s hervorgehe, sei das Vergehen der Kontrebande nur in den im § 6 l. c. speziell aufgezählten Fällen als vollbracht anzusehen, ein bloßer Versuch aber nicht strafbar; hier liege nun aber keiner der Fälle des § 6 vor. — Auf die NB. des OStA.s ist dieses Erkenntniß vernichtet und die Sache an das AG. zurückverwiesen worden. Gründe:

Die im § 6 l. c. angeführten speziellen Fälle, in welchen eine Kontrebande, um welche letztere es sich hier nur handelt, als vollbracht angesehen werden soll, erschöpfen den Begriff der Kontrebande und die Zahl der Fälle nicht, in welchen ohne Rücksicht darauf, ob das Einfuhr- oder Ausfuhrverbot bereits wirklich übertreten ist, oder ob dies nur erst beabsichtigt worden, die Strafe der Kontrebande verwirkt ist. Es sind vielmehr im § 6 l. c. nur diejenigen Fälle zusammengestellt, welche besonders häufig vorkommen, und in welchen nach den im Gesetze speziell hervorgehobenen Thatsachen kein Zweifel darüber obwalten kann, daß Gegenstände dem Verbot zuwider eingeführt oder ausgeführt sind, oder aber, daß eine solche verbotswidrige Einfuhr oder Ausfuhr wenigstens beabsichtigt ist. — Erk. des OTr.s v. 11. Mai 1855 c. Lichenheim, 417, G. A. 3. S. 559; Erk. v. 26. Sept. 1862 c. Thurau, 393, RdOTr. 3. S. 33. —

Der § 1 des Zollstrafgesetzes spricht ganz allgemein aus, daß derjenige, welcher es unternimmt, Gegenstände, deren Einfuhr oder Ausfuhr verboten ist, einzuführen oder auszuführen, die Strafe der Kontrebande verwirkt hat. Der Ausdruck „wer es unternimmt" ergiebt auch, daß es zur Anwendung des Gesetzes genügt, wenn die Uebertretung des Ein- oder Ausfuhrverbots auch nur erst beabsichtigt ist, vorausgesetzt selbstverständlich, daß diese Absicht äußerlich thatsächlich durch Handlungen an den Tag gelegt ist. Ob in einem gegebenen Falle ein solches Unternehmen, welches der § 1 des Zollstrafgesetzes mit der Strafe der Kontrebande bedroht, vorliegt, unterliegt aber der jedesmaligen thatsächlichen Beurtheilung und Feststellung.

Antr. des GStA.s: Vernichtung. [18. — 1.]

---

1. Stempel. — Attest. — Civilrechtsweg.
2. Stempel. — Nachbringung. — Strafrichter.
3. Stempel. — Bescheinigung. — Gutachten.

1. Die Vorschriften des Ges.s v. 24. Mai 1861 §§ 11—14, welche den Rechtsweg über die Frage der Stempelpflichtigkeit gestatten, beziehen sich nur auf Werth- und solche Vertragsstempel, welche nach dem Betrage des Gegenstandes abzumessen sind; sie dürfen daher auf andre Stempel, z. B. auf den tarifmäßigen Stempel für „amtliche Atteste" nicht ausgedehnt werden.

2. Der Strafrichter hat nicht auf Nachbringung des defektirten Stempels zu erkennen.

AKO. v. 28. Nov. 1828 (GS. S. 16). Sic: B. II. 2. Okt. 1856 (JMBl. S. 350), u. ö. Vgl. RbOTr. 2. S. 223.

3. Die einfache, ein Urtheil über eine technische Frage aussprechende Bescheinigung eines Nichtbeamten ist weder als „Gutachten" noch als „amtliches Attest" stempelpflichtig.

Erk. (V. I.) v. 11. Jan. 1865 c. Busch (1108. I. Cr. v. 1864).

B. war wegen Stempeldefraude zur Strafe und zur Nachbringung des defektirten Stempels verurtheilt worden, weil zu einem von ihm mit einer Klage überreichten thierärztlichen Atteste kein Stempel verwendet war, dieses Attest aber, von den Instanzrichtern als das „Gutachten eines Sachverständigen bei einer stempelpflichtigen Verhandlung" angesehen wurde. Auf seine NB. erfolgte Vernichtung und Freisprechung, letztere gegen den Antrag der GStA.-schaft, welche die Zurückverweisung der Sache vor das AG. für geboten erachtete. Gründe:

Zunächst könnte in Frage kommen: ob hier das Ges. v. 24. Mai 1861 wegen Erweiterung des Rechtsweges Platz greift, ob dem Angeklagten also eine Frist zur Anstellung der Civilklage Behufs Ausführung seiner Behauptung: „daß er zur Entrichtung des von ihm geforderten Stempels nicht verpflichtet sei," hätte bewilligt werden müssen. Diese Frage ist jedoch zu verneinen, weil der dritte Abschnitt des gedachten Gesetzes sich nach § 11 desselben nur auf Werthstempel, und auf nach dem Betrage des Gegenstandes zu bemessende Vertragsstempel bezieht, der tarifmäßige Stempel von 15 Sgr. für amtliche Atteste in Privatsachen, resp. für Gutachten von Sachverständigen aber weder ein Werthstempel, noch ein Vertragsstempel ist.

Dagegen haben die vorigen Richter, selbst wenn ein sachverständiges Gutachten wirklich vorläge, schon darin gefehlt, daß sie nicht bloß auf die Stempelstrafe, sondern auch auf Nachbringung des defektirten Stempels erkannt haben. — Denn es unterliegt, — auch wenn auf richterliches Gehör provozirt ist — nicht der Entscheidung des Strafrichters, ob eine nach seiner Ansicht umgangene Steuer nachträglich zu entrichten ist.

Ueberhaupt kann aber das thierärztliche Attest v. rc. nicht für das Gutachten eines Sachverständigen im Sinne des Tarifs zum Stempelgesetz erachtet werden. Das Schriftstück nennt sich selbst in der Ueberschrift ein „thierärztliches Attest", es beschreibt ausführlich den thatsächlichen krankhaften Zustand des Pferdes und „attestirt" dem Angeklagten schließlich, daß das fragliche Pferd mit dem Dummkoller behaftet gewesen ist, ohne dies näher technisch zu motiviren, indem der Aussteller vielmehr ausdrücklich bemerkt, „daß ein motivirtes Gutachten jederzeit bei ihm eingeholt werden könne," sich also vorbehält, ein solches Gutachten erst künftig auf Erfordern abzugeben. Dies Schriftstück hat nun der Angeklagte als vorläufige Bescheinigung mit seiner Civilklage wider L. eingereicht und sich auf das Zeugniß und Gutachten des Ausstellers berufen, welches Letzterer denn auch im Civilprozeß in der Verhandlung v. 6. Juli 1864 eidlich abgegeben hat. Das Schriftstück kann daher nach seinem Inhalte nicht für ein sachverständiges Gutachten im Sinne des Stempelgesetzes, sondern nur für eine vorläufige Bescheinigung, für ein Attest angesehen werden, welches stempelfrei ist, da der Aussteller zwar ein approbirter Thierarzt, aber kein Beamter (Kreis- oder Departements-Thierarzt) ist, also von einem der Stempelsteuer unterliegenden amtlichen Atteste in Privatsachen keine Rede sein kann.

[18.—1.]

Landtagsmitglied. — Meinungen. — Strafverfolgung.

Ein Landtagsmitglied kann wegen keiner im betr. Hause gemachten Aeußerung strafrechtlich verfolgt werden.

Verfass. v. 31. Jan. 1850 Art. 84. Sic: Z. Pl. 12. Dez. 1853 c. Aldenhoven, 376 II, Entsch. 26. S. 458; vgl. Strafverf. § 1 n. 34.

Beschl. (I.) v. 11. Jan. 1865 c. v. Lyskowski (13. B. I. Cr.).

Gegen den Abgeordneten v. L. hatte die StA.-schaft wegen einer im Abgeordnetenhause gemachten Aeußerung Anklage erhoben; die Instanzgerichte lehnten die Eröffnung der Untersuchung unter Hinverweisung auf Art. 84 der Verfassung ab. Beschwerde des OStA.s, welcher auszuführen suchte, daß sich der cit. Art. 84 nur auf „ausgesprochene Meinungen", nicht aber auf aufgestellte Behauptungen und Mittheilungen anderer Art beziehe. Zurückweisung:

da der in dem Art. 84 der Verf. Urkunde enthaltene Ausdruck: „Meinungen" alle Aeußerungen eines Abgeordneten umfaßt, welche von demselben in dieser Eigenschaft bei Ausübung seiner Funktionen in der Kammer gemacht werden, und er für solche nur innerhalb der Kammer auf Grund der Geschäftsordnung zur Rechenschaft gezogen werden kann.

Antr. des GStA.s: gleichl. [20. — 3.]

---

1. Theilnehmer. — Freisprechung des Thäters.
2. Relative Rechtskraft. — Kompetenz.

1. Die in einem frühern Verfahren erfolgte Freisprechung des Thäters schließt eine demnächst in einem andern Verfahren erfolgende Verurtheilung des Theilnehmers nicht aus.

Vdn. v. 3. Jan. 1849 § 1 [vgl. dort n. 45. 46]; Ges. v. 3. Mai 1852 Art. 31 [vgl. dort n. 16; Art. 91 n. 11; Art. 97 n. 12ff.; Art. 107 n. 14].

2. Die eingetretene relative Rechtskraft eines Erkenntnisses schließt auch hinsichtlich der Kompetenz eine Reformation in peius aus. In einem solchen Falle ist daher der befaßte Richter berufen, einen an und für sich seine Kompetenz übersteigenden Thatbestand festzustellen und innerhalb der durch jene Rechtskraft bestimmten Grenzen die Strafe zu verhängen.

Vdn. v. 3. Jan. 1849 Abschn. IV. [vgl. Strafverf. S. 462 n. 62; RdOTr. 4. S. 24].

Erk. (V. I.) v. 11. Jan. 1865 c. Ploigt (876. I. Cr. v. 1864).

Gegen Karl Ploigt war wegen Betrugs, gegen Aug. Ploigt und die verehelichte Gragert wegen Theilnahme an diesem Betruge die Untersuchung eröffnet und vom KrG. in 1. Instanz auf Strafe aus § 241. 242. 34 StGB. erkannt worden. Auf die Appellation der drei Angeklagten hob dagegen das Kammergericht das erste Urtheil wegen Inkompetenz auf, weil die That entweder als Raub oder aber als Erpressung anzusehen sei und daher zur Kompetenz des Schwurgerichts gehöre. Karl Pl. und die ꝛc. Gr. beruhigten sich bei dieser Entscheidung, sie wurden demnächst wegen Erpressung in Anklagestand versetzt, von den Geschwornen aber „nicht schuldig" befunden und demnächst freigesprochen. Aug. Pl. focht dagegen jenes kammergerichtliche Erkenntniß durch NB. an, und erwirkte am 9. Septbr. 1863 (RbOTr. 4. S. 24) die Vernichtung desselben und die Zurückverweisung der Sache vor das Kammergericht. Dieses erklärte nach einer neuen Verhandlung der Sache den A. Pl. „der Theilnahme an einem Betruge nicht schuldig" und sprach ihn von Strafe und Kosten frei. Die Gründe führen aus: schon an und für sich sei es bedenklich, ob, nachdem der Urheber einer That endgültig für nicht schuldig erklärt sei, ein Anderer noch als Theilnehmer an derselben That jenes Thäters noch zur Verantwortung gezogen werden könne; jedenfalls sei aber hier eine Verurtheilung unmöglich; denn ein Betrug sei in der Handlung des K. Pl. nicht zu finden, A. Pl. könne daher nicht wegen Theilnahme an einem solchen bestraft werden; ob dagegen die That des K. Pl. und folgeweise auch die Theilnahme des A. Pl. ein Verbrechen (Erpressung oder Raub) darstelle, könne grundsätzlich nicht von der Gerichtsabtheilung und dem in 2. Instanz entscheidenden AG., sondern nur von den Geschwornen festgestellt werden; demgemäß könne jetzt nur noch untersucht werden, ob die That ein zur Zuständigkeit der Gerichtsabtheilung gehöriges Vergehen darstelle, und da diese Frage zu verneinen sei, könne nur auf Freisprechung erkannt werden. Auf die NB. des OStA.s ist auch dieses Erkenntniß vernichtet und die Sache an ein anderes AG. verwiesen worden. Gründe:

Es ist in der Sache keine Veränderung eingetreten, welche dahin führen könnte, die in dem vernichteten Urtheile des Kgl. OTr.s v. 9. Sept. 1863 ausgesprochenen Grundsätze zu verlassen. Das Kgl. Kammergericht erwägt zunächst, daß es schon bedenklich erscheinen müsse, nachdem der Thäter durch die geordneten Instanzen für nicht schuldig erklärt worden, eine andere Person, welche Jenem bei der für nicht strafbar erachteten Handlung Hülfe geleistet hat, als Theilnehmer zur Verantwortung zu ziehen. Allein einmal ist dieser Erwägung ein entscheidender Charakter nicht beigelegt, sondern hieraus nur ein Bedenken entnommen. Sodann ist aber diese Ansicht in ihrer allgemeinen Fassung nicht haltbar. Das Urtheil wider den angeklagten Thäter bildet in Bezug auf den Thatbestand des Vergehens oder Verbrechens nicht res iudicata gegen den in einem andern Verfahren verfolgten Theilnehmer, gleichviel, ob es freisprechend oder verurtheilend ist. Dasselbe kann bei der

Beurtheilung der Schuld des Theilnehmers von Einfluß sein — aber eine Rechtskraft im rechtlichen Sinne ist nicht daraus herzuleiten, weil die That und die Theilnahme selbstständige Handlungen sind, und der Zufall, daß die eine Anklage zuerst zur Verhandlung kommt, für das spätere Verfahren nicht präjudiciren kann. Dieses muß um so mehr bei einem freisprechenden Verdikt der Geschwornen der Fall sein, welches ohne Angabe von Gründen erlassen ist und es daher ungewiß läßt, ob objektiv der Thatbestand für nicht erwiesen betrachtet, oder die Schuld des Angeklagten aus subjektiven Gründen verneint worden ist; (vgl. Beschl. d. OTr. v. 17. Okt. 1860, G. A. 8. S. 828).

Was aber den eigentlichen Entscheidungsgrund des Kammergerichts betrifft, „daß es sich von einem Verbrechen handele, dessen Untersuchung ausschließlich zur Kompetenz der Schwurgerichte gehöre," — so ist diese Prinzipienfrage bereits mehrmals von dem OTr. z. B. in der Plenarsache v. 23. Jan. 1860 c. Klempke (JMBl. S. 135, G. A. 8. S. 324) in dem entgegengesetzten Sinne entschieden worden und in der vorliegenden Sache hat das Urtheil v. 9. Sept. 1863 die letztere Ansicht ausgesprochen, welche nach Art. 118 des Ges.s v. 3. Mai 1852 maaßgebend bleibt. Wie schon öfters hervorgehoben, besteht hier eine Kollision zwischen den Grundsätzen über die relative Rechtskraft des ersten Erkenntnisses und den Vorschriften über die Kompetenz der Strafgerichte, und es ist den ersteren überwiegend der Vorzug gegeben, weil der Angeklagte allein appellirt hat und das nur in seinem Interesse eingelegte Rechtsmittel seine Lage nicht ungünstiger gestalten kann. Hinsichtlich der Folgen der relativen Rechtskraft vereinigen sich die Ansichten demnächst auch dahin, daß das in erster Instanz erkannte Strafmaaß nicht erhöht, und daß die Verhandlung über die dem Angeklagten zur Last gelegte Handlung nicht vor einen Strafrichter höherer Gattung verwiesen werden dürfe. Dagegen muß der App.-Richter unter allen Umständen die als strafbar bezeichnete Handlung seiner Untersuchung unterwerfen, gleichviel, ob dieselbe zur Annahme eines Vergehens oder Verbrechens hinführt. Eine solche Kognition nur insoweit gestatten wollen, als ein Vergehen sich herausstellt, dagegen den Angeklagten sofort freisprechen, wenn die Handlung als Verbrechen sich qualifiziren würde, verstößt zu sehr gegen das materielle Recht und ist mit dem Zweck der Rechtspflege unvereinbar. Ist aber der App.-Richter einmal berufen, das Sachverhältniß zu untersuchen, und ist seine Kompetenz durch die Lage, in welcher sich die Sache befindet, nothwendig nach dieser Richtung erweitert, so muß er das Resultat seiner Prüfung auch mit dem gesetzlichen Namen aussprechen, er muß die That so qualifiziren, wie sie in Wahrheit ist, ohne Rücksicht, ob sie eine höhere Strafe bedingen würde, als die in erster Instanz festgesetzte Schuld. Der relativen Rechtskraft geschieht Genüge, wenn die erkannte Strafe nicht erhöht und der Angeklagte einer mit größeren Beschwernissen verbundenen Prozedur nicht unterworfen wird.

Daß in diesem Sinne das Plenar-Urtheil v. 23. Jan. 1860 zu verstehen sei, hat das Erkenntniß des Kgl. OTr.s v. 17. Okt. 1860 c. Witt (RdOTr. 1. S. 113, G. A. 8. S. 811) bereits dargelegt.

Antr. des GStA.s: gleich! [13. - 4.]

Appellationsrichter. — Abweichung von der erstrichterlichen Feststellung. — Körperverletzung. — Mildernde Umstände.

Wenn der erste Richter den Thatbestand einer unter mildernden Umständen verübten erheblichen Körperverletzung festgestellt hatte, so kann der App.-Richter, welcher auf den Grund einer neuen Beweiserhebung nur eine leichte Körperverletzung annimmt, gleichzeitig die mildernden Umstände beseitigen und demgemäß auf dieselbe Strafe erkennen wie der erste Richter.

Ges. v. 3. Mai 1852 Art. 101 [vgl. dort n. 16].

Erk. (Z. I.) v. 11. Jan. 1865 c. Strzybny (1256. I. Cr.).

Str. war in 1. Instanz wegen einer dem W. zugefügten erheblichen Körperverletzung aus § 192a. 196 StGB. zu einer sechswöchentlichen Gefängnißstrafe verurtheilt worden, weil der 1. Richter in einer vorhergegangenen, dem Str. durch W. zugefügten Beleidigung einen mildernden Umstand erkannte. Auf seine Appellation wiederholte der App.-Richter die Beweisaufnahme, und stellte dann unter Abänderung des 1. Urtheils fest, daß nur eine leichte Körperverletzung vorliege, beließ es aber doch (nach § 187) bei der verhängten sechswöchentlichen Gefängnißstrafe, ohne des Reizes durch W. und der mildernden Umstände Erwähnung zu thun. Das rügte die NB. des Str. als unzulässig. Zurückweisung. Gründe:

Wenn in der NB. behauptet ist, daß der App.-Richter verpflichtet gewesen wäre, bei seiner Feststellung eines nur dem § 187 des StGB.s unterliegenden Thatbestandes die erstrichterliche Annahme mildernder Umstände bei einem dem § 192a unterliegenden Thatbestande gleichfalls festzuhalten, so ist dies unrichtig. Mildernde Umstände bilden keine für sich bestehende Feststellung, unabhängig von der an sich strafbaren Handlungsweise, sondern stehen mehr oder weniger in einem Zusammenhange mit derselben. Wenn nun auch bei einer erheblichen vorsätzlichen Körperverletzung mildernde Umstände anzunehmen sein könnten und angenommen sind, so folgt daraus nicht, daß sie bei einer demnächst erkannten Nichterheblichkeit der Verletzung gleichfalls zur Geltung kommen müßten. Daß ihnen der App.-Richter eine solche nicht gegeben hat und nicht geben wollte, folgt aus Nichtanwendung des Absatzes 2 des § 187 l. c., und er war dazu befugt, weil er durch eigene Beweiserhebung zur eigenen freien Beurtheilung der Thatfragen berufen war.

[17. — 4.]

Handelsmäkler. — Versteigerung von Waaren. — Linkes Rheinufer.

1. Auf dem linken Rheinufer darf ein Handelsmäkler nur dann öffentliche Versteigerungen von beweglichen Sachen vornehmen, wenn die-

selben in der Hand des Verkäufers „Waaren", d. h. von diesem zum Zweck der gewerblichen Weiterveräußerung angeschafft sind.

D. HGB. Art. 66. 67. 272; Einf.-Ges. z. dems. Art. 9 § 3; (Rh.) Ges. v. 22. pluv. VII. Art. 7.

2. Das Ges. v. 22. pluv. VII., welches im Art. 7 *die öffentliche Abhaltung von Mobiliarversteigerungen ohne Zuziehung eines öffentlichen Beamten verbietet*, ist auf dem linken Rheinufer publizirt und durch § 104 StGB. nicht aufgehoben worden.

Einf.-Ges. z. StGB. Art. II. [dort einzutr. als n. 31 a].

Erk. (Z. II.) v. 12. Jan. 1865 c. Jerusalem (391. II. Cr.).

Der zum Handelsmäkler für Landesprodukte bestellte J. zu Trier war von den Instanzgerichten aus Art. 7 des (Rh.) Ges.s v. 22. pluv. VII. zu einer Geldbuße verurtheilt worden, weil er „— — eine Versteigerung von Früchten (Gras und Klee) auf dem Halme ohne Zuziehung eines öffentlichen Beamten abgehalten" hatte. In den Gründen der betr. Urtheile war ausgeführt: die Thätigkeit der Handelsmäkler sei auf die Vermittlung von Handelsgeschäften beschränkt (HGB. Art. 66), daher sei ihnen auch nur unter dieser Voraussetzung (durch Art. 9 § 3 des Einf.-Ges.s) die Abhaltung öffentlicher Versteigerungen gestattet; demgemäß dürften unter „Waaren" im cit. Art. 9 § 3 nur solche Gegenstände verstanden werden, welche zum Zweck des Handels von Handelsleuten erstanden würden. — Den vom Ober-Prokurator ergriffenen Kassationsrekurs hat das OTr. verworfen, indem es erwog:

daß nach Art. 66 des D. HGB.s die Handelsmäkler nur die amtlich bestellten Vermittler für Handelsgeschäfte sind und dazu entweder im Allgemeinen für alle Arten von Mäklergeschäften oder für einzelne Arten derselben bestellt werden können;

daß nach den in der Rheinprovinz geltenden gesetzlichen Bestimmungen und namentlich nach dem daselbst speziell verkündeten Ges. v. 22. pluv. VII. (Beschl. des Regierungs-Kommissars Rudler v. 13. vent. VII., verkündet für die vier Departements des linken Rheinufers durch Suite du Règlement Bd. X. S. 82. 85—92), die Abhaltung von

Auktionen über Mobiliargegenstände im Allgemeinen nur den Notarien, Gerichtsschreibern und Gerichtsvollziehern übertragen und sonstigen Personen bei Strafe untersagt ist;

daß daher den Handelsmäklern die Vornahme solcher Auktionen nur gestattet sein könnte, insoweit ihnen dieselbe durch ein Spezialgesetz verliehen wäre;

daß nun zwar auch der Art. 9 § 3 des Einf.-Ges.s zum Allg. D. HGB. v. 24. Juni 1861 bestimmt: „daß Handelsmäkler, welche zur Vermittlung von Kaufgeschäften über Waaren, Schiffe oder Handelspapiere bestimmt sind, auch die Befugniß haben sollen, öffentliche Versteigerungen derselben Gegenstände abzuhalten;"

daß zunächst aber von selbst vorliegt, daß die Versteigerungsbefugniß den Handelsmäklern nur dann zukömmt, wenn der ihnen überwiesene Geschäftskreis zu den im § 3 des Art. 9 des cit. Einführungsgesetzes bezeichneten Gegenständen gehört;

daß nach der thatsächlichen Feststellung der Instanzrichter der Kassationsverklagte nur für eine bestimmte Art von Mäklergeschäften, nämlich zum Handelsmäkler von Landesprodukten bestellt ist, derselbe mithin zur Veräußerung von Landesprodukten im Wege der Versteigerung nur insofern befugt erscheint, als diese Produkte als Waaren in Betracht kommen können;

daß Landesprodukte in der Hand des Produzenten noch keine Waaren sind, daß sie es vielmehr erst dann werden, wenn sie Gegenstand des Handels geworden, also zum Zwecke des Wiederverkaufs angeschafft sind;

daß daher der Handelsmäkler für Landesprodukte aus § 3 Art. 9 des Einführungsgesetzes das Recht zur Versteigerung von Landesprodukten, welche sich noch in der Hand des Produzenten befinden, für sich nicht ableiten kann;

In Erw., daß sich dasselbe Resultat ergiebt, wenn man die Handelsmäkler unter dem Gesichtspunkt ihres amtlichen Berufes überhaupt in's Auge faßt;

daß sie dann gesetzlich überall nur als Vermittler von Handelsgeschäften bestimmt sind;

daß sie also zur Versteigerung beweglicher Sachen nur unter der Voraussetzung berufen sind, daß dadurch ein Handelsgeschäft vermittelt werden soll;

daß der Handelsmäkler, indem er eine solche Versteigerung vernimmt, nur als Mandatar des Verkäufers dasteht, die Natur des dadurch begründeten Geschäfts mithin lediglich nach dem Verkäufer zu beurtheilen ist;

daß dies auch durch die Natur der Sache von selbst an die Hand gegeben wird, da die Versteigerungsbefugniß des Handelsmäklers schon bei Vornahme der Versteigerung feststehen muß und namentlich von der reinen Zufälligkeit, von wem und wozu die Sache angesteigert wird, nicht abhängig sein kann;

daß der bloße Verkauf einer beweglichen Sache von Seiten eines Nichtkaufmanns nun aber, und folglich auch die Versteigerung derselben für einen solchen, ein Handelsgeschäft überall nicht darstellt, vielmehr, und vom Standpunkte des Veräußerers betrachtet, das Geschäft nur die Eigenschaft eines Handelsgeschäftes hat, wenn durch die Versteigerung eine Waare umgesetzt, also eine zum Zwecke der gewerblichen Weiterveräußerung angeschaffte bewegliche Sache für den Anschaffenden weiter veräußert wird (vgl. D. HGB. Art. 272);

In Erw., daß folglich auch der Handelsmäkler für Landesprodukte, welcher bloß den Verkauf solcher Produkte für den Produzenten bewirkt, kein Handelsgeschäft vermittelt, weiter folglich daher auch in der Versteigerung dieser Produkte die Vermittelung eines Handelsgeschäftes nicht liegt;

daß der bisherigen Auffassung auch der Wortausdruck des § 3 Art. 9 l. c. nicht entgegensteht, weil die Vermittelung eines Handelsgeschäftes durch die Versteigerung von selbst unterstellt ist;

daß solches auch nicht in Absicht auf die Motive zu der fraglichen Gesetzesstelle der Fall ist;

daß, wenn man nämlich darnach den Handelsmäklern das Recht zur Abhaltung von Auktionen allgemein in der Art verleihen wollte, daß jeder Handelsmäkler in dem ihm speziell überwiesenen Geschäftskreise die Käufe und Verkäufe im Wege der Versteigerung vermitteln dürfe, doch dabei offenbar nur an die Beseitigung der Schranken und Formalitäten gedacht war, unter welchen selbst in Handelssachen den Handelsmäklern die Vornahme von Mobiliarauktionen allein gestattet gewesen ist (vgl. Rh.HGB. Art. 492; Dekr. v. 22. Nov. 1811 und v. 17. Apr. 1812) und jedenfalls der Gedanke fern gelegen hat, den Handelsmäklern eine mit dem Wesen ihres Berufes nicht übereinstimmende Befugniß, — also im Wege der Versteigerung reine Civilgeschäfte zu vermitteln, — beizulegen; — —

daß also das angegriffene Urtheil den Art. 7 des Ges.s v. 22. pluv. VII., dessen spezielle Publikation für den hier in Rede stehenden Gebietstheil bereits oben gezeigt worden ist, mit Recht gegen den Kassationsverklagten zur Anwendung gebracht hat;

daß endlich auch die Bestimmungen dieses Gesetzes, da sie eine Spezialmaterie betreffen, durch den § 104 des StGB.s, selbst in ihren strafrechtlichen Festsetzungen als aufgehoben nicht zu betrachten sind. [27. — 3.]

---

1. Rheinisches Verfahren. — Civilkläger. — Desistement. — Zurückweisung. — Definitiv-Urtheil.
2. Civilkläger. — Zeuge.

1. Nach Rheinischem Verfahren ist das Urtheil, durch welches das Desistement eines Civilklägers für unstatthaft erklärt wird, ein Definitiv-Urtheil.

Rh. StPO. Artt. 416. 66. 67.

2. Einer von mehreren Civilklägern, welcher in erster Instanz mit seiner Klage rechtskräftig

abgewiesen ist, kann in zweiter Instanz als Zeuge vernommen werden.

Rh. StPO. Artt. 156. 189. Vgl. Gilbert sur le C. d'inst. Art. 156 n. 7—12; Art. 322 n. 22—25.

3. Der der Verleumdung Beschuldigte muß den vollen Beweis der von ihm behaupteten Thatsachen führen, sollte er auch geltend machen, daß er sie selbst wahrgenommen habe.

StGB. §§ 156. 157 [vgl. dort n. 1].

Erk. (Z. II.) v. 12. Jan. 1865 Weis & Gen. c. Weymann (376. II. Cr. v. 1864).

L. J. Weis, A. Weis und J. Löw hatten als Civilkläger den Ackerer J. Weymann unter der Beschuldigung der Verleumdung vor das ZPG. laden lassen; nachdem verschiedene Beweiserhebungen stattgefunden hatten, erklärte Löw: „daß er von seiner Civilklage Abstand nehme" und erbot sich zur Erstattung der ihm zur Last fallenden Kosten; auf den Widerspruch des Beschuldigten erklärte indessen das Gericht (ohne Angabe von Gründen) diese Abstandnahme für „zur Zeit unstatthaft" *), wies demnächst aber die ganze Klage ab und sprach den Beschuldigten frei. Auf die sowohl von dem öff. Ministerium als von den drei Civilklägern gegen das Endurtheil ergriffene Berufung focht Löw vor der App.-Kammer zunächst den Vorbescheid an, welcher seine Abstandsnahme von der Civilklage für unstatthaft erklärt hatte und wiederholte diese Abstandsnahme; sodann beantragten die beiden andern Civilkläger, den Löw als Zeugen zu vernehmen. Die App.-Kammer nahm darauf durch Erkenntniß die Berufung und Abstandnahme des Löw an, setzte ihn außer Prozeß und vernahm ihn sodann als Zeugen, indem sie erwog: daß Weymann seinen Widerspruch gegen die Abstandnahme nicht durch die Artikulation oder Bescheinigung eines rechtlichen Interesses gerechtfertigt habe, und daß die Vernehmung des L. als Zeuge zur Aufhellung der Wahrheit beitragen könne. Durch das demnächst ergehende Endurtheil ward der Beschuldigte W. der Verleumdung des J. A. Weis und des A. Weis überführt erklärt und dieserhalb aus § 156 StGB. verurtheilt, wobei ausgeführt ward, daß bei den Widersprüchen, welche zwischen den Bekundungen der vernommenen Zeugen obwalteten, der dem Weymann obliegende Beweis der Wahrheit seiner Behauptungen nicht als erbracht

*) Diese Entscheidung war nicht gerechtfertigt, da die Artt. 66. 67. der Rh. StPO. eine Abstandnahme von der Civilklage bis zum Urtheil (erster Instanz) ausdrücklich zulassen.

angesehen werden könne. — Der Kass.-Rekurs des Verurtheilten rügte: 1) daß der App.-Richter den die Abstandnahme des Löw ablehnenden Vorbescheid des ZPG.s reformirt habe, obgleich die Berufung nur gegen das Endurtheil 1. Instanz, nicht auch gegen jenen Vorbescheid gerichtet gewesen sei, und es sonach an einer in 2. Instanz noch zu berücksichtigenden Abstandnahme gänzlich gefehlt habe; 2) Verletzung der §§ 156. 157 StGB.: wenn auch aus § 157 folge, daß bei der Verleumdung die Unwahrheit der behaupteten Thatsachen zu präsumiren sei, wenn von dem Beschuldigten kein Beweis der Wahrheit geführt werde, so verlange das Gesetz doch keinen vollen Beweis; es könne daher nicht genügen, wenn, wie hier, die Instanzrichter das Resultat der Beweisführung für „zweifelhaft" erachtet hätten; — sodann aber setze § 156 als Dolus das Bewußtsein voraus, daß man unbewiesene Thatsachen behaupte; er könne daher da nicht zutreffen, wo (wie hier) der Behauptende die betr. Thatsache selbst wahrgenommen habe; in einem solchen Falle müsse es wenigstens genügen, wenn die Beweisaufnahme es als zweifelhaft erscheinen lasse, ob nicht die behauptete Thatsache wirklich sich zugetragen habe.

Das OTr. hat den Kass.-Rekurs verworfen; es erwägt zunächst: daß der Vorbescheid des ZPG.s:

indem er über die Statthaftigkeit des von dem ꝛc. Löw erklärten Desistements von der Klage, also über ein prozessualisches Recht entschied, ein definitives Urtheil in puncto war, welches durch Appellation besonders in der gesetzlichen Form und Frist hätten angegriffen werden müssen,

daß, da hier gegen diesen Vorbescheid nicht appellirt worden, die App.-Kammer nicht befugt gewesen sei, denselben, wie geschehen, abzuändern. — Sodann wird aber ausgeführt: daß die App.-Kammer demnächst befugter Weise in den Erklärungen des Löw eine Abstandsnahme von der Berufung desselben gefunden und es demgemäß rücksichtlich seiner bei dem erstrichterlichen Endurtheil belassen habe, und daß dadurch die Sache in Betreff des Löw in die nämliche Lage gekommen sei, in welcher sie sich befunden hätte, wenn der App.-Richter die Berufung gegen den erstrichterlichen Vorbescheid für unzulässig und auf die erneuerte Abstandsnahme in 2. Inst. die Berufung des L. gegen das Endurtheil für erledigt erklärt hätte. Endlich erwägt das Erkenntniß weiter:

daß der ursprüngliche Mitkläger L., indem er durch den Vorbescheid des zweiten Richters v. ꝛc. außer Prozeß gesetzt wurde, von da ab jedenfalls aufhörte, Partei in demselben zu sein;

daß aus diesem Grunde formell schon seiner späteren zeugenschaftlichen Vernehmung kein gesetzliches Hinderniß entgegenstand, da er zu den Personen nicht gehörte, welche nach Artt. 156 und 189 der StPO. beim Widerspruch des Beschuldigten nicht vernommen werden dürfen;

daß sodann aber auch materiell jeder innere Grund weggefallen war, seine Vernehmung als Zeuge zu beanstanden, weil er bei dem Ausgange des Prozesses, bei der Entscheidung in der Sache selbst, nicht nur kein Interesse mehr hatte, sondern auch und eben in Folge dessen, daß er außer Prozeß gesetzt war, sein Zeugniß mit dem Bewußtsein, nicht mehr Partei, also auch nicht Zeuge in eigener Sache zu sein, abgeben konnte; —

In Erwägung auf das zweite Kassationsmittel, daß es zum Begriff der Verleumdung und in Absicht auf den dazu erforderlichen Dolus gleichgültig ist, ob die Thatsachen, welche den verleumderischen Charakter an sich tragen, von dem Behauptenden für wahr gehalten wurden und nur für wahr gehalten werden konnten;

daß vielmehr nach der Natur des Vergehens und den zu dem § 156 erfolgten legislativen Erörterungen der zum Vergehen erforderliche Dolus nur in der Vorsätzlichkeit der Behauptung, d. h. in dem Bewußtsein, daß man unbewiesene Thatsachen behaupte und verbreite, welche dem Rufe eines Anderen nachtheilig sind, besteht und mithin die Unterscheidung, welche die Kassationsschrift in das Gesetz zu bringen sucht, und wonach der Dolus jedenfalls dann nicht vorhanden sein solle, wenn der Behauptende die von ihm verbreiteten Thatsachen selbst wahrgenommen haben wolle und somit die persönliche Ueberzeugung von ihrer Wahrheit habe, nicht gerechtfertigt erscheint;

daß daher auch das Vergehen nur fortfällt, wenn der Beweis der Wahrheit der behaupteten und verbreiteten Thatsachen geführt wird, es aber Sache der thatsächlichen Würdigung und der thatsächlichen Feststellung des Instanzrichters ist, ob dies im Einzelfalle geschehen sei oder nicht. [27. — 3.]

Preßerzeugniß. — Verbreitung. — Neue That.

In der Verbreitung eines Preßerzeugnisses mit der Kenntniß seines strafbaren Inhaltes kann der Instanzrichter eine neue selbstständige Strafthat finden.

Preßges. v. 12. Mai 1851 §§ 33. 34.

Erk. (S. I.) v. 13. Jan. 1865 c. Noack (1105. I. Cr.).

N. hatte zwei Exemplare einer Druckschrift, deren Inhalt gegen die §§ 101. 102 StGB. verstieß, in einem Schanklokale in Gegenwart mehrerer Gäste auf den Tisch gelegt und zum Lesen derselben aufgefordert. Die Instanzrichter fanden in dieser Handlung ein „Verbreiten" der Schrift, und folgerten aus dem Umstande, daß N. mit Kenntniß des Inhaltes derselben gehandelt habe, weiter, daß die in der Schrift enthaltenen Aeußerungen ihm als Thäter zur Last fielen; sie stellten daher gegen ihn den Thatbestand der citt. §§ fest und verhängten die dort angedrohte Strafe. NB. des Angeklagten. Zurückweisung. Gründe:

Die Feststellung des angefochtenen Erkenntnisses enthält alle wesentlichen Erfordernisse der zur Anwendung gebrachten §§ 101. 102 des StGB.s. Ein Rechtsirrthum ist dabei nicht ersichtlich, namentlich konnte der App.-Richter darin, daß der Angeklagte das inkriminirte Blatt den, in einem öffentlichen Lokale versammelten Personen zum Lesen übergab, eine Verbreitung desselben finden und ferner daraus folgern, daß hierin eine Veröffentlichung im Sinne der §§ 101. 102 des StGB.s resp. des § 33 des Preßges.s liege. Dies vorausgesetzt, ist es rechtlich auch nicht unzutreffend, wenn in einer derartigen Verfahrungsweise des Angeklagten der Vorderrichter eine an sich ganz selbstständige Handlung erblickt hat, welche eine bereits vorhandene, von Andern anderweitig verübte konkrete Strafthat von Neuem darstellte, deren volle Verantwortung als Thäter ihm zur Last fällt.

Antr. des GStA.s: gleichl. [20. — 3.]

Presse. — Wiederabdruck. — Selbstständiges Vergehen.

Der Wiederabdruck eines Schriftstückes strafbaren Inhalts stellt eine neue selbstständige Strafthat dar.

Preßges. v. 12. Mai 1851 § 34; StGB. Thl. II. Tit. XIII. [vgl. dort S. 253 n. 21]; Hartm. Strafgess. S. 465 n. 2; RbOTr. 1. S. 250.

Erk. (B. I.) v. 13. Jan. 1865 c. Neetz (1177. I. Cr.).

R. hatte als Redakteur, Drucker und Verleger der A— Zeitung in diese zwei Artikel aus andern Blättern aufgenommen, in welchen die Instanzrichter den Thatbestand der §§ 102 und 77 des StGB.s erkannten; gleichwohl straften sie nur aus § 37 des Preßges.s, „weil R. nicht der Verfasser der Artikel sei und nach der bereits in den andern Blättern erfolgten Veröffentlichung derselben, mithin nach Vollendung der dadurch verübten Vergehen, durch den Wiederabdruck sich auch nicht der Theilnahme an jenen Vergehen schuldig gemacht haben könne." Auf die NB. des OStA.s erfolgte Vernichtung und Zurückverweisung in die 2. Instanz, weil es noch der thatsächlichen Feststellung über die subjektive Verschuldung des R. bedürfe. — Gründe:

Wenngleich thatsächlich festgestellt ist, daß der Angeklagte die beiden inkriminirten Artikel nicht selbst verfaßt, sondern aus anderen Zeitungen abgedruckt hat, und wenngleich zuzugeben ist, daß das Vergehen der Verfasser beider Artikel mit deren erster Herausgabe vollendet war, nachher aber eine Theilnahme an eben diesen Vergehen nicht mehr stattfinden konnte, so steht doch in rechtlicher Beziehung der Annahme nichts entgegen, daß der Angeklagte durch erneuerten Abdruck beider Artikel die in denselben objektiv enthaltenen Vergehen von Neuem habe begehen können, so gut wie sich derjenige einer neuen Beleidigung schuldig machen kann, der ein von einem Dritten ausgestoßenes Schimpfwort gegen den damit Beleidigten wiederholt. Da der App.-Richter gegen diese Grundsätze, die vom Kgl. OTr. bereits in den Erkenntnissen v. 8. März 1861 c. Bürkner und

v. 2. März 1864 c. Ehrlich (RdOTr. 1. S. 250; G.A. 9. S. 357, 12. S. 356) ausgesprochen worden sind, verstoßen hat, so unterliegt sein Urtheil der Vernichtung.

Antr. des GStA.s: gleichl. [28. — 3.]

Bankerutt. — Anerkennung von Schulden. — Bei-Seite-Schaffen.

Ein zahlungsunfähiger Kaufmann macht sich des Bankerutts schuldig, wenn er Schulden, die in Folge einer frühern Zahlungseinstellung und eines demnächstigen Akkordes durch Zahlung der akkordmäßigen Rate getilgt waren, anerkennt oder berichtigt.

StGB. § 259 [dort einzutr. als n. 46b. 49a].

Erk. (Z. I.) v. 13. Jan. 1865 c. Semper (100. I. Cr.).

S. war als Fabrikbesitzer in Konkurs gerathen und hatte von seinen Gläubigern einen Akkord zu 15 pCt. erlangt; nachdem die letzteren berichtigt waren, gründete er ein neues Fabrikunternehmen, gerieth aber bald wiederum in Konkurs; hierbei ergab es sich, daß er zwei Schuldposten aus der frühern Zeit, trotz des erlangten Akkordes, in seinen Büchern und Bilanzen aufgeführt und resp. berichtigt habe. Er ward deshalb aus § 259 Nr. 1 und 2 bestraft. Seine NB. rügte:

1) Verletzung der §§ 259. 260 StGB. und § 311 der Konk.-Ordn. durch die Annahme, daß eine in einem frühern Konkurse ausgefallene Schuld eine „erdichtete" sei, während doch aus § 311 cit. hervorgehe, daß die Befriedigung eines solchen Gläubigers unter Umständen Pflicht des Schuldners sein könne;

2) Beschränkung der Vertheidigung durch Nichtvernehmung zweier in der Sitzung gestellter Zeugen. Sie sollten darüber Auskunft geben, daß S. nicht lange nach dem Akkord versprochen gehabt habe, jene beiden Gläubiger zunächst zu befriedigen; der Schw.-GH. hatte diese Vernehmung abgelehnt: „weil es nicht darauf ankomme, was der Angeklagte zu thun Willens gewesen, vielleicht auch versprochen, sondern was er zur Zeit, als seine Vermögenslage schon zerrüttet war, gethan habe." Die GStA.-schaft hielt die NB. für unbegründet: die Anerkennung einer durch Akkord getilgten Schuld sei, wenn sie mit dem Bewußtsein einer dadurch für die neuen Gläubiger erwachsenden Benachtheiligung geschehe (Oppenhoff StGB. § 259 n. 34), allerdings die Anerkennung einer erdichteten Schuld, da sie durch den Akkord als solche zu existiren

aufgehört habe; von diesem Gesichtspunkte sei auch der Schw.-GH. ausgegangen und habe ebendeshalb die Vernehmung der beiden Zeugen aus einem richtigen Rechtsgrunde abgelehnt; habe der Angeklagte behaupten wollen, daß er die Schulden zu einer Zeit anerkannt habe, wo seine Vermögenslage eine durchaus günstige gewesen sei, er also an eine Benachtheiligung seiner jetzigen Gläubiger nicht habe denken können, so habe er dahin antragen müssen, die Frage an die Geschwornen in diesem Sinne zu spezialisiren, resp. die Zeugen grade über diese Thatsache zu vernehmen. — Das OTr. hat die NB. zurückgewiesen. Die betreffenden Gründe lauten:

Wenn Implorant einwendet, daß Forderungen, welche in einem früheren durch Akkord beendigten Konkurs ausgefallen sind, deshalb nicht als erdichtet bezeichnet werden könnten, so erhellt einestheils aus dem Verdikt der Geschwornen nicht, daß ein solcher Fall hier vorliegt, anderntheils würde auch darin kein Rechtsirrthum zu finden sein, wenn die Geschwornen die vom Angeklagten als noch rechtlich existirende und gegen ihn klagbare Forderungen geltend gemachten 2000 Thlr. und 1440 Thlr. deshalb für erdichtet erachtet haben sollten, weil sie, wie die Anklage behauptet, in dem früheren durch Akkord beendigten Konkurs des Angeklagten mit 15 pCt. zur Hebung gekommen sind, also einen rechtlichen Anspruch an den Angeklagten nach § 198 der Konk.-Ordn. v. 8. Mai 1855 nicht weiter begründen.

[18.—3.]

Strafverwandlung. — Justiz-Minister. — Appellation. — Prüfung.

1. Wenn ein Verurtheilter gegen eine Ministerial-Verfügung, durch welche die erkannte Strafe in Gemäßheit des § 590 der Crim.-Ordn. in eine andre verwandelt wird, die Appellation ergreift, so steht dem Appellationsrichter die Prüfung des Grundes der Strafverwandlung zu.

2. Die Strafverwandlung greift nur dann Platz, wenn die erkannte Strafe am Verurtheil-

ten überhaupt nicht ohne Gefahr für seine Gesundheit vollstreckt werden kann.

3. Kann in einem solchen Falle der Appellationsrichter ohne eigene Beweiserhebung von der thatsächlichen Annahme in der Ministerial-Verfügung abweichen? (nicht entschieden.)

Cr.-Ordn. § 590; vgl. Strafverf. Art. 137 n. 12; RdOTr. 2. S. 272; 3. S. 40.

Erk. (Z. I.) v. 18. Jan. 1865 c. Krüger (1174. I. Cr. v. 1864).

Während Kr. eine ihm zuerkannte fünfjährige Zuchthausstrafe in der Strafanstalt zu A. abbüßte, ward er von einer unheilbaren Augenkrankheit befallen; das betr. AG. berichtete daher an das JMinisterium, daß derselbe den Rest seiner Strafe in jener Anstalt nicht abbüßen könne, weshalb eine Verwandlung der Strafe in Gefängnißstrafe anheimgegeben werde. Demgemäß erging eine Minist.-Verfügung, durch welche die noch rückständige Zuchthausstrafe von 2 J. 9 M. in Gefängniß von 4 J. 1½ M. verwandelt ward. Kr. appellirte, und das AG. erkannte ohne förmliche Beweiserhebung, daß die Minist.-Verfügung aufzuheben sei. NB. des OStA.s, sie rügte:

1) Verletzung des § 126 der Vdn. v. 3. Jan. 1849 und des Art. 101 des Ges.s v. 3. Mai 1852, welche nach einem Beschl. I. v. 1. Okt. 1862 c. Bierwagen (RdOTr. 3. S. 40) auch in diesem Verfahren maaßgebend seien; das AG. sei danach nicht befugt gewesen, von den in der Minist.-Verfügung als erwiesen angenommenen thatsächlichen Voraussetzungen ohne neue Beweisaufnahme abzuweichen;

2) Verletzung des § 590 der Cr.-Ordn.; sobald feststehe, daß die Voraussetzungen dieses § vorliegen, sei die Strafverwandlung gerechtfertigt, und es könne dem Verurtheilten ein Widerspruchsrecht nicht mehr zuerkannt werden, da die betr. Befugniß des JMinisters ein Ausfluß des Begnadigungsrechts sei (vgl. Z. I. 2. Dez. 1853 c. Nasse, JMBl. 54. S. 81), und es demgemäß nicht mehr in Frage komme, ob der Verurtheilte die substituirte Strafart für milder halte oder nicht.

Das OTr. hat die NB. zurückgewiesen. Gründe:

Zuvörderst könnte das Bedenken erhoben werden, ob bei dem im § 590 der Cr.-Ordn. nachgelassenen Rechtsmittel, was sich als Appellation gegen eine vom Criminal-Departement verordnete Strafumwandlung darstellt, der App.-Richter an die in den allegirten neueren Prozeßgesetzen vorgezeichnete Beschränkung gebunden, demnach ohne eigene

Beweiserhebung verhindert sei, eine andere Sachlage zu unterstellen, als die im J.Minist.-Reskripte vorausgesetzte; denn wenn dieses auch gewissermaaßen in einem solchen Falle die Stelle einer erstinstanzlichen Entscheidung vertritt, so beruhet dieselbe doch keinesweges auf einem kontradiktorischen oder Kontumazialverfahren mit dem Beschuldigten, wie in jenen Gesetzstellen unfehlbar vorausgesetzt wird, sondern auf einem besonderen durch Königlichen Erlaß v. 26. Juni 1834 genehmigten instruktionsmäßigen Verfahren. Indessen bedarf es hierüber keiner Entscheidung, weil in den Gründen der sententia a qua eine Abweichung von der thatsächlichen Annahme des J.Ministerial-Reskripts mit Evidenz nicht zu befinden ist. Das Reskript geht nämlich von der Thatsache aus: daß Implorat K. den Rest seiner Zuchthausstrafe wegen seines durch Kreisphysikatsattest bescheinigten Krankheitszustandes nicht verbüßen könne. Der App.-Richter aber vermißt hierbei die allerdings den Worten nach in der Angabe des Strafumwandlungsgrundes nicht erfindliche Feststellung: daß an dem (erblindeten) Imploraten die ihm rechtskräftig auferlegte Leibesstrafe „nicht ohne Gefahr für seine Gesundheit" vollstreckt werden könne und erachtet es hiermit nicht auf gleicher Linie stehend, daß zufolge des im Reskript allegirten Physikatsattestes Implorat nur außer Stande sei, die in der Hülfsanstalt zu A. eingeführten Arbeiten zu verrichten, während nicht feststehe, daß er die in den Strafanstalten (namentlich Zuchthäusern) sonst vorkommenden Arbeiten zu verrichten behindert sei. Darin liegt in der That nur eine im Zusammenhange mit den Akten unternommene Auslegung und Feststellung der thatsächlichen Voraussetzung, wovon das Minist.-Reskript ausgegangen sei, und es kann darin weder eine Ueberschreitung der app.-gerichtlichen Befugnisse, noch auch ein Rechtsirrthum befunden werden. Insonderheit läßt sich dem § 590 Cr.-Ordn. nicht entnehmen, daß dem App.-Richter bloß die Prüfung des substituirten Strafmaaßes, nicht aber auch die Prüfung des Grundes zur ministeriellen Strafumwandlung zustehen solle.

[17. — 4.]

Erpressung. — Bedrohung mit einem Vergehen &c. — Thatbestand. — Feststellung.

1. Zur Rechtfertigung einer Verurtheilung wegen Erpressung genügt die Feststellung, daß eine Bedrohung mit der Verübung eines speziell bezeichneten Vergehens &c. stattgefunden habe; es ist nicht unerläßlich, in diese Feststellung auch die wesentlichen Merkmale des gedachten Vergehens aufzunehmen.

StGB. § 234 [dort einzutr. als n. 13a].

2. Eine Drohung mit einem Vergehen (z. B. mit einer Freiheitsbedrohung) verliert ihren Charakter als Drohung dadurch nicht, daß die angedrohte Handlung sofort in's Werk gesetzt wird. Ebendas. [dort einzutr. als n. 16a].

Erk. (Z. II.) v. 19. Jan. 1865 c. Eichhoff (385. II. Cr.).

Zum Thatbestande des in Rede stehenden Vergehens der Erpressung gehört das Bedrohen mit einem Verbrechen oder Vergehen. Das Vorhandensein dieses Merkmals mußte also dem Grundsatze des Art. 31 des Ges.s v. 3. Mai 1852 gemäß festgestellt werden. Die Instanzrichter haben dies durch den Ausspruch gethan, daß der Angeklagte die J. mit dem Vergehen der Freiheitsberaubung — wobei auf § 210 des StGB.s Bezug genommen wird — bedroht habe. Hiermit ist der Gegenstand der Drohung unzweifelhaft gekennzeichnet und dem Art. 31 cit. Genüge geleistet. Eine weitere Auflösung des Begriffes der Freiheitsberaubung selbst, die hier nicht als selbstständiges Objekt der Anklage, sondern nur als ein Bestandtheil des dieses Objekt bildenden Vergehens der Erpressung in Betracht kommt, in seine einzelnen Merkmale erscheint hierbei aber nicht geboten. Hierdurch erledigt sich der von der Nichtigkeitsbeschwerde dem angefochtenen Urtheile gemachte Vorwurf, daß nicht ausdrücklich festgestellt sei, daß der Angeklagte die J. mit vorsätzlicher Freiheitsberaubung bedroht habe. — Ob der gegen die J. geübte oder ihr angedrohte Zwang ausreichte, um darin eine Beraubung des Gebrauchs ihrer persönlichen Freiheit zu finden, unterliegt der einem Angriffe im Nichtigkeitsverfahren nicht ausgesetzten Beurtheilung des Richters der That.

Wenn nach der thatsächlichen Feststellung es im gegenwärtigen Falle sich nicht bloß von einer mündlichen Bedrohung mit einer noch bevorstehenden Freiheitsberaubung handelte, sondern die Drohung auch bereits thatsächlich verwirklicht und diese Verwirklichung gerade das geübte Zwangsmittel gewesen ist, so steht dies der Anwendbarkeit des § 234 nicht entgegen. Es kann einerseits nicht angenommen werden, daß eine Drohung dadurch, daß sie in Vollziehung übergeht, straflos oder minder strafbar wird, und andererseits bildet auch die Fortdauer des durch die Vollziehung der Drohung eingetretenen Zustandes bis zur Erreichung des rechtswidrigen Zweckes noch immer den Gegenstand einer Drohung.

Antr. des GStA.s: gleichl. [29. — 2.]

Kuppelei. — Ueberlassen der Räumlichkeit.

Die bewußte Ueberlassung der Wohnungsräume zur Ausübung der Gewerbsunzucht gegen unverhältnißmäßigen Miethzins kann als Kuppelei angesehen werden.

StGB. § 147 [vgl. dort n. 6].

Erk. (Z. II.) v. 19. Jan. 1865 c. Netz (402. II. Cr.).

Allerdings genügt zur Herstellung des Thatbestandes der Kuppelei, — zwischen welcher und Hurenwirthschaft ein Unterschied in dem Strafgesetzbuche nicht gemacht ist, so daß auch in Bezug auf Unzucht mit feilen, sich dazu gegen Lohn hergebenden Frauenspersonen Kuppelei stattfinden kann, — ein bloßes Wissen und Nichthindern des Treibens von Unzucht anderer Personen nicht, vielmehr ist dazu ein auf Vermittelung der Unzucht oder auf Gewährung oder Verschaffung der Gelegenheit zur Unzucht gerichtetes, in solcher Absicht geschehenes Handeln, durch welches die Unzucht befördert, ihr Vorschub geleistet wird, erforderlich.

Eine solche Absicht kann aber, wie es vom App.-Richter geschehen ist, auch da als vorhanden und ein Handeln in solcher Absicht auch da angenommen werden, wo gewerbsweise Unzucht treibenden Frauenspersonen mit Kenntniß ihres Treibens und mit dem Bewußtsein, daß sie selbige zum Treiben ihres unehrbaren Gewerbes (vgl. ALR. I, 21. §§ 311. 270. 387), des Unzuchtsgewerbes, benutzen werden, zu unverhältnißmäßig hoher Miethe, auf welche dabei, als aus der Gestattung solchen Treibens zu erlangenden Vortheil gerechnet wird, Lokalitäten überlassen werden.

Ein solcher Sachverhalt, nach welchem, wie der App.-Richter angeführt hat, die Frauenspersonen sich nicht als bloße Miether, sondern als Huren im Hause der Angeklagten aufhielten und letztere eine Hurenwirthschaft getrieben hat, ist gegen die Angeklagte für erwiesen erachtet. Ohne Rechtsirrthum konnte aus ihm der App.-Richter auch entnehmen, daß die Angeklagte durch Gewährung von Gelegenheit der Unzucht mehreren Personen Vorschub geleistet habe.

Antr. des GStA.s: gleichl. [26.—2.]

Freiheitsberaubung. — Dauer. — Maaß.

Zum Thatbestande des § 210 StGB. genügt nicht eine bloße Behinderung oder Beschränkung der persönlichen Freiheit, vielmehr muß der Gebrauch der persönlichen Freiheit unmöglich gemacht sein; ob dieses anzunehmen, ist Gegenstand der thatsächlichen Beurtheilung.

StGB. § 210 [vgl. dort n. 11].

Erk. (Z. II.) v. 19. Jan. 1865 c. Rommerswinkel (19. II. Cr.).

Der von der NB. aufgestellte Grundsatz ist allerdings richtig, daß zu dem Begriffe des in § 210 des StGB.s vorgesehenen Vergehens nicht eine bloß momentane Behinderung oder Beschränkung der Ausübung der persönlichen Freiheit ausreicht, daß vielmehr dazu gehört, daß vermittelst des ausgeübten Zwanges derjenige, gegen welchen derselbe gerichtet ist, in einen Zustand versetzt wird, wo ihm der Gebrauch seiner persönlichen Freiheit unmöglich gemacht ist. Daß dieser Grundsatz von den Instanzrichtern verkannt worden sei, ist indeß nicht erfindlich. Dieselben stellen keinesweges fest, daß B. bloß vorübergehend irgend eine Behinderung in seinem persönlichen Freiheitsgebrauche erlitten habe, und daß dieses für die Begründung der Anwendbarkeit des § 210 schon ausreiche, sondern sie nehmen nach Maaßgabe des von ihnen für erwiesen erachteten Herganges an, daß in Folge des wider den B. ausgeübten Zwanges derselbe während eines gewissen Zeitraumes der Ausübung seiner persönlichen Freiheit beraubt gewesen sei. Ob die auf die Person des B. geübte Einwirkung ein seine Willensfreiheit aufhebendes Maaß des Zwanges enthält und ob der dadurch herbeigeführte Zustand dem Begriffe einer Freiheitsberaubung entsprach, war Gegenstand der thatsächlichen Beurtheilung.

Antr. des GStA.s: gleichl. [29.—2.]

Einsteigen. — Oeffnung. — Bestimmung des Eigenthümers.

Eine Oeffnung, welche nach ihrer baulichen Einrichtung und äußern Erscheinung nicht zum Eingange bestimmt ist, z. B. ein Fenster, erlangt dadurch, daß der Eigenthümer ihr in beschränktem Maaße (für gewisse Personen und Geschäfte) jene Eigenschaft beilegt, dieselbe nicht allgemein für dritte Personen.

StGB. § 222 [vgl. dort n. 13. 14. 18].

Erk. (Z. I.) v. 20. Jan. 1865 c. Batowski (1281. I. Cr.).

B. hatte einen Diebstahl in einem fremden Brennereigebäude verübt; in das letztere war er durch eine Oeffnung gelangt, welche sich äußerlich als „Fenster" darstellte und beim Brennereibetriebe zum Herein- und Hinausbringen der Hefengefäße diente, wobei die damit beschäftigten Arbeiter denselben Weg nahmen; seit dem Aufhören des Brennens war dieses „Fenster" nicht verschlossen worden; die Instanzrichter stellten fest: „daß es zum Eingange für Andere nicht bestimmt" gewesen sei. Aus §§ 218 Nr. 2 und 222 StGB. bestraft, ergriff B. die NB., weil die Instanzrichter mit Unrecht angenommen hätten, daß jene Oeffnung zum Eingang nicht bestimmt gewesen sei; habe eine Oeffnung diese Bestimmung überhaupt für irgend Jemand erlangt, so sei sie ihr objektiv beizulegen. Zurückweisung. Gründe:

Sobald eine Oeffnung, ihrer äußeren Erscheinung nach, als zum Eingang in ein Gebäude dienend, betrachtet werden kann, wie z. B. eine Thür, so wird es allerdings nicht als entscheidend für die Anwendung der §§ 218. 222 des StGB.s angesehen werden können, wenn der Eigenthümer dennoch dieser Oeffnung nur eine beschränkte Bestimmung gegeben, also etwa nur die Benutzung für die Hausbewohner gewollt oder gestattet hat. Umgekehrt aber sind jene Vorschriften allerdings dann anwendbar, wenn es sich um eine Oeffnung handelt, die nach ihrer äußeren Erscheinung nicht als zum gewöhnlichen Eingange bestimmt zu betrachten sind, wie z. B. Fenster, bei denen aber der Eigenthümer für sein Gewerbe oder sonst für einzelne häusliche Verrichtungen die Benutzung als Eingang anordnet oder gestattet. Die Ausschließung Fremder von einer gleichen Benutzung der Oeffnung zum Eingange liegt hier in der baulichen Einrichtung selbst, die Jedem erkennbar ist. Der Ausdruck „zum Eingang bestimmt" setzt ein dauerndes Verhältniß voraus; (vgl. Schwarze „das Verbrechen des ausgezeichneten Diebstahls," S. 120.) — Unter diesen Umständen ist es daher gleichgültig, daß sogar das Einsteigen des Angeklagten hier zu einer Zeit stattgefunden hat, als das in Rede stehende, nur zur Zeit des Brennens von den Arbeitern zum Aus- und Einbringen der Gefäße, und damit zu ihrem eigenen

Aus- und Eingange benutzte Fenster, diese seine besondere Bestimmung sogar wegen des stattgefundenen Aufhörens des Brennens zeitweise verloren hatte.

Antr. des GStA.s: gleichl. [15. — 3.]

---

1. Unterschlagung. — Bei-Seite-Schaffen. — Ableugnen.

2. Versuch. — Anfang der Ausführung.

1. In dem außergerichtlichen Ableugnen einer gefundenen Sache in Verbindung mit dem Verschließen derselben in einem nur dem Angeklagten zugänglichen Gelasse kann ein „Bei-Seite-Schaffen" gefunden werden.

StGB. § 226 [vgl. dort n. 22; RdOTr. 4. S. 491].

2. Wird ein Vergehen durch mehrere successive erfolgende Handlungen verübt, so kann ein strafbarer Versuch desselben angenommen werden, wenn auch nur mit der Ausführung einzelner jener Handlungen der Anfang gemacht worden ist. StGB. § 31 [vgl. dort n. 14].

Erk. (Z. I.) v. 20. Jan. 1865 c. Düsing (1285. I. Cr. v. 1864).

Es handelt sich hier von einem Vergehen, welches in Beziehung auf gefundene Sachen verübt sein soll. Nach § 226 StGB. ist dasselbe vollendet, wenn die gefundenen Sachen verbraucht &c. beseitigt sind, oder wenn der Finder den Besitz derselben dem Gerichte gegenüber ableugnet. Nun hat zwar im vorliegenden Falle die Ableugnung des Besitzes nicht dem Gerichte gegenüber, sondern bloß dem Steuermann Cl. gegenüber stattgefunden, so daß die letztere Alternative des § 226 noch nicht eingetreten war. Allein dies hindert nicht, daß in dem Verschließen der gefundenen Sachen in ein Spind, das nur dem Angeklagten zugänglich war, in Verbindung mit dem außergerichtlichen Ableugnen des Besitzes ein Bei-Seite-Schaffen jener Gegenstände im Sinne des § 226 wie des § 225 — gefunden werden konnte, da das Bei-Seite-Schaffen wesentlich darin besteht, daß dem berechtigten Eigenthümer oder Besitzer der Sache die Disposition über dieselbe völlig entzogen oder wesentlich erschwert wird. Dies ist aber der Fall, wenn, wie hier, der Verbleib der Sache nur durch Zufall oder durch schwierige und wider den Willen des Finders unternommene Nachforschungen ermittelt, und auf diese Weise dem Eigenthümer die Disposition über die Sache wieder verschafft werden kann. Zwar scheint der App.-Richter im vorliegenden Falle zu einer vollendeten Beseitigung auch noch das Wegschaffen der gefundenen Sachen von dem Schiffe, auf welchem sie verloren und gefunden worden waren, für erforderlich erachtet zu haben, — allein, wenn man auch dieser Annahme des App.-Richters beitreten wollte, so stand doch nichts im Wege, daß derselbe, von seiner Anschauungsweise aus, in den oben erwähnten Thathandlungen des Angeklagten einen strafbaren Versuch des Vergehens finden und feststellen konnte, denn der § 31 StGB. erfordert für den strafbaren Versuch nur solche äußere Handlungen, welche den Anfang zur Ausführung des Vergehens enthalten. [Hieraus folgt von selbst, daß, wenn ein Vergehen durch mehrere successive erfolgende Handlungen, wie hier, begangen wird, diejenigen Handlungen, in denen der strafbare Versuch gefunden wird, nicht nothwendig die zur schließlichen Vollendung des Vergehens erforderlichen Thätigkeiten des Angeklagten zum Gegenstande haben muß, daß also im vorliegenden Falle, wenn, wie der App.-Richter anzunehmen scheint, — das Wegschaffen der Sachen vom Schiffe zur Vollendung der Unterschlagung nothwendig gewesen wäre, die den strafbaren Versuch des Vergehens enthaltenden Thathandlungen nothwendig das Wegschaffen der Sachen vom Schiffe zum Gegenstande haben mußten, wie dies die Nichtigkeitsbeschwerde unterstellt.

Antr. des GStA.s: gleichl. [14.—3.]

Kreditgeben an Minderjährige. — Gewinnsucht.

Die Strafe des Kreditgebens an Minderjährige wird dadurch nicht ausgeschlossen, daß dabei der Gewinn für einen Andern gesucht wird.

Ges. v. 2. März 1857 § 1.

Erk. (Z. I.) v. 20. Jan. 1865 c. Friedländer (Hartmann & Gen.; 1329. I. Cr. v. 1864).

F. war, weil er sich „— — in gewinnsüchtiger Absicht und unter Benutzung des Leichtsinns und der Unerfahrenheit der minderjährigen L. von dieser habe Wechsel ausstellen lassen," aus § 1 des Ges.s v. 2. März 1857 bestraft worden. Seine NB. rügte es, daß die Instanzrichter bei ihm eine „gewinnsüchtige Absicht" angenommen hätten, obgleich feststehe, daß er nur Buchhalter bei dem Mitangeklagten H., und nur in dieser Eigenschaft bei dem Geschäfte thätig gewesen sei; mit Unrecht erachte das AG. es für gleichgültig, ob er den Gewinn für seinen Prinzipal oder für sich selbst gesucht habe. Zurückweisung. Gründe:

Es enthält keinen Rechtsirrthum, wenn der App.-Richter davon ausgeht, daß die dem Imploranten Fr. imputirte „gewinnsüchtige Absicht" nicht nothwendig auf einen eigenen Gewinn gerichtet gewesen sein müsse, es vielmehr genüge, wenn sie auch nur auf einen Gewinn seines Prinzipals gerichtet gewesen sei, da weder das Ges. v. 2. März 1857, noch andere Strafgesetze, die eine solche Absicht zum Thatbestande eines Verbrechens oder Vergehens erfordern, wie z. B. der § 241 des StGB.s, diese Beschränkung aussprechen und daher z. B. beim Betruge stets angenommen worden ist, daß die Absicht, sich Gewinn zu verschaffen, nicht auf den eigenen Gewinn des Thäters beschränkt sei; vgl. G. M. 2. S. 549 Nr. 9.

Antr. des GStA.s: gleichl. [28. — 3.]

Aufruhr. — Zusammenrotten. — Eigner Antrieb.

Beim Aufruhr wird der Begriff des Zusammenrottens weder dadurch ausgeschlossen, daß die Angeklagten vorher schon zusammen waren,

noch dadurch, daß jeder einzelne nur aus eignem Antriebe handelte.

StGB. § 91 [vgl. dort n. 2. 3].

Beschl. (I.) v. 20. Jan. 1865 c. Neumann & Gen. (35. B. I. Cr.).

Die Beschuldigten hatten es versucht, mit vereinten Kräften einen durch die Nachtwächter verhafteten Kameraden mit Gewalt zu befreien; hierin fand die Anklage den Thatbestand des Aufruhrs (§ 90 StGB.); die Instanzgerichte lehnten indessen die Eröffnung der Untersuchung ab, weil ein „Zusammenrotten" der Beschuldigten nicht anzunehmen sei; sie stützten diese Annahme darauf: „weil die Beschuldigten bereits zusammen gewesen seien, und weil sie aus eignem Antriebe denselben Zweck (die Befreiung ihres Genossen) verfolgt hätten. Auf die Beschwerde des OStA.s ist der Beschluß des AG.s aufgehoben und die Sache zur nähern Prüfung an dieses Gericht zurückverwiesen worden. Erwogen ward:

daß der erste der [erwähnten] Gründe rechtlich nicht zutrifft, da der Umstand, daß die betreffenden „mehren Personen" bereits vorher zusammen waren, ehe sie sich zu einem gemeinsamen gesetzwidrigen Handeln vereinigten, den Begriff der Zusammenrottung nicht ausschließt, wie das Kgl. OTr. bereits öfter und auch neuerlich noch in der Untersuchung wider Affaltowski am 1. Juli 1863 (RdOTr. 3. S. 531) entschieden hat;

daß der zweite angeführte Grund, „daß die Angeschuldigten aus eignem Antriebe denselben Zweck verfolgten," es wenigstens zweifelhaft läßt, ob damit das wesentliche Merkmal: „die Verbindung zu einer gemeinschaftlich auszuführenden Handlung," hat verneint werden sollen, für dieses aber es gleichgültig ist, ob jeder Einzelne lediglich aus eignem Antriebe handelte, oder ob der Eine den Andern, oder Alle sich wechselseitig angereizt oder bestimmt haben, es vielmehr genügt, wenn Alle bewußter Weise zu einem gemeinsamen Handeln mitwirkten, sollte der Entschluß dazu auch bei Jedem von selbst und ohne Zuthun der Uebrigen entstanden sein; ꝛc.

Antr. des GStA.s: gleichl. [20. — 3.]

Richter. — Fähigkeit. — Verwandtschaft mit dem Beschädigten.

Ein Richter, welcher mit dem durch eine Strafthat Beschädigten nahe verwandt ist, ist deshalb nicht unfähig, an der Untersuchung und Entscheidung über jene That Theil zu nehmen.

Cr.-Ordn. § 47; AGO. I, 2. § 143; Vdn. v. 14. Dez. 1833 § 5 Nr. 5. 6; Dekl. v. 6. Apr. 1839 Art. 17. Vgl. Oppenh. Strafverf. S. 56 n. 17.

Erk. (Z. I.) v. 20. Jan. 1865 c. Remuß (1305. I. Cr. v. 1864).

Der § 47 der Cr.-Ordn., resp. der dort bezogene § 143 I, 2. AGO. gestattet, — soweit er hier in Betracht kommt, — nur dann ein Ablehnungsgesuch gegen den erkennenden Richter, wenn derselbe persönlich beim Ausgange des Rechtsstreites interessirt, oder wenn er bis zum vierten Grade mit einer der Parteien verwandt oder verschwägert ist. Der letztere Fall liegt hier nicht vor, da die Schwiegermutter des Kreisrichters R., welcher letztere in erster Instanz fungirte, zwar die Beschädigte, nicht aber Partei in der gegenwärtigen Untersuchungssache war. — Ebensowenig folgt aus diesem Schwägerschafts-Verhältniß ein persönliches Interesse des Kreisrichters R. am Ausgang der Sache mit Nothwendigkeit. Es lag daher kein Fall vor, in welchem nach den bereits angezogenen Gesetzesstellen, so wie nach dem Art. 17 der Dekl. v. 6. Apr. 1839, resp. dem § 5 Nr. 5 bis 7 der Vdn. v. 14. Dez. 1833 der ꝛc. R. auch ohne vorgängiges Perhorrescenz-Gesuch sich von Amtswegen bei Strafe der Nichtigkeit des Verfahrens der Betheiligung an demselben hätte enthalten müssen. Die Frage, ob der Angeklagte unter den vorwaltenden Umständen ein Perhorrescenz-Gesuch gegen ꝛc. R. würde haben begründen können, kann hier unerörtert bleiben, da Angeklagter in erster Instanz ein solches Gesuch nicht eingereicht, einen Verdacht gegen die Unparteilichkeit des ꝛc. R. nicht ausgesprochen, folglich das Gericht erster Instanz gar nicht in die Lage versetzt hat, zu prüfen, ob das erwähnte Sachverhältniß, sei es mit Nothwendigkeit, sei es aus nahe liegenden Rücksichten des Anstandes, gebiete, daß der ꝛc. R. sich der Theilnahme an der Entscheidung der Sache enthalte. Ob der Angeklagte, wie er behauptet, erst nach Verkündigung des Erkenntnisses erster Instanz Kenntniß von dem Schwägerschafts-Verhältniß zwischen der Frau v. Z. und dem ꝛc. R. erhalten, kann hier weiter nicht in Betracht kommen, da letzterer, wie gezeigt, zur Angabe dieses Verhältnisses gesetzlich nicht verpflichtet war. Ob endlich die hier aufgestellten Grundsätze auch dann zur Anwendung zu bringen, wenn im einzelnen Falle der erkennende Richter selbst der Damnifikat sei, bedarf keiner Erörterung, da der unterstellte Fall hier nicht vorliegt.

Antr. des OStA.s: gleichl. [14.—3.]

Unzüchtige Handlung. — Vormund. — Bestallung.

Ein vom Gerichte ernannter und verpflichteter Vormund, welcher mit seiner Mündel unzüchtige Handlungen vornimmt, wird von der Strafe des § 142 StGB. betroffen, sollte er zu jener Zeit auch noch nicht im Besitze seiner Bestallung als Vormund gewesen sein.

StGB. § 142 Nr. 1 [dort einzutr. vor n. 6 als n. 5a].

Beschl. (I.) v. 20. Jan. 1865 c. Ristau (11. B. I. Cr.).

R. war beschuldigt, „mit seiner Mündel J. L. unzüchtige Handlungen vorgenommen zu haben;" das AG. hielt indessen den § 142 Nr. 1 auf ihn nicht für anwendbar, weil er zur Zeit der That als Vormund zwar ernannt und verpflichtet gewesen, nie aber eine vormundschaftliche Bestallung erhalten habe, und daher arg. § 215. II, 18. ALR. niemals Vormund der L. gewesen sei. Auf die Beschwerde des OStA.s ist dieser Beschluß vom OT. aufgehoben und die Versetzung des R. in den Anklagestand ausgesprochen worden. Gründe:

Allerdings lautet der § 225. II, 18. ALR. dahin: daß erst durch die Bestallung der Vormund das Recht und die Pflicht zur Ausübung seines Amtes erhält, es bestimmt jedoch der gleich darauf folgende § 226 l. c.:

„doch ist auch schon ein ernannter, obgleich noch nicht förmlich bestellter, Vormund Angelegenheiten der Pflegebefohlenen, bei welchen Gefahr im Verzuge sein könnte, zu besorgen schuldig und berechtigt."

Hierin liegt unzweifelhaft das Anerkenntniß des Gesetzgebers, daß der vorläufig als Vormund von dem betreffenden Gerichte Verpflichtete in der Zwischenzeit, bis zum Empfange der förmlichen Bestallung, als solcher zu handeln, so berechtigt als verbunden ist, daß er daher thatsächlich in das Verhältniß eines Vormundes gegenüber der Person des Mündels getreten, es wäre denn, daß in dem speziellen Falle Seitens des Gerichts etwas Anderes bestimmt worden ist. Eine solche Beschränkung hinsichts des Beschuldigten liegt aber hier nicht vor, es hat vielmehr derselbe seit der Zeit seiner Verpflichtung unbeanstandet und mit Genehmigung des Vormundschafts-Gerichts die Funktionen eines Vormundes ausgeübt. Unter diesen Umständen kann die Anwendung des § 142 Nr. 1 des StGB.s auf die, von dem AG. festgestellte Handlungsweise des Angeschuldigten nicht bedenklich sein.

Antr. des GStA.s: gleichl. [20. — 2.]

Wucher. — Einkleidung. — Früheres Versprechen.

Ein eingekleideter Wucher liegt auch dann vor, wenn Jemand sich wucherische Zinsen, welche bei einem früheren Wuchergeschäfte mündlich versprochen waren, bei einem neuen Wuchergeschäfte wiederum versprechen läßt und nunmehr die Gesetzwidrigkeit durch Einkleidung versteckt wird.

StGB. § 263 [vgl. dort n. 51. 55; und oben S. 372].

Erk. (Z. I.) v. 20. Jan. 1865 c. Schulz (1277. I. Cr.).

Sch. hatte sich im Jan. 1863 von den Gebr. U. über eine Darlehnssumme von 50 Thlrn. einen Wechsel ausstellen und gleichzeitig mündlich dafür 5 Thlr. als „Verdienst" versprechen lassen; am Verfalltage im März konnten die zc. U. den Wechsel nicht bezahlen, sie stellten daher dem Sch. auf dessen Verlangen einen neuen im April fälligen

Wechsel über 59 Thlr. aus, in welchem Betrage jene früher mündlich versprochenen 5 Thlr. mit enthalten sein sollten. Hierin fanden die Instanzrichter den Thatbestand des eingekleideten Wuchers, weil 5 Thlr. das Maaß der zulässigen Zinsen für die ganze Zeitdauer vom Januar bis zum April weit überstiegen. Dieses griff die NB. des Sch. an: es habe sich, nach den instanzgerichtlichen Feststellungen um zwei ganz getrennte Geschäfte gehandelt; bei dem ersten sei das mündliche Versprechen der 5 Thlr., weil nicht eingekleidet, nach der eignen Annahme des AG.s nicht strafbar gewesen [vgl. aber B. I. 16. Dez. 1864 c. Popp, oben S. 372]; die demnächstige Aufnahme derselben 5 Thlr. in den zweiten Wechsel gebe denselben hier nicht den Charakter von Zinsen bei diesem Geschäfte, weil sie für das erste Geschäft versprochen, zur Zeit des zweiten Geschäfts also schon verdient und erworben gewesen seien; darauf ob dieses in rechtsgültiger Weise geschehen, könne es nicht ankommen. Zurückweisung. Gründe:

Es mag zugegeben werden, daß die in Rede stehenden 5 Thaler bei der Ausstellung des ersten Wechsels in Ermangelung einer Verschleierung und in Ermangelung der Feststellung einer gewohnheitsmäßigen Ueberschreitung der gesetzlichen Zinsen kein strafbares wucherliches Geschäft darstellten. Sie waren aber jedenfalls eine nicht klagbare Forderung und konnten, wie der App.-Richter bemerkt, für den Fall erfolgter Zahlung innerhalb 6 Jahre zurückgefordert werden. Sonach stellt die Ausstellung des zweiten Wechsels über 59 Thlr., welche Summe diese 5 Thlr. mit umfaßt, insoweit immer die Verschleierung einer ungültigen Forderung, mithin den Thatbestand des Wuchers dar. Das bei der Ausstellung des ersten Wechsels dem Angeklagten mündlich gegebene und von ihm acceptirte Versprechen einer Belohnung von 5 Thlrn. wurde von ihm auf das zweite Wechselgeschäft mit herüber genommen und hier von ihm durch die Verschreibung einer höheren Wechselsumme realisirt; sie konnten ihren ursprünglichen Charakter aber dadurch nicht verlieren.

Antr. des GStA.s: gleichl. [15. — 3.]

Beleidigung. — Gerechtsame.

Ist es erkennbar, daß Jemand bei einer objektiv beleidigenden Aeußerung Gerechtsame hat wahrnehmen wollen, so bedarf es zur Rechtfertigung einer Verurtheilung der Feststellung der beleidigenden Absicht auch dann, wenn der Angeklagte es nicht geltend gemacht hatte, daß die Voraussetzungen des § 154 StGB. vorlägen.

StGB. § 154 [vgl. dort n. 6].

Erk. (B. I.) v. 25. Jan. 1865 c. Aris (1297. I. Cr. v. 1864).

Durch ein Versehen des Postsekretärs Schr. war ein an Samuel Aris adressirter Brief an Louis Aris abgeliefert und von diesem eröffnet worden; Sam. A. ging deshalb zu Schr., machte ihm wegen des Vorfalls Vorstellungen und bediente sich dabei beleidigender Ausdrücke. Aus § 102 StGB. bestraft, ergriff er die NB. und rügte Gesetzverletzung. Obgleich die desfallsigen Ausführungen in der NB. vom OTr. nicht für zutreffend erachtet wurden, erfolgte dennoch Vernichtung des Erkenntnisses, weil dasselbe nach einer vom Angeklagten nicht gerügten Richtung hin das Gesetz verletze. Gründe:

Der Angeklagte bezweckte mit seinen Beweisanträgen in zweiter Instanz offenbar, des Schutzes des § 154 des StGB.s theilhaftig zu werden, da er seine dem Postsekretair Schr. gemachten Vorstellungen nur um deshalb geltend gemacht hatte, um künftige ähnliche Vorfälle zu verhindern, also um seine Gerechtsame wahrzunehmen. Von diesem Gesichtspunkte aus hat der App.-Richter seine Prüfung, auch nicht bei Erwägung der angebrachten Beweisanträge, eintreten lassen und somit gegen den erwähnten § 154 l. c. verstoßen, obschon derselbe im Laufe der Instanzen hinreichend indizirt war. [20. — 4.]

Einmaischung. — Begriff.

Zum Begriffe der „Einmaischung" bedarf es nicht der ganzen Prozedur der Branntweinbereitung von Anfang bis zu Ende, vielmehr genügt ein einzelner Akt der Zubereitung von Maische; daher ist die Bereitung einer Masse, aus welcher

demnächst durch einen zu bewirkenden Gährungsprozeß Spiritus gewonnen werden kann, als Einmaischung anzusehen.

AKO. v. 10. Jan. 1824 Nr. 5. Vgl. RbOTr. 1. S. 173; 2. S. 344; 5. S. 390; Hartm. Strafgess. S. 117 n. 2.

Erk. (V. I.) v. 25. Jan. 1865 c. Klee (1295. I. Cr. v. 1864).

Kl. hatte einen Vormaischbottich, nachdem die für den betr. Tag deklarirte und bewirkte Spiritus-Einmaischung abgelassen war, zum zweiten Mal mit 23 Scheffel Kartoffeln und einem Zusatz von 150 Pfund Malz befüllt, ohne diese zweite Befüllung der Steuerbehörde deklarirt zu haben; gleichwohl ward er von der Anklage der Steuer-Kontravention durch das AG. freigesprochen, „weil nach dem Gutachten der Sachverständigen, ein Gemenge von gequetschten Kartoffeln mit einem Zusatze von Malz, aber ohne Zusatz von Hefe und mit kaltem Wasser vermischt, zur Gewinnung von Spiritus völlig ungeeignet sei, und sonach nicht angenommen werden könne, daß Kl. eine zweite nicht deklarirte Einmaischung in seiner Brennerei vorgenommen habe." Auf die NB. des Pr.-St.-Direktors ist dieses Erkenntniß vernichtet und das erste verurtheilende Erkenntniß bestätigt worden. Gründe:

Daß die gequetschten Kartoffeln mit dem Zusatz von Malz an und für sich, und allein, noch nicht unmittelbar zur Spiritusgewinnung geeignet waren, daß es dazu vielmehr noch des Zusatzes von Hefe und anderer Manipulationen bedurfte, wie die beiden in zweiter Instanz als Sachverständige vernommenen Brennereibesitzer behauptet haben, ist zwar nicht zu bezweifeln, aber rechtlich für die vorliegende Entscheidung unerheblich, weil es zur Anwendung der AKO. v. 10. Jan. 1824 nicht erforderlich ist, daß die ganze Prozedur der Branntweinfabrikation von Anfang bis zu Ende ohne Deklaration bei der Steuerbehörde stattgefunden hat, sondern es genügt, wenn auch nur ein einzelner Akt der Einmaischung oder Zubereitung von Maische vorliegt. Ob aber im gegenwärtigen Falle aus der Masse, mit welcher der Bottich zum zweiten Male befüllt wurde, wirklich Spiritus gewonnen ist, und ob es gar nicht beabsichtigt ist, Spiritus daraus zu gewinnen, sondern Viehfutter, so wie darauf, welche anderweitigen Manipulationen noch etwa erforderlich waren, um den Gährungsprozeß und die Erzeugung von Spiritus zu bewirken, auf dies Alles kommt es, da es sich jetzt nur noch um die Kontraventionsstrafe der cit. AKO. Nummer 5 handelt, rechtlich nicht weiter an; es reicht vielmehr zur Verwirkung derselben hin, daß ein Gemisch von Kartoffeln und Malz, als womit der Bottich zum zweiten Male vom Angeklagten undeklarirt befüllt war, eine Masse darstellt, aus welcher, nachdem dieselbe in Gährung versetzt war, unbestritten, und auch nach der Ansicht der vernommenen Sachverständigen Spiritus gewonnen werden konnte; daß also diese zweite Befüllung einen Akt der Einmaischung oder Zubereitung von Maische im Sinne der cit. AKO. v. 10. Jan. 1824 Nr. 5 bildete.

Antr. des GStA.s: gleichl. [18. — 4.]

Urkunde. — Blanko-Accept. — Gebrauch.

1. Ein Blanko-Accept, welches auf ein die zu zahlende Geldsumme enthaltendes, sonst aber unausgefülltes Wechsel-Formular gesetzt ist, ist eine Urkunde.

StGB. § 247 [vgl. dort n. 81; § 251 n. 40].

2. Derjenige, welcher ein mit einem falschen Blanko-Accepte versehenes unausgefülltes Wechselformular einem Andern übergiebt, um darauf Geld zu erhalten, macht sich, wenn demnächst eine der in den Besitz des Schriftstücks gelangten dritten Personen das Formular in gutem Glauben ausfüllt, einer vollendeten Wechselfälschung schuldig.

StGB. § 251 [vgl. dort n. 40].

Erk. (Z. II.) v. 26. Jan. 1865 c. Berger (34. II. Cr.).

Den Geschwornen waren unter den Nrn. 8—12 Fragen vorgelegt worden, welche verschiedene der Angeklagten Ehefrau B. zur Last gelegte Wechselfälschungen zum Gegenstande hatten; die Geschwornen verneinten diese Fragen, bejahten dagegen eine Eventualfrage Nr. 13, welche sich auf dieselben Handlungen bezog, wie die vorhergehenden 5 Fragen.

Der Schw.-GH. nahm demnächst in seinen Erkenntnißgründen an, es sei durch diesen Spruch auf Frage 13 mit Rücksicht auf die Verneinung der Fragen 8—12 als „wahrer Zusammenhang der Sache" festgestellt: daß die B., wenn sie Geld aufnehmen wollte, wiederholt in ein Wechselformular lediglich die gewünschte Summe eingeschrieben, und sodann auf dasselbe nicht nur ihr eigenes Blanko-Accept, sondern auch eine falsche Genehmigung dieses Accepts unter dem Namen ihres Ehemannes gesetzt, und das Schriftstück in dieser Gestalt einem Kommissionär übergeben habe, welcher einen Darleiher des Geldes ermittelte und sodann die Ausfüllung in der Weise veranlaßte, daß alles Fehlende ergänzt, insbesondere der Namen der Eheleute Berger als Bezogene eingetragen und das Ganze durch den Darleiher mittelst Zufügung seiner Unterschrift als Zieher vollzogen wurde, — sowie endlich, daß nur das in der 8. Frage erwähnte Wechselformular auch jetzt noch ohne Namen und Unterschrift eines Ausstellers sei. In diesen Handlungen fand der GH. weder den Thatbestand der Wechselfälschung, noch den eines Betrugs und sprach von den betr. Anklagen frei. Zur Rechtfertigung dieser Ansicht war ausgeführt: um als Urkunde zu gelten, müsse die Schrift zur Zeit ihres Gebrauchs für den Beweis eines zu dieser Zeit aus ihr in den wesentlichen Punkten erkennbaren, mindestens durch dasselbe indizirten Rechtsverhältnisses erheblich sein; das sei von einem Blanko-Accept nicht anzunehmen, weil es, so lange das Formular nicht ausgefüllt werde, wirkungslos sei; auch könne der Umstand, daß sich die B. mit der Ausfüllung der Formulare als gezogener Wechsel einverstanden erklärt und dadurch die spätere Herstellung vollständiger Wechsel selbst herbeigeführt habe, die Schrift, welche bei der Begehung der Fälschung (dem Gebrauche) kein Wechsel war, nicht zum Wechsel und also die Angeklagte nicht strafbar machen. — Die NB. des StA.s suchte auszuführen, daß durch den Spruch der Geschwornen der Thatbestand der §§ 251 Nr. 1 und 247 StGB. genügend festgestellt sei. — Die GStA.-schaft erachtete das Rechtsmittel für begründet: ein Blanko-Accept, welches auf ein in der bekannten Form abgefaßtes Wechselformular gesetzt sei, müsse (zumal wenn dasselbe die Angabe der zu zahlenden Summe enthalte), als Urkunde angesehen werden, weil dasselbe objektiv ein für das Bestehen eines Wechselverhältnisses begrifflich wesentliches Merkmal beurkunde und auch die Natur dieses Rechtsverhältnisses (daß es sich dann auf eine Wechselforderung beziehe) durch das benutzte Formular klar erkennen lasse, ein Mehr aber zum Begriffe der Urkunde nicht erfordert werde (vgl. Oppenh. StGB. § 247 n. 81); selbst wenn man aber auch hiervon absehen wolle, lägen doch vollendete Wechselfälschungen vor: der Schw.-GH. nehme selbst an, die Angeklagte habe durch ihre Handlungen die Herstellung der vollständigen

Wechsel durch einen in gutem Glauben handelnden Dritten herbeigeführt; die Handlungen dieses Dritten seien daher der Angeklagten als eigne zuzurechnen; sie selbst habe daher die schließlich zu Stande gekommenen mit falschen Accepten versehenen Wechsel (theils selbst, theils durch dritte Personen als ihre Werkzeuge) angefertigt; zwar habe sie die Accepte vor der vollständigen Ausfüllung aus der Hand gegeben, in diesem Augenblicke also einen noch nicht vollständigen Wechsel gebraucht; die spätere Ausfüllung von dritter Hand sei aber lediglich eine Folge dieses ihres Gebrauchs gewesen und — wie gezeigt — von ihr zu vertreten; durch die Ausfüllung sei der vollständige Wechsel hergestellt, so daß im Falle der Echtheit des Accepts der Unterzeichner desselben im Wechselprozeß nicht mehr habe geltend machen können, er habe nur in blanco acceptirt; es habe sonach durch die Ausfüllung auch der frühere Gebrauch in rechtlicher Beziehung die Bedeutung einer völlig gültigen und wirksamen Wechseloperation erlangt; daher müsse man annehmen, daß durch diese Ausfüllung auch jene Gebrauchshandlung perfekt geworden sei und nunmehr die Bedeutung einer regelrechten Wechselbegebung angenommen habe, so daß also in Folge der Ausfüllung ein vollständiges Wechselgeschäft, also der Gebrauch eines Wechsels, anzunehmen sei, welchen die Angeklagte theils selbst (durch die Uebergabe des Blanko-Accepts) theils durch einen als ihr Werkzeug handelnden Dritten (durch die von diesem vorgenommene Ausfüllung) gemacht habe. — Das OTr. hat die NB. zurückgewiesen, weil es annahm, daß die von den Geschwornen bejahte Frage 13 nicht die genügenden Feststellungen enthalte, um danach den von dem Schw.-GH. selbst als vorliegend angesehenen Thatbestand anzunehmen; könne sonach der mangelhafte Geschwornenspruch, wie er vorliege, eine Verurtheilung nicht rechtfertigen, so sei das Rechtsmittel des StA.s zurückzuweisen, weil ein formeller Mangel der Fragstellung nicht gerügt sei. Dagegen trat das OTr. den rechtlichen Ausführungen der StA.-schaft bei, und erkannte an, daß, wenn wirklich der Sachverhalt so festgestellt wäre, wie der Schw.-GH. es in seinen Gründen angenommen habe, der Thatbestand der Wechselfälschung vorliegen würde. Die betr. Gründe lauten:

Kann auch durch ein Blanko-Accept für sich, welches auf ein ganz oder doch hinsichts wesentlicher Erfordernisse des Wechsels unausgefülltes Wechsel-Formular gesetzt wird, nur ein mit einem Wechsel zu machendes Geschäft vorbereitet werden (vgl. Z. II. v. 18. Apr. 1861 c. Wolff, RdOTr. 1. S. 351), so ist doch, wenn auf ein, bereits in Betreff der Geldsumme, wenn auch nur mit Ziffern ausgefülltes, die Bezeichnung als „Wechsel" enthaltendes Wechsel-Formular ein Accept gesetzt wird, aus solchem Schriftstücke schon für sich erkennbar, daß es auf ein Rechtsgeschäft, auf ein, wenn auch mit noch nicht bestimmt bezeichneten Personen einzugehendes Wechselgeschäft Bezug habe und für den Beweis eines solchen erheblich sei, und bei bloß Wechselfälschungen vorbereitenden Handlungen der Angeklagten würde es nach jenem von dem Schw.-GH. angenommenen Sachverhalte nicht geblieben sein. Die Angeklagte würde, nach diesem Sachverhalte, erreicht haben, was sie beabsichtigte. Es würden mit Ausnahme des Falles der Frage 8, bei dem immer doch auch noch ein Versuch der Wechselfälschung würde haben in Frage kommen müssen (vgl. Beschl. I. v. 6. Jan. 1864 c. Wenkowsky, RdOTr. 4. S. 270), Wechsel geschaffen sein, wie es die Angeklagte wollte, es würde ihrem Willen und Auftrage gemäß von den mit gefälschten Accepten versehenen, ihrer Absicht gemäß bis auf das in der Frage 8 gedachte, zu Wechseln gewordenen Schriftstücken zum Zwecke der Täuschung, um Geld für die Angeklagte anzuschaffen, Gebrauch gemacht worden sein; die Angeklagte würde, worauf ihre Absicht gerichtet war, dieses Geld erhalten, und sie würde sich dazu durch Irrthumserregung der in gutem Glauben handelnden dritten Personen, nämlich des Kommissionairs und der als Darleiher oder Wechselankäufer das Geld hergebenden Personen, als willenloser Werkzeuge bedient haben.

[26. — 2.]

---

1. Geschworne. — Verwandtschaft.
2. Fragstellung. — Reihenfolge.

1. Der Umstand, daß mehrere unter sich nahe verwandte Personen in einer Sache als Geschworne fungirt haben, begründet keine Nichtigkeit.

Vdn. v. 3. Jan. 1849 § 95 [vgl. dort n. 19].

2. Es unterliegt dem richterlichen Ermessen,

ob bei der Stellung mehrerer Fragen die Reihenfolge des Anklagebeschlusses beizubehalten sei.

Ges. v. 3. Mai 1852 Artt. 80 [vgl. dort n. 10]. 86 [vgl. dort n. 31]; RbOTr. 2. S. 483.

Erk. (Z. II.) v. 26. Jan. 1865 c. Döring (Bechini & Gen. 57. II. Cr.).

Die NB. des D. rügte:

1) daß bei der schwurgerichtlichen Verhandlung zwei Brüder v. W. als Geschworne mitgewirkt hätten;

2) daß bei der Vorlegung der Fragen nicht die von der Anklage befolgte Reihenfolge inne gehalten, vielmehr aus dem Grunde: „weil die schwereren Verbrechen voranzugehen hätten," eine andere Anordnung beliebt worden sei (nämlich so, daß zuerst die Frage nach dem Diebstahle, dann die Frage nach der Theilnahme an derselben und demnächst endlich eine Frage wegen Hehlerei gestellt wurde).

Zurückweisung. Gründe:

Zu 1. liegt, ganz abgesehen davon, daß die Eigenschaft der beiden Geschworenen v. W. vor dem Schw.-GH. nicht behauptet und nicht festgestellt ist, in der Verwandtschaft mehrerer Geschworenen unter einander auch an sich kein Grund, welcher dieselben nach § 95 der Vdn. v. 3. Jan. 1849 zur Theilnahme am Schwurgerichte unfähig machen könnte, da auch die Verwandtschaft mehrerer Mitglieder eines Richterkollegiums unter einander keine absolute Unfähigkeit derselben, bei einem Urtheile mitzuwirken, begründet. Dazu kommt, daß das Rekusationsrecht den Angeklagten Gelegenheit giebt, ihrem aus der Verwandtschaft der zur Ausloosung gelangenden Geschworenen etwa geschöpften Mißtrauen noch leichter Ausdruck zu geben, als dem Mißtrauen gegen einen Richter durch Perhorrescenz, und im vorliegenden Falle hat Implorant die beiden Geschworenen v. W. ausdrücklich angenommen, obgleich sein Rekusationsrecht nicht erschöpft war. — —

Die Beibehaltung der Reihenfolge der Anklagepunkte in der Fragestellung findet sich nirgends vorgeschrieben und fällt insbesondere, wenn die Verhandlungen Anlaß zu einer Veränderung der Anklagepunkte selbst nach Maaßgabe der Art. 84—87 des Ges.s v. 3. Mai 1852 Art. 30

daselbst Anlaß geben, dem Ermessen des Vorsitzenden beziehungsweise des Schw.-GH.s anheim.

Antr. des GStA.s: gleichl. [23.—2.]

Thäter. — Gemeinschaftlichkeit. — Dolus.

Für alle Folgen einer von mehreren Personen nach Verabredung gemeinschaftlich verübten That ist jeder der Thäter verantwortlich. Das gilt auch dann, wenn in Folge einer Verwechslung ein anderes Objekt (eine andere Person) von der That betroffen worden ist, als die Thäter beabsichtigt hatten.

StGB. Thl. I. Tit. III. [vgl. dort S. 84 n. 5—10. 13; § 175 n. 7].

Erk. (Z. II.) v. 2. Febr. 1865 c. Frye u. Gen. (48. II. Cr.).

Den Geschwornen war in Betreff jedes der drei Angeklagten die Frage vorgelegt worden: ob er schuldig sei, „— — nach vorheriger Verabredung und in Gemeinschaft mit Andern dem H. B. vorsätzlich eine Mißhandlung oder Körperverletzung zugefügt zu haben, welche den Tod desselben zur Folge hatte." Dagegen war der Antrag des Vertheidigers: in jene Frage auch noch die Worte aufzunehmen: „nach gemeinschaftlicher gegen H. B. gerichteter Verabredung mit Andern und gleichzeitig" — vom Schw.-GH. abgelehnt worden. Die dieses rügende NB. der verurtheilten Angeklagten ward zurückgewiesen. Gründe:

Ist bei einer Schlägerei oder einem von Mehreren verübten Angriffe (Raufhandel) ein Mensch erheblich, schwer oder mit tödtlichem Erfolge verletzt worden, wobei mehrere Betheiligte nur im Objekte des Verbrechens zusammentreffen, oder doch nur als zufällige Miturheber konkurriren, so ist eine gemeinschaftliche, und insbesondere eine nach vorheriger und gemäß vorheriger Verabredung einer Mißhandlung gemeinschaftlich verübte Mißhandlung nicht, und auch die Gleichzeitigkeit der Verübung nur in dem Sinne die Voraussetzung zur Anwendung des § 195 StGB. Abs. 1 und 2 daß, — was Gegenstand der Prüfung und Feststellung des Richters der That bleibt, — die stattgehabten

Vorgänge und dabei verübten Thätlichkeiten in einem erkennbaren Zusammenhange stehen, welcher sie als ein Ganzes, das als Angriff oder Schlägerei bezeichnet wird, erscheinen lassen. Wo dagegen eine gemeinschaftlich mit Anderen und namentlich eine auf vorgängige Verabredung zu einer gemeinschaftlich zu verübenden Mißhandlung, in den Grenzen solcher überhaupt auf Mißhandlung eines Menschen gegangenen Verabredung gebliebene, gemeinschaftlich mit Anderen verübte Mißhandlung stattgefunden hat, da findet § 195 cit. Abs. 1 und 2 keine Anwendung. Vielmehr ist in solchem Falle (abgesehen von einer etwa nach § 44 a. a. O. getroffenen Feststellung) jeder der in Folge und in Gemäßheit der Verabredung an der Mißhandlung sich Betheiligenden und gemeinschaftlich Handelnden für alle Folgen der nach der Verabredung gemeinschaftlich ausgeführten Mißhandlung verantwortlich, wenn auch diejenige Verletzung, welche den Tod, oder eine schwere oder erhebliche Körperverletzung zur Folge gehabt hat, nicht von ihm zugefügt worden ist. Auch ist es dabei auf die Zurechnung einflußlos, wenn etwa dabei, in Folge eines Irrthums im Gegenstande, — einer Verwechselung der Person, — die Verletzung einem anderen Menschen zugefügt worden ist, als auf welchen es bei der Verabredung der Mißhandlung abgesehen war (vgl. Z. II. 5. Mai 1859 c. Rose; Oppenh. StGB. § 175 Nr. 7).

Nach diesen Grundsätzen hat der Sch.-GH. bei Stellung der Fragen 4, 5 und 6, welche eine solche gemeinschaftlich, auf vorgängige Verabredung verübte Mißhandlung zum Gegenstande hatten, und hinsichts deren eine thatsächliche Erörterung, ob und inwiefern die Sachlage zu ihrer Stellung Veranlassung bot, in der Nichtigkeitsinstanz nicht stattfinden kann, — mit Recht abgelehnt, in dieselben auch die Worte „gegen H. B. gerichteter" (Verabredung) aufzunehmen; und er hat ebenso mit Recht abgelehnt, in die Fragen auch noch die Worte „und gleichzeitig" aufzunehmen, da hierdurch die schon in die Fragen aufgenommene Gemeinschaftlichkeit des Handelns nochmals in Frage gestellt sein würde.

Antr. des GStA.s: gleichl. [26.—2.]

Voruntersuchung. — Mangel der Anklage. — Befugnisse der Rathskammer.

Hat der Staatsanwalt die Einleitung einer Voruntersuchung beantragt, ohne zugleich eine Beschuldigung gegen eine bestimmte Person zu erheben, so steht es der Rathskammer zu, demnächst die Untersuchung gegen ein bestimmtes Individuum zu eröffnen, sollte der Staatsanwalt auch am Schlusse der Voruntersuchung eine Beschuldigung gegen dasselbe nicht erhoben haben. Das gilt wenigstens dann, wenn der Staatsanwalt in seinem Schlußantrage die gegen das gedachte Individuum ermittelten Verdachtsmomente erörtert und dadurch zu erkennen gegeben hat, daß sich die Voruntersuchung gegen ihn gerichtet habe.

Vdn. v. 3. Jan. 1849 § 1 [vgl. dort n. 2—4]. 2. 44 [vgl. dort n. 4].

Beschl. (I.) v. 2. Febr. 1865 c. Jurschkat (47. B. I. Cr.).

Der StA. zu G. hatte in Betreff eines im dortigen Regierungs-Gebäude ausgebrochenen Brandes und seiner Veranlassung beim KG. zunächst ein Skrutinial-Verfahren, demnächst aber die Einleitung einer „Voruntersuchung," und nach deren Abschluß bei der Rathskammer die Einstellung des Verfahrens beantragt, weil sich genügende Belastungsmomente eines Verschuldens gegen Niemand ergeben hätten, und weil insbesondere auch der laut gewordene Verdacht einer dem Kutscher J. zur Last fallenden Fahrlässigkeit nicht im hinreichenden Maaße bestätigt worden sei. Nichtsdestoweniger sprach die Rathskammer gegen den rc. J. die Eröffnung der Untersuchung wegen fahrlässiger Brandstiftung aus. Der StA. ergriff gegen diesen Beschluß die Beschwerde, weil er denselben thatsächlich nicht für gerechtfertigt erachtete, eventuell aber annahm, daß gegen die unverehelichte M. B ein gleiches Maaß der Belastung vorliege, so daß die Untersuchung auch gegen sie zu eröffnen sein würde. Das AG. wies diese Beschwerde zurück, weil der Antrag auf Einleitung der Voruntersuchung, wenn er auch nicht gegen eine bestimmte Person gerichtet gewesen, doch das Gericht mit der ganzen Sache und zumal mit der Frage befaßt hat, ob und gegen wen nach dem Resultate des bisherigen Verfahrens die förmliche Untersuchung und wegen welcher Strafthat zu eröffnen sei, und weil im Allgemeinen eine Beschwerde gegen einen Eröffnungsbeschluß dem Beschuldigten und folgeweise auch in seinem Interesse der StA.-schaft nicht zustehe (vgl. Oppenh. Strafverf. § 12 n. 3; Art. 15 n. 9). — Gegen diesen Beschluß ergriff der OStA. die Beschwerde, weil in Ermangelung einer beschuldigten Person der Antrag des StA.s auf Einleitung der „Voruntersuchung" das Gericht nicht mit der Sache befasse, und ihm namentlich nicht die Befugniß beilege, gegen irgend ein Individuum, welches der betr. Strafthat für verdächtig erachtet worden, als Angeklagten vorzugehen (vgl. Oppenh. l. c. § 44 n. 4); ebendeshalb sei auch die Beschwerde der StA.-schaft im vorliegenden Falle statthaft, weil dieselbe nicht im Interesse der Angeklagten, sondern zur Wahrung der Stellung der StA.-schaft und ihres ausschließlichen Rechtes der Strafverfolgung ergriffen sei (vgl. Oppenh. Strafverf. Art. 11 n. 3). — Die OStA.-schaft erachtete diese Beschwerde für statthaft und gerechtfertigt. Sie führte in der letzteren Beziehung aus: die Vdn. v. 3. Jan. 1849 stelle im § 1 als ersten das ganze Verfahren beherrschenden Hauptgrundsatz die Vorschrift auf, daß „die Gerichte bei Einleitung und Führung der Untersuchungen nicht ferner von Amtswegen, sondern nur auf erhobene Anklage einschreiten sollten;" im Anschlusse hieran bestimme sodann § 2 die Obliegenheiten der StA.-schaft und erkläre es namentlich für ihren amtlichen Beruf, bei Verbrechen „die Ermittlung der Thäter herbeizuführen und dieselben vor Gericht zu verfolgen;" nun sei schon an sich eine „Anklage" nicht anders denkbar, als daß sie speziell gegen eine „angeklagte" (beschuldigte) Person gerichtet werde; anderweitige von der StA.-schaft veranlaßte „Ermittlungen," welche bezweckten, eine demnächst erst anzuklagende Person ausfindig zu machen, (polizeiliche Nachforschungen oder auch ein gerichtliches Skrutinialverfahren) könnten daher unmöglich als Anklage aufgefaßt werden, stellten vielmehr nur ein Hülfsmittel des StA.s dar, damit er in den Stand gesetzt werde, auf Grund derselben demnächst die ermittelte Person „vor Gericht zu verfolgen." Da nun diese an und für sich unbestrittenen Grundsätze nach § 1 cit. auch bei der „Führung" der gerichtlichen Untersuchung maaßgebend seien, so folge daraus mit Nothwendigkeit, daß ein Gericht mit einer Untersuchungssache nur dann und nur insoweit befaßt werde, als ein bestimmtes Individuum der Begehung der That „beschuldigt" worden sei; das entgegengesetzte Verfahren würde entweder die Selbstständigkeit der Gerichte und ihr Recht in Sachen, mit welchen sie befaßt sind, nach eignem freien Ermessen zu verfahren, beeinträchtigen, — oder aber das Anklagerecht der StA.-schaft gegen den ersten Fundamentalgrundsatz der Vdn. auf die Gerichte übertragen; ganz in Uebereinstimmung mit dieser Anschauung spreche man den Gerichten allgemein die Befugniß ab, im Falle einer vom StA. gegen eine bestimmte Person erhobenen Beschuldigung die Untersuchung nach eignem Ermessen auf eine andere nicht beschuldigte Person auszudehnen; daraus folge aber mit Nothwendigkeit, daß ein StA. überhaupt eine „Voruntersuchung" ohne gleichzeitige Beschuldigung einer bestimmten Person gar nicht beantragen könne; insbesondere dürfe in einem solchen Antrage nicht die Beschuldigung der demnächst erst vom Gericht zu ermittelnden Personen gefunden werden, da die Ermittlung des Thäters nach § 2 zu den Obliegenheiten der StA.-schaft selbst gehöre, und es ihr nicht zustehe, diese Ermittlung in unbemessener Weise auf eine andere Behörde, und am wenigstens: sie auf die Gerichte zu übertragen, welche eben durch die Entziehung des Anklagerechts eine objektivere, ihrer Aufgabe zu richten mehr entsprechende Stellung erhalten sollten; — das Gegentheil folge auch nicht aus dem (aus § 45 des Ges.s vom 17. Juli 1846 übernommenen) § 44 der cit. Vdn., nach welchem als Zweck der Voruntersuchung auch „die Erforschung und Feststellung des Thäters" bezeichnet werde; die Vergleichung dieses § 44 mit § 2 cit. zeige klar, daß dieser „Erforschung und Feststellung" die „Ermittlung" des Thäters durch den StA., und eine von diesem ausgegangene Strafverfolgung desselben vorhergehen müsse, daß also jene „Erforschung und Feststellung" sich nur auf die vom StA. beschuldigte Person beziehen könne, und daß da, wo die Voruntersuchung gegen andere, zur Zeit nicht beschuldigte Personen Verdachtsmomente ergebe, von Seiten des Gerichts nur nach Anleitung des § 5 l. c. zu verfahren sei; — überhaupt ergebe der ganze Zusammenhang des § 44 cit., welcher die Aufgabe der Voruntersuchung dahin bestimme: „die Existenz und Natur des Verbrechens und die Person des Thäters und die zu seiner Ueberführung erforderlichen Beweismittel so weit zu erforschen und festzustellen, als dies zur Begründung einer Anklage 2c. erforderlich erscheine," daß hier nur die Feststellung des Thatbestandes bezweckt werde, und daß daher die Worte: „Erforschung und Feststellung der Person des Thäters" lediglich eine Umschreibung des technischen Ausdrucks: „Feststellung des subjektiven Thatbestandes" darstellten, wobei aber als selbstverständlich vorausgesetzt werde, daß diese Aufgabe der Voruntersuchung sich (nach §§ 1. 2 cit.) nur auf die im Antrage des StA.s bezeichnete That und nur auf die von ihm beschuldigte Person beziehen dürfe; hierfür spreche auch § 75 ibid., welcher bei schwurgerichtlichen Untersuchungen ausdrücklich vorschreibe, daß der „Angeklagte" in der Voruntersuchung zu hören sei, so daß also auch hier bei der Voruntersuchung eine bereits angeklagte Person vorausgesetzt werde; — — die bisher entwickelte Auffassung liege auch dem französischen Strafprozeßrechte zum Grunde, welches nur ausnahmsweise in wenigen vom Gesetz speziell und scharf bezeichneten Fällen den App.-Ger.-Höfen, nie aber den Gerichten erster Instanz, gestatte, selbst ein Anklagerecht auszuüben; hätte der Preußische Gesetzgeber, welcher die Vdn. v. 3. Jan. 1849 wesentlich dem französischen Rechte nachbildete, von diesen Grundsätzen abweichen oder auch nur ähnliche Ausnahmen wie dort zulassen wollen, so würde er dieses gewiß klarer ausgesprochen und sich nicht auf die allgemeine Ausdrucksweise des § beschränkt haben. — Schließlich ward noch darauf hingewiesen, daß sich auch die Rechtslehre in sehr überwiegendem Maaße für diese Anschauung ausgesprochen habe; es ward verwiesen auf: Dalke Abh. in G. A. 9. S. 156; Abh. in Schletters Jahrb. 6. S. 221; Löwe Strafprozeß S. 132. 204; Oppenh. Strafverf. § 44 n. 4. 5. — Mit Rücksicht auf diese Gründe bezeichnete die GStA.-schaft es als einen prozessualischen Verstoß, daß der StA. zu G. eine „Voruntersuchung" beantragt habe, ohne damit eine Beschuldigung zu verbinden; das Kr.-G. habe einem solchen Antrage nicht stattgeben dürfen, vielmehr „als noch nicht in gesetzlicher Weise mit der Sache befaßt" die Einleitung der Voruntersuchung ablehnen müssen; vor allem aber sei es unstatthaft gewesen, gegen den J. ohne vorgängige Anklage des StA.s die Untersuchung zu eröffnen. Beantragt wurde: den app.-gerichtlichen Beschluß zu vernichten und unter Aufhebung des Beschlusses des KG.s, dieses letztere mit der betr. Untersuchungssache für nicht befaßt zu erklären. —

Das OTr. hat die Beschwerde zurückgewiesen. Gründe:

Nach einem Skrutinial-Verfahren, in welchem theils polizeiliche, theils auf Requisition des StA.s gerichtliche Erhebungen stattgefunden haben, ist von dem StA. am ꝛc. bei dem Kreisgericht beantragt worden: „zur Feststellung der Entstehungsweise des Brandes die Voruntersuchung zu führen." In Folge dieses Antrages ist zwar ein förmlicher Beschluß zur Eröffnung der Voruntersuchung von dem Kreisgericht nicht erlassen, ein solcher aber auch nicht unter allen Umständen erforderlich, sobald nur thatsächlich die Eröffnung einer solchen Untersuchung erhellt. Dies ist hier der Fall, indem der Untersuchungsrichter, abgesehen von den durch die StA.-schaft ihm gegebenen Anregungen, von Amtswegen durch Zeugenvernehmungen und sonstige Erhebungen den objektiven Thatbestand festgestellt, und den Thäter einer strafbaren Handlung bei diesem Brande zu ermitteln gesucht hat. Am Schlusse dieser Erhebungen hat sodann der StA. die Resultate derselben zusammengestellt, den Verdacht einer vorsätzlichen Brandstiftung verneint, dagegen die Frage ausführlich erörtert, in wiefern dem ꝛc. J. nach den gegen ihn ermittelten Handlungen eine fahrlässige Brandstiftung zur Last falle. Er hat zwar auch hier vorab verneint, daß der Brand durch die Benutzung der Räucherkammer im Regierungsgebäude entstanden sei, eventuell jedoch für den Fall, daß das KG. diese Entstehungsart annehmen sollte, auch subjektiv die Verschuldung des J. hierbei in Abrede gestellt. — Nach dieser Sachlage kann die Beschwerde über den Beschluß des KG.s, die Untersuchung wegen fahrlässiger Brandstiftung gegen den J. zu eröffnen, für begründet nicht erachtet werden. Das OTr. hat bereits in dem Beschlusse v. 30. Okt. 1858 (G. A. 7. S. 70) die Frage zur Erörterung gezogen, ob zum Zwecke der Eröffnung einer förmlichen Voruntersuchung die Bezeichnung eines bestimmten Thäters in dem Antrage des StA.s erforderlich sei, und es hat diese Frage verneint, diesen Grundsatz auch in späteren Beschlüssen aufrecht erhalten. Es kann hier auf die Gründe des obigen Beschlusses, welche in dem vorliegenden Falle nur noch eine weitere Rechtfertigung erhalten, Bezug genommen werden. Denn der Umstand, daß hier der Antrag auf Eröffnung der Voruntersuchung nur zum Zwecke der Feststellung der Entstehungsart des Brandes gerichtet gewesen, ändert in der Sachlage nichts. Das Gesetz kennt eine bloß den objektiven Thatbestand umfassende Voruntersuchung nicht; überdies ist die „Entstehungsart eines Brandes" in der Regel nicht von der Person dessen trennbar, welcher dieselbe verursacht hat, sofern es sich nicht um Naturereignisse handelt, von denen hier nirgends die Rede gewesen ist. Hier aber hat am Schlusse der Voruntersuchung der StA. selbst die Belastungsmomente in Bezug auf eine bestimmte Person, den oben gedachten J., erörtert und man würde, selbst wenn man für die Eröffnung der Voruntersuchung von vorn herein die Bezeichnung einer bestimmten Person fordern wollte, doch jedenfalls dann, wenn das Ergebniß der Voruntersuchung allerdings den Verdacht auf eine bestimmte Person gelenkt hat, gegen welche die Staatsanwaltschaft die Belastungsmomente nur nicht für ausreichend erachtet, dennoch das selbständige Ermessen des Gerichts, durch dessen eignes Einschreiten vermittelst der Amtsthätigkeit seines Untersuchungsrichters jene Belastungsmomente hergestellt sind, niemals für ausgeschlossen erachten können. Das ursprüngliche Erforderniß einer bestimmten Persönlichkeit würde dann wenigstens hinterher erfüllt sein. [15.—3.]

Vertheidiger. — Zuordnung. — Bekanntmachung.

Dem Angeklagten ist die Person des ihm zugeordneten Vertheidigers bekannt zu machen; insbesondere genügt es nicht, wenn der Namen des zugeordneten Rechtsanwalts mitgetheilt wird, sobald nicht dieser selbst, sondern ein Stellvertreter desselben die Vertheidigung führen soll. Gleichwohl hat die Unterlassung jener Bekanntmachung die Nichtigkeit des Verfahrens nicht zur Folge, wenn der Angeklagte von der Substitution des Stellvertreters anderweitig so zeitig Kenntniß erlangt hat, daß er in Beziehung hierauf bei Gericht Anträge zu stellen noch im Stande war.

Ges. v. 3. Mai 1852 Art. 21 [vgl. dort n. 13].

Erk. (Z. I.) v. 3. Febr. 1865 c. Bahls (158. I. Cr.).

Dem vor den Schw.-GH. verwiesenen Angeklagten B. war bekannt gemacht worden, daß ihm der RA. JR. W. als Vertheidiger zugeordnet sei; demnächst erfuhr er aber durch den Assessor E., daß dieser als General-Substitut des erkrankten &c. W. die Vertheidigung führen solle. Hiergegen protestirte er zu gerichtlichem Protokolle und bat, wenn W. an der Vertheidigung verhindert sei, ihm den RA. Z. zuzuordnen, oder aber die Sache bis nach der Wiederherstellung des W. zu vertagen.

Diesen letzteren Antrag wiederholte er auch in der Sitzung. Der GH. lehnte indessen beide Anträge ab und beließ es bei der Zuordnung des Assessors E. Gleichwohl erneuerte B. seinen Protest gegen die Vertheidigung durch den ꝛc. E., worauf der letztere sich entfernte. Der Angeklagte ist darauf in der Sitzung gar nicht vertheidigt worden. Seine hierauf gestützte NB. ward zurückgewiesen. Gründe:

Es ist richtig, daß nach Art. 21 des Ges. v. 3. Mai 1852 in Schwurgerichtssachen dem Angeklagten ein Vertheidiger von Amtswegen zugeordnet werden muß. Dabei versteht es sich von selbst, daß die Person dieses ernannten Defensors dem Angeklagten Behufs Wahrnehmung seiner diesfälligen Gerechtsame bei Zeiten bekannt gemacht werden muß. Das Kgl. KG. zu St. hätte daher allerdings, sobald es gewiß wurde, daß der dem Angeklagten als Vertheidiger zugeordnete JR. W. außer Stande sein würde, die Vertheidigung persönlich zu führen, dem Angeklagten die Person des Stellvertreters desselben bekannt machen sollen. Dies ist zwar nicht geschehen, allein diese Versäumniß führt in der vorliegenden Sache eine Nichtigkeit des Verfahrens um deshalb nicht herbei, weil der Angeklagte von dem inzwischen eingetretenen Substituten des zugeordneten Vertheidigers hierüber dergestalt zeitig vor dem Schwurgerichtstermine in Kenntniß gesetzt worden ist, daß demselben noch möglich war, seine diesfälligen Anträge zu stellen. Da der von ihm erwählte Defensor den Auftrag nicht übernehmen wollte, im Uebrigen aber dem keine gesetzliche Vorschrift entgegenstand, daß der Stellvertreter des ursprünglich zugeordneten JRs. W. die Vertheidigung übernahm, so war der Beschluß des Schw.-GH.s, „es hierbei zu belassen", vollkommen gerechtfertigt und der wiederholte Protest des Angeklagten hiergegen unbegründet. Daß demnächst der Defensor sich entfernte, und der Schwurgerichts-Verhandlung nicht beiwohnte, macht nach Art. 22 l. c. dieselbe nicht ungültig, da, wie so eben gezeigt, in Beziehung auf die Ernennung eines Vertheidigers, von Gerichtswegen den gesetzlichen Vorschriften Genüge geschehen ist.

Antr. des GStA.s: gleichl. [20.—3.]

---

1. Fragstellung. — Qualifizirtes Verbrechen. — Einfache That.
2. Geschwornenspruch. — Erläuterung aus einem anderen Spruch.

1. Wenn die in Gemäßheit des Anklagebeschlusses formulirte Frage an die Geschwornen gleichzeitig alle Begriffsmerkmale eines anderen [einfacheren] Straffalles umfaßt, so ist, wenn nur diese letzteren bejaht sind, die betr. Strafe zu verhängen; der Stellung einer besonderen Frage bedarf es in einem solchen Falle nicht.

Ges. v. 3 Mai 1852 Art. 84 [vgl. dort n. 5. 6]. 86 [vgl. dort n. 7].

2. Sind den Geschwornen gleichzeitig mehrere Fragen zur Beantwortung vorgelegt worden, so ist es unstatthaft, den auf die eine Frage erfolgten Spruch in Betreff eines selbstverständlichen Begriffsmerkmals aus der Beantwortung einer anderen Frage zu erläutern, wenn diese letztere nur mit einfacher Stimmenmehrheit erfolgt und die dadurch nothwendig gewordene Entscheidung des Schwurgerichtshofs in einem anderen Sinne ausgefallen ist.

Ges. v. 3. Mai 1852 Art. 81 [vgl. dort n. 21].

Erk. (Z. I.) v. 3. Febr. 1865 c. Depke & Gen. (174. I. Cr.).

Friedr. D. war wegen „vorsätzlichen In-Brand-Setzens eines seinen Eltern gehörigen Gebäudes, welches geeignet war, das Feuer anderen Wohngebäuden mitzutheilen," — die Eltern Mich. und Car. D. wegen Anstiftung des Fr. D. zu diesem Verbrechen in Anklagestand versetzt worden. Der Schw.-GH. stellte folgende Fragen:

1) Ist Fr. D. schuldig — — ein seinen Eltern gehöriges Stallgebäude, welches vermöge seiner Beschaffenheit und Lage geeignet war, zur Wohnung von Menschen dienenden Gebäuden das Feuer mitzutheilen, vorsätzlich in Brand gesetzt zu haben?

2) und 3) Ist Caroline D. (Mich. D.) schuldig, den Fr. D. zu dem in Frage 1 bezeichneten Verbrechen durch rc. verleitet und bestimmt zu haben?

Die Geschwornen bejahten die erste Frage mit dem Zusatze: es sei nicht erwiesen, daß das betr. Stallgebäude geeignet gewesen sei, zur Wohnung von Menschen dienenden Gebäuden das Feuer mitzutheilen; die die Mutter C. D. betr. Frage ward mit absoluter, die den Vater M. D. betr. Frage mit einfacher Stimmenmehrheit bejaht. Der GH. schloß sich in Betreff des M. D. der mildern Ansicht an und erklärte denselben für nichtschuldig; verurtheilte sodann aber den Fr. D. und die Mutter C. D. aus § 286 resp. 34 Nr. 1. 35 StGB., weil in Betreff des erstern durch den Spruch der Geschwornen festgestellt sei, daß er eine seinen Eltern gehörige, für ihn also fremde Sache vorsätzlich in Brand gesteckt habe; zwar sei in Betreff der Mutter gleichzeitig die Anstiftung des Sohns zu jener That festgestellt; insoweit es sich daher um die Verletzung ihres Eigenthums handle, falle die Strafbarkeit weg (vgl. Oppenh. StGB. § 286 n. 8); da aber das Gebäude zum Theil auch dem Vater M. D. gehört habe, und dieser von der Anklage der Anstiftung freigesprochen sei, so bleibe die Verletzung dieses seines Eigenthums bestehen, und sie sei sowohl an Fr. D. als an der C. D. aus § 286 zu bestrafen. — Nur die C. D. hat dieses Erkenntniß rechtzeitig durch NB. angefochten. Zur Rechtfertigung derselben ist zunächst auf die Abnormität hinverwiesen worden, daß nach dem Systeme des Schw.-GH.s Fr. D. und die C. D. strafbar seien, weil gegen M. D. die behauptete Anstiftung nicht erwiesen sei, während alle hätten freigesprochen werden müssen, wenn auch M. D. der Anstiftung schuldig befunden wäre. Sodann ward im Besondern gerügt:

1) Verletzung des Art. 86 des Ges.s v. 3. Mai 1852: der Thatbestand des § 286 sei nicht Gegenstand der Anklage gewesen; eine Verurtheilung wegen desselben habe deshalb auch nur dann erfolgen können, wenn er zum Gegenstande einer besondern Frage gemacht worden wäre, was nicht geschehen sei;

2) Verletzung des § 286 StGB., weil nicht festgestellt sei, daß Fr. D. den Willen gehabt habe, ein fremdes Eigenthum anzuzünden, es sonach an dem zur Anwendung jenes § erforderlichen Dolus fehle; — sodann aber hätten die Geschwornen den Vater M. D. der Anstiftung schuldig gefunden; aus ihrem Spruche gehe also hervor, daß Fr. D. auch mit der Einwilligung des Vaters gehandelt habe, weshalb nach der vom Schw.-GH. selbst gebilligten Rechtsanschauung eine Verurtheilung wegen der Zerstörung des Eigenthums des M. D. unstatthaft sei.

Die GStA.-schaft hielt diesen letzteren Angriff für begründet: der § 286 bestrafe nicht ein gemeingefährliches Verbrechen, sondern lediglich die Zerstörung fremden Eigenthums, also die Verletzung des fremden Rechts; dabei werde als selbstverständlich vorausgesetzt, daß der Eigenthümer nicht in jene Zerstörung gewilligt habe, weil im entgegengesetzten Falle sein Recht nicht beeinträchtigt werde; die Nichtzustimmung des Eigenthümers sei sonach ein Begriffsmerkmal, welches im Zweifel als vorhanden vorausgesetzt werde, der ausdrücklichen Feststellung aber bedürfe, sobald es bestritten sei; das falle nun zwar in Ermanglung eines ausdrücklichen Bestreitens fort; nichtsdestoweniger müsse auch dann Freisprechung erfolgen, wenn aus dem Geschwornenspruche erkennbar sei, daß die Geschwornen jenes selbstverständliche Begriffsmerkmal als nicht vorhanden angesehen hätten; in dieser Beziehung komme es nun auf eine Auslegung des vorliegenden Spruches (1) an, bei welcher es nicht unstatthaft sein könne, auch auf die in Betreff der andern Angeklagten gefällten Sprüche Rücksicht zu nehmen, zumal da die Fragstellung (1) an und für sich den Thatbestand des § 286 nicht zum Gegenstande gehabt, und die Bezeichnung des Stallgebäudes als „seinen Eltern gehörig“ zunächst nicht die Bedeutung eines Begriffmerkmals gehabt, sondern nur die konkretere Bezeichnung der betr. Sache bezweckt habe; sei dieses richtig, so müsse es zu Gunsten des Fr. D. und der C. D. genügen, daß die Geschwornen die den M. D. betreffende Frage mit 7 Stimmen bejaht hätten, weil diese Frage ein für ihre Strafbarkeit wesentliches Moment betroffen habe, rücksichtlich ihrer aber schon 6 Stimmen genügt hätten, um die ihnen günstige Beantwortung festzustellen; das würde ganz klar sein, wenn die Frage nach der Zustimmung des M. D. mit in die den Fr. D. betreffende Frage aufgenommen worden wäre; dann würde die Bejahung dieses Momentes durch 6 Geschworne ausgereicht haben, dasselbe zu Gunsten des Fr. D. festzustellen und seine (und seiner Mutter) Freisprechung herbeizuführen; sei es statthaft, dieses Moment aus der den M. D. betreffenden Frage zu ergänzen, so müsse auch hier für Fr. D. (und für die C. D.) dasselbe Stimmenverhältniß entscheidend sein, und es komme nicht weiter darauf an, daß der Schw.-GH. demnächst die den M. D. betreffende Frage verneint habe, da es dieses Spruchs des GH.s eben nur für den M. D. bedurft habe, für F. D. aber schon durch den Geschwornenspruch allein die Anklage ihre vollständige Erledigung finde. —

Das OTr. hat gleichwohl die NB. zurückgewiesen. Gründe:

Zuvörderst ist es unbegründet, daß es nach Verneinung des Umstandes durch die Geschwornen: „ob das Stallgebäude vermöge seiner Lage und Beschaffenheit geeignet war, das Feuer einem zur Wohnung von Menschen dienenden Gebäude mitzutheilen,“ der GH. nur vermöge der Stellung einer eventuellen Frage nach Art. 86 des Ges.s v. 3. Mai 1852 auf den Thatbestand des § 286 des StGB.s hätte übergehen können. Eine solche eventuelle Frage würde nämlich nur erforderlich gewesen sein, wenn es sich um die Feststellung neuer zur Anwendbarkeit des § 286 gesetzlich erforderlicher Thatumstände, welche also die bereits beantwortete Hauptfrage nicht enthalten hatte, gehandelt hätte. Hier aber enthielt die beantwortete Hauptfrage bereits jene Thatumstände. Denn es war dadurch festgestellt, daß der Angeklagte Fr. D. „am 28. Februar 1864 das seinen Eltern zugehörige Stallgebäude vorsätzlich in Brand gesetzt habe." Es stand sonach ein Objekt im Sinne des § 286, ein Stallgebäude, ferner der Umstand, daß dasselbe seinen Eltern gehörte, selbstverständlich also für ihn ein fremdes Gebäude war, und endlich die Vorsätzlichkeit der Handlung fest.

In dieser Hinsicht kann man darauf kein besonderes Gewicht legen, daß allerdings bei der aus § 287 des StGB.s gestellten Frage, und im Sinne der nur hierauf gerichteten Anklage die Worte „seinen Eltern zugehörige Stallgebäude" mehr nur die Bedeutung einer individuellen Bezeichnung des Objektes hatten, während sie für die sodann eintretende Anwendung des § 286 die Bedeutung eines Erfordernisses des gesetzlichen Thatbestandes selbst, nämlich den des „fremden Eigenthums" erhielten. Denn die Wirkung der Feststellung, welche einmal durch die Bejahung der Hauptfrage — außer jenem verneinten Moment der gefährlichen Nähe für Wohngebäude — eingetreten war, nämlich die thatsächliche Gewißheit, daß das Gebäude dem Angeklagten nicht, vielmehr seinen Eltern gehört habe, mußte stehen bleiben, gleichgültig, welche strafrechtliche Folge nun, nach jener Verneinung der gefährlichen Nähe, daran geknüpft wurde. Es ist unstatthaft, die Möglichkeit in's Auge zu fassen, daß die Geschwornen bei einer ihnen dennoch vorgelegten eventuellen Frage aus § 286 den Umstand: ob das Stallgebäude ein dem Thäter fremdes Eigenthum gewesen sei, verneint haben könnten, und sich dadurch eines auffallenden Widerspruchs mit ihrer Antwort auf die Hauptfrage schuldig gemacht hätten.

Lag also nach der Antwort der Geschwornen unbedenklich der Thatbestand des § 286 gegen Fr. D. vor, so kann es auch nicht in Frage kommen, ob dazu außerdem zur Anwendung des Strafgesetzes auch die positive Feststellung gehört hätte: daß die Anzündung des Stallgebäudes wider den Willen des Eigenthümers erfolgt sei. Denn das Gesetz geht, indem es die Anzündung eines fremden Gebäudes im § 286 straft, davon aus, daß nicht der Eigenthümer selbst der Thäter gewesen sei. Sein Thatbestand ist daher durch die Feststellung des fremden Eigenthums erfüllt, und der Umstand, daß die Anzündung nicht wider den Willen des Eigenthümers, vielmehr mit seinem Willen geschehen sei, nimmt den Charakter eines Strafausschließungsgrundes ein, dessen Feststellung entweder auf den Antrag des Angeklagten oder auch, den Umständen nach, von Amtswegen besonders erfolgen muß. Die Anklage hatte nun selbst behauptet, daß die mitangeklagten Eltern des Fr. D. denselben durch Mißbrauch ihres Ansehens zur Brandstiftung angestiftet hätten. Hierin lag also insoweit auch die Behauptung, daß diese Brandstiftung mit dem Willen des Eigenthümers erfolgt sei. Es könnte allerdings scheinen, als ob hiernach die Anklage hätte für erledigt erachtet werden müssen, nachdem die Geschwornen den Thatbestand des § 287 verneint hatten, und nunmehr nach jener Behauptung der Anklage selbst kein strafbarer Thatbestand in Beziehung auf den § 286 mehr vorlag, da sie ja selbst die Anstiftung, somit den Willen des Eigenthümers behauptet hatte. Allein einer sofortigen Erledigung der Sache auf diesem Wege standen die prozessualischen Regeln entgegen, welche bei der einmal anhängigen Anklage deren Erschöpfung durch die Fragestellung gegen alle Angeklagten fordern. Eine Freisprechung der drei Angeklagten konnte sich einmal nicht auf den § 287 allein erstrecken, nachdem durch das Verdikt der Geschwornen zwar dessen Thatbestand elidirt, dagegen derjenige des § 286 formell gegeben war. Die völlige Freisprechung Aller konnte sonach nur erfolgen, nicht weil die Anklage selbst die Anstiftung der Eltern behauptet habe, sondern weil diese Anstiftung, mithin ihr eigner Wille zur Brandstiftung ihres Gebäudes, auch in der That stattgefunden habe, und dieses wirkliche Vorhandensein der Anstiftung konnte eben nur durch Beantwortung der gegen die Eltern gestellten Fragen festgestellt werden. Wie man daher auch die Anklage auffassen und ihr entweder den Sinn unterlegen möge, daß sie eventuell, nach der Aufhebung des Moments der gefährlichen Nähe im Sinne des § 287, den Thatbestand des § 286 selbst nicht behauptet, oder ihn neben der Anstiftung der Eltern rechtsirrthümlich allerdings behauptet habe, der GH. hat dadurch nicht gefehlt, daß er entweder zur Erschöpfung der Anklage nach diesen ihren Eventualitäten, oder weil er von Amtswegen die Erledigung des Thatbestandes des § 286 durch die Feststellung, ob die Anstiftung der Eltern und damit deren Wille bei der Brandstiftung ihres Gebäudes vorhanden gewesen sei, bezweckte, und damit für die definitive Entscheidung nach allen Richtungen hin eine positive thatsächliche Grundlage gewinnen wollte, die Beantwortung der gegen die Eltern gestellten Frage auch für den Fall geschehen ließ, daß das Moment der gefährlichen Nähe aus § 287 in der Hauptfrage verneint werden sollte, mithin die beiden Fragen wegen der Theilnahme nicht nur eventuell für den Fall der Bejahung jenes Momentes gestellt hatte. Wäre es der Wille der die Anklage vertretenden StA.-schaft gewesen, die Anklage in dem gedachten Sinne auf den § 287 zu beschränken, also anzuerkennen, daß sie nach ihren eigenen Behauptungen eine Verfolgung der Angeklagten aus § 286 nicht begründen könne, mithin als unstatthaft auch nicht wolle, so hätte sie selbst mindestens den Antrag solcher nur eventuellen Stellung der Frage wegen der Theilnahme stellen müssen. Dies ist nicht geschehen, und der GH. mußte um so mehr jene Erschöpfung der Anklage auch nach der Richtung des § 286 hin für seine Pflicht halten.

Waren somit die Fragen gegen die 3 Angeklagten richtig gestellt, und demnach zu beantworten, so mußte sich das jetzt eingetretene Resultat von selbst ergeben. Die Geschwornen mußten die Theilnahme-Fragen auch für den Fall beantworten, daß das Moment der gefährlichen Nähe in der Hauptfrage verneint werden würde, und lag sodann einmal ihre Antwort darauf vor, so mußte diese, sobald sie nur mit relativer Mehrheit abgegeben war, der Regel des Art. 98 des Ges.s v. 3. Mai 1852, also der schließlichen Entscheidung des Gerichtshofes unterworfen werden. Die Behauptung aber, daß diese schließliche Entscheidung doch immer das Resultat der Bejahung der Anstiftung durch die Geschwornen auch bei der Frage 3, wenn auch nur mit 7 gegen 5 Stimmen, in ihrer Wirkung gegen die Mitangeklagten nicht wieder habe aufheben können, ist unbegründet. Der GH., an welchen im Falle des Art. 98 die Entscheidung über die Frage fällt, tritt damit, nach den mehrfachen hierüber ergangenen Entscheidungen des OTr.s, in Beziehung auf die in Rede stehende Frage vollständig an die Stelle der Geschwornen. Daraus folgt, daß irgend eine Wirkung aus der Antwort der Geschwornen weder in materieller, noch auch nur in formeller Hinsicht neben dem Ausspruche des GH.s stehen geblieben sein könne, vielmehr ist die Wirkung jener Antwort nach allen Richtungen hin, also auch so weit sich daraus zu Gunsten Mitangeklagter unter Umständen Folgerungen ableiten lassen, aufgehoben. Die Behauptung also, daß aus der Antwort der Geschwornen auf die Frage 3 in Betreff des D. Vater doch jedenfalls die Wirkung für die Mitangeklagten, daß die Anzündung des Stallgebäudes auch dessen Wille gewesen sei, stehen geblieben sein müsse, ist unbegründet. Dieser Umstand nämlich ist, nach der Fassüng der Frage, untrennbar von der Schuldfrage der Anstiftung, auf welche sich das Verdikt zu beziehen hat. In demselben Maaße und mit derselben Wirkung also, wie die Geschwornen diese Schuldfrage und die ihr zum Grunde liegende Thatsache, daß der D. selbst angestiftet habe, bejahten, hat auch der GH. dieselben zu beantworten gehabt und verneint, und die Konsequenz dieser Verneinung hat er aus vollkommen zutreffenden Rechtsgründen in seinem Urtel gezogen, indem er damit die zur Strafausschließung erforderliche Einwilligung beider Miteigenthümer in die Brandstiftung verneint hat. Der Art. 98 läßt den GH. nur bei einer dem Angeklagten nachtheiligen Beantwortung der Frage eintreten. Man wird aber nicht behaupten können, daß dieser Fall hier bei der Frage 3 nicht vorgelegen habe, selbst wenn man dabei allein den Thatbestand des § 285 in's Auge faßt. Die Frage selbst enthält eine strafrechtliche Beschuldigung und die Geschwornen haben den D. Vater derselben für schuldig erklärt. Allerdings konnte sich nun nach der Lage der Sache, wie sie inzwischen eingetreten war, der GH. sagen, daß die Schuldigerklärung dieses Angeklagten ohne alle nachtheilige Folgen für ihn selbst, vielmehr umgekehrt für ihn und für die Mitangeklagten sogar die günstigste Folge, nämlich die völlige Freisprechung von der Anklage haben, die nachtheilige Folge vielmehr nur durch seine (des GH.s) Nichtschuldig-Erklärung erst eintreten würde. Es darf hier nicht in Betracht gezogen werden, was er hätte thun können, wenn er schon bei seinem Beschlusse zwar diese Folge erkannt hätte, aber thatsächlich dennoch die Anschuldigung der Anstiftung nicht für erwiesen erachtete. Unbeantwortet durfte er aber die einmal an ihn devolvirte Frage nicht lassen, und er hat sie verneint, damit also seine Pflicht, seine thatsächliche Ueberzeugung in der vorgeschriebenen Form über den Inhalt der Frage auszusprechen, erfüllt. Damit müssen nothwendig auch die rechtlichen Folgen eintreten, welche sich hieran anknüpfen. Daß diese Folgen aber für die Mitangeklagten ungünstig, daß also für sie die Antwort der Geschwornen eine nicht nachtheilige, vielmehr eine günstige war, hat bei der Anwendbarkeit des Art. 98 natürlich keinen Einfluß. Dieser hat nothwendig nur den nachtheiligen resp. günstigen Inhalt der Antwort für den speziell darin genannten Angeklagten allein im Auge.

Schließlich kann es auch keinem Bedenken unterliegen,

daß der Gerichtshof mit Recht seine Entscheidung darauf gründet, es sei nicht festgestellt, daß die Brandstiftung mit dem Willen oder im Auftrage des — die Person beider Eheleute D. umfassenden — Eigenthümers verübt worden. Nach Lage der vorliegenden Untersuchung war es nicht deren Aufgabe, den Willen jenes Eigenthümers in Beziehung auf jene Brandstiftung, gleichgültig in welcher Form manifestirt, festzustellen. Die Anklage behauptete nur Anstiftung und zwar durch Mißbrauch des Ansehens und nur das Vorhandensein dieser Anstiftung war, positiv oder negativ, sonach festzustellen. Ueber die Grenze dieser Feststellung hinaus, also zur Feststellung, daß es — auch abgesehen von jener Form der Anstiftung — nicht der Wille jenes Eigenthümers gewesen sei, daß der Stall angezündet würde, lag für die Anwendung des § 286 keine Veranlassung vor. Es ist dies bereits oben erwähnt. Nachdem also der GH. die Frage gegen den D. Vater verneint hatte, war es wenigstens zur Anwendung dieses § 286 nicht für ihn geboten, nunmehr noch den Geschwornen etwa die Frage vorzulegen — vorausgesetzt, daß dies in dem bereits vorliegenden Stadium der Verhandlung noch zulässig gewesen wäre: ob es auch sonst nicht der Wille des D. gewesen wäre, daß der Stall angezündet werde, um, nach Maaßgabe der Antwort auf diese Frage, entweder zu der positiven Feststellung zu gelangen, daß jenes nicht der Wille des Eigenthümers gewesen sei, und damit den § 286 anzuwenden, oder aber, in Verbindung mit dem Verdikt zu 2 in Betreff der Implorantin Ehefrau D. zu der Feststellung, daß die Anzündung allerdings der Wille beider Eheleute, also des Eigenthümers gewesen sei, worauf dann in diesem Falle die Freisprechung hätte erfolgen müssen. Der GH. hat also nach Lage der Sache seine Entscheidung schon mit Recht auf das aus der Verneinung der Frage 3 gefolgerte negative Resultat des mangelnden Nachweises der Einwilligung des Eigenthümers gegründet.

[15. — 3.]

1. Jagdrevier. — Hund. — Erschießen.
2. Vermögensbeschädigung. — Rechtswidrigkeit. — Bewußtsein.

1. Die Befugniß, im eigenen Jagdreviere fremde umherlaufende Hunde zu erschießen, besteht nur so lange, als die letzteren in jenem Reviere frei umherlaufen; sie fällt weg, sobald ein solcher Hund aus dem Reviere entfernt und seiner Freiheit beraubt worden ist.

StGB. § 281 [vgl. dort n. 7]; ALR. II, 16. § 64—67; — Schles. Jagd-Ordn. v. 19. Apr. 1756 Art. 20 § 1. 2.

2. Die vorsätzliche Beschädigung ꝛc. einer fremden Sache ist nur dann strafbar, wenn sie in dem Bewußtsein der Rechtswidrigkeit erfolgte.

StGB. § 281 [vgl. dort n. 3].

Erk. (Z. B. I.) v. 3. Febr. 1865 c. Klapper (4. I. Cr.).

Der 14jährige A. K. führte auf seinem Heimwege einen ungeknüppelten gemeinen Hund mit sich, welcher vom Wege ab in ein zum Jagdrevier des Gr. H. gehöriges Weizenfeld lief; Kl. (Jäger beim Gr. H.) kam hinzu, worauf A. K. seinen Hund zurücklockte und auf dem öffentlichen Wege auf den Arm nahm; Kl. nöthigte ihn darauf, den Hund niederzusetzen und verwundete den letzteren durch einen vorsätzlichen Schuß. Deshalb aus § 281 bestraft, ergriff er die NB. und rügte Verletzung der Schles. Jagd-Ordn. Tit. 20 § 1, resp. der §§ 64 ff. II, 16. ALR., sowie des § 281 StGB.: nach jenen Bestimmungen sei er zur Tödtung des Hundes berechtigt gewesen; das Erschießen des Hundes sei die Strafe für die durch das Laufenlassen desselben verübte Uebertretung, diese Strafe könne durch das spätere Zurückrufen und Festnehmen des Hundes nicht abgewendet werden; § 281 cit. sei dagegen verletzt, weil derselbe das Bewußtsein von der Rechtswidrigkeit der Handlung voraussetze; dieses Bewußtsein habe der App.-Richter nicht festgestellt, obgleich von ihm (Kl.) ausdrücklich geltend gemacht worden sei, daß er im Glauben an seine Berechtigung gehandelt habe. — Die OStA.-schaft hielt den ersten Beschwerdepunkt nicht für begründet: die Befugniß den Hund zu erschießen stelle sich nur als eine Abwehr gegen einen Eingriff in die Rechte des Jagdbesitzers dar, bestehe sonach nur so lange, als diese Rechte verletzt würden, und höre auf, sobald der Hund aus dem Jagdreviere wieder entfernt worden sei; als Strafe sei die betr. Maaßregel nicht anzusehen, weil sie sonst in keiner Weise von dem Jagdberechtigten selbst, resp. seinen Aufsehern ꝛc., sondern nur von dem Strafrichter verhängt werden könnte. Dagegen erachtete die OStA.-

schaft die Rüge einer Verletzung des § 281 für begründet. Dieser Ansicht hat das OTr. sich angeschlossen, das Erkenntniß 2. Instanz vernichtet und die Sache an das AG. zurückverwiesen. Gründe:

Der App.-Richter verkennt nicht, daß der Angeklagte wohl befugt gewesen wäre, den Hund des A. K. zu erschießen, wenn er denselben im Jagdreviere umherschweifend betroffen hätte. Dagegen erachtet er den Angeklagten nicht für befugt, den Hund, welcher sich auf der Landstraße auf dem Arme des Sohnes seines Herrn befand, also nicht mehr in einer Freiheit, die zur Beeinträchtigung des Jagdrechtes mißbraucht werden konnte, aus dieser Lage zu entreißen, um ihn niederzuschießen, obschon der Hund allerdings durch einen Weizenacker gelaufen war. Diese Annahme aber steht weder mit der Schlesischen Jagdordnung, noch mit dem ALR. an den bezeichneten Stellen im Widerspruch, da jene Gesetze die Sicherung des Wildstandes im Interesse der Jagdeigenthümer bezwecken, als Ausnahmebestimmungen nicht ausdehnend auszulegen sind, und nicht dazu ermächtigen, Hunde, welche von ihrem Herrn getragen werden, der Obhut ihrer Herren zu entziehen.

Dagegen ist der Vorwurf zu 4 begründet. Es ist allerdings bereits in erster Instanz festgestellt, daß der Angeklagte — einen dem rc. K. gehörigen Hund mittelst eines Schusses vorsätzlich und rechtswidrig beschädigt hat, und es würde in der Regel hierin zugleich die Feststellung gefunden werden können, daß Angeklagter im Bewußtsein der Rechtswidrigkeit gehandelt habe. Im vorliegenden Falle ist jedoch bereits in der Appellationsschrift behauptet worden, wenngleich nur zu dem ausgesprochenen Zwecke, die Annahme mildernder Umstände zu veranlassen, daß Angeklagter bei seiner Handlung in seinem Rechte zu sein geglaubt hat. Mit Rücksicht hierauf mußte gegen den Angeklagten das Bewußtsein der Widerrechtlichkeit festgestellt werden. Würde nämlich der Angeklagte wirklich in dem guten Glauben gewesen sein, daß seine Handlung innerhalb derjenigen Grenzen sich halte, welche für die Befugnisse des Jagdberechtigten und seiner Vertreter durch die Schles. rc. Jagd-Ordn.

und das ALR. gezogen sind, und daß sie als eine somit befugte nicht unter den § 281 des StGB.s falle, so würde dieses Strafgesetz, möchte auch der Angeklagte sich sonst verantwortlich gemacht haben, nicht auf ihn Anwendung finden können, da die in demselben erforderte Vorsätzlichkeit der Beschädigung zugleich das Bewußtsein der Rechtswidrigkeit in sich schließt und voraussetzt. Es ist nun aber aus dem Appellationsurtel keineswegs klar zu ersehen, ob der App.-Richter das Bewußtsein der Rechtswidrigkeit auf Seiten des Angeklagten angenommen hat. Zwar wird die Handlung des Angeklagten einmal als Brutalität bezeichnet. Allein auch die Ausübung eines wirklichen unzweifelhaften Rechtes kann mitunter sittlich verwerflich, kann eine Brutalität sein, und im gegenwärtigen Falle kommt hinzu, daß an anderen Stellen des Urtels gesagt ist: der Angeklagte habe, „um ein vermeintliches Recht auszuüben," — Gewalt gegen ein Kind geübt, und wieder: den Angeklagten scheine blinder Diensteifer geleitet zu haben. — Hiernach reichen, wie die Sache liegt, die Feststellungen, welche getroffen sind, zur Anwendung des § 281 StGB. noch nicht aus.

Antr. des GStA.s: gleichl. [20.—2.]

Presse. — Verleger. — Nachweis des Verfassers.

Der Verleger einer Druckschrift, welcher bei seiner ersten Vernehmung den Verfasser (Herausgeber) nicht nachgewiesen hat, wird von der Strafe des § 35 des Preßges.s nur dann betroffen, wenn jene Vernehmung auf Ermittelung des Verfassers zc. gerichtet war.

Preßges. v. 12. Mai 1852 § 35.

Erk. (Z. I.) v. 3. Febr. 1865 c. Longrien & Gruber (Dinter & Gen. 53. I. Cr.).

Wenn der § 35 des Preßgesetzes den Verleger einer Druckschrift, folglich auch eines Blattes einer kautionspflichtigen Zeitschrift, dessen Inhalt strafbar ist, unter Androhung einer Strafe verpflichtet, bei seiner ersten gerichtlichen

Vernehmung den Verfasser oder Herausgeber der inkriminirten Schrift, beziehungsweise des inkriminirten Artikels, nachzuweisen, so kann die angedrohte Strafe doch selbstverständlich nur eintreten, wenn eine solche Vernehmung nicht nur überhaupt stattgefunden hat, sondern auch auf Ermittelung des Verfassers oder Herausgebers gerichtet gewesen ist. Nach der thatsächlichen, dem Akteninhalt entsprechenden Feststellung des App.-Richters hat nun aber eine hierauf gerichtete Vernehmung der beiden Angeschuldigten erweislich nicht stattgefunden, ja sogar nicht einmal stattfinden können, weil die Requisition des StA.s um Vernehmung derselben lediglich auf die §§ 101, 102, 34 Nr. 2 und 35 des StGB.s gegründet war, mithin keine andere Deutung zuließ, als daß ermittelt werden solle, ob die Angeschuldigten sich der Theilnahme an dem Vergehen des Hauptangeklagten schuldig gemacht hätten. Wenn nun auch die Vernehmungsprotokolle, wie die Feststellung des App.-Richters und die Ansicht dieser Protokolle selbst ergiebt, nicht erkennen lassen, daß der Untersuchungs-Richter etwa von Amtswegen die Angeschuldigten nach dem Verfasser oder Herausgeber des inkriminirten Artikels befragt hätte, so hat der App.-Richter im vorliegenden Falle den Thatbestand des im § 35 des Preßgesetzes vorgesehenen Vergehens, ohne sich eines Rechtsirrthums schuldig zu machen, verneinen können. Die dem entgegenstehende Ausführung des Imploranten, daß in der dem Verleger imputirten Theilnahme an einem strafbaren Artikel das Vergehen des § 35 des Preßges.s als das Minus enthalten sei, trifft offenbar nicht zu, da Theilnahme an dem Vergehen des Verfassers oder Herausgebers und bloße Nichtnachweisung des Einen oder des Andern in keiner nothwendigen Verbindung mit einander stehen, jedes von beiden vielmehr recht füglich ohne das andere gedacht werden kann.

Antr. des OStA.s: gleichl. [28.—3.]

Vereidung. — Zeuge. — Jude.

Es genügt, wenn im Sitzungsprotokolle konstatirt ist, daß ein jüdischer Zeuge nach jüdischem Ritus vereidet sei; die Erwähnung der einzelnen vorgeschriebenen Vereidungsförmlichkeiten ist nicht unerläßlich.

Cr.-Ordn. § 336; AGO. I, 10. § 345 ff.; Ges. v. 23. Juli 1847 § 7. — Vgl. Oppenhoff Strafverf. § 55 n. 18.

Erk. (Z. I.) v. 3. Febr. 1865 c. Schott (159. I. Cr.).

Es wird zwar in den allegirten [s. o.] Gesetzesstellen die Form der jüdischen Zeugeneide theils vorgeschrieben, theils wird darauf Bezug genommen; nirgends aber findet sich eine Vorschrift, daß und wie weit der Beobachtung der vorgeschriebenen Förmlichkeit in dem darüber aufzunehmenden Protokolle speziell gedacht werden müsse, folglich kann es auch nicht als Verletzung einer Prozeßvorschrift angesehen werden, wenn der Richter sich auf die allgemeine Bemerkung beschränkt, der Zeuge sei nach jüdischem Ritus vereidigt worden.

Antr. des GStA.s: gleichl. [28. — 3.]

Salz. — Schleichhandel. — Geldbuße. — Strafverwandlung.

1. Ein Fabrikbesitzer, welcher von der Steuerbehörde die Erlaubniß erhalten hat, die bei seinem Fabrikbetriebe gewonnenen salzhaltigen Rückstände nach vorgängiger Denaturirung zu verkaufen, verwirkt die durch § 2 des Edikts v. 16. Juni 1774 angedrohte Geldbuße, wenn er solche Rückstände, welche als „Salz" anzusehen sind, undenaturirt verkauft.

2. Dagegen ist in einem solchen Falle die der verwirkten Geldbuße zu substituirende Gefängnißstrafe nach den §§ 17 und 335 des StGB.s zu bemessen. StGB. § 17 [vgl. dort n. 4].

Erk. (B. I.) v. 8. Febr. 1865 c. Andrä (1097. I. Cr. v. 1864).

A. hatte von der Steuerbehörde die widerrufliche Erlaubniß erhalten: die in seiner chemischen Fabrik gewonnenen salzhaltigen Rückstände, nach vorgängiger unter amtlicher Aufsicht zu bewirkender Denaturirung mit Schwefelsäure, zu verkaufen. Demnächst ist gegen ihn festgestellt worden, daß er: „— — ohne vorgängige Denaturirung 100 Metzen von jener Salzgattung, welche 94 pCt. Kochsalz enthielten, und daher durch Abdampfen 2c. zum menschlichen Gebrauche tauglich waren, an den 2c. D. verkauft habe. Gleichwohl sprach ihn das AG. von der aus § 2 des Edikts v. 16. Juni 1774 erhobenen Anklage frei, weil er zum Verkaufe die Erlaubniß gehabt habe, die Zuwiderhandlung gegen die zugefügten Beschränkungen aber den Verkauf nicht zu einem unerlaubten mache, vielmehr nur einen Widerruf der Erlaubniß durch die Steuerbehörde rechtfertigen könne. Auf die NB. des OStA.s ist dieses Erkenntniß vernichtet und A. aus jenem Gesetze bestraft worden. Gründe:

Die Steuerbehörde hatte dem Angeklagten nicht den Verkauf von Salz erlaubt, wozu sie auch, da es sich nicht um Domainensalz handelte, gar nicht befugt gewesen wäre, sondern sie hatte dem Angeklagten nur gestattet, die in seiner chemischen Fabrik verbliebenen salzhaltigen Substanzen, jedoch nur nach Denaturirung derselben, also nachdem sie als Salz nicht mehr angesehen und benutzt werden konnten, zu verkaufen. Wenn der Angeklagte daher jene salzhaltigen Rückstände ohne vorgängige Denaturirung verkaufte und dieselben ohne diese Denaturirung als Salz im Sinne der Steuer- und Abgabengesetze zu erachten waren, so hat der Angeklagte auch Salz, welches kein Domainensalz war, verkauft, mit demselben im Sinne des Ediktes v. 16. Juni 1774 Schleichhandel getrieben und daher die im § 2 l. c. angedrohte Strafe von einem Thaler Geldbuße für jede verkaufte Metze verwirkt. An Stelle der im cit. § für den Unvermögensfall angedrohten Festungs- oder Zuchthausstrafe war aber nach Art. IX. des Einf.-Ges.s v. 14. Apr. 1851 auf Gefängnißstrafe zu erkennen, und ihre Dauer anlangend, die Bestimmung des cit. § 2, nach welcher für jeden Thaler eine viertägige Freiheitsstrafe eintreten soll, nicht mehr für maaßgebend anzusehen, vielmehr auch hier das neue StGB., nämlich die in den §§ 17 und 335 gegebenen allgemeinen Bestimmungen desselben, zur Anwendung zu bringen, weil sie an die Stelle der §§ 88. 89. II, 20 ALR. getreten sind, durch die AKO. v. 12. Juli 1810 (Mathis 9. S. 243, Rabe 10. S. 390) aber bereits angeordnet war, daß an Stelle der in den Spezialgesetzen enthaltenen sehr verschiedenen Bestimmungen des Verhältnisses der alternativ festgesetzten Leibes- und Geldstrafen durchgängig die Grundsätze des ALR. in den citt. §§ desselben treten sollen.

Antr. des GStA.s: gleichl. [18.—4.]

Queruliren. — Staats-Anwalt.

Das wiederholte Vorbringen einer Denunziation bei der Staatsanwaltschaft ist aus §§ 30, 31. III, 1. AGO. zu bestrafen, wenn es im Uebrigen den Voraussetzungen dieser §§ entspricht.

AGO. III, 1. § 30. 31. Vgl. RdOTr. 1. S. 169; Oppenh. z. Einf.-Ges. Art. II. n. 12.

Erk. (Z. I.) v. 8. Febr. 1865 c. Grüttner (1020. I. Cr. v. 1864).

G. war, weil er „durch wiederholte Vorbringung einer und derselben Denunziation bei der StA.-schaft zu N., nachdem er von dem Ungrunde der Denunziation bedeutet und seines Unrechts belehrt, auch zweimal gerichtlich verwarnt worden, etwas, was gegen Recht und Ordnung ist, durchzusetzen gesucht habe," aus § 30. 31. III, 1. AGO. bestraft worden. Seine NB. machte geltend, daß die citt. §§ auf die StA.-schaft nicht anwendbar seien. Zurückweisung. Gründe:

Es handelt sich hier von einer Denunziation in Strafsachen, welche nach der thatsächlichen Feststellung bei der StA.-schaft von dem Angeklagten, obgleich mehrmals zurückgewiesen, mit Hartnäckigkeit wiederholt worden ist. Wenn der StA. auch nicht der Klasse der Justiz-Kollegien und Gerichte angehört, von welchen der § 30. III, 1. AGO. spricht, so sind demselben doch durch die gerichtliche Organisation von 1849 in der Strafrechtspflege Funktionen übertragen, welche früher den Justiz-Kollegien und Gerichten oblagen und es ist hiervon eine unmittelbare Folge, daß ihm in seinem Geschäftskreise die nämlichen Schutzmittel gegen unbefugte Belästigungen gewährt werden müssen, welche das Gesetz für die Behörden dieses Ressorts nach der damaligen Organisation für nothwendig erachtet hat. Die AGO. spricht übrigens in dieser Materie nicht nur von Kollegien, sondern bedient sich abwechselnd auch des Ausdrucks Gerichte oder Bediente, und bezeichnet hiermit, daß in diesen Vorschriften auch einzelne Beamte begriffen sind. Wenn endlich die NB. noch hervorhebt, daß in dem festgestellten Thatbestand nicht der Umstand konstatirt werde, daß die Belästigung gegen bessere Wissenschaft und Ueberzeugung stattgefunden habe, so wird übersehen, daß der cit. § 30 verschiedene Fälle des strafbaren Querulirens enthält, und daß zur Bestrafung derjenigen Partei, „welche, nachdem sie ihres Unrechts gehörig bedeutet worden, mit ihren Klagen dennoch fortfährt und durch wiederholtes ungestümes Suppliciren etwas, so gegen Recht und Ordnung ist, durchzusetzen und zu erzwingen sucht," — die Thatsache, daß sie gegen bessere Wissenschaft und Ueberzeugung handle, nicht erfordert wird.

Antr. des GStA.s: gleichl. [13. — 4.]

Rechtsanwalt. — Exekutionsantrag. — Privilegium.

Die Konzipirung von Exekutionsanträgen für eine Partei steht nicht ausschließlich den Rechtsanwalten zu.

StGB. § 104 [vgl. dort n. 8]; AGO. III, 7. §§ 29. 30.

Erk. (V. I.) v. 8. Febr. 1865 c. Schücke (1328. I. Cr.).

Sch. hatte auf Grund einer fingirten Cession, durch welche ihm eine judikatmäßige Forderung übertragen war, in eignem Namen gegen den Schuldner die Personal-Exekution beantragt, und war deshalb aus § 104 StGB. bestraft worden, weil die Stellung eines solchen Antrags für einen Andern zu den ausschließlich den Rechtsanwalten übertragenen Amtsverrichtungen gehöre. Auf seine NB. erfolgte Vernichtung und Freisprechung. Gründe:

Den Rechtsanwalten gebührt es ausschließlich, die Parteien in Prozessen zu **vertreten**, als deren **Bevollmächtigte** und **Assistenten** zu fungiren, aber es gehört nicht zur ausschließlichen Befugniß der Rechtsanwalte, einzelne Eingaben und Gesuche der Parteien in Prozessen für die Parteien anzufertigen. Es ist denn auch in dem Erkenntniß des OTr.s v. 1. Juni 1853 (Entsch. 25. S. 361) bereits anerkannt: „daß eine ausschließliche Berechtigung der Rechtsanwalte zur Anfertigung von Eingaben bei Gericht gesetzlich nicht besteht."

Was nun aber speziell die Anfertigung von Exekutionsanträgen betrifft, so lautet der § 29 l. c. zwar: „Zu solchen ꝛc." und es heißt sodann im § 30 l. c.: „In allen ꝛc." Diese Vorschriften beziehen sich jedoch nur auf die Fälle — von welchen auch der § 28 allein spricht — daß Jemand als Bevollmächtigter oder Assistent, also als **Vertreter** einer Partei die Exekution eines rechtskräftigen Erkenntnisses betreiben soll, nicht aber auf die bloße Konzipirung eines Exekutionsantrages für die Partei. Es ergiebt sich dies namentlich unzweifelhaft aus dem Marginale ad § 28 seq., welches lautet: „als Bevollmächtigte und Rechtsbeistände." In dem Erkenntnisse des OTr.s v. 17. Febr. 1854 c. Junkereit ist denn auch ausdrücklich ausgesprochen: „daß die Anfertigung von Gesuchen zu gerichtlichen Akten zum Zweck der Beschleunigung des Prozesses, zur Veranlassung der Exekution u. s. w nicht für eine nur in Kraft eines öffentlichen Amtes vorzunehmende Handlung zu erachten sei, solche Gesuche vielmehr nicht nur von Rechtsanwalten, sondern der Partei angebracht werden können." Desgleichen ist in dem Erkenntniß v. 22. Febr. 1855 c. Braun (JMBl. S. 111) gerade auch mit Bezugnahme auf die §§ 29 und 30. III, 7. AGO. ausgeführt und ganz allgemein ausgesprochen worden, „daß den Rechtsanwalten das bloße Konzipiren von Schriften in Rechtsangelegenheiten für Andere, — also abgesehen von dem Auftreten als Assistenten oder Bevollmächtigte vor Gericht und abgesehen von der Fertigung und Einreichung von Schriften als Bevollmächtigte (Stellvertreter) — gar nicht, und namentlich nicht als Ausfluß ihrer Amtsberechtigung ausschließlich vorbehalten ist."

Im vorliegenden Falle ist übrigens von der Anklage auch nicht behauptet oder festgestellt worden, daß der Angeklagte den Exekutionsantrag für D. gegen **Entgelt** angefertigt und eingereicht hat, so daß selbst, wenn er zur Anfertigung von schriftlichen Aufsätzen für Andere auch nicht, wie er behauptet, konzessionirt sein sollte, dennoch auch nicht einmal von einer Gewerbekontravention die Rede sein kann.

Antr. des GStA.s: gleichl. [18.—4.]

Appellation. — Aeußerung der Unzufriedenheit. — Verhafteter.

Es ist als Einwendung der Appellation anzusehen, wenn ein verhafteter Angeklagter seine Unzufriedenheit mit dem ergangenen Urtheil einem Gefangenen-Aufseher zu erkennen giebt.

Cr.-Ordn. § 518. [Vgl. Oppenh. Strafverf. S. 456 n. 32].

Beschl. (I.) v. 8. Febr. 1865 c. Sommerfeldt (56. B. I. Cr.).

Der verhaftete Angeklagte hatte gegen den Gefangenen-Aufseher N. geäußert: „die [durch das Urtheil erster Instanz verhängte] Strafe sei doch gar zu hart, um so mehr, als es nicht möglich sei, daß er den Diebstahl verübt habe." Hierin fand das AG. nicht die Anmeldung der Appellation; auf die Beschwerde des S. ward indessen die betr. Verfügung vom OTr. aufgehoben und das Rechtsmittel noch zugelassen. Gründe:

Wenn das Königliche Kammergericht diese Erklärung unberücksichtigt läßt, und nur darauf Gewicht legt, daß Angeklagter seine Absicht, appelliren zu wollen, oder seinen Wunsch, zu diesem Zwecke vorgeführt zu werden, nicht erklärt habe, so ist die rechtsirrthümliche Auffassung erkennbar, daß die von dem N. bekundeten Aeußerungen zur Wahrung des Rechtsmittels nicht ausreichend seien, obwohl nach § 518 der Crim.-Ordn. jede Aeußerung des Angeklagten, welche eine **Unzufriedenheit** mit dem ergangenen Erkenntnisse bekundet, als eine Einwendung des Rechtsmittels angesehen werden muß, und obwohl seitens eines verhafteten Angeklagten behufs Erhaltung des Rechtsmittels genug geschieht, wenn er dem Gefangenen-Aufseher seine Unzufriedenheit mit dem Urtheile zu erkennen giebt.

Antr. des GStA.s: entg. [50.—2.]

Antrag des Angeklagten. — Nichtberücksichtigung. — Nichtigkeit. — Schuld des Büreaus.

Nichtigkeit tritt ein, wenn ein vom Angeklagten rechtzeitig gestellter berechtigter Antrag durch die Schuld eines Gerichtsbeamten unberücksichtigt geblieben ist, sollte dieser auch nicht selbst Mitglied des erkennenden Gerichts sein.

Ges. v. 3. Mai 1852 Art. 108 [vgl. dort n. 11; § 126 n. 48; § 135 n. 2].

Erk. (B. I.) v. 8. Febr. 1865 c. Wildenhagen (68. I. Cr.).

Gegen den gehörig vorgeladenen, aber nicht erschienenen Angeklagten hatte das AG. am 18. Okt. in contumaciam verhandelt und geurtheilt; das betr. Erkenntniß ward aber vernichtet, weil

nach Inhalt der Akten der Angeklagte in einer am 17. Okt. bei dem Kammergericht eingegangenen Vorstellung, mit welcher er durch ärztliches Attest seine Krankheit bescheinigt, und um Prorogation gebeten hatte, gleichwohl, wie sich aus den Bemerkungen auf dieser Vorstellung ergiebt, dieselbe durch die Schuld des Büreaus vor oder im Termine nicht zur Kenntniß des Kollegiums gebracht ist, von demselben also auch nicht in Bezug auf die Gewährung oder Ablehnung des Antrags in Betracht gezogen worden ist.

[15.—4.]

---

1. Urkunde. — Schuldschein. — Causa debendi.
2. Urkunde. — Papier auf den Inhaber. — Mangel der Genehmigung.

1. Ein Schuldschein ist, auch wenn er die causa debendi nicht enthält, eine Urkunde.

StGB. § 247 [dort einzutr. als n. 91 a].

2. Eine die Zahlung einer Geldsumme an jeden Inhaber versprechende Schrift ist eine Urkunde, selbst wenn es an der zur Ausstellung solcher Papiere erforderlichen landesherrlichen Genehmigung fehlt.

StGB. § 247 [dort einzutr. als n. 91b]; Ges. v 17. Juni 1833 (GS. S. 75).

Erk. (Z. II.) v. 9. Febr. 1865 c. Beisen (54. II. Cr.).

B. hatte nach dem Geschwornenspruche: unter dem Namen des „Direktoriums der Sächsischen Hypotheken-Versicherungsgesellschaft in Dresden" eine Schrift fälschlich angefertigt, Inhalts deren „dem Ueberbringer dieses Scheines von der Kasse jener Gesellschaft eine Summe von 500 Thlrn. ausbezahlt werden würde." Aus § 251 Nr. 2 StGB. bestraft, ergriff er die NB., und rügte Gesetzesverletzung, weil mit Unrecht jene Schrift für eine Urkunde und gar für eine öffentliche Urkunde erachtet worden sei, da dieselbe eines Theils die causa debendi nicht angebe, andern Theils aber die Sächsische Hypotheken-Versicherungsgesellschaft in Preußen nicht die nach dem Ges. v. 17. Juni 1833 erforderliche landesherrliche Genehmigung zur Ausstellung an jeden Inhaber erlangt habe. — Zurückweisung. Gründe:

Ob Papiergeld eine Urkunde im Sinne des § 247 des StGB.s sein könne, — was die Beschwerdeschrift (zu 1) verneint — kann dahingestellt bleiben, da über die Nachmachung oder Verfälschung von Papiergeld und dem Papiergelde gleich zu achtenden Papieren das StGB. §§ 121. 124 strengere, gegen den Angeklagten nicht zur Anwendung gebrachte Strafvorschriften enthält und der Angeklagte nicht einer solchen Münzfälschung angeklagt worden ist. Wenn die Beschwerdeschrift angiebt, daß der in der Frage 1 bezeichnete und seinem Inhalte nach angegebene Zinsschein als Schuldschein, wegen darin mangelnder Angabe der causa debendi, keine Gültigkeit und keine Beweiskraft habe und deshalb keine Urkunde sei, so ist, — abgesehen auch davon, daß, nach jener Bezeichnung und Angabe, der gedachte Zinsschein genügend ersehen läßt, daß er auf ein und auf welches Rechtsgeschäft und Rechtsverhältniß er Bezug habe, — einestheils hier von einem Schuldscheine über ein Darlehn, —

und nur einen solchen betreffen die gesetzlichen Vorschriften, auf welche hierbei die Beschwerdeschrift hat hindeuten wollen (vgl. Koch z. ALR. I, 11. § 731 Note 63. 62) — nicht die Rede und anderntheils bleibt auch ein die Angabe der causa debendi nicht enthaltender Schuldschein (ein instrumentum indiscretum) immer eine Schrift, die für den Beweis von Verpflichtungen, Rechten und Rechtsverhältnissen von Erheblichkeit und deshalb eine Urkunde ist, da hinsichts solcher mangelnden Angabe die Führung anderweiten Beweises zulässig bleibt, und eine Schrift auch dann als eine Urkunde angesehen werden kann, wenn sie für sich allein den Beweis eines Rechtsgeschäfts noch nicht liefert (Präj. Nr. 136; Entsch. 30. S. 318).

Wenn weiter die Beschwerdeschrift angiebt, es komme dem gedachten Schriftstücke die Eigenschaft einer Urkunde nicht zu, weil der Hypotheken-Versicherungs-Gesellschaft zu Dresden die nach dem Ges. v. 17. Juni 1833 erforderliche Genehmigung zur Ausstellung an jeden Inhaber zahlbarer Papiere, welche durch die Gesetzsammlung würde haben bekannt gemacht werden müssen, fehle, so ꝛc. — —.

Ueberdies hört nach dem cit. preußischen, also in Dresden nicht geltenden, mithin in der NB. unpassend herangezogenen Ges. v. 17. Juni 1833 ein dem Verbote des § 1 desselben zuwider ausgestelltes und in Umlauf gesetztes, die Zahlung einer bestimmten Geldsumme an jeden Inhaber versprechendes Papier, um der mangelnden landesherrlichen Genehmigung willen, nicht auf, für den Beweis von Verpflichtungen, Rechten oder Rechtsverhältnissen von Erheblichkeit zu sein, da sogar von Amtswegen der Aussteller zu dessen Einlösung angehalten werden soll (§ 5); und ebenso kann (zu b) zwar ein referens ohne relatum keinen (vollständigen) Beweis erbringen, aber es kann gleichwohl für den Beweis von Verpflichtungen, Rechten oder Rechtsverhältnissen Erheblichkeit haben und also, nach dem schon angeführten Grundsatze (Präj. 136), eine Urkunde sein.

Antr. des GStA.s: gleichl. [26.—2.]

Ausland. — Fragstellung.

Handelt es sich von einem im Auslande verübten Verbrechen, so ist die Strafbarkeit desselben nach der Gesetzgebung am Orte der That selbstständig vom Schwurgerichtshofe zu prüfen; es bedarf nicht der Feststellung des nach jenem Gesetze vorausgesetzten Thatbestandes durch einen Geschwornenspruch.

StGB. § 4 Nr. 3 [vgl. dort n. 26]; Ges. v. 3. Mai 1852 Art. 80 [vgl. dort n. 20]. Art. 81 [vgl. dort n. 25].

Erk. (Z. II.) v. 9. Febr. 1865 c. Müller (74. II. Cr.).

M. war auf Grund des den Thatbestand des § 144 Nr. 1 StGB. feststellenden Geschwornenspruchs verurtheilt worden, indem der Schw.-GH. erwog, daß der [im Geschwornenspruche angegebene] Ort der That im Großherzogthume Sachsen-Weimar liege, daß aber auch das dort geltende StGB. die Nothzucht und den Versuch derselben mit Strafe bedrohe. Die NB. des M. rügte, unter Bezugnahme auf Z. I. 2. Apr. 1862 c. Sander (Oppenh. StGB. § 4 n. 26), Verletzung des cit. § 4, weil bei einer von einem Preußen im Auslande verübten That auch der nach dem ausländischen Gesetze strafbare Thatbestand in die Fragstellung aufzunehmen sei, sobald derselbe von dem nach den diesseitigen Gesetzen strafbaren Thatbestande abweiche, — hier aber der Thatbestand der Nothzucht, wie ihn das Weimarsche StGB. (Art. 291) voraussetze, nicht festgestellt sei. Die GStA.-schaft erklärte sich damit einverstanden, daß nach § 4 cit. der schließlich festgestellte Thatbestand nach dem Gesetze des Ortes der That strafbar sein müsse, daß also auch dieser Thatbestand, wenn er von dem des inländischen Strafgesetzes abweiche, der Feststellung bedürfe und es keineswegs genüge, wenn das ausländische Gesetz einen abweichend konstruirten Begriff mit demselben Verbrechensnamen bezeichne und mit Strafe bedrohe; gleichwohl beantragte sie Zurückweisung der NB., weil sie nach den Gründen des Schw.-GH.s annahm, daß derselbe hier den von den Geschwornen festgestellten Thatbestand geprüft und seine Strafbarkeit nach Weimarschen Gesetzen angenommen habe, in diesem Falle aber dem § 4 cit. Genüge geleistet, und eine Nachprüfung der betr. Entscheidung durch das OTr. nicht statthaft sei. — Das OTr. hat die NB. zurückgewiesen. Gründe:

Der § 4 Nr. 3 des StGB.s bestimmt nicht, daß das von einem Preußen im Auslande verübte Verbrechen oder Vergehen jemals nach ausländischen Gesetzen bestraft werde, er will vielmehr, daß die Ahndung auch eines solchen Verbrechens 2c. nach preußischen Gesetzen erfolgen soll und macht nur die Zulässigkeit der strafrechtlichen Verfolgung im Inlande von der Voraussetzung abhängig, daß die That im Auslande, wo sie verübt ist, überhaupt nicht straflos ist. Diese Voraussetzung muß also vor Allem, ehe von einer Verfolgung auf diesseitigem Gebiete die Rede sein kann, feststehen. Sobald sie aber feststeht, liegt die Sache rechtlich so, als ob die That im Inlande verübt wäre. Sie wird ausschließlich nach preußischen Gesetzen verfolgt und bestraft, es cessirt also von jetzt an jede Rücksichtnahme auf das ausländische Strafgesetz und es handelt sich nur noch darum, ob die That die Merkmale des diesseitigen Strafgesetzes, unter welches sie nun subsumirt werden soll, an sich trägt, es ist eine Veranlassung, sich bei Formulirung der Anklage den Definitionen des nicht weiter maaßgebenden ausländischen Strafgesetzes zu konformiren, nicht vorhanden. — Der Schw.-GH. hat daher in dem vorliegenden Falle es mit Recht abgelehnt, der dem Thatbestand des als Strafgesetz allein maaßgebenden § 144 Nr. 1 des StGB.s entsprechenden Fassung der Frage eine andere den Kriterien der korrelaten Bestimmung des weimarschen StGB.s angepaßte zu substituiren. Hiermit erledigt sich die auf die Fassung der den Geschworenen vorgelegten Frage gerichtete Beschwerde. Insofern dieselbe aber auch dahin gerichtet sein möchte, daß die Vorfrage, ob die That überhaupt nach den ausländischen Gesetzen strafbar sei, nicht, etwa neben der Hauptfrage, zum Gegenstande einer besonderen Feststellung durch die Geschworenen gemacht worden ist, würde sie ebenfalls unbegründet sein. Es gehört die desfallsige Frage nicht zu dem Thatbestande, dessen Feststellung dem Richter der That ausschließlich obliegt, es handelt sich dabei auch nicht um einen in diesem Thatbestande wurzelnden eigenthümlichen Strafbarkeits- oder Strafausschließungsgrund, sondern lediglich um eine unerläßliche Vorbedingung des Strafverfahrens und der Strafanwendung überhaupt, dessen Existenz vor Einleitung und in jedem Stadium des Verfahrens feststehen und der Erhebung der Anklage zu Grunde liegen muß. Die Entscheidung der Frage, ob die Vorbedingung vorhanden, unterliegt, da sie einen Akt der Rechtsfindung oder Gesetzesanwendung nicht, sondern nur die Konstatirung einer thatsächlichen Voraussetzung für die Anwendbarkeit der inländischen Strafgesetze bildet, nicht einer Anfechtung im Nichtigkeitsverfahren.

Mit den obigen Grundsätzen befindet sich auch die von dem Imploranten allegirte Entscheidung der ersten Abtheilung des Straffenats v. 2. Apr. 1862 c. Sander keinesweges in Widerspruch. Es handelte sich damals um den gleichen Fall. Es wurde Beschwerde darüber geführt, daß bei einer Anklage wegen im Auslande verübter Urkundenfälschung den Geschworenen nicht Fragen vorgelegt worden waren, welche den Begriff des Verbrechens nach den fremden Gesetzen erschöpften, wobei geltend gemacht wurde, daß die in dem Erkenntnisse enthaltene Bemerkung, daß die betreffende Handlung nach den fremdländischen Gesetzen strafbar sei, für die Anwendung des inländischen Strafgesetzes nicht genüge. Die NB. ist durch das Urtheil des ObTr.s zurückgewiesen und dabei ausgeführt worden, daß es einer auf das ausländische Strafgesetz gegründeten Fragstellung nicht bedurft habe, und daß es keinem Bedenken unterliege, daß die Uebereinstimmung der inländischen und ausländischen Gesetzgebung in Bezug auf die Strafbarkeit der fraglichen That überhaupt zu den Fragen gehöre, denen sich der erkennende Richter ex officio zu unterziehen gehabt habe, weil von ihrer Entscheidung die Zulässigkeit der Anwendung des inländischen Strafgesetzes abhängig sei. Wenn in den Gründen des Urtheils die betreffende Frage nebenbei mit Rücksicht auf andere Gesichtspunkte, unter denen sie sich darbieten und möglicherweise eine andere Beurtheilung bedingen kann, erörtert wird, so ist dies hier weiter nicht von Interesse.

[29. — 2.]

Urkunde. — Eisenbahnfahrbillet.

Ein Eisenbahnfahrbillet, welches unter der Autorität des Staats und in einer allgemein bekannten Form ausgegeben ist, kann die geschehene Zahlung und das Recht des Inhabers zu einer bestimmten Fahrt der Eisenbahngesellschaft gegenüber beweisen und deshalb als Urkunde gelten, sollte es auch keine Unterschrift tragen.

StGB. § 247 [vgl. dort n. 76. 84].

Erk. (Z. II.) v. 9. Febr. 1865 c. Schulze (37. II. Cr.).

Sch. hatte nach dem Geschwornenspruche: „vier von der Thüringer Eisenbahngesellschaft ausgefertigte Fahrbillets dritter Klasse sämmtlich mit dem Vermerke 67 Sgr. als dem Betrage des verlegten Fahrgeldes durch Abänderung der Tagesstempel ꝛc. gefälscht und von diesen Billets — — in der Absicht sich Gewinn zu verschaffen zum Zwecke der Täuschung Gebrauch gemacht," und war deshalb aus den §§ 247. 251. 56 StGB. bestraft worden, weil — wie der Schw.-GH. erwog, — durch die Billets der erlegte Fahrpreis nachgewiesen und (wie notorisch) für den Inhaber die Berechtigung begründet werde, die Bahn zu der angegebenen Zeit und für die angegebene Strecke zu benutzen, ihnen also die Bedeutung einer „Urkunde" beiwohne. Hierin fand die NB. eine Gesetzesverletzung, weil nur solche Schriften, welche eine Unterschrift und einen allgemein verständlichen Sinn hätten, als Urkunden anzusehen seien, beides aber den Eisenbahnfahrbillets (in der bekannten durch den Geschwornenspruch festgestellten Form) fehle; es ward dabei auf B. I. 6. Jan. 1854 c. Görs und auf B. II. 7. Juli 1855 c. Mund, Präj. Nr. 163 (Oppenhoff StGB. § 247 n. 76. 84 ff.) verwiesen. —

Das OTr. hat die NB. zurückgewiesen. Gründe:

Wenngleich die Unterschrift in der Regel erforderlich ist, um ein Schriftstück zu einer Urkunde zu machen, weil letzteres erst durch die Unterschrift fertig und beweiskräftig wird, daher eine nicht unterschriebene Privatschrift den angeblichen Aussteller nicht einmal zur Rekognition oder Diffession verbindet (AGO. I, 10. § 143), so leidet diese Regel doch Ausnahmen und kann insbesondere da nicht zur Anwendung kommen, wo für den Beweis gewisser Rechtsverhältnisse eine bestimmte Art der Beurkundung durch Schrift oder Druck ohne die Unterschrift desjenigen, gegen welchen das Rechtsverhältniß begründet wird, unter der Autorität des Staates eingeführt und Jedermann bekannt ist.

Beweisstücke dieser Art sind, wie der zweite Richter dargelegt hat, die Fahrbillets der Thüringer Eisenbahngesellschaft: sie beweisen in der vorliegenden allgemein bekannten Gestalt nach Inhalt des Ausspruchs der Geschworenen die Zahlung des darauf notirten Preises und das Recht des Inhabers zu der darauf angegebenen Fahrt, namentlich den Tag, die Strecke der Fahrt und die Wagenklasse und verlieren diese Beweiskraft der Eisenbahngesellschaft gegenüber auch nicht dadurch, daß sie außerdem noch andere, nur der Ausstellerin verständliche Zeichen enthalten, welche die Quittung über den entrichteten Fahrpreis und die Berechtigung zur Fahrt nicht alteriren, sondern neben dem Wesen der Billets als Urkunden zwischen der ausstellenden Gesellschaft und dem Inhaber im Sinne des § 247 des StGB.s nur eine Erheblichkeit für diese allein haben können.

Die in der Nichtigkeitsbeschwerde angeführten Präjudizien bieten keine Analogie für den vorliegenden Fall dar, vielmehr finden sich die hier zu befolgenden Gesichtspunkte in dem Erkenntnisse c. Steubing v. 4. Apr. 1861 (RdOTr. 1. S. 331) angedeutet, worin es sich zwar von Scheinen handelte, worunter ein Name lithographirt war, nicht aber auf diesen Umstand, der ja keine rekognitionsfähige Unterschrift ersetzen konnte, sondern auf die öffentlich geordnete, die Zweifel an der Rechtsverbindlichkeit der Scheine beseitigende, ganze Gestalt derselben das entscheidende Gewicht gelegt worden ist. So mußte es auch im vorliegenden Falle geschehen.

Antr. des GStA.s: gleichl. [23. — 2.]

Legge. — Verkauf. — Ausland.

Es ist strafbar, wenn im Kreise Lübbeke verfertigte Leinwand im Auslande verkauft wird,

ehe sie auf einer der Leggen des Kreises geleggt worden ist.

Legge-Ordn. f. d. Kr. Lübbeke v. 16. Mai 1853 (GS. S. 233) §§ 2. 3.

Erk. (V. II.) v. 9. Febr. 1865 c. Schomäcker (383. II. Cr.).

Der in Gr. (Kr. Lübbeke) wohnende Neubauer Sch. hatte ein im Kreise verfertigtes, zum Verkaufe bestimmtes Stück Leinen, ohne daß es auf einer der Leggen des Kreises geleggt gewesen wäre, im hannöverschen Orte W. verkauft. Aus §§ 2. 3 der cit. Legge-Ordn. angeklagt, ward er in 1. Inst. freigesprochen, weil § 2 cit. nach seiner Wortfassung sich nur auf das „zum Verkaufe im Kreise Lübbeke bestimmte Leinen" beziehe, dagegen wies das AG. den Rekurs des PAnw.s deshalb zurück, weil Leggepflichtigkeit und Strafbarkeit nur mit dem Verkaufe eintrete, die Uebertretung sonach hier im Auslande begangen und nach § 4 Abs. 4 StGB. in Preußen nicht strafbar sei. Auf die NB. des OStA.s hat das OTr. die betr. Verfügung aufgehoben und die Sache an das AG. zurückverwiesen. Gründe:

Die Legge-Ordn. f. d. Kr. Lübbeke v. 16. Mai 1853 gebietet (§ 2), daß, mit der im § 4 angegebenen Ausnahme, alles im Kreise L. gefertigte Leinen, wenn es zum Verkauf bestimmt ist, also entweder schon zu diesem Zwecke gefertigt ist, oder, wo es zum eigenen Gebrauche gefertigt wurde, doch hiernächst jene Bestimmung erhielt, auf einer der Legge-Anstalten des Kreises geleggt werden muß. Sie droht (im § 2) dem Strafe, der leggepflichtige Leinwand ungelegget verkauft. Sie gebietet daher bei Strafe (mit der erwähnten Ausnahme), alles im Kreise L. gefertigte Leinen vor dessen Verkauf auf einer der Legge-Anstalten des Kreises L. (§ 10) der Legge zu unterwerfen. Zuwiderhandlungen gegen selbige, strafbare Umgehungen der Legge, welche dadurch begangen werden, daß leggepflichtiges Leinen der Legge vor stattfindendem Verkaufe nicht unterworfen wird, bestehen deshalb wesentlich in einer Unterlassung, und, wie in den Motiven des Entwurfes zu dem Gesetze v. 16. Mai 1853 angegeben wurde (vgl. Beschl. v. 24. Sept. 1863 c. Sauer, RdOTr. 4. S. 80) hat auch schon der Versuch einer Legge-Kontravention strafbar sein sollen. Jene Unterlassung steht allerdings erst dann fest, wenn der Verkauf leggepflichtigen ungeleggeten Leinens mit Ablieferung desselben — vgl. § 2 Al. 1., § 5 Al. 3., § 6 der Legge-Ordn. v. 15. Mai 1853 für die Kreise Bielefeld 2c. — stattgefunden hat. Es bestimmt sich durch solchen Verkauf das Ende der Frist, vor deren Ablaufe die Handlung und zwar im Inlande, auf einer der Legge-Anstalten des Kreises L., vorzunehmen war, deren Unterlassung wesentlich die Kontravention ausmacht. Wird namentlich nach der ursprünglich bei der Anfertigung ihm gegebenen Bestimmung nicht zum Verkaufe, sondern zum eigenen Gebrauche im Kreise L. gefertigtes Leinen hiernächst doch ungeleggt zum Verkaufe gebracht, so konstatirt allerdings dieser Verkauf auch, daß es die Bestimmung zum Verkaufe erhalten habe und begrenzt zugleich die Frist, innerhalb deren die bei Strafe gebotene Handlung vorzunehmen, nämlich das zum Verkaufe bestimmte Leinen auf einer der Legge-Anstalten des Kreises L. zur Legge zu bringen war. Aber begangen wird die Kontravention dadurch, daß es unterlassen worden ist, dasselbe, nachdem ihm solche Bestimmung zum Verkaufe gegeben war, vor bewirktem Verkaufe der Legge zu unterwerfen. Wo solcher Verkauf stattfinde, ob im Inlande oder im Auslande, ist gleichgültig. Auch das zum Verkaufe im Auslande bestimmte Leinen soll (mit der schon gedachten Ausnahme) geleggt werden. Die Legge-Ordn. v. 16. Mai 1853 hat, wie ähnliche Verordnungen — vgl. z. B. Publikandum v. 16. Febr. 1781 im Eingange (Rabe I, Abthl. 6. S. 469); Vdn. v. 2. Juni 1827 § 20 (GS. S. 91) — und wie schon bei der Motivirung der Legge-Ordn. v. 31. März 1842 (Amtsbl. d. Reg. z. Minden 1842 S. 165), welche durch § 15 der Legge-Ordn. v. 16. Mai 1853 aufgehoben ist, aber auf wesentlich denselben Grundsätzen, wie diese beruhete, — Inhalts der Redaktions-Materialien derselben angegeben wurde, und auch die Motive zu § 5 des Entwurfs der Legge-Ordn. v. 16. Mai 1853 andeuteten, auch einen handelspolitischen Zweck. Der Zweck der Legge ist auch Erhaltung des Kredits der Waare im Welt- und Großhandel; es soll auch für den Handel nach dem Auslande hin dem im Kreise L. gefertigten Leinen ein guter Ruf gesichert und erhalten werden. Wird ungeleggetes, in jenem Kreise gefertigtes Leinen nach dem Auslande zum Verkauf gebracht und dort verkauft, so wird der Legge-Ordnung zuwidergehandelt; die Uebertretung wird aber, weil nicht der Verkauf für sich, sondern die Unterlassung der vorgängigen Legge auf einer der Legge-Anstalten des Kreises L. mit Strafe bedroht, die vor dem Verkaufe auf einer dieser Anstalten zu bewirkende Legge geboten und zwar bei Strafe geboten ist, — nicht im Auslande begangen, vielmehr wird die omissive Handlung, die erwähnte Unterlassung, welche das Wesentliche der Uebertretung ausmacht, im Inlande, wo das Leinen, welches, auch wenn es ursprünglich solche Bestimmung nicht gehabt haben sollte, schon dadurch, daß es in der Absicht es zu verkaufen nach dem Auslande gesandt oder gebracht wird, die Bestimmung zum Verkauf erhält, vor dem Verkaufe der Legge hätte unterworfen werden sollen, verübt, wie denn da, wo eine an bestimmten Orten des Inlandes vorzunehmende Handlung geboten, und zwar bei Strafe geboten ist, eine in der Unterlassung dieser Handlung bestehende Uebertretung nur im Inlande verübt werden kann. Der von dem Rekursrichter aus dem Schlußsatze des § 4 des StGB.s entnommene Grund ist daher unrichtig, und die von ihm gebilligte Auslegung, welche der erste Richter den §§ 2 und 3 der Legge-Ordn. v. 16. Mai 1853 gegeben hat, ist den Worten des Gesetzes, welches nicht unterscheidet wo, ob im Inlande oder im Auslande, der Verkauf leggepflichtiger, ungeleggeter Leinwand erfolge, ebenso zuwider, als dem Grunde, aus welchem im § 2 die Worte „zum Verkauf bestimmte" aufgenommen worden sind — vgl. den cit. Beschl. v. 24. Sept. 1863 c. Sauer — und überhaupt dem Zwecke der Legge.

Antr. des GStA.s: gleichl. [26. — 2.]

Appellation. — Stellvertreter.

Die Appellation, welche ein nicht bevollmächtigter Stellvertreter für den Angeklagten anmeldet, wird wirksam, wenn der letztere sie (wenn auch nach dem Ablaufe der betr. Frist) genehmigt.
Vdn. v. 3. Jan. 1849 §§ 126. 127 [vgl. Oppenh. Strafverf. S. 453 n. 17].

Erk. (V. I.) v. 10. Febr. 1865 c. Engel (67. I. Cr.).

E. war in 1. Inst. am 30. Apr. kontradiktorisch von der Ger.-Abth. verurtheilt worden; am 4. Mai ging eine mit der Unterschrift „Engel" versehene Appellationsanmeldung und am 5. Juni in gleicher Form eine Rechtfertigungsschrift ein, worauf am 4. Okt. die Verhandlung 2. Inst. erfolgte. Hier erklärte der Angeklagte, daß er selbst schreibensunkundig, und daß zwar die zweite Schrift vom 5. Juni in seinem Auftrage von einem „Volksanwalte" verfaßt und mit seinem Namen unterzeichnet sei, daß er aber von der ersten Schrift vom 4. Mai nichts wisse und sie nicht veranlaßt habe; gleichwohl erklärte er sich mit der Appellationsanmeldung einverstanden. Das AG. erklärte unter diesen Umständen die Appellation für „nicht devolvirt." Das focht die NB. des Angeklagten unter Verweisung auf das Civil-Präjudiz Nr. 2165 v. 18. Dez. 1844 (Entsch. 19. S. 436) und das Gutachten des OTr.s v. 20. Jan. 1850 (JMbl. S. 98) an. Die GStA.-schaft erachtete diese NB. für unbegründet: das Gesetz knüpfe die Appellation an eine Präklusivfrist; beim Ablaufe derselben müsse es gewiß sein, ob das 1. Urtheil rechtskräftig geworden sei oder nicht; könne jeder Dritte als negotiorum gestor des Angeklagten das Rechtsmittel in der Weise wirksam anmelden, daß der Angeklagte diese Anmeldung auch nach dem Ablaufe der Frist noch genehmigen könne, so sei damit die vom Gesetz gewollte Präklusivität der Frist beseitigt, weil jene Genehmigung nunmehr an gar keine Frist mehr gebunden sei. Gleichwohl hat das OTr. das Erkenntniß des AG.s v e r n i c h t e t und die Sache zur anderweitigen Verhandlung und Entscheidung in die 2. Inst. zurückverwiesen. Gründe:

Das OTr. hat bereits in einem am 21. Jan. 1850 auf Erfordern des Justizministers erstatteten Gutachten (JMbl. 1850. S. 98) ausgesprochen:

> daß in Strafsachen die zur Anmeldung der Appellation angeordnete zehntägige Frist gewahrt ist, wenn innerhalb derselben der Angeschuldigte entweder in Person, oder durch einen mit Vollmacht versehenen Stellvertreter, oder durch eine solche Person, der die Gesetze die Eigenschaft eines vermutheten Bevoll-

mächtigten beilegen, bei dem Richter erster Instanz die Appellation anmeldet, und daß es keineswegs erforderlich ist, daß die Vollmacht noch innerhalb der Frist nachgebracht wird; ferner, daß wenn die Anmeldung, obwohl rechtzeitig, durch einen solchen Stellvertreter geschieht, welcher weder eine ausdrückliche noch eine gesetzliche Vollmacht hat, die Frist dennoch gewahrt ist, wofern nach Ablauf derselben der Angeklagte die Anmeldung nachträglich, es sei ausdrücklich oder durch konkludente Handlungen, genehmigt.

Dieser letztgedachte Fall liegt hier vor. Denn der Konzipient der Appellationsanmeldung hat sich thatsächlich als Stellvertreter des Angeklagten gerirt, da er für ihn und sogar unter dem Namen des Angeklagten die Appellationsanmeldung dem Gerichte erster Instanz eingereicht hat, der Angeklagte aber selbst hat nachträglich seine Genehmigung der Appellationsanmeldung durch konkludente Handlungen zu erkennen gegeben, da nicht nur eine in seinem Auftrage angefertigte Appellationsrechtfertigung dem Richter erster Instanz eingereicht ist, sondern der Angeklagte auch persönlich im Audienztermine zweiter Instanz in Begleitung eines erwählten Vertheidigers erschienen ist und Letzterer ausdrücklich beantragt hat, das Rechtsmittel für devolvirt zu erachten. Zwar ist das vorerwähnte Gutachten des OTr.s vor Publikation des Ges.s v. 3 Mai 1852 ergangen. Die in demselben ausgesprochenen Grundsätze finden jedoch auch jetzt noch Anwendung, da die das Rechtsmittel der Appellation betreffenden Artt. 101—105 l. c. in Beziehung auf die gesetzliche Form und die präklusivische Frist der Appellationsanmeldung nicht nur nichts geändert, vielmehr im Art. 104 sogar die Annahme von Appellationsschriften auch nach Ablauf der Frist noch gestattet haben.

Antr. des GStA.s: entg. [18.—3.]

Rechtsanwalt. — Gemeinde-Verordneter. — Disziplin.

Der **Staats-Ministerial-Beschluß** v. 2. März 1851, **welcher ausspricht, daß Staatsbeamte zur Annahme der Wahl eines Gemeinde-Verordneten** und zur Uebernahme eines Amtes in einer Gemeinde-Verwaltung der Genehmigung der vorgesetzten Dienstbehörden bedürfen, — ist für die Rechtsanwalte verbindlich.

AGO. III, 7. § 10; StMin.-Beschl. v. 2. März 1851.

Erk. (I. Civ.-Sen.) v. 10. Febr. 1865 c. die Rechtsanwalte N. & St. (391. D.).

Die RAnwalte N. und St. hatten die Wahl zu Stadtverordneten angenommen, ohne vorher die Genehmigung des vorgesetzten AG.s eingeholt zu haben. Deshalb disziplinarisch verfolgt, wurden sie vom Ehrenrathe freigesprochen. Auf die Berufung des OStA.s ist das betr. Erkenntniß vom OTr. abgeändert und jeder der Angeschuldigten mit einer Ermahnung bestraft worden. Gründe:

Der durch die Allg. Verfügung v. 25. März 1851 durch den Chef der Justiz bekannt gemachte Staats-Ministerial-Beschluß v. 2. März 1851 (JMBl. S. 151) bezieht sich seinem deutlichen Wortinhalte nach auf alle Staatsbeamte. Die an die Stelle der Justizkommissarien (§ 30 der Vrn. v. 2. Jan. 1849) getretenen Rechtsanwalte gehören aber zu den Justizbedienten (§ 3. Tit. 7. Thl. III. AGO.), und als solche zu den wirklichen Staatsbeamten (Anh. § 462 a. a. O.). Dieselben sind mithin selbstredend unter dem allgemeinen Ausdrucke „Staatsbeamte," dessen sich jener Erlaß bedient, mit inbegriffen, sofern nicht aus besonderen gesetzlichen Gründen anzunehmen ist, daß der Staats-Ministerial-Beschl. sich auf Rechtsanwalte nicht mit beziehen könne oder solle. Weder das Eine noch das Andere ist aber anzunehmen. Wenn der Beschluß die Genehmigung der vorgesetzten Dienstbehörde zur Annahme der Wahl als Gemeinde-, resp. Stadtverordneter, wie zur Uebernahme eines Kommunalamtes, für einen Staatsbeamten für erforderlich erachtet, so liegt die Stellung eines solchen Verlangens, insonderheit an einen Justizbeamten, an sich schon innerhalb der dem Chef der Justiz, resp. der höchsten Staatsbehörde — als Ausfluß des Oberaufsichtsrechts über die Beamten des betreffenden Ressorts — ebenso zustehenden Befugniß, als obliegenden

Verpflichtung, die prompte Besorgung der Amtsgeschäfte zu überwachen.

Ob und inwiefern dieses aus der Natur des Beamtenverhältnisses folgende allgemeine Aufsichtsrecht der vorgesetzten Dienstbehörden für andere Kategorien von Staatsbeamten noch durch besondere gesetzliche Vorschriften näher bestimmt ist, kann hier dahingestellt bleiben. Denn gerade für die jetzt den Amtscharakter „Rechtsanwalt" tragenden Justizkommissarien verordnet § 10. III, 7. der AGO.: „Sie können ꝛc." — Die RAnwalte sind daher schon nach dieser Gesetzesvorschrift verpflichtet, von der Absicht, eine Nebenbedienung annehmen zu wollen, dem vorgesetzten Landesjustiz-Kollegium Anzeige zu machen, um dasselbe in den Stand zu setzen, im Aufsichtswege zu prüfen, ob die Genehmigung dazu zu ertheilen oder zu versagen sei.

Die AKO. v. 13. Juli 1839 (GS. S. 253) hat in Betreff des Aufsichtsrechts über die Staatsbeamten nach dieser Richtung hin nur insofern eine Aenderung getroffen, daß es für alle unmittelbaren Staatsbeamten (AKO. v. 25. Juli 1840, JMBl. S. 287) zur Uebernahme von Nebenämtern und von Nebenbeschäftigungen, mit denen fortlaufende Remunerationen verbunden sind, ausnahmsweise der vorgängigen Genehmigung der betreffenden Centralbehörde bedürfen soll. Offenbar von der Voraussetzung ausgehend, daß mit jedem Amte, also auch mit einem Nebenamte, ein Einkommen verknüpft sei, erwähnt die A. Ordre unter Nr. 1 außer diesen nur der Nebenbeschäftigungen, mit welchen eine fortlaufende Remuneration verbunden ist, noch besonders. Daß aber bei beiden Arten von Nebengeschäften der Finanzpunkt von wesentlich gleicher Wichtigkeit angesehen wird, ergiebt sich daraus, daß unter Nr. 3 von dem Verluste der mit dem Nebenamte oder Geschäfte verbundenen Einnahmen oder Vortheile die Rede ist, und daß die Nr. 4 von dem mit Nebenämtern oder Geschäften verbundenen Einkommen, beziehungsweise von dem Diensteinkommen eines

Nebenamtes spricht. Rücksichtlich der nicht remuneratorischen Nebenämter und Nebenbeschäftigungen ist aber eine ausdrückliche Genehmigung der höheren Instanz nicht vorgeschrieben, es ist also bei der Regel verblieben, daß die Staatsbeamten unter der Aufsicht der vorgesetzten Dienstbehörde, Rechtsanwalte mithin unter der des betreffenden Landesjustiz-Kollegiums stehen. — Bei der weiteren Frage: auf welche Nebenbedienungen (Nebenämter und Nebenbeschäftigungen) die Vorschrift des § 10 c. zu beziehen sei, — müssen diejenigen, welche rein privatrechtlicher Natur sind, von denen, welche dem öffentlichen Rechte angehören, unterschieden werden. Es bedarf hier keiner Beurtheilung, in wie weit es bei den zur ersteren Kategorie gehörenden Nebenbedienungen, d. h. solchen Beschäftigungen, die nicht schon wie Konsulentschaften u. s. w. mit der amtlichen Stellung der Rechtsanwalte zusammenhängen, einer besonderen gesetzlichen Sanktion des Erfordernisses der Genehmigung des vorgesetzten Landesjustiz-Kollegiums bedürfen möchte, wie dies z. B. rücksichtlich des Gewerbebetriebes im § 19 Gew.-Ordn. v. 17. Jan. 1845 geschehen ist. Denn die Stellung eines Stadtverordneten hat keinen privat-, sondern einen staatsrechtlichen Charakter, und es kann um so weniger zweifelhaft erscheinen, die Bestimmung des § 10 cit. auf dieselbe anwendbar zu erachten, als mit solcher „Stelle“ in der Gemeindevertretung, wie sich die §§ 74. 75 der Städteordnung v. 30. Mai 1853 (GS. S. 261) ausdrücken, nach deren Tit. IV. § 35 f. Arbeiten — im Verhältniß zu den Geschäften des amtlichen Berufs also „Nebenarbeiten“ — verbunden sind, welche die Rechtsanwalte „distrahiren und außer Stand setzen können“ ihren Dienstpflichten in der im § 10 cit. bezeichneten Weise — d. h. „mit der erforderlichen Application, Genauigkeit und Promptitüde“ — Genüge zu leisten. — Der in Rede stehende Staats-Ministerial-Beschluß steht sonach gerade rücksichtlich der Rechtsanwalte durchaus im Einklange mit ausdrücklichen gesetzlichen Vorschriften.

Dies vorausgeschickt, erscheinen die vom Ehrenrathe gegen die Anwendbarkeit desselben auf Rechtsanwalte erhobenen besonderen materiellen Bedenken ungerechtfertigt. Soweit sie sich auf § 161. II, 18. ALR. stützen, erledigen sich dieselben durch die Erwägung, daß diese Vorschrift eine analoge Anwendung auf Kommunal-Verhältnisse nicht zuläßt, weshalb die Frage: ob Rechtsanwalte gleich anderen Civilbeamten zur Uebernahme von, ihnen nicht von Gerichtswegen übertragenen, Vormundschaften der Genehmigung des vorgesetzten Landesjustiz-Kollegiums bedürfen oder nicht, — hier ganz dahingestellt bleiben kann.

Nicht minder unhaltbar sind die aus den Bestimmungen der §§ 17 und 74 der Städte-Ordn. v. 30. Mai 1853 hergeleiteten Bedenken des Ehrenraths. Denn diese, im Wesentlichen mit den §§ 15 und 137 der zur Zeit des Erlasses und der Bekanntmachung des in Rede stehenden Staats-Min.-Beschl.s noch geltenden Gemeinde-Ordnung v. 11. März 1850 (GS. S. 213) gleichlautenden, Bestimmungen berühren dadurch, daß in den §§ 17, resp. 15 Rechtsanwalte unter denjenigen Personen, resp. Beamten, welche nicht zu Stadtverordneten, resp. Mitgliedern des Gemeinderaths oder Gemeindeverordneten gewählt werden dürfen, nicht mit angeführt werden, und daß nach § 74 (resp. 137) jeder stimmfähige Bürger einer Stadt, resp. jeder Gemeindewähler zur Annahme einer unbesoldeten Stelle in der Gemeinde-Verwaltung oder Vertretung in der Regel verpflichtet sein soll, nicht im Entferntesten die Beamtendisziplin. Der Umstand, daß in beiden letztgedachten §§ dieser Ordnungen unter Nr. 5 die Verwaltung eines anderen öffentlichen Amtes ausdrücklich als ein von dieser gesetzlichen Verpflichtung entbindender Entschuldigungsgrund bezeichnet ist, läßt vielmehr gerade erkennen, daß das Beamtenverhältniß ebenso ein freiwilliger als ein nothwendiger Entschuldigungsgrund sein kann und soll, daß es also darauf nicht ankommt, ob der gewählte Staatsbeamte sich entschuldigen will oder muß.

So wenig hiernach die Ansicht der Angeschuldigten und des Ehrenraths, daß sich der in Rede stehende Erlaß seinem materiellen Inhalte nach nicht auf Rechtsanwalte mit beziehe, gerechtfertigt erscheint, so wenig läßt sich dem vorigen Richter endlich in seinen formellen Bedenken gegen die Anwendbarkeit des Staats-Ministerial-Beschlusses v. 2. und der allgem. Verfügung v. 25. März 1851 auf Rechtsanwalte beitreten.

Die Cirkular-Verfügung des Hrn. Justizministers v. 28. Dez. 1838, die Herausgabe und Anschaffung des Justizministerialblattes betreffend (JMBl. 1831. S. 1), giebt als Zweck der Herausgabe dieses Blattes, welches unter Andern sub 3 zur Aufnahme von Ministerial-Anordnungen, Instruktionen, Regulativen und Bescheidungen, welche zur Kognition „aller Gerichtsbehörden" bestimmt sind, dienen soll, ausdrücklich den an: damit die Gerichtsbehörden und „sämmtliche Justizbeamte" in den Stand gesetzt werden, die in dieses Blatt aufgenommenen generellen Anordnungen und Bestimmungen bald kennen zu lernen und „zu befolgen," und macht dessen Anschaffung nicht bloß den aus Staatsfonds unterhaltenen, sowie den Privat- und Patrimonialgerichten, sondern auch den Justizkommissarien, Advokaten rc. und Notarien zur Pflicht. Hiernach sind die an die Stelle der Justizkommissarien (§ 30 der Vdn. v. 2. Jan. 1849) getretenen Rechtsanwalte, welche nach § 3. III, 7. AGO. ausdrücklich den „Justizbedienten" beigezählt werden, in dieser ihrer Eigenschaft als Justizbeamte unbedenklich verpflichtet, die in dem Justizministerialblatte aufgenommenen und dadurch zur Kenntniß der Gerichtsbehörden und sämmtlicher Justizbeamten gebrachten generellen Anordnungen und Bestimmungen zu befolgen, ohne daß es im einzelnen Falle einer besonderen Anweisung oder des ausdrücklichen Hinweises, dieselben seien auch von ihnen zu befolgen, irgend bedarf. Schon hieraus ergiebt sich, daß die Adresse der Allgem. Verfügung v. 25. März 1851: „an sämmtliche Gerichte und

Beamte der Staatsanwaltschaft", sowie deren Schlußsatz: „Sämmtlichen Gerichten und Beamten der Staatsanwaltschaft wird dies (der Staats-Ministerial-Beschluß) zur Nachachtung hierdurch bekannt gemacht"; — die Pflicht der Rechtsanwalte als Justizbeamte, diesen Beschluß zu beachten und zu befolgen, nicht ausschließt, und zwar um so weniger, da sie, als bei bestimmten Gerichten angestellte Justizbediente, gleich den sonstigen Beamten bei den Gerichten erster Instanz unter derselben vorgesetzten Behörde, dem betr. Obergerichte stehen, und der Umstand, daß die Allg. Verfügung v. 25. März 1851 neben den Gerichten speziell auch noch der Beamten der Staatsanwaltschaft Erwähnung thut, augenscheinlich seinen Grund darin hat, daß dieselben unter anderen vorgesetzten Behörden als die bei Gerichten angestellten Justizbeamten stehen, wenn sie auch ebenso wie die Rechtsanwalte zu den Beamten der Justizverwaltung mitgehören. Bedurfte es daher der besonderen Erwähnung der Rechtsanwalte gleich der der Beamten der Staatsanwaltschaft nicht, um sie zur Nachachtung des Staats-Min.-Beschl.s v. 2. März 1851 resp. zur Nachsuchung der Genehmigung ihrer vorgesetzten Dienstbehörde zu veranlassen, so kann auch der Umstand, daß einzelne allgemeine Verfügungen des Hrn. Justizministers an die Gerichte und Rechtsanwalte gerichtet worden sind, hierin nichts ändern. Denn dies sind Anordnungen, welche speziell auf die Rechtsanwalte sich beziehende Angelegenheiten betreffen, z. B. die v. 15. Okt. 1851 (JMBl. S. 316), welche die Aufforderung an die Rechtsanwalte, sich zeitig mit dem Inhalte der sie betreffenden neuen Sportelgesetze und Instruktionen bekannt zu machen und solche zu beachten, enthält. Ebenso die v. 24. Jan. 1852 (JMBl. S. 34), welche den, einem Rechtsanwalte zur Belehrung über seine Bedenken rücksichtlich des Ansatzes und der Erhebung der Gebühren der Rechtsanwalte und Notare ertheilten Bescheid zur Kenntniß sämmtlicher Gerichte und Rechtsanwalte bringt. Wenn ferner in einer das Interesse des Recht suchenden Publikums, also der Klienten der Rechtsanwalte, wesentlich betreffenden Angelegenheit, der Einreichung der Anträge auf Bestimmung eines gemeinschaftlichen Gerichtsstandes, wobei nach den vorliegenden Erfahrungen von Gerichten und Rechtsanwalten Verzögerungen herbeigeführt worden waren, die Verfügung v. 15. Mai 1852 (JMBl. S. 193) sowohl jene als diese zur Beachtung der gesetzlichen Bestimmungen anweist, — so läßt sich aus diesen besonderen Ausnahmen unmöglich folgern, daß Rechtsanwalte nur die generellen Anordnungen zu beachten hätten, deren Adressen ausdrücklich an sie mit gerichtet sind. Es ist dies z. B. in der Min.-Verf. v. 9. Jan. 1844, wodurch die AKO. v. 5. Jan. 1844, welche die Gerichte und Notarien bei der Aufnahme von Uebertragsverträgen bäuerlicher Besitzungen in Westphalen nur die Hälfte der Kosten anzusetzen, und in gewissen Fällen nicht den Kauf-, sondern nur den Ausfertigungsstempel zu verwenden anweist, den „betreffenden Gerichtsbehörden" zur Nachachtung bekannt gemacht worden ist (JMBl. S. 12), sowie in der allgem. Verf. v. 8. Okt. 1844 (a. a. O. S. 223), wodurch die AKO. v. 28. Sept. 1844, welche mit Bezug auf das Anbringen eines von einem Justizkommissarius gestellten Gesuches um Dispensation zu Ehen in den durch die Gesetze schlechterdings verbotenen Graden, alle dergleichen Gesuche als gesetzwidrige bezeichnet, den „sämmtlichen Gerichtsbehörden" zur Nachachtung bekannt gemacht worden ist, ebenfalls nicht der Fall. Dessenungeachtet läßt sich nicht bezweifeln und dürfte schwerlich auch vom Ehrenrathe bezweifelt werden, daß diese Erlasse nicht bloß von den Gerichten, sondern auch von den Notaren und Rechtsanwalten zu beachten sind.

Erledigen sich nach allem dem zwar die materiellen und formellen Bedenken des Ehrenraths, so ist ihm doch darin beizustimmen, daß nicht jede Nichtbefolgung einer im JMBl. gehörig bekannt gemachten generellen Anordnung als ein Ungehorsam gegen bestehende gesetzliche Vorschriften aufgefaßt werden kann. Auch würde das bloße Uebersehen einer solchen Anordnung nicht unter allen Umständen als eine disziplinarisch zu rügende Verletzung der Amtspflichten anzusehen sein. Hier handelt es sich aber um die Nichtbefolgung einer, wie gezeigt, ganz abgesehen von dem Erlasse v. 25. März 1851, schon im § 10. III, 7. AGO. den Rechtsanwalten gebotenen Pflicht.

Ueberdies kommt im vorliegenden Falle noch weiter in Betracht, daß die Angeklagten nach ihren im Laufe der Untersuchung abgegebenen Erklärungen den gedachten Erlaß gar nicht etwa bloß übersehen haben und jener Vorschrift der AGO. nicht eingedenk gewesen sein wollen. Sie haben vielmehr fortgesetzt aus, wie gezeigt, ungerechtfertigten Gründen die Anwendbarkeit jener Erlasse auf sie als Rechtsanwalte bestritten und vermeint, als solche von den dadurch den Staatsbeamten allgemein in Erinnerung gebrachten Verpflichtungen enthoben zu sein.

Antr. des GStA.s: gleichl. [— 4.]

Nothwehr. — Fragstellung.

Zur Anwendung des § 41 StGB. genügt es nicht, wenn durch den Geschwornenspruch nur festgestellt ist: daß der Angeklagte sich bei seiner That „im Zustande der Nothwehr" befunden habe.

StGB. § 41 [vgl. dort n. 13; RdOTr. 2. S. 362].

Erk. (V. I.) v. 10. Febr. 1865 c. Tabbert (82. I. Cr.).

T. war unter der Anklage der tödtlichen Körperverletzung vor den Schw.-GH. verwiesen worden. Hier stellte der Vorsitzende die Zusatzfrage: „Hat sich T. bei der 2c. That im Zustande der Nothwehr befunden?" Der Antrag des StA s: die Frage nach dem Wortlaute des § 41 cit. zu fassen, ward vom Schw.-GH. abgelehnt, „weil die Frage nur in der vom Vorsitzenden gewählten Fassung von der Vertheidigung beantragt worden sei, diese Fassung aber auch den Thatbestand erschöpfe, da sie beide Fälle des § 41 umfasse." Sodann war im Sitzungsprotokolle konstatirt, daß der Vorsitzende den Geschwornen den Begriff der Nothwehr erläutert habe. — Auf die NB. des StA.s erfolgte Vernichtung. Gründe:

Der Art. 81 des Ges.s v. 3. Mai 1852 fordert bei Strafe der Nichtigkeit die Aufnahme aller die wesentlichen Merkmale der Strafthat bildenden Thatsachen in die den Geschwornen vorzulegende Frage. Der Art. 82 gestattet bei der Bezeichnung der wesentlichen Merkmale den Gebrauch von „Rechtsbegriffen" dann, wenn diese eine allgemein bekannte und in dem gegebenen Falle unbestrittene Bedeutung haben, anderenfalls auch diese aufzulösen sind. Es unterliegt nun keinem Bedenken, daß der Rechtsbegriff der Nothwehr nicht im Sinne dieses Art. 82, sondern im Sinne des Art. 81 bei der Fragstellung zu behandeln ist. Der erste Satz des § 41 StGB. enthält nicht eine Definition der Nothwehr selbst, sondern er bezeichnet nur ihre gesetzliche Wirkung. Der Begriff selbst ist erst in den nachfolgenden beiden Sätzen näher bezeichnet, denn auch der zweite, den entschuldbaren Exzeß der Nothwehr mit gleicher Wirkung bezeichnende Satz steht mit dem ersten Satze in einer nothwendigen Verbindung, indem er aus diesem das Erforderniß der Vertheidigung gegen einen gegenwärtigen rechtswidrigen Angriff voraussetzt. Nun ist es zwar richtig, daß der Art. 81 nur von den Merkmalen „der dem Angeklagten zur Last gelegten strafbaren Handlung" spricht, während die Nothwehr ein Strafausschließungsgrund, oder doch einem solchen gleich zu behandeln ist. Allein es unterliegt keinem Bedenken, daß die Regel des Art. 81 auf alle Fragstellungen überhaupt Anwendung finden muß, insofern es sich um eine Feststellung von Verhältnissen oder Umständen handelt, für welche das Gesetz eben bestimmte Merkmale angiebt. Eine Zusatzfrage wegen der Nothwehr kann daher auch nur unter ausdrücklicher Aufnahme jener im § 41 enthaltenen Merkmale gestellt werden, und ob in dieser Hinsicht bestimmte Anträge vorgelegen haben, ob der Begriff im Sinne des Art. 82 streitig gewesen, ob er endlich den Geschwornen durch den Vorsitzenden ausreichend erläutert worden, oder ob dies Alles nicht der Fall gewesen, ist gleichgültig, weil hiervon überall die Anwendung des Art. 81 nicht abhängig ist.

Dazu kommt der Umstand, daß der Gerichtshof, wie sein protokollirter Beschluß ergiebt, beide Fälle des § 41, also die rechte Nothwehr und den entschuldbaren Exzeß, hat umfassen wollen, so wie sie denn beide die Voraussetzungen der Frage: „ob sich der Angeklagte in dem Zustande der Nothwehr befunden habe," in der That sein würden. Allein es ist unstatthaft, sie in einer solchen Frage zu kumuliren, weil sie nicht in dem Verhältnisse von Alternativen zu einander stehen. Denn der entschuldbare Exzeß tritt erst in Kraft, wenn eines der gesetzlichen Erfordernisse der rechten Nothwehr, nämlich das erforderliche Maaß der Vertheidigung, fehlt; er kann daher immer nur Gegenstand einer eventuellen Frage sein (vgl. G. A. 11. S. 24). Daraus folgt, daß die Abstimmung der Geschwornen sich nicht gleichzeitig auf beide Fälle erstrecken kann, weil sie hier möglicher Weise zu Resultaten führt, welche — anders, wie bei wirklichen Alternativen mit gleichen Voraussetzungen — nicht mit der gesetzlich erforderlichen Majorität zu Stande gekommen sein können.

Antr. des GStA.s: gleichl. [15.—3.]

---

1. Protokoll. — Aenderungen. — Beweiskraft.
2. Geschwornenspruch. — Mehrheit. — Widerspruch.
3. Fragstellung. — Mord. — Todtschlag.
4. Fragstellung. — Theilnahme. — Fassung.

1. Das Sitzungsprotokoll verliert nicht seine Beweiskraft durch Einschaltungen, Ueberschreibungen und Randzusätze, welche nicht besonders genehmigt sind.

Ges. v. 3. Mai 1852 Art. 78 [vgl. dort n. 53].

2. Steht ein Geschwornenspruch mit einem andern von denselben Geschwornen gefällten, auf einen Mitangeklagten bezüglichen Spruch im Widerspruche, so muß dieser letztere nach Anleitung des Art. 97 des Ges.s v. 3. Mai 1852 gelöst werden.

Ges. v. 3. Mai 1852 Art. 97 [vgl. dort n. 17. 33].

3. Es begründet keine Nichtigkeit, wenn die demnächst von den Geschwornen bejahte Frage den Thatbestand des § 175 StGB. (Mord) und den des § 178 (Todtschlag bei Unternehmung eines andern Verbrechens 2c.) zusammen umfaßt.

StGB. §§ 175 [vgl. dort n. 15]. 178 [vgl. dort n. 10].

4. Die den Geschwornen über die Wesentlichkeit der Theilnahme vorzulegende Frage ist dahin zu fassen: ob die Theilnahme eine nicht wesentliche gewesen sei.

StGB. § 35 [vgl. dort n. 11].

Erk. (Z. I.) v. 11. Febr. 1865 c. Grothe, Quinche & Fischer (124. I. Cr.).

Die Rathskammer hatte den L. Grothe, die Wittwe Quinche und die Marie Fischer wegen „gemeinschaftlichen auf vorgängiger Verabredung beruhenden Mordes des 2c. Gregy" vorläufig in Anklagestand versetzt, der Anklagesenat aber die definitive Versetzung in den Anklagestand nur in Betreff des Gr. wegen Mordes, in Betreff der Qu. und der F. aber nur wegen Theilnahme an diesem Morde ausgesprochen. Gleichwohl wurde in Beziehung auf jeden der Angeklagten im Hauptverfahren die Frage gestellt, ob er (sie) schuldig sei:

„ — den 2c. Gregy getödtet zu haben, und zwar

a) in Gemeinschaft mit einer oder zwei andern Personen,

b) mit Ueberlegung,

c) bei Unternehmung eines Diebstahls, um ein der Ausführung desselben entgegentretendes Hinderniß zu beseitigen."

Die Geschwornen bejahten die den L. Gr. betreffende Frage (1), verneinten die gleichlautenden Fragen in Betreff der F. und der Qu. (2 und 4), bejahten dagegen zwei in Beziehung auf die letzteren gestellte, eine wissentliche Hülfeleistung zur That des L. G. betreffende Fragen (3 und 5) und verneinten endlich zwei Zusatzfragen zu den gedachten Eventualfragen, welche dahin lauteten:

„Ist festgestellt, daß die Theilnahme eine nicht wesentliche war?"

Der GH. verurtheilte darauf alle drei wegen „Mordes," resp. „Theilnahme am Morde" aus den §§ 175. 34 Nr. 2 und 35 zur Todesstrafe. — Die NB. rügte u. A.:

1) Verletzung des Art. 78 des Ges.s v. 3. Mai 1852, weil das Sitzungsprotokoll nicht genehmigte Einschaltungen, Ueberschreibungen, Durchstreichungen und Zusätze enthalte;

2) fehlerhafte Stellung der Fragen in mehrfacher Beziehung; insbesondre wurde unter Bezugnahme auf die Gründe eines Z. I. 18. März 1859 c. Kyrms (G.A. 7. S. 363) auszuführen gesucht: es sei unstatthaft gewesen, in den Fragen 1 (3 und 5) die Thatbestände des Mordes (§ 175) und des Todtschlags bei Unternehmung eines andern Vergehens (§ 178) zusammenzufassen, vielmehr habe dieser letztere Thatbestand zum Gegenstande einer besondern Eventual Frage gemacht werden müssen.

Die GStA.-schaft beantragte die Zurückweisung der NB. und führte insbesondere in der letzteren Beziehung aus: nach dem StGB. sei der Mord ein mit Ueberlegung vollführter Todtschlag, ebenso wie der Raub ein mit Gewalt 2c. ausgeführter Diebstahl sei; demgemäß sei auch prozessualisch bei einer Anklage wegen Mordes das Merkmal der Ueberlegung als ein (den Todtschlag) erschwerender Umstand zu behandeln und bei der Abfassung des Geschwornenspruchs nach Anleitung des Art. 91 Abs. 4 des Ges.s v. 3. Mai 1852 zu verfahren (vgl. Oppenh. StGB. § 175 n. 16); in gleicher Weise bildeten aber auch die Voraussetzungen des § 178 l. c. einen den Todtschlag erschwerenden Umstand, welcher unzweifelhaft thatsächlich neben der Ueberlegung obwalten könne, ohne daß der eine den andern mit Nothwendigkeit ausschließe, z. B. wenn von vorne herein der überlegte Vorsatz dahin gerichtet gewesen sei, denjenigen zu tödten, der sich der Ausführung des beabsichtigten andern Vergehens (z. B. des Diebstahls) widersetzen würde (vgl. Oppenhoff l. c. n. 5); daß nun aber eine Mehrheit von solchen Umständen, durch welche die Strafbarkeit der (einfachen) Hauptthat (hier des Todtschlags) erhöht werde, in die Hauptfrage mit aufgenommen werden dürfe, sei unzweifelhaft und im Art. 80 Abs. 4 des Ges.s v. 3. Mai 1852 ausdrücklich bestimmt, nach welchem solche „Umstände" in dieser Frage nur einer besondern Hervorhebung bedürfen; darauf, daß der Mord durch das Hinzutreten der Merkmale des § 178 nicht besonders qualifizirt und seine Strafbarkeit nicht erhöht werde, komme es nicht an, da ja der Mord selbst schon ein qualifizirtes Verbrechen darstelle; die Sache liege hier nicht anders, als wenn ein Diebstahl durch mehrere der im § 218 aufgezählten Umstände qualifizirt werde, wenn derselbe z. B. vermittelst Einsteigens und mittelst Anwendung falscher Schlüssel, oder wenn ein Raub vermittelst eines Einbruchs ausgeführt werde; auch hier werde der Raub durch den Einbruch nicht qualifizirt, wohl aber der im Raube enthaltene Diebstahl, und das genüge, um den Art. 80 Abs. 4 als anwendbar erscheinen zu lassen; hiernach sei die Stellung der Frage 1 in der gedachten Beziehung in keiner Weise fehlerhaft gewesen, sie habe vielmehr ganz den gesetzlichen Vorschriften entsprochen. — Das OTr. hat die NB. zurückgewiesen. Gründe:

Zu A. Es ist nicht anzuerkennen, daß durch die Angriffe die Beweiskraft des vorliegenden Protokolls beeinträchtigt oder gar aufgehoben wird. Die Bestimmungen über die Führung und den Inhalt des Audienzprotokolles im öffentlichen und mündlichen Strafverfahren sind in dem § 37 der Vdn. v. 3. Jan. 1849 und in dem Art. 78 des Ges.s v. 3. Mai 1852 enthalten. Hiernach bildet das Protokoll im Allgemeinen nur eine amtliche Registratur über die stattgehabte Verhandlung. Es soll die Anwesenheit der mitwirkenden Personen bescheinigt, es soll das Wesentliche der Erklärungen resp. Aussagen und es sollen die Anträge und die Beobachtung der vorgeschriebenen Förmlichkeiten dadurch bewiesen werden. Beglaubigt durch ihre Unterschrift wird es von dem Gerichtsschreiber und dem Vorsitzenden. Hieraus ergiebt sich schon von vorn herein, daß auf ein so beschaffenes Protokoll die Vorschriften der Crim.-Ordn. § 55, der AGO. I, 10. § 118, II, 2. § 44 und des ALR. I, 12. § 155 nicht volle Anwendung finden können. Denn diese handeln von Protokollen oder sonstigen Urkunden, welche mit spezieller Zuziehung der Parteien aufgenommen werden, deren Uebereinstimmung mit dem Niedergeschriebenen durch die Mitunterschrift nachgewiesen werden muß, und durch dieses absolute Erforderniß rechtfertigt sich das Verbot des „Durchstreichens" und „Ueberschreibens" und die Bestimmung, daß auch die Ergänzungen am Rande des Protokolls von den Parteien mit vollzogen sein müssen. Das Audienz-Protokoll wird nun aber dem StA. oder dem Angeklagten ohne ihren besonderen Antrag nicht vorgelesen, und es wird von ihnen zum Zeichen der Genehmigung nicht unterschrieben. Sie haben das Recht, die Einsicht desselben nach der stattgefundenen Verhandlung, und während der Verhandlung Berichtigungen und Zusätze zu demselben zu fordern (G. A. 10. S. 420; 11. S. 103.). Aenderungen und Berichtigungen in dem Text des niedergeschriebenen Protokolls sind daher auch nach anderen Grundsätzen zu beurtheilen, als nach den oben gedachten der in der Beschwerde citirten Vorschriften, nach denen die Unterschrift der Parteien jede spätere Aenderung ohne deren Zuziehung verhindert. Das Audienz-Protokoll wird von dem Gerichtsschreiber während des ununterbrochenen Laufs der Verhandlung niedergeschrieben; erst nach der Beendigung der Verhandlung kann es der Regel nach der Kontrolle des Vorsitzenden unterworfen werden. Berichtigungen und Ergänzungen sind daher erklärlich und ihre Formen, sei es durch Einschaltungen, Ueberschreiben oder von Beiden vollzogene Ergänzungen am Rande des Protokolls sind daher keine wesentlichen, die Glaubwürdigkeit der Urkunde aufhebenden Mängel, wie dies das OTr. mit Rücksicht auf die oben angeführten Umstände in verschiedenen Entscheidungen ausgesprochen hat. Sobald ein durch die Unterschrift des Vorsitzenden und des Gerichtsschreibers vollzogenes Protokoll vorliegt, wie hier der Fall, enthält es die beweiskräftige Beglaubigung seines gesammten Inhalts mit Einschluß aller jener Veränderungen und Zusätze in seinem Text, da durch eben jene Vollziehung angenommen werden muß, daß dieselben durch den übereinstimmenden Willen beider Beamten hinzugefügt worden seien, zumal auch eine Präklusivfrist für die Vollendung des Akts nicht vorgeschrieben ist (G. A. 1. S. 686; 5. S. 74; 7. S. 362).

Die Beschwerden behaupten, daß die Zusätze in dem Text des Protokolls nicht durchweg von der Hand des Gerichtsschreibers, sondern von fremder Hand herrühren, wie durch Schreibverständige begutachtet werden soll; daß diese von fremder Hand herrührenden Zusätze auch erst gemacht seien, nachdem der Gerichtsschreiber L. das Protokoll bereits am Ende unterschrieben habe, wie dieser und der Vorsitzende v. M. bekunden sollen. Allein durch den so angetretenen Beweis wird die Glaubwürdigkeit des Protokolls nicht alterirt. Denn daß der Vorsitzende selbst Zusätze zu dem Protokoll machen dürfe, unterliegt keinem Bedenken, sobald er sich dabei nur im Einverständniß mit dem Gerichtsschreiber befindet. Die „fremde Hand außer derjenigen des Gerichtsschreibers" entscheidet daher allein nichts; die allein entscheidende Behauptung würde vielmehr diejenige einer Fälschung des Protokolls, also der Hinzufügung von Zusätzen durch dritte unbefugte Personen hinter dem Rücken des Vorsitzenden und des Gerichtsschreibers, also nach deren Beider endgültiger Vollziehung des Protokolls sein, und eine solche Behauptung ist nirgends aufgestellt: Urtel v. 24. Febr. 1858 c. Riegel.

B. Die Fragstellung betreffend.

1) Die Rüge, daß es in dem Verdikt [Nr. 1 gegen Gr.] an der Begründung der vollen Haftbarkeit des Gr. für die in Gemeinschaft mit Andern verübten Handlungen fehle, hat insofern ihre Berechtigung, als weder die gestellte Frage, noch demgemäß auch das ergangene Verdikt den von der Rathskammer bezeichneten Rechtsgrund für diese Haftbarkeit, die Verabredung der Mehreren zum Morde, also das Komplott, aufgenommen hat, somit nur die Thatsache der gemeinschaftlichen Tödtung, also objektiv die Handlung Mehrerer und die Folge dieser Handlung allein, vorliegt. Dennoch aber genügt auch so der Wortlaut zur Feststellung der That für die Anwendung des § 175 des StGB. auf den Grothe. Es steht nämlich dadurch fest, daß Gr. den Gregy in Gemeinschaft mit Anderen getödtet hat. Darin liegt, dem Wortverstande nach, unzweifelhaft der Ausspruch, daß die Handlung des Gr. den Erfolg der Tödtung gehabt habe; das Mithandeln Anderer bei diesem Erfolge ist also, soweit es den Gr. selbst betrifft, gleichgültig. Der Antheil eines jeden der Mitthäter, gegen welche ein Komplott oder eine dieselbe Wirkung äußernde zufällige Miturheberschaft nicht festgestellt worden, ist nur dann von Erheblichkeit für die Anwendung des Strafgesetzes, sobald entweder der Erfolg seiner besondern Thätigkeit gar nicht, oder doch wenigstens so weit erhellt, daß dadurch für sich allein der höchste Erfolg, hier also derjenige der Tödtung, nicht herbeigeführt ist, und auch der Thatbestand des § 195 Abs. 2 des StGB.s nicht vorliegt. Den Geschwornen lag es aber

ob, diesen Antheil der Mitthäter an dem Erfolge zu prüfen; sie haben dies in Beziehung auf den hier allein in Rede stehenden Gr. durch den Ausspruch, daß er den Gregh getödtet habe, gethan, und die Hinzufügung, daß dies in Gemeinschaft mit Anderen geschehen sei, gewinnt nur erst dann eine besondere Bedeutung, wenn es sich in Beziehung auf diese Mitthäter darum handelte, auch ihren Antheil an dieser gemeinschaftlichen Handlung und deren besonderen auch durch sie etwa bewirkten Erfolg dabei festzustellen. Jeder Zweifel in dieser Hinsicht beseitigt sich aber endlich durch die sofort zu erwähnende Auffassung des Verdikts, nach welcher die von den Geschwornen gemeinten Mitthäter nur die Qu. und die F. gewesen sein können, deren Betheiligung durch die gegen diese Beiden gefüllten Verdikte überhaupt und zwar in der Bestimmtheit erhellt, daß dadurch die Individualität des tödtlichen Erfolgs durch die Handlung des Gr. allein außer allem Zweifel ist, selbst wenn sie durch das Verdikt zu 1a nicht schon für hinreichend festgestellt erachtet werden könnte.

2) Der Schw.-GH. hat es abgelehnt, die Geschwornen zur Aufklärung des Widerspruchs zurückzusenden, welcher zwischen der Bejahung der Frage 1 gegen Gr. mit dem Umstande der gemeinschaftlichen Ausführung mit einer oder zwei anderen Personen, und der Verneinung derselben Frage 2 und 4 gegen die Qu. und die F. obwaltet. In den Gründen des Urtels bemerkt der Gerichtshof, daß ein Widerspruch deshalb nicht obwalte, weil bestimmte Personen als die Mitthäter des Gr. nicht bezeichnet seien. Dem kann indeß nicht beigetreten werden. In der Anklage sind allein die Qu. und die F. als diejenigen bezeichnet, welche die Handlungen ausgeführt haben, in denen die Rathskammer die Mitthäterschaft, der Anklage-Senat aber nur die Theilnahme dieser beiden Personen fand. Die Verhandlung der Sache enthält keinerlei Andeutung, daß sich das in der Anklage vorgetragene Sachverhältniß und die Auslassung der Angeklagten über dasselbe in der Art geändert haben

sollte, daß außer den 3 hier in Rede stehenden Personen noch Andere, und zwar nicht bloß mit entfernteren hülfsleistenden Handlungen, sondern sogar durch Mitverübung der Haupthandlung selbst, also als Mitthäter, betheiligt gewesen seien. Der Art. 97 des Ges.s v. 1852 hat, indem er die nähere Aufklärung eines „in der Sache undeutlichen Verdikts" anordnet, auch den Fall vor Augen, wenn das Verdikt zwar für sich allein eine solche Undeutlichkeit nicht enthält, dieselbe aber durch andere daneben stehende, in einen innern Zusammenhang mit demselben tretende, Verdikte erhält. Ein solcher Fall liegt hier vor, und es wäre daher am Orte gewesen, die Geschwornen zur Erläuterung zurückzusenden. Gleichwohl würde eine Nichtigkeit des Verfahrens nur dann wegen der Verabsäumung dieser Maaßregel aus dem von dem Schw.-GH. angeführten unzutreffenden Grunde eintreten können, wenn nicht eine anderweite, sich von selbst darbietende Lösung des Widerspruchs, welcher hiernach nur ein scheinbarer ist, vorhanden wäre. Jener Zusammenhang des ganzen Sachverhältnisses ergiebt nämlich, daß die Geschwornen, indem sie, wie der Anklage-Senat, die Betheiligung der Qu. und der F. rechtlich für keine Mitthäterschaft, vielmehr rechtlich nur für eine Theilnahme, und zwar für eine Hülfsleistung erklärten, im Uebrigen aber die Mitbetheiligung dritter Personen an der That, außer diesen Angeklagten, nirgends angedeutet fanden, in Beziehung auf den Gr. nur aussprechen wollten, daß er die That in ihrem ganzen Umfange nicht allein, sondern mit Hülfe Anderer, gleichgültig welcher Art diese Hülfe sein möge, in diesem Sinne also „in Gemeinschaft mit Andern" verübt habe, und daß diese Anderen eben die Qu. und die F. gewesen seien. Daß diese „Gemeinschaft" rechtlich keine „Mitthäterschaft" ist, und daß bei einer Frage gegen den Hauptthäter selbst unter jenem Ausdruck rechtlich nur die letztere verstanden werden kann, ist, wie die Beschwerde ausführt, allerdings richtig. Allein hier handelt es sich nicht um diese rechtliche Qualifikation des Begriffs, sondern nur und zwar unter Berücksichtigung des ganzen klar vorliegenden Sachverhältnisses, um die Erläuterung des Verdikts nach der Vorstellung der Geschwornen bei dessen Abgabe, und es ist daher sehr wohl gestattet, ihrer Ausdrucksweise den Sprachgebrauch des gewöhnlichen Lebens unterzulegen, also anzunehmen, daß sie unter der „Gemeinschaft mit Andern" eben die Mitthätigkeit der Qu. und der F. bei der That des Gr., so wie dieselbe durch die Verdikte 3 und 5 festgestellt ist, gemeint haben. Nur erst die Verneinung der Fragen 3 und 5 würde einen unlöslichen Widerspruch zur Folge gehabt haben; die Bejahung derselben enthält ihn dagegen, wie gezeigt, nicht, und sie beseitigt zugleich, wie oben zu 1 angedeutet, jeden Zweifel in Beziehung auf den Gr. selbst, indem nun feststeht, daß die in Gemeinschaft mit ihm thätig gewesenen Personen, hier also die Qu. und die F., nur vorbereitende, erleichternde oder vollendende Hülfshandlungen geleistet haben, die Haupthandlung der Thäterschaft ihm also auch in der That ausschließlich und mit ihrem ganzen Erfolge zur Last fällt.

3) Die Frage 1 kumulirt den Mord und das Verbrechen des § 178 des StGB.s. Der StA. hatte nur die eventuelle Frage aus dem letzteren Verbrechen beantragt, der GH. aber die Kumulirung aus den in seinem Urtel ausgeführten Gründen beschlossen, weil es nämlich sehr wohl denkbar sei, daß der überlegte Vorsatz zunächst auf die Ausführung des Diebstahls und zugleich auf die Tödtung des der Ausführung desselben etwa Entgegentretenden gerichtet sein könne. Das OTr. hat bereits in zwei ganz gleichen Fällen und in einem dritten ähnlichen Falle (G.A. 7. S. 209. 363; 10. S. 759) die auf solche Kumulirung gegründete Beschwerde zurückgewiesen. In dem Urtel v. 18. März 1859 c. Kyrms (G.A. 7. S. 363) hat das OTr. diese Kumulirung der Thatbestände der beiden verschiedenen Verbrechen getadelt, indem hier der Fall nur eventueller Fragstellung aus § 178 vorliege, sobald nämlich die Geschwornen eine erste aus § 175 allein gestellte Frage zwar im Allgemeinen

bejaht, dabei aber die Ueberlegung verneint hätten. Obwohl nun dieser Tadel auch hier Platz greift, so wird doch, ebenso wie in den oben allegirten Fällen, jeder Zweifel sachlich durch die vollständige Feststellung des Thatbestandes des Mordes, also dadurch beseitigt, daß nach dem Verdikt zu 1 und nach Aussonderung der übrigen darin enthaltenen Umstände, feststeht, daß der Gr. den Gregy vorsätzlich und mit Ueberlegung getödtet hat. Dadurch verliert der gleichzeitig festgestellte Umstand: daß die Tödtung erfolgt sei bei Unternehmung eines Diebstahls, um ein der Ausführung desselben entgegen tretendes Hinderniß zu beseitigen, jede rechtliche Bedeutung. Denn ist die Tödtung mit Ueberlegung verübt, so kann sie — denn sie ist Mord — nicht zugleich Todtschlag bei Unternehmung eines andern Verbrechens sein, so wie denn auch der GH. in seinem Urtheil nur allein aus § 175 des StGB.s erkannt hat. Das stärkere hinzutretende Moment der Ueberlegung absorbirt nämlich jedes andere nur die Qualifikation des Todtschlages allein im Sinne des § 178 bezweckende Moment, und macht das Verbrechen ausschließlich zu dem einen des Mordes. Daß aber die Ueberlegung auch dann, wenn sie etwa nur bedingt gefaßt wird, nämlich dahin, diejenige unbestimmte Person tödten zu wollen, welche der Verübung des anderweit beabsichtigten Verbrechens oder Vergehens entgegentreten würde, der vollen rechtlichen Wirkung nicht entbehrt, unterliegt keinem Bedenken: Urtel v. 25. Jan. 1854 c. Kabus (G. A. 2. S. 358).

4) Die Frage über die positive oder negative Fassung der Frage über die Theilnahme als eine wesentliche oder unwesentliche ist in dem Rechtsfalle v. 23. Nov. 1859 c. Ewert (G. A. 8. S. 83) ausführlich erörtert. Es ist dort ausgeführt, daß der Grundsatz des § 35 des StGB.s auch nach dem durch das Ges. v. 30. Mai 1859 hinzugefügten Zusatze unverändert stehen geblieben sei, daß sonach dasjenige, was dieser letztere Satz enthält, nur als ein strafminderndes Merkmal zu der Regel des ersten Satzes hin-

zutrete. Es ist also angenommen, daß das Gesetz auch jetzt noch davon ausgehe, daß jede Theilnahme der Regel nach als eine wesentliche mit der vollen strafrechtlichen Wirkung zu behandeln und das strafmindernde Moment einer in concreto unwesentlichen Theilnahme besonders darzuthun sei. Hiernach ist die Fassung für solche Zusatzfragen bestimmt; sie werden ebenso gestellt, wie andere in Beziehung auf Strafausschließungsgründe, nämlich in der negativen Fassung nach dem Wortlaut des Gesetzes. Die in der Frage gebrauchte Formel „ist festgestellt, daß" ist zwar nicht zu billigen, indeß ohne Einfluß auf die Sache, da die Geschwornen darüber nicht in Zweifel sein konnten, daß sie selbst die Feststellung treffen sollten. Daß endlich der Gerichtshof aus der Verneinung der Frage den positiven Schluß einer wesentlichen Theilnahme ziehen mußte und konnte, liegt in dem oben angegebenen Prinzip des Gesetzes.

Antr. des GStA.s: Zurückweisung der NB. [15. -- 4.]

---

1. Post-Expeditionsgehülfe. — Beamter.
2. Brief. — Unterdrückung. — Dolus.

1. Ein mit höherer Genehmigung angenommener Post-Expeditionsgehülfe ist ein Beamter im Sinne des StGB.s.

StGB. § 331 [vgl. dort n. 13; RdOTr. 4. S. 154].

2. Die Strafbarkeit der Unterdrückung eines Briefs durch einen Postbeamten ist nicht durch das Vorhandensein einer gewinnsüchtigen oder auf Beschädigung eines Andern gerichteten Absicht und ebensowenig dadurch bedingt, daß die Wiedererlangung des Briefs unmöglich gemacht sei.

StGB. § 328 [vgl. dort n. 1. 5].

Erk. (Z. I.) v. 15. Febr. 1865 c. v. Friedrichs (506. I. Cr.).

Mit Recht haben die vorigen Richter den Angeklagten, weil er mit Genehmigung der vorgesetzten Dienstbehörde in einer Post-Expedition, wenn auch nur als Privatgehülfe des

Expediteurs beschäftigt gewesen ist, im Einklang mit mehreren früheren Entscheidungen des OTr.s, welche in Oppenhoff's Kommentar z. StGB. ad § 331 n. 13 allegirt sind, für einen Postbeamten erachtet und ebensowenig kann darin ein Rechtsirrthum gefunden werden, daß die Richter der früheren Instanzen nach dem festgestellten Sachverhalt ein Unterdrücken von der Post anvertrauten Briefen und Paketen angenommen haben, da der im § 328 des StGB.s vorausgesetzte Dolus keineswegs eine gewinnsüchtige Absicht, oder die bestimmte Absicht, einem Andern Schaden zuzufügen, bedingt und der Thatbestand des § 328 nicht erfordert, daß das Unterdrücken der Briefe oder Pakete in einer Weise geschieht, daß ihre Wiedererlangung unmöglich ist.

Antr. des GStA.s: gleichl. [18.—4.]

Mahl-Steuer. — Halbmeile. — Bäcker. — Niederlage.

Ein Bäcker, welcher innerhalb der Halbmeile unversteuertes Mehl niederlegt, verwirkt die Steuerstrafe.

Ges. v. 2. Apr. 1852 §§ 1 b. 2. — Sic: B. I. 16. Apr. 1858 c. Zibell, 349.

Erk. (B. I.) v. 15. Febr. 1865 c. Kruse (1206. I. Cr. v. 1864).

Der Bäcker Kr. hatte „durch Vermittlung des Fuhrmanns K. in dessen innerhalb des halbmeiligen Steuerbezirks der Stadt St. belegenen Wohnung eine Quantität Mehl unversteuert niedergelegt," war aber von der Anklage der Mahlsteuerdefraude (Ges. v. 2. Apr. 1852 § 1 b. 2) erhobenen Anklage vom AG. freigesprochen worden, weil das cit. Gesetz ihm als Bäcker nur das Niederlegen von Backwaaren innerhalb der Halbmeile verbiete, da er nur den Verkauf von Backwaaren, nicht den von Mehl gewerbsmäßig betreibe. Auf die NB. des OStA.s ist dieses Erkenntniß vernichtet und das erstinstanzgerichtliche verurtheilende Erkenntniß bestätigt worden. Gründe:

Ein Bäckermeister verkauft allerdings nicht Mehl, sondern Backwaaren gewerbsweise. Nach der Fassung und dem Zweck des Ges.s v. 2. Apr. 1852, die durch Haltung von Verkaufslokalien und Niederlagen mahl- und schlachtsteuerpflichtiger Gegenstände in dem halbmeiligen Umkreise der Stadt so begünstigten Einschwärzungen zu verhindern, kann aber bei Anwendung des § 1 b des gedachten Gesetzes darin kein Unterschied gemacht werden, ob der Angeklagte K. das niedergelegte Mehl unmittelbar oder die davon gebackenen Backwaaren gewerbsweise verkauft, ob er also speziell mit Mehl Handel treibt, oder das niedergelegte Mehl als Bäckermeister zu den gewerbsweise verkauften Backwaaren benutzen konnte, wie dann auch die aus Mehl durch Verbacken gewonnenen Gegenstände, Brod, Semmel u. dgl. ganz in derselben Weise wie das Mehl selbst versteuert werden.

Antr. des GStA.s: gleichl. [18. — 3.]

Staats-Anwalt. — Strafverfolgung. — Mißhandlung. — Verzicht des Verletzten.

Die Verfolgung einer einfachen Mißhandlung durch den Staats-Anwalt wird durch einen vorgängigen Verzicht des Verletzten nicht ausgeschlossen.

Einf.-Ges. z. StGB. Art. XVII. [vgl. dort n. 3]; StGB. § 187 [vgl. dort n. 15]; Ges. v. 11. März 1850 § 5; ALR. I, 16. §§ 399. 415. 416.

Erk. (Z. I.) v. 15. Febr. 1865 c. Mianowicz (14. I. Cr.).

M. war von der StA.-schaft wegen Mißhandlung der 2c. E. verfolgt und von dem AG. aus § 187 StGB. verurtheilt worden. Seine NB. rügte Verletzung des § 5 des Ges. v. 11. März 1850 und des Art. XVII. des Einf.-Ges.s v. 14. Apr. 1851, weil — wie aus dem vorletzten Satze des cit. § 5 a contrario folge, — die Strafverfolgung der StA.-schaft ausgeschlossen sei, wenn wie hier feststehe, der Mißhandelte vorher schon auf die Bestrafung verzichtet habe. Zurückweisung. Gründe:

Jene Folgerung [aus § 5 l. c.] auf den Gegensatz wird ausgeschlossen durch die unmittelbar vorangehende Bestimmung:

> „Die Staatsanwaltschaft ist in allen Fällen, in denen ihr dies im Interesse der öffentlichen Ordnung nothwendig erscheint, die Bestrafung des Beleidigers im Wege des Untersuchungsverfahrens so lange zu verlangen befugt, als ein Urtheil in dem etwa eingeleiteten Civilprozesse nicht ergangen ist."

Dieses Recht der Verfolgung im öffentlichen Interesse ist

nun kein dem Beleidigten zukommendes Recht, folglich kann er auch demselben gültig nicht entsagen (§ 399. I, 16. ALR.) und ebensowenig sich darüber mit dem Beleidiger vergleichen (§§ 415. 416 l. c.).

Antr. des GStA.s: gleichl. [17. — 4.]

Behörde. — Hospital-Vorstand.

Der von einer Stadtverordneten-Versammlung gewählte, mit der Verwaltung eines städtischen Hospitals betraute Vorstand ist eine öffentliche Behörde.

StGB. § 102 [vgl. dort n. 11; RdOTr. 4. S. 489].

Erk. (B. II.) v. 16. Febr. 1865 c. Hilsmann (422. II. Cr.).

H. hatte nach der instanzgerichtlichen Feststellung den von der Stadtverordneten-Versammlung zu N. gewählten, aus dem Bürgermeister, dem Pfarrer und drei Bürgern bestehenden, mit der Verwaltung des städtischen Krankenhauses beauftragten Hospitalsvorstand in Beziehung auf seinen Beruf beleidigt. Der erste Richter strafte aus § 102 StGB., der zweite Richter aber nur aus § 153, weil jener Vorstand nicht als öffentliche Behörde angesehen werden könne: „derselbe sei mit keiner öffentlichen Autorität bekleidet, auch hätten die einzelnen Mitglieder der aus den Stadtverordneten oder stimmfähigen Bürgern gewählten Deputationen (nach Z. II. 13. Juni 1857 c. Fink, Oppenh. StGB. § 102 n. 36) nicht die Qualität von Beamten, weshalb auch solchen Deputationen nicht der Charakter einer Behörde beiwohnen könne." Das OTr. hat dieses Erkenntniß vernichtet und die Sache an das AG. zurückverwiesen. Gründe:

Die Richtigkeit des letzten Argumentes des App.-Richters, wonach eine Behörde nothwendig die Beamtenqualität ihrer einzelnen Mitglieder voraussetze, kann dahin gestellt bleiben. Daß aber die nach § 59 der Städte-Ordn. f. Westphalen v. 19. März 1856 zur dauernden Verwaltung oder Beaufsichtigung einzelner Geschäftszweige gebildeten besondern Deputationen nach Außen hin den Magistrat, also die Ortsobrigkeit vertreten und somit in ihrer Gesammtheit eine öffentliche Behörde, in ihren Mitgliedern aber öffentliche Beamte darstellen, läßt sich mit Grund nicht bezweifeln, und ist auch grundsätzlich vom Kgl. OTr. mit Bezug auf mehrere altländische Städte-Ordnungen in neuern Entscheidungen ausgesprochen worden (U. v. 28. Juni 1861 c. Hülsberg, RdOTr. 1. S. 470; v. 4. Mai 1864 c. Spitze, G. A. 12. S. 549), während das Urtheil v. 30. Juni 1857, welches sich übrigens über die Behörden-Qualität solcher Deputationen nicht erklärt hat, sich nur auf die Rheinische Städte-Ordn. v. 15. Mai 1856 bezieht.

Nach § 56 Nr. 3 hat der Magistrat als Ortsobrigkeit und Gemeindebehörde, und wo die Einrichtung der städtischen Verfassung nach Tit. VIII. besteht, der Bürgermeister die städtischen Gemeindeanstalten zu verwalten, und diejenigen, wo besondere Verwaltungen eingesetzt sind, zu beaufsichtigen. Diese besondern Verwaltungen werden durch die nach § 59 cit. gebildeten Deputationen hergestellt, welche letztere die damit verbundenen Geschäfte an der Stelle des Magistrats, dem sie untergeordnet sind, besorgen. Sie sind also Organe des Magistrats, welchen sie in dem ihnen anvertrauten Geschäftszweige nach Außen hin vertreten, und somit auch in ihrer Gesammtheit eine öffentliche Behörde. Das dabei erforderliche Attribut der öffentlichen Autorität kann ihr nicht fehlen, wenn sie in ihrer Verwaltung als Vertreter der Obrigkeit zu handeln autorisirt sind. Daß aber auch die einzelnen Mitglieder solcher Deputationen als Beamte anzusehen seien, dafür spricht insbesondere noch der § 75 der Städte-Ordnung, welcher besagt:

> die zu bleibenden Deputationen gewählten stimmfähigen Bürger (§ 59) und andere von der Stadtverordneten-Versammlung auf eine bestimmte Zeit gewählten unbesoldeten Gemeindebeamten können durch einen übereinstimmenden Beschluß des Magistrats und der Stadtverordneten-Versammlung auch vor Ablauf der Wahlperiode von ihrem Amte entbunden werden.

Denn es wird hier die Stelle „eines solchen Mitgliedes der Deputation" ausdrücklich als ein „Amt" bezeichnet, und das Mitglied selbst mit den andern Gemeindebeamten zusammengestellt, also die Beamtenqualität desselben mindestens indirekt anerkannt.

Der Hospital-Vorstand zu N. bildet nach den von dem App.-Richter selbst angenommenen thatsächlichen Grundlagen unbedenklich eine Deputation zur dauernden Verwaltung und Beaufsichtigung eines einzelnen städtischen Geschäftszweiges im Sinne des § 59 der Westph. Städte-Ordnung, und somit zugleich eine besonders eingesetzte Verwaltung für eine kommunale Anstalt im Sinne des § 56 Nr. 3 l. c. Mit Unrecht ist daher auch demselben der Charakter einer öffentlichen Behörde vom App.-Richter abgesprochen worden.

Antr. des GStA.s: gleichl. [27. – 2.]

Berathung. — Berathungszimmer. — Sitzungssaal.

Es begründet keine Nichtigkeit, wenn der Schwurgerichtshof sich zur Berathung über das zu fällende Urtheil nicht in das Berathungszimmer zurückgezogen, sondern im Sitzungssaale leise besprochen hat.

Vdn. v. 3. Jan. 1849 §§ 122 [vgl. dort n. 2]. 123.

Erk. (Z. II.) v. 16. Febr. 1865 c. Klein (81. II. Cr.).

Die NB. des Angeklagten, welche Verletzung der §§ 122. 123 cit. rügte, hat das OTr. zurückgewiesen, indem es erwog:

daß die Vorschrift des § 122 cit. bloß reglementarischer Natur ist, und somit als eine wesentliche Vorschrift des Verfahrens nicht betrachtet werden kann;

daß überhaupt beide §§ [122. 123] wesentlich nur bezwecken, daß das Geheimniß der Berathung nicht gefährdet, und die Einwirkung dritter Personen auf dieselbe und die Beschlußnahme der Richter entfernt gehalten werde, diesem Zwecke aber nicht entgegen gehandelt wird, wenn die Berathung und Beschlußnahme zwar in dem Sitzungssaale, aber durch leise Besprechung der Richter unter sich erfolgt;

daß, wenn daher auch die Richter, wie das Sitzungs-Protokoll allerdings ergiebt, sich zur Fällung des gegen den Angeklagten ergangenen Urtheils in das Berathungszimmer nicht zurückgezogen haben, vielmehr die Berathung und Fällung des Urtheils — d. h. der Beschluß desselben — in dem Sitzungssaale stattgefunden hat, hieraus doch eine Nichtigkeit des Verfahrens um so weniger abgeleitet werden kann, als die NB. selbst nicht behauptet, daß die Berathung nicht in leiser Besprechung der Richter unter sich vorgegangen sei, wie dies ohnehin vermuthet werden mußte.

Antr. des OStA.s: gleichl. [27.—2.]

Hochverrath. — Vermögensbeschlagnahme. — Dauer.

Die Vermögensbeschlagnahme, welche gegen einen des Hochverraths Beschuldigten verhängt worden ist, verliert erst mit der Rechtskraft des von dieser Anklage freisprechenden Urtheils ihre Wirksamkeit.

StGB. § 73 [dort einzutr. als n. 4].

Beschl. (Pl.) v. 16. Febr. 1865 c. v. Niegolewski & Gen. (44. B. I. Cr.).

Gegen v. N. und Genossen war die Anklage wegen Hochverraths erhoben und demzufolge das Vermögen derselben mit Beschlag belegt worden. Der Staatsgerichtshof verurtheilte sie nur aus § 66. StGB.; das betr. Erkenntniß ward vom OStA. durch NB. angefochten. Ehe noch über diese entschieden war, beantragten die Angeklagten die Aufhebung der Beschlagnahme und ergriffen gegen die ablehnende Verfügung des StGHofs die Beschwerde an das OTr., zu deren Rechtfertigung sie sich auf die Analogie des § 157 der Vdn. v. 3. Jan. 1849 bezogen und auszuführen suchten, daß der Anklagebeschluß durch das (wenn auch noch nicht rechtskräftige) von der betr. Anklage freisprechende Erkenntniß beseitigt sei. Das OTr. hat diese Beschwerde zurückgewiesen,

weil gegen das freisprechende Erkenntniß von Seiten der Kgl. StA.-schaft NB. eingelegt ist, die in Strafsachen ein ordentliches Rechtsmittel ist und Suspensiveffekt hat, wie solches in der Rechtsprechung des OTr.s schon in vielen anderen Fällen ausgeführt worden ist. Insbesondere trifft die Analogie des § 157 der Vdn. v. 3. Jan. 1849, nach welchem in der Regel der freigesprochene Angeklagte, auch wenn das freisprechende Erkenntniß noch nicht rechtskräftig ist, aus der Untersuchungshaft entlassen werden soll, hier schon deshalb nicht zu, weil die Untersuchungshaft keine unbedingt nothwendige Maaßregel, sondern wesentlich in das Ermessen des Untersuchungsgerichts gestellt ist, wogegen der § 73 des StGB.s bei allen Untersuchungen, die wegen Hoch- oder Landesverrathes eingeleitet werden, die Beschlagnahme der Güter des Beschuldigten kategorisch vorschreibt, woraus von selbst folgt, daß diese Maaßregel, wie auch die Natur und der Zweck derselben mit sich bringt, auch einem freisprechenden Erkenntnisse gegenüber so lange fortdauern muß, als dasselbe noch durch ein Rechtsmittel mit Suspensiveffekt angegriffen wird.

Antr. des GStA.s: gleichl. [28. — 2.]

Zeugniß. — Zwangspflicht. — Gewerbtreibender.

Ein Gewerbtreibender (z. B. derjenige, welcher aus der Abfassung von Schriften für Andere ein Gewerbe macht) ist von der Verpflichtung, über solche Thatsachen, welche ihm aus Veranlassung seines Gewerbebetriebs anvertraut sind, ein Zeugniß abzulegen, nicht entbunden.

Vdn. v. 3. Jan. 1849 § 20 [vgl. dort n. 10].

Beschl. (I.) v. 16. Febr. 1865 c. Urhane (28. B. II. Cr.).

Kein Gesetz entbindet allgemein einen Gewerbtreibenden dann von der gesetzlich bestehenden Verpflichtung zur Ablegung eines Zeugnisses, wenn es sich von solchen Thatsachen handelt, welche ihm bei Gelegenheit oder aus Veranlassung der Ausübung seines Gewerbes anvertraut sind. Eine derartige Befreiung von jener Pflicht besteht ebensowenig in Betreff derjenigen Personen, welche aus der Abfassung schriftlicher Aufsätze für Andere ein Gewerbe machen, und welche die zum Beginne dieses Gewerbebetriebes nach § 49 der Gew.-Ordn. (in der Fassung des Ges.s v. 22. Juni 1861 GS. S. 422) erforderliche polizeiliche Erlaubniß erlangt haben, welche Erlaubniß denselben überdies nicht die Befugniß giebt, gewerbsweise in gerichtlichen Angelegenheiten

Andern als Konsulenten und als Konzipienten von Schriften zu dienen, die zur Einreichung an Gerichte bestimmt sind und darauf Anspruch machen könnten, von den Gerichten zugelassen und angenommen zu werden (Erk. v. 22. Febr. 1855, JMBl. S. 111, G.A. 3. S. 637; Cirk. v. 16. Juni 1861 ad 7 im BMBl.). — Von einer Anwendbarkeit des § 155 des StGB.s, worauf Sie sich berufen haben, kann daher nicht die Rede sein. Ebensowenig steht aber der § 313 Nr. 3 der Crim.-Ordn. Ihrem Antrage zur Seite, da dieser sich nur auf Geheimnisse der Technik bezieht, welche durch die Kunst oder das Gewerbe des Betreffenden nutzbar gemacht werden können (Beschl. I. v. 5. März 1862, RdOTr. 2. S. 286).

Antr. des GStA.s: gleichl. [26.—3.]

Zoll-Kontravention. — Begleitschein. — Abnahme.

Der Adressat eines unter Waarenverschluß mit Begleitschein versendeten Transportstücks unterliegt der Strafe des § 17 des Z.-Str.-Ges.s, wenn er den Waarenverschluß (ohne Beabsichtigung einer Gefälle-Entziehung) abnimmt.

Zoll-Str.-Ges. v. 23. Jan. 1838 § 17; Zoll-Ordn. §§ 40. 55.

Erk. (B. II.) v. 16. Febr. 1865 c. Witte (435. II. Cr.).

Ein an W. versendetes vom Neben-Zoll-Amt zu N. unter Waarenverschluß gebrachtes und zur Abfertigung an das Zoll-Amt zu B. dirigirtes Faß Wein war durch ein Versehen der Steuerbehörde vor der steueramtlichen Abfertigung an W. abgeliefert und von diesem geöffnet worden. Aus § 17 des ZStGes.s angeklagt, bestritt er, daß das Faß zur Zeit, wo es an ihn gelangte, noch den Steuerverschluß getragen habe; der OStA. beantragte daher über diesen Punkt eine nähere Beweiserhebung; das AG. sprach aber, ohne auf diesen Antrag einzugehen, frei, weil § 17 nur für die Zeit des Transportes gelte, die angedrohte Strafe also den Empfänger nicht treffen könne, wenn die Waare durch ein Versehen an ihn abgeliefert werde. Auf die NB. des OStA.s ist dieses Erkenntniß vernichtet und die Sache an das AG. zurückverwiesen worden. Gründe:

Die Annahme des App.-Richters, daß der bezogene

§ 17 des Z.-Str.-Ges.s sich nur auf den Transportanten, nicht aber auf den Empfänger der Waare beziehe, ist gesetzlich nicht gerechtfertigt.

Der Wortlaut des § enthält die vom App.-Richter gemachte Beschränkung nicht, und würde auch so aufgefaßt, mit andern gesetzlichen Bestimmungen nicht zu vereinbaren sein. Der Uebergangsschein des Nebenzollamtes zu N. und die Versiegelung des Fasses entspricht den Vorschriften in Absicht auf den mit Begleitschein und Waarenverschluß an das bestimmte Abfertigungsamt zu dirigirenden Waare, von welchem der Adressat letztere erst zu bekommen hat. Nach § 40 der Zoll-Ordn. in Verbindung mit § 55 das., soll der Waarenverschluß der unter Begleitschein fortgehenden Waare das Mittel sein, sich zu versichern, daß die Waare bis zur Lösung des Verschlusses durch ein dazu befugtes Amt nach Menge, Gattung und Beschaffenheit unverändert erhalten bleibe. So lange also der Verschluß durch ein dazu befugtes Amt nicht gelöst ist, verbleibt die Waare diesem Verschlusse unterworfen, und der Empfänger der Waare ist ebensowenig befugt, als der Transportant derselben, solchen eigenmächtig zu entfernen. Im Falle des § 17, wo eine Beabsichtigung der Gefällenentziehung nicht unterstellt wird, soll eben eine gelinde bemessene Art von Ordnungsstrafe für die Verletzung des Waarenverschlusses eintreten, welche Verletzung bei einer entgegengesetzten Absicht nach § 24 des ZStr.-Ges.s gegen jeden Defraudanten geahndet werden müßte. Ja es müßte derzeit, und nach Einführung des gegenwärtigen StGB.s der § 104 desselben unbedingt auch auf den Empfänger einer noch unter steueramtlichem Siegel befindlichen Waare Anwendung finden, wenn die mildere Bestimmnng des § 17 für den darin vorgesehenen Fall nicht als lex specialis einzugreifen hätte.

Darauf kann nichts ankommen, ob dem Beschuldigten das in Rede stehende Faß Wein bloß in Folge von Versehen der Eisenbahn-Verwaltung ausgehändigt worden ist, und zwar um so weniger, als dieselbe die Verpflichtung zur

Entrichtung der Steuer für die mit Uebergangsschein in's Inland bestimmte Waare überhaupt nicht gehabt hat, andererseits aber von der Steuerbehörde — dem Hauptsteueramte in B., wohin der Uebergangsschein von N. zur Abfertigung dirigirt war, — die Aushändigung des Weines an den Angeklagten nicht erfolgt ist.

Das App.-Urtheil konnte daher der Vernichtung nicht entgehen.

Dagegen kann der Ansicht der NB., daß in diesem Falle, und bei der neuen Verhandlung, nicht die Anklage den Beweis zu führen haben werde, daß das fragliche Faß Wein bei Aushändigung an den Angeklagten noch mit dem Siegel des Nebenzollamtes zu N. versehen gewesen sei, vielmehr dem Angeklagten der Beweis des Gegentheils obliegen müsse, nicht für gesetzlich begründet erachtet werden. Denn es ist Fundament der Anklage, daß der Angeklagte sich der Verletzung des Siegels schuldig gemacht, und mit Recht hat schon der App.-Richter gesagt, daß aus dem Umstande, daß das Faß bei Absendung von N. mit dem amtlichen Siegel versehen gewesen sei, sich nicht folgern lasse, daß dasselbe bei Aushändigung an den Angeklagten in derselben Weise noch verschlossen gewesen sei.

Antr. des GStA.s: gleichl. [27. — 2.]

Hausir-Kontravention. — Musiker.

Ein Musikgehülfe, welcher außerhalb des Polizeibezirks seines Wohnortes in einer mehr als zweimeiligen Entfernung von letzterem für Geld Musik macht, bedarf dazu eines Gewerbescheins, ohne daß es dabei auf sein Kontraktsverhältniß zum Vorsteher der betr. Gesellschaft ankäme. Im Falle einer Zuwiderhandlung tritt die Strafe der Hausir-Kontravention ein; sie wird durch die Verantwortlichkeit des Vorstehers nicht abgewendet.

Hausi.-Reg. v. 28. Apr. 1824 §18; AKO. v. 14. Okt. 1833 (GS. S. 126);

AKO. v. 4. Dez. 1836 (GS. 1837. S. 13). — Dagegen soll das Gegentheil von unter der Leitung eines Lehrherrn musizirenden Musiklehrlingen gelten, weil sie für sich nicht gewerbsmäßig handeln; so: Z. I. 7. Okt. 1859 c. Königsberger, 977; Z. I. 18. Nov. 1859 c. Krause, 843.

Erk. (Z. I.) v. 17. Febr. 1865 c. Lobeck & Rowe (127. I. Cr.).

Die Angeklagten hatten mit mehreren andern Musikern unter der Leitung des Kapellmeisters M. in der über 2 Meilen von ihrem Wohnorte entfernten Stadt G. ein Konzert gegeben und dann zum Tanze gespielt ohne einen Gewerbeschein zu besitzen. Deshalb der Hausir-Kontravention angeklagt, wurden sie in 1. Instanz freigesprochen, weil sie ihr Gewerbe in G. nicht auf eigne Rechnung und selbstständig betrieben, sondern im Dienste des M. gestanden hätten; dagegen verurtheilte sie das AG., weil es gleichgültig sei, ob sie von M. speziell für dieses Spiel honorirt seien oder ob sie in festem Gehalte ständen. Ihre NB. ist zurückgewiesen worden. Gründe:

Nach der AKO. v. 14. Okt. 1833 ist ein jeder Musiker, der außerhalb des Polizeibezirks seines Wohnortes in einer Entfernung von über 2 Meilen von letzterem für Geld Musik macht, einen Gewerbeschein zu lösen verpflichtet, insofern nicht die in § 18 des Hausir-Regulativs im Schlußsatz gemachte Ausnahme Platz greift, von welcher hier nicht die Rede ist.

Auch Musikgehülfen gehören zu den Musikern, sie bedürfen daher, wenn sie in einer Entfernung von über 2 Meilen von ihrem Wohnort für Geld Musik machen wollen, eines ausdrücklich auf ihre Person lautenden Gewerbescheins für das laufende Kalenderjahr, d. h. einer Konzession zum Betriebe ihres Gewerbes im Umherziehen nach Maaßgabe des § 8 des Haus.-Regul.s, welchen sie beim Umherziehen nach Vorschrift des § 23 desselben stets in Urschrift bei sich führen müssen. Dabei ist es aber gleichgültig, ob der Musiker allein für sich und selbstständig, oder in Gemeinschaft mit anderen zu einer Gesellschaft unter einem Vorsteher vereinigten Musikern für Geld Musik macht, indem auch im letztgedachten Fall nicht bloß der Vorsteher, sondern auch jeder einzelne Musiker der Gesellschaft den Gewerbeschein lösen muß, wie sich dies unzweifelhaft aus § 2 des Regul.s

v. 4. Dez. 1836 ergiebt, welcher vorschreibt, daß in einem solchen Falle die Regierungen ermächtigt sind, eine Steuerermäßigung in der Art eintreten zu lassen, daß nur für den Vorsteher 12 Thlr., für jede andere Person der Gesellschaft aber nur 8, 6 oder 4 Thlr. jährlich entrichtet werden.

Der App.-Richter nimmt aber auch mit Recht an, daß in einem solchen Falle das Gesetz nicht unterscheidet, in welchem besondern Kontraktsverhältniß etwa der einzelne Musiker zum Vorsteher steht, ob namentlich der Musiker von dem Vorsteher ein bestimmtes Gehalt bezieht, oder einen Antheil an der Einnahme, oder eine sonstige bestimmte Bezahlung für jede einzelne Leistung erhält. Auch wenn der Musiker in festem Gehalt des Vorstehers steht, macht er für Geld, nämlich für sein Gehalt, Musik und betreibt somit das Gewerbe eines Musikers. Zwar wenden die Imploranten ein, daß sie als bloße Musikgehülfen nach § 18 des Haus.-Regul.s durch ihren Vorsteher den Mitangeklagten M. gedeckt würden, welcher für seine Gehülfen zu haften habe. Aber der § 18 l. c. bestimmt keinesweges, daß nur der Vorsteher einer Musikgesellschaft für Lösung des erforderlichen Gewerbescheins allein zu haften habe, dergestalt, daß durch ihn die übrigen Mitglieder der Gesellschaft gedeckt werden, sondern der § 18 l. c. schreibt nur vor, welche polizeilichen Rücksichten bei Ertheilung oder Versagung des Gewerbescheins an Musiker, Equilibristen, Kunstreiter u. s. w. maaßgebend sein sollen, daß nämlich einzelnen Musikanten u. s. w. der Gewerbeschein nur ausnahmsweise, aus besonderen von ihrer Persönlichkeit hergenommenen Gründen, und nach voraufgegangener strenger Prüfung ihrer Rechtlichkeit und Sittlichkeit ertheilt werden soll, daß aber bei Ertheilung des Gewerbescheins an Musikgesellschaften der Vorsteher für die übrigen, nämlich für ihre Rechtlichkeit und Sittlichkeit überhaupt in polizeilicher Beziehung, haften muß. In finanzieller Beziehung gilt dies nicht, und namentlich wird hierdurch die den Musikern in der spätern AKO. v. 14. Okt. 1833 ganz allgemein auferlegte Verpflichtung zur Lösung des Gewerbescheins gar nicht berührt, von welcher die gedachte Kab.-Ordre ausdrücklich nur allein eine Ausnahme in dem im letzten Absatz des § 18 des Hausf.-Regul.s vorgesehenen Falle gestattet, wenn es sich nämlich um solche Kunstleistungen und Ausstellungen umherziehender Personen handelt, bei denen ein rein wissenschaftliches oder höheres Kunstinteresse stattfindet. Es bleibt hiernach immer die Sache der einzelnen Mitglieder einer umherziehenden Musikgesellschaft, entweder selbst für Lösung des Gewerbescheins für ihre Person zu sorgen, oder sich doch zu überzeugen, daß solches durch ihren Vorsteher geschehen ist. Im vorliegenden Falle steht aber fest, daß weder das Eine noch das Andere stattgefunden hat. Der Angeklagte Kapellmeister M. hat weder für sich noch für seine Gehülfen einen Gewerbeschein gelöst und die Imploranten haben sich ebensowenig in dem Besitz eines solchen befunden. —

Wenn sich die Imploranten endlich auch darauf noch berufen, daß der zur Uebertretung der Steuergesetze erforderliche Dolus ihnen nicht nachgewiesen sei, so kommt es auf einen solchen strafrechtlichen Dolus bei Uebertretung der gesetzlichen Vorschriften über den Gewerbebetrieb im Umherziehen überhaupt nicht an, sondern es genügt, daß sich die Imploranten der objektiv eine solche Uebertretung bildenden Handlung: daß sie nämlich in einer größeren Entfernung als 2 Meilen von ihrem Wohnorte für das ihnen von dem Kapellmeister M. gezahlte Gehalt zum Tanz Musik gemacht haben, ohne sich im Besitz eines Gewerbescheins zum Betriebe ihres Gewerbes im Umherziehen zu befinden — bewußt gewesen sind, was von den Imploranten nicht bestritten ist.

Antr. des GStA.s: gleichl. [18.—3.]

Majestätsbeleidigung. — Dolus.

Zum Thatbestande der Majestätsbeleidigung gehört nicht die Absicht einer Ehrfurchtsverletzung.

StGB. § 75 [vgl. dort n. 3; S. 253 n. 24].

Erk. (B. I.) v. 17. Febr. 1865 c. Saling & Brockhoff (116. I. Cr.).

Der App.-Richter geht davon aus, daß die im § 75 StGB. mit Gefängniß von 2 Monaten bis zu 5 Jahren bedrohte Verletzung der Ehrfurcht gegen den König eine hierauf gerichtete Absicht und eine klar erkennbare Aeußerung dieser Absicht voraussetze, daß es im gegenwärtigen Falle in beiden Beziehungen aber an einem genügenden Beweise fehle, und sodann heißt es am Schlusse des zweiten Erkenntnisses: „daß, da der GH. in dem fraglichen Artikel die Absicht einer Ehrverletzung nicht gefunden habe, beide Angeklagten hätten freigesprochen werden müssen." Der App.-Richter nimmt also an, daß zur Anwendung des § 75 l. c. die *Absicht* der Angeklagten, die Ehre des Königs anzugreifen, erforderlich ist, und daß den Angeklagten der Nachweis dieser Absicht geführt werden muß. Dies ist jedoch unrichtig und bereits in mehrfachen Entscheidungen des OTr.s ausgesprochen und ausgeführt, daß bei dem Vergehen der Verletzung der Ehrfurcht gegen den König so wenig wie in der Regel bei einfacher Ehrverletzung die darauf gerichtete Absicht besonders nachgewiesen zu werden braucht, sondern daß es zur Anwendung des § 75 l. c. genügt, wenn der Angeklagte sich nur bewußt war, daß durch die Aeußerung die Ehrfurcht gegen des Königs Majestät verletzt würde: Erk. v. 8. Juni 1864 c. Pannars (RdOTr. 4. S. 559).

Antr. des GStA.s: gleichl. [18.—3.]

Protokoll. — Urtheilsgründe. — Abweichung.

Ist ein im Hauptverfahren gestellter Antrag in den Urtheilsgründen anders referirt, als im Sitzungsprotokolle, so ist das letztere allein als maaßgebend anzusehen.

Ges. v. 3. Mai 1852 Art. 78 [vgl. dort n. 59. 46; Art. 32 n. 13].

Erk. (B. I.) v. 22. Febr. 1865 c. Bardick (168. I. Cr.).

Der Angeklagte hatte vor dem AG. einen Beweisantrag gestellt, der in den Erkenntnißgründen für unerheblich erklärt wurde; die NB.

des B. rügte, daß bei dieser Prüfung in den Gründen der gestellte Antrag, dessen Wortlaut aus dem Sitzungsprotokolle hervorgehe, nicht richtig aufgefaßt sei. Das Erkenntniß ist vom OTr. vernichtet und die Sache an das AG. zurückverwiesen worden. Gründe:

Nach Art. 78 des Ges.s v. 3. Mai 1852, dessen Vorschriften, soweit dabei nicht speziell das schwurgerichtliche Verfahren berücksichtigt ist, auch für die vor der Gerichtsabtheilung zu verhandelnden Sachen maaßgebend sind, hat in Bezug auf die zur Entscheidung gestellten Anträge des Angeklagten und des Staatsanwalts das Sitzungsprotokoll volle Beweiskraft. Demnach ist nicht der in den Urtheilsgründen abweichend vom Protokolle, sondern allein der im letzteren vermerkte Beweisantrag als der wirklich gestellte zu erachten, und zwar im vorliegenden Falle um so unbedenklicher, als der protokollarische Antrag des Angeklagten keineswegs einen bloßen Schreibfehler vermuthen läßt. Hat aber hiernach der App.-Richter den Beweisantrag des Angeklagten unrichtig aufgefaßt und in dem Sinne, in welchem er gestellt worden, ungeprüft gelassen, so hat er das Vertheidigungsrecht des Angeklagten in unzulässiger Weise beschränkt; [vgl. Strafverf. § 126 n. 64]. [50. — 4.]

Haussuchung. — Ortspolizeibehörde. — Gerichtsmann.

Ein Gerichtsmann (Schöppe) kann als Vertreter des Schulzen die gesetzliche Mitwirkung zu einer Haussuchung leisten.

Ges. v. 12. Febr. 1850 § 11.

Erk. (Z. I.) v. 22. Febr. 1865 c. Kokott (172. I. Cr.).

K. wegen gewaltsamen Widerstandes gegen einen Förster im Dienste aus § 89 StGB. bestraft, rügte im Wege der NB., der Förster sei bei dem fraglichen Vorfalle nicht im Amte gewesen, weil derselbe eine Haussuchung vorgenommen und dazu nicht die eigentliche Kommunalbehörde, sondern nur einen Gerichtsmann K. zugezogen habe. Zurückweisung. Gründe:

Der App.-Richter geht in seiner Feststellung von der Voraussetzung aus, es habe der Förster L. das „Dorfgericht", also die zuständige Obrigkeit des Dorfes zugezogen. Da diese nun zunächst in der Person des Schulzen besteht (§ 46. I, 7. ALR.), der Schulze aber von den Schöppen (Gerichtsmännern) vertreten werden kann (§ 77, l. c.), so enthält es keinen Rechtsirrthum, wenn der App.-Richter annimmt, der Gerichtsmann K. sei im vorliegenden Fall die zuzuziehende Kommunalbehörde gewesen.

Antr. des GStA.s: gleichl. [28.—4.]

Maischsteuer. — Defraude. — Absicht.

Im Falle der Nr. 5 der AKO. v. 20. Jan. 1824 genügt zur Verhängung der Defraudationsstrafe nicht die bewußte und vorsätzliche Begehung der objektiv eine Steuer-Kontravention bildenden That.

AKO. v. 10. Jan. 1824 Nr. 5. — Die in dieser Nr. vorausgesetzte „Absicht einer Verkürzung der Steuer" muß dahin gerichtet sein: durch Benutzung eines undeklarirten Maischraumes die Zahlung der Steuer zu umgehen, die bei vorschriftsmäßiger Deklaration zu leisten gewesen wäre; gleichgültig ist es dagegen, ob die Absicht auf die Gewinnung einer größern Quantität Spiritus gerichtet war: B. I. 18. März 1859 c. Winkler, 249; B. I. 11. Febr. 1859 c. Skrzypkowiak, 188; vgl. RdOTr. 3. S. 35.

Erk. (Z. I.) v. 22. Febr. 1865 c. Leipe & Tscheuscher (153. I. Cr.).

Wenn der App.-Richter ausspricht, daß nicht schon die bewußte und vorsätzliche Begehung der — objektiv — eine Maischsteuer-Kontravention bildenden That ausreicht, um die Absicht der Steuerverkürzung zu begründen, so kann ihm hierin nur beigetreten werden, da ja zur Verwirkung der Defraudationsstrafe außerdem noch die Absicht der Steuerverkürzung dem Angeklagten nachgewiesen werden muß, und wenn der App.-Richter hinzufügt, daß diese Absicht im vorliegenden Falle auch deshalb nicht für nachgewiesen erachtet werden könne, weil einestheils nur ein einzelner Kontraventionsfall dargethan sei, anderntheils die nur mittelst sachverständigen Eindringens in den Sinn der bezüglichen Gesetzgebung zu gewinnende Einsicht, daß durch die festgestellte That der Angeklagten eine Verkürzung des Steuerfiskus herbeigeführt werde, den, dem einfachen Arbeiterstande angehörigen Angeklagten nicht zuzutrauen sei, so sind dies thatsächliche Erwägungen, welche in der gegenwärtigen Instanz keiner Prüfung unterliegen.

Antr. des GStA.s: gleichl. [18. — 4.]

Jagd. — Gemeinschaftlichkeit.

Es kann als eine gemeinschaftliche Ausübung der Jagd auf fremdem Revier betrachtet werden, wenn ein Jäger das Wild auf fremdes Revier verfolgt und auf das eigene Revier zurücktreibt, damit es dem hier aufgestellten zweiten Jäger zum Schusse komme.

StGB. § 274 [dort einzutr. als n. 12a].

Erk. (Z. I.) v. 22. Febr. 1865 c. Nest (163. I. Cr.).

A. N. und W. N. jagten in ihrem Jagdreviere; ein von dem ersteren angeschossener Rehbock trat in das benachbarte Königl. Revier über; A. N. verfolgte ihn dahin und suchte ihn auf das eigne Revier zurückzutreiben und ihn so dem hier aufgestellten W. N. zum Schusse zu bringen. Beide wurden aus § 274 StGB. bestraft; A. N. beruhigte sich dabei; W. N. aber ergriff die NB., „weil er das fremde Revier gar nicht betreten, hier also auch nicht die Jagd ausgeübt habe.“ Zurückweisung. Gründe:

Es kann ein Rechtsirrthum der vorigen Richter darin nicht gefunden werden, wenn sie das Zutreiben des angeschossenen Rehbocks aus der Königlichen Forst nach der Grenze zu Seitens des A. N. und das schußfertige, auf seinen Wink erfolgte Sich-Aufstellen des W. N. an der Grenze, um den von seinem Bruder über die Reviergrenze zurückgetriebenen Rehbock sofort beim Uebertreten aus dem Walde zu empfangen, — mit einander in Verbindung gebracht, als ein Ganzes aufgefaßt und hieraus gefolgert haben, daß von beiden Angeklagten die Jagd gemeinschaftlich auf fremdem Jagdreviere ausgeübt ist.

Antr. des GStA.s: gleichl. [18. — 4.]

Beweisantrag. — Zeugen. — Auswahl.

Hat das Gericht über eine für erheblich erachtete Thatsache nur einen Theil der laudirten Zeugen vorladen lassen und die Gestellung der übrigen dem Angeklagten überlassen, so kann, wenn die Aussagen der geladenen Zeugen für die Erbringung des Beweises nicht für ausreichend erachtet werden, der Antrag: auch noch die übrigen zu laden, nicht lediglich aus dem Grunde abgelehnt werden, weil der Angeklagte die ihm überlassene Gestellung derselben nicht bewirkt habe.

Ges. v. 3. Mai 1852 Art. 26 [vgl. dort n. 4; RbOTr. 4. S. 162]. Sic: B. I. 8. März 1865 c. Powardczinski, 162.

Erk. (B. I.) v. 22. Febr. 1865 c. Wycisk & Strzedulla (91. I. Cr.).

Der Art. 26 des Ges.s v. 3. Mai 1852 hat, indem er dem Richter die Auswahl unter den mehreren vorgeschlagenen Zeugen gestattet und die persönliche Gestellung der übrigen dem Angeklagten überläßt, augenscheinlich den Zweck, eine unnöthige Häufung der Beweismittel im Zeugenbeweise, und die dadurch entstehende Kostenverwendung, zu vermeiden. Daraus folgt, daß, sobald die ausgewählten und vernommenen Zeugen die behaupteten Thatsachen nicht oder doch nicht soweit bekunden, daß dadurch der Beweis für geführt erachtet werden kann, die fernere Beweisaufnahme durch Vernehmung auch der übrigen Zeugen nicht, wie hier geschehen, lediglich aus dem Grunde abgelehnt werden kann, weil der Angeklagte der Weisung, diese Zeugen selbst zu gestellen, nicht nachgekommen sei, vielmehr tritt die durch den Beweisantritt angerufene Pflicht des Richters wiederum in Kraft, sobald nicht etwa aus den Umständen ein Verzicht des Angeklagten auf die fernere Beweisaufnahme gefolgert werden kann. Hier aber haben die Angeklagten in der Audienz ausdrücklich die Ladung auch jener übrigen Zeugen beantragt, nachdem die vernommenen Zeugen ihre Behauptungen nicht bestätigt hatten. Nunmehr war es unbedenklich Pflicht des App.-Richters, entweder dem Antrage stattzugeben, oder aber sachliche Gründe anzugeben, aus denen er den ferneren Beweis nicht für erforderlich erachtete.

Antr. des GStA.s: gleichl. [15. — 4.]

Hochverrath. — Beschlagnahme. — Kompetenz.

Ist in einer Untersuchung wegen Hochverraths das Vermögen des Beschuldigten mit Beschlag belegt worden, so hat nach stattgehabter Einstellung des Verfahrens über die Wiederaufhebung jener Maaßregel nur der Staatsgerichtshof zu befinden.

Ges. v. 25. Apr. 1853 §§ 5. 6. — StGB. § 73 [dort einzutr. als n. 5].

Beschl. (Pl.) v. 23. Febr. 1865 c. v. Meyer (48. B. I. Cr.).

Gegen v. M. war Anklage wegen Hochverraths erhoben und die Voruntersuchung vom Kammergericht an sich gezogen worden. In Folge einer Requisition des von dem letzteren beauftragten Untersuchungs-Kommissarius hatte sodann das KG. zu T. die Güter des v. M. in Sequestration genommen, und einen Sequestor v. B. sowie einen Kurator (RA. B.) bestellt. v. M. ward demnächst durch Beschluß des Staatsgerichtshof außer Verfolgung gesetzt, und hiervon das KG. zu T. durch den Kommissar des GH.s mit dem Ersuchen benachrichtigt, die Vermögensbeschlagnahme wieder aufzuheben. Dieser Aufforderung hat das gedachte KG. gleichwohl nicht entsprochen, es hat vielmehr die Aufhebung der Beschlagnahme von der Berichtigung einer Geldsumme, welche v. M. dem Sequester für Vorschüsse, dem Kurator für Gebühren, und endlich an Kosten der Gerichtskasse verschulde, abhängig gemacht, weil für diese Beträge nach § 165. I, 14. ALR. ein Retentionsrecht begründet sei. Den betr. Beschluß focht v. M. mittelst Beschwerde beim AG. zu B. an, ward aber hier zurückgewiesen, weil das AG. „sich für nicht befugt erachtete, die Kosten, welche durch die auf Requisition des Staatsgerichtshofs geschehene Beschlagnahme entstanden seien, ohne speciellen Antrag des letzteren niederzuschlagen." Auf die fernere Beschwerde des v. M. hat das OTr. die Abgabe der betr. Eingabe an den Anklage-Senat des Staatsgerichtshofs verfügt, damit dieser über die Beschwerde des v. M. befinde; zugleich ist der appellationsgerichtliche Beschluß, soweit dieser der gedachten Verfügung entgegen stehen könnte, aufgehoben worden. Gründe:

Hätte die von dem v. M. bei dem OTr. angebrachte Beschwerde eine nicht, oder nicht mehr prozessualische Angelegenheit zum Gegenstande, so würde — wie in sonstigen nicht prozessualischen Rechtsangelegenheiten, z. B. in Vormundschafts- und Hypothekensachen — nach den zur Regelung des Beschwerdeweges in Bezug auf gerichtliche Verfügungen ergangenen Bestimmungen (— Vdn. v. 21. Juli 1846 §§ 34. 35. 37; Vdn. v. 2. Jan. 1849 § 35; vgl. Geschäfts-Regul. v. 17. Sept. 1850 § 17 ad 5 und 6, JMBl. S. 328; Ges. v. 26. Apr. 1851 Art. XIII.; Ges. v. 3. Mai 1852 Artt. 11. 12. 13. 17 —) die weitere Beschwerde über diese Verfügung des AG.s zu B. überhaupt nicht, und insbesondere nicht an das OTr., welches, wenngleich es, namentlich auch für Beschwerden in prozessualischen Angelegenheiten, die dem Instanzenzuge der in diesen Angelegenheiten zulässigen Rechtsmittel folgen, die letzte richterliche Instanz bildet, doch keine Aufsichtsbehörde ist, zulässig sein. Wie jedoch in Civilsachen zu den prozessualischen Angelegenheiten auch noch die Verhandlungen in der Exekutionsinstanz gehören (Ges. v. 26. Apr. 1851 Art. XIII.), so sind bei der Strafprozedur, — für welche, in den das Ges. v. 26. Apr. 1851 Art. XIII. betreffenden Verhandlungen, der zu erwartenden Strafprozeß-Ordnung die Beschwerdeinstanz zu regeln vorbehalten worden war, — (Stenogr. Bericht 1850/51 II. Kammer S. 601. 602. 604. 673. 674; id. I. K. S. 1135. 1116 —) und diese Regelung in den Artt. 11 bis 17 des Ges.s v. 3. Mai 1852 geschehen ist, — auch Verfügungen und Beschlüsse, welche auf die Strafvollstreckung Bezug haben, noch prozessualische Angelegenheiten, und es sind darüber, dem Instanzenzuge folgende Beschwerden, und daher, unter den allgemein für Beschwerden an das OTr. in Strafsachen bestimmten Maaßgaben, auch Beschwerden an das OTr. zulässig; (vgl. Oppenhoff Strafverf. Art. 11 n. 9; Art. 12 n. 18; Art. 1 n. 4; erster Komm.-Ber. II. K. z. Ges. v. 3. Mai 1852 Art. 1 und 12 S. 10. 36). — Eine das Untersuchungsverfahren betreffende Maaßregel (provisorische

Verfügung) war die Vermögensbeschlagnahme, um welche der Kommissar des Staatsgerichtshofes das KG. zu T. requirirt hatte und die in Folge solcher Requisition von dem letzteren eingeleitete Sequestration. Solche auf die Beschränkung der Dispositionsfähigkeit des Angeschuldigten während der Untersuchung bezügliche Maaßregel soll, — wie die Motive und der Komm.-Ber. der II. K. zu § 63 des Entwurfs von 1850 (§ 73 des StGB.s) ergeben, — als Sicherungsmittel dienen und dem des Hoch- oder Landesverraths Angeschuldigten die Mittel, sei es zu ferneren dergleichen Unternehmungen, sei es zu seiner Befreiung, oder zur Erschwerung der Untersuchung, nehmen. Auch event. demnächst, nachdem der Angeschuldigte freigesprochen oder außer Verfolgung gesetzt worden ist, die Wiederaufhebung dieser provisorischen Verfügung anzuordnen, ist noch eine die Strafprozedur betreffende, eine prozessualische Angelegenheit und gehört zur Kompetenz des Untersuchungsrichters.

Zulässig erscheint deshalb die Beschwerde des v. M. Sie muß aber auch insofern und in der Beziehung für begründet erachtet werden, daß das AG. zu B. sich nicht auf eine materielle definitive Bescheidung des Beschwerdeführers hätte einlassen sollen. Selbstständig über jene — unbedingt oder nur unter Modalitäten zu bewirkende — Wiederaufhebung hatte nämlich das KG. zu T., welches bei der Vermögensbeschlagnahme und Einleitung der Sequestration, sowie in Bezug auf die Wiederaufhebung derselben, nur requirirte Gerichtsbehörde war, nicht zu befinden. Bezüglich auf dessen Weigerung, sofort unbedingt die Wiederaufhebung der Vermögensbeschlagnahme und die Rückgewähr des sequestrirten Guts zu bewirken, hätte deshalb der v. M. sich an das Kammergericht, als den Staatsgerichtshof, dessen Kommissar das KG. zu T. requirirt hatte, an dessen Anklagesenat die Sache bereits gediehen und der auch zur Erledigung der in der Voruntersuchung etwa entstehenden Schwierigkeiten berufen gewesen war (— vgl. Motive und Komm.-Ber. in G. A. 1. S. 105. 426 —) mit Rücksicht auf §§ 1 und 5 des Ges.s v. 25. Apr. 1853 wenden sollen — (vgl. Beschl. v. 10. Dez. 1862, RdOTr. 3. S. 168) — worauf auch das AG. zu B. in seinem Bescheide v. rc. wenigstens insofern hingedeutet hat, als es erklärt hat, es erachte sich nicht für befugt, die Kosten, welche durch die qu. Beschlagnahme entstanden seien, ohne speziellen Antrag des Staatsgerichtshofes niederzuschlagen.

[26.—4.]

Urkunde. — Schiedsmannsprotokoll. — Richtigkeit.

Ein die Anerkennung eines Schuldverhältnisses bekundendes Schiedsmannsprotokoll, welches deshalb unverbindlich ist, weil die Deklaranten schreibensunkundig und für dieselben keine Beistände zugezogen waren, ist keine Urkunde.

StGB. § 247 [vgl. dort n. 90].

Erk. (Z. I.) v. 24. Febr. 1865 c. Davidsohn (136. I. Cr.).

Es ist denkbar, daß bei einer öffentlichen Urkunde Mängel der äußern Form obwalten, welche derselben nicht überall den öffentlichen Glauben nehmen, daß dieselbe vielmehr auch trotz dieser Mängel irgend eine Wirksamkeit für den Beweis von Rechten und Rechtsverhältnissen gewähren kann, insbesondere dann, wenn dieselbe außer den Erklärungen von Parteien zugleich Beurkundungen selbstständigen Inhalts außerhalb dieser Erklärungen enthält. Im vorliegenden Falle enthält aber das Schiedsmannsprotokoll nur allein solche Erklärungen der vor dem Schiedsmann erschienenen Parteien, nämlich ein Anerkenntniß von Schulden der Wittwe G. ihrer Gläubigerin, der Wittwe D., gegenüber. Man kann darüber hinweggehen, daß nach den für die Schiedsmänner für die Provinz Preußen ergangenen Instruktionen ausdrücklich die reinen Schuldbekenntnisse, also einfache Anerkenntnisse außer dem Bereich eigentlicher Vergleiche über streitige Forderungen von der Amtsbefugniß der Schiedsmänner ausgeschlossen sind. Denn hierin würde nur eine Ueberschreitung der Kompetenz des Schiedsmanns

liegen, und es würde also ein vor demselben aufgenommenes Anerkenntniß, sobald es formgerecht aufgenommen ist, zwar nicht die exekutivische Kraft haben, wohl aber einen Beweis für die Thatsache selbst gewähren können. — Hier aber ermangelt es an dem Beweise, daß die Erklärung überhaupt nur abgegeben ist. Denn die Vdn. v. 7. Sept. 1827 fordert im § 18 die Zuziehung von Beiständen für schreibensunkundige Personen und der § 13 der Instr. v. 1. Mai 1841 erklärt, daß die Nichtzuziehung solcher Beistände und die unterlassene Bescheinigung der Handzeichen durch solche Beistände die Verhandlung für die betreffende Partei unverbindlich macht. Im vorliegenden Falle sind aber beide vor dem Schiedsmann erschienenen Personen und Parteien schreibensunkundig gewesen, und es sind Beistände für sie nicht zugezogen worden. Der gerügte Mangel ist aber ein solcher, welcher die Glaubwürdigkeit des ganzen Akts, da er eben nur in der Erklärung der Parteien besteht, aufhebt.
[15. — 3.]

Mühle. — Mahlgang.

Als „Mahlgang" ist auch bei Windmühlen ein Läufer mit dem dazu gehörigen Bodenstein anzusehen.

Gew.-St.-Ges. v. 30. Mai 1820 Beil. B litt. I.

Erk. (B. I.) v. 24. Febr. 1865 c. Kohlsdorff (103. I. Cr.).

Das Ortsregulativ für B. untersagt es, einen Mahlposten auf verschiedenen „Mahlgängen" auszumahlen; gegen diese Vorschrift sollte K. dadurch gefehlt haben, daß er auf seiner Windmühle von einem Mahlposten das Mehl auf einem, die Kleie aber auf einem andern Steinpaare ausgemahlen hatte. Die Instanzrichter sprachen frei, weil hier für den Begriff des Mahlganges nicht die Definition des Gew.-St.-Ges s Beil. B. litt. I. maaßgebend sei, als solcher vielmehr nur eine selbstständige Mühlenvorrichtung gelten könne, welche zur vollständigen Vermahlung zu Mehl und Kleie geeignet und bestimmt sei; im vorliegenden Falle sei das zum Ausmahlen des Mehls benutzte Steinpaar nicht geeignet gewesen, auch die Kleie auszumahlen, vielmehr habe dazu das andere Steinpaar benutzt werden müssen; beide Steinpaare zusammen bildeten daher nur einen Mahlgang. Auf die NB. des Prov.-St.-Direktors ist das Erk. des AG.s vernichtet und K. zu einer Geldbuße von 1 Thlr. verurtheilt worden. Gründe:

Das Orts-Regulativ selbst giebt darüber zwar keine Auskunft, was es unter einem Mahlgang versteht. In der Beil. B. litt. I. zum Gew.-St.-Ges. v. 30. Mai 1820 heißt es aber:

„Die Gewerbesteuer von Wassermühlen wird nach Mehlmahlgängen geschätzt. Ein Läufer mit dem dazu gehörigen Bodenstein bildet einen Mahlgang."

Allerdings bezieht sich diese Definition eines Mahlganges zunächst auf Wassermühlen, was sich daraus erklärt, daß nur die Steuer von Wassermühlen nach Mahlgängen, die Steuer von Windmühlen aber bloß nach ihrer Bauart festgesetzt wird, das Gesetz also nur in Betreff der Steuer von Wassermühlen eine Veranlassung hatte, sich darüber auszusprechen, was es einen Mahlgang nennt. Es steht aber schon an und für sich nichts entgegen, diese gesetzliche Definition eines Mahlganges auch auf Windmühlen zu beziehen, da sie auf letztere eben so gut wie auf Wassermühlen paßt. Jedenfalls muß aber, wenn das Orts-Regulativ für B. im § 46 von Mahlgängen spricht, in Ermangelung einer anderweitigen speziellen Bestimmung hierüber im Orts-Regulativ selbst, angenommen werden, daß es dabei die im Gewerbesteuergesetz unter den das Müllergewerbe betreffenden besonderen Vorschriften enthaltene gesetzliche Definition eines Mahlganges im Auge hat. Es beruht daher auf einem Rechtsirrthum, wenn der App.-Richter die Frage, was das Orts-Regulativ unter einem Mahlgang versteht, für eine technische erachtet und daher Sachverständige darüber vernommen hat, ob das Verfahren des Angeklagten für ein Hinüberbringen von Mahlposten während der Vermahlung auf andere Mahlgänge zu erachten ist? Denn es ist dies keine technische, sondern aus dem oben angeführten Grunde eine lediglich vom Richter selbstständig zu entscheidende Rechtsfrage. Ebenso unerheblich ist es, daß im vorliegenden Fall — worauf der App.-Richter Gewicht legt — die Steinpaare Nr. 3 und 5 nach Angabe der vernommenen Sachverständigen zum Ausmahlen eines brauchbaren Feinmehls sich nicht qualifiziren. Es ist vielmehr Sache des Müllers, sich im Besitz solcher Mahlgänge zu halten, wie das Gesetz sie vorschreibt, nach welchem sie nur aus einem Läufer und einem dazu gehörigen Bodenstein bestehen dürfen und so beschaffen sein müssen, daß die Mahlpost der Vorschrift des § 46 des Orts-Regulativs gemäß auf demselben Mahlgange, auf welchem ihre Vermahlung begonnen hat, auch vollständig vermahlen werden kann.

Antr. des GStA.s: gleichl. [18.—3.]

Diebstahl. — Absicht. — Rechtswidrigkeit.

1. Zum Thatbestande des Diebstahls genügt es nicht, wenn die Rechtswidrigkeit der Zueignung sich nur auf die Form der letzteren bezieht; sie muß vielmehr in Beziehung auf die Sache selbst vorhanden sein.

StGB. § 215 [vgl. dort n. 51].

2. Hielt der eine fremde Sache Wegnehmende sich zur fraglichen Handlung für berechtigt, so bleibt § 215 StGB. ausgeschlossen, sollte jene Meinung auch auf einem aus Rechtsunkenntniß hervorgegangenen Irrthume beruhen.

Ebendas. [vgl. ibid.].

Erk. (B. I.) v. 1. März 1865 c. Dzialosse (1234. I. Cr. v. 1864).

Dz. hatte von Sch. ½ Klafter Holz, welches noch im Kgl. Forste lagerte, gekauft; Sch. hatte dabei ausdrücklich erklärt: die Uebergabe werde erst nach Zahlung des Preises erfolgen, und es war ein Tag verabredet worden, an welchem Zahlung und Uebergabe stattfinden sollten; an diesem Tage erschien Dz. nicht, dagegen holte er einige Tage später das Holz hinter dem Rücken des Sch. ab, ohne den Preis gezahlt zu haben. Er ward deshalb von den Instanzgerichten aus § 217 bestraft; das AG. führte dabei aus: trotz des perfekten Kaufvertrages sei das Holz wegen der nicht erfolgten Uebergabe im Eigenthume und Besitze des Sch., für Dz. also eine fremde Sache geblieben, die Wegnahme durch ihn sonach eine rechtswidrige gewesen; auch habe er mit dem im § 215 vorausgesetzten Dolus gehandelt, denn er habe wissen müssen, daß das Holz noch nicht sein Eigenthum sei; nicht minder sei er sich — wie aus seinem ganzen Verhalten hervorgehe — dieser Rechtswidrigkeit wohl bewußt gewesen, da alles dafür spreche, daß er entweder den Kauf nur zum Schein und zur Verdeckung des bereits beabsichtigten Diebstahls abgeschlossen, oder aber nach dem Vertragsabschlusse den Entschluß gefaßt habe, sich mit bewußter Umgehung der von Sch. gestellten Bedingung wider dessen Willen in den Besitz des Holzes zu setzen. — Auf die im Interesse des Angekl. ergriffene NB. des OStA.s hat das OTr. dieses Erkenntniß vernichtet und die Sache an das AG. zurückverwiesen. Gründe:

Die Frage, ob im Sinne des § 215 StGB. eine Sache, an welcher dem Thäter ein Eigenthumstitel, also ein klagbares Recht zur Sache bereits zusteht, an welcher somit der Besitzer nur noch die aus dem Besitze folgenden Rechte bis zu deren Tradition und bis zur Erfüllung des Vertrages hat, als eine fremde zu betrachten sei, mag hier nach den Umständen des Falles dahingestellt bleiben, jedenfalls ist doch der Beschwerde darin Recht zu geben, daß eben unter diesen Umständen die Prüfung des Dolus des Angeklagten eine die Sache erschöpfende nicht gewesen sei. Die Rechtswidrigkeit der Zueignung, welche der § 215 fordert, darf sich nämlich nicht allein auf die Form der Zueignung allein, sie muß sich vielmehr auch auf die Sache selbst beziehen. Der Thäter muß also wissen, daß ihm keinerlei Recht auf die Sache, jedenfalls ein solches Recht auf dieselbe nicht zustehe, welches ihn zu der vorliegenden Handlung berechtige. Ob er dies wirklich gewußt, oder ob er vielmehr in dem Glauben eines solchen Rechtes sich befunden habe, muß daher dann, wenn die Frage — wie im vorliegenden Falle — streitig gewesen ist, ausdrücklich festgestellt werden. An einer solchen Feststellung fehlt es aber hier.

Der Satz des App.-Richters, der Angeklagte hätte wissen müssen, daß das gekaufte Holz vor dessen Uebergabe und vor der Bezahlung des Kaufpreises noch nicht sein Eigenthum geworden sei, erschöpft die Frage nicht. Die rechtliche Verpflichtung, dies wissen zu müssen, schließt thatsächlich den dennoch etwa vorhandenen Glauben des Rechts nicht aus. Dieser Glaube ist dann freilich ein irrthümlicher, aber es handelt sich dann darum, ob dieser Irrthum ein entschuldbarer ist. Der vom OStA. angezogene § 44 StGB. handelt allein von dem faktischen Irrthum, während hier die Beurtheilung eines Rechtsverhältnisses in Frage steht. Dennoch aber ist dies kein bei der Zurechnung nicht in Betracht kommender Rechtsirrthum, nämlich nicht ein die Unkenntniß der betreffenden gesetzlichen Vorschriften des Civilrechts enthaltender, sondern ein Irrthum in Thatsachen aus Rechtsunkenntniß, und ein solcher schließt nicht unter allen Umständen die Entschuldbarkeit aus, wie dies das OTr. bereits in mehreren Fällen ausgesprochen hat; vgl. G. A. 6. S. 109; 8. S. 166; 9. S. 706; v. Savigny System 8. S. 327. 389; Hälschn. S. 39; Heffter § 55. Abgesehen aber auch davon, daß der Satz: „der Angeklagte hätte wissen müssen, daß u. s. w." aus den oben angeführten Gründen nicht ausreicht, um anzunehmen, daß der Angeklagte sich in einem entschuldbaren Irrthum über seine Befugniß nicht befunden habe; so reicht dazu die weitere Ausführung des App.-Richters über die angeblich verdächtigen Umstände, unter denen der Angeklagte den Vertrag abgeschlossen und demnächst sich das Holz zugeeignet haben soll, noch viel weniger aus. Es ist der Widerspruch nicht gelöst, aus welchem Grunde der Angeklagte zuvor einen bloßen Scheinvertrag über den Kauf des Holzes abgeschlossen, also dabei gar nicht die Absicht einer redlichen Erwerbung des Holzes auf dem Wege eines rechtsgültigen Kaufvertrages gehabt haben sollte, wenn er von vorn herein schon die Absicht des Diebstahls an diesem Holze gehabt hätte. Hat er aber in der That einen rechtsgültigen Vertrag darüber geschlossen und dadurch ein Recht zur Sache erlangt, so sind eben die nachfolgenden Handlungen nur die Motive für den Richter, um daraus zu schließen, ob der Angeklagte den Glauben einer rechtlichen

Befugniß zur Besitznahme des Holzes, oder ob er in der That die Kenntniß seiner Nichtbefugniß dazu gehabt habe.

Antr. des GStA.s: gleichl. [15.—4.]

Zeuge. — Meineid. — Glaubwürdigkeit. — Beweis.

Wird die Glaubwürdigkeit eines Zeugen deshalb angefochten, weil er in einem andern Verfahren einen Meineid geleistet habe, so kann die Wahrheit dieser Behauptung durch jedes im Strafverfahren zulässige Beweismittel dargethan werden. Vdn. v. 3. Jan. 1849 § 22 [dort einzutr. als n. 10a].

Erk. (V. I.) v. 1. März 1865 c. Grabowski (Wyciechowski & Gen. 289. I. Cr.).

Der Angeklagte focht vor dem Schw.-GH. die Glaubwürdigkeit einer Belastungszeugin deshalb an, weil sie in zwei Civilprozessen wissentlich falsche Eide geleistet habe; über die Wahrheit dieser Behauptung provozirte er auf die Prozeßakten und auf Zeugenbeweis. Der GH. lehnte indessen diese Beweiserhebung ab, „weil der Meineid nur durch Erkenntniß festgestellt werden könne". Auf die NB. des Gr. erfolgte Vernichtung des Erkenntnisses und des Verfahrens. Gründe:

Dieser Ablehnungsgrund enthält eine Beschränkung der Vertheidigung deshalb, weil er auf einem Rechtsirrthume beruhet. Entweder hat der Schw.-GH. dabei die Vorschrift über die Restitution im § 151 der Vdn. v. 3. Jan. 1849, oder er hat den § 356 Nr. 6 der Crim.-Ordn. vor Augen gehabt. Von der ersteren kann hier aber selbstverständlich keine Rede sein. Der § 356 Nr. 6 betrifft aber die gänzliche Unfähigkeit zum Zeugnisse wegen Meineides überhaupt, und sie setzt allerdings eine Verurtheilung wegen dieses Verbrechens voraus. Davon ist aber die Frage verschieden, ob der zu vernehmende oder vernommene Zeuge wegen Verdachts des Meineides unglaubwürdig sei.

Antr. des GStA.s: gleichl. [15.—4.]

Hazardspiel. — Wirth. — Gestatten. — Konkurrenz.

Der Inhaber eines öffentlichen Versammlungsorts, welcher wiederholt durch verschiedene selbstständige Handlungen an jenem Orte Hazardspiele gestattet, hat durch jede dieser Handlungen die im § 267 StGB. angedrohte Geldbuße verwirkt; es ist daher auf alle kumulirt zu erkennen.

StGB. § 267 [dort einzutr. als n. 8 a].

Erk. (V. I.) v. 1. März 1865 c. Hauschulz (205. I. Cr.).

H. hatte nach der erstrichterlichen Feststellung als Wirth in drei Fällen durch verschiedene selbstständige Handlungen es gestattet, daß in seinem Schanklokale von mehreren Personen in gewinnsüchtiger Absicht Hazardspiele gespielt wurden; er war deshalb aus § 267 und 56 StGB. zu einer Geldbuße von 60 Thlrn. verurtheilt worden. Das AG. erachtete die thatsächliche Feststellung für unbedenklich, setzte aber die Strafe auf 30 Thlr. herab, weil aus dem Gebrauche des Worts „Hazardspiele" in der Mehrzahl im § 267 hervorgehe, daß bei einer wiederholten Gestattung nicht jede einzelne Handlung, sondern nur das ganze Verhalten des Wirths mit Strafe bedroht sei, so daß also eine Zusammenrechnung mehrfacher Geldbußen nach § 56 StGB. hier ausgeschlossen bleibe, und die Zahl der Einzelhandlungen nur bei der einmaligen Strafzumessung zu berücksichtigen sei. Auf die NB. des OStA.s ist dieses Erkenntniß vernichtet und die Sache an das AG. zurückverwiesen worden. Gründe:

Die Ansicht des zweiten Richters wird durch die Fassung des § 267 des StGB.s, namentlich den gebrauchten Pluralis „Hazardspiele" nicht gerechtfertigt. Der letztere erklärt sich vielmehr einfach daraus, daß auch von den „Inhabern öffentlicher Versammlungsörter" im Pluralis die Rede ist, und daß es vielerlei unter einander sehr verschiedene Hazardspiele giebt. Keineswegs ist in dem § 267 ausgedrückt, daß ein Wirth, möge er auch zu ganz verschiedenen Zeiten, unter verschiedenen Umständen, vielleicht selbst aus völlig verschiedenen Motiven, aus Gewinnsucht gespielte Hazardspiele in seinem öffentlichen Lokale gestattet haben, dadurch niemals eine Mehrheit von Vergehen im Sinne des § 56 l. c., sondern immer nur ein mit einer Strafe zu ahndendes Vergehen verüben könne und verübe. Um eine solche von den allgemeinen Grundsätzen abweichende Meinung des Gesetzgebers voraussetzen zu können, nach welcher das wiederholte Gestatten von Hazardspielen Seitens eines Inhabers öffentlicher Versammlungsörter in allen Fällen und mit gesetzlicher Nothwendigkeit zu einer Art fortgesetzten, gewissermaaßen gewohnheits- oder gewerbsmäßigen Vergehens gemacht wäre, würde es einer klaren und bestimmten Vorschrift bedurft haben, an welcher es fehlt. Die durch den App.-Richter getroffene Deutung des § 267 cit. ist daher unrichtig, und die Rüge der Gesetzesverletzung begründet.

Der Angeklagte glaubt zwar, daß die NB. schon um deshalb hinfällig sei, weil die Frage, ob mehrere selbstständige Handlungen ein Ganzes, eine fortgesetzte Handlung bilden, thatsächlicher Natur sei. — Aber der App.-Richter ist von den thatsächlichen Feststellungen des ersten Richters, welcher mehrere selbstständige Handlungen angenommen hat, nicht abgewichen, wäre hierzu auch, da er keinen Beweis erhoben, nicht befugt gewesen. Insbesondere sind die Merkmale eines fortgesetzten Verbrechens in keiner Weise von ihm festgestellt, es ist nirgend dargethan und angenommen, daß ungeachtet die Handlungen des Angeklagten der Zeit nach getrennt sind, eine Einheit des Entschlusses und der That, objektiv eine Kontinuität der verschiedenen Handlungen, subjektiv derselbe strafbare Vorsatz des Angeklagten vorhanden sei. Lediglich eine irrthümliche Auslegung des § 267 l. c., welcher das ganze Verhalten eines Wirthes bei Begünstigung von Hazardspielen nothwendig zu einer Strafthat konstituirt haben soll, hat den zweiten Richter zu der bei den Feststellungen des ersten Richters unzulässigen Abänderung des ersten Erkenntnisses geführt. Deshalb war sein Urtel zu vernichten.

Antr. des GStA.s: gleichl. [46.—4.]

Branntweinsteuer. — Destillirgeräth. — Anzeige. — Apotheker.

1. **Die den Besitzern von Destillirgeräthen zur Pflicht gemachte Anzeige derselben beim betr. Steuer-Amte liegt auch den Apothekern ob.**

2. Die Unterlassung dieser Anzeige wird an den Personen, welche nicht Inhaber von Brennereien sind, nur mit der Konfiskation der betr. Geräthe bestraft.

Steuer-Ordn. v. 8. Febr. 1819 §§ 16. 66.

Erk. (Z. B. I.) v. 1. März 1865 c. Treplin (192. I. Cr.).

Der Apotheker Tr. hatte eine in seinem Besitze befindliche Destillirblase der Steuerbehörde nicht angezeigt, und war deshalb aus §§ 16 und 66 der Steuer-Ordn. zu einer Geldbuße von 25 Thlrn. und zu der Konfiskation der Blase verurtheilt worden. Seine NB. rügte Gesetzesverletzung, weil er als Apotheker zur Anschaffung einer Destillirblase verpflichtet gewesen sei, es für ihn also einer besonderen Anzeige nicht bedurft habe. — Das OTr. hat das angefochtene Erkenntniß insoweit vernichtet, als außer der Konfiskation gegen T. auch noch eine Geldbuße verhängt war, und diese beseitigt, im Uebrigen aber die NB. zurückgewiesen. Gründe:

Der § 16 der Steuer-Ordn. v. 8. Febr. 1819 spricht nicht bloß, wie der Angeklagte auszuführen sucht, von Destillirgeräthen, welche zur Branntweinfabrikation bestimmt und geeignet sind, sondern enthält eine ganz allgemeine Kontrollvorschrift, welche jeder Inhaber einer Brennerei, oder eines eingerichteten Destillirgeräths — also auch einer Destillirblase — zu befolgen hat, ohne daß das Gesetz unterscheidet, zu welchem Zweck das Destillirgeräth bestimmt ist oder benutzt wird, so wie ob dies namentlich zur Branntweinfabrikation der Fall ist, und ob das Destillirgeräth hierzu geeignet ist. Mit Recht hat daher auch der App.-Richter den in dieser Beziehung vom Angeklagten angetretenen Beweis abgelehnt, und somit die Vertheidigung des Angeklagten nicht in unzulässiger Weise beschränkt. Daß Destillirgeräthe ohne alle Ausnahme der allgemeinen Aufsicht der Steuerbehörde unterworfen sind, bestimmt schon das in Folge Allerhöchster dem Finanz-Minister ertheilter allgemeiner Autorisation ergangene und durch die AKO. v. 20. Juni 1822 (GS. S. 176) genehmigte Regulativ zur Besteuerung des inländischen Branntweins v. 1. Dez. 1820 (Schimmelpf. Indir. Steuern 2. Ausg. S. 228), dessen § 9 ausdrücklich vorschreibt, daß auch Destillirgeräthe, welche ausschließlich zu anderem Gebrauch als zur Branntwein- oder Liqueurfabrikation gehalten werden, zwar nicht mehr steuerpflichtig sein, aber der allgemeinen Aufsicht der Steuerbehörden unterworfen bleiben sollen. Es liegt aber auch in der Natur der Sache, daß eine solche allgemeine Ueberwachung der Destillirgeräthe jeder Art Seitens der Steuerbehörden zur Verhütung eines Mißbrauchs derselben, namentlich des Gebrauchs derselben zur Branntweinfabrikation mit Umgehung der Steuer nicht entbehrt werden kann, was speziell auch von den in den Apotheken gebrauchten Destillirblasen gilt, in Betreff deren ohnehin der § 7 des Ges.s v. 8. Febr. 1819 über Besteuerung des inländischen Branntweins ausdrücklich vorschreibt, daß für eine jede Apotheke nur eine Blase bis zu 15 Quart Inhalt von der Steuer frei ist, woraus folgt, daß die Steuerbehörde dies zu kontrolliren hat, und zu dem Ende doch vor allen Dingen von der Existenz einer Blase in einer Apotheke Kenntniß erhalten, daß ihr also davon Anzeige gemacht werden muß. Es unterliegt hiernach nicht dem geringsten Bedenken, daß die Kontrollvorschrift im § 16 cit. sich auch auf die Destillirblasen der Apotheker bezieht. —

Anlangend endlich die vom Angeklagten hierdurch verwirkte Strafe, so lautet der § 66 der Steuer-Ordnung: „Wenn ꝛc." Die vorigen Richter nehmen nun an, daß bei der genauen Verbindung, worin der § 66 mit § 16 steht, der Ausdruck „Brenner" auch auf jeden andern Inhaber eines eingerichteten Destillirgeräths zu beziehen sei. Dieser Auslegung des § 66 l. c. steht der Wortlaut desselben jedoch entschieden entgegen, nach welchem nur angenommen werden kann, daß bei einem Inhaber eines Destillirgeräths, welcher kein Brenner ist, die Uebertretung der Kontrollvorschrift des § 16 cit. — abgesehen von der etwa durch den Gebrauch des Destillirgeräths zur Branntweinfabrikation verwirkten Defraudationsstrafe — nur mit der Konfiskation des Geräths zu ahnden ist; daß dagegen die außerdem den Brennern, d. h. den Inhabern von Brennereien, von welchen der § 16 l. c. spricht, angedrohte Geldbuße von 25 bis 100 Thlrn. bei andern Inhabern eines Destillirgeräths wegfällt.

Antr. des OStA.s: gleichl. [18.—4.]

Wucher. — Gewohnheit. — Mehrheit der Fälle.

Zum gewohnheitsmäßigen Wucher gehören mindestens zwei Fälle der Ueberschreitung des im Einzelfalle zulässigen Zinssatzes.

StGB. § 263 [vgl. dort n. 40].

Erk. (Z.V. II.) v. 2. März 1865 c. Huth (14. II. Cr.).

Die Angeklagte H. hatte sich in zwei Fällen von ihren Schuldnern Pl. und B. 86 pCt. Zinsen zahlen lassen; der Richter 1. Inst. fand hierin gewohnheitsmäßigen Wucher: zwar sei die Schuldnerin Pl. zur Zeit der Aufnahme des Darlehns (Sommer 1861) Viktualienhändlerin und also im Sinne des seitdem verkündeten HGB.s Handelsfrau gewesen; auch müsse nach dem Grundsatze des Art. 4 des Einf.-Ges.s z. StGB. der Angeklagten jetzt Art. 292 des cit. HGB.s zu Statten kommen, welcher es gestatte, sich bei den einem Kaufmann gegebenen Darlehen Zinsen in beliebiger Höhe auszubedingen; wenngleich aber hiernach der Fall der Pl. nicht als „Wucher" anzusehen sei, könne er doch insofern in Betracht gezogen werden, als mit Rücksicht auf ihn in Betreff des stehen bleibenden zweiten Falles (mit dem B.) Gewohnheitsmäßigkeit angenommen werden dürfe. Das AG. hat dagegen freigesprochen; dasselbe ist zwar auch der Ansicht, daß der Pl.—sche Fall nicht einen „Wucher" darstelle, negirt aber die Gewohnheitsmäßigkeit, weil eben nur ein Wucherfall stehen bleibe, der für sich allein keine Gewohnheit darstellen könne. Auf die NB. des OStA.s hat das OTr. dieses Erkenntniß vernichtet und die Sache an das AG. zurückverwiesen, weil beide Instanzgerichte mit Unrecht den Art. 292 des HGB.s auf das früher von der Pl. genommene Darlehn angewendet hätten (vgl. RdOTr. 3. S. 104; Oppenh. StGB. Art. IV. n. 5); dagegen trat das OTr. im Uebrigen der Auffassung des AG.s bei und führte in dieser Beziehung aus:

Zur Gewohnheitsmäßigkeit einer Handlung muß in der That die Wiederholung derselben, also eine Mehrheit solcher Handlungen erfordert werden, worin sich die Neigung zu derselben gleichsam abspiegelt. Zum gewohnheitsmäßigen Wucher gehören daher auch mindestens zwei Fälle, worin höhere Zinsen, als die Gesetze zulassen, gefordert worden sind, und es verstößt deshalb auch der Schluß, welcher aus der gleichen Höhe des Zinssatzes bei einem an sich erlaubten Zinsgeschäft auf die Gewohnheitsmäßigkeit eines einzigen verbotenen Zinsgeschäfts gemacht wird, gegen den Begriff der Gewohnheitsmäßigkeit.

Antr. des GStA.s: gleichl. [27.—2.]

---

1. 2. Betrug. — Unterdrücken einer Thatsache. — Verschweigen. — Pflicht. — Irrthum. — Zweifel. 3. Konkurrenz, reale. — Strafkumulirung. — Freiheitsstrafe (substituirte).

1. In dem Verschweigen einer Thatsache kann das „Unterdrücken" derselben (§ 241 StGB.) gefunden werden, wenn eine Verpflichtung zu ihrer Kundbarmachung bestand, sollte diese Verpflichtung auch nicht auf einer gebietenden Gesetzesvorschrift beruht haben.

StGB. § 241 [vgl. dort n. 55].

2. Zur Annahme einer Irrthumserregung (§ 241 cit.) genügt es nicht, wenn bei dem Andern nur ein Zweifel hervorgerufen und er so veranlaßt ist, behufs Lösung dieses Zweifels die beschädigende Handlung vorzunehmen.

Ebendas. [dort einzutr. als n 59a].

3. Die im Falle der realen Konkurrenz durch § 56 Abs. 2 StGB. gestattete Ermäßigung der verschiedenen verwirkten Freiheitsstrafen bezieht sich nur auf prinzipale Freiheitsstrafen.

StGB. § 56 [dort einzutr. als n. 25a; vgl. oben S. 378].

Erk. (Z. B. II.) v. 2. März 1865 c. Sonnenberg (90. II. Cr.).

S. hatte am 31. Aug. und 1. Sept. 1863 50 Kisten mit je 100 Stück Cigarren, welche er kurz vorher zum Preise von 12 Thlrn. pr. 1000 Stück gekauft hatte, an 50 verschiedene Adressaten, größtentheils Mitglieder des Herrenhauses, durch die Post unfrankirt versandt und auf jede Kiste (im Werthe von 36 Sgr.) 7 Thlr. 12 Sgr. 6 Pf. Postvorschuß entnommen; 15 der Adressaten (resp. ihre Angehörigen oder Dienstboten) hatten diese Sendung angenommen und den Postvorschuß bezahlt und zwar 13 derselben in der irrigen Meinung, die Sendung rühre von Verwandten rc. her oder sei bestellt, 2 dagegen, Gr. A. und v. d. M., „ohne sich dabei über den Absender und den Inhalt des Pakets etwas Besonderes zu denken." In dieser Handlungsweise fand das AG. den Thatbestand des Betrugs in 15 verschiedenen selbstständigen Fällen und verurtheilte demgemäß den S. zu einer Gefängnißstrafe und zu einer Geldbuße von 750 Thlrn. In den Gründen ward ausgeführt: daß S., welcher damals ein kaufmännisches Geschäft, insbesondere einen Cigarrenhandel nicht betrieben habe und den Adressaten völlig unbekannt gewesen sei, in Ermangelung eines Begleitschreibens die Verpflichtung gehabt habe, auf den Couverts den Inhalt der Sendungen und sich als Absender zu bezeichnen, auch dabei erkennbar zu machen, daß die Zusendung ohne Bestellung erfolge; dadurch daß er diese Angaben auf den Adressen theils gar nicht, theils absichtlich unleserlich gemacht, habe er die betreffenden Thatsachen „unterdrückt" und zwar zu dem Zwecke, um die Adressaten, resp. Empfänger über die Veranlassung der Sendung, den Inhalt der Kisten und die Person des Absenders in Irrthum zu versetzen, und dadurch die Annahme der Kisten und die Zahlung des Postvorschusses herbeizuführen; diese Absicht sei auch in 13 Fällen vollständig gelungen, in den beiden übrigen Fällen (des Gr. A. und des rc. v. d. M.) sei die Annahme zwar nur „im Zweifel und in der Unkenntniß jener Thatsachen" erfolgt; aber auch dieser Zweifel sei für einen erregten Irrthum zu erachten. —

Die NB. des Angeklagten behauptete Gesetzesverletzung: mit Unrecht nehme das AG. hier die Unterdrückung von Thatsachen an, während es selbst nur ein Unterlassen, ein Verschweigen feststelle; denn eine rechtliche Verpflichtung zur Angabe der betr. Thatsachen auf den Adressen der Sendungen sei in keiner Weise zu begründen, auch streite eine solche Angabe gegen allen Gebrauch des Postverkehrs; für die Irrthümer der Adressaten könne er als Absender nicht verantwortlich gemacht werden, da dieselben nicht von ihm durch positive Täuschung hervorgerufen seien, sondern lediglich auf der eignen Kombination ihm (dem S.) sogar unbekannter Verhältnisse beruht hätten. — Jedenfalls aber sei der § 56 Abs. 2 StGB. durch die Abmessung der Geldbuße (für jeden der 15 Fälle 50 Thlr., zusammen 750 Thlr.) verletzt, weil das AG. davon ausgegangen sei, es könne in Betreff der Geldbußen im Falle der realen Konkurrenz nicht eine Herabsetzung der Gesammtsumme eintreten lassen. — Das OTr. hat die Bestrafung nur wegen 13 Betrugsfälle für gerechtfertigt erachtet, demgemäß also das Erkenntniß des AG.s theilweise vernichtet und unter Aufrechthaltung der erkannten prinzipalen Gefängnißstrafe den S. nur zu einer Geldbuße von 650 Thlrn. verurtheilt. Gründe:

Wenn der App.-Richter als Thatsachen, welche Angeklagter absichtlich durch positive Handlungen unterdrückt habe, ansieht, daß die Kiste, wofür ein Postvorschuß von 7 Thlr. 12 Sgr. 6 Pf. erhoben war, blos 100 Stück Cigarren von unverhältnißmäßig geringem Werthe enthalte, daß Angeklagter, eine den Addressaten unbekannte Persönlichkeit, der Absender sei, und wenn er ferner annimmt, daß derselbe auch die Verpflichtung gehabt habe, diese Thatsachen für die Adressaten auf den Kouverts erkennbar zu machen, um sie zur Beurtheilung der ihnen zugemutheten Annahme der Sendungen und Zahlung des Postvorschusses in Stand zu setzen: so sucht man hierin vergebens nach der Verletzung eines Gesetzes oder Rechtsgrundsatzes. Denn jene Verpflichtung wird aus keinem Gesetze abgeleitet, sondern aus dem Zusammenhange des thatsächlichen Sachverhalts: aus dem natürlichen Rechte derjenigen, an welche so adressirte und beschaffene Postsendungen, wie die vorliegenden ankommen, über den Inhalt und den Absender sich ein richtiges Urtheil zu bilden, um durch die Empfangnahme nicht getäuscht zu werden und Schaden zu leiden; diesem konkreten Rechte der Adressaten entspricht die vom zweiten Richter ausgesprochene konkrete Verpflichtung des Absenders, die Wahrheit, wer er sei und was die Kisten enthalten, nicht durch positive Handlungen zu unterdrücken. Keineswegs hat der Vorderrichter ein bloßes Unterlassen des Angeklagten, die Wahrheit über jene Thatsachen zu sagen, ein Schweigen darüber für verboten erklärt, sondern die positive Adressirung der Briefkouverts in der beobachteten Weise und ihre Absendung für das vom Angeklagten gebrauchte strafbare Täuschungsmittel erkannt.

Dagegen wird die thatsächliche Feststellung jeder irrthümlichen Vorstellung hinsichtlich zweier der inkriminirten

Betrugsfälle, derjenigen gegen den Grafen A. und den Landrath v. d. M., von dem Imploranten mit Recht in dem angefochtenen Erkenntnisse vermißt; thatsächlich ist vielmehr angeführt, daß sie bei Empfang der Sendung sich etwas Bestimmtes darüber nicht gedacht haben, sondern über den Zweck und die Veranlassung dieser Zusendung in Zweifel und Unkenntniß gewesen sind. Zwar fügt der Vorderrichter hinzu: „dieser Zweifel über die Person des Absenders, den Gegenstand und die Veranlassung der Sendung ist für einen Irrthum zu erachten"; tritt aber durch diese Schlußfolgerung mit dem vorausgeschickten Faktum in einen den Begriff des Irrthums im Sinne des § 241 des Strafgesetzbuchs verkennenden Widerspruch. Nach dem innern Zusammenhange dieses § soll offenbar nicht derjenige bestraft werden, welcher durch Vorbringen falscher oder Entstellen oder Unterdrücken wahrer Thatsachen einen Zweifel erregt, und ebensowenig derjenige, welcher falsche Thatsachen vorbringt oder wahre unterdrückt, nur mit der Absicht und dem Erfolge, daß der Andere in Unkenntniß der Wahrheit bleibt, in dieser Unkenntniß jedoch die Freiheit seiner Willensbestimmung behält und selbst einen ihm schädlichen Entschluß faßt; sondern der Urheber der irrthümlichen Vorstellung des Andern, daß die demselben vorgespiegelten falschen oder entstellten Thatsachen wahr und richtig seien, oder daß die von ihm unterdrückten Thatsachen in der Wirklichkeit nicht existirten, so daß die Herrschaft dieses auf das Sein oder Nichtsein von Thatsachen gerichteten Irrthums den eigenen Willen des Getäuschten fesselt und so der Urheber des Irrthums zugleich zum Urheber einer Vermögensbeschädigung wird, begeht nach § 241 einen strafbaren Betrug. Zweifelten der Graf A. und der ꝛc. v. d. M. bloß, woher die Sendungen kämen und was sie enthielten, und nahmen in dieser Unkenntniß die Sendungen an, so war nicht der irrthümliche Glaube an die negativen Thatsachen, daß nicht ein Unbekannter der Absender und nicht 100 Stück wohlfeiler Cigarren der Inhalt der Kisten seien, resp. die Unterdrückung dieser positiven Thatsachen die wirkende Ursache der Annahme der Kisten und der Vermögensbeschädigung, sondern ihr eigner Entschluß, ihre Zweifel zu lösen und durch Eröffnung der Kisten die Wahrheit zu erkennen, auf die Gefahr hin, dadurch sich dem Verluste des Postvorschusses zu unterwerfen. Es fehlt also in diesen beiden Fällen ein durch den Angeklagten bewirkter Irrthum und der nach § 241 nothwendige innere Kausalnexus zwischen der Handlungsweise des Angeklagten und der Vermögensbeschädigung der Empfänger seiner Sendungen, so daß in dieser Beziehung das zweite Erkenntniß der Vernichtung wegen unrichtiger Anwendung des § 241 des StGB.s unterlag und das erste auf Grund des festgestellten Sachverhalts hergestellt werden mußte.

Unbegründet und der klaren Bestimmung des § 56 a. a. O. im ersten Satze zuwiderlaufend ist die Behauptung, daß nicht auf sämmtliche 13 nach § 242 daselbst im Minimalbetrage von je 50 Thlrn. verwirkte Geldbuße habe erkannt werden können, da die Ausnahme von der Regel jenes ersten Satzes des § 56 im zweiten Satze auf Freiheitsstrafen beschränkt ist, worunter nur prinzipale Freiheitsstrafen (§§ 10—16 StGB.) verstanden werden können, wie aus den §§ 17 und 18 daselbst erhellt.

Antr. des GStA.s: gleichl. [23. — 2.]

Ueberversicherung. — Waarenlager.

Bei der Versicherung eines Waarenlagers ꝛc. ist eine Ueberversicherung nur dann und nur insoweit anzunehmen, als der Versichernde zur Zeit der Versicherung sich bewußt war, daß sein Waarenlager die angenommene Höhe der Versicherung nie erreichen werde.

Ges. v. 8. Mai 1837 §§ 5. 20.

Erk. (V. I.) v. 3. März 1865 c. Demus (1123. I. Cr. v. 1864).

D. hatte nach der erstrichterlichen Feststellung 1) „sein Waarenlager gegen Feuersgefahr zu einem um mehr als 30 pCt. höheren, als dem gemeinen Werthe versichert," und demnächst 2) „nach stattgehabtem Brande eine zu hohe Entschädigungsforderung in böslicher Absicht aufgestellt," und war deshalb aus §§ 20 und 28 des Ges.s v. 8. Mai 1837 und aus § 241 StGB. zu einer Gefängnißstrafe und zu einer Geldbuße von 1000 Thlrn. verurtheilt worden; das AG. hatte dieses Erkenntniß im Wesentlichen bestätigt, und dabei in Betreff der Ueberversicherung ausgeführt: zur Zeit des Brandes habe der Waarenbestand das versicherte Quantum bei Weitem nicht erreicht, ob derselbe zur Zeit der Versicherung größer gewesen, sei nicht ermittelt; es komme aber auch darauf nicht an; D. habe das versicherte Quantum jederzeit in Vorrath haben oder aber die Versicherungssumme nach Maaßgabe des jedesmaligen Vorraths herabsetzen müssen. — Die NB. des Angeklagten ward von der GStA.-schaft für begründet erachtet: das cit. Gesetz gestatte im § 5 ausdrücklich für Waarenlager eine Versicherung für den muthmaaßlich höchsten Betrag, der nach dem Umfange des Geschäfts rc. anzunehmen stehe, also für ein Quantum, welches der Versicherte zur Zeit nicht habe; bei dem steten Wechsel eines Waarenlagers sei es nicht möglich, die Höhe der Versicherung mit dem Werthe des Lagers in Uebereinstimmung zu halten; auch schreibe das Gesetz dieses nicht vor, mache vielmehr dem Versicherten nur eine Buchführung zur Pflicht, deren Unterlassung mit keiner Strafe bedroht sei, also nur civilrechtliche Folgen haben könne. — Das OTr. hat das Erkenntniß vernichtet und die Sache an das AG. zurückverwiesen. Gründe:

Der § 5 des Ges.s v. 8. Mai 1837 über das Mobiliar-Feuer-Versicherungswesen gestattet die Versicherung von Waarenlagern und anderen, nach Größe und Werth einem steten Wechsel unterworfenen Vorräthen nach einem durchschnittlichen und selbst nach dem muthmaaßlich höchsten Betrage, welcher nach dem Umfange des Geschäfts u. s. w. anzunehmen ist. Indem nun der § 20 die wissentliche Ueberversicherung bei Waarenlagern u. s. w. (§ 5) dann vermuthet, wenn der Werth um 30 pCt. überschritten ist, so ergiebt es sich von selbst, daß hier die Strafanwendung nicht schon dann stattfinden kann, wenn nur festgestellt wird, der Angeklagte habe weder am Tage der Versicherung noch auch im Laufe derselben Vorräthe in der Höhe besessen, daß deren Werth noch innerhalb jener Differenzsumme von 30 pCt. sich befunden habe. Die Vorschrift setzt vielmehr einen Dolus in der Besonderheit voraus, daß der Versicherungsnehmer schon zur Zeit der eingegangenen Versicherung weder aus dem Umfange seines dermaligen Geschäfts noch aus dessen den Umständen nach zu erwartender Entwickelung, noch endlich aus den Konjunkturen, denen dasselbe unterworfen ist, anzunehmen berechtigt ist, sein Waarenlager oder seine Vorräthe würden der Größe oder dem Werthe nach die angenommene Höhe der Versicherungssumme erreichen. Ohne diese Beschränkung würde die Ausnahme, welche das Gesetz für diese Art der Versicherung offenbar zu Gunsten Gewerbtreibender gewollt hat, kaum eintreten können. Wollte man nämlich annehmen, daß der Fall des Gesetzes thatsächlich immer schon in dem Augenblicke vorliege, sobald das Lager an Größe oder Werth um mehr als 30 pCt. hinter der Versicherungssumme zurückbleibt, so würde der Versicherungsnehmer immer auch sofort genöthigt sein, entweder die Versicherungssumme zu modifiziren, oder mindestens der Versicherungsanstalt von allen diesen augenblicklichen Veränderungen Kenntniß zu geben, damit aber unaufhörlich beim ferneren Steigen oder Wiederherabsinken von Betrag oder Werth fortzufahren. Das Gesetz will ja eine ein für allemal von vornherein eingegangene approximativ feste Versicherung begünstigen, von diesen Schwierigkeiten dadurch also offenbar entbinden. — Die Zusammenstellung der Versicherung von Waarenlagern u. s. w. und „anderem beweglichem Vermögen" in dem § 20 unter dieselbe Regel berechtigt nicht, eine andere Voraussetzung als die obige anzunehmen. Bei dem letzteren, also bei dem „anderen beweglichen Vermögen," handelt es sich um Objekte und um Werthe, welche im Augenblicke der Versicherung absolut bestimmt, resp. bestimmbar sind, und deren Veränderung im Laufe der Versicherungszeit leichter vorausgesehen werden kann. Selbst bei der Versicherung solcher Gegenstände nach einzelnen Rubriken, unter welchen das Mobiliar-Besitzthum dabei eingetheilt zu werden pflegt, sind der Ab- und Zugang und die Veränderung des Werthes in der Regel nicht einem solchen Wechsel unterworfen, daß nicht von vorn herein eine approximativ sichere Schätzung möglich wäre. Die Hauptgrundlage bleibt hier der Betrag und der Werth vorhandener Gegenstände zur Zeit der Versicherung. Dennoch tritt hier, trotz der leichteren Möglichkeit einer sicheren Schätzung, die gesetzliche Vermuthung erst bei einer Differenz von 50 pCt. ein. Bei den Waarenlagern u. s. w. ist der Betrag und der Werth zur Zeit der Versicherung nicht die alleinige Grundlage, sondern sie wird zugleich durch Umstände gebildet, deren Eintreten ungewiß, die jedenfalls minder schätzbar sind, als in jenem Falle, und dennoch läßt das Gesetz hier die Vermuthung bereits bei einer Differenz von 30 pCt. eintreten. Die Ausgleichung dieses Unterschiedes ist daher nur auf dem angedeuteten Wege, also durch den Dolus des Versicherungsnehmers zu suchen. In dem ersteren Falle, also bei der Versicherung von anderem beweglichen Vermögen, tritt schon die Vermuthung bei der zur Zeit der Versicherung bereits vorhandenen Differenz ein; bei der Versicherung von Waarenlagern u. s. w. aber nicht unbedingt und selbst dann nicht, wenn die Differenz im Laufe der Versicherung eintreten sollte, vielmehr ist die Vermuthung hier an die Voraussetzung jener unrichtigen und dem Versicherungsnehmer sehr wohl erkennbaren Grundlage seines Geschäftsverkehrs und dessen künftiger Entwicklung geknüpft.—

Der obigen Ausführung steht die Entscheidung v. 10. Nov. 1859 c. Fritsch (G. A. 8. S. 102) nicht entgegen. Denn sie bezieht sich hauptsächlich nur auf die Frage über die Fortdauer der im § 20 aufgestellten gesetzlichen Vermuthung neben der Vorschrift des § 22 der Vdn. v. 3. Jan. 1849 über die Aufhebung der Beweistheorie, und der Satz, daß diese Vermuthung sich hier nicht als Beweisregel auffassen lasse, vielmehr gesetzlich eintrete, sobald ihre faktischen Voraussetzungen vorhanden und bewiesen seien, enthält über den Umfang dieser Voraussetzungen Nichts. — Auch der Umstand, daß der Angeklagte die im § 5 des Gesetzes vorgeschriebenen Lagerbücher nicht gehalten hat, ist hier ohne Einfluß. Sie bezieht sich nämlich, wie der Schlußsatz deutlich zeigt, auf die Möglichkeit einer steten Kontrolle während des Laufs der Versicherung und kann in einem Civilverfahren über die Höhe des Schadens wirksam werden. Der Thatbestand des Vergehens aber wird dadurch nicht bestimmt.

In den Feststellungen des ersten Richters muß man nun zwar außer der Feststellung, daß zur Zeit der Versicherung am 22., resp. 28. April 1863 die wirklichen Vorräthe des Angeklagten an Werth mehr als 30 pCt. hinter der Versicherungssumme zurückgeblieben seien, auch die Annahme finden, daß auch im Laufe der Versicherungszeit bis zum Brande eine Vergrößerung der Vorräthe zur Verminderung dieser Differenz nicht stattgefunden habe. Allein über den Dolus des Angeklagten in dem oben bezeichneten Sinne findet sich keine Feststellung und der Satz des App.-Richters, es könne dem Angeklagten die von demselben aufgestellte Behauptung, daß seine Vorräthe am Tage der Versicherung allerdings größer gewesen seien, nicht zu Statten kommen, weil derselbe das versicherte Quantum jederzeit in Vorrath haben, oder die Versicherungssumme herabsetzen müßte, ist nach der obigen Ausführung entschieden unrichtig.

[15.—3.]

---

1. Konkurrenz, reale. — Uebertretung. — Geldbuße. — Strafverwandlung.

2. Konkurrenz (reale, ideale). — Reformatio in peius.

1. Wenn sowohl wegen eines Vergehens, als wegen einer damit realiter konkurrirenden Uebertretung auf Geldbuße erkannt wird, so muß der durch die Uebertretung verwirkten Geldbuße eine polizeiliche Gefängnißstrafe substituirt und es muß diese besonders normirt werden.

StGB. § 338 [vgl. dort n. 2; RbOTr. 4. S. 519].

2. Ist dieses (1.) vom ersten Richter verabsäumt und der ganzen Geldbuße Gefängnißstrafe nach § 17 StGB. substituirt worden, so kann der

zweite Richter, wenn er seinerseits nur ideale Konkurrenz annimmt, das verhängte Strafmaaß nicht bestehen lassen.

Vdn. v. 3. Jan. 1849 Abschn. IV. [vgl. dort S. 464 n. 66; § 23 n. 13; RdOTr. 2. S. 7; 3. S. 354].

Erk. (V. I.) v. 3. März 1865 c. Hall (2. I. Cr.).

H. war in erster Instanz wegen gewerbsmäßigen Hazardspiels und Haltens von Hazardspielen an öffentlichen Orten aus §§ 266. 340 Nr. 11 und 56 des StGB.s zu 6monatlicher Gefängnißstrafe, Konfiskation des Spielgeldes und einer Geldbuße von 200 Thlrn. verurtheilt, der letztern auch eine 3monatliche Gefängnißstrafe substituirt worden. Auf seine Appellation nahm das AG. nicht reale, sondern ideale Konkurrenz an, brachte daher statt des § 56 den § 55 StGB. zur Anwendung, erachtete aber doch das verhängte Strafmaaß für gerechtfertigt und ließ es bei diesem bewenden. Auf die NB. des H. ist dieses Erkenntniß in Beziehung auf das erkannte Gesammtstrafmaaß vernichtet und die Sache an das AG. zurückverwiesen worden, indem erwogen ward:

daß der erste Richter reale Konkurrenz, und zwar unzweifelhaft mit dem Kumulationsprinzip des Abs. 1 § 56 StGB. angenommen, resp. angewendet hat, sonach in der von ihm verhängten Geldbuße von 200 Thlrn. und der derselben substituirten Gefängnißstrafe die besondere Strafe für die im § 340 Nr. 11 mit Strafe bedrohte Uebertretung enthalten ist, diese Gefängnißstrafe aber nicht mit der für die Geldstrafe aus § 266 substituirten als eine gleiche, also als eine Gefängnißstrafe für Vergehen im Sinne des § 14 StGB. behandelt, sondern als polizeiliche Gefängnißstrafe im Sinne des § 334 besonders normirt und ausgesprochen werden mußte, zumal auch im Falle der Konkurrenz beider eine Umwandlung nach dem Erkenntnisse des Plenums v. 23. Mai 1864 [RdOTr. 4. S. 519] unstatthaft ist;

daß nun zwar der App.-Richter den Rechtsirrthum des ersten Richters in Betreff der realen Konkurrenz berichtigt, vielmehr ideale Konkurrenz angenommen, gleichwohl es aber in Absicht auf das erkannte Strafmaaß bei der Festsetzung des ersten Richters belassen hat, in dieser Hinsicht aber eine reformatio in peius vorliegen würde, wenn es dem

App.-Richter gestattet wäre, nunmehr aus § 266 StGB. allein nicht nur die Höhe, sondern auch die Gattung der Strafe, hier also auch der obigen substituirten Gefängnißstrafe, festzusetzen, und es außerdem bei der im § 340 (im Schlußsatz) allein angedrohten Konfiskation zu belassen;

daß demnach eine anderweite Erwägung des App.-Richters über das Strafmaaß eintreten muß. [15.—3.]

Kontrebande. — Beschränkung der Einfuhr.

Eine Kontrebande kann nur dann vorliegen, wenn die Einfuhr ꝛc. eines Gegenstandes gänzlich verboten, nicht aber, wenn dieselbe nur an gewisse Beschränkungen geknüpft war.

Zoll-Str.-Ges. v. 23. Jan. 1838 § 1. — StGB. §§ 301. 307.

Erk. (Z. I.) v. 3. März 1865 c. Muszynski (1271. I. Cr.).

Die Regierung zu B. hatte zur Abwehr der Einschleppung einer Viehkrankheit durch Pol.-Vdn. v. 4. Mai 1863 die Einführung von Schweinen in den J—er Kreis in der Weise beschränkt, daß dieselbe nur über das Nebenzollamt W. gestattet sein sollte. M. hatte diese Verbotsbestimmung übertreten und war von dem AG. aus § 307 StGB. und aus § 2 des Zoll-Str.-Ges.s bestraft worden. Die NB. des OStA.s, welche es rügte, daß nicht auch wegen Kontrebande aus § 1 des cit. Ges.s gestraft sei, ward zurückgewiesen. Gründe:

Nach § 1 des Zoll-Str.-Ges.s v. 23. Jan. 1838 hat nur derjenige die Strafe der Kontrebande verwirkt, wer es unternimmt, Gegenstände, deren Ein- oder Ausfuhr verboten ist, diesem Verbote zuwider einzuführen oder auszuführen. — Im vorliegenden Falle ist aber die Einführung von Schweinen aus dem Königreiche Polen keineswegs verboten gewesen, sondern die Kgl. Regierung zu B. hat nur unter Bezugnahme auf § 307 des StGB.s die Einbringung von Schwarzvieh aus Polen insofern beschränkt, als sie in den J—er Kreis allein über das Nebenzollamt W. gestattet sein soll. Dieser Regierungs-Verordnung hat der Angeklagte zuwider gehandelt, weil er ein Schwein aus dem Königreiche Polen in den J—er Kreis auf einem anderen

Wege als über das Nebenzollamt W. eingeführt hat. Dadurch hat er zwar die im § 307 des StGB.s angedrohete Strafe verwirkt, sich aber des Vergehens der Kontrebande nicht schuldig gemacht.

Antr. des GStA.s: gleichl. [18.—3.]

Fiskalbehörde. — Rechtsmittel. — Angeklagter.

Ein von einer Fiskalbehörde ergriffenes Rechtsmittel kommt geeigneten Falles auch dem Angeklagten zu Statten.

Ges. v. 3. Mai 1852 Art. 141 [vgl. dort n. 3].

Erk. (B. I.) v. 8. März 1865 c. Karsznia & Bigus (213. I. Cr.).

Wie bereits in dem Erkenntnisse des OTr.s v. 7. Mai 1857 (JMBl. S. 216, G. A. 5. S. 544) ausgeführt worden, haben die Staatsbehörden, denen die Verwaltung öffentlicher Abgaben oder Gefälle obliegt, bezüglich der Zuwiderhandlungen gegen dieselben in den Artt. 138—146 des Ges.s v. 3. Mai 1852 eine der StA.-schaft analoge Stellung erhalten, weshalb der in Ansehung der letzteren feststehende Grundsatz, wonach ein vom StA. zum Nachtheil des Angeklagten eingelegtes Rechtsmittel auch eine Abänderung des angefochtenen Erkenntnisses zum Vortheil des Letzteren nach sich ziehen kann, auf die gedachten Verwaltungsbehörden gleichmäßig Anwendung findet. Hieraus folgt, daß, weil der App.-Richter diesen Grundsatz verkannt hat, sein Urtheil der Vernichtung unterliegt. Wenn hiernächst aber der App.-Richter thatsächlich festgestellt hat, daß nicht die Angeklagten, sondern deren Brodherr, beziehungsweise der Sohn des letzteren, als die Führer derjenigen Wagen anzusehen seien, deren Nichtanhalten an der Hebestelle den Gegenstand der Anklage bildet, so folgt von selbst, daß die Angeklagten von der gegen sie erhobenen Anschuldigung freizusprechen waren und dem entsprechend nach Vernichtung des App.-Erkenntnisses das Erkenntniß erster Instanz zu ändern war.

Antr. des GStA.s: gleichl. [28.—4.]

Nichtigkeitsbeschwerde. — Uebertretung. — Frist.

Wird in einer Rekurssache Nichtigkeitsbeschwerde ꝛc. erhoben, so muß innerhalb der bestimmten sechswöchentlichen Frist auch die ministerielle Ermächtigung beigebracht werden.

Ges. v. 3. Mai 1852 Art. 129 [vgl. dort n. 6].

Beschl. (II.) v. 9. März 1865 c. Hollmann (110. II. Cr.).

Die NB. des OStA.s ward ohne mündliche Verhandlung zurückgewiesen, indem erwogen wurde:

daß das angefochtene, im Rekursverfahren ergangene Erkenntniß am 9. Dez. 1864 verkündet war; daß daher die NB. gegen dasselbe, und zwar unter Beibringung der Ermächtigung des Justizministers, nur bis zum 20. Jan. c. hätte angebracht werden können; daß aber die ministerielle Ermächtigung v. 17. erst am 22. Jan. c. bei dem Gerichte erster Instanz eingegangen, die gesetzliche sechswöchentliche Frist daher nicht inne gehalten ist (vgl. Präj. 245, JMBl. 58. S. 59).

Antr. des GStA.s: gleichl. [26.—3.]

Vertheidigungskosten. — Erstattung. — Beschwerde.

Gegen einen die Erstattung von Vertheidigungskosten aus dem Criminalfonds ablehnenden Beschluß findet eine Beschwerde an das OTr. nicht Statt.

Cr.-Ordn. § 616; Vdn. v. 2. Jan. 1849 § 39; Ges. v. 3. Mai 1852 Artt. 17. 20 [vgl. dort n. 22].

Beschl. (II.) v. 9. März 1865 c. Schünzel (30. B. II. Cr.).

Sch. war vor den Schw.-GH. gestellt und von den Geschwornen für „nicht schuldig" erklärt worden; demgemäß freigesprochen, bezahlte er seinem (gewählten) Vertheidiger RA. Schl. die tarifmäßigen Gebühren mit 5 Thlr. und beantragte sodann, gestützt auf § 616 der Cr.-Ordn., die Erstattung dieses Betrags aus dem Justiz-Fonds. Beide Instanzgerichte lehnten diesen Antrag ab; die gegen den Beschluß des AG.s ergriffene Beschwerde ward vom OTr. zurückgewiesen, weil

der Gegenstand der Beschwerde nach den Bestimmungen

des § 35 der Vdn. v. 2. Jan. 1849, welche auch die Grundlage für die im Beschwerdewege in Strafsachen regelnden Vorschriften des Ges.s v. 3. Mai 1852 Artt. 11—17 dergestalt geblieben sind, daß namentlich auch die Bestimmung im Art. 11 l. c. nur auf Beschlüsse, welche die Strafprozedur betreffen, Bezug hat, — sich nicht zum Beschwerdewege an das OTr. eignet, da die Beschwerde lediglich die Verwaltung des Justizfonds berührt, — — nicht aber eine prozessualische Angelegenheit betrifft, in welcher die Beschwerde dem Zuge der richterlichen Instanzen folgen könnte.

Antr. des GStA.s: gleichl. [26. — 4.]

Freiheitsberaubung. — Möglichkeit der Befreiung. — Endzweck.

1. Eine „Freiheitsberaubung" ist nicht durch eine absolute Unmöglichkeit der Befreiung bedingt; es gehört zur thatsächlichen Beurtheilung des Einzelfalles, ob die zu überwindenden Schwierigkeiten so groß sind, daß eine Einsperrung anzunehmen sei.

StGB. § 210 [vgl. dort n. 9]. Vgl. RdOTr. 4. S. 545.

2. Bei dem Vergehen der rechtswidrigen Freiheitsberaubung kommt es auf den Endzweck des Angeklagten nicht an.

Ebendas. [vgl. dort n. 4].

Erk. (Z. I.) v. 10. März 1865 c. Finke (90. I. Cr.).

F. hatte dem 2c. H. eine an diesen vermiethete Wohnung gekündigt, und verlangte die Räumung am 1. Apr., während H. noch bis zum 1. Mai ein Miethrecht zu haben behauptete. Als daher der letztere am 1. Apr. nicht auszog, versperrte F. die Zugänge zur Wohnung und die Fenster, obgleich er wußte, daß die Ehefrau H. nebst ihrem 3jährigen Kinde und einem Lehrlinge in derselben anwesend waren; deshalb aus § 210 angeklagt, machte er geltend: eine Freiheitsberaubung liege nicht vor, weil der Lehrling demnächst die Wohnung durch das Fenster verlassen habe, der Ehefrau H. also auch dasselbe möglich gewesen sein müsse; die Instanzgerichte verurtheilten indessen, weil die H. nicht nach ihrem Belieben die Wohnung habe verlassen können, und aus dem Umstande, daß der Lehrling durch das Fenster gestiegen sei, für die Frau und ihr Kind nicht folge, daß auch sie denselben Weg hätten nehmen können, zumal da F. vor dem Fenster gestanden und diesen Ausgang bewacht, dem Lehrlinge aber die Entfernung gestattet habe. Die NB. des Angeklagten fand hierin eine Verletzung des § 210 und machte außerdem geltend, er habe ohne den in jenem § vorausgesetzten Dolus gehandelt, da es ihm darum zu thun gewesen sei, die Eheleute H. zum Verlassen der Wohnung zu veranlassen, nicht aber die Ehefrau dort festzuhalten. Zurückweisung. Gründe:

Mit Recht ist im App.-Urtheil angenommen, daß der Begriff der Einsperrung oder Freiheitsberaubung im § 210 des StGB.s die absolute Unmöglichkeit für den Eingesperrten, sich einen Ausgang zu verschaffen, nicht voraussetze, vielmehr der thatsächlichen Erwägung des konkreten Sachverhaltes die Feststellung überlassen sei, ob die zur Erlangung der Freiheit einer im Gebrauche derselben beschränkten Person zu überwindenden Schwierigkeiten so groß seien, daß die Beschränkung für eine Beraubung der Freiheit, bezüglich für eine Einsperrung nach § 210 angesehen werden müsse. Auch kann es, wo diese wie geschehen festgestellt ist, nicht auf den Endzweck ankommen, zu welchem Angeklagter die Einsperrung als Mittel gebrauchte.

Antr. des GStA.s: gleichl. [23. — 3.]

---

1. Rheinisches Verfahren. — Uebertretung. — Konnexität. — Zuchtpolizeigericht. — Berufung.
2. Zolldefraude. — Gewerbtreibender. — Vermuthung.
3. Zolldefraude. — Theilnehmer. — Werthersatz. — Solidarität.

1. Ist eine Uebertretung wegen ihrer Konnexität mit einem Vergehen gleichzeitig mit diesem vor das Zuchtpolizeigericht gebracht worden, so unterliegt das ergehende Erkenntniß auch rücksichtlich der ersteren der Berufung.

Rh. StPO. Artt. 192. 190. 199; — Einf.-Ges. z. StGB. Art. XXI. [vgl. dort n. 13; contra: Gilbert sur le C. d'instr. Art. 192 n. 4].

2. Hat ein außerhalb des Grenzbezirks woh-

nender Gewerbtreibender die ihm nach § 92 der Zoll-Ordn. obliegende Vorlegung der Zollbezettlung oder die durch § 36 Nr. 3 des Zoll-Ges.s vorgeschriebene Buchführung versäumt, so wird dadurch die rechtliche Vermuthung einer von ihm verübten Zolldefraude begründet, und zwar selbst dann, wenn ihm die betr. Waaren vom ausländischen Versender franco zugegangen waren.

Zoll-Ordn. § 36 Nr. 1. 3; Zoll-Ordn. § 92; ZStr.-Ges. § 7. — Vgl. Z. I. 25. Febr. 1853 c. Wallach u. Oswaldt, 264.

3. Im Falle einer Zolldefraude trifft die an die Stelle der Konfiskation tretende Verurtheilung zum Werthersatze alle Mitthäter, Gehülfen und Begünstiger solidarisch.

ZStr.-Ges. §§ 2 16. 20. 21. Vgl. Hartm. Strafgess. S. 217 n. 2.

Erk. (V. Z. Pl.) v. 13. März 1865 c. Becquard-Werihasse & Gen. (212. II. Cr. v. 1864).

Fünf Belgische Kaufleute, fünf Preußische Gewerbtreibende und ein Belgischer Fuhrmann waren wegen Einschwärzung wollener, seidener und halbseidener Waaren in 258 Fällen vor das ZPG. in Aachen gestellt worden; zwei dieser Personen wurden gänzlich freigesprochen, die neun übrigen aber wegen eines Theils der Beschuldigungspunkte verurtheilt. Gegen das betr. Erkenntniß ergriffen das öff. Ministerium und fünf der Beschuldigten die Berufung, welche aber, von einem unwesentlichen Nebenpunkte abgesehen, theils als unzulässig, theils als unbegründet verworfen wurde. Der Ob.-Prokurator und drei der Beschuldigten B., N. und D. haben das Urtheil der App.-Kammer durch Kass.-Rekurs angefochten. Zur Begründung desselben ward u. A. geltend gemacht:

1) von allen Kassationsklägern Verletzung der Artt. 192 der StPO. und XXI. des Einf.-Ges.s z. StGB. Die App.-Kammer hatte die Berufung in Betreff aller Beschuldigungspunkte, rücksichtlich welcher die zu verhängende Strafe 50 Thlr. nicht überstieg, angenommen, daß das ZPG. arg. Art. 192 cit. in letzter Instanz erkannt habe und deshalb die Berufung für unzulässig erklärt; hierin fanden die Kassationskläger eine Verletzung der cit. Gesetzesstellen, weil Art. 192 nur den Fall treffe, wo eine Uebertretungssache mit Unrecht vor das ZPG. gebracht worden sei, nicht aber solche Fälle, in welchen wegen obwaltender Konnexität mit Vergehenssachen das ZPG. das gesetzlich berufene Gericht

gewesen sei; verwiesen ward auf Oppenhoff z. Einf.-Ges. Art. XXI. n. 13. (12).

2) Sodann rügte der Ob.-Prokurator Nichtanwendung, resp. Verletzung des § 36 Nr. 1 des Zoll-Ges.s, des § 92 der Zoll-Ordn. und des § 7 des ZStr.-Ges.s. Den inländischen Gewerbtreibenden war zur Last gelegt worden, daß sie in einer Reihe von Fällen aus dem Auslande Waaren bezogen, aber sowohl die durch § 92 cit. vorgeschriebene Vorlegung der Zollbezettlung bei der zuständigen Steuerstelle als die im § 36 Nr. 3 des Zollges.s angeordnete Buchführung unterlassen hätten, weshalb nach § 7 cit. gegen sie die gesetzliche Vermuthung einer begangenen Zolldefraudation so lange spreche, bis sie dieselbe widerlegt hätten. Beide Instanzgerichte hatten von diesen Beschuldigungspunkten freigesprochen, weil hier überhaupt von den Fällen, in welchen die Vermuthung einer Zolldefraude begründet sein könne, nur diejenigen in Betracht kommen würden, bei welchen der erforderliche Vermerk in den Handelsbüchern fehle; dieser Vermerk sei aber nur für gewisse hochbesteuerte im § 93 der Zoll-Ordn. aufgezählte Waaren vorgeschrieben, zu welchen Wollen- und Seidenwaaren nicht gehörten, und weil, was insbesondere den Beschuldigten B. anlange, diesem die Waaren „franco Aachen" zugekommen, die Verzollungen also Sache der Versender gewesen seien, die bloße Empfangnahme solcher franco verkauften Waaren aber ihn nicht für die gesetzwidrige Handlung des Versenders verantwortlich machen könne. — Hiergegen führte der Ob.-Prokurator aus, daß beide Instanzgerichte gänzlich übersehen hätten, daß den beschuldigten Gewerbetreibenden nach § 92 der Z.-Ordn. in Verbindung mit § 36 Nr. 1 der Z.-Ordn. obgelegen habe, die für die empfangenen Waaren ausgestellte Zollbezettelung bei der zuständigen Zollstelle vorzulegen, und daß die Verabsäumung dieser Pflicht nach § 7 des ZStr.-Ges.s die Vermuthung einer Defraude begründe; sowie: daß die vorbedungene Frankolieferung der Waaren den Empfänger nicht von der Beobachtung der gesetzlichen Kontrollvorschriften entbinde, wie dieses schon in einem Z. I. 25. Febr. 1853 c. Wallach anerkannt worden sei. —

Die Kassationskläger N., B. und D. haben endlich außer mehreren andern, minder erheblichen Gründen unter Nr.

4) die Verletzung der §§ 2. 16. 20 des ZStr.-Ges.s und § 35 des StGB.s deshalb geltend gemacht, weil die Instanzrichter sie solidarisch mit dem eigentlichen Defraudanten (dem Waarenführer A.) zu dem an die Stelle der Konfiskation tretenden Werthersatze verurtheilt hätten: die Konfiskation stelle nur einen den Eigenthümer der Waare treffenden Nachtheil dar, welcher nur von dem Waarenführer als dem eigentlichen Defraudanten, nicht aber von den bloßen Theilnehmern desselben verwirkt sei; würden sie aber von der prinzipaliter angedrohten Konfis-

kation nicht betroffen, so könne auch der eventuell an ihre Stelle tretende Wertherſatz nicht gegen sie verhängt werden; am wenigsten könne endlich von einer Solidarität der Verurtheilung die Rede sein, da das Gesetz davon nichts besage, und das Objekt theilbar sei. —

Das OTr. hat mit Rücksicht auf die oben unter Nr. 1 und 2 erwähnten Beschwerdepunkte das Erkenntniß zweiter Instanz **vernichtet**, im Uebrigen aber den Rekurs der Beschuldigten **verworfen**, indem es erwog:

auf den ersten Kassationsgrund des öff. Ministeriums, mit welchem im Wesentlichen der erste Angriff der Kassationskläger B., N. und D. übereinstimmt, daß zwar nach Art. 192 der StPO. die ZPGerichte in dem Falle, wo die der Beschuldigung zu Grunde gelegte Thathandlung nur eine polizeiliche Uebertretung darstellt, und weder die StA.-schaft noch auch die Civilpartei eine Verweisung an das Polizeigericht beanträgt, die verwirkte Strafe anzuwenden und alsdann als evocirendes App.-Gericht in letzter Instanz zu erkennen haben;

daß diese durch das Interesse der Prozeß-Oekonomie diktirte Vorschrift auf die im Gesetze selber ausgesprochene, rein thatsächliche Voraussetzung, daß die betreffende Beschuldigung entweder irrthümlicher Weise vor das Zuchtpolizeigericht gebracht worden war, oder daß sich erst durch die Verhandlung selbst der rechtliche Charakter derselben als einer einfachen Polizeiübertretung herausgestellt hat, zu beschränken und insbesondere nicht auf den Fall auszudehnen ist, wo eine ihrer rechtlichen Natur nach zur Kompetenz der Polizeigerichte gehörige Thathandlung, in Folge ihrer Konnexität mit einem Vergehen, nach Maaßgabe des Art. 226 l. c. und des Art. XXI. des Einf.-Ges.s z. StGB. vor das kompetente ZPG. gebracht worden ist, indem dasselbe in diesem Falle auch gegen einen widersprechenden Antrag über sämmtliche Thathandlungen in erster Instanz und nicht als evocirendes App.-Gericht hinsichtlich der betreffenden Uebertretungen zu erkennen hat, weil andern Falls der durch die Verbindung jener konnexen Sachen erstrebte Zweck einer sachgemäßen, alle Verhältnisse würdigenden einheitlichen Entscheidung durch die in zweiter Instanz wieder eintretende Zerreißung derselben verfehlt werden würde;

daß im vorliegenden Falle durch das Urtheil des ZPG.s die Verbindung der sämmtlichen, durch drei verschiedene Vorladungen vor dasselbe gebrachten Beschuldigungen wegen Konnexität verordnet, mithin durch das angegriffene Erkenntniß zweiter Instanz unter Verletzung des Art. 192 l. c. die eingelegte Berufung in allen den Fällen als unzulässig zurückgewiesen worden ist, in welchen die beantragte und erkannte Strafe die Höhe von 50 Thlrn. nicht erreichte;

In Erwägung auf den zweiten Kassationsgrund des öff. Ministeriums, daß der § 36 des Zollgesetzes v. 23. Jan. 1838, unter Bezugnahme auf die nähere Anleitung der Zollordnung sub Nr. 1 anordnet:

„daß die aus dem Auslande oder aus dem Grenzbezirke in das Innere des Landes übergehenden Waaren mit den im Grenzbezirke ertheilten Abfertigungsscheinen bis zum Bestimmungsorte begleitet sein müssen;"

daß die Zoll-Ordnung die desfallsige nähere Anleitung im § 92 dahin giebt: daß,

„wer mit den aus dem Auslande oder aus dem Grenzbezirke bezogenen Waaren ein Gewerbe treibt, verbunden sei, wenn die Waare mit einem höheren Eingangszolle als vier Thaler vom Centner belegt ist und ihre Menge einen Viertel-Centner übersteigt, die im Grenzbezirke empfangene Bezettelung innerhalb der darin vorgeschriebenen Frist der in jener benannten eventualiter derjenigen Dienststelle, an welche der Bestimmungsort gewiesen ist, und zwar vor der Abladung zum Visiren vorzulegen;"

daß endlich diese Anordnungen im § 7 des Zollstrafgesetzes ihre Pönal-Sanktion durch die Bestimmung erhalten haben, daß,

„wenn in den im § 36 des Zollgesetzes bezeichneten Fällen der zollordnungsmäßige Nachweis über die im Binnenlande transportirten Waaren nicht zur Stelle ertheilt werden kann, oder der erforderliche Vermerk in den Handelsbüchern fehlt, oder die verordnete Anmeldung unterblieben ist, hierdurch zwar die Vermuthung einer begangenen Zolldefraude begründet wird," dagegen nur eine Ordnungsstrafe stattfindet, wenn diese Vermuthung bei näherer Untersuchung sich widerlegt;

daß in diesen gesetzlichen Anordnungen zunächst nicht unterschieden wird, ob der inländische Empfänger oder der ausländische Absender der Waaren nach der unter denselben bestehenden Verabredung den Zoll und die Transportkosten zu tragen habe, der inländische gewerbetreibende Empfänger vielmehr kraft des Gesetzes verpflichtet ist, sich die betreffenden Nachweise zu verschaffen und zur Beseitigung der vorbezeichneten Vermuthung vorzulegen;

daß nun in dem angegriffenen Erkenntnisse in allen denjenigen Fällen, bei welchen die aus dem Auslande eingeführten Waaren franco abzuliefern gewesen und der direkte Beweis der Einschwärzung nicht als geführt erachtet wurde, die Freisprechung der Waarenempfänger erfolgt ist, indem dasselbe zur Beseitigung der vorbezeichneten gesetzlichen Vermuthung erwog, daß von den im § 7 l. c. angeführten Fällen, wodurch die Vermuthung einer Defraude begründet werde, nur derjenige maaßgebend sein könnte, wo der erforderliche Vermerk in den Handelsbüchern fehle, — daß jedoch nach § 36 des ZStr.-Ges.s dieser Vermerk nur bei gewissen hochbesteuerten Waaren, deren Versendung im Inlande zu größeren Quantitäten unternommen werde, erforderlich sei und nach § 93 der Zoll-Ordnung die hier in Rede stehenden Waaren darunter nicht begriffen seien;

In Erw., daß bei dieser Ausführung übersehen worden ist, daß die Seitens der Beschuldigung angerufene Vermuthung der wirklich geschehenen Defraudation sich zunächst auf die im Urtheile selbst anerkannte Thatsache gründete, daß der in obiger Bestimmung des § 92 vorgeschriebene Nachweis über die geschehene Verzollung nicht vorgelegt worden ist, die durch diese Unterlassung begründete gesetzliche Vermuthung der Defraudation aber in dem angegriffenen Erkenntnisse weder in Gemäßheit des Schlußsatzes des § 7 l. c. als bei näherer Untersuchung der betreffenden Fälle widerlegt bezeichnet, noch auch die alsdann eintretende eventuelle Ordnungsstrafe nach § 18 ibid. angewendet worden ist;

daß also auch in den betreffenden Fällen die vorbezeichneten Gesetze verletzt worden sind, und das angegriffene Erkenntniß insoweit der Kassation unterliegt. —

In Erw. auf den vierten Kassationsgrund, daß nach § 2 des ZStr.-Ges.s ein Jeder, der es unternimmt, dem Staate die Eingangs-Abgabe zu entziehen, eine Geldbuße und die Konfiskation der Gegenstände, in Bezug auf welche das Vergehen verübt worden ist, verwirkt;

daß dieselbe Strafe sämmtliche Theilnehmer des Vergehens treffen muß, da der § 16 ibid. festsetzt, daß die Strafen der Miturheber, Gehülfen und Begünstiger einer Defraudation nach den Vorschriften der allgemeinen Strafgesetze zu bestimmen seien, nach § 35 des StGB.s aber auf den Theilnehmer an einem Verbrechen oder Vergehen dasselbe Strafgesetz anzuwenden ist, welches auf den Thäter Anwendung findet;

daß daher beim Nichtvorhandensein des Konfiskations-Objektes nach § 21 des ZStr.-Ges.s gegen die Theilnehmer ebenwohl auf Erlegung des Werthes desselben, und, wenn dieser nicht zu ermitteln, auf Zahlung einer Geldbuße von 25 bis 1000 Thlrn. zu erkennen ist, — dieser Vorschrift des Gesetzes auch in dem angegriffenen Erkenntnisse durch die ausgesprochene solidarische Haftbarkeit der Theilnehmer in soweit entsprochen worden ist, als die Verurtheilung gegen sämmtliche Mitbetheiligte nur die einmalige Erlangung des Werthes des Konfiskations-Objektes zum Gegenstande hat;

daß endlich die Vorschrift des Art. XXVII. des Einf.-Ges.s z. StGB., durch welche die im Art. 55 des früheren Rh. StGB.s ausgesprochene Solidarität der Mitbetheiligten in Betreff der Geldbuße nicht wiederholt worden ist, vorliegend nicht in Betracht kommen kann, weil nach Art. II. ibid. die Gesetze über Bestrafung der Steuer- und Zoll-Kontraventionen in voller Kraft geblieben sind.

Antr. des GStA.s: gleichl. [23. — 2.]

Arznei. — Handel. — Erlaubniß.

Die polizeiliche Erlaubniß zum Verkaufe von Arzneisubstanzen, mit welchen gesetzlich nur die Apotheker handeln dürfen, kann nur vom Minister der Medizinal-Angelegenheiten ausgehen; die Erlaubniß einer Provinzial-Behörde genügt nicht.

StGB. § 345 Nr. 2 [vgl. dort n. 10]; Regl. v. 16. Sept. 1836.

Erk. (B. I.) v. 15. März 1865 c. Daubitz (230. I. Cr.).

D. hatte von dem Polizei-Präsidium zu B. die Erlaubniß zum Kleinhandel mit dem von ihm fabrizirten Kräuter-Liqueur erhalten; gleichwohl ward gegen ihn wegen dieses Handels aus § 345 Nr. 2 StGB. Anklage erhoben und von der StA.-schaft in 2. Instanz behauptet und unter Beweis gestellt, daß jener Liqueur ein Auszug aus mehreren Arzneisubstanzen sei, mit welchen zu handeln das Gesetz nur den Apothekern gestatte. Ohne diesen Beweis zu erheben, sprach das AG. mit Rücksicht auf die erwähnte polizeiliche Erlaubniß frei. Auf die NB. des OStA.s ist dieses Erkenntniß vernichtet und die Sache in die Rekurs-Instanz zur anderweitigen Verhandlung und zu der thatsächlichen Feststellung: „ob jener Liqueur als eine Tinktur im Sinne der Min.-Bekanntmachung v. 29. Juli 1857 zu betrachten sei," zurückverwiesen worden, und zwar mit dem Zusatze: daß dabei eine Prüfung der Frage stattfinden müsse, „ob die Vorschriften des Regl. v. 16. Sept. 1836 sich nur auf die Fälle beziehen, in denen die in den Anll. A. B. C. l. c. bezeichneten Präparate und Stoffe in diesem ihrem eigentlichen Zustande als Handelsartikel in Betracht kommen, oder auch dann, wenn sie zur Zusammensetzung selbstständiger Fabrikate verbraucht werden." Gründe:

Der § 345 Nr. 2 des StGB.s bestraft denjenigen, welcher ohne polizeiliche Erlaubniß Gift oder Arzneien, soweit deren Handel nicht durch besondere Verordnungen freigegeben ist, zubereitet, verkauft oder sonst an Andere überläßt. Eine ähnliche Bestimmung enthält die Vdn. des Kgl. Polizei-Präsidii zu Berlin v. 30. Sept. 1854 (Ballhorn, Pol.-Verordn. f. Berlin S. 325), die sich im Anschluß an den § 345 Nr. 2 l. c. gegen die öffentliche Anpreisung zum Kauf, oder Feilbietung der im § 345 Nr. 2 gedachten Waaren, oder der im § 461. II, 8. ALR. angeführten Geheimmittel oder bekannter Stoffe als Heilmittel gegen Krankheiten oder Körperschäden, ohne polizeiliche Erlaubniß, wendet. Beide gesetzliche Bestimmungen lassen sich darüber nicht weiter aus, von welcher polizeilichen Behörde die erforderliche Erlaubniß zu ertheilen ist. Es erscheint aber selbstredend und bedarf keiner weiteren Ausführung, daß darunter nur diejenigen verstanden werden können, welche in den hierfür einschlagenden anderweitigen Bestimmungen als solche bezeichnet sind, wie denn z. B. nach § 42 der Gew.-Ordn. v. 17. Jan. 1845 hinsichts der Aerzte und Apotheker das Ministerium der Medizinal-Angelegenheiten ausdrücklich genannt ist. Nun hatte die Anklage in dem vorliegenden Falle, wie die NB. richtig hervorhebt, unter Bezugnahme auf das Reglement über den Debit der Arzneiwaaren v. 16. Sept. 1836 und die Minist.-Bekanntmachung v. 29. Juli 1857 (GS. S. 654) behauptet, daß der in Rede stehende Kräuter-Liqueur ein Auszug aus mehreren Arznei-Substanzen sei, mit welchen gesetzlich nur die konzessionirten Apotheker handeln dürfen, und die StA.-schaft hatte sich in der Rekurs-Instanz auf ein einzuholendes Gutachten des Medizinal-Kollegii ꝛc. hierüber bezogen, der Rekurs-Richter aber diesen Beweisantrag abgelehnt, weil er, wie bereits erwähnt, den von dem Kgl. Polizei-Präsidio dem Angeklagten für das Jahr 1864 zum Verkaufe des Liqueurs ertheilten Konsens für ausreichend hielt. Dabei hat er indeß das erwähnte Reglement v. 16. Sept. 1836 resp. die Bekanntmachung v. 29. Juli 1857 ganz außer Acht gelassen. Das Reglement bestimmt nämlich sub

> 1. Der Verkauf und Handelsverkehr mit den in der Anlage A. aufgeführten Präparaten ist ausschließlich den privilegirten und konzessionirten Apothekern gestattet und allen übrigen Gewerbtreibenden untersagt.

Die Nr. 2 l. c. schreibt demnächst vor, daß die in den Anlagen B. und C. verzeichneten Zusammensetzungen und einfachen Stoffe zwar außer den Apothekern auch von andern Gewerbtreibenden, jedoch nicht in pulverisirtem Zustande und nicht unter einem Pfunde, resp. unter 2 Loth verkauft werden dürfen. Dann heißt es wörtlich sub

5. Die diesem Reglement angehängten Verzeichnisse sollen von Zeit zu Zeit einer Revision unterworfen, und nach Maaßgabe der weitern Fortschritte der Wissenschaft und der Bedürfnisse der Gewerbe von den Ministerien ergänzt und abgeändert werden. Die Ministerien sind auch ermächtigt, in geeigneten Fällen Nicht-Apotheker durch besondere Konzessionen von den unter Nr. 1 und 2 vorgeschriebenen Beschränkungen hinsichtlich einzelner oder mehrerer Gegenstände in gemeinschaftlicher Verfügung zu dispensiren ꝛc.

Der Schlußsatz ergiebt deutlich, daß zur Ertheilung der gedachten Dispensation ausschließlich die betreffenden Ministerien befugt sind, und die Verbindung desselben mit dem Vordersatze durch das Wort „auch" bestärkt diese Annahme, indem dadurch eine weitere Folgerung ausgedrückt ist, keinesweges aber liegt darin die von dem Angeklagten behauptete Bedeutung, daß die Genehmigung durch die Ministerien bloß dann erforderlich ist, wenn es sich um eine Konzession für den ganzen Umfang der Monarchie handelt. Dies würde das Reglement, wenn es in der Absicht desselben gelegen, bestimmt ausgedrückt haben. Der innere Grund dieser Vorschrift ist vielmehr der gewesen, daß der oft gefährliche Handel mit arzneilichen Stoffen und Präparaten einer sorgfältigen und gründlichen Prüfung unterworfen sein soll, und dann, daß die privilegirten, resp. konzessionirten Apotheker, hinsichts der ihnen vom Staate zugestandenen Berechtigungen, vor weit gehender Konkurrenz mit andern Gewerbtreibenden geschützt bleiben.

Der Justiz-Minister, der Minister der Medizinal-Angelegenheiten und der Handels-Minister haben nunmehr unter dem 29. Juli 1857 auf Grund des § 5 des Reglements v. 16. Sept. 1836 die Verzeichnisse sub A. B. C. revidirt, ergänzt und abgeändert. Das Verzeichniß sub A. enthält diejenigen chemischen und pharmazeutischen Präparate und Arzneiformen, mit welchen nur die Apotheker handeln dürfen. Unter diesen befindet sich die Rubrik: „Tinkturen", die „als geistige Auszüge aus Arznei-Substanzen" definirt werden. Wäre es nun richtig, wie die Anklage behauptet, daß der D—sche Kräuter-Liqueur einen solchen geistigen Auszug aus Arznei-Substanzen, wie sie namentlich in den Verzeichnissen sub B und C aufgeführt stehen, darstellt, dann würde allerdings nach dem Vorausgeführten der Angeklagte zum Verkaufe desselben eine Erlaubniß der betreffenden Ministerien nöthig gehabt, und es würde die Konzession des Polizei-Präsidii in B. nicht ausgereicht haben.

Antr. des GStA.s: gleichl. [20.—4.]

Zeuge. — Vereidung. — Verzicht.

In schwurgerichtlichen Sachen genügt der Verzicht auf einen bereits vernommenen Zeugen nicht, um die Nichtvereidung desselben zu rechtfertigen.

Vdn. v. 3. Jan. 1849 § 55 [vgl. dort n. 30].

Erk. (V. I.) v. 15. März 1865 c. Stägemann (320. I. Cr.).

Der Ausführung der NB., daß ein wirksamer Verzicht auf die Vernehmung eines bereits vollständig vernommenen Zeugen unmöglich gewesen sei, muß in jedem Falle für Schwurgerichtssachen beigepflichtet werden. Denn es entzieht sich jeder Kontrolle, ob und welches Gewicht die Geschwornen auf die Aussage eines vor ihnen vernommenen Zeugen gelegt haben, mag er auch als Entlastungszeuge vorgeschlagen, und nach bewirkter Vernehmung von dem Angeklagten resp. dessen Vertheidiger auf dieselbe verzichtet sein. Jedenfalls in Schwurgerichtssachen muß daher ein vor den Geschwornen vernommener Zeuge auch vereidet oder die unterbliebene Vereidigung muß aus gesetzlichen Gründen und in gesetzlicher Weise gerechtfertigt werden. Da keines von beiden im vorliegenden Falle geschehen, so liegt ein wesentlicher Mangel des Verfahrens vor.

[46.—4.]

---

1. Majestätsbeleidigung. — Bewußtsein.
2. Rheinisches Verfahren. — Anführung des Gesetzestextes.

1. Bei einer Anklage wegen Majestätsbeleidigung bedarf es der Feststellung des Bewußtseins von dem ehrverletzenden Charakter der betr. Aeußerung nur dann, wenn dasselbe bestritten worden ist.

StGB. § 75 [vgl. dort n. 3; S. 253 n. 24. 25; RbOTr. 4. S. 559].

2. Nach Rheinischem Verfahren begründet es bei zuchtpolizeilichen Sachen keine Nichtigkeit, wenn der Text des angewendeten Strafgesetzes nicht in das Urtheil eingerückt und die betreffende Gesetzesstelle gar nicht angegeben ist.

Rh. StPO. Artt. 195. 163; Ges. v. 20. Apr. 1810 Art. 7.

Erk. (Z. II.) v. 16. März 1865 c. Angerstein (16. II. Cr.).

Verwerfung des Kassationsrekurses des verurtheilten Beschuldigten; erwogen wurde:

daß, wenn auch das im § 75 bezeichnete Vergehen der Verletzung der Ehrfurcht gegen den König bei der ehrfurchtsverletzenden Handlung das Bewußtsein des Thäters von dem ehrfurchtsverletzenden Charakter der Handlung unterstellt, es doch einer besonderen Feststellung dieses Bewußtseins nur insoweit bedarf, als dasselbe vom Beschuldigten bestritten worden ist;

In Erw., daß der Art. 195 der StPO., wie er abweichend von dem Art. 163 die Einrückung des Textes des zur Anwendung gebrachten Strafgesetzes in das Urtheil nur bei einer Geldstrafe gegen den Gerichtsschreiber gebietet, auch die Bezeichnung dieses Gesetzes bei Strafe der Nichtigkeit nicht vorgeschrieben hat, diese Nichtigkeit daher auch wegen der mangelnden Angabe desselben nicht ausgesprochen werden kann;

daß der Art. 7 des Ges.s v. 20. Apr. 1810 darüber, daß das zur Anwendung gekommene Strafgesetz im Urtheil angegeben werden müsse, nichts enthält, das vorliegende Kassationsmittel daher ebenfalls für begründet nicht zu achten ist.

Antr. des GStA.s: gleichl. [27. — 3.]

Register.

I. Sach-Register.

(Die Nummern bezeichnen die Seite.)

II. Quellen-Verzeichniß.

A. Strafgesetzbuch vom 14. April 1851.

Einführungs-Gesetz.

Strafgesetzbuch.

B. Verordnung vom 3. Jan. 1849.

C. Gesetz vom 3. Mai 1852.

D. Criminal-Ordnung.

E. Rheinische Strafprozeß-Ordnung.

F. Allgemeine Gerichts-Ordnung.

G. Allgemeines Landrecht.

H. Rheinisches Bürgerliches Gesetzbuch.

I. Einzelne Gesetze, Verordnungen ꝛc.

Druckfehler.

S. 25 Z. 3 v. o. l. § 54 des Preßges.s st. § 54.
„ 32 „ 20 v. o. l. § 323 st. § 106.
„ 46 „ 6 v. o. l. erster st. zweiter.
„ 48 „ 5 v. u. l. 1837 st. 1857.
„ 61 „ 16 v. o. ist vor „bei" einzuschalten: „ihrer".
„ 73 „ 11 v. u. l. 1851 st. 1856.
„ 73 „ 7 v. u. l. Rechtsgrundsatz st. Rechtsgrund.
„ 135 „ 15 v. o. l. § 307 st. § 306.
„ 181 „ 4 v. u. l. Abschn. IV. st. Abschn. V.
„ 183 „ 16 u. 17 v. u. st. daß aber ꝛc. l. dieser Anforderung ist aber durch die.
„ 231 „ 12 v. o. l. § 15 d st. § 15 a.
„ 264 „ 5 v. o. l. Beschl. st. Erk.
„ 277 „ 2 v. u. l. wann st. wenn.
„ 296 „ 16 v. o. l. Verlauf st. Verlauf.
„ 314 „ 9 v. u. l. 1852 st. 1853.
„ 346 „ 8 v. o. l. bis st. his.
„ 369 „ 4 v. u. l. Nr. 7 st. Nr. 8.
„ 370 „ 4 v. o. l. r. 7 st. Nr. 8.
„ 403 „ 12 v. u. ist „nicht" einzuschieben vor „nach dem Betrage" ꝛc.
„ 404 „ 18 v. o. desgl. vor „nach".
„ 434 „ 8 v. u. l. § 225 st. § 215.
„ 448 „ 14 v. o. l. wenigsten st. wenigstens.
„ 455 „ 8 v. u. ist das Wörtchen „es" hinter „daß" zu streichen.
„ 497 „ 1 v. u. ist das Wörtchen „der" zu löschen.
„ 505 „ 12 v. u. ist „erhobenen Anklage" zu streichen.
„ 553 „ 9 v. o. im Anf. l. „Zoll-Ges. § 36" ꝛc. st. „Zoll-Ordn. § 36 ꝛc."